SEGUIMENTO DE JESUS

Vera Ivanise Bombonatto

SEGUIMENTO DE JESUS

Uma abordagem segundo a cristologia de Jon Sobrino

2ª edição – 2007

Paulinas

Dados Internacionais de Catalogação na Publicação (CIP)
(Câmara Brasileira do Livro, SP, Brasil)

Bombonatto, Vera Ivanise
  Seguimento de Jesus : uma abordagem segundo a cristologia de Jon Sobrino / Vera Ivanise Bombonatto. – 2. ed. – São Paulo : Paulinas, 2007. – (Coleção ensaios teológicos)

  Bibliografia.
  ISBN 978-85-356-0873-1

  1. Jesus Cristo 2. Jesus Cristo – Pessoa e missão 3. Sobrino, Jon, 1938- – Crítica e interpretação 4. Teologia da libertação I. Título. II. Série.

07-1699   CDD-232

Índices para catálogo sistemático:
  1. Cristologia : Teologia dogmática cristã   232
  2. Jesus Cristo : Cristologia   232

Nenhuma parte desta obra poderá ser reproduzida ou transmitida por qualquer forma e/ou quaisquer meios (eletrônico ou mecânico, incluindo fotocópia e gravação) ou arquivada em qualquer sistema ou banco de dados sem permissão escrita da Editora. Direitos reservados.

Paulinas
Rua Pedro de Toledo, 164
04039-000 – São Paulo – SP (Brasil)
Tel.: (11) 2125-3549 – Fax: (11) 2125-3548
http://www.paulinas.org.br – editora@paulinas.com.br
Telemarketing e SAC: 0800-7010081
© Pia Sociedade Filhas de São Paulo – São Paulo, 2002

Dedicatória

Aos povos crucificados,
memória e presença viva de Jesus na cruz
e firme certeza da ressurreição.
Aos homens e às mulheres que ouviram o
convite do Mestre da Galiléia: "Vem e segue-me", e,
reconhecendo a força salvífica do seu chamado,
assumiram o compromisso de
descer da cruz os povos crucificados.
Em particular, a Jon Sobrino,
pela inestimável riqueza de sua cristologia
e pelo testemunho de sua vida,
transformada por meio da prática da justiça
e da ternura especial para com os pobres.

Agradecimento

A todas as pessoas que, nesta caminhada,
partilharam comigo a alegria do compromisso
e a certeza desta conquista.
Às irmãs Paulinas, pelo apoio e incentivo.
Meu agradecimento muito especial ao
Padre João Batista Libanio,
referência segura e luz
na incerteza do caminho, que,
com dedicação e competência, fez-me acreditar
que vale a pena o esforço.

SUMÁRIO

Apresentação 11

Introdução 17

I. Horizonte bíblico de compreensão do seguimento de Jesus 33

II. A tradição eclesial da categoria cristológica do seguimento de Jesus 95

III. Cristologia na perspectiva do seguimento de Jesus 189

IV. Seguimento de Jesus: forma privilegiada de explicitar a identidade cristã 265

V. Vida cristã: prosseguimento de Jesus com Espírito 353

Significado, abrangência e relevância do seguimento de Jesus na cristologia de Jon Sobrino, e a contribuição desse autor para o resgate dessa categoria cristológica 413

Bibliografia 445

Índice geral 487

APRESENTAÇÃO

Em linguagem clara, didática e acessível, este livro apresenta-nos, sob o prisma do seguimento de Jesus, o conjunto da obra de Jon Sobrino. (...)

Vale a pena enfrentar sua leitura longa e detalhada. Por meio dele, o leitor aproxima-se de um dos maiores teólogos da libertação de maneira nova e criativa. Boa Leitura!

João Batista Libanio

Apresentação

Há dois mil anos que os cristãos seguem Jesus. O fato é antigo no tempo, mas sempre novo no significado. A teologia oscila em sua história. Ora deixou o seguimento de Jesus mais para a espiritualidade. Aí se escreveu um dos livros mais lidos de todos os tempos: *A imitação de Cristo*. Ora ela assumiu o seguimento de Cristo como tema central de suas reflexões, detendo-se no estudo dos mistérios da vida do Senhor.

Não satisfeita com essa dupla tendência, a teologia moderna, nas pegadas de trabalhos exegéticos de peso, recolocou o seguimento de Jesus já não como simples tema, mas como luz, como prisma, como ótica para interpretar a cristologia e a partir daí toda a teologia.

A teologia da libertação fez sua essa opção. Avançou nessa direção impulsionada pelo cenário atual, marcado pela extrema pobreza, pela desigualdade social, pela situação dos pobres, pelas rápidas e profundas transformações sociais. Sentiu o imperativo de repensar a fé cristã a partir do seguimento de Jesus de Nazaré.

Lá nas pobres e conflituosas regiões da América Central, gesta-se essa cristologia de maneira consistente. Um nome ocupa o seu cenário. O quase mártir Jon Sobrino. Título raro. Quase mártir. De fato, não fosse uma viagem, teria sucumbido à fúria selvagem dos criminosos que assassinaram todos os membros de sua comunidade para calar-lhes a voz profética.

Jon Sobrino produziu extensa, profunda e consistente cristologia do seguimento de Jesus. Muitos leitores têm dificuldade de acesso a essas obras por causa de sua abundância, linguagem e natureza. Nesse momento, destaca-se a importância do presente livro da irmã Vera Bombonatto.

Em linguagem clara, didática e acessível, apresenta-nos, sob o prisma do seguimento de Jesus, o conjunto da obra de Jon Sobrino. Para a maioria dos leitores, este livro será suficiente para nutri-los teologicamente com excelente alimento. Outros encontrarão aí um roteiro muito completo, bem elaborado e profundo, para mergulhar ainda mais no conjunto da obra de Jon Sobrino, freqüentando depois seus textos originais.

A obra é uma tese de doutorado, avaliada pelos professores como excelente. E o leitor confirmará, sem dúvida, tal veredicto. Tem as qualidades didáticas e metodológicas de uma tese, estrutura com clareza e organicidade a obra vasta e plural de Jon Sobrino. Ao ler-se esta tese, sai-se com o fio condutor da compreensão do seguimento de Jesus na cristologia do teólogo salvadorenho. Um estudo introdutório recupera no passado a riqueza da Tradição em relação ao seguimento e à imitação de Jesus. O horizonte bíblico serviu-lhe de pano de fundo. Sem ele, o fato de Jesus constitui-se enigma ininteligível. Os evangelhos, Paulo e a Carta de Pedro apresentam-nos matizes diferentes do seguimento de Jesus, seja no tempo palestinense, seja já depois da ressurreição. Aparecem aí os fundamentos sobre os quais se construíram as duas tradições: a do seguimento e a da imitação.

O livro persegue essas duas correntes na tradição eclesial, preparando o leitor para entender a originalidade e a relevância da cristologia de Jon Sobrino. Esta nos é apresentada na sua articulação profunda em torno de três eixos: as vítimas deste mundo como lugar social e eclesial, o Jesus histórico como ponto de partida metodológico e o seguimento de Jesus como princípio epistemológico.

Vivendo num país ensangüentado por tantas vítimas, Jon Sobrino não podia deixar de colocá-las não como simples objeto de reflexão, como elemento estruturante da teologia. Na sua forte expressão, trata-se de "descer da cruz os povos crucificados". Esse é o lugar social e eclesial da cristologia sobriniana.

O Jesus da história, que chama seguidores, que anuncia o Reino, que vive em intimidade com o Pai e que envia o Espírito Santo, é o ponto de partida metodológico. Mais: o seguimento de Jesus, expressão de fé e compromisso, é um princípio ainda mais profundo. Insere-nos na própria compreensão da cristologia, da teologia e da fé. As vítimas da história, Jesus histórico e o seguimento de Jesus mantêm uma relação profunda entre si. Sem as vítimas não se entende o Jesus da história, sem compreender o Jesus da história não há seguimento possível.

Apresentação

A reflexão da autora prossegue caminho. Qual é a identidade cristã? Muitos recorreriam imediatamente à recitação do credo. Ou retomariam o *Catecismo da Igreja Católica* como excelente resumo dessa identidade nos pontos dogmático, moral, litúrgico e espiritual. Tudo muito correto. Mas Jon Sobrino quer ir ao cerne da identidade e encontra no seguimento de Jesus o princípio para conhecer Jesus e assim concretizar a identidade cristã. E o melhor modo de seguir Jesus é reproduzir na própria vida a vida histórica de Jesus: encarnação, missão, cruz e ressurreição. Seguir Jesus é imprescindível para conhecê-lo. Ele não é realmente conhecido de outra maneira.

E, finalmente, o livro abre-nos para um belo e iluminador capítulo para a vida cristã de cada um de nós. Trata-se de "pro-seguir a Jesus com Espírito". Expressão que soa estranha na sua semântica. Uma breve palavra explica-a: o Espírito atualiza Jesus na história; ele é a memória que nos faz voltar sempre a Jesus e a imaginação que nos leva para frente, para novas perguntas e respostas.

Vale a pena enfrentar a leitura longa e detalhada deste livro. Por meio dele, o leitor aproxima-se de um dos maiores teólogos da libertação de maneira nova e criativa. Boa leitura!

João Batista Libanio
Sacerdote jesuíta, doutor em Teologia,
professor de Teologia Fundamental e escritor.
Orientou a tese que deu origem a esta obra.

INTRODUÇÃO

A tarefa de repensar a fé cristã à luz da realidade atual e a partir do seu evento central, Jesus de Nazaré, recoloca, no centro do debate cristológico, a questão da continuidade de seu seguimento, que está na origem da experiência fundante do cristianismo e expressa as dimensões essenciais da existência cristã, mas que, por muito tempo, foi relegado ao âmbito da teologia espiritual.

Introdução

Como os discípulos de Emaús (cf. Lc 24,13-34), neste terceiro milênio, andamos perplexos pelos caminhos da História, buscando explicações para o que aconteceu nesses dois mil anos de cristianismo e, particularmente, nestes últimos tempos, em nosso continente latino-americano, onde povos inteiros continuam sendo crucificados; sua "tarefa mais urgente é sobreviver e seu destino mais próximo é a morte lenta da pobreza ou a morte rápida da violência".[1] Esses pobres testemunham, com audácia, a alegre esperança da ressurreição de Jesus. Deus ressuscitou um crucificado, por isso, há esperança para os crucificados da História.[2]

Esta situação subumana em que vive grande número de seres humanos, a gritante desigualdade social, a cultura da indiferença em relação aos pobres,[3] a mudança de paradigmas,[4] as rápidas transformações político-econômicas e socioculturais, características do momento histórico em que vivemos, arrastam consigo um imperativo: repensar a fé cristã à luz da realidade atual e a partir do seu evento central: Jesus de Nazaré.

Essa tarefa, complexa e exigente, recoloca, no centro do debate cristológico, a questão da continuidade da prática de Jesus por meio do seu seguimento, que está na origem da experiência fundante do cristianismo[5] e expressa as dimensões

---

[1] SOBRINO, J. Teología desde la realidad. In: SUSIN, L. C. (org). *O mar se abriu:* Trinta anos de teologia na América Latina, p. 160.

[2] Cf. idem, *A fé em Jesus Cristo*. Ensaio a partir das vítimas, pp. 27-28.

[3] Cf. idem, ibidem, p. 13.

[4] Para a compreensão do significado da mudança de paradigmas e suas implicações para o fazer teológico, servem como referência as obras de FABRI DOS ANJOS, M. (org.): *Teologia e novos paradigmas* e *Teologia aberta ao futuro*.

[5] Cf. FERNÁNDEZ, B. *Seguir a Jesús, el Cristo*, p. 165.

essenciais da existência cristã,[6] mas que, por muito tempo, foi relegado ao âmbito da teologia espiritual.[7]

A cristologia da libertação, nascida no ambiente vital da teologia da libertação, na expressão do teólogo Jon Sobrino, seu representante mais significativo, busca recuperar a espessura teológica e o significado revelador da vida terrena de Jesus com o objetivo de recriar sua prática hoje para prosseguir sua causa e evitar que o acesso a Cristo seja ideologizado.[8]

Diante dessa constatação, levantamos as seguintes perguntas: terá Jon Sobrino uma concepção original da categoria cristológica do seguimento de Jesus? Em caso afirmativo, essa concepção perpassa ou não sua cristologia a ponto de tornar-se abrangente e relevante? Terá ele dado uma contribuição específica e qualificada para o resgate dessa categoria cristológica?

Essas questões e os desafios provindos da realidade atual, que tocam o cerne da existência cristã e do anúncio da boa-nova de Jesus caminho, verdadeiro e vivo, nesta encruzilhada da história, e a conseqüente necessidade de repensar os conteúdos da fé cristã motivaram a decisão de aprofundar o tema do seguimento de Jesus numa abordagem segundo a cristologia de Jon Sobrino.

---

[6] Cf. VIDAL, S. El seguimiento de Jesús en el Nuevo Testamento. Visión general. In: GARCÍA-LOMAS, J. M. & GARCÍA-MURGA, J. R. (orgs.). *El seguimiento de Cristo*, p. 13.

[7] "Na teologia européia o 'seguimento de Jesus' normalmente foi relegado à teologia espiritual e quase não influiu na cristologia; quando o fez foi para mostrar a consciência peculiar de Jesus que se revela na experiência de um seguimento incondicional. Todavia, o 'seguimento' de Jesus como lugar epistemológico do 'conhecer' Jesus quase sempre foi ignorado e está ausente nas cristologias sistemáticas contemporâneas." Alguns autores referem-se ao seguimento de Jesus, como, por exemplo, D. Bonhoeffer em sua obra *Discipulado*, H. U. von Balthasar em *Ensayos teológicos* e J. Moltmann em *El Dios crucificado*. Entretanto, o tema do seguimento de Jesus, na sua verdadeira abrangência para a cristologia e para a existência cristã, esteve ausente em renomadas cristologias sistemáticas, como a de P. Tillich *(Teologia sistemática)* e a de W. Pannenberg *(Fundamentos de cristologia)*. SOBRINO, J. *Ressurreição da verdadeira Igreja*, p. 32.

[8] Cf. idem, *Jesus na América Latina*, p. 106.

1. O insondável mistério de Deus e o compromisso de descer da cruz os povos crucificados

Apesar de não se considerar um teólogo profissional,[9] Jon Sobrino é, sem dúvida, um dos maiores expoentes do cenário teológico atual. Para ele, fazer teologia não é exercer a profissão de teólogo, mas uma forma de ser.[10]

Nascido em Barcelona, na Espanha, no dia 27 de dezembro de 1938, entrou na Companhia de Jesus em 1956 e foi ordenado sacerdote em 1969. Desde 1957, pertence à Província da América Central, residindo habitualmente na cidade de San Salvador, em El Salvador,[11] minúsculo país da América Central, que ele adotou como sua pátria.[12]

Licenciado em Filosofia e Letras pela Universidade St. Louis (Estados Unidos), em 1963, Jon Sobrino obteve o *master's* em Engenharia na mesma Universidade, em 1965. Sua formação teológica ocorreu no período que abrange o contexto pré-conciliar, a realização e aplicação do Vaticano II e da II Conferência Geral do Conselho Episcopal Latino-Americano, em Medellín, em 1968. Doutorou-se em Teologia, em 1975, na Hochschule Sankt Georgen de Frankfurt (Alemanha) com a tese *Significado de la cruz y resurrección de Jesús en las cristologías sistemáticas de W. Pannenberg y J. Moltmann*.

---

[9] Em seu testemunho, publicado na obra *O mar se abriu*: Trinta anos de teologia na América Latina, pp. 153-154, Jon Sobrino afirma: "Ao falar do 'vital' do meu itinerário, quero começar dizendo que não me considero um teólogo profissional ou um estudioso da teologia, embora tenha realizado várias tarefas que, convencionalmente, pertencem à 'profissão': dar aulas, escrever, publicar, pesquisar (não muito nos últimos anos). Digo isso para esclarecer o contexto vital do meu fazer teológico: não o entendi como um modo de entrar na realidade — já construído em si mesmo — chamada 'teologia', mas como um pensar, refletir, ruminar se quisermos, a realidade tal como se apresentou e me afetou".

[10] Cf. Susin, L. C. (org.). *O mar se abriu*: Trinta anos de teologia na América Latina, pp. 154-155.

[11] Com uma extensão de apenas 34.126 km² de superfície, El Salvador é a menor das seis Repúblicas da América Central e a única que possui costa do oceano Pacífico, fazendo limites com a Guatemala e Honduras. A população primitiva era formada pelos *Xinca*(s), na parte ocidental, e pelos *Lenca*(s), na parte oriental. No período da descoberta da América, El Salvador era habitado pelos *Pipili*, uma população asteca. O processo de evangelização foi iniciado entre os nativos pelos dominicanos e franciscanos. A primeira diocese, a de San Salvador, foi criada aos 28 de setembro de 1842, e aos 11 de setembro de 1913 passou a ser sede metropolitana. Na Carta Constituição de 1945, foram abolidos certos favores dados à Igreja Católica. Os eclesiásticos não podiam pertencer a partidos políticos nem obter cargos políticos; as ordens contemplativas eram proibidas de se estabelecerem no país e as congregações religiosas tinham como certo as restrições na aquisição de propriedades.

[12] Jon Sobrino foi para El Salvador em 1957 como noviço da Companhia de Jesus e desde então passou a viver nesse país, com duas grandes interrupções: cinco anos em St. Louis (Estados Unidos), para o estudo de filosofia e engenharia, e sete anos em Frankfurt (Alemanha), para o estudo de teologia. Cf. Sobrino, J. *O princípio misericórdia*, p. 12.

É doutor *honoris causa* pela Universidade de Lovaina, na Bélgica (1989), e pela Universidade de Santa Clara, na Califórnia (1989). Atualmente, divide seu tempo entre as atividades de professor de Teologia da Universidade Centroamericana, de responsável pelo Centro de Pastoral Dom Oscar Romero, de diretor da *Revista Latinoamericana de Teología* e do Informativo *Cartas a las Iglesias*, além das tarefas de pastorais e inúmeras solicitações para palestras, cursos, encontros e congressos provindas de todas as partes do mundo.

Ao descrever sua trajetória teológica, Jon Sobrino afirma que, durante sua juventude e nos primeiros anos de vida como sacerdote jesuíta, a vivência da fé e da vocação, pelas dificuldades que apresentavam, desafiavam muito mais a vontade que a inteligência, isto é, não levavam a refletir. Entretanto, neste período, chamado por ele de *etapa prévia* de sua vida, foram lançadas as raízes e as sementes e estavam implícitas muitas perguntas e o modo de pensar que desabrochariam mais tarde.[13] A essa *etapa prévia*, sucederam-se dois momentos significativos que ele compara a um duplo despertar: do *sono dogmático* e do sono da *cruel inumanidade*.[14]

O *despertar do sono dogmático* foi uma sacudida, forte e dolorosa, provocada pela primeira ilustração, que derrubou muitos conceitos referentes à fé e exigiu a reformulação de outros. Aconteceu durante o curso de filosofia e teologia ao estudar os filósofos modernos, grandes mestres da suspeita: Kant, Marx, Sartre, Unamuno, a exegese crítica e a demitologização de Bultmann, a modernidade e a desabsolutização da Igreja.[15]

Em relação à teologia, o específico deste *despertar* foi, como ele mesmo afirma, a descoberta do tríplice mistério: de Deus — mistério por excelência —, santo, totalmente próximo e não manipulável; do ser humano e da realidade. Essa importante descoberta gerou em Jon Sobrino a convicção de que o mistério possui, ao mesmo tempo, excesso de obscuridade e excesso de luminosidade. Aos poucos,

---

[13] Cf. idem, Teología desde la realidad. In: Susin, L. C. (org.), *O mar se abriu*: Trinta anos de teologia na América Latina, p. 155.

[14] Cf. idem, *O princípio misericórdia*, p. 13; ———. Teología desde la realidad. In: Susin, L. C. (org.). *O mar se abriu*: Trinta anos de teologia na América Latina, p. 156.

[15] Cf. idem, Teología desde la realidad. In: Susin, L. C. (org.). *O mar se abriu*; Trinta anos de Teologia na América Latina, pp. 155-156.

ele aprendeu a vê-lo desde o excesso de luminosidade. Seu grande mestre deste período foi particularmente Karl Rahner.[16]

Explicitamente, Jon Sobrino nada escreveu sobre o mistério, mas essa descoberta teve conseqüências decisivas para sua trajetória teológica, constituindo uma espécie de substrato teológico. Para ele, todo o conhecimento teológico participa do mistério, e a razão mais profunda do seu interesse pela cristologia reside na certeza de que Jesus de Nazaré remete-nos ao mistério de Deus e do ser humano: na relação desses dois mistérios aparece o mistério total. E mais tarde, ao escrever sobre o pobre, teve em conta — além de sua dimensão histórica, social e política —, acima de tudo, o pobre como expressão de mistério, *mysterium iniquitatis*.[17]

No início de seu ministério de vida sacerdotal, Jon Sobrino respirou os ares da primavera na Igreja, provocada pelo Concílio Vaticano II (1962-1965) e pela II Conferência Geral do Episcopado Latino-Americano, realizada em Medellín[18] (1968), e foi forjando sua linha de pensar e seu fazer teológico no confronto com a injustiça e a opressão de El Salvador,[19] numa Igreja latino-americana que, pouco a pouco, se abria à causa privilegiada do evangelho de Jesus Cristo: os pobres.

Neste contexto aconteceu o *despertar do sono da cruel inumanidade*.[20] Foi uma sacudida, ao mesmo tempo, forte e alegre, levando-o a perceber que o evangelho, *eu aggelion,* não é só uma verdade a ser reafirmada, mas boa-nova que pro-

---

[16] Neste aspecto, Jon Sobrino lembra, de modo particular, o grande teólogo Karl Rahner. Ele afirma: "A teologia de Rahner — para dar um exemplo de mais impacto e benefício para mim — acompanhou-me durante aqueles anos, e suas páginas sobre o mistério de Deus continuam me acompanhando até o dia de hoje". SOBRINO, J. *O princípio misericórdia*, p. 13.

[17] Cf. idem, Teología desde la realidad. In: SUSIN, L. C. (org.). *O mar se abriu*: Trinta anos de teologia na América Latina, p. 158.

[18] Acerca de Medellín, Jon Sobrino escreve: "O Concílio exigiu olhar para o mundo e Medellín assim fez. E o que encontrou foi uma criação de Deus adulterada, a extrema pobreza e, como fruto do pecado, a injustiça. [...] Em Medellín, a Igreja encontrou a pedra preciosa e colocou à venda tudo o que tinha — e até lhe custou a vida —, porém se alegrou por ter encontrado sua identidade e relevância num continente fiel e crucificado". SOBRINO, J. El Vaticano II visto desde América Latina, *Diakonia*, n. 36, pp. 320 e 325.

[19] Em seu livro, *Jesus, o Libertador. I – A História de Jesus de Nazaré*, p. 21, Jon Sobrino afirma: "A realidade salvadorenha nos deu muito que pensar e nos ajudou também a pensar sobre Jesus Cristo. [...] Tanta tragédia e tanta esperança, tanto pecado e tanta graça oferecem um poderoso horizonte hermenêutico para compreender Cristo e fazem o Evangelho ter o sabor da realidade".

[20] Jon Sobrino explica: "Em 1974, já em El Salvador, tendo a responsabilidade de ensinar teologia e com meus primeiros passos no fazer teológico, ressoou outra exigência para despertar, não a de Kant, mas a de Antonio Montesino, quando dizia: 'Como estais dormindo em sono tão letárgico?'." SOBRINO, Teología desde la realidad. In: SUSIN, L. C. (org.), *O mar se abriu*: Trinta anos de teologia na América Latina, p. 159.

duz alegria.[21] Consistiu, essencialmente, na percepção de uma nova realidade: os pobres e as vítimas, produto do pecado e da opressão humanas. Significou conhecer o Deus dos pobres e os pobres, para quem a tarefa mais urgente é sobreviver e o destino mais próximo é a morte lenta.[22]

    Esse despertar teve conseqüências decisivas para a vida religiosa e eclesial, os interesses intelectuais, as certezas e as dúvidas de fé, as perguntas teológicas, e exigiu honradez com a trágica realidade histórica de repressão e mortes, massivas e injustas. Levou a perceber não só a existência de Deus, mas também dos ídolos; não só do ateísmo, mas também da idolatria, e a descobrir a correlação transcendental entre Deus e os pobres.[23] Os pobres e as vítimas são sacramento de Deus e presença de Jesus em nosso meio.[24]

    Tudo isso significou uma mudança radical na compreensão do que é fazer teologia. Sem ignorar o *intellectus fidei*,[25] passou a ser, preferencialmente, *intellectus amoris*,[26] ou seja, uma teologia preocupada em "descer da cruz os povos crucificados" e, por isso mesmo, *intellectus misericordiae*, *intellectus iustitiae*, *intellectus liberationis*.[27] Essa teologia é também *intellectus gratiae*[28] e a graça passou a fazer parte de sua teologia não como tema específico a ser tratado, mas como dom de Deus que fecunda e alimenta o labor teológico.[29]

---

[21] Cf. idem, *O princípio misericórdia*, pp. 15-16.
[22] Cf. idem, *A fé em Jesus Cristo. Ensaio a partir das vítimas*, p. 13.
[23] Cf. idem, *Teología desde la realidad*. In: Susin, L. C. (org.), *O mar se abriu: Trinta anos de teologia na América Latina*, p. 161.
[24] Cf. idem, *A fé em Jesus Cristo. Ensaio a partir das vítimas*, p. 19.
[25] Cf. idem, *O princípio misericórdia*, p. 72.
[26] "A irrupção dos pobres exige e possibilita uma nova pré-compreensão e uma conversão fundamental da atividade teológica. Mas é, além disso, questionamento primário a toda a atividade humano-cristã, e também à teológica, que exige uma resposta: é preciso erradicar o sofrimento dos pobres. Nessa resposta a teologia vai se configurando como a inteligência do amor." Idem, ibidem, pp. 65-66.
[27] "A partir da relação que existe entre inteligência e misericórdia, entre teoria e práxis, podemos definir formalmente a teologia da libertação como *intellectus misericordiae*. Todavia, como a misericórdia deve ser historicizada de acordo com a opressão que se quer erradicar, falamos de *intellectus iustitiae* e, definitivamente, de *intellectus liberationis*." Idem, La teología y el "principio liberación", *Revista Latinoamericana de Teología*, n. 35, p. 127.
[28] Cf. idem, *O princípio misericórdia*, p. 80.
[29] Cf. idem, *A fé em Jesus Cristo. Ensaio a partir das vítimas*, p. 19; ——. *Teología desde la realidad*. In: Susin, L. C. (org.), *O mar se abriu: Trinta anos de teologia na América Latina*, p. 161.

Para Jon Sobrino, conceber a teologia como *intellectus amoris*,[30] inteligência da realização do amor histórico pelos pobres e do amor que nos torna afins à realidade de Deus, é a maior novidade teórica da teologia da libertação, torna-a mais bíblica e mais relevante historicamente,[31] e a leva a ser *mistagógica*, oferecendo o amor como caminho primário que nos torna semelhantes a Deus.[32]

Colaborador e amigo de dom Oscar Romero,[33] Jon Sobrino[34] é, hoje, um incansável defensor da canonização deste mártir dos nossos tempos.[35] Ele o define como "um ser humano que nos salva e nos redime de nosso egoísmo e de nossa pequenez, semelhante a Jesus em quem podemos 'ter os olhos fixos' em nossas aflições".[36]

Homem marcado pelo sofrimento e pela morte, na luta em favor da vida, Jon Sobrino pode ser chamado de "mártir sobrevivente", por ter escapado da morte e

---

[30] Cf. idem, *O princípio misericórdia*, pp. 65-75.

[31] Em sua obra *Teoria do método teológico*, Clodovis Boff chama esta posição de Jon Sobrino de "epistemologia do amor", afirmando que "o *intellectus amoris* supõe e só pode supor o *intellectus fidei*. E é dentro dele que deve se situar, a fim de especificá-lo ou destacá-lo." (p. 122). O clássico *intellectus fidei* não se contrapõe ao novo *intellectus amoris*, mas se compõe perfeitamente com ele. "A teologia poderá ser sinteticamente chamada de *intellectus fidei amore formatae* (a inteligência da fé informada pelo amor), ou ainda, nos termos paulinos e agostinianos, *intellectus fidei quae per caritatem operatur* (cf. Gl 5,6): a compreensão da fé que opera pela caridade." (p. 288)

[32] Jon Sobrino sintetiza essa idéia "parafraseando as palavras de misericórdia do profeta Miquéias 6,8: defender o direito e amar a lealdade é o que se precisa realizar, é a exigência primária do amor e da justiça. Mas essa prática se converte também em *mistagogia*: assim se caminha humildemente com Deus na história". SOBRINO, *O princípio misericórdia*, p. 79.

[33] Oscar Arnulfo Romero y Galdámez nasceu na cidade de Barrios, El Salvador, em 15 de agosto de 1917. Estudou no seminário maior dos Padres Claretianos em São Miguel e no seminário central dos Padres Jesuítas em São Salvador, até 1937. Deste ano até 1943, estudou na Universidade Gregoriana. No dia 4 de abril de 1952, foi ordenado sacerdote. No dia 4 de abril de 1967, foi sagrado bispo e, em fevereiro de 1977, assumiu o ministério de arcebispo de São Salvador em um momento de grande repressão e miséria do povo. Foi assassinado enquanto celebrava a missa, no dia 24 de março de 1980. Suas inúmeras atividades, exercidas no período de 31 de março de 1978 a 20 de março de 1980, estão documentadas na obra *O profeta dos oprimidos da América Latina: diário de Dom Oscar Romero*.

[34] Jon Sobrino escreve: "Convivi com D. Romero durante três anos. Vi-o pela primeira vez em Aguilares na noite em que assassinaram o Pe. Rutilio Grande, S.J. Uma semana antes de seu martírio, falei com ele pela última vez, transmitindo-lhe a solidariedade dos participantes do IV Congresso Ecumênico Internacional de Teologia, celebrado em São Paulo. Recordo-me com gratidão sua amizade, o impacto de sua fé e a inspiração para a reflexão teológica". SOBRINO, J., *Oscar Romero. Profeta e mártir da libertação*, p. 71.

[35] A preocupação de Jon Sobrino é manter viva a memória de dom Oscar Romero e prosseguir defendendo a sua causa: os pobres. Por isso, escreveu vários livros e artigos, pronunciou inúmeras conferências, analisando a vida, a personalidade e a atuação apostólica deste mártir pela causa da justiça.

[36] Cf. idem, *Monseñor Romero: exigencia, juicio y buena noticia. En el XX aniversario de su martirio*. UCA, San Salvador, marzo 2000.

ter vivido, na fé e na esperança, a dura experiência de ver seus companheiros assassinados, especialmente seu grande amigo Ignacio Ellacuría.[37] Essa tragédia marcou profundamente sua vida e solidificou sua decisão de lutar pela justiça.

É testemunha da cruel pobreza e da injustiça, de grandes e terríveis massacres e também da luminosidade, esperança, criatividade e generosidade sem conta das vítimas de El Salvador.[38] Em relação à sua experiência pessoal de fé, com simplicidade e convicção, ele diz: "Penso que posso resumi-la nas palavras do profeta Miquéias 6,8: 'Praticar a justiça, amar com ternura, caminhar humildemente com Deus na história, acrescentando a expressão de Jesus: com gozo e esperança'".[39]

O grande mérito de Jon Sobrino está no fato de ter contribuído, de modo decisivo e eficaz, para a elaboração de uma cristologia da libertação, com novos marcos interpretativos que articulam teoria e práxis, história e transcendência.

A publicação de sua primeira obra *Cristologia a partir da América Latina: Esboço a partir do seguimento do Jesus histórico*, em 1976, fruto de um curso ministrado no ano anterior, no Centro de Reflexão Teológica de San Salvador, assinala sua incorporação pública entre os teólogos da libertação. A partir dessa data, Jon Sobrino destacou-se por sua ampla produção teológica, publicada em livros e revistas. No panorama da cristologia latino-americana, suas obras tornaram-se ponto de referência obrigatório.

Vasta e extremamente rica, a produção teológica de Jon Sobrino abrange vários campos fundamentais da teologia: o mistério de Deus, a espiritualidade, a eclesiologia e, particularmente, a cristologia. Por isso, torna-se quase impossível analisá-la em sua globalidade. Daí a necessidade de escolher um tema e uma perspectiva de análise.

---

[37] Cf. idem, *Os seis jesuítas mártires de El Salvador*, pp. 6-8.

[38] Testemunhos da dura realidade das vítimas de El Salvador foram recolhidos nas obras: VIGIL LÓPEZ, M. & SOBRINO, J. *La matanza de los pobres*; e CENTRO DE PASTORAL OSCAR ROMERO (Prefácio de Jon Sobrino), *El Salvador: uma fonte cujas águas nunca secam*.

[39] Diálogo pessoal que tive com Jon Sobrino, no dia 24 de setembro de 1992, em seu escritório, no Centro de Pastoral Dom Oscar Romero, na Universidade Centroamericana "José Simeón Cañas", em San Salvador, El Salvador.

2. Os limites do horizonte

Escolhemos como tema central de nossa pesquisa o seguimento de Jesus, categoria cristológica fundamental no pensamento de Jon Sobrino. Ao explicar a origem de sua reflexão cristológica desde a perspectiva do seguimento, ele conta:

> Não foi uma revelação. Acredito que, por ser jesuíta — e os Exercícios Espirituais de santo Inácio estão baseados no seguimento de Jesus —, tinha esta realidade presente no meu inconsciente real e, provavelmente, no inconsciente teológico. Esse foi o pano de fundo. Depois, quando era estudante, li Bonhoeffer, e me atraiu o que ele escreveu sobre o seguimento. E suponho — na linguagem de hoje, porque naquele tempo não pensava assim — que percebi que o perigo do teólogo não é tanto o de enganar-se ou não em relação ao conceito, mas o de permanecer no conceito, que é uma forma de não ser real. Como reação a isso, senti que uma forma de ver Jesus Cristo de modo real era tratar de ser e de fazer como ele.[40]

Quando Jon Sobrino regressou a San Salvador, em 1974, depois de ter concluído os estudos na Alemanha, começavam, no país, os processos de libertação, os movimentos populares e as perseguições. E ele diz:

> Percebi, então, com grande surpresa, que, quando eu falava, dois aspectos da vida de Jesus sensibilizavam as pessoas: o reino de Deus como horizonte objetivo e estrutural do que é preciso fazer, e o seguimento como forma de viver. E comecei a formulá-lo assim: o seguimento como categoria epistemológica, pois somente posso entender o que estou falando quando torno real o que existe no conceito, e só então a fé adquire significado. Conseqüentemente, o seguimento passa a ser o lugar por excelência da fé.[41]

Os limites do horizonte de nossa pesquisa foram traçados na formulação da questão central: *Qual o significado, a abrangência e a relevância do seguimento de Jesus na cristologia de Jon Sobrino, e qual a contribuição que ele oferece para o resgate dessa categoria?* Essa questão permeia todo o nosso trabalho, garantindo a

---

[40] Entrevista particular com Jon Sobrino realizada no dia 22 de setembro de 1992, em seu escritório, no Centro de Pastoral Dom Oscar Romero, na Universidad Centroamericana "José Simeón Cañas", em San Salvador, El Salvador.
[41] Idem, ibidem.

unidade e a coesão intrínsecas. No que diz respeito à inter-relação dos dois eixos de nossa pesquisa — *o seguimento e a cristologia de Jon Sobrino* —, é importante deixar claro nossa preocupação básica referente a cada um deles.

Em relação à categoria cristológica do *seguimento*, nossa intenção não é a de fazer uma exegese bíblica, nem mesmo uma abordagem histórica completa desse conceito. Nosso propósito é o de contextualizar nosso autor num amplo horizonte bíblico-histórico com o objetivo de compreender melhor sua proposta de seguimento de Jesus no atual contexto latino-americano.

Em relação à *cristologia de Jon Sobrino*, nossa intenção não é a de repetir os enfoques de estudos já realizados, nem mesmo abordar todos os aspectos de sua vasta produção teológica. Nossa pesquisa concentra-se num conteúdo e numa chave hermenêutica precisa: a categoria cristológica do seguimento de Jesus e a contribuição que ele oferece para o resgate dessa categoria. Os outros temas são abordados porque se relacionam, direta ou indiretamente, com essa questão central, objeto do nosso estudo, ou ainda porque ajudam a compreendê-la com maior profundidade.

3. A novidade e a contribuição

Renunciando explicitamente a uma discussão polêmica, a presente obra se propõe a ser uma leitura da cristologia de Jon Sobrino, tendo como princípio epistemológico e chave hermenêutica o seguimento de Jesus, no contexto latino-americano atual. Nessa perspectiva específica reside a originalidade deste nosso trabalho. Julgamos ser essa contribuição útil e necessária neste momento de encruzilhada histórica no continente latino-americano, no qual o repensar a fé cristã e o prosseguir a prática de Jesus tornaram-se um imperativo.

A novidade do nosso trabalho pode ser percebida ainda no tratamento dado à questão fundamental relativa ao seguimento na cristologia de Jon Sobrino. Ela perpassa todos os dados de nossa pesquisa, desdobrada em dois enfoques intrinsecamente relacionados entre si.

O primeiro enfoque diz respeito ao *significado*, à *abrangência* e à *relevância* da categoria do seguimento. Cada um desses conceitos tem um conteúdo específico: *significado* indica o que Jon Sobrino entende ao usar o termo seguimento; *abrangência* diz respeito não apenas ao uso quantitativo do termo, mas também à relação que ele estabelece entre a categoria de seguimento e os outros campos fundamentais da teologia por ele abordados, e à influência que tal conceito exerce sobre a globalidade de seu fazer teológico; *relevância* diz respeito à importância qualitativa, fundamental e estruturante do seguimento na cristologia de Sobrino.

O segundo enfoque refere-se à *contribuição* específica de Jon Sobrino para o resgate da categoria do seguimento, relegada, por muito tempo, ao âmbito da teologia espiritual e recolocada, agora, no centro da reflexão cristológica.

O conjunto desses dois enfoques nos levará a perceber toda a riqueza e a originalidade de uma cristologia que, desde sua nascente, se identificou como sendo a perspectiva do seguimento de Jesus.[42]

4. O caminho metodológico

Nosso procedimento metodológico contemplou os seguintes passos: *primeiro*, a questão fundamental, ou seja, a compreensão do seguimento de Jesus na cristologia de Jon Sobrino, e a identificação de sua contribuição específica para o resgate dessa categoria foi desdobrada em cinco grandes questões que constituem o conteúdo de cada um dos cinco capítulos; *segundo*, a questão básica de cada capítulo, por sua vez, também foi sendo desdobrada, na forma de ondas de uma cascata, em outras questões e respostas sucessivas que, entrelaçadas, como os anéis de uma corrente, vão desenhando o conteúdo de cada capítulo.

Na medida do possível, o trabalho foi elaborado em forma analítico-sistemática, respeitando, contudo, o desenvolvimento histórico e genético, nos casos em que se impunha. No final de cada capítulo, apresentamos as principais conclusões, e uma conclusão final sintetiza todo a nossa pesquisa.

As respostas às questões foram dadas percorrendo dois caminhos paralelos e complementares: o *estudo* atento e minucioso, reflexivo e comparativo, das obras de Jon Sobrino publicadas até junho de 2000, contextualizadas no horizonte bíblico-histórico; a *leitura* comparativa dos estudos, das dissertações e teses sobre o nosso autor.

---

[42] A primeira obra cristológica de Jon Sobrino intitula-se: *Cristologia a partir da América Latina. Esboço a partir do seguimento do Jesus histórico*.

Para complementar esses caminhos teóricos, tivemos oportunidade de conhecer a realidade de El Salvador e de fazer a experiência do itinerário histórico-geográfico percorrido pelo Mestre de Nazaré e seus seguidores nas estradas da Palestina.

5. A construção do edifício

A estrutura fundamental do nosso trabalho está organizada em *cinco capítulos*. Os dois primeiros são de caráter introdutório. Para estes, servimo-nos de fontes secundárias, mas igualmente fidedignas.

O *primeiro* traça um amplo horizonte neotestamentário do seguimento. A preocupação que perpassa todo esse capítulo é a de buscar as raízes bíblicas desse evento histórico-salvífico com o objetivo de compreender melhor o alcance da proposta de atualização e a vivência do seguimento feita por Jon Sobrino. O *segundo* tece, de forma geral, a longa, complexa e conturbada trajetória da categoria cristológica do seguimento e sua relação com a imitação. Duas preocupações perpassam o texto: mostrar que o seguimento de Jesus é parte integrante e essencial da tradição cristã; e situar Jon Sobrino na continuidade dessa tradição. Sem esse panorama bíblico-histórico traçado nos dois primeiros capítulos seria difícil compreender o nosso autor em toda a sua profundidade.

Os três capítulos sucessivos respondem diretamente à questão fundamental do nosso trabalho. O *terceiro* apresenta uma visão geral da cristologia de Jon Sobrino, articulada em três eixos fundamentais: *a realidade social e eclesial*, que constitui a perspectiva do nosso autor; o *Jesus histórico*, que prega o Reino de Deus e vive em intimidade com o Pai; o chamado ao seu *seguimento*. Essas três realidades estão íntima e profundamente relacionadas entre si: a realidade socioeclesial remete ao lugar onde acontecem a fé e a reflexão teológica, o Jesus histórico é critério de seguimento e o seguimento é o modo de recuperar o Jesus histórico.

O *quarto* capítulo toca o cerne da nossa pesquisa. Analisa o seguimento de Jesus como forma privilegiada de explicitar a identidade cristã. Evidencia o significado, a abrangência e a relevância do seguimento de Jesus na visão de Jon Sobrino, e mostra como o problema da identidade cristã está subjacente a toda sua cristologia.

Avançando ainda mais na mesma linha de reflexão do quarto capítulo, o *quinto* capítulo analisa a vida cristã como prosseguimento de Jesus com espírito. A preocupação básica é mostrar que o seguimento só pode ser concretizado levando-se em conta dois fatores determinantes: a memória viva de Jesus de Nazaré e as situações históricas em que se vive. Jesus deve ser prosseguido, atualizado e não imitado mecanicamente. E isso acontece na força do Espírito.

Por fim, na conclusão final, elencamos as principais conquistas desta obra. Percorremos este caminho, com seriedade e responsabilidade histórica, mas também com gozo e alegria de quem, como os discípulos de Emaús (cf. Lc 24,13-34), sente o coração arder por perceber que ele, o Mestre da Galiléia, está vivo, caminha conosco e continua chamando ao seu seguimento.

Capítulo I

HORIZONTE BÍBLICO DE COMPREENSÃO DO SEGUIMENTO DE JESUS

�֎

Um fato histórico assegurado é que Jesus chamou diferentes pessoas para segui-lo em comunhão de vida, missão e destino. Todos os evangelhos relatam que Jesus, no começo de sua atividade pública, chamou vários discípulos com autoridade, incondicionalmente, sem explicações. "Vinde em meu seguimento" (Mc 1,17 par), "segue-me" (Mc 2,14 par).

Jon Sobrino

A categoria cristológica do seguimento concentra em si a experiência fundante do cristianismo.[1] Jesus de Nazaré, passando pelas estradas da Palestina, chamou homens do meio de seu povo para segui-lo (cf. Mc 1,16-20; Mt 4,18-22; Lc 5,1-11) e se autodefiniu como o único caminho para o Pai (cf. Jo 14,6). Os evangelistas são concordes em empregar a metáfora do seguimento, rica em simbologia, para expressar a relação profunda e pessoal de Jesus com os seus seguidores.[2]

Fundamentada nesse fato, a tradição cristã passou a conceber a existência cristã em sua realidade dinâmica, como resposta ao chamado de Deus, como caminho a ser percorrido e como projeto a ser realizado.[3] E o seguimento passou a ser uma categoria fundamental em toda a história da salvação, porque engloba todos os elementos da resposta humana à intervenção de Deus na história da pessoa, por meio de Jesus.[4]

Deus se revela, em Jesus, no acontecer da história. Só mediante o seguimento e no seguimento é possível conhecer verdadeiramente Deus, relacionar-se com ele e viver na fidelidade ao seu projeto. Não é possível o seguimento à margem da história; não é possível a fidelidade a Deus à margem do seguimento. Por isso, a história da salvação é uma história de seguimento.[5]

---

[1] Cf. SCHULZ, A. *Discípulos do Senhor*, pp. 35-40.
[2] Cf. SOBRINO, J. Seguimento de Jesus. In: FLORISTÁN SAMANES, C. & TAMAYO-ACOSTA, J. J. (orgs.). *Dicionário de conceitos fundamentais do cristianismo*, p. 772; CASTILLO, J. M. *El seguimiento de Jesús*, pp. 15-18.
[3] Cf. VIDAL, S. El seguimiento de Jesús en el Nuevo Testamento. Visión general. In: GARCÍA-LOMAS, J. M. & GARCÍA-MURGA, J. R. (eds.). *El seguimiento de Cristo*, p. 13.
[4] Cf. MAZZEO, M. *La sequela di Cristo nel libro dell'Apocalisse*, pp. 70 e 92.
[5] Cf. CASTILLO, J. M. *El seguimiento de Jesús*, p. 34.

Outra categoria empregada, ao longo da história, para expressar a dinâmica da vida cristã é a da imitação. Trata-se de um conceito complexo e pouco comum no Antigo Testamento.⁶ Nos escritos do Novo Testamento, é o apóstolo Paulo, que não conheceu o Jesus histórico e que está situado na cultura greco-romana, quem desenvolve, de modo particular, a relação com Cristo a partir da imitação.⁷

Seguir e imitar, dois conceitos complexos e abrangentes que constituem parte integrante da tradição cristã. Em relação ao seguimento, Jon Sobrino afirma:

> Um fato histórico assegurado é que Jesus chamou diferentes pessoas para segui-lo em comunhão de vida, missão e destino. Todos os evangelhos relatam que Jesus, no começo de sua atividade pública, chamou vários discípulos com autoridade, incondicionalmente, sem explicações. "Vinde em meu seguimento" (Mc 1,17 par), "segue-me" (Mc 2,14 par).⁸

Ao chamar discípulos para segui-lo, Jesus se insere na tradição cultural do seu tempo, tomando como modelo as relações mestre-discípulos existentes entre os rabinos.⁹ Por conseguinte, para compreender o seguimento de Jesus hoje e suas implicações para a vida cristã, é necessário buscar as raízes e voltar ao evento fundante: Jesus de Nazaré que chama discípulos para segui-lo.

---

⁶ Embora Gn 1,26-27 apresente o homem como ser criado à imagem e semelhança de Deus, o tema da imitação está praticamente ausente na trajetória do povo de Israel. Dois motivos justificam essa ausência: primeiro, a transcendência de Deus e seu caráter de mistério, que impede estabelecer uma correspondência entre Deus e o ser humano, através da imitação; segundo, a proibição de fazer imagens de Deus (Ex 20,4) e a santidade que se revela em seu nome (Ex 3,14), que impedem uma identificação maior pela imitação. Esses motivos levam a sublinhar mais as diferenças e a descontinuidade entre Deus e o homem do que as possíveis convergências. O tema da imitação é substituído pela Aliança entre Deus e o povo e pelas exigências de obedecer aos mandamentos da lei divina e cumpri-los. Mesmo o texto do Lv 19,2 — "sede santos, porque eu, o Senhor, sou santo" — não propõe uma imitação direta de Deus, mas quer propor a conversão e a misericórdia. Deus é santo e Israel deve ser santo; essa santidade consiste na fidelidade à Aliança. Apesar disso, a idéia da imitação aparece insinuada em Lv 20,2ss; Dt 4,3; 12,30; Os 9,10; 2Rs 17,15; Jr 2,5; Is 66,17. Nesses casos se alude à imitação cultural, nunca se fala de imitação de Javé. No que se refere à relação com o seguimento, só é possível perceber alguns indícios nas expressões "ir atrás de alguém", no sentido de "imitar a conduta de alguém". Cf. Estrada, J. A. Imitação de Jesus Cristo. In: Rodríguez, A. A. & Canals Casas, J. (orgs). Dicionário teológico da vida consagrada, p. 548; Goffi, T. Seguimento/Imitação. In: Campagnoni, F.; Piana, G.; Privitrera, S., Dicionário de teologia moral, p. 1.137; 'ahᵃre (detrás de, después de) Helfmeyer, H. In: Botterweck, G. J. & Ringgren, H. Diccionario teológico del Antiguo Testamento, v. 1, p. 220.

⁷ Cf. Adnes, P. Sequela e imitazione di Cristo nella Scrittura e nella Tradizione, p. 103.

⁸ Sobrino, J. Seguimento de Jesus. In: Floristán Samanes, C. & Tamayo-Acosta, J. J. (orgs.). Dicionário de conceitos fundamentais do cristianismo, p. 772.

⁹ Cf. Fernández, B. Seguir a Jesús, el Cristo, p. 124; Mazzeo, M. La sequela di Cristo nel libro dell'Apocalisse, pp. 79-81.

Diante desse desafio de voltar às fontes, emergem muitas questões que necessitam de uma resposta. Quais as características do seguimento na tradição rabínica e qual a novidade trazida por Jesus? Como os escritores do Novo Testamento expressam a realidade do seguimento e da imitação? No universo neotestamentário, qual a relação existente entre seguir e imitar?

Responderemos a essas questões partindo do fato central para o cristianismo: Jesus chamou pessoas para segui-lo e tentaremos adentrar no universo da tradição bíblica a fim de buscar as raízes mais profundas dessa realidade. Jesus de Nazaré, que chamou pessoas para segui-lo, será nossa chave hermenêutica para entender o que aconteceu antes dele e o que virá depois.

A partir da luz projetada do centro: Jesus que convida ao seu seguimento, analisaremos *o seguimento na tradição rabínica e a novidade trazida por Jesus (1); o seguimento do Mestre Jesus de Nazaré (2); o seguimento nos escritos do Novo Testamento (3); o apóstolo Paulo: estar com Cristo (4); o exemplo de Cristo e o convite a seguir seus passos (5); a relação entre seguimento e imitação (6).*

Pretendemos assim delinear um amplo horizonte neotestamentário[10] para compreender melhor a questão central do nosso trabalho: Qual o significado, a relevância e a abrangência do seguimento de Jesus na cristologia de Jon Sobrino, e qual a contribuição específica que ele oferece para o resgate dessa categoria cristológica?

1. O seguimento na tradição rabínica e a novidade trazida por Jesus

O Novo Testamento é a plena realização, na pessoa de Jesus Cristo, dos desígnios divinos, preanunciados no Antigo Testamento.[11] Séculos depois que Javé chamou Abraão para segui-lo rumo a um país distante e desconhecido (cf. Gn 12,1)

---

[10] Neste capítulo, não pretendemos, de forma alguma, apresentar um trabalho exaustivo de pesquisa sobre os temas do seguimento e da imitação no Novo Testamento, em toda a sua riqueza e complexidade. Nosso objetivo é delinear o horizonte bíblico do seguimento de forma que nos permita compreender melhor essa categoria na cristologia de Jon Sobrino. Para isso, servimo-nos, em geral, de uma bibliografia secundária (obras sobre os autores mencionados), mas confiável e, em alguns casos, recorremos à bibliografia primária (escritos dos próprios autores mencionados).

[11] No Antigo Testamento, a imagem do seguimento vem acompanhada de uma dúplice dificuldade. De um lado, recorda os que seguem os deuses pagãos (cf. Jz 2,12; Dt 4,3; Jr 11,10) e está relacionada com a imagem do adultério, predominante na pregação do profeta Oséias. Israel "segue" o amante e se esquece do esposo (cf. 1,2; 2,7.15). De outro, para o pensamento hebraico, caracterizado pela concretude, é impossível seguir um Deus transcendente. De modo geral, a expressão

e escolheu Israel para ser o seu povo (cf. Nm 23,9) e seguir os seus caminhos (cf. Dt 13,5), João Batista, o precursor, começa sua pregação exortando o povo a preparar os caminhos do Senhor (cf. Lc 3,4). O Antigo Testamento constitui, assim, o ambiente natural e a pré-história da noção evangélica de seguimento.[12]

O Verbo Divino rompe as barreiras da eternidade, entra na história, assume a humanidade. Jesus, o Verbo feito carne, inaugura a vida pública convidando algumas pessoas do meio do seu povo para segui-lo (cf. Mc 1,16-20; Mt 4,18-22; Lc 5,1-11). Ele se insere no contexto do mundo judaico e, exteriormente, toma como modelo as relações mestre-discípulos existentes entre os rabinos.[13]

Desta forma, o conhecimento da doutrina rabínica acerca do discipulado e o significado do seguimento no ambiente judaico contemporâneo a Jesus nos permitem compreender a novidade trazida por Jesus e suas implicações para a vida cristã.[14] Por conseguinte, responderemos à pergunta sobre as exigências do seguimento na tradição rabínica e sobre a novidade trazida por Jesus, refletindo sobre os seguintes aspectos: *a relação mestre-discípulo na tradição rabínica; o modo novo inaugurado por Jesus de chamar para seguir.*

Relação mestre-discípulo no sistema rabínico

As exigências do seguimento na tradição rabínica contemporânea a Jesus se fundamentam no fato de que, no universo da cultura hebraica, o estudo é um pressuposto indispensável, um requisito imprescindível para alcançar a plenitude da vida religiosa.[15] É um dever pessoal intransferível que exige empenho constante.

"seguir Javé" (cf. Dt 1,36; 1Rs 14,8; 1Rs 18,21; 2Rs 23,3; Jr 2,2) significa inclinação, dependência, obediência, reconhecimento de soberania, aceitação de seus mandamentos ou preceitos. Entretanto, no desenrolar da história de Israel, essa expressão adquire matizes variados e se torna mais concreta quando se trata do seguimento não dos deuses ou de Javé, e sim do enviado de Javé, do profeta, de onde nasce a relação mestre-discípulo. Cf. BLANCO, S. Seguimento. In: RODRÍGUEZ, A. A. & CANALS CASAS, J. (orgs.). *Dicionário teológico da vida consagrada*, p. 1.010.

[12] Cf. MAZZEO, M. *La sequela di Cristo nel libro dell'Apocalisse*, p. 82.

[13] Cf. SCHULZ, A. *Discípulos do Senhor*, p. 17; FERNÁNDEZ, B. *Seguir a Jesús, el Cristo*, p. 124.

[14] Cf. VIDAL, S. El seguimiento de Jesús en el Nuevo Testamento. Visión general. In: GARCÍA-LOMAS, J. M. E GARCÍA-MURGA, J. R. (eds.). *El seguimiento de Cristo*, p. 18.

[15] A verdadeira religiosidade se conquista com o conhecimento e a consciência do que se deve fazer. E o estudo da *Torá*, por si só, equivale a todos os outros preceitos. Cf. DI SEGNI, R. La sequela nella tradizione rabinica, *Seguimi!*, n. 2, p. 73.

Neste contexto, a figura do mestre adquire capital importância.[16] Ele é o depositário dos ensinamentos divinos. Freqüentar a escola e aprender uma lição são atos sagrados e constituem a essência da vida religiosa hebraica. Na vida do discípulo, esses atos são a repetição cotidiana da revelação ocorrida no monte Sinai, por meio da qual Deus instruiu seu povo.[17]

Os sacerdotes judaicos[18] prescreviam fidelidade absoluta à letra da Lei, isto é, à *Torá*.[19] Em conseqüência disso, formou-se a classe dos chamados doutores da Lei.[20] Eles não pertenciam à casta sacerdotal, eram teólogos profissionais que dedicavam sua vida ao estudo da Lei e desempenhavam, simultaneamente, os ofícios de legisladores, juízes e mestres. Como mestres, sua principal preocupação era conduzir Israel pelos caminhos da compreensão da vontade divina, expressa não apenas no Pentateuco, mas também na "tradição dos antigos",[21] transmitida, no início, apenas oralmente.[22] A Lei não podia ser patrimônio exclusivo de uma única geração de mestres. Daí a necessidade de se formar novos mestres.[23]

---

[16] Na escala de valores da cultura rabínica, as prerrogativas e os direitos do mestre prevalecem sobre os do pai. Se o pai e o mestre têm alguma necessidade, é preciso ajudar antes o mestre; se os dois estão carregando um peso, o discípulo deve oferecer-se antes para carregar o do mestre; se os dois estão prisioneiros, o mestre deve ser libertado antes. A justificativa para isso é muito simples: o pai deu a vida ao filho para este mundo, mas o mestre, que lhe deu a sabedoria, o conduz à vida no mundo futuro. O elemento biológico cede lugar ao ético. Cf. idem, ibidem, p. 72.

[17] Como no Monte Sinai, também na escola deve-se permanecer com temor e tremor. Quem é considerado impuro por causa de alguma doença ou por motivos biológicos pode entrar na escola, mas quem é impuro por leviandade moral deve abster-se do contato com o sagrado, que se revela, de forma imediata, no momento da aprendizagem. "A santidade da escola é superior à santidade da sinagoga." Cf. idem, ibidem, pp. 72-73.

[18] Os sacerdotes judaicos são os descendentes da antiga tribo de Levi, os herdeiros das tradições de Moisés e aqueles que se especializavam na arte de proferir oráculos e no ministério dos sacrifícios. Cf. Vicent, A. *Dicionário bíblico*, p. 440.

[19] A palavra *Torá* se tornou comum para designar a lei no judaísmo. A etimologia desse termo comumente apresentada, embora discutida por alguns exegetas e especialistas, deriva do termo *yarah*, que quer dizer jogar ou deitar sorte, e, assim, seu sentido original é o de oráculo divino (revelado pela sorte). Daí passa a significar as respostas divinas comunicadas pelos sacerdotes e chega a exprimir a instrução sacerdotal. Essa instrução referia-se a preceitos cultuais e morais. Cf. Mackenzie, J. L. *Dicionário bíblico*, p. 539.

[20] Doutores da Lei eram em geral os escribas, que, nas sinagogas (Lc 5,17; 10,25; 14,3) ou no Templo (Lc 2,46; Mt 22,35), ensinavam ou explicavam a Lei. Cf. Vicent, A. *Dicionário bíblico*, p. 158.

[21] No Novo Testamento, o conceito de tradição é usado para indicar o ensinamento dos rabinos, transmitido de uma geração a outra por meio da tradição oral. Os sinóticos usam a expressão tradição dos antigos para expressar a técnica rabínica de tradição (cf. Mc 7,5.13) rejeitada por Jesus, por ela pecar contra as exigências morais fundamentais e, por isso, é chamada de "a vossa tradição" (Mc 7,9-13; Mt 15,3.6) e "tradição humana" (Mc 7,8). Cf. Den Born, A. V. *Dicionário enciclopédico da Bíblia*, p. 1.524.

[22] Os problemas que surgiam na vida do povo eram apresentados aos doutores da Lei, os quais eram encarregados de decidir as questões de acordo com a Lei. Além disso, a eles também cabia intervir para conciliar as diversas interpretações da Lei que pudessem aparecer. Cf. Schulz, A. *Discípulos do Senhor*, p. 18.

[23] Os doutores da Lei eram considerados participantes da própria dignidade divina da Torá: por isso ocupavam, na sociedade judaica, uma posição de elevado prestígio. Cf. idem, ibidem, p. 20.

Os jovens israelitas escolhiam, livre e espontaneamente, seu mestre, seguindo alguns critérios básicos. O mestre devia ser, de preferência, um ancião sapiente que tivesse qualidades intelectuais e fosse também exemplo de vida moral, pois sua função não era apenas transmitir e conservar o patrimônio espiritual, mas recriá-lo constantemente. Por conseguinte, seguir um mestre significava ter um critério seguro e um ponto de referência necessário na vida religiosa.[24]

Na convivência com o mestre, o discípulo devia cultivar algumas atitudes pessoais: não lhe era permitido chamar o mestre pelo nome; quando o mestre chegava, devia levantar-se; permanecer diante dele com respeito, como se estivesse diante de um rei; não podia discordar de seus ensinamentos; ao caminhar em companhia do mestre, não devia andar ao lado dele, mas segui-lo a uma distância razoável.[25]

A relação mestre-discípulo não se baseava apenas no respeito e na veneração, mas sobretudo no serviço.[26] A posição do discípulo em relação ao mestre era análoga à de um verdadeiro servo; na casa do mestre ele devia desempenhar todas as tarefas necessárias. O mestre era, acima de tudo, um mestre de vida. Cada um de seus atos, até mesmo os mais insignificantes, ensinava o modo concreto de comportar-se. Não era possível aprender como comportar-se corretamente sem seguir o mestre na vida privada, sem conhecer suas necessidades cotidianas, como faz um servo.

Além de ser ancião sapiente e exemplo de vida moral, o mestre era escolhido também com base na ciência e no método de ensinar. O mestre era respeitado pelo seu saber. O centro do discipulado era a Lei e a relação mestre-discípulo centrava-se no ensinar e aprender uma doutrina. A instrução dada pelos mestres aos discípulos não se limitava ao campo teórico, mas devia levar à prática da Lei.[27]

O método de ensinar baseava-se no diálogo, suscitado, geralmente, por uma pergunta. A instrução, na maioria dos casos, era dada por meio de uma comparação e

---

[24] Cf. Di Segni, R. La sequela nella tradizione rabinica, *Seguimi!*, n. 2, pp. 74-75.

[25] Cf. idem, ibidem, p. 76.

[26] No Antigo Testamento, Josué, herdeiro de Moisés, é um servidor de Moisés (cf. Ex 24,13); Eliseu, profeta que sucede Elias, é aquele que "derramou água sobre as mãos de Elias" (2Rs 3,11). O serviço dos mestres está entre as 48 coisas necessárias para adquirir a sabedoria. Cf. idem, ibidem, pp. 76-77.

[27] Cf. Fernández, B. *Seguir a Jesús, el Cristo*, p. 125; Vidal, S. El seguimiento de Jesús en el Nuevo Testamento. Visión general. In: García-Lomas, J. M. & García-Murga, J. R. (eds.). *El seguimiento de Cristo*, p. 18.

terminava com uma pergunta, convidando o discípulo a resolver, por si próprio, o problema em questão. A sede oficial para a instrução dos discípulos era a casa do mestre e os discípulos eram obrigados a viver com o mestre durante o período de formação. O seguimento do mestre era marcado pela transitoriedade, até atingir o objetivo proposto: tornar-se intérprete da Lei.[28]

Na relação mestre-discípulo, o mestre também tinha seus deveres: não devia ser pedante; devia compreender com paciência a debilidade intelectual do aluno; devia ser tolerante nas divergências e diante dos desvios morais.[29] Nessa relação, preferencial e excepcional, que se estabelecia entre o mestre e o discípulo, realiza-va-se a continuidade da tradição hebraica. O povo seguia os mestres e se reconhecia neles, porque eles representavam a complementariedade da palavra escrita e seu elemento revitalizante. Desta forma, discípulos e mestres eram, respectivamente, os verdadeiros reis e profetas da sociedade hebraica.[30]

De modo geral, podemos dizer que essas eram as características e exigências do seguimento e do discipulado no ambiente judaico contemporâneo a Jesus.[31] Em que medida Jesus respeita essa tradição cultural e religiosa do seu tempo e se insere nela, e quais as rupturas mais significativas que ele introduz?

---

[28] Cf. SCHULZ, A. Discípulos do Senhor, pp. 17-21.

[29] Cf. DI SEGNI, R. La sequela nella tradizione rabinica, Seguimi!, n. 2, p. 79.

[30] Em seu livro Discípulos do Senhor, p. 23, Anselmo Schulz observa que as fontes que nos informam sobre a relação mestre-discípulo na época judaica mais recente são, em sua maioria, mais próximas de nós do que a própria tradição evangélica. Por conseguinte, é difícil avaliar se e até que ponto cada uma das prescrições relativas à formação de alunos já era conhecida e estava em uso na época de Jesus. Muitos dados, porém, são confirmados pelos evangelhos.

[31] Além das instituições rabínicas, não podemos deixar de assinalar a existência de movimentos de tipo carismático. No judaísmo palestinense, existiam os movimentos messiânicos e proféticos, que significavam um especial florescimento de antigas tradições carismáticas israelitas. Usando os mais variados métodos, todos eles alimentavam a esperança da transformação social. Neste amplo contexto, podemos situar a figura profética do Batista. Sua semelhança com o seguimento de Jesus reside, particularmente, na esperança de uma transformação social.

No mundo helenista, havia diversos movimentos centrados em figuras carismáticas dos mais variados tipos: magos, taumaturgos, profetas e filósofos, que desenvolviam suas atividades de forma itinerante. É particularmente significativa a figura do filósofo cínico que, com senso crítico, provocava a sociedade urbana, considerada como uma degradação da autêntica vida humana. É inegável uma certa analogia sociológica entre esses fenômenos helenistas e o movimento de Jesus, porém, não podem ser igualados de nenhuma forma. Cf. VIDAL, S. El seguimiento de Jesús en el Nuevo Testamento. Visión general. In: El seguimiento de Cristo, pp. 19-21.

O novo modo de chamar para seguir inaugurado por Jesus

Jesus não deixou nenhum documento escrito acerca de sua vida, sua obra e seus seguidores. Os autores do Novo Testamento, a partir do caminho de vida dos primeiros seguidores e das primeiras comunidades, buscaram compreender o significado da vida e dos ensinamentos do Mestre de Nazaré, o alcance do seu chamado e as exigências do seu seguimento.

Os evangelhos, redigidos segundo a experiência pascal e, por conseguinte, em muitas ocasiões reflexo da situação das primeiras comunidades cristãs, registram a existência de um grupo de pessoas que, respondendo ao chamado de Jesus, o seguiam.[32] Eles foram escritos para manter viva a memória de Jesus de Nazaré, provocando e sustentando esse seguimento. Os traços característicos desse seguimento encontram-se, particularmente, nas narrativas da vocação dos primeiros discípulos[33] e nos ditos (logias) de Jesus[34] a esse respeito. As narrativas das vocações são contextualizadas e trazem informações acerca dos nomes e da profissão das pessoas que encontraram Jesus; os ditos (logias), em geral, são anônimos e generalizados. A atenção é centralizada na pessoa de Jesus e na sua tomada de posição.[35]

---

[32] Cf. idem, ibidem, p 14.

[33] A história das vocações são múltiplas:
   a) a vocação dos primeiros discípulos: Mc 1,16-20; Mt 4,18-22; Lc 5,1-11;
   b) a vocação de Levi: Mc 2,14; Mt 9,37; Lc 5,27ss;
   c) o episódio do jovem rico: Mc 10,17-22; Mt 19,16-22; Lc 18,18-23;
   d) outras narrativas, como a do cego Bartimeu depois de sua cura: Mc 10,46-52; Lc 18,35-43; ou do endemoninhado de Gerasa: Mc 5,18ss; Lc 8,38.

   Ao lado dessas narrativas, os evangelhos registram também alguns ensinamentos acerca do seguimento:
   a) exigências de radicalidade implícita no seguimento: Lc 9,57-62; Mt 8,19-22;
   b) o risco que a experiência de seguimento comporta, associada à imagem de carregar a cruz — nessa perspectiva, a ligação entre cruz e seguimento reforça a exigência da disponibilidade total, até ao martírio: Mc 8,34; Mt 10,38; 16,24; Lc 9,23; 14,27—, e acompanhada da promessa da recompensa futura: Mt 19,28; Lc 22,28-30. Cf. PERRONE, L. Sequela Christi e imitazione. In: PELLICIA, G. & ROCCA, G. (orgs.). Dizionario degli Istituti di perfezione, v. 8, p. 1.292.

[34] Os evangelistas registraram uma série de ditos de Jesus (logias) nos quais ele especifica as condições necessárias para ser seu discípulo. Entre eles podemos citar, Mt 10,37-38; Lc 14,26, que se referem à exigência de romper com os vínculos familiares; Mc 8,34; Mt 16,24; Lc 9,23, que se referem à exigência de carregar a cruz; Mt 8,19-22; Lc 9,57-60 propõem aos que querem seguir Jesus que adotem o mesmo estilo de vida. Cf. LOZANO, J. M. La sequela di Cristo, pp. 23-26.

[35] Cf. GNILKA, J. Jesus de Nazaré: mensagem e história, p. 159.

Os evangelhos revelam uma dupla face no agir de Jesus: de um lado, ele se insere no universo cultural de seu tempo no que diz respeito à relação mestre-discípulo existente entre os rabinos; de outro, ele traz uma novidade inconfundível. Por meio de uma análise paralela, é possível evidenciar semelhanças, mas, particularmente, diferenças significativas entre Jesus e os mestres de seu tempo.

Entre as semelhanças exteriores mais evidentes, podemos elencar as seguintes: Jesus é reconhecido por seus contemporâneos como *mestre*[36] e como chefe de uma escola que, inicialmente, possui doze discípulos que convivem com ele.[37] *Os discípulos seguem Jesus em suas peregrinações* (cf. Mc 6,1; Mt 8,23; Lc 22,9) e desempenham os serviços[38] que no tempo dos rabinos eram considerados decisivos para o futuro de sua profissão. Os discípulos recebem as instruções especiais na *casa do mestre*.[39] O *método* de ensino usado envolve perguntas dos discípulos e também instruções em forma de palestras.[40] Jesus recorre freqüentemente a parábolas, meio didático bastante conhecido em seu tempo; usa as metáforas empregadas pelos doutores da Lei; rebate as objeções de seus opositores com citações do Antigo Testamento. A atividade de Jesus desenvolve-se sobretudo na *sinagoga*[41] *e no Templo*,[42] onde também os rabinos costumavam instruir o povo.

---

[36] Os rabinos contemporâneos a Jesus o reconhecem como mestre (cf. Mc 12,32; Mt 22,36; Lc 10,25; Mt 12,38; Lc 11,45; 20,39) e lhe pedem conselhos (cf. Mc 12,28-34), envolvendo-o em disputas. O pretexto para a disputa é dado por algum ato de Jesus, ou de seus discípulos, que esteja em contraste com as normas fixadas pelo sistema rabínico. Cf. BLANK, J. Seguimento. In: EICHER, P. (org.). *Dicionário de conceitos fundamentais de teologia*, p. 820; SCHULZ, A. *Discípulos do Senhor*, p. 26.

[37] Entre os escribas judaicos contemporâneos a Jesus, podemos citar Hillel e Shammai, que viviam circundados pelos seus seguidores. Cf. GNILKA, J. *Jesus de Nazaré*: mensagem e história, p. 155.

[38] Na expressão "Não há discípulo superior ao mestre, nem servo superior ao senhor" (Mt 10,24), a relação discípulo-mestre é comparada aos serviços prestados por um empregado doméstico. Cf. SCHULZ, A. *Discípulos do Senhor*, p. 25.

[39] Ver, por exemplo, Mc 7,17; 9,28-33; 10,10; Mt 17,25.

[40] O fato de Jesus se retirar da multidão em companhia dos doze e dedicar-se à instrução dos mesmos é uma prova de que ele empregava também o método das palestras. Esse aspecto da vida de Jesus é destacado principalmente no evangelho de Marcos (8,27-10,52). Cf. SCHULZ, A. *Discípulos do Senhor*, p. 26.

[41] Em Mc 1,21 e par. e em Jo 6,29 encontramos a expressão: sinagoga de Cafarnaum; em Mc 6,1ss e par.; Lc 4,16-30: sinagoga de Nazaré; em Mc 1,39; Lc 4,44: num dia de sábado, Jesus ensina na sinagoga, durante o culto divino na Sinagoga. Cf. idem, ibidem, p. 26.

[42] Para os judeus, o Templo era a casa de Deus, lugar onde se podia gozar da intimidade divina. Jesus se referiu ao Templo como o lugar de oração (cf. Mc 11,17; 12,35; 14,49 e par..; Mt 21,23; Lc 20,1; Jo 4,21ss).

Apesar desses pontos comuns com o sistema rabínico, existem diferenças essenciais motivadas fundamentalmente pela consciência que Jesus tinha de sua missão salvífica. O seguimento exterior é sinal visível da íntima união com Jesus e da participação em sua vida e missão. O novo modo de chamar para seguir inaugurado por Jesus tem características particulares que sintetizaremos a seguir.

Jesus escolhe os seus seguidores

Na escola de Jesus, não são os discípulos que escolhem o mestre com base em critérios preestabelecidos, mas é *Jesus quem toma a iniciativa* e, agindo com autoridade profética, *escolhe seus discípulos*. Tudo parte de um *encontro* e de uma *palavra* autorizada, eficaz e criativa de Jesus: *Segue-me*. Essa palavra expressa sua vontade eletiva em relação à pessoa chamada. Por meio de Jesus, Deus intervém na vida das pessoas. É Deus que procura o ser humano nas coordenadas do tempo e da história.[43]

Neste sentido, Jesus retoma a concepção profética de seguimento, expressa particularmente no caso de Elias (1Rs 19,19-21), no qual não é o profeta que chama, mas Deus, representado no gesto simbólico do jogar o manto.[44]

O centro do seguimento é a pessoa de Jesus

O *centro do seguimento* não é mais a Lei, mas *Jesus e a fé na sua pessoa como o enviado do Pai e Filho de Deus*. A fé em Jesus está na origem e no caminho de seguimento que se desenrola em meio a luzes e sombras. Todo o relacionamento recíproco entre Jesus e seus discípulos se desenvolve no horizonte da fé nele como o Senhor.

A autoridade de Jesus

Como mestre, a autoridade de Jesus não está no saber que possui, nem no fato de ser perito na interpretação da Lei, mas na sua própria pessoa, o enviado do Pai. Entretanto, os discípulos não se colocam a serviço de Jesus, como no caso de

---

[43] Cf. FERNÁNDEZ, B. *Seguir a Jesús, el Cristo*, pp. 126-127.
[44] Cf. GNILKA, J. *Jesus de Nazaré*: mensagem e história, p. 156.

Elias, em que Eliseu se colocou a seu serviço. Os discípulos seguem Jesus, que está junto com eles como alguém que serve (cf. Lc 22,27).[45]

Comunhão vital com Jesus

A relação mestre-discípulo não se limita ao fato de ensinar e aprender uma doutrina, pois é uma *comunhão vital com Jesus* e se traduz na obediência incondicional à sua palavra. Os seguidores de Jesus participam de sua vida, de suas atividades, particularmente do anúncio do Reino (*basileia*). Mas eles dependem plenamente de Jesus e agem em comunhão com ele. Sem a relação-comunição vital com Jesus, a pregação da *basileia* perde toda sua força.[46]

O seguimento é permanente

O seguimento de Jesus não tem limite de tempo, não é o início de uma carreira, mas é uma *entrega total e permanente*. Exige uma resposta pessoal dada no tempo, mas que tem uma dimensão de eternidade, da eternidade de Deus, para o qual o passado, o presente e o futuro são um só e único momento.[47]

Objetivo do seguimento

O discípulo de Jesus não tem como objetivo tornar-se intérprete perito e especialista da Lei por meio de um estudo sistemático, mas é chamado a deixar-se formar e plasmar por ele, seguindo os seus passos. Participa das preocupações cotidianas do mestre e usufrui sua intimidade. Recebe os conteúdos para a pregação de forma não sistematizada.[48]

Essas características particulares evidenciam a distância que existe entre os fenômenos afins contemporâneos a Jesus e o seu chamado, *especial e único*.

---

[45] Cf. idem, ibidem, p. 158.
[46] Cf. idem, ibidem, p. 162.
[47] Cf. FERNÁNDEZ, B. *Seguir a Jesús, el Cristo*, p. 135.
[48] Cf. SCHULZ, A. *Discípulos do Senhor*, pp. 23-29.

Como vimos, apesar de tomar como referência a relação mestre-discípulo no sistema rabínico, Jesus se distancia dele, inaugurando um novo modo de chamar e provocar o seu seguimento. De que forma, então, podemos entender o chamado ao seguimento do Mestre Jesus de Nazaré?

2. O seguimento do Mestre Jesus de Nazaré

Na linguagem comum, seguimento é um termo usado para indicar realidades com matizes diferentes, sempre relacionadas com o significado atribuído pela revelação bíblica, em geral, e pelo verbo seguir, em particular.

Nos textos bíblicos do Novo Testamento, seguimento exprime a relação entre Jesus e as várias categorias de pessoas que se uniram a ele: aquelas que no ministério público o seguiram constantemente; as que acreditaram nele pela pregação dos apóstolos, depois do Pentecostes; todas aquelas que vivem em comunhão com ele.

Por conseguinte, depois de termos evidenciado a singularidade do chamado de Jesus em confronto com o sistema rabínico do seu tempo, prosseguindo nossa pesquisa, responderemos à questão sobre como entender o seguimento de Jesus, abordando os seguintes aspectos: *o significado do termo seguimento, o seguimento pré-pascal e o seguimento pós-pascal*.

Significado do termo seguimento

Nos evangelhos, a expressão seguir Jesus não possui um significado unívoco e nem todas as passagens em que este termo aparece possuem particular importância teológica. Os textos que se referem ao seguimento podem ser catalogados em seis tipos diferentes.

1) Textos que indicam o simples *seguir exterior do Mestre*[49], o qual precede no caminho, acompanhado pelas multidões,[50] pelos seus seguidores, pelos doze ou

---

[49] Existem também textos em que o verbo *akolouthéô* não se refere a Jesus: Mt 9,19; Mc 14,13; Lc 22,10; Jo 11,31;20, 6;21,20.
[50] Cf. Mc 3,7 e par.; 5,24 e par.; 11,9 e par.; Mt 4, 25; 8,1-10 (= Lc 7, 9); 9,27; 14,13; 19,2; 20,29; Lc 23,27; Jo 6,2; 12,19.

por algum de seus discípulos.[51] 2) Textos nos quais o seguimento é empregado no sentido de *acreditar*.[52] 3) Textos em que seguir significa *participar da mesma sorte do Mestre*.[53] 4) Textos nos quais o seguimento indica o dever do discípulo de *seguir as pegadas do mestre*.[54] 5) Textos nos quais o seguimento é sinônimo de *discipulado*, freqüentemente nos sinóticos[55] e, às vezes, em João.[56] 6) Textos nos quais Jesus é proposto explicitamente como *modelo ético*.[57]

De acordo com o testemunho dos autores do Novo Testamento, especialmente dos evangelhos, podemos dizer que a expressão "seguir" ou "ir atrás de" tem, pelo menos, três significados diferentes:[58] primeiro, *seguir fisicamente Jesus ou outra pessoa*; segundo, *seguir físico unido à vinculação espiritual à pessoa de Jesus*: o seguidor acompanha permanentemente Jesus, adere à sua causa e participa de seu destino; terceiro, *seguir simbólico*: superada a fase inicial da itinerância de Jesus e de seus discípulos, o termo adquire uma densidade própria e um valor simbólico, e converte-se em expressão de conduta cristã.[59]

O verbo seguir (*akolouthéô*) está relacionado com o conceito de discípulo (*mathêtês*), que designa aquele que ouviu o chamado de Jesus e se uniu a ele por meio de uma resposta ativa que compromete toda a existência.[60]

Essa diversidade de significados nos leva a perceber que o conceito de seguimento passou por uma evolução. É inevitável, então, aprofundar essa questão, perguntando: por que transformação sensível passou o conceito de seguimento?

---

[51] Cf. Mc 2,14-15; 15,41 e par.
[52] Cf. Jo 8,12; 10,4.
[53] Cf. Jo 12,26; 13,36.37; 21,19-22.89; Lc 14, 27 e par.; Mc 8, 24b e par.
[54] Cf. Lc 14,27 e par.; Mc 8,24b e par.
[55] Cf. Mc 1,17 e par.; 1,18 e par.; 1,20 e par.; 2,14 e par.; 10,28 e par.; Mt 19,28; Lc 5,11; 9,57 e par.; 9,59 e par.; 9,61.
[56] Cf. Jo 1,40.43.
[57] Cf. 1Pd 2,21.
[58] Nos escritos do Novo Testamento, o termo seguimento deriva de *akoluthéō* ("seguir", "ir atrás de"). Seu uso não é uniforme nem mesmo comum entre os diversos livros. É usado com maior freqüência pelos evangelhos, nos quais aparece 79 vezes, sendo: 25 em Mateus, 18 em Marcos, 17 em Lucas e 19 em João. Cf. Perrone, L. Sequela Christi e imitazione. In: Pellicia, G. & Rocca, G. (orgs.). *Dizionario degli Istituti di perfezione*. v. 8, p. 1.292.
[59] Cf. Mazzeo, M. *La sequela di Cristo nel libro dell'Apocalisse*, p. 72.
[60] Cf. Schulz, A. *Discípulos do Senhor*, pp. 36-37.

O seguimento pré-pascal

Antes da Páscoa, o seguimento está visivelmente ligado ao Mestre Jesus de Nazaré e se apresenta como um fenômeno histórico irrepetível. Jesus chama algumas pessoas do meio de seu povo para partilharem a vida com ele e colaborarem com a sua obra messiânica. Esse convite foi dirigido a doze homens (cf. Mc 3,13-19), número ao qual é atribuído, particularmente, o significado de uma promessa. O antigo povo de Israel, representado por doze tribos, não quis reconhecer o messias. Jesus, mediante os doze, funda um novo povo, que o acolherá como o enviado de Deus, o messias salvador.[61]

Jesus instrui os doze e os envia a pregar que o Reino de Deus está próximo, dando-lhes plenos poderes para pregar, expulsar os demônios e curar os doentes (cf. Mc 3,14ss).[62] Seguir Jesus significa, então, participar de sua vida terrena e de sua obra messiânica, colocando-se a serviço do Reino.

O fato de que Simão e André receberam o convite de Jesus no ambiente de trabalho e com referências à atividade que estavam desenvolvendo — "Segui-me e eu vos tornarei pescadores de homens" (cf. Mc 1,16-18 par.) — e o fato de eles abandonarem tudo e iniciarem uma nova vida dá a entender que a participação na obra do messias foi compreendida por eles como uma nova profissão.[63]

Na tradição sinótica, além do chamado específico dirigido aos doze, existem também convites genéricos formulados com igual densidade teológica (cf. Lc 9,59; Lc 10, 1-17). Essa constatação demonstra que não somente os doze, mas todo discípulo é um colaborador de Jesus em sua obra messiânica; é um enviado, por ele, em missão, com plenos poderes. Testemunho disso são as próprias palavras de Jesus: "Quem vos recebe, a mim recebe, e quem recebe a mim, recebe aquele que me enviou" (Mt 10,40; Lc 10,16; Mc 9,37; Jo 13,20).

---

[61] Embora não exista, no Novo Testamento, nenhuma passagem que esclareça a intenção de Jesus ao chamar os doze, não há dúvidas de que esse número tem uma função simbólica, proveniente da missão de Jesus em relação a Israel. As várias interpretações concordam em afirmar que a função dos doze não se reduz a simbolizar os direitos do messias sobre o antigo Israel, mas significam uma promessa. Cf. idem, ibidem, pp. 40-44.

[62] Percebe-se uma conexão entre a missão messiânica de Jesus, enviado por Deus, e a missão dos discípulos, enviados por Jesus. Os termos "plenos poderes para pregar, expulsar demônios e curar os doentes" são empregados para designar tanto a missão de Jesus como a de seus discípulos. Cf. idem, ibidem, p. 36, nota 5.

[63] Cf. Schulz, A. *Discípulos do Senhor*, pp. 38-39.

A tradição evangélica mostra diferentes tipos de seguidores de Jesus: pessoas que, em momentos esporádicos, sem mudar de vida, seguem fisicamente Jesus em sua itinerância; pessoas que, depois do chamado explícito de Jesus, rompem com a situação anterior, adotam nova forma sociológica de vida e acompanham Jesus de modo permanente, apropriando-se de seu estilo de vida; pessoas que, somente em sentido figurado, podem ser chamadas de seguidoras.[64]

Jesus fala dos pressupostos para segui-lo, que não devem ser confundidos com pré-requisitos profissionais; são antes condições necessárias para estar a serviço do Reino de Deus.

O primeiro pressuposto para quem quer seguir é a *ruptura com os ligames familiares* (Lc 14,26; Mt 10,37; Mc 1,20). Somente quem estiver disposto a renunciar a todos os laços terrenos é apto para se tornar colaborador do Messias. Jesus tem expressões duras a esse respeito. Elas revelam a singularidade de sua pessoa e de sua missão salvífica (cf. Lc 9,59).[65]

O segundo pressuposto é expresso no binômio "carregar a cruz" e "seguir Jesus" (cf. Lc 14,27). Provavelmente, a morte na cruz — introduzida pelos romanos na Palestina, na qual o condenado era obrigado a carregar o *patibulum*, isto é, a trave transversal, até o lugar da execução — originou a expressão "carregar a cruz". Nos últimos decênios, antes da destruição de Jerusalém, toda a tentativa de revolta de fundo messiânico poderia ser sufocada com a crucificação dos culpados. É de se supor que Jesus, ao usar a expressão "carregar a cruz" como condição para segui-lo, teria levado em conta essa possibilidade. Na tradição sinótica, a expressão "seguir" é interpretada como comunhão de vida e está sempre relacionada com a imagem de "carregar a cruz".[66]

O terceiro pressuposto é *a renúncia às propriedades*. No evangelho de Marcos, a resposta ao convite de Jesus inclui sempre o abandono do próprio ambiente (cf. Mc 1,18.20 par.); o acompanhar Jesus, indo ao encontro de uma nova existência, totalmente incerta; e o partilhar a situação existencial do Filho de Deus (cf. Mt 8,20).[67]

---

[64] Cf. BLANCO, S. Seguimento. Fundamentação bíblica. In: RODRÍGUEZ, A. A. & CANALS CASAS, J. (orgs.). *Dicionário teológico da vida consagrada*, p. 1.011.
[65] Cf. SCHULZ, A. *Discípulos do Senhor*, pp. 47-49.
[66] Cf. idem, ibidem, pp. 50-56.
[67] Cf. idem, ibidem, pp. 56-59.

Apesar dessa radicalidade de Jesus, a obrigação de ser pobre não foi imposta por ele como lei e nem os discípulos a interpretaram como regra universal, pois alguns discípulos de Jesus possuíam bens e os colocaram à disposição de Jesus (cf. Mc 15,40ss; Lc 8,3; Mc 27,57; Jo 19,38).

O chamado ao seguimento tem uma dimensão *global* e *universal*, e o seguidor de Jesus se transforma em *sinal de libertação* para o povo, particularmente para os pobres.[68]

O seguimento pós-pascal

A morte de Jesus rompe os laços terrenos e sensíveis que uniam os seguidores ao seu Mestre e Senhor. Ela faz nascer uma íntima familiaridade com o Cristo glorioso e com seu Espírito. Os seus seguidores tinham consciência de que continuavam pertencendo a ele e se davam conta de que formavam sua comunidade, o novo e verdadeiro povo escolhido de Israel. À luz da ressurreição, as palavras de Jesus adquirem novo significado e o conceito de seguimento passa por uma profunda transformação, sem perder o seu significado original.

Os evangelhos sinóticos — escritos na perspectiva da ressurreição — apresentam uma ambivalência. De um lado, narram o desenvolvimento histórico das atividades de Jesus; de outro, transformam o significado das palavras *seguir* e *discípulo*, pronunciadas por Jesus, com o objetivo de torná-las normativas e correspondentes à realidade concreta também daqueles cristãos aos quais já não é mais possível seguir o mestre Jesus nas estradas da Palestina.[69]

O evangelista Marcos salienta, de modo particular, a participação no destino do crucificado, reflexo, sem dúvida, da situação hostil em que viviam as comunidades siro-galiléias; Mateus enfatiza a dimensão escatológica, o novo povo de Deus, e ética, a nova justiça; Lucas realça a participação no caminho de Jesus rumo a Jerusalém; João faz uma fusão entre seguimento pré-pascal e fé pós-pascal, a realidade do

---

[68] Cf. VIDAL, S. El seguimiento de Jesús en el Nuevo Testamento. Visión general. In: GARCÍA-LOMAS, J. M. & GARCÍA-MURGA, J. R. (eds.). *El seguimiento de Cristo*, pp. 21-22.

[69] Cf. SCHULZ, A. *Discípulos do Senhor*, pp. 65-69.

seguimento se transforma em realidade de fé: "Eu sou a luz do mundo e quem me segue não andará nas trevas, mas terá a luz da vida" (Jo 8,12).[70]

O seguimento do Jesus histórico é apresentado como uma forma paradigmática de relação-comunhão com Jesus. Ao recordar o chamado de Jesus e a resposta radical de seus seguidores, a comunidade pós-pascal confessa sua fé no Senhor ressuscitado e exaltado, presente no meio dela. *Seguir* se transforma em um termo teológico que caracteriza o ser cristão e assume um significado que ultrapassa a primitiva acepção concreta; é a resposta de fé ao apelo de Jesus ressuscitado para dar continuidade à sua causa.[71]

A recompensa do seguimento, na perspectiva do evento pascal, se manifesta especialmente nas exigências de carregar a cruz; implica abnegação e capacidade de superar as provas e os sofrimentos como parte integrante de um caminho de fé.

Após a ressurreição de Jesus, as comunidades primitivas conservaram suas palavras e seus gestos, que chegaram a nós codificados nos escritos do Novo Testamento. Qual a preocupação fundamental e o objetivo que norteou os autores do Novo Testamento?

3. O seguimento nos escritos do Novo Testamento

A preocupação dos evangelhos de Marcos, Mateus, Lucas e João não foi narrar uma biografia de Jesus, mas despertar nos que escutavam a mensagem de Jesus uma viva compreensão do seguimento e do discipulado, compreensão essa que devia influir diretamente sobre a vida de cada pessoa. Podemos afirmar, portanto, que o objetivo de cada um dos evangelhos é provocar e sustentar o caminho de seguimento, em meio às dificuldades do cotidiano.

Lucas completou seu evangelho com um segundo livro, os Atos dos Apóstolos, e João no final de sua vida escreveu o Apocalipse. Os evangelhos, juntamente com esses escritos, oferecem as provas mais concretas do fato de que Jesus chamou, de

---

[70] Cf. FERNÁNDEZ, B. *Seguir a Jesús, el Cristo*, pp. 145-146; VIDAL, S. El seguimiento de Jesús en el Nuevo Testamento. Visión general. In: GARCÍA-LOMAS, J. M. & GARCÍA-MURGA, J. R. (eds.). *El seguimiento de Cristo*, pp. 21-22.

[71] Cf. MAZZEO, M. *La sequela di Cristo nel libro dell'Apocalisse*, pp. 88-92.

modo singular, diferentes pessoas ao seu seguimento, em comunhão de vida, missão e destino. As primeiras comunidades cristãs captaram essa exigência perene de Jesus e a transmitiram às gerações futuras. E esse testemunho chegou a nós.

Para responder à questão sobre como cada um dos escritos do Novo Testamento retrata o seguimento de Jesus, mostraremos, a seguir, brevemente,[72] a realidade do seguimento como objetivo e como fio condutor de cada um dos evangelhos[73] e evidenciaremos sua presença nos Atos dos Apóstolos e no Apocalipse, abordando os seguintes pontos: *Marcos: experimentar quem é Jesus; Mateus: percorrer o caminho da justiça; Lucas: o caminho da salvação; João: a força do testemunho.*

Marcos: experimentar quem é Jesus

A dinâmica que perpassa toda a estrutura do evangelho de Marcos é a tentativa de responder à pergunta: quem é Jesus? Quem é este homem extraordinário que cura os doentes, expulsa os demônios, domina a natureza e enfrenta os que se arvoram em donos da religião? Marcos não tem uma preocupação doutrinal;[74] sua atenção está centrada na pessoa de Jesus e o cerne de sua teologia é o "segredo messiânico",[75] o qual será completamente desvendado, no fim do evangelho, ao pé da cruz, com a exclamação do centurião: "De fato, este homem era filho de Deus" (Mc 15,39).

---

[72] Não é nosso objetivo analisar todos os aspectos da realidade do seguimento apresentados em cada um dos evangelistas. Queremos apenas salientar o seguimento como espinha dorsal de cada um dos evangelhos, dentro de nossa proposta de uma releitura da história da salvação como história de seguimento.

[73] Embora os evangelhos sinóticos apresentem características comuns em relação ao seguimento, optamos por apresentar, separadamente, cada um dos evangelhos, respeitando suas particularidades, dentro do objetivo proposto por cada evangelista.

[74] A atenção de Marcos está totalmente centrada na pessoa de Jesus. O Jesus de Marcos ensina constantemente, e a sua pessoa é o conteúdo do seu ensinamento. As parábolas (capítulo 4) e os discursos escatológicos, bem como as numerosas disputas, os milagres, os exorcismos e outros ensinamentos, não são outra coisa que o anúncio sempre mais claro de seu mistério. Cf. BECK, T. et alii. *Una comunità legge il Vangelo di Marco*, v. 1, p. 15.

[75] Em 1901, o exegeta alemão W. Wrede, em seu livro *Das Messiasgeheimnis in den Evangelien; Zugleich ein Beitrag zum Verständnis des Markusevangeliums*, provou que todo o evangelho de Marcos está teologicamente estruturado e elaborado sobre a teoria do "segredo messiânico". Essa teoria se apóia no fato de Marcos ter conhecido várias tradições nas quais Jesus é apresentado como Messias. Por outro lado, Jesus foi reconhecido, claramente, como Messias somente depois da ressurreição e não durante sua vida terrena. Marcos tentou conciliar essas duas realidades pela incompreensão dos discípulos e pela teoria do segredo. Jesus impôs silêncio aos demônios e aos que foram curados (cf. Mc 1,25; 1,34; 1,44-45; 3,11-12); aos testemunhos da ressurreição da filha de Jairo (cf. Mc 5,43) e da transfiguração (cf. Mc 9,9). Jesus viaja escondido e impõe silêncio sobre os milagres (cf. Mc 7,36; 8,26), e sobre sua missão (cf. Mc 8,30). A chave para desvendar o segredo de Jesus é a fé. A vida terrena de Jesus foi um caminho para os discípulos perceberem, pela fé, sua divindade messiânica depois de sua morte e ressurreição. Cf. SLOYAN, G. *Evangelho de Marcos*, pp. 8-9.

Marcos é chamado o evangelista do seguimento. Mostraremos sua originalidade abordando os seguintes aspectos: *caminho e seguimento; Jesus é aquele que chama.*

Caminho e seguimento

Com o objetivo de mostrar quem é Jesus, Marcos elabora o seu evangelho tendo como "estrutura geográfica"[76] a realidade do caminho.[77] Jesus inicia sua vida pública caminhando ao encontro de João, na região do Jordão para ser batizado (cf. Mc 1,1-13); segue para a Galiléia e arredores (cf. Mc 1,14-10.52) e, finalmente, vai para a Judéia, onde, em Jerusalém, será entregue à morte. Ressuscitando, deixa aos discípulos a ordem para voltarem à Galiléia, onde os precederia (cf. Mc 11,1-16.19).

Nesse caminho, Jesus se revela, progressivamente, por meio dos milagres, exorcismos, controvérsias e discursos. Os discípulos o conhecem enquanto o seguem, recolhendo dos seus lábios os ensinamentos que deverão pôr em prática em suas vidas. Caminho e seguimento, portanto, são duas realidades complementares no evangelho de Marcos.

A pergunta central — quem é Jesus? — traz no seu bojo outras duas indagações fundamentais: quem é o discípulo? Onde e como encontrar o Reino de Deus?[78] Trata-se, portanto, de compreender a pessoa de Jesus e sua história, e, a partir daí, conhecer o projeto existencial que a pessoa de Jesus Cristo revela a fim de descobrir o Reino de Deus presente e escondido na história. Marcos não quer apenas desvendar o mistério de Jesus; quer, paralelamente, que o leitor descubra seus medos, sua ignorância e suas resistências diante da proposta de Jesus.

Ao longo do seu evangelho, Marcos salienta dois aspectos: a revelação do mistério de Cristo e a manifestação do coração humano. O confronto entre esses

---

[76] O evangelho de Marcos pode ser organizado a partir de três elementos diferentes: o espaço, o desenvolvimento do drama e as relações entre as pessoas. Cf. DELORME, J. *Leitura do evangelho segundo Marcos*, p. 35; SLOYAN, G. *Evangelho de Marcos*, pp. 8-9; BECK, T. et alii. *Una comunità legge il Vangelo di Marco*, v. 1, pp. 6-8.

[77] O caminho é um conceito muito rico na Bíblia e perpassa toda a história da salvação. Apesar de sua correlação com o conceito de seguimento, não é nossa intenção desvendar toda a riqueza do termo caminho. Para isso, ver, por exemplo, GROS, A. *Eu sou o caminho*; IDÍGORAS, J. L. *Vocabulário Teológico para a América Latina*, pp. 30-34.

[78] No evangelho de Marcos, a pregação de Jesus é a proclamação de que o Reino de Deus está chegando por meio de sua missão. O Reino, dom gratuito, é a plenitude de todas as promessas, a nova aliança, a comunhão total e definitiva de Deus com todos os homens. Cf. SLOYAN, G. *Evangelho de Marcos*, pp. 11-12.

dois aspectos torna o evangelho de Marcos dramático, envolvente, inquietante e atual. Para compreendê-lo é preciso entrar na sua dinâmica e viver o seguimento. Considerado o primeiro catecismo dos catecúmenos, o evangelho de Marcos é uma viagem progressiva do exterior para o interior dos mistérios do Reino de Deus (cf. Mc 4,11), da periferia para o centro do "segredo messiânico", do conhecimento inicial à experiência profunda e pessoal com Jesus.[79] Mas, para o evangelista Marcos, quem é Jesus?

Jesus é aquele que chama

Entre as respostas apresentadas por Marcos à pergunta inicial sobre quem é Jesus, encontramos uma que é central: Jesus é aquele que chama para segui-lo.[80] Esse chamado acontece de forma explícita sobretudo em três momentos distintos, como apresentaremos a seguir: *a ruptura radical; a dinâmica do caminho; o caminho recomeça.*

A ruptura radical

No início da vida pública de Jesus, Marcos registra três narrativas de seguimento (cf. Mc 1,16-18; 1,19-20; 2,13-14), unificadas pela estrutura e pelo ambiente comuns: "ao longo do mar da Galiléia".[81]

Os dois primeiros episódios do chamado (cf. Mc 1,16-18; 1,19-20) estão estruturados como dupla paralela, consistindo nas seguintes ações subdivididas em quatro partes: *Jesus caminha junto ao mar* (cf. 1,16a.19a); *ele encontra uma família de*

---

[79] Cf. MAGGIONI, B. *Il racconto di Marco*, pp. 9-11.

[80] Outras respostas dadas por Marcos no seu evangelho à pergunta "quem é Jesus" são: aquele de quem João Batista preparou o caminho, o anunciado pelos profetas que irá batizar com o Espírito Santo (cf. Mc 1,2-8); aquele sobre quem repousa o Espírito Santo (cf. Mc 1,9-11); aquele que enfrenta o mal (cf. Mc 1,12-13); aquele que inaugura os tempos novos, a novidade definitiva (cf. Mc 1,14-15); aquele que ensina com autoridade (cf. Mc 1,21-28); aquele que veio para destruir o poder do mal (cf. Mc 1,24); aquele que liberta as pessoas (cf. Mc 1,29-31); aquele que cura os necessitados e ordena aos demônios que se calem (cf. Mc 1,32-34); aquele que reza ao Pai (cf. Mc 1,35-39); aquele que fica irritado com as situações de não-vida que existem ao seu redor (cf. Mc 1,40-45); aquele que cria uma nova sociedade (cf. Mc 1,45); aquele que perdoa os pecados (cf. Mc 2,1-12).

[81] O mar é, no evangelho de Marcos, uma localização simbólica nova e importante. Sobre o espaço simbólico no evangelho de Marcos, ver MYERS, C. *O evangelho de São Marcos*, pp. 190ss.

pescadores trabalhando em seu mister: Simão e o irmão André, lançando as redes (cf. 1,16b); Tiago e o irmão João estão consertando as redes (cf. 1,19b); *chamou-os para segui-lo* (cf. 1,17-20a). *Os pescadores abandonaram o local de trabalho para segui-lo*: Simão/André deixaram as redes (cf. 1,18), Tiago/João deixaram os companheiros de trabalho no barco (cf. 1,20).

Jesus não apresenta seu projeto, diz simplesmente: "Eu vos tornarei pescadores de homens" (cf. 1,17b).[82] Além de dar atenção especial à localização desse episódio, Marcos apresenta o ofício de pescador como uma classe artesã independente, distinta da dos trabalhadores diaristas, que podiam ser contratados por salários (cf. Mc 1,20).

A ruptura pedida por Jesus não é somente com a segurança econômica, mas também com a segurança social. Seguir Jesus requer uma reorganização fundamental das relações socioeconômicas. O primeiro passo para desmontar a ordem social dominante é modificar o "mundo" dos discípulos: no Reino, o pessoal e o político constituem uma só coisa.

A terceira narrativa do chamado se refere a Levi, coletor de impostos (cf. 2,13-14).[83] A forma de chamar é em tudo semelhante às duas anteriores.

Jesus escolhe os seus discípulos. O paradigma do chamado em Marcos contrasta, conforme vimos, com o sistema rabínico, em que os discípulos procuravam o mestre e o seguiam durante o tempo necessário para adquirir o *status* de rabino.

O chamado de Jesus é absoluto: interrompe a vida das pessoas, prometendo-lhes somente uma escola na qual ninguém chega à graduação. Em Marcos, o primeiro chamado ao seguimento é convite urgente, que afasta qualquer compromisso e que leva à ruptura com o ofício habitual. O mundo está chegando ao fim para os que optaram por segui-lo. O Reino desponta e se identifica com a aventura do caminho de seguimento.

---

[82] A metáfora "pescadores de homens" não se refere à "salvação das almas", como é comumente interpretada. Essa imagem encontra-se no profeta Jeremias 16,16 e é usada como símbolo da censura de Javé a Israel. Em outros lugares, "pescar peixe com anzol" é um eufemismo usado para o julgamento do rico (cf. Am 4,2) e do poderoso (cf. Ez 29,4). A partir desse ensinamento tomado ao pé da letra, Jesus convida o povo comum a se unir a ele na sua luta que visa modificar a ordem do poder e do privilégio. Cf. idem, ibidem, p. 172.

[83] Ao contrário dos outros quatro discípulos, Levi nunca mais é mencionado depois que Jesus toma refeição com ele (cf. Mc 2,15) nem aparece na lista dos discípulos em 3,17-19, o que confirma que "os doze" não são considerados os únicos discípulos no evangelho. Cf. MYERS, C. *O evangelho de São Marcos*, p. 173.

A dinâmica do caminho

A confissão de Pedro em Cesaréia de Filipe (cf. Mc 8,27-30)[84] constitui o centro do evangelho de Marcos. Nesse episódio é dada uma resposta fundamental à pergunta quem é Jesus, que havia sido formulada no início, e se abre uma nova etapa no caminho de seguimento, que se concluirá com a cura e o seguimento do cego Bartimeu (cf. Mc 10,46-52).

Em nome dos discípulos, Pedro reconhece em Jesus o Messias. Ele tudo espera de Jesus. Portanto, sua confissão de fé é sinal e ponto de partida para o seguimento. Pedro não é um personagem estritamente histórico; é o porta-voz do grupo dos seguidores, imagem do seguidor de todos os tempos. Por isso, sua atitude repete-se na história do cristianismo. O importante para ser cristão não é uma formulação exata da fé, como uma lição aprendida, mas a busca, em Jesus, da solução para nossas esperanças humanas.

Em seguida, Jesus não se dirige mais apenas aos discípulos (cf. 8,33a), mas às multidões (cf. 8,34a). O caminho de seguimento é universal, está aberto a todos, ninguém está excluído.

Jesus faz um convite público ao seguimento, envolvendo três imperativos: *nega-te a ti mesmo, toma a tua cruz, segue-me*.[85] A partir desse convite dirigido à multidão junto com os discípulos, interpretado como o início do caminho,[86] Marcos apresenta as exigências do seguimento: *fé, conversão radical, confiança total no mestre*.

O grande milagre de Jesus é transformar os seguidores e tirá-los do seu egoísmo para lançá-los no amor de Deus. O discípulo perfeito, no evangelho de Marcos, é Bartimeu, o cego que chegou a ver e a caminhar.[87]

---

[84] Para aprofundamento deste trecho, ver, por exemplo, Myers, C. *O evangelho de São Marcos*, pp. 294-298; La Calle, F. *A teologia de Marcos*, pp. 83-86.

[85] Sobre o significado desses três imperativos, ver, por exemplo, Myers, C. *O evangelho de São Marcos*, pp. 298-301.

[86] Sobre a confissão de Pedro como início do caminho, ver, por exemplo, La Calle, F. *A teologia de Marcos*, pp. 83ss.

[87] Para um aprofundamento do episódio do cego Bartimeu (cf. Mc 10, 46-52), ver por exemplo, Dupont, J. *Il cieco di Gerico riacquista la vista e segue Gesù*, *Seguimi!*, n. 2, pp. 105-123; La Calle, F. *A teologia de Marcos*, pp. 109-110.

O caminho recomeça

Em sua caminhada histórica, Jesus chega a Jerusalém, lugar de oposição radical ao seguimento. Depois da ressurreição, ele envia as mulheres como mensageiras a dizer aos discípulos e a Pedro que ele vai à frente deles para a Galiléia; aí o verão era exatamente como ele dissera (cf. Mc 16,7).

Com a fuga dos discípulos e a negação de Pedro, a primeira comunidade havia sido destruída. Agora é o momento da reconstrução: essa é a mensagem que Jesus dá aos discípulos e a Pedro. Com a comunidade restabelecida, recomeça a viagem do seguimento: ele caminha à frente. Como os discípulos o seguiram na ida "para Jerusalém" (cf. 10,52), agora devem segui-lo "de volta à Galiléia".

O convite feito por Jesus para segui-lo retornando à Galiléia é o terceiro e último chamado ao seguimento, no evangelho de Marcos. É um chamado não mais para seguir fisicamente o Mestre Jesus pelas estradas da Palestina, mas para retomar o caminho e dar continuidade à sua prática. O que Jesus realizou é apenas o início da missão que seus seguidores deverão continuar, em todos os tempos e lugares, a fim de fazer o Reino de Deus desabrochar.

Além do evangelho de Marcos, outro escrito do Novo Testamento documenta a preocupação em seguir Jesus: o evangelho de Mateus.

Mateus: percorrer o caminho da justiça

O evangelho de Mateus[88] reafirma a realidade central do cristianismo: Jesus chamou pessoas para segui-lo (cf. Mt 4,18-20.21-22; 9,9). Como para Marcos, também para Mateus o seguimento é uma realidade simbólica que exprime a natureza do relacionamento privilegiado de Jesus com os discípulos e com as multidões.

---

[88] Pápias, bispo de Hierápolis, na Ásia Menor (ano 110 ou 120), atribui o primeiro evangelho – segundo ele, escrito em hebraico – a Mateus, o publicano, um dos doze. A análise do texto desse evangelho demonstra, porém, que não se trata de tradução e sim de original grego. É provável que tenha sido escrito em Antioquia, a parte da Síria limítrofe com a Palestina ou antes com a Fenícia (o atual Líbano). A data de sua composição se estabelece em torno do ano 80. Cf. Mateos, J. & Camacho, F. O evangelho de Mateus, pp. 10-11; Radermakers, J. Evangelho de Mateus. In: Auneau, Y. et alii. Evangelhos sinóticos e Atos dos Apóstolos, p. 137.

O seguimento de Jesus, segundo o evangelista Mateus, apresenta algumas características específicas em consonância com o objetivo e as escolhas fundamentais do redator desse evangelho, que apresentaremos abordando os seguintes aspectos: *a história de Jesus e do seu seguimento; caminho de esperança; seguir o mestre da justiça.*

A história de Jesus e do seu seguimento

O evangelho de Mateus[89] é, fundamentalmente, uma narrativa.[90] Conta a história de Jesus, o Filho de Deus, desde o nascimento em Belém de Judá até a ressurreição em Jerusalém. No arco dessa trajetória situa-se a história do seu seguimento e a formação de seus seguidores.

O objetivo de Mateus é mostrar que Jesus é o Cristo por meio da densidade e alteridade de sua vida terrena. A partir desse centro, o evangelista estrutura o seu evangelho em forma de compêndio e expressão da existência cristã. Apresenta uma visão de Deus e dos seres humanos à luz do mistério de Jesus. Deus se desvenda somente em Jesus e no seu destino escatológico.[91]

Para testemunhar a fé no Filho de Deus, Mateus não escolhe a via da argumentação nem da visão, mas mostra sua adesão ao Cristo vivo, contando a história

---

[89] A tradição cristã costuma identificar o evangelista Mateus com o apóstolo Levi, de quem fala o evangelho. Essa identificação não é comprovada historicamente. É importante ter presente que a questão do autor é secundária, pois, antes de sua redação final, os evangelhos eram coletâneas catequéticas, escritas ou orais, sobre palavras, atos ou episódios da vida de Jesus. O autor do evangelho é mais um redator, alguém que organizou esses diversos documentos e lhes deu a forma que hoje conhecemos. Mateus é mencionado em todas as listas de apóstolos do Novo Testamento (cf. Mt 10,3; Mc 3,18; Lc 6,15; At 1,13). Cf. RADERMAKERS, J. Evangelho de Mateus. In: AUNEAU, Y. et alii. *Evangelhos sinóticos e Atos dos Apóstolos*, p. 191; CHARPENTIER, E. et alii. *Leitura do evangelho segundo Mateus*, p. 16.

[90] Mateus, à semelhança de Marcos, faz o relato da vida do Nazareno desde os primórdios na Galiléia até o fim violento em Jerusalém. Mateus não somente adere ao gênero literário criado por Marcos como também retoma o seu plano. A ordem das perícopes permanece a mesma, com exceção de matérias suplementares que introduz e de alguns reagrupamentos temáticos. Dos 666 versículos que constituem o evangelho de Marcos, um pouco mais de 600 figuram em Mateus. Não é, portanto, exagero afirmar que Marcos é o modelo literário que inspira e guia Mateus, de tal forma que, em última análise, Mateus recria Marcos. Cf. ZUMSTEIN, J. *Mateus, o teólogo*, p. 18.

[91] Jesus revela Deus entre nós (cf. Mt 11,25ss); chega-se a Deus conhecendo Cristo. Por isso, o evangelho de Mateus é teologia. Cf. PIKAZA, J. *A teologia de Mateus*, p. 5.

de Jesus,[92] numa alternância harmoniosa de narrativas e temas.[93] A transmissão da fé em Jesus, que convida a segui-lo, não acontece de modo direto e argumentativo, mas de maneira indireta e sugestiva pela evocação da história de um homem concreto, nascido no império de Augusto e crucificado na época de Tibério.

A vida e os ensinamentos de Jesus estão enraizados na história de comunidades concretas[94] que chamavam a si mesmas de "Igrejas" (cf. Mt 18,17). Essas comunidades viviam um momento de profunda crise gerada pela reorganização do judaísmo, pelas tensões entre os seguidores de Jesus e os fariseus, e pela conseqüente ruptura entre sinagoga e Igreja. Apesar disso, essas comunidades já demonstravam certo grau de organização, com celebrações e serviços. Tinham o batismo (cf. Mt 28,19), a eucaristia (cf. Mt 26,26-30), a reconciliação (cf. Mt 18,15-17), o poder de perdoar os pecados (cf. Mt 16,18-20), de curar (cf. Mt 10,1) e de proclamar a boa-nova do Reino (cf. Mt 10,7).

Enquanto revela o ser de Deus, a história de Jesus mostra igualmente o verdadeiro rosto do ser humano, chamado a seguir o Nazareno. O caminho de seguimento na perspectiva da construção do Reino e a constante preocupação com o próximo não são algo que se acrescenta ao substrato humano, mas constituem sua essência.

A comunidade dos seguidores de Jesus se constitui no serviço aos irmãos, na ajuda aos pequenos e no perdão dos pecados (cf. Mt 18). Jesus é a presença de Deus no meio da comunidade, o Emanuel, que significa Deus-conosco.[95] Ele é o Deus que oferece alimento ao povo (cf. Mt 14,13-21; 15,32-39); que assiste os discí-

---

[92] Existem inúmeras maneiras de formular a fé cristã para transmiti-la. O apóstolo Paulo, por exemplo, para ajudar as comunidades por ele fundadas a crescerem na fé, escreve cartas. Ele não se serve da trajetória terrena de Jesus e quase nunca evoca a vida de Cristo. Comunica-se com seus leitores por meio de argumentações e raciocínios rigorosamente construídos. João, ao escrever o Apocalipse, serve-se do recurso da visão, sugerindo aos leitores que decifrem a realidade em que vivem. Mateus usa a narrativa da existência terrena de Jesus como caminho para desvendar o Filho de Deus. Cf. ZUMSTEIN, J. Mateus, o teólogo, p. 7.

[93] O evangelista Mateus entrelaça, estreitamente, desenvolvimento narrativo e desenvolvimento temático. Cada nova etapa do relato corresponde a uma exposição temática específica. Em cada relato, a reflexão temática progride segundo uma ordem perfeitamente inteligível. Cf. idem, ibidem, pp. 7-8.

[94] Para aprofundar o tema das comunidades mateanas ver, por exemplo, ZUMSTEIN, J. Mateus, o teólogo, pp. 23-31; CHARPENTIER, E. et alii. Leitura do evangelho segundo Mateus, pp. 10-15.

[95] No início de seu evangelho, Mateus escreve: "Tudo isso aconteceu para que se cumprisse o que o Senhor havia dito pelo profeta: Eis que uma Virgem conceberá e dará à luz um filho e o chamarão com o nome de Emanuel, o que traduzido significa Deus-conosco" (1,22-23). No final, a última palavra proferida pelo Ressuscitado e que encerra o evangelho é: "Eis que eu estou convosco todos os dias até a consumação dos séculos" (19,20). O tema da narração de Mateus é o estar-conosco de Deus e Jesus de Nazaré. Cf. ZUMSTEIN, J. Mateus, o teólogo, p. 10.

pulos nos perigos do mar (cf. Mt 14,22-33); que leva a superar o mal do mundo, do demônio e do pecado (cf. Mt 8,23-9,8).

Na dinâmica do evangelho de Mateus, é preciso voltar ao passado para compreender o presente e abrir-se ao futuro. Mateus desenvolve uma teologia da história e, portanto, também uma teologia da história do seguimento: em Jesus, o Filho de Deus, Deus insere-se na constituição da história humana de maneira única e decisiva. Pela total submissão à vontade de seu Pai, ele cumpre a antiga Aliança[96] e transforma o presente dos homens em esperança para sempre.

Caminho de esperança

O evangelho de Mateus estabelece um elo entre o Antigo e o Novo Testamento.[97] O povo de Israel estava a caminho rumo à concretização das promessas. Jesus é a meta e o cumprimento dessa trajetória de esperança aberta pelos profetas. Só é possível compreender a pessoa de Jesus, suas palavras e seus gestos, à luz da inquietação, da busca de um mundo novo e da certeza de que Deus está prestes a concretizar suas promessas. Mas, ao mesmo tempo, só em Jesus se esclarece a verdade acerca da esperança de Israel.

Por isso, o evangelho de Mateus situa-se na confluência de dois caminhos: a vinda de Jesus e a esperança dos homens.[98] A concretização dessa esperança se realiza no respeito à liberdade. Por isso, em Israel, o povo que esperava o Messias não o aceita na pessoa de Jesus.

---

[96] Mais do que os outros evangelistas, Mateus vê no ensinamento e na obra salvífica de Jesus a realização das expectativas do povo de Israel fundadas nas Sagradas Escrituras. A preocupação com a continuidade entre a antiga e a nova Aliança, entre a preparação e a realização do único plano de salvação em Cristo aparece como o fio condutor de todo o evangelho de Mateus. "A fim de que se cumprisse aquilo que foi predito pelos profetas" é a conhecida fórmula de Mateus, mediante a qual são relembrados os vaticínios veterotestamentários. Cf. LANCELLOTTI, A. *Comentário ao evangelho de São Mateus*, pp. 25-26.

[97] O evangelista Mateus faz uso freqüente do Antigo Testamento. Ele se refere à Escritura pelo menos em 130 passagens; destas, 43 são citações precisas. Com suas citações, o autor não tem como objetivo principal provar ou explicar os fatos narrados, mas mostrar seu caráter sagrado e divino: o desígnio de Deus se cumpre na pessoa e nos atos de Jesus. A autoridade divina de Jesus permite-lhe ultrapassar a letra da Lei e dos Profetas, para atingir o caráter universal e profundo da realização messiânica. Cf. CHARPENTIER, E. *Leitura do evangelho segundo Mateus*, pp. 17-18.

[98] Cf. PIKAZA, J. *A teologia de Mateus*, p. 9.

Essa esperança que constitui a base e o contexto em que se funda e se edifica o evangelho de Mateus não diz respeito apenas às realidades deste mundo, mas se projeta para o futuro escatológico. A própria forma de pensar e as estruturas teológicas (a lei, o juízo, o Reino) só se entendem por meio dessa base.

O ser humano encontra-se numa tensão para o futuro e já se aproxima de sua meta: "Arrependei-vos, pois aproxima-se o Reino dos céus" (Mt 3,2). A figura e a mensagem de Jesus tornam-se compreensíveis sobre esse fundo de espera e de confiança do Antigo Testamento. À luz de Israel, entende-se o Cristo, compreendem-se suas palavras e torna-se clara sua mensagem; ao mesmo tempo, em Cristo se concretizam as profecias do Antigo Testamento.

Seguir o mestre da justiça

A meta de Jesus, anunciada no momento de seu batismo, é "Devemos cumprir toda a justiça" (Mt 3,15),[99] isto é, realizar a vontade de Deus e concretizar o seu projeto. O Jesus apresentado por Mateus é, sobretudo, o Mestre da justiça.[100] Ele chama os discípulos para segui-lo. O seguimento se reveste de um caráter profético. Os discípulos devem comprometer-se com a causa do Reino e ser anunciadores da justiça.

Mateus registrou duas passagens explícitas (cf. Mt 4,18-20.21.22; 9,9) referentes ao seguimento do Jesus histórico, desdobradas em três momentos sucessivos e complementares: *o encontro com os futuros discípulos, o chamado propriamente dito, a resposta dos que são chamados.*

---

[99] A expressão "devemos cumprir a justiça" (Mt 3,15) apresenta o programa de todo o evangelho de Mateus. O verbo "devemos" no plural indica que não só João, mas todos os que seguem Jesus devem cumprir a justiça. O seguidor de Jesus é justo e pratica a justiça quando deixa Deus realizar nele sua vontade. Cf. STORNIOLO, I. *Como ler o evangelho de Mateus*, p. 13.

[100] Além de mestre da justiça, o evangelho de Mateus atribui a Jesus alguns títulos messiânicos: é o enviado de Deus às "ovelhas perdidas da casa de Israel" (Mt 15,24); "Jesus chamado Cristo" (Mt 1,16; 27,17.22); o Filho de Davi aparece em várias passagens. Encontramos também alguns títulos cristológicos, como: O Filho de Deus, o Filho do Homem e o Senhor. Para aprofundar esses títulos no evangelho de Mateus, ver, por exemplo, LANCELLOTTI, A. *Comentário ao evangelho de São Mateus*, pp. 26-31; CHARPENTIER, E. *Leitura do evangelho segundo Mateus*, pp. 20-22.

O encontro com os futuros discípulos (Mt 4,18; 9.9)

Jesus caminha junto ao mar da Galiléia, fronteira marítima com os povos gentios.[101] Encontra os futuros discípulos no espaço de sua realidade cotidiana. Simão e seu irmão André estão pescando. Tiago e seu irmão[102] João consertam as redes. A expressão "Jesus viu" mostra que é Jesus quem toma a iniciativa do encontro. Os futuros convidados não conhecem Jesus e não sabem o que lhes vai acontecer. Deixam suas ocupações profissionais e o pai e seguem Jesus.

O chamado propriamente dito (Mt 4,19; 9,9)

O convite de Jesus é expresso em forma de ordem que exige obediência incondicional: "Vinde após mim!"[103] O caráter imperativo mostra que, por um lado, Jesus fala com a autoridade de quem está habilitado a dispor sobre a vida do homem; por outro, essa palavra soberana introduz o homem na condição de discípulo, sem levar em conta sua capacidade ou sua piedade.

A resposta dos que são chamados (Mt 4,20; 9,9)

A resposta caracteriza-se desde o início por sua prontidão. Os convocados abandonam imediatamente as redes ou o barco com o pai, seu ofício ou a coleta de impostos. Tal renúncia ao mundo profissional e familiar indica a ruptura radical que se efetua na vida daquele que foi chamado. As condições anteriores da vida são subvertidas pela nova obediência.

---

[101] Com essa localização da cena no mar da Galiléia, na parte setentrional do vale do Jordão, Mateus quer dizer que os discípulos serão enviados tanto aos judeus como aos gentios. Cf. MATEOS, J. & CAMACHO, F. *O evangelho de Mateus*, p. 51.

[102] Jesus chama os irmãos Simão e André, Tiago e João. Mateus insiste nesse vínculo de fraternidade. Faz uma alusão a Ez 47,13ss, que anuncia a futura partilha da terra em partes iguais; a expressão original para indicar igualdade está muito próxima da usada por Mateus: "cada um como seu irmão". A insistência no vínculo da fraternidade indica que a terra prometida, o "reinado de Deus" anunciado por Jesus imediatamente antes (4,17) será herança de todos os seus seguidores, sem privilégio nenhum. Cf. idem, ibidem, p. 51.

[103] A expressão "Vinde após mim" encontra-se em 2Rs 6,19, pronunciada por Eliseu. E "seguir atrás de" aparece repetidas vezes na cena do chamado de Eliseu pelo profeta Elias (cf. 1Rs 19,19-21). Jesus se apresenta como profeta e promete a seus seguidores o espírito profético. Cf. idem, ibidem, p. 51.

O verbo "seguir" tem um sentido forte. Significa prender-se totalmente a Jesus, devotar-lhe obediência irrestrita, compartilhar seu destino. Esse relacionamento tão intenso e profundo pode transformar-se em serviço. Pedro e André são instituídos, por meio do chamado, testemunhas do Reino entre os homens.

Os três aspectos do chamado — *o encontro com os futuros discípulos, o chamado propriamente dito* e *a resposta dos que são chamados* — revelam que só a graça e a autoridade de Cristo permitem aceder à condição de discípulo, e que a entrada no seguimento acarreta conseqüências: a vida inteira é reinventada por Jesus e, por esse mesmo fato, transformada.

Depois de escolher os seus discípulos, Jesus percorria toda a Galiléia (cf. Mt 5,23) e seguia-o uma multidão vinda da Galiléia, da Decápole, de Jerusalém, da Judéia e da região além do Jordão. Enquanto percorria seu itinerário terreno, revelando-se, pouco a pouco, às multidões, Jesus formava seus discípulos e construía progressivamente a Igreja, como presença do Reino de Deus no mundo. O plano[104] apresentado por Mateus passa pelas seguintes etapas:

- Nas bem-aventuranças, Jesus ensina o caminho da justiça e revela as tensões e conflitos enfrentados pelos discípulos: *desse modo perseguiram os profetas que vieram antes de vocês* (cf. 5,1-12).

- O Mestre pratica a justiça (cf. capítulos 8-9) e envia seus discípulos, isto é, todo o povo de Deus, nascido da nova Aliança, a ir em missão, a fazer a mesma coisa que o Mestre fez (cf. capítulo 10).

- O seguimento do Mestre da justiça (cf. 13,53-17,17) comporta: renúncia de si mesmo, ou seja, não se deixar contaminar pela ideologia dos fariseus e saduceus; conservar-se pobre; tomar a própria cruz, isto é, aceitar ser rejeitado e perseguido como o Mestre e, se for o caso, morrer da mesma forma que ele morreu: "Felizes os perseguidos por causa da justiça"; seguir Jesus, comprometendo-se decididamente com ele, confiando unicamente nele e no Pai.

---

[104] O evangelho de Mateus tem um estilo catequético e foi elaborado em uma estrutura literária bem definida e articulada. Basicamente, ele se compõe de cinco livretos apresentados num único conjunto. Cada livreto está dividido em duas partes: uma narrativa e outra discursiva. Para estudar a estrutura do evangelho de Mateus, ver, por exemplo, LANCELLOTTI, A. *Comentário ao evangelho de São Mateus*; MATEOS, J. & CAMACHO, F. *O evangelho de Mateus; Leitura do evangelho de Mateus*; ZUMSTEIN, J. *Mateus, o teólogo*.

- A justiça do Reino deve ser realizada na comunidade (cf. capítulo 18), por meio de três atitudes básicas: trabalhar na realização de toda a justiça (cf. 18,1-5); evitar escândalos (cf. 18,6-9); perdoar sem limites (cf. 18,15-35).
- O Mestre da justiça e os discípulos diante da Paixão (cf. capítulos 26-27).
- A vitória da justiça de Deus e o envio em missão com o Mestre da justiça (cf. capítulo 28).

Ser discípulo não é apenas seguir Jesus em sua caminhada histórica, mas é a vocação proposta a cada pessoa em todas as épocas e lugares. Discípulo é quem escuta[105] e compreende[106] os ensinamentos do Mestre e faz a vontade de Deus.

No Novo Testamento, além dos evangelhos de Marcos e Mateus, também a obra histórico-religiosa de Lucas, composta do evangelho e dos Atos dos Apóstolos, mostra a importância do seguimento como expressão de vida cristã.

Lucas: o caminho da salvação

Lucas[107] está em sintonia com Marcos e Mateus no que diz respeito à tradição evangélica, segundo a qual a relação de Jesus com seus discípulos se expressa por meio da metáfora do seguimento.

Ele se propõe a escrever um relato dos acontecimentos sucedidos entre nós (cf. Lc 1,1-4)[108] numa dupla obra histórico-religiosa: o evangelho, no qual transmite

---

[105] Os discípulos são os ouvintes dos cinco grandes discursos (cf. Mt 5-7; 10; 13; 18; 23-25) nos quais o Cristo formula sua doutrina. Entre os sinóticos, Mateus é o que conta o maior número de instruções exclusivamente dirigidas aos discípulos: 9,37-11,1; 13,10-23; 16,24-28; 17,10-13.19-20; 18; 19,23-20,19; 21,21-22; 24,1-2; 24,3-25,46). Cf. ZUMSTEIN, J. Mateus, o teólogo, p. 58.

[106] Mateus usa nove vezes o verbo compreender. Para aprofundar o sentido desse verbo, ver, por exemplo, ZUMSTEIN, J. Mateus, o teólogo, pp. 59-60.

[107] Sobre Lucas, o autor do terceiro evangelho e dos Atos dos Apóstolos, ver, por exemplo, BOVON, F. O evangelho de Lucas e Atos dos Apóstolos. In: AUNEAU. Y. et alii, Evangelhos sinóticos e Atos dos Apóstolos, pp. 281-284; FITZMYER, J. A. El Evangelio según Lucas, v. I, pp. 71-98; GEORGE, A. Leitura do evangelho segundo Lucas, pp. 11-13; LANCELLOTTI, B. Comentário ao evangelho de São Lucas, pp. 9-12; STUHLMUELLER, C. Evangelho de Lucas, pp. 5-7.

[108] Entre os quatro evangelistas, Lucas é o único a iniciar seu evangelho com um prólogo (cf. Lc 1,1-4) no qual explica seu plano e seu objetivo. Afirma que vai narrar "os fatos que se cumpriram entre nós"; indica o método usado: a acurada investigação e o esforço para escrever de modo ordenado; enfim, dedica seu livro a Teófilo, conforme o costume dos escritores helenísticos. No início do livro dos Atos, um segundo prólogo, mais breve, refere-se ao primeiro (cf. At 1,1-2). Cf. GEORGE, A. Leitura do evangelho segundo Lucas, pp. 8-9.

os ensinamentos de Jesus e o seu chamado para segui-lo, sua atividade e seu destino; os Atos dos Apóstolos, em que narra a atividade missionária dos seguidores de Jesus, suas alegrias e dificuldades e os primórdios da Igreja.[109]

A proposta de seguimento na perspectiva de Lucas situa-se no contexto das duas qualidades específicas que caracterizam este autor. Lucas é evangelista e historiador. Como evangelista anuncia a boa-nova de Jesus que convida a segui-lo. Como historiador,[110] conhece profundamente as leis da historiografia do seu tempo e reflete os eventos relacionados à pessoa de Jesus e os acontecimentos primordiais da Igreja, segundo as exigências da cultura grega.

Movendo-se na confluência das culturas helenista e judaico-cristã, Lucas formula uma visão nova da pessoa de Jesus,[111] do seu chamado ao seguimento e de seu projeto. Uma das características fundamentais dessa visão é o sentido e o ritmo da história, o passado representado pelo Antigo Testamento, o presente centrado na pessoa de Jesus e o futuro que acontece no tempo da Igreja. Evidenciaremos as particularidades de Lucas em relação ao seguimento desenvolvendo os seguintes aspectos: *o evangelho do caminho; caminho da salvação; seguidores do caminho.*

O evangelho do caminho

Tanto a primeira parte da obra de Lucas (o evangelho) como a segunda (os Atos dos Apóstolos) estão redacionalmente alicerçadas na estrutura do caminho[112] que coloca os seguidores numa dinâmica de movimento rumo à parúsia. A estrada que leva a Jerusalém é símbolo e, ao mesmo tempo, concretização de toda a história da salvação, pois conduz ao lugar onde se realizarão as profecias acerca de Jesus, o servo fiel e o profeta rejeitado e perseguido (cf. Lc 9,51; 13,31-34). De Jerusalém partirão os primeiros seguidores com a missão de pregar o evangelho até os confins do universo.

---

[109] O evangelho de Lucas é o único que tem continuação em um segundo livro, os Atos dos Apóstolos (At 1,1-2). Lucas mostra que os ensinamentos e as atividades de Jesus foram compreendidos e tiveram continuidade na vida dos discípulos. Cf. idem, ibidem, p. 7.

[110] Sobre as fontes históricas usadas por Lucas, ver, por exemplo, FITZMYER, J. A. *El Evangelio según Lucas*, v. 1, pp. 121-170; LANCELLOTTI, B. *Comentário ao Evangelho de São Lucas*, pp. 13-14; STUHLMUELLER, C. *Evangelho de Lucas*, pp. 7-10

[111] Para um estudo mais aprofundado da cristologia lucana, ver, por exemplo, FITZMYER. J. A. *El Evangelio según Lucas*, v. 1, pp. 331-363.

[112] Sobre as noções geográficas como elementos de composição do evangelho de Lucas, ver, por exemplo, CONZELMANN, H. *El centro del tiempo. La teología de Lucas*. Sobre o plano do evangelho de Lucas, ver, por exemplo, STUHLMUELLER, C. *Evangelho de Lucas*, pp. 11-12.

Na obra de Lucas, o ministério de Jesus e a atividade da Igreja estão permeados de um movimento constante ditado pelos limites do espaço e pelo ritmo do tempo, conferindo à narrativa um caráter de história bem organizada (cf. Lc 1,3). A Galiléia, a Judéia, a Samaria, Jerusalém e os confins da terra são etapas fundamentais de um caminho que perpassa a missão de Jesus e da Igreja até o fim.

O ministério de Jesus compreende um início[113] na Galiléia (cf. Lc 23,5; At 10,37); um caminho "por toda a Judéia"[114] (cf. Lc 23,5; At 10,38; At 10,37) e um cumprimento em Jerusalém (cf. Lc 23,5) com a sua ascensão ao céu.[115] O movimento vertical descendente que dá origem (cf. Lc 4,18) ao caminho histórico de Jesus corresponde ao movimento ascendente (cf. At 1,10-11; Lc 24,51) que conclui sua vida terrena, que foi uma passagem do sofrimento e da morte para a exaltação (cf. Lc 24,26).

O caminho de Jesus prossegue no caminho da Igreja. Como Jesus, também os missionários cristãos vão de um lugar a outro (cf. Lc 8,1; At 17,1), percorrem as regiões (cf. Lc 6,1; At 16,4) e estão a caminho (cf. Lc 9,51; At 5,41; 8,26.39; 9,31). O movimento da vida da Igreja tem como ponto de partida a ascensão. Parte de Jerusalém e vai até os confins da terra, passando pela Samaria (cf. At 1,8) e termina na parúsia do Senhor (cf. At 3,21).[116]

---

[113] O início do ministério de Jesus (cf. Lc 4,14-44) é apresentado pelo evangelista Lucas com uma terminologia que implica movimento: "Jesus começava" (Lc 3,23); ele "entra" (At 1,21); "vem de Nazaré" (Lc 4,16), onde na sinagoga declarou ser "enviado" (Lc 4,18) a anunciar o evangelho aos pobres. A incredulidade dos nazarenos não o fez desistir do caminho, "passando no meio deles" (Lc 4,30). Cf. Papa, B. Il cristianesimo come via, Seguimi!, n. 2, p. 157.

[114] Na parte central do evangelho de Lucas (cf. 5,1-19,27), Jesus está em constante movimento. Ele caminha com os anciãos judeus (Lc 7,6); acompanhado pelos discípulos e pela multidão (cf. Lc 7,11); percorre as cidades e vilas evangelizando e pregando o Reino de Deus (cf. Lc 8,1). Jesus se dirige para Jerusalém porque ele sabe que "não é possível que um profeta morra fora de Jerusalém (Lc 13,13). Nessa cidade ocorrerá sua morte, ressurreição e ascensão ao céu (seu êxodo, cf. Lc 9,31). Lucas repete constantemente que Jesus caminha para Jerusalém (cf. Lc 17,11; 18,11).

[115] Jesus sobe para Jerusalém (cf. Lc 19,28), chega a Betfagé e a Betânia, perto do Monte das Oliveiras (cf. Lc 19,29), e entra no Templo (cf. Lc 19,45). Ressuscitado dos mortos, Jesus não cessa de caminhar. O caminho que vai de Jerusalém a Emaús, ele o faz com os discípulos, enquanto lhes explica as Escrituras (cf. Lc 24,32.35). Concluindo sua peregrinação terrestre (cf. At 1,21), Jesus se encaminha para os céus (cf. At 1,10-11), à direita de Deus (cf. At 2,33). Cf. Papa, B. Il cristianesimo come via, Seguimi!, n. 2, p. 158.

[116] Sobre o caminho da Igreja nos Atos dos Apóstolos, ver, por exemplo, Papa, B. Il cristianesimo come via, Seguimi!, n. 2. pp. 158-161.

A obra de Lucas evidencia a matriz histórica da experiência cristã de fé dos seguidores de Jesus, ancorada no processo histórico-salvífico, que tem o seu ponto de partida na criação (cf. Lc 3,38), o seu centro em Cristo (cf. Lc 4,21) e o seu ponto de chegada na parúsia (cf. At 3,21).

Caminho da salvação

O seguimento acontece no desenrolar do caminho da história da salvação, que, desde a criação (cf. Lc 3,38) até a parúsia (cf. At 1,11; 3,21), se articula em três fases distintas: passado, presente e futuro.[117]

- *O passado, o tempo de Israel*: desde a criação do mundo até a manifestação de João Batista. É o tempo da Lei e dos profetas (cf. Lc 1,5-3,1). A história do passado interessa, sobretudo, aos gentios e ao povo de Israel. Aos primeiros, Deus concedeu não só um testemunho de sua presença (cf. At 14,17;17,26), mas ainda a possibilidade de o conhecerem (cf. At 17,27) e de serem agradáveis a ele (cf. At 10,35). No que diz respeito ao passado do povo de Israel, Lucas o considera essencialmente como tempo da promessa (cf. At 7,17; 13,32).

  Na história da salvação (cf. At 7,2-50; 13,7-22), transparece um conceito de história como caminho, animado por uma promessa divina que tende dinamicamente ao seu cumprimento, não obstante a rejeição dos judeus.

- *O presente, tempo de Jesus*: desde o batismo proclamado por João até a ascensão de Jesus. É o tempo do ministério, da morte e exaltação de Jesus (cf. Lc 3,2-24,51). Para Lucas, o presente é o tempo do cumprimento escatológico das promessas do passado (cf. Lc 1-2; 4,21; 9,51; At 2,16ss). Ele compreende duas fases: o tempo do ministério de Jesus alicerçado na sua pessoa e na sua atividade que "inaugura o ano da graça do Senhor" (cf. Lc 4,18-21), e a realização histórica da salvação de Deus; o tempo da missão da Igreja, que continua a missão de Jesus graças à ação do seu Espírito (cf. At 2,33) e à força do seu nome (cf. At 2,21).

---

[117] Sobre as fases da história da salvação, segundo o evangelista Lucas, ver, por exemplo, Fitzmyer, J. A. *El Evangelio según Lucas*, pp. 303-313; George, A. *Leitura do evangelho segundo Lucas*, p. 10; Papa, B. *Il cristianesimo come via*, Seguimi!, n. 2, pp. 163-164.

- *O futuro, tempo da Igreja*: desde a ascensão de Jesus até sua volta na parúsia. É o tempo da expansão da Palavra de Deus (cf. Lc 24,52-53; At 1,3-28.31). Este momento é constituído pelo "tempo do cumprimento de tudo aquilo que Deus tinha falado" (At 3,21), para o qual tende a comunidade dos salvos (cf. At 2,47) que, na perseverança (cf. Lc 21,19), superam as dificuldades decorrentes do tempo, longo e monótono, que ofusca a intensidade da fé e da esperança.

A proposta de seguimento em Lucas tem como pano de fundo o caminho da história da salvação.[118]

Seguidores do caminho

Lucas registra dois relatos de chamado ao seguimento (cf. Lc 5,1-11; 5,27-32).[119] Ele renunciou à narrativa sumária e esquemática da vocação dos quatro discípulos (cf. Mc 1,16-20), para montar uma cena viva e solene em que Pedro é, ao lado de Jesus, a figura dominante (cf. Lc 5,1-11). Uma pesca milagrosa no mar da Galiléia[120] transforma-se no momento importante da escolha de uma vocação apostólica.

No chamado dos primeiros discípulos (cf. Lc 5,1-11), aparece, pela primeira vez, no evangelho de Lucas o verbo *akolouthein*, que deste momento em diante se aplicará aos discípulos (cf. Lc 5,27-28; 9,23.49.57.59.61; 18,11.28). Na vocação de Levi (cf. Lc 5,27-32), a cena descrita por Lucas tem dois momentos: o chamado: *segue-me*; e o banquete de despedida de Levi e de homenagem a Jesus. A brevidade da narrativa realça toda a força da palavra de Jesus e a disponibilidade radical da resposta de Levi.

O evangelista relaciona o seguimento com a viagem de Jesus para Jerusalém. Para Lucas, seguir Jesus significa acompanhar seus passos em sua viagem para Jerusalém, onde irá cumprir o seu destino de morte, seu êxodo.

---

[118] Cf. Papa, B. Il cristianesimo come via, *Seguimi!*, n. 2, pp. 163-164.

[119] Não é nosso objetivo fazer uma análise histórico-exegética dessas passagens do evangelho de Lucas sobre o seguimento. Apenas queremos chamar a atenção para o fato de que também Lucas registra que Jesus, em sua vida pública, chamou discípulos para segui-lo. Para uma exegese de Lc 5,1-11; 5,27-32, ver, por exemplo, Fitzmyer, J. A. *El Evangelio según Lucas*, v. 1, pp. 479-537; Knoch, O. *Uno il vostro maestro. Discepoli e seguaci nel Nuovo Testamento*, pp. 92-100.

[120] Para o evangelista Lucas, o mar aparece sempre mais com sentido teológico do que como lugar geográfico. É o lugar das epifanias que revelam o poder de Jesus. Cf. Conzelmann, H. *El centro del tiempo. Estudio de la teología de Lucas*.

É na conclusão de sua atividade na Galiléia (cf. Lc 9,23-26) que Jesus fala das condições e das exigências do seguimento: se alguém quiser segui-lo, deverá: renunciar a si mesmo; tomar a sua cruz cada dia; e perder a sua vida por causa de Jesus para salvá-la.[121]

Precisamente enquanto prosseguia viagem para Jerusalém (Lc 9,57-62), Jesus disse a quem desejava segui-lo: "As raposas têm tocas e as aves do céu ninhos, mas o Filho do Homem não tem onde reclinar a cabeça [...], deixa que os mortos enterrem os seus mortos; Quem põe a mão no arado e olha para trás não é digno de mim".[122]

Dada a perspectiva geográfico-espacial do evangelho de Lucas, o seguimento de Jesus adquire uma conotação nitidamente espacial. Seguir Jesus não é apenas aceitar seus ensinamentos, mas também se identificar pessoalmente com seu estilo de vida e com seu destino.

Essa conotação histórico-espacial do seguimento é característica do evangelista Lucas. O ministério público de Jesus — curas, exorcismos —, a ressurreição e sua morte na cruz não são componentes isolados, mas fazem parte de um grande sistema simbólico: o caminho. Jesus entra nesse caminho (*hodos*), movimenta-se dentro dessa realidade e dirige-se até sua consumação. O discípulo é o seguidor de Jesus no caminho.

Podemos afirmar que Lucas emprega o verbo *akolouthein* em dois sentidos: como *expressão genérica*, aplicada aos que seguem Jesus fisicamente, por curiosidade e para contemplar seus feitos milagrosos (cf. Lc 7,9; 9,11; 18,43; 22,10.39.54; 23,27; At 12,8-9;13,43; 21,36); e como *expressão simbólica* da condição de discípulo (cf. Lc 9,23.49.57.59.61; 18,22.28).

O livro dos Atos dos Apóstolos expressa a idéia de seguimento de modo muito peculiar. Os cristãos são chamados de discípulos do caminho (cf. At 9,2; 19,9-23; 22,4; 24,14.22). Essa denominação não aparece em nenhum outro autor do Novo Testamento. Somente em Lucas e exclusivamente nessas passagens dos Atos.[123]

---

[121] Para uma exegese de Lc 9,23-26, ver, por exemplo, Fabris, R. "Chi vuol venire dietro di me, prenda la sua croce", *Seguimi!*, n. 2, pp. 124-139.

[122] Sobre o texto de Lc 9,57-62, ver, por exemplo, Lancellotti, B. *Comentário ao evangelho de São Lucas*; Pikaza, J. *A teologia de Lucas*; Stuhlmueller, C., *Evangelho de Lucas*.

[123] Para aprofundar o conceito de cristianismo como caminho, ver, por exemplo, Papa, B. *Il cristianesimo come via*, *Seguimi!*, n. 2, pp. 164-170.

Os evangelhos de Marcos, Mateus e Lucas, chamados sinóticos, e os Atos dos Apóstolos apresentam semelhanças e também diferenças em relação ao seguimento. Mas é o evangelho de João que apresenta a maior singularidade. Tanto no evangelho de João como no livro do Apocalipse, o seguimento é a palavra-síntese que expressa a comunhão com Jesus e suas implicações para a vida cristã.

João: a força do testemunho

O evangelho de João e o Apocalipse[124] não só reafirmam a realidade do seguimento como elemento constitutivo e essencial nas relações de Jesus com os discípulos, já expressa nos evangelhos sinóticos, mas também abrem uma perspectiva nova em relação à sua compreensão.

João[125] une a visão do crente à intuição do místico e descobre o significado profundo dos atos e das palavras do Verbo de Deus feito homem que chama pessoas para segui-lo. A sua obra, além de ser fruto de uma experiência histórica de seguimento, é o resultado de longos anos de pregação na comunidade,[126] conduzida pela luz do Espírito Santo. Para aprofundar o tema do seguimento na perspectiva do evangelista João, desenvolveremos os seguintes aspectos: *o fundamento do seguimento; testemunhar a fé; seguir o cordeiro.*

O fundamento do seguimento

Para compreender a proposta de seguimento no quarto evangelho é necessário, em primeiro lugar, ter presente sua estrutura teológica,[127] que constitui o fundamento do seguimento. O evangelho de João não é uma biografia, nem sequer um resumo da vida de Jesus, mas a interpretação de sua pessoa e obra.

---

[124] A tradição atribui ao apóstolo João cinco livros: o quarto evangelho, três epístolas e o Apocalipse, que constituem parte importante do Novo Testamento. Não é nosso objetivo analisar toda a obra de João na sua incalculável riqueza, mas apenas mostrar, a partir do quarto evangelho e do Apocalipse, a existência da categoria cristológica do seguimento.

[125] Sobre João, ver, por exemplo, BROWN, R. E. *Evangelho de João e Epístolas*, pp. 5-6; CORSINI, E. *O Apocalipse de São João*, pp. 18-20; NICCACI, A. & BATTAGLIA, O. *Comentários ao Evangelho de São João*, pp. 9-17.

[126] Sobre a comunidade joanina, ver, por exemplo, COTHENET, E. O evangelho segundo João. In: COTHENET, E. et alii. *Os escritos de São João e a Epístola aos Hebreus*, pp. 56-63.

[127] Sobre a estrutura teológica, o ambiente, a linguagem, o estilo e o plano do evangelho de João, ver, por exemplo, MATEOS, J. & BARRETO, J. *O evangelho de São João*, pp. 5-26.

Três temas teológicos constituem os pilares sobre os quais está edificado o quarto evangelho e, por conseguinte, também a exigência de seguimento: a revelação do amor de Deus ao mundo por meio do Verbo encarnado; a resposta positiva ou negativa do ser humano a essa manifestação do amor; e o efeito da revelação divina e da fé humana: a vida e a salvação.[128]

Esses três temas estão estreitamente interligados e perpassam todo o evangelho. A revelação divina aparece íntima e intrinsecamente relacionada com a resposta humana e com a salvação. A fé ou a incredulidade tem por objeto o Cristo revelador do Pai, que é acolhido ou rejeitado. A salvação da pessoa depende da revelação de Cristo e da adesão pessoal ao Filho de Deus, isto é, da fé existencial.

Alicerçada nesses três pilares, a estrutura teológica do evangelho de João tem duas linhas-mestras: a criação e a Páscoa-Aliança, que se entrelaçam do início ao fim da atividade de Jesus.

O tema da criação, que se abre no prólogo (cf. Jo 1,1ss),[129] é a chave de interpretação da obra de Jesus e explica uma série de cronologias que aparecem no início do evangelho,[130] cujo objetivo é fazer coincidir o anúncio e início da atividade de Jesus com o sexto dia, o da criação do ser humano. Evidencia-se, desta forma, o fato de que o objetivo da atividade de Jesus é terminar a obra da criação, a qual culminará com sua morte na cruz, no sexto dia.

O chamado ao seguimento ocorre no início da cronologia. No terceiro dia depois do testemunho do precursor, acontece o chamado dos dois discípulos do Batista e de Simão Pedro (cf. Jo 1,35-42); no quarto dia, acontece o chamado de Filipe e de Natanael (cf. Jo 1,43).

O tema da Páscoa-Aliança é abrangente, inclui não só o êxodo, mas ainda um leque de outros temas ligados a ele.[131] Está relacionado com o título cristológico de

---

[128] Para aprofundar esses três aspectos da teologia de João, ver PANIMOLLE, S. A. *L'evangelista Giovanni*, pp. 15-94.

[129] Para uma análise profunda e completa do Prólogo do evangelho de João, ver PANIMOLLE, S. A. *Il dono della Legge e della Grazia della Verità*.

[130] As cronologias que aparecem no início do evangelho de João são: o testemunho de João Batista (Jo 1,19); no dia seguinte (Jo 1,35); no dia seguinte (Jo 1,43); no terceiro dia (Jo 2,1). Cf. MATEOS, J. & BARRETOS, J. *O evangelho de São João*, p. 7.

[131] Os termos subordinados ao êxodo são: o cordeiro (cf. Jo 1,29), a Lei (cf. Jo 3,1ss), a passagem do mar Vermelho (cf. Jo 6,1), o maná (cf. Jo 6, 31), o caminho do seguimento de Jesus (cf. Jo 8,12), a passagem da morte para a vida (cf. Jo 5,24), a passagem do Jordão (cf. Jo 10,40). Cf. idem, ibidem, p. 7.

Messias[132] (cf. Jo 1,17) que, como novo Moisés, realiza o êxodo definitivo e o chamado messiânico ao seu seguimento.

Testemunhar a fé

A redação de João sobre a vocação dos primeiros discípulos tem características inconfundíveis. O texto de João 1,35-51[133] apresenta, harmoniosamente fundidos, o fato histórico do chamado dos primeiros discípulos, descrito como uma descoberta do mistério de Cristo, e a mensagem teológico-espiritual acerca de sua fé e função no seguimento do mestre.

Embora tenha alguns elementos comuns, como a típica expressão *segue-me* (cf. Jo 1,43), João usa um esquema diferente dos sinóticos.[134] Nele encontramos alguns passos específicos:

Um testemunho qualificado prova a sua fé em Jesus: o Batista[135] para os seus discípulos (cf. Jo 1,36), André para Pedro (cf. Jo 1,41), Filipe com Natanael (cf. Jo 1,45); em seguida, *acontece o encontro* no qual o futuro discípulo faz uma experiência pessoal com Cristo (cf. Jo 1, 39.42.43.46.49); por fim, *o novo chamado faz a sua confissão de fé* (cf. Jo 1,41b.45b.49).

Os dois discípulos do Batista se tornam discípulos de Jesus e assumem a tarefa de testemunhá-lo. Eles representam a passagem do Antigo Testamento, que tem como vértice João Batista, ao Reino de Deus, que chega na pessoa de Jesus, o revelador do Pai, que os discípulos acolhem na fé.

---

[132] Para aprofundar a cristologia de João, ver, por exemplo, La Potterie, I. *Studi di Cristologia Giovannea*.

[133] Para uma análise completa e profunda do chamado dos primeiros discípulos em Jo 1, 35-51, ver Panimolle, S. A. *Lettura pastorale del vangelo di Giovanni*, pp. 159-198; Zevini, J. *Evangelho segundo São João*, pp. 69-79

[134] A narração do chamado dos primeiros discípulos em Jo 1,35-51 difere profundamente daquela dos sinóticos: Mc 1,16-20; Mt 4,18-22; Lc 5,1-11. Para os sinóticos, o chamado dos primeiros discípulos acontece junto ao mar de Genesaré num dia de pesca, enquanto no quarto evangelho acontece em circunstâncias diferentes. Para os sinóticos, os primeiros discípulos chamados por Jesus são dois pares de irmãos, Simão Pedro e André, e os dois filhos de Zebedeu, enquanto no quarto evangelho os primeiros chamados são André, Simão Pedro, Filipe, Natanael e um discípulo anônimo do Batista. Cf. Panimolle, S. A. *Lettura pastorale del vangelo di Giovanni*, p. 168.

[135] O testemunho do Batista é a realização das esperanças messiânicas de Israel (cf. Is 52,13-53,12). Ele representa a união dos dois Testamentos, é a voz que mostra a seus discípulos o caminho para Cristo. Cf. Zevini, J. *Evangelho segundo João*, p. 72.

O evangelista João quer mostrar a origem da fé dos primeiros chamados e a sua transmissão mediante o testemunho. Os discípulos iniciam um itinerário de fé e descoberta do mistério de Jesus, por meio do conhecimento gradual e da adesão.

Jesus toma a iniciativa e interroga quem quer segui-lo: "Que estais procurando?" (cf. Jo 1,38). Essa pergunta é um convite para que o discípulo defina a si mesmo e o que quer fazer de sua vida. Ela diz respeito à necessidade fundamental do ser humano, que o faz tender para Deus. A resposta dos discípulos — "Mestre,[136] onde moras?" — deve ser interpretada no mesmo nível teológico: o ser humano quer habitar com Deus, ele busca constantemente fugir da temporalidade, da mutação e da morte, procurando algo que seja duradouro. Jesus responde com um convite global à fé: "Vinde e vede!" (cf. Jo 1,39).

Em todo o evangelho de João, o tema do vinde a Jesus será usado para descrever a fé (cf. 3,21; 5,40; 6,35.37.45; 7,37 etc.). Desta forma, ver Jesus sensivelmente é outra descrição da fé de João. É interessante notar que, em Jo 5,40; 6,40.47, a vida eterna é prometida a quem vai a Jesus, a quem o vê e a quem crê nele: três modos diferentes de descrever a mesma ação.

Se a formação dos discípulos começa quando vão a Jesus para ver onde ele mora e estar com ele, esta só será completa quando eles virem a sua glória e crerem nele (cf. Jo 2,11).

Para o quarto evangelista, de fato, o seguimento de Jesus não se esgota no andar com o Mestre, mas no conduzir a vida de comunhão com o Filho, antes, podemos dizer que consiste em permanecer com Cristo. João, portanto, aprofunda a temática do seguimento de Jesus, interiorizando-a e apresentando-a na perspectiva da união íntima com o Senhor.

O sentido técnico teológico do verbo seguir, no evangelho de João, é claro: "tornar-se discípulo", "seguir o Mestre" (cf. Jo 1,40.43; 10,4.27; 13,36-38; 21,19.22), como as ovelhas seguem o bom pastor (cf. Jo 10,4). Esse seguimento tem como fruto o caminhar na luz e o dom da vida (cf. Jo 8,12).

---

[136] O título rabi (mestre), no quarto evangelho, não é reservado apenas a Jesus; os discípulos do Batista também o chamavam de mestre (cf. Jo 3,26). Jesus é mestre, porque ensina a verdade e conduz à vida. Cf. PANIMOLLE, S. A. *Lettura pastorale del Vangelo di Giovanni*, pp. 173 e 186-187.

Seguir exteriormente Jesus é apenas um sinal visível da íntima união com o Messias, na força da fé. Nesse estágio da evolução do conceito de seguimento, abandona-se toda referência à relação espaço-temporal com o rabi messiânico Jesus. Em seu lugar aparecem as categorias de fé e caridade, as quais caracterizam a existência cristã. O seguidor do rabi Jesus torna-se discípulo. A expressão "Eu sou a luz do mundo, quem me segue não anda nas trevas" (Jo 8,12) evidencia o seguimento como dimensão estrutural essencial da existência cristã determinada pela fé em Jesus.

Depois de termos constatado a presença da categoria cristológica do seguimento no evangelho de João, perguntamos: de que modo João apresenta a realidade do seguimento no Apocalipse?

Seguir o Cordeiro

No Apocalipse[137] encontramos referências explícitas ao seguimento que podem ser sintetizadas em dois blocos distintos: *seguimento positivo*, que tem como centro Cristo e os seus seguidores (cf. Ap 14,1-5; 14,13; 17,14; 19,11-21; 20,4-6; 21,14); *seguimento negativo*, que contrapõe os que seguem a besta aos que seguem Cristo (cf. Ap 2,2; 6,7-8; 13,3-4; 13,16; 14,11).[138]

O texto central e fundamental para se compreender o significado do seguimento no Apocalipse é, sem dúvida, Ap 14,1-5, que descreve a visão dos 144 mil assinalados: os que *seguem o Cordeiro, onde quer que ele vá*.[139] O conceito e a terminologia do seguimento estão situados no contexto do relacionamento que liga o crente ao Ressuscitado, numa perspectiva claramente escatológica.

Em geral, para compreender o significado do seguimento em João, é preciso levar em conta dois aspectos: primeiro, não existe a comunhão histórica entre o Mestre e os discípulos, como é descrita nos evangelhos, mas os seguidores estão em plena

---

[137] Para uma análise completa do livro do Apocalipse, ver Corsini, E. *O Apocalipse de São João*; Mollat, D. *L'Apocalisse. Una lettura per oggi*.

[138] Cf. Mazzeo, M. *La sequela di Cristo nel libro dell'Apocalisse*, pp. 64-67.

[139] Para um estudo mais profundo sobre o texto de Ap 14,4 a partir da perspectiva do seguimento, ver, por exemplo, Vanni, U. Questi seguono l'Agnello dovunque vada, *Seguimi!*, n. 2, pp. 171-192.

comunhão com Cristo na fé, na Palavra e na Eucaristia; segundo, a evolução do contexto de seguimento está unida ao contexto histórico e à linguagem simbólica usada no Apocalipse.[140]

O seguimento se desenvolve a partir de dois pólos importantes: *a figura de Cristo* como o Cordeiro que deve ser seguido e *a figura dos cristãos* como seguidores do Cordeiro.[141] O seguimento do Cordeiro é condição indispensável para a salvação de todos os crentes.[142]

Em confronto com o conteúdo expresso nos sinóticos e no próprio evangelho de João, o seguimento no Apocalipse reflete um estágio de desenvolvimento posterior da experiência cristã dos primeiros discípulos. Não se trata apenas de escolher Cristo como o valor absoluto e determinante da própria vida, nem mesmo do discipulado gradual, amadurecido na fé e no amor. Trata-se de assimilar pessoalmente a morte e a ressurreição de Jesus e de participar de sua atividade redentora até a pertença irreversível a Cristo e ao Pai.

O seguimento na visão do Apocalipse está em *continuidade* com o seguimento evangélico, porque o evento que o alimenta e a terminologia que o expressa estão radicados na tradição evangélica; e, ao mesmo tempo, em *descontinuidade*, porque elabora, na ótica da vitória escatológica de Cristo, um modelo de comportamento baseado no Cordeiro imolado e vitorioso.[143]

Por conseguinte, o seguimento, no Apocalipse, exige participação incondicional na obra redentora de Cristo. Seguir é próprio de quem, na história, participa plenamente da ação de Cristo-Cordeiro e, com a energia messiânica de sua morte e ressurreição, está empenhado na luta contra o mal e na plena realização da salvação. O seguimento é um contributo ativo à vinda progressiva de Cristo na história do ser humano.

---

[140] Cf. Mazzeo, M. *La sequela di Cristo nel libro dell'Apocalisse*, p. 260.
[141] Cf. idem, ibidem, p. 95.
[142] Cf. idem, ibidem, p. 256.
[143] Cf. idem, ibidem, pp. 258-259.

Vimos que a categoria cristológica do seguimento está presente nos evangelhos, nos Atos dos Apóstolos e no Apocalipse. De que modo os outros escritos do Novo Testamento retratam a experiência da relação de fé com Jesus?

4. O apóstolo Paulo: estar com Cristo

Como vimos, os evangelhos, ainda que escritos na perspectiva pascal, exprimem, fundamentalmente, o caráter do discipulado na atitude radical de caminhar no seguimento do Jesus histórico palestinense. Depois da Páscoa, já não é mais possível caminhar fisicamente no seguimento de Jesus de Nazaré, e a expressão seguir/seguimento adquire um sentido mais amplo e simbólico. Ao mesmo tempo, os escritores do Novo Testamento buscam outras formas[144] para expressar essa mesma realidade.

O apóstolo Paulo[145] não usa a palavra "seguimento" (*akolouthein*)[146] e não se apresenta como discípulo (*mathetes*), mas sempre como servo (*dulos*) de Cristo Jesus, chamado por Deus para ser apóstolo e escolhido para anunciar o evangelho aos gentios (cf. Rm 1,1).[147]

---

[144] Senén Vidal, em seu estudo intitulado *El seguimiento de Jesús en el Nuevo Testamento. Visión general*, publicado na obra *El seguimiento de Cristo*, pp. 26-31, refere-se a três tipos fundamentais de conceitos: *a participação* do crente na vida de Cristo Jesus, *a imitação* de Cristo e o *caminhar* do povo peregrino à consumação final seguindo o caminho inaugurado por Cristo.

[145] Sobre o apóstolo Paulo e seus escritos, existe uma ampla e qualificada bibliografia. Como exemplo, citamos apenas algumas obras: COMBLIN, J. *Paulo, Apóstolo de Jesus Cristo*; COTHENET, E. *São Paulo e o seu tempo*; DODD, C. D. *A mensagem de São Paulo para o homem de hoje*; KÄSEMANN, E. *Perspectivas Paulinas*; KUSS, O. *San Pablo. La aportación del apóstol a la teología de la Iglesia primitiva*; MESTERS, C. *Paulo apóstolo*; PATTE, D. *Paulo, sua fé e a força do evangelho*; SANDERS, E. P. *Paulo, a lei e o povo judeu*.

[146] Como vimos, o termo *seguimento* empregado para designar as relações das pessoas com Jesus aparece somente nos evangelhos, com duas exceções: Ap 14,4 e 1Pd 2,21. Cf. AUER, A. Seguimento/imitação de Cristo. In: FRIES, H. (org.). *Dicionário de teologia*, v. 5, p. 195; BLENDINGER, C. Seguimento. In: COENEN, L.; BEYEUTHER, E.; BIETENHARD, H. (orgs.). *Diccionario Teológico del Nuevo Testamento*, v. 4, p. 174; GELABERT, M., Encontrar la vida en el seguimiento de Cristo, *Teología Espiritual*, n. 110, p. 180; VIDAL, M. Seguimento de Cristo y evangelización. Variación sobre un tema moral neotestamentario (Mt 10,34-39), *Salmanticensis*, n. 18, p. 290.

[147] Do ponto de vista cronológico, as epístolas do apóstolo Paulo são, em seu conjunto, provavelmente anteriores aos evangelhos, particularmente, ao evangelho de João. Do ponto de vista dos conceitos, porém, as epístolas de Paulo são, no que diz respeito à questão que nos interessa, colocadas depois dos evangelhos. Paulo, de fato, começa onde os evangelhos terminam. Cf. ADNES, P. *Sequela e imitazione di Cristo nella Scrittura e nella Tradizione*, p. 101.

Enquanto nos evangelhos sinóticos, particularmente em João, a participação na vida e destino de Cristo diz respeito à dimensão histórica e mística, Paulo desenvolve unicamente o aspecto que podemos chamar de místico.[148] Um dos termos empregados por ele para expressar a realidade da relação do ser humano com Cristo ressuscitado é "imitação",[149] o qual não se encontra nos evangelhos. Qual o significado e a abrangência da categoria da imitação empregada por Paulo em seus escritos? Responderemos a essa questão analisando os seguintes aspectos: *o termo imitação; configuração a Cristo; imitadores de Cristo.*

O termo imitação

O desaparecimento do termo seguimento nos escritos paulinos[150] e o emprego da categoria imitação não parecem ser um fato puramente casual, mas um processo conceitual explicável pela lógica interna do pensamento de Paulo. Perguntamos então: quais os motivos que justificaram o uso do termo imitação?

Duas razões fundamentais contribuíram, sem dúvida, de modo decisivo para essa mudança: *a influência da cultura grega* e *a experiência do Ressuscitado.*

A influência da cultura grega

Do ponto de vista cultural, Paulo é um personagem muito complexo. Ele se situa na confluência de três culturas diferentes: hebraica, grega e romana.[151] No que

---

[148] Não é nossa intenção analisar a cristologia de Paulo em toda sua riqueza e complexidade nem mesmo aprofundar o tema da imitação em suas múltiplas facetas. A partir da perspectiva do seguimento, queremos apenas situar o apóstolo Paulo na história desta tradição bíblica.

[149] *Miméomai* significa "imitar", "reproduzir" o que o outro faz. Segundo Aristóteles e Demócrito, no início, o homem teve de imitar os animais: das aranhas imitou o modo de tecer, das andorinhas imitou o modo de construir as casas. Outras vezes, a imitação foi definida também como criação artística no sentido da reprodução consciente da realidade. Cf. MICHAELIS, W. Miméomai. In: KITTEL, G. (org.). *Grande Lessico del Nuovo Testamento,* v. 7, pp. 253ss.

[150] No *corpus* paulino são relativamente poucos os textos em que encontramos a terminologia da imitação: 1Cor 4, 16; 11,1; Fl 3,17; 1Ts 1,6.2,14; 2Ts 3,7-9. Entretanto, esse conceito tem uma importância relevante no pensamento de Paulo. Cf. MICHAELIS, W. Miméomai. In: KITTEL, G. (org.) *Grande Lessico del Nuovo Testamento,* v. 7, p. 253-298; PROIETTI, B. Sequela Christi e imitazione. In: PELLICCIA, G. & ROCCA, G. (orgs.). *Dizionario degli Istituti di perfezione,* v. 8, p. 1.297.

[151] Paulo se declara hebreu, filho de hebreus (Fl 3,4-6), nascido em Tarso da Cilícia, uma cidade de origem fenícia, profundamente helenizada; fala grego e tem cidadania romana (cf. At 22,25-29).

diz respeito ao uso do termo imitação, sofreu a influência da cultura grega, na qual esse tema ocupava um lugar importante.[152]

A experiência do Ressuscitado

Paulo não conheceu, pessoalmente, Jesus de Nazaré durante sua vida terrena, nem viveu a experiência de ser chamado diretamente por ele. Em suas epístolas, não se refere tanto aos traços concretos da vida terrena de Jesus, e sim à autoridade do Ressuscitado, que agora está presente em suas palavras, no Espírito Santo e na autoridade apostólica.

Enquanto no período pré-pascal o seguimento implica uma comunhão de vida e destino com o Jesus histórico, no período pós-pascal essa proximidade física não é mais possível. Paulo fez a experiência do Ressuscitado e, por conseguinte, não pode ter com Jesus um vínculo semelhante àquele dos seguidores que viveram antes da Páscoa, mas vive na fé do Senhor, o *Kyrios*, ressuscitado e glorificado.

Dessa forma, a proximidade corporal cede lugar a um ligame diferente. Entre Cristo e o apóstolo Paulo cria-se outro tipo de comunhão de vida, baseado numa obscura, ainda que íntima, experiência de fé, que pode ser chamada de mística. Paulo expressa essa realidade mística com o termo "imitação".[153]

Em que contexto podemos situar o convite de Paulo à imitação de Cristo, a fim de melhor compreendê-lo?

Configuração a Cristo

Em suas cartas, Paulo não tem o objetivo de narrar os fatos da vida de Jesus nem relembrar seus ensinamentos. Ele tem uma mensagem específica para comunicar, que é prevalentemente teológica. O seu evangelho, como ele mesmo diz, está baseado no

---

[152] No início de nossa era, no mundo greco-romano, o tema da imitação dos deuses era muito importante. Na tradição estóica, do ponto de vista ético, os deuses eram modelos a serem imitados; na filosofia platônica, via-se o cosmo como uma cópia ou representação do mundo das idéias eternas; nas religiões mistéricas, cultivava-se a idéia de imitação no âmbito cultual: os adoradores assemelhavam-se aos deuses aos quais prestavam culto. Cf. MICHAELIS, W. Miméomai. In: KITTEL, G. (org.). *Grande Lessico del Nuovo Testamento*, v. 7, pp. 661-668.

[153] Para aprofundar o aspecto da imitação em Paulo, ver, por exemplo, ADNES, P. *Sequela e imitazione di Cristo nella Scrittura e nella Tradizione*, pp. 112-121; PRAT, F. *La teología de San Pablo*, pp. 391-400.

querigma da cruz: o anúncio da morte e da ressurreição salvífica do Senhor. Dadas as circunstâncias características de sua vocação, Paulo considera, antes de tudo, Cristo como o Jesus que foi crucificado e agora vive na glória celeste como *Kyrios* (Senhor).[154]

Por conseguinte, para entender, mais profundamente, o convite do apóstolo Paulo à imitação de Cristo é preciso situá-lo no horizonte mais amplo de sua teologia e, particularmente, ter presente os aspectos da *vocação cristã do ser humano como progressiva configuração a Cristo* e da *união do crente com Cristo*.

Paulo concebe a *vocação cristã como uma progressiva configuração do crente à imagem de Cristo*, morto na cruz, ressuscitado e que vive glorioso. Aos Coríntios ele escreve: "E nós todos que, com a face descoberta, refletimos como num espelho a glória do Senhor, somos transfigurados nessa mesma imagem, cada vez mais resplandecentes, pela ação do Senhor, que é Espírito" (2Cor 3,18).

Esse processo de configuração foi preordenado por Deus, o qual nos predestinou a sermos conformes a imagem do seu Filho, a fim de ser ele o primogênito entre muitos irmãos (cf. Rm 8,29). Não se trata de uma configuração externa, mas de uma participação íntima e vital nos grandes eventos salvíficos que marcaram a trajetória de Cristo. Devemos participar de seu sofrimento e morte, para participar também de sua glória (cf. Rm 8,17; Fl 3,10).[155]

Outro aspecto importante a ser considerado é a relação existente entre o apelo à imitação e outro conceito-chave na teologia paulina: *a união do crente com Cristo* expressa, em muitas ocasiões, com a fórmula grega *syn* (com) Cristo — sofrer com, ser crucificado com, morrer com, ser sepultado com, ressuscitar com e viver com. Essas expressões descrevem a associação sobrenatural a Cristo nos eventos que constituem o essencial da redenção, isto é, a paixão, a crucifixão, a morte, a sepultura, a ressurreição e a glorificação.

O batismo[156] é o sacramento por excelência da nossa configuração a Cristo. Mediante o ato cultual simbólico do batismo, opera-se uma misteriosa transformação do ser do crente com Cristo, passando da morte à nova vida de ressuscitado.

---

[154] Para aprofundar a cristologia de Paulo, ver, por exemplo, Bover, J. M. *Teología de San Pablo*, pp. 269-419; Kuss, O. *San Pablo. La aportación del apóstol a la teología de la Iglesia primitiva*, pp. 328-421; Prat, F. *La teología de San Pablo*, pp. 131-185.

[155] Cf. Adnes, P. *Sequela e imitazione di Cristo nella Scrittura e nella Tradizione*, p. 105.

[156] Em relação ao tema do batismo em Paulo, ver, por exemplo, Bover, J. M. *Teología de San Pablo*, pp. 653-677; Fitzmyer, J. *Linhas fundamentais da teologia paulina*, pp. 113-132; Prat, F. *La teología de San Pablo*, pp. 294-301 e 523-530.

Essa semelhança terá seu pleno cumprimento e perfeição no fim dos tempos: na ressurreição dos corpos.[157]

A mística paulina está orientada a realizar de modo mais perfeito a união misteriosa, mas real, com Cristo ressuscitado. Essa união, realizada por graça santificante, é o fundamento da imitação de Cristo, porque, por meio da graça, o fiel se conforma à imagem do Filho unigênito, convertendo-se em outro Cristo. E como participa sacramentalmente na paixão e glória do Senhor, assim também deve moralmente assemelhar-se ao divino modelo e realizar ações dignas dele.[158]

O apóstolo exorta os efésios: "Sede imitadores de Deus, como filhos queridos" (Ef 5,1). Paulo associa a exigência da imitação de Cristo à filiação divina que acontece com o cristão pela graça. Não se trata, porém, de imitar Deus, como um ser metafísico com determinadas qualidades que não podem servir de ideal, mas de ter como referência a conduta revelada e tornada visível em Cristo: a obediência à vontade do Pai, que se manifestou no amor e no perdão (cf. Mt 5,48).[159]

A partir dessa visão mais ampla da teologia de Paulo, como entender a categoria da imitação?

Imitadores de Cristo

Nos escritos paulinos, o termo imitar[160] não pode ser entendido em sentido estrito, mas tem, pelo menos, três significados: *simples comparação*, como em 1Ts 2,14 e talvez 1Ts 1,6; *seguir um modelo*, como 2Ts 3,7.9; Fl 3,17, textos em que o modelo a ser imitado é Paulo, e seguir o seu exemplo comporta também obedecer às suas ordens; *prestar obediência* como em 1Cor 4,16, no qual a idéia de modelo

---

[157] Cf. ADNES, P. *Sequela e imitazione di Cristo nella Scrittura e nella Tradizione*, pp. 106-108; ESTRADA, J. A. Imitação de Jesus Cristo. In: RODRÍGUEZ, A. A. & CANALS CASAS, J. (orgs.). *Dicionário teológico da vida consagrada*, p. 550; VIDAL, S. El seguimiento de Jesús en el Nuevo Testamento. Visión general. In: GARCÍA-LOMAS, J. M. & GARCÍA-MURGA, J. R. *El seguimiento de Cristo*, p. 26.

[158] Cf. BAUDER, W. Seguimiento. In: COENEN, L.; BEYREUTHER, E.; BIETENHARD, H. (orgs.), *Diccionario Teológico del Nuevo Testamento*, v. 4, p. 182.

[159] Cf. idem, ibidem, p. 182.

[160] No Novo Testamento, *miméomai* aparece apenas quatro vezes: 2Ts 3,7.9; Hb 13,7; 3 Jo 11; e *mimetes* aparece seis vezes: 1Co 4,16; 11,1; Ef 5,1; 1Ts 1,6; 2,14; Hb 6,12; *symmimetes* aparece uma única vez em Fl 3,17, e sempre do ponto de vista ético-imperativo, ligado ao compromisso sobre uma determinada conduta. Cf. BAUDER, W. Seguimiento. In: COENEN, L.; BEYREUTHER, E.; BIETENHARD, H. (orgs.). *Diccionario Teológico del Nuevo Testamento*, v. 4, p. 181.

desaparece por completo, como em 1Cor 11,1; 1Ts 1,6; Ef 5,1; são nomeados com autoridade além de Paulo, também Cristo e Deus, dos quais os fiéis devem tornar-se discípulos.

Nos textos em que Paulo convida diretamente os fiéis de suas comunidades à imitação, os modelos a serem imitados são múltiplos: *Deus* (cf. Ef 5,1); *Jesus Cristo* (cf. 1Ts 1,6; 1Cor 11,1); *as Igrejas da Judéia* (cf. 1Ts 2,14), *os tessalonicenses* (cf. 1Ts 1,7); *os herdeiros das promessas* (Hb 6,12); *os guias das comunidades* (Hb 13,7); *Timóteo e Tito* (cf. 1Tm 4,12; Tt 2,7); *Paulo* (cf. 1Ts 1,6; 1Cor 4,16; 11,1; Fl 3,17; 2Ts 3,7.9).[161]

O objeto da imitação pode ser tanto um gesto ou um determinado comportamento exemplar das pessoas como toda a sua vida. No caso da imitação do apóstolo Paulo, ele não é a referência última do agir cristão. Seu exemplo é uma mediação pedagógica para a imitação do próprio Cristo.

Nos textos exortativos de suas cartas, Paulo propõe Cristo como modelo aos seus leitores, para exortá-los à prática de diversas virtudes: humildade, obediência, paciência, generosidade, desprendimento, perdão recíproco, amor a Deus e ao próximo. Um exemplo muito significativo é o de Fl 2,1-11. Paulo convida os filipenses a meditarem não sobre um exemplo particular da vida de Jesus, mas sobre a disposição mais profunda de sua existência, da encarnação ao Calvário, isto é, de sua total submissão a Deus.[162]

A imitação de Cristo não diz respeito à reprodução de gestos materiais, mas é uma conformação às grandes atitudes espirituais que Cristo nos revelou e que são próprias da ética cristã. A imitação de Jesus Cristo ressalta a sublimidade da vocação cristã, a qual tem sua expressão mais concreta no martírio ou na ascese. Tanto o mártir como o asceta morrem para o mundo: aquele fisicamente, este moralmente. Todo o cristão deve "morrer com Cristo em sua própria pessoa, participando de sua paixão não só no batismo, mas também na vida de cada dia, para poder ressuscitar com Cristo e ser uma nova criatura.[163]

---

[161] Cf. PROIETTI, B. Sequela Christi e imitazione. In: PELLICCIA, G. & ROCCA, G. (orgs.). *Dizionario degli istituti di perfezione*, v. 8, p. 1.298.

[162] Cf. ADNES, P. *Sequela e imitazione di Cristo nella Scrittura e nella Tradizione*, p. 109.

[163] Cf. idem, ibidem, p. 111; PROIETTI, B. Sequela Christi e imitazione. In: PELLICIA, G. & ROCCA, G. (orgs.). *Dizionario degli Istituti di perfezione*, v. 8, pp. 1.298-1.299; GOFFI, T. Seguimento/Imitação. In: PIANA, G.; PRIVITERA, S. (orgs.). *Dicionário de teologia moral*, pp. 1.138-1.140.

Além dos escritos do Novo Testamento abordados até aqui, encontramos, na Primeira Epístola de Pedro 2,21, a afirmação de que Cristo nos deixou o exemplo para que os cristãos sigam os seus passos. Como interpretar o conteúdo dessa relação entre o exemplo que Cristo nos deixou e o apelo a seguir seus passos?

5. O exemplo de Cristo e o convite a seguir seus passos

Dirigindo-se aos cristãos perseguidos, o autor da Primeira Carta de Pedro faz um insistente apelo: "Com efeito, para isto é que fostes chamados, pois que também Cristo sofreu por vós, deixando-vos um exemplo, a fim de que sigais os seus passos" (2,21).[164]

Pela sua singularidade, essa expressão merece ser analisada, no contexto mais amplo dessa Carta, levando em consideração sua preocupação pastoral e seus destinatários. Por conseguinte, responderemos à pergunta sobre a relação entre o exemplo de Cristo e o seguimento de seus passos abordando os seguintes aspectos: *os passos de Cristo; síntese entre seguir e imitar.*

Os passos de Cristo

A quem o autor da Primeira Carta de Pedro endereçou o convite pastoral a seguir os passos de Cristo? No período pós-pascal, vivenciando o clima das perseguições[165] e prevendo um horizonte sombrio caracterizado por tribulações ainda maiores, o autor dessa Carta dirige-se aos cristãos convertidos com o objetivo de fortificá-los na fé.[166] Sua preocupação é, prevalentemente, pastoral e parenética, catequética e moral. Sua teologia não apresenta nenhuma originalidade, mas é um reflexo do

---

[164] A tradução da Bíblia de Jerusalém, da qual nos servimos neste trabalho, usa a palavra "passos", enquanto outras traduções empregam a palavra "pegadas", que parece ser mais expressiva.

[165] Segundo a explicação mais comum, a Primeira Carta de Pedro alude à perseguição desencadeada por Nero contra os cristãos, depois do incêndio de Roma, em julho do ano 64. Cf. COTHENET, E. *As Epístolas de Pedro*, pp. 12-13.

[166] A Primeira Carta de Pedro foi escrita, provavelmente, em Roma. Era destinada às comunidades cristãs espalhadas pelo Ponto, Galácia, Capadócia, Ásia e Bitínia, cinco províncias da parte norte e nordeste da Turquia atual. Cf. COTHENET, E. *As epístolas de Pedro*, p. 11; TRIMAILLE, M. As Epístolas católicas. In: CARREZ, M. et alii. *As cartas de Paulo, Tiago, Pedro e Judas*, pp. 271-272.

conteúdo da catequese da Igreja primitiva, na qual retorna, freqüentemente, a idéia do batismo, da vida nova, do Cristo sofredor que nos resgatou dos nossos pecados.

A cristologia subjacente[167] está centrada na figura do Servo de Javé e são lembrados com insistência os sofrimentos de Cristo (cf.1Pd 1,18; 2,21; 3,18; 4,1). Além disso, são numerosas as alusões às palavras de Cristo, particularmente às bem-aventuranças evangélicas. O autor insiste na esperança, que deve suscitar em nós o pensamento da glorificação que nos está reservada para o dia da manifestação do Senhor.

O convite dirigido aos cristãos perseguidos a seguirem os exemplos de Cristo faz parte de uma exortação que tem como objetivo encorajar os escravos cristãos submetidos aos maus-tratos dos patrões injustos e malvados.[168]

O autor usa uma expressão singular: *seguir os passos de Cristo*. Os passos são a forma deixada pelos pés de quem caminha num terreno úmido, na areia ou na neve. Com essa simbologia, o autor exprime com linguagem do seu ambiente cultural o conceito de imitação referida a Cristo. Trata-se de uma participação na paixão de Cristo, por meio da qual, não por méritos nossos, mas pela graça do próprio Cristo, nos tornamos participantes de sua glória. Por conseguinte, a imitação não é só um dever, mas acima de tudo uma graça conferida pelo amor do Pai, por meio de seu Filho.

Podemos perceber uma certa semelhança entre o texto de 1Pd 2,18-21 com as narrativas do chamado dos primeiros discípulos. Em ambos aparecem os verbos *chamar* e *seguir*.[169]

O texto de Pedro lembra também os ditos dos sinóticos, nos quais Jesus convida quem quer ser seu discípulo a tomar a sua cruz e a segui-lo. Tanto nos evangelhos como na Primeira Carta de Pedro trata-se igualmente de seguir a Jesus que sofreu, deixando-nos, deste modo, o exemplo.

Aprofundando ainda mais o texto, perguntamos: de que forma se estabelece a relação entre seguir e imitar?

---

[167] Para aprofundar o conteúdo da Primeira Carta de Pedro, ver, por exemplo, COTHENET, E. *As Epístolas de Pedro*; TRIMAILLE, M. As Epístolas católicas. In: Carrez, M. et alii. *As cartas de Paulo, Tiago, Pedro e Judas*, pp. 271-286.

[168] Cf. ADNES, P. *Sequela e imitazione di Cristo nella Scrittura e nella Tradizione*, pp. 124-125; VIDAL, M. El seguimento de Jesús en el Nuevo Testamento. Visión general. In: GARCÍA-LOMAS, J. M. & GARCÍA-MURGA, J. R. (orgs.). *El seguimiento de Cristo*, pp. 29-30.

[169] Cf. ADNES, P. *Sequela e imitazione di Cristo nella Scrittura e nella Tradizione*, p. 126.

Síntese entre seguir e imitar

O trecho da Primeira Carta de Pedro 2,18-21 estabelece uma equação perfeita entre seguimento e imitação e representa um fenômeno único no Novo Testamento. Temos, assim, uma espécie de síntese entre seguir e imitar e, ao mesmo tempo, uma ponte entre o conceito de seguimento e o de imitação.[170]

O seguimento de Jesus como atitude normativa está relacionado com a imitação da exemplaridade de Cristo. Para ser coerente com sua opção de vida, o cristão deve aderir incondicionalmente a Cristo e, ao mesmo tempo, conformar-se com o Mestre. Evidentemente, não se trata de uma imitação exterior, moralista e individualista, mas eclesiológica, soterológica e ontológica.[171]

A palavra "passos" introduz, entre a pessoa histórica de Jesus e os cristãos, uma idéia de distância no tempo. Não se segue Cristo imediatamente, como quando ele vivia, na Palestina, mas se seguem seus passos, suas pegadas.

Tanto a imagem de "seguir os passos de Cristo" usada por Pedro, como também a interpretação pós-pascal de "seguir o Senhor até a Cruz" (Lc 14,27; Mc 8,34), atesta como a Igreja primitiva tinha consciência da distância espacial e temporal que separa o Jesus terreno da comunidade que ainda segue o seu Senhor.

O horizonte neotestamentário que traçamos, em linhas gerais, seguindo a trajetória dos dois conceitos de seguimento e imitação, nos leva a perguntar: como sintetizar a relação entre seguimento e imitação?

---

[170] Referindo-se ao texto de 1Pd 2,18-21, Pierre Adnes afirma: "O vocabulário da imitação, assim, se une aqui ao de seguimento. É um fenômeno que não havíamos ainda encontrado! Temos, portanto, uma espécie de síntese entre imitar e seguir. O texto é uma ponte entre a idéia de seguir e de imitar. Seguir Cristo é, finalmente, o mesmo que imitar seu exemplo". *Sequela e imitazione di Cristo nella Scrittura e nella Tradizione*, p. 126. Na mesma linha de pensamento, Giuseppe Turbessi afirma: "Um caso de sinônimo perfeito entre seguimento e imitação encontramos na Primeira Carta de Pedro, na qual temos numerosas alusões a muitas palavras de Cristo e mais de um eco das bem-aventuranças evangélicas". *Benedictina*, pp. 206-207.

[171] Cf. MAZZEO, M. *La sequela di Cristo nel libro dell'Apocalisse*, pp. 168-169.

6. A relação entre seguimento e imitação

Como vimos, o Novo Testamento apresenta um panorama diversificado em relação aos conceitos seguimento e imitação.

Os evangelistas, que viveram a experiência do chamado do Jesus histórico e o seguiram nas estradas da Palestina, usam o conceito de seguimento para expressar a relação com Jesus e desconhecem o termo imitação. Essa relação pessoal com Jesus expressa pelo seguimento tem matizes diferentes. No período pré-pascal, implica uma proximidade corporal e espacial, numa comunhão de vida e destino com o Jesus histórico. No período pós-pascal, o ligame espaço-temporal cede lugar à experiência de fé, e o seguimento adquire um significado simbólico e dinâmico e passa a ser expressão da vida cristã.

Paulo não conheceu o Jesus histórico. Viveu a experiência do Ressuscitado e, em suas epístolas, propõe uma comunhão com Cristo baseada na fé. Para expressar essa relação com Cristo, emprega o termo imitação e desconhece a expressão seguimento.

O autor da Primeira Carta de Pedro usa a expressão "seguir os passos de Jesus" e representa uma ponte entre os dois conceitos: seguir e imitar.

Pela sua importância, a relação entre esses dois termos foi objeto de estudos e de interpretações divergentes e, às vezes, até contraditórias. Sintetizaremos a resposta à pergunta sobre a relação entre seguir e imitar abordando os seguintes pontos: *quatro posições distintas; duas categorias diferentes de pensamento*.

Quatro posições distintas

Um olhar panorâmico na história da interpretação bíblica das categorias de seguimento e imitação e de sua recíproca relação leva-nos a identificar quatro posições diferentes: *conceitos distintos, sinônimos, seguimento inclui imitação* e *imitação exige seguimento*.

Seguimento e imitação são conceitos distintos

O seguimento é um tema circunscrito aos evangelhos. Em sua abordagem científica e em sua compreensão cristã não pode ser confundido com outros temas similares. O tema do seguimento não é igual ao da imitação. Existe entre eles uma relação objetiva e uma influência mútua em sua formulação. Mas é importante manter sua distinção e seu caráter próprio para não incorrer em erros de perspectivas e apreciação.[172]

Seguimento e imitação são sinônimos

A equivalência dos termos seguimento e imitação é de origem helenística, enquanto no ambiente palestinense aparece como termos distintos. Entre os padres da Igreja, a sinonímia encontrou um forte adepto em santo Agostinho que, na sua obra, *A virgindade consagrada*, p. 52, escreveu a famosa frase: *Quid est enim sequi, nisi imitari?* — O que é seguir a não ser imitar?[173]

Seguimento inclui imitação

Esta posição admite uma relativa distinção entre os dois conceitos de seguimento e imitação e afirma que o seguimento pré-pascal inclui a imitação, enquanto no período pós-pascal a imitação é um modo de atualizar o seguimento.

Neste tempo intermediário entre a Ascensão de Jesus e a Parúsia, não é possível estar fisicamente com Cristo. Cabe-nos fazer memória de sua vida e abrir-nos a seu Espírito que está em nós impulsionando-nos a reproduzir sua vida e missão. Nosso destino é reproduzir a imagem do Filho, pois ele é o primogênito entre muitos irmãos (cf. Rm 8,29). Nesse reproduzir, Jesus é o ponto de referência insubstituível, pois ele vai sempre à frente, é o primeiro de todos. Dessa forma, a imitação é uma maneira de atualizar a categoria do seguimento uma vez que Cristo foi glorificado.[174]

---

[172] Entre os autores que chamam a atenção para a distinção entre seguimento e imitação podemos citar Blank, J. Seguimento. In: Eicher, P. (org.). *Dicionário de conceitos fundamentais de teologia*, p. 819; Vidal, M. Seguimento de Cristo y evangelización, *Salmanticensis*, Tomus XVIII, p. 2; Estrada, J. A. Imitação de Jesus Cristo. In: Rodríguez, A. & Canals Casas, J. (orgs.). *Dicionário teológico da vida consagrada*, p. 551.

[173] "Seguimento e imitação de Cristo foram considerados, desde a antiga tradição ascética cristã, como sinônimos e equivalentes ao convite de Jesus: *sede perfeitos como é perfeito o Pai que está nos céus.*" Turbessi, G. Il significato neotestamentario di 'sequela' e di 'imitazione' di Cristo, *Benedictina*, n. 19, p. 164; Gelabert, M. Encontrar la vida en el seguimiento de Cristo, *Teología Espiritual*, v. 110, pp. 173-205.

[174] Em relação a esta posição, Giuseppe Turbessi adverte: "No Novo Testamento, o seguimento de Cristo não se identifica com sua imitação. Esta última está debilmente incluída no conceito evangélico de seguimento, que exprime, como dissemos, a atitude radical daquele que vinculou a própria existência indissoluvelmente a Cristo e que atinge a sua realização mais perfeita no grupo dos doze. Naturalmente, 'seguir Jesus' exprime não apenas atitude religiosa da qual falamos,

Imitação exige seguimento

Esta posição também guarda relativa distinção entre os dois conceitos de seguimento e imitação e afirma que imitação exige seguimento. Esta perspectiva privilegia o Cristo da fé em relação ao Jesus histórico. Parte da realidade de Cristo como modelo a ser imitado. O processo de imitação leva a descobrir o que Jesus fez e conseqüentemente a segui-lo.[175]

Essas concepções distintas do conceito de seguimento e de imitação trazem subjacentes diferentes categorias de pensamento.

Duas categorias diferentes de pensamento

Paradoxalmente, as quatro posições relativas aos conceitos de seguimento e imitação não são contraditórias entre si. As aparentes diferenças refletem preocupações pastorais distintas e influências históricas e culturais diferentes. Seguimento e imitação são categorias distintas para expressar a mesma realidade fundamental da vida cristã: a centralidade da relação pessoal com Jesus Cristo.

Seguimento e imitação são *dois conceitos* relacionados entre si que, originariamente, pertencem a *duas categorias distintas de pensamento*: seguimento é um conceito ligado *ao ambiente e ao pensamento judaico-palestinense*; imitação é um conceito de *origem grega e reflete a influência da cultura helenística*.[176] Não se trata de dois conceitos estranhos entre si, nem devem ser colocados em oposição.

---

mas também uma atitude moral: Jesus é modelo para todo cristão. Em geral se pode dizer — e isso é verdadeiro, sobretudo no ambiente palestinense e na tradição evangélica mais antiga — que seguir uma pessoa inclui também o dever de imitá-la. Entretanto, o conceito evangélico de seguimento de Cristo não coincide com o de imitação". TURBESSI, G. Il significato neotestamentario di 'sequela' e di 'imitazione' di Cristo, *Benedictina*, n. 19, p. 204. Perspectiva semelhante é apresentada por T. Goffi: "Ao convidar à imitação, Paulo incitava ao seguimento de Cristo e a testemunhá-lo, ou com a obediência à autoridade do Senhor e dos Apóstolos ou anunciando o evangelho de Cristo ressuscitado. Pedia aos fiéis que fossem apóstolos como ele o era (cf. 1Ts 1,6ss), que se comprometessem a difundir a palavra evangélica (cf. 1Cor 4,16ss) da maneira como ele próprio fazia, imitando Jesus. A imitação paulina nada mais é senão um seguimento". GOFFI, T. Seguimento/Imitação. In: CAMPAGNONI, F.; PIANA, G.; PRIVITERA, S. (orgs.). *Dicionário de teologia moral*, p. 1.139.

[175] "Imitar não é reproduzir pormenores nem tirar conclusões de um princípio; é entrar no processo existencial de Jesus, de suas experiências, atitudes e valores. A imitação termina em seguimento porque 'o modelo' é o Filho de Deus e o Filho de Maria, personagem escatológica e histórica." FERNÁNDEZ, B. Seguimento. Reflexão teológica. In: RODRÍGUEZ, A. & CANALS CASAS, J. (orgs.). *Dicionário teológico da vida consagrada*, p. 1.016.

[176] Cf. ADNES, P. *Sequela e imitazione di Cristo nella Scrittura e nella Tradizione*, p. 136; TURBESSI, G. Il significato neotestamentario di 'sequela' e di imitazione di Cristo, *Benedictina*, n. 19, p. 204.

De um lado, o seguimento sintetiza as atitudes do discípulo na relação com o Mestre Jesus. Segundo a tradição sinótica, sobretudo a tradição joanina, o discípulo não é somente aquele que aprende do mestre, mas aquele que liga toda a sua existência ao mestre, permanece com ele, numa íntima comunhão de vida e, finalmente, participa de sua sorte e de seu destino. O evangelista João ressalta que Jesus é um modelo para seus discípulos: "Dei-vos o exemplo" (Jo 13,15); "Amai-vos como eu vós amei" (Jo 13,34).

O conceito de seguimento é mais amplo e completo do que o de imitação. Na realidade, o seguimento contém as disposições essenciais para a imitação. Quando o primeiro é aplicado à situação pós-pascal dos fiéis, como acontece já implicitamente nos evangelhos sinóticos e particularmente no evangelho de João, adquire um sentido metafórico que se aproxima ainda mais do conceito de imitação.

De outro lado, o conceito de imitação próprio das epístolas paulinas não é entendido por Paulo no sentido puramente humano e voluntarioso: o ser humano não escolhe o modelo que quer imitar de modo puramente exterior, mas num clima de fé e graça. "Fostes predestinados e chamados por Deus a tornar-vos conformes à imagem de seu Filho" (Rm 8,29). A imitação paulina é uma participação no destino de Cristo Redentor, morto e ressuscitado. Acontece uma comunhão de vida com ele sempre mais íntima e intensa, até poder dizer: "Vivo, mas não sou mais eu que vive, é Cristo que vive em mim" (Gl 2,20).

Não é possível reduzir a doutrina paulina àquela dos sinóticos ou a de João, nem vice-versa. Cada escrito do Novo Testamento apresenta uma teologia específica. A experiência espiritual, o ambiente cultural do autor e as preocupações pastorais dão ao querigma anunciado uma coloração específica e particular. Neste sentido se pode falar não apenas de uma teologia, mas também de uma espiritualidade lucana, joanina ou paulina.

Embora distintos, os dois conceitos, um propriamente evangélico de seguimento e outro especificamente paulino de imitação, são complementares. O conceito de imitação explicita e torna mais claro o aspecto concreto da adesão de fé a Cristo que não está ausente do seguimento evangélico, mas que permanece implícito e não formulado.

Por sua vez, o conceito de seguimento coloca em evidência o caráter pessoal da adesão a Cristo. Pode-se imitar um modelo abstrato, um exemplo puramente ideal, forjado pela mente humana, mas não se pode seguir senão uma pessoa concreta e real.

Na imitação, o centro de interesse é o próprio sujeito e a imagem correspondente é a do espelho; no seguimento, o centro é a meta a ser atingida e a imagem correlativa é a do caminho.[177]

Apesar de tudo, o seguimento de Jesus que chama cada um por seu próprio nome, como diz a parábola do bom pastor, exprime de modo mais abrangente a dinâmica da vida cristã e a repercussão da fé na conduta humana.

Colocar-se a caminho para seguir Jesus é uma realidade que toca o cerne da nossa realidade humana. Somos seres peregrinos imersos no tempo e espaço, dimensões bem concretas da nossa existência. Caminhamos inquietos em direção a nós mesmos, perseguindo a meta da realização dos nossos sonhos e ideais. Caminhamos preocupados rumo ao próximo, nosso irmão, buscando apoio, solidariedade, reconhecimento e, quem sabe, muitas vezes oferecendo ajuda. Caminhamos angustiados em busca da utopia de uma sociedade sem violência, onde todos tenham o necessário para viver dignamente. Mas, sobretudo, caminhamos em busca do infinito, do único que pode satisfazer plenamente nossos desejos e aspirações. Nesse nosso caminhar inscrito na raiz do nosso ser, Jesus é o nosso caminho, verdadeiro e vivo (cf. Jo 14,6).

Conclusão

Nosso objetivo neste capítulo foi delinear o horizonte neotestamentário de compreensão do seguimento de Jesus como referencial para responder às duas questões que perpassam todo o nosso trabalho: qual o significado, a relevância e a abrangência do seguimento de Jesus que atravessa toda a cristologia de Jon Sobrino? Qual a contribuição específica que ele oferece para o resgate dessa categoria cristológica?

Percebemos que Jesus se insere na cultura do seu tempo, mas traz uma singularidade ímpar. Os escritos do Novo Testamento nos possibilitaram perceber a evolução do conceito de seguimento e, ao mesmo tempo, a presença da categoria da imitação, característica das epístolas paulinas. Este estudo nos permitiu chegar a algumas conclusões importantes para o nosso trabalho que sintetizamos a seguir.

---

[177] Cf. CASTILLO, M. J. *El seguimiento de Jesús*, p. 51.

1. A história da salvação é uma história de seguimento e tem seu ponto central em Jesus, o enviado do Pai.

Na plenitude dos tempos, Jesus entra na história humana. Inserindo-se no contexto do mundo judaico, inicia sua vida pública, chamando pessoas para segui-lo.

Ele é a fonte e o conteúdo do seguimento. Seguir é viver em comunhão com Jesus Cristo vivente na comunidade dos cristãos. Por isso, o seguimento nunca será estático, repetitivo, fixo, mas dinâmico, criativo, responsável e fiel à pessoa e à missão de Jesus.

Os evangelistas mostram como o tema do seguimento de Jesus, o evento histórico-salvífico que o nutre e o amplo leque da terminologia que o expressa estão solidamente enraizados na tradição dos atos e dos ditos de Jesus. O conceito de seguimento, nos evangelhos, não é unívoco e sua tradição bíblica é complexa. Para entender o seguimento é necessário situá-lo no contexto do objetivo e das preocupações catequético-pastorais de cada um dos autores bíblicos.

2. O seguimento, dado central, permanente e normativo da experiência cristã, é condição para alcançar a salvação.

Nos evangelhos, o seguimento expressa não só o aspecto físico de ir atrás de Jesus, mas também a vinculação pessoal com ele e o compromisso com o seu projeto. O seguidor acompanha permanentemente Jesus, adere à sua causa e participa de seu destino.

Depois da morte e ressurreição de Jesus, o seguimento, em sentido material e estrito, torna-se impossível. Jesus, o Mestre, já não caminha pelas estradas da Palestina seguido pelos seus discípulos e por uma grande multidão fascinada por sua pessoa. Não é mais possível constatar, historicamente, como Jesus se comportava e que atitudes assumia diante de determinadas pessoas e situações.

Apesar disso, percebe-se uma continuidade entre a vida que transcorreu em comunhão visível com Jesus e a vida das comunidades que creram nele por causa da palavra dos apóstolos. A expressão seguir/seguimento não cai no esquecimento nem perde o seu sentido profundo e abrangente. Pelo contrário, o seguimento pré-pascal torna-se ponto de referência obrigatório para a vida dos cristãos. Ocorre então um deslocamento semântico na interpretação dos termos seguir/seguimento que adquirem um sentido simbólico. Não significam mais a relação com o Jesus histórico, mas com o Cristo ressuscitado e convertem-se em expressão da totalidade da existência cristã.

Todo ser humano é chamado a seguir Jesus, a aderir à sua pessoa, comprometendo-se com sua causa e compartilhando seu destino. No Novo Testamento, a Igreja, à imagem do êxodo, é um povo que caminha (cf. Mt 14,13; Ap 15,3); os cristãos são estrangeiros e peregrinos (cf. 1Pd 2,11) e a vida cristã é designada freqüentemente, no livro dos Atos dos Apóstolos, como "o caminho" (cf. At 9,2; 18,26; 19,23; 22,4; 24,14).

Elementos relacionados com o seguimento, como eleição, itinerância, vinculação a Jesus, passam por transformações para se adequarem a essa nova situação; verifica-se um processo de espiritualização crescente daquilo que, a princípio, era fisicamente constatável; antigas ações convertem-se em atitudes. Não é mais possível seguir fisicamente Jesus, porém pode-se e deve-se ter seus mesmos sentimentos e atitudes.

A reinterpretação da categoria do seguimento torna-se um desafio constante. A história da vida cristã será uma história de busca incansável de fidelidade e atualização do seguimento.

3. O seguimento implica e exige a eleição e o chamado de Deus, em Jesus Cristo, e se concretiza na história, lugar do seguimento.

Entre o chamado e o seguimento existe uma relação necessária e essencial. O seguimento tem início no mistério de Deus que escolhe e chama. A decisão de seguir nada mais é do que a resposta ao chamado divino; resposta essa fundada na palavra de Jesus que envolve a pessoa, com seus dons e limites, a serviço do Reino de Deus.

Estamos diante da tríplice dimensão da vida cristã: a *vocação* que se fundamenta na *eleição* e motiva a *fidelidade* a Deus, em Jesus Cristo, na história. O seguimento ocorre no desenrolar da história e Deus se manifesta na história numa tríplice dimensão: passado, "aquele que era"; presente, "aquele que é"; futuro, "aquele que vem" (cf. Ap 1,4).

4. Seguimento e imitação são dois conceitos distintos, pertencentes a duas categorias distintas de pensamento.

No horizonte neotestamentário, seguimento e imitação não são conceitos opostos entre si, mas dois modos de expressar a mesma realidade fundamental da vida cristã: a centralidade da relação pessoal com Jesus Cristo.

O conceito de seguimento, característico dos evangelhos, está relacionado com o ambiente e com o pensamento judaico-palestinense e sintetiza as atitudes do discípulo na relação com o Mestre. O conceito de imitação, característico particularmente das cartas paulinas, é de origem grega e está ligado à cultura helenística.

A origem de cada um desses conceitos deve ser respeitada. Não é possível reduzir o conteúdo das cartas paulinas ao dos sinóticos ou de João, nem vice-versa. Cada escrito do Novo Testamento apresenta uma teologia específica e reflete uma preocupação pastoral própria.

5. O seguimento exprime, de modo mais abrangente, a dinâmica da vida cristã.

Embora respeitando as outras posições no que diz respeito à relação entre seguir e imitar, no nosso entender, o seguimento exprime, de forma mais abrangente e comprometedora, a dinâmica da existência cristã.

Como vimos, existe uma relativa distinção entre os dois conceitos, mas seguimento, de certa forma, inclui a imitação. No tempo que transcorre entre a Ascensão de Jesus e a Parúsia, não é possível seguir fisicamente Jesus. Vivemos o tempo da perene memória de sua vida e, guiados pelo Espírito, cabe-nos reproduzir e atualizar sua vida, missão e destino. Jesus é o nosso referencial insubstituível, o enviado do Pai, que veio ao mundo para que todos tenham vida e a tenham em abundância (cf. Jo 10,10).

Além disso, a categoria do seguimento toca o cerne da realidade humana, que, pela sua própria natureza, está a caminho, imersa nas categorias de espaço e tempo, tendo Cristo que caminha à frente como "autor e realizador da fé" (Hb 12,2).

Neste primeiro capítulo, nossa preocupação central foi voltar às fontes e delinear o horizonte neotestamentário do seguimento, como referencial para resolvermos as questões fundamentais a que nos propusemos: como entender a realidade do seguimento de Jesus na cristologia de Jon Sobrino? Qual sua contribuição para o resgate dessa categoria?

Mas não basta voltar às raízes bíblicas do seguimento. Para melhor compreender o nosso autor é preciso também resgatar a tradição eclesial. Nestes 20 séculos de cristianismo, o seguimento de Jesus é ou não parte integrante e essencial da tradição cristã? O seguimento constitui ou não o eixo central do cristianismo a ponto de se poder afirmar que a história do cristianismo é uma história de seguimento? A resposta a essas perguntas será objeto do capítulo II.

Capítulo II
A TRADIÇÃO ECLESIAL DA CATEGORIA CRISTOLÓGICA DO SEGUIMENTO DE JESUS

✺

Sempre que a Igreja passou por momentos de crise, relaxamento ou desorientação, os cristãos mais lúcidos voltaram ao seguimento — como fez claramente D. Bonhoeffer — para encontrar orientação, identidade, relevância e alegria na vida cristã. Isso está ocorrendo atualmente, e também na teologia, que, por muitos anos, ignorou o seguimento como tema teológico fundamental, reduzindo-o regionalmente a tema de teologia espiritual.

Jon Sobrino

A tradição eclesial da categoria cristológica do seguimento de Jesus

Na história da Igreja e da teologia, o tema do seguimento de Jesus tem uma longa, complexa e conturbada trajetória, marcada por inúmeras situações paradoxais. De um lado, o imperativo de Jesus *vem e segue-me* (cf. Mt 4,19; Mc 1,17; Lc 5,10; Jo 1,43) permanece como o fundamento inabalável e o movente propulsor dos mais variados movimentos de renovação da vida cristã; de outro, os teólogos ficam perplexos quando se defrontam com o mistério do chamado divino e da resposta humana, e se embaraçam ao tentarem sistematizar o seu conteúdo.[1]

A vida, as palavras e os gestos de Jesus exerceram e continuam exercendo um fascínio irresistível na consciência e no coração do ser humano. E o cristianismo não se define como uma religião, mas como o seguimento de uma pessoa: Jesus Cristo. Em momentos particularmente *kairóticos*, o chamado ao seguimento de Jesus torna-se o único princípio inspirador e normativo de pessoas carismáticas e proféticas como Inácio de Antioquia, Francisco de Assis, Inácio de Loyola, Charles de Foucauld, Tiago Alberione e tantos outros.[2]

---

[1] Cf. Di Pinto, L. "Seguire Gesù" secondo i vangeli sinottici. In: Associazione Biblica Italiana. *Fondamenti biblici della teologia morale*, pp. 189-190.

[2] Em seus escritos, Jon Sobrino retorna várias vezes a esta idéia da volta ao seguimento em momento de particulares dificuldades. Cf. Seguimento de Jesus. In: Floristán Samanes, C. & Tamayo-Acosta, J. J. (orgs.). *Dicionário de conceitos fundamentais do cristianismo*, p. 771; Identidade cristã. In: Floristán Samanes, C. & Tamayo-Acosta, J. J. (orgs.). *Dicionário de conceitos fundamentais do cristianismo*, p. 343; Espiritualidad y seguimiento de Jesús. In: ———— & Ellacuría, I. *Conceptos fundamentales da la Teología de la Liberación*, v. 2, pp. 459-476.

Apesar disso, nem sempre o tema do seguimento de Jesus ocupou o centro dos interesses da exegese bíblica, da reflexão teológica e da história do cristianismo. Talvez aqui também se evidencie um aspecto da ruptura, tantas vezes lamentada, entre experiência de fé vivida no cotidiano e as categorias epistemológicas e hermenêuticas do fazer teológico.[3]

Depois de termos traçado o horizonte bíblico de compreensão do seguimento de Jesus, nosso olhar se volta para a história de vinte séculos de cristianismo. E emergem algumas questões primordiais relativas à presença da categoria cristológica do seguimento e da imitação: Podemos ou não afirmar que o seguimento de Jesus é parte integrante e essencial da tradição eclesial? A história do cristianismo é uma história de seguimento? Confirmando-se a hipótese afirmativa, quais as mais significativas formas de expressar o seguimento que encontramos ao longo da história? Quais os fatores que ajudaram ou dificultaram a emergência da categoria do seguimento e da imitação?

Reconstituir a história do seguimento de Jesus e sua relação com a imitação, em toda a sua amplitude e complexidade, torna-se uma tarefa quase impossível. Não é nossa intenção traçar uma história exaustiva da evolução dos conceitos de seguimento e imitação na tradição cristã e de suas múltiplas formas de expressão. Nem pretendemos analisar as questões exegéticas e teológicas que envolvem esses conceitos e suas implicações para a vida cristã.

Sem querer desvendar os meandros desta história, nosso objetivo é apenas perceber se o seguimento de Jesus é ou não parte integrante e essencial da tradição cristã, se o seguimento constitui ou não o eixo central do cristianismo a ponto de podermos afirmar que a história do cristianismo é uma história de seguimento.[4]

---

[3] Cf. Di Pinto, L. "Seguire Gesù" secondo i vangeli sinottici. In: Associazione Biblica Italiana. Fondamenti biblici della teologia morale, p. 190; Sobrino, J. Ressurreição da verdadeira Igreja, p. 32.

[4] Entre as duas alternativas: traçar uma história da evolução do conceito de seguimento ou captar, através da história, as idéias fundamentais que compõem a tradição do seguimento, optamos pela segunda, mesmo sabendo das dificuldades que teríamos de enfrentar, sobretudo, quanto à carência bibliográfica. Para isso, servimo-nos, em geral, de uma bibliografia secundária (obras sobre os autores mencionados), mas confiável, e, em alguns casos, recorremos à bibliografia primária, (escritos dos próprios autores mencionados).

Para atingir esse objetivo, desenvolveremos os seguintes aspectos: *a fonte inspiradora e normativa do seguimento e sua relação com a imitação (1); o caráter testemunhal e cristocêntrico do seguimento a exemplo dos apóstolos (2); o distanciamento das origens e a identificação dos conceitos de seguimento e imitação (3); os fatores que projetaram luzes sobre o conceito de imitação e deixaram na sombra o conceito de seguimento (4); a evolução do conceito de imitação (5); a contestação profética como forma de resgate da radicalidade do seguimento (6); a vida religiosa: um caminho especial para seguir e imitar Jesus (7); a reforma protestante: tentativa de recuperar o sentido original do seguimento (8); a volta ao Jesus histórico e o resgate da categoria de seguimento (9); a categoria cristológica de seguimento na Teologia da Libertação (10).*

Este trabalho nos permitirá situar corretamente Jon Sobrino na continuidade ou descontinuidade desta tradição eclesial, e nos ajudará a atingir nosso grande propósito: compreender o significado, a relevância e a abrangência do seguimento de Jesus na cristologia de Jon Sobrino e identificar a contribuição específica que ele oferece para o resgate dessa categoria cristológica.

1. A fonte inspiradora e normativa do seguimento e sua relação com a imitação

Para percorrer, com segurança, a trilha histórica da categoria cristológica do seguimento, é necessário partir da nascente. Perguntamos, então, qual a fonte inspiradora e normativa da vivência e atualização do seguimento ao longo da história e sua relação com a imitação?

O processo, laborioso e complexo, por meio do qual as primeiras comunidades cristãs se apropriaram do conteúdo perene do seguimento de Jesus, transmitido até nós pelo testemunho vivo dos primeiros apóstolos e evangelistas, e documentado nos textos bíblicos, permanece como fonte inspiradora e normativa de todos os esforços de atualização e vivência do seguimento de Jesus ao longo dos tempos.[5]

---

[5] Cf. Di Pinto, L. "Seguire Gesù" secondo i vangeli sinottici. In: Associazione Biblica Italiana. *Fondamenti biblici della teologia morale*, p. 238; Fernández, B. *Seguir a Jesús, el Cristo*, p. 15.

Na base de todas as tentativas de compreensão e vivência do seguimento está a consciência do mistério inefável da pessoa de Jesus, o Deus feito homem, por meio do qual Deus entra na vida da pessoa, e da imensurabilidade da experiência cristã, codificada na resposta ao chamado de Jesus.

O evento salvífico do chamado de Jesus e da resposta humana tem uma estrutura "sacramental": possui uma eficácia salvífica e uma força mistagógica particular.[6] Os elementos que estabelecem a unidade e a continuidade entre o seguimento histórico de Jesus e o seguimento como expressão da existência cristã são: de um lado, as palavras de Jesus, o Messias, chamando para segui-lo e, de outro, a fé em sua pessoa, como o enviado de Deus, o anunciado pelos profetas e esperado pelas nações.

> O marco miliar do seguimento por parte dos primeiros discípulos torna-se uma espécie de arquétipo para o seguimento de todos os que virão, e a fé deles pode ser seguimento exatamente porque, segundo João, o seguimento dos primeiros já era fé.[7]

O convite de Jesus *segue-me* é o ato por meio do qual Deus coloca radicalmente em questão o ser humano e o abre ao dom da salvação. Jesus é o modelo e a personalização do chamado de Deus que se fez carne e armou sua tenda entre nós. Com todo o seu ser, ele revela o Pai e é o seu apelo escatológico que propõe à liberdade humana uma mudança radical. Jesus, como enviado de Deus e Filho Unigênito, está associado ao Pai no chamado; como homem, é aquele que responde no mundo e pelo mundo diante do Pai.

Através da história, o ser humano é colocado em confronto com as exigências do seguimento mediante a pregação da Igreja em todas as suas formas, a qual, associada aos sacramentos no sentido estrito — especialmente o batismo e a eucaristia —, é igualmente portadora da graça e da promessa do seguimento. Com sua pregação, a Igreja faz ressoar até os confins do universo o apelo de Deus ao seguimento, e a vida de fé representa, visivelmente, no mundo, a resposta obediente de Jesus ao Pai.

---

[6] A expressão estrutura "sacramental" do seguimento é usada por Di Pinto, L. "Seguire Gesù" secondo i vangeli sinottici. In: Associazione Biblica Italiana. *Fondamenti biblici della teologia morale*. pp. 241ss.

[7] Afirmação de Balthasar, H. U. von, *Herrlichkeit*, n. 43, p. 183, citada por Di Pinto, L. In: *Fondamenti biblici della teologia morale*, p. 242.

A história do cristianismo releu e atualizou o processo de seguimento, partindo dos momentos culminantes da história de Jesus, da paixão, da morte, da ressurreição e glorificação à direita do Pai, como foi transmitido pelos primeiros discípulos. E do ligame que une cristologia e seguimento derivam as múltiplas visões relativas ao mistério de Cristo e à sua missão salvadora.[8]

Embora a íntima relação do seguimento com a imitação tenha sido amadurecida, prevalentemente, na tradição neotestamentária, a vida de Jesus oferece alguns *pressupostos* que fundamentam essa relação.

O primeiro deles é, sem dúvida, *a comunhão de vida* dos discípulos com o Mestre que os colocam em condições de assimilar as profundas atitudes pessoais de Jesus. Não se trata de uma assimilação mecânica de determinados gestos exteriores, mas de compreender as motivações salvíficas e escatológicas de seu comportamento. O segundo pressuposto que constitui o ponto nevrálgico de contato entre seguimento e imitação é a *mudança de mentalidade* exigida insistentemente por Jesus (cf. Mc 8,33ss) e que Paulo exprime em Filipenses 2,5, exortando: "Tende em vós o mesmo sentimento de Cristo Jesus".

Por fim, o terceiro pressuposto é *a invocação Abba* que constitui outra chave para entender a relação entre seguimento e imitação. Jesus chama a Deus de Pai e autoriza os discípulos a dirigirem-se ao Pai do mesmo modo. Jesus ensina os discípulos a rezar de modo semelhante ao dele. Entretanto, Jesus não se colocou em primeiro plano como objeto de imitação. Ele disse: "Sede misericordiosos como o vosso Pai é misericordioso" (Lc 6,36). "Deveis ser perfeitos como o vosso Pai celeste é perfeito" (Mt 5,48).[9]

Assim, o conceito de seguimento, característico dos evangelhos, se cruza com o conceito de imitação encontrado, prevalentemente, nos escritos paulinos. Ambos percorrem um caminho comum. A imensa gama de matizes do significado desses termos, a pertinência e a relevância de cada um ao longo da história da teologia e da vida cristã tornam quase impossível uma nítida separação.

---

[8] Cf. Di Pinto, L. "Seguire Gesù" secondo i vangeli sinottici. In: Associazione Biblica Italiana. *Fondamenti biblici della teologia morale*, pp. 239-240.

[9] Cf. Turbessi, G. Il significato neotestamentario di "sequela" e di "imitazione" di Cristo, *Benedictina*, n. 19, pp. 216-218.

As coordenadas histórico-culturais, a reflexão cristológica, a eclesiologia e as diferentes preocupações pastorais projetam luzes ora sobre o conceito de seguimento, deixando na sombra a imitação, ora sobre o conceito de imitação, deixando na penumbra o seguimento.

Assim, em cada época espiritual, o seguimento de Jesus foi concebido e vivido de modo próprio e sua proximidade ou distanciamento do conceito de imitação variou de acordo com as circunstâncias.

Toda essa trajetória não foi isenta de dificuldades e ambigüidades. Às vezes, o seguimento distanciou-se da cristologia e se aproximou da piedade, enfraquecendo a vertente política e histórica e fortalecendo a vertente mística. Outras vezes, sofreu de literalismo arcaico, sem atualização pascal e espiritual.

Tendo como fio condutor o conceito de seguimento, procuraremos desenhar os contornos e as linhas mestras da longa e conturbada história da tentativa de expressar a relação-comunicação pessoal com Jesus por meio do conceito de seguimento e das interferências do conceito de imitação. Iniciamos perguntando: como a Igreja nascente viveu e expressou o seguimento de Jesus e sua imitação?

2. O caráter testemunhal e cristocêntrico do seguimento a exemplo dos apóstolos

A preocupação fundamental da Igreja nascente era manter viva a memória de Jesus de Nazaré, que Deus ungiu com o Espírito Santo e com o poder, andou pelas estradas da Palestina fazendo o bem a todos, foi rejeitado e crucificado. Deus, porém, o ressuscitou no terceiro dia (cf. At 10,38-40).

A proximidade temporal e a influência da cultura judaico-palestinense mantinham vivo o fascínio do Mestre de Nazaré que, ao iniciar sua vida pública, chamou algumas pessoas para segui-lo em comunhão de vida, missão e destino e, durante sua trajetória terrena, estendeu a todos esse convite.[10]

---

[10] Jon Sobrino afirma que "segundo os evangelhos sinóticos, Jesus exige o seguimento só dos discípulos (cf. Mt 1,6-24), ao povo junto com os discípulos (cf. Mc 8,34), a todos expressamente (cf. Lc 9,23)". Cf. Seguimento de Jesus. In: FLORISTÁN SAMANES, C. & TAMAYO-ACOSTA, J. J. (orgs.). *Dicionário de conceitos fundamentais do cristianismo*, p. 773.

Paralelamente, a impossibilidade de seguir fisicamente Jesus, as circunstâncias históricas e a influência do pensamento greco-helenístico foram adentrando no imaginário dos cristãos, fundamentando a necessidade de imitar os exemplos de Cristo.[11]

Dessa forma, nos primórdios do cristianismo, seguimento e imitação se entrelaçavam e ambos os termos eram usados para expressar a realidade pluriforme da presença viva e atuante de Jesus de Nazaré e da relação profunda e pessoal do crente com ele. Tanto o seguimento como a imitação não eram conceitos abstratos, mas realidades cristológicas concretas. Jesus de Nazaré, morto e ressuscitado, constituía o centro da vida dos primeiros cristãos.[12]

Por isso, para aprofundar a questão de como a Igreja nascente viveu e expressou a realidade do seguimento de Jesus e de sua imitação, é importante considerar duas realidades básicas: *o martírio como expressão máxima de seguimento e imitação; a vida monástica: nova forma de viver o seguimento e a imitação.*

O martírio como expressão máxima de seguimento e imitação

O aprofundamento da questão sobre como os primeiros cristãos viveram e expressaram o seguimento e a imitação nos leva a perceber que os primeiros séculos da história do cristianismo foram caracterizados pela perseguição violenta.[13] Muitos cristãos deram testemunho de fidelidade a Jesus Cristo e de compromisso com o seu projeto até o derramamento do sangue.

A realidade do martírio como expressão maior de seguimento é um dado importante da tradição eclesial que será retomado por Jon Sobrino. Para ele, na dura realidade da América Latina, afirmar na prática que Jesus é Deus, ter o Reino de Deus como finalidade, defender os pobres e lutar pela justiça significa estar sujeito à perseguição e à morte, como veremos.[14]

---

[11] Cf. FERNÁNDEZ, B. *Seguir a Jesús, el Cristo*, p. 145.

[12] Cf. idem, ibidem, pp. 155-159; AUMANN, J. Síntese histórica da experiência espiritual. In: GOFFI, T. & SECONDIN, B. *Problemas e perspectivas de espiritualidade*, p. 70.

[13] Sobre as perseguições nos primeiros séculos do cristianismo, ver, por exemplo, BREZZI, P. Sintese storica della Chiesa. La Chiesa nell'evo antico. In: SPIAZZI, R. (org.). *Somma del Cristianesimo*, pp. 96-108; LESBAUPIN, I. *A bem-aventurança da perseguição. A vida dos cristãos no Império Romano*; MANDOUZE, A. La nascita di un popolo. In: DELUMEAU, J. *Storia vissuta del popolo cristiano*, pp. 33-60.

[14] Tratamos da realidade do martírio no Capítulo V deste nosso trabalho: A santidade política: o martírio, expressão do amor maior, pp. 389-394.

Na Igreja nascente, embora a vivência dos ensinamentos de Jesus não se limitasse ao testemunho da morte cruel,[15] o martírio era considerado a mais autêntica e perfeita expressão de fé no Mestre da Galiléia, que foi crucificado e ressuscitou ao terceiro dia. Cristo estava presente na consciência dos mártires como modelo a ser imitado, e suas palavras sobre a necessidade de segui-lo carregando a cruz, segundo a interpretação dos primeiros cristãos, eram realizadas no martírio. Eles não sofriam sozinhos, o próprio Cristo sofria neles.

Considerados verdadeiros seguidores de Cristo, os mártires eram respeitados e seus corpos enterrados com devoção. Junto a suas sepulturas, as catacumbas, os cristãos se reuniam para venerar sua memória na eucaristia.

O martírio era a mais qualificada profissão de fé e a mais radical profecia evangélica numa sociedade corrupta e idolátrica. Não era apenas um determinado grupo, mas a Igreja toda que vivia a aventura do evangelho e buscava a melhor forma de seguir o Senhor. O pecado era considerado, na sua dimensão pessoal, proveniente da fraqueza humana.

Durante a perseguição do imperador Maximiano (235-238), Orígines[16] escreve ao diácono de Cesaréia uma obra de capital importância intitulada *Exortação ao martírio*.[17] Ele afirma que o convite de Jesus a segui-lo é dirigido a todos os cristãos. Entretanto, o seguimento encontra seu cumprimento mais perfeito nos candidatos ao martírio. Orígines lhe escreve como a alguém que carrega a cruz e segue Jesus, enquanto Jesus mesmo caminha diante dele e o precede diante dos reis e dos governantes, para dar-lhe as palavras e a força da qual tem necessidade.

Por meio da vida e do testemunho dos mártires, temos uma prova, ampla e qualificada, de como o martírio era considerado a expressão máxima do seguimento de Jesus e de como, já nos primeiros séculos, ao lado do conceito de seguimento, en-

---

[15] Sobre as formas de vida cristã dos três primeiros séculos, ver CODINA, V. & ZEVALLOS, N. *Vida religiosa: história e teologia*, pp. 18ss; MORIN, G. *O ideal monástico e a vida cristã dos primeiros séculos*.

[16] Sobre Orígines, ver, por exemplo, ALTANER, B. & STUIBER, A. *Patrologia*, pp. 203-215; BOEHNER, P. & GILSON, E. *História da filosofia cristã. Desde as origens até Nicolau de Cusa*, pp. 48-78; CAYRÉ, F. *Patrologia e storia della teologia*, v. 1, pp. 193-222; HAMMAN, A. *Os Padres da Igreja*, pp. 89-102; FRANGIOTTI, R. *História da teologia. Período patrístico*, pp. 47-65; FOLCH GOMES, C. *Antologia dos Santos Padres*, pp. 122-125; FIGUEIREDO, A. F. *Curso de Teologia Patrística*, v. 2, pp. 88-112.

[17] Orígines escreveu *Exortação ao martírio* no ano 235, durante a perseguição de Maximiano. Cf. CAYRÉ, F. *Patrologia e storia della teologia*, v. 1, p. 202.

contramos o termo imitação, para designar a continuidade da vida e da proposta do Mestre da Galiléia.[18] Para testemunhar essa realidade, podemos considerar como exemplo: *Inácio de Antioquia: a imitação da paixão do Senhor; Cipriano: Jesus, o guia do nosso caminho*, evidenciando também o cristocentrismo do testemunho martirial.

Inácio de Antioquia: a imitação da paixão do Senhor

Um dos testemunhos mais eloqüentes do martírio como expressão de seguimento e de imitação de Cristo é o de santo Inácio, bispo de Antioquia.[19] A caminho de Roma, onde receberia a coroa do martírio, Inácio escreve uma série de cartas. Nelas deixa transparecer uma intensa e profunda experiência mística e uma íntima união com Cristo no sofrimento.

Para Inácio, Cristo é o único Mestre, dele recebeu a graça de crer, graça à qual deve corresponder com seu próprio sofrimento para poder ser considerado verdadeiro discípulo. Partindo desse ponto de vista cristocêntrico, Inácio sublinha o caráter de imitação da paixão do Senhor, que se expressa de forma perfeita no martírio.

Na epístola aos romanos, Inácio demonstra profunda compreensão do significado de ser cristão no seguimento de Jesus. Mas, não só isso. Ele revela sua total disponibilidade a entregar sua vida, dando, no martírio, o supremo testemunho de Cristo. Ninguém exaltou o martírio com tanto entusiasmo e com tanto lirismo como Inácio nesta carta. Toda a epístola é um desejo veemente de querer alcançar a plena identificação a Cristo por meio do martírio.

Inácio teme que os cristãos de Roma consigam revogar sua condenação e o impeçam de alcançar a coroa do martírio. Ele escreve:

---

[18] Não é nossa intenção apresentar uma análise completa e abrangente da questão do martírio como expressão de seguimento/imitação. Fiel ao nosso objetivo inicial de evidenciar a existência de uma tradição eclesial do seguimento, trazemos apenas dois exemplos que julgamos expressivos: santo Inácio de Antioquia e são Cipriano, bispo de Cartagena.

[19] Sobre Inácio de Antioquia, ver, por exemplo, ALTANER, B. & STUIBER, A. *Patrologia*, pp. 57-60; PADRES Apostólicos, pp. 71-125; CAYRÉ, F. *Patrologia e storia della teologia*, pp. 61-72; FIGUEIREDO, F. A. *Curso de teologia patrística*, v. 1, pp. 51-55; FOLCH GOMES, C. *Antologia dos Santos Padres*, pp. 30-42; HAMMAN, A. *Os Padres da Igreja*, pp. 13-20; LIEBEART, J. *Os Padres da Igreja (séculos I - IV)*, v. 1, pp. 25-38.

> Sou trigo de Deus, e serei moído pelos dentes das feras, para que me apresente como trigo puro de Cristo. [...] Então eu serei verdadeiramente discípulo de Jesus Cristo, quando o mundo não vir mais o meu corpo.[20]

Na mesma carta, Inácio faz uma ligação clara entre o martírio e a imitação de Cristo na sua paixão.

> Deixai que seja imitador da paixão de meu Deus. Se alguém tem Deus em si mesmo, compreenda o que quero e tenha compaixão de mim, conhecendo aquilo que me oprime.[21]

Percebe-se nas palavras do mártir Inácio o exclusivo desejo de ser plenamente de Deus, guiado pela voz que murmura dentro dele e diz: "Vem para o Pai". Para ele, entretanto, a imitação de Cristo não se reduz ao martírio, o qual é apenas o cumprimento perfeito, o vértice. Toda a vida cristã deve ser participação na paixão de Cristo. Aos cristãos de Esmirna, ele escreve que se alegra por constatar como são perfeitos na fé:

> De fato, constatei que sois perfeitos na fé imutável, como que pregados na carne e no espírito à cruz de Jesus Cristo e confirmados no amor de seu sangue.[22]

Os cristãos imitam Cristo quando suportam as provas com paciência. Escreve aos efésios:

> Procuremos ser imitadores do Senhor. Quem sofreu mais a injustiça? Quem teve mais privações? Quem foi mais desprezado?[23]

Os cristãos imitam Cristo também quando praticam a caridade mútua em condições difíceis e mantêm a unidade entre si ao redor do bispo. Aos cristãos de Filadélfia, escreve:

> Não façais nada sem o bispo, guardai vossos corpos como templo de Deus, amai a união, fugi das divisões, sede imitadores de Jesus Cristo, como ele também o é do seu Pai.[24]

---

[20] Inácio aos romanos, 4,1-2. In: Padres Apostólicos, p. 105.
[21] Inácio aos romanos, 6,3. In: Padres Apostólicos, p. 106.
[22] Inácio aos esmirniotas, 1,1. In: Ibidem, p. 115.
[23] Inácio aos efésios, 10,3. In: Ibidem, p. 85.
[24] Inácio aos filadelfienses, 7,2. In: Ibidem, p. 112.

As epístolas de Inácio de Antioquia revelam uma grande proximidade e semelhança do seu autor com o pensamento do apóstolo Paulo. Além disso, sua formação literária parece ser de origem helenística. Dados que justificam não só o uso dos dois conceitos seguimento e imitação, mas também uma certa prevalência do uso do conceito de imitação.

Cipriano: Jesus, o guia do nosso caminho

Martirizado durante a perseguição do imperador Décio (250-258), são Cipriano, bispo de Cartagena, na África,[25] ao se referir ao martírio como o bem supremo que leva o batismo ao cumprimento, emprega, muitas vezes, o termo seguimento.

O martírio cruento não é destino de todos. Existe o martírio incruento da existência cotidiana. Para Cipriano, na vida cristã, seguir Cristo significa, em primeiro lugar, obedecer aos ensinamentos e imitar as virtudes de Cristo: humildade, doçura, paciência, generosidade e continência, das quais ele nos deu o exemplo.

Cipriano cita, freqüentemente, a passagem 1Pd 2,21: "Cristo sofreu por vós, deixando-vos o exemplo para que sigais seus passos". Concretamente, seguir as pegadas de Cristo significa, para ele, realizar tudo aquilo que Jesus ensinou e imitar tudo aquilo que ele fez. Desta forma, ele coloca o agir cristão em relação direta com a vida e a missão, a morte e a ressurreição de Cristo.

No fim do *Quod idola*,[26] Cipriano diz que o sofrimento é o testemunho da verdade, e lembra que Cristo, o Filho de Deus, pregou não apenas com palavras, mas também com o testemunho da sua paixão. Ele conclui com a frase:

> É ele, portanto, que nós acompanhamos, que nós seguimos: ele é o guia do nosso caminho [...] o autor da salvação. O que Cristo é, nós seremos, se o tivermos seguido.[27]

---

[25] Sobre a vida e o martírio de Cipriano, bispo de Cartagena, na África, ver ALTANER, B. & SUIBER, A. *Patrologia*, pp. 179-188; CAYRÉ, F. *Patrologia e storia della teologia*, pp. 258-272; FOLCH GOMES, C. *Antologia dos santos Padres*, pp. 139-153; HAMMAN, A. *Os Padres da Igreja*, pp. 65-74; RUIZ, D. *Actas de los Martires*, pp. 724-780.

[26] Sobre a obra de Cipriano, ver ALTANER, B. & STUIBER, A. *Patrologia*, v. 1, pp. 181-185; LIEBEART, J. *Os Padres da Igreja* (século I - IV), v. 1, pp. 105-116.

[27] LA POTTERIE, I. Della sequela dei primi alla sequela dei cristiani, *Seguimi!*, n. 2, p. 209.

Enquanto Inácio de Antioquia usa prevalentemente o termo imitação, Cipriano emprega mais o conceito seguimento. Para ele, seguir é, ao menos parcialmente, sinônimo de imitar. E é esse seguimento/imitação de Cristo que ele propõe com insistência a todos os cristãos.[28]

Desta forma, no início da tradição cristã, seguimento e imitação eram conceitos complementares e guardavam uma vinculação profunda com a vida e a missão, a morte e a ressurreição de Jesus, o Cristo.

O cristocentrismo do testemunho martirial

Na Igreja primitiva, os cristãos, enquanto tais, eram, perante o mundo, um sinal inteligível das realidades futuras. As perseguições e o conseqüente martírio mantinham os cristãos numa permanente tensão escatológica e numa fidelidade constante à pessoa de Jesus Cristo. O mártir era o protótipo do cristão e o martírio o centro e o cume da vida cristã.

Na entrega radical da própria vida até o derramamento do próprio sangue, os cristãos encontravam força e motivação, única e exclusivamente, na pessoa de Jesus Cristo, morto e ressuscitado. O mártir cristão se distinguia não apenas por sua fé em Cristo, mas também pela referência explícita aos seus sofrimentos e à sua morte na cruz.[29] Conseqüentemente, dois aspectos intimamente entrelaçados caracterizavam o martírio: o caráter testemunhal e a dimensão cristocêntrica, expressos por meio dos conceitos de seguimento e imitação de Cristo.

Na perseguição, forjou-se o ideal do santo cristão não apenas segundo uma perspectiva cultual, mas como testemunho de vida cristã. O seguimento no martírio era a vivência completa do mistério de Cristo. A moral, a ascese e a mística encontram no mártir a expressão mais perfeita e a forma mais eminente de santidade.

---

[28] Cf. ADNES, P. *Sequela e imitazione di Cristo nella Scrittura e nella Tradizione*, p. 142.

[29] Sobre a espiritualidade do martírio, ver, por exemplo, ÁLVAREZ GÓMEZ, J. *Historia de la vida religiosa*, pp. 125ss; DUMEIGE, G. História da espiritualidade. In: FLORES, S. & GOFFI, T. (orgs.). *Dicionário de espiritualidade*, pp. 490-508; MOLINARI, P. & SPINSANTI, S. Mártir. In: FLORES, S. & GOFFI, T. (orgs.). *Dicionário de espiritualidade*, pp. 698-708; SECONDIN, B. *Alla luce del suo volto*, pp. 183-188.

Considerado a mais perfeita configuração com a Paixão de Cristo, a mais plena transformação em Deus e a suprema ação de graças, o martírio era uma vocação que supunha um chamado especial de Deus. A resposta ao chamado para o martírio não tem somente valor de edificação, mas também de redenção, porque é a prova mais perfeita de amor aos irmãos. É essencialmente perfeição do ágape e plenitude da caridade. Como expressão de seguimento era simultaneamente e em grau supremo: fé absoluta em Cristo, esperança total em suas promessas e caridade perfeita.[30]

Por conseguinte, durante as perseguições, o martírio é a melhor expressão de seguimento e imitação de Cristo. Esses dois conceitos guardavam relativa distinção entre si e total referência à pessoa de Jesus Cristo. Imitar o exemplo do mártir Jesus de Nazaré era uma decorrência da fidelidade no seguimento radical, a ponto de entregar a própria vida.

Entretanto, a época das perseguições cessou[31] e o martírio como expressão de seguimento deixou de ser um fenômeno social e um acontecimento coletivo na vida da Igreja. Surgiu, então, a necessidade de buscar outras formas para expressar a radicalidade do seguimento de Jesus e da imitação de sua paixão e morte.

Com o fim do período violento das perseguições, quais mudanças ocorreram na vida da Igreja e qual a forma radical de seguimento e de imitação de Jesus que substituiu o martírio?

A vida monástica: nova forma de viver o seguimento e a imitação

No contexto das perseguições, a pregação cristã e a reflexão teológica sobre o martírio desenvolvida à luz do mistério da paixão e morte de Cristo incorporaram, de certa forma, na consciência cristã e no universo simbólico das primeiras comunidades a realidade do sofrimento como expressão de radicalidade na vivência da fé.

O fim do período das perseguições provocou uma grande mudança na vida dos cristãos com inevitáveis conseqüências. O Deus dos cristãos antes perseguidos

---

[30] Cf. ÁLVAREZ GÓMEZ, J. *Historia de la vida religiosa*, pp. 129-131.
[31] O fim das perseguições aconteceu no ano 313 com a paz de Constantino e o posterior reconhecimento oficial da Igreja no tempo de Teodósio, em 380.

se tornou o Deus do Império. O cristianismo tornou-se a religião oficial do Estado, as conversões começaram a ocorrer em massa e a Igreja passou a ter privilégios e riquezas.

Diante dessa mudança, a Igreja experimentou, pela primeira vez na sua história, profunda crise de identidade e volveu, instintivamente, os olhos para suas origens, a fim de buscar aí as analogias que lhe permitissem uma autêntica vivência da fé e uma linha de conduta adequadas à nova situação sociocultural.

O testemunho martirial como forma privilegiada de seguimento e imitação de Cristo começou a desaparecer depois da paz constantinopolitana. Muitos cristãos sentiram falta da tensão escatológica do martírio e da fidelidade radical à pessoa de Jesus Cristo. Alguns, que haviam fugido para o deserto no tempo da perseguição, não voltaram; outros abandonaram as cidades e as facilidades de uma religião oficial e fugiram para o deserto.

O fenômeno da fuga para o deserto foi tão amplo e forte que marcou o início da vida religiosa em sua expressão mais primitiva: a vida monástica.[32] Ao martírio, como forma de viver a radicalidade do seguimento e da imitação dos sofrimentos de Cristo, sucedeu, então, o monacato e a vida religiosa.

Avançando em nossa reflexão sobre esta nova forma de viver o seguimento de Jesus e a imitação, refletiremos sobre: *a concepção martirial da vida monástica; seguir Jesus e imitar os apóstolos; o caminho da vida consiste em seguir os passos de Jesus.*

A concepção martirial da vida monástica

Como nos primeiros séculos do cristianismo, sem excluir os demais cristãos, os mártires encarnavam e tornavam realidade, em suas vidas, a perfeição da caridade. Assim, cessadas as perseguições, os monges se tornaram, sem exclusividade, a expressão mais eloqüente do seguimento radical de Jesus.

---

[32] Sobre a origem e o desenvolvimento da vida monástica na Igreja, ver, por exemplo, ÁLVAREZ GÓMEZ, J. *Historia de la vida religiosa*, v. 1, Desde los orígenes hasta la reforma cluniacense; BACHT, H. Monachismo e Chiesa. Studio sulla spiritualità di San Pacomio. In: DANIÉLOU, J. & VORGRIMLER, H. *Sentire Ecclesiam*, pp. 191-224; FIGUEIREDO, A. F. *Curso de Teologia Patrística*, v. 3, pp. 173-186; GÓMEZ, I. M. Monacato. In: RODRÍGUEZ, A. & CANALS CASAS, J. (orgs.). *Dicionário teológico da vida consagrada*, pp. 699-715.

O monacato[33] surge como uma espécie de martírio incruento. Herdeiros dos mártires, os monges se retiravam para o deserto com a finalidade de viver no desprendimento e fervor que já não encontravam no mundo, que se tornara demasiado acolhedor. Travavam combate contra os maus espíritos e continuavam a tradição dos mártires. Buscavam a solidão do deserto para ser, no coração da Igreja, o que os mártires haviam sido: um chamado permanente à condição escatológica do cristão que deveria viver neste mundo consciente de sua transitoriedade, sem estabelecer aqui morada permanente.

Os perigos do deserto, as dificuldades econômicas de sobrevivência, a falta de um pai espiritual e o fato de não ter ocasião de praticar a caridade fraterna fizeram com que os anacoretas se agrupassem sob a direção de um mesmo pai espiritual que se converte em pai e superior de uma nova comunidade. Assim a vida anacoreta se transformou em cenobítica, conservando a característica de austeridade e testemunho.

Nessas primeiras comunidades religiosas, viviam-se o seguimento e a imitação de Jesus de acordo com uma concepção martirial da vida. A obediência era considerada um martírio cotidiano, a virgindade reproduzia o holocausto do coração, a pobreza tinha um caráter de austeridade e dureza testemunhal. Todos os grandes temas da espiritualidade martirial, como a identificação com Cristo e a liturgia da própria vida, se transferem agora para a vida monástica.[34]

Para os monges, seguir Cristo significava, antes de tudo, renunciar aos bens deste mundo e a si mesmo e imitar os exemplos da vida terrena de Jesus Cristo. Os textos mais inspiradores neste contexto eram os evangelhos sinóticos. As regras monásticas e religiosas propunham um retorno ao radicalismo evangélico: os monges deviam imitar Jesus pobre, humilde, obediente; deviam também imitar os apóstolos, que renunciaram a tudo para seguir Jesus.

---

[33] Álvarez Gómez, J. em sua obra *Historia de la vida religiosa*, v. 1, p. 162, afirma que o monaquismo antigo é um fenômeno tão complexo que seria muito difícil fazer uma síntese das múltiplas manifestações e das mais variadas formas de vida concreta.

[34] Cf. Codina, V. & Zevallos, N. *Vida religiosa*: história e teologia, p. 114.

Seguir Jesus e imitar os apóstolos

Como o martírio, também a vida monástica se fundamenta num apaixonado cristocentrismo. A preocupação maior era a busca de formas de viver radicalmente a proposta de Jesus, à imitação dos apóstolos. Os monges se consideravam imitadores dos apóstolos em seu estilo de vida peculiar. Como os apóstolos, eles deixaram tudo para seguir Jesus; viviam em comunidades; colocavam os bens em comum; oravam juntos; exerciam a caridade fraterna, o trabalho, a obediência, a penitência; edificavam a Igreja com seu exemplo.

Por trás da expressão "imitação dos apóstolos" estava a referência ao seguimento radical de Jesus; um seguimento concreto que levava em consideração o testemunho dos primeiros seguidores de Jesus: os apóstolos. No seguimento de Jesus, os monges testemunhavam a importância da vida evangélica anterior à consideração de qualquer atividade apostólica. A vida religiosa era mais uma existência do que uma função, era uma práxis de seguimento de Jesus.[35]

O monaquismo primitivo não pretendeu, em primeiro lugar, cristianizar as estruturas sociais circundantes, mas oferecer um exemplo de vida cristã na linha da continuidade e com o mesmo fervor dos primeiros apóstolos. Esse aspecto crítico e de renúncia do mundo no seguimento de Jesus foi, num primeiro momento, sumamente benéfico para a Igreja. Mas tal estilo de vida continha também o perigo de passar facilmente dos conteúdos autenticamente evangélicos para as justificativas baseadas nas ameaças e no desprezo. Essa tentação levou o monaquismo do deserto, sobretudo o oriental, a caracterizar-se por uma matriz fortemente negativa das realidades terrenas. Começa, assim, a adentrar na concepção evangélica do seguimento a semente de uma certa ambigüidade e dicotomia.

O monaquismo ocidental reagiu de forma diferente. Embora sofrendo influência do monaquismo oriental, iniciou um laborioso processo de aproximação e diálogo construtivo com a sociedade circundante. O resultado desse diálogo foi benéfico para ambas as partes.

---

[35] Cf. Álvarez Navarrete, P. El seguimiento de Cristo en la teología y espiritualidad monásticas. In: García-Lomas, J. M. & García-Murga, J. R. (orgs.). *El seguimiento de Cristo*, pp. 205-231; Codina, V. & Zevallos, N. *Vida religiosa*: história e teologia, pp. 115ss.

A cultura ocidental é o melhor resultado desse diálogo, mantido durante séculos por três interlocutores: a Civilização Antiga da Grécia e de Roma, os povos bárbaros que invadiram o antigo Império Romano do Ocidente e a Igreja, seguidora de Jesus, enquanto portadora não só do mistério salvador de Cristo, mas também depositária dos tesouros da civilização greco-romana.

Desta forma, os mosteiros, além de símbolos e centros de vivência do seguimento e da imitação de Cristo, tornaram-se centros de vida intelectual cujo labor fundamental foi o de copiar e transmitir as obras antigas, cristãs e não cristãs, e ser centros de exploração agrícola.[36]

A preocupação inicial de seguir Jesus à imitação dos apóstolos vai adquirindo matizes diferentes de acordo com a necessidade de responder aos desafios da realidade. Desde a inspiração inicial e em toda a história complexa e ampla do monaquismo, os conceitos de seguimento e imitação são o princípio fundamental e normativo da vida cristã. A imitação adquire também a característica peculiar de ser mediada pelos apóstolos. A Regra de São Bento, que representa um dos pontos altos do monaquismo ocidental, pode nos dar a dimensão do uso desses dois conceitos.

O caminho da vida consiste em seguir os passos de Jesus

Depois de vários decênios de vida exemplar, cuja única referência era o seguimento/imitação da pessoa de Jesus Cristo, começou, no monacato, a decadência. A solidão do deserto ou das celas passou a ser árdua demais para alguns monges que, com o pretexto de peregrinar em busca de um lugar ideal para a santificação de suas almas, abandonaram o âmbito dos mosteiros, andando por toda a parte e intrometendo-se em assuntos alheios ao gênero de vida que haviam abraçado.

Além disso, como numa encruzilhada da história, começam a se chocar dramaticamente dois mundos, duas ideologias, duas civilizações, dois modos diferentes de entender a sociedade e a vida: o dos que permaneciam ciosos e ancorados na milenar, porém agonizante civilização romana, e aquele dos vencedores bárbaros, destruidores dos valores anteriores, mas portadores de valores novos também. Eram dois mundos antagônicos que precisavam estabelecer um diálogo sereno e fecundo.

---

[36] Cf. Álvarez Gómez, J. *La Vida Religiosa ante los retos de la historia*, pp. 56ss.

Neste contexto emerge a figura de são Bento.[37] Olhando o presente e o futuro da humanidade com olhos positivos, ele propõe aos monges o remédio da estabilidade monástica. O claustro do mosteiro passa a ser o lugar em que o monge é chamado a santificar-se, vivendo o compromisso de seguir e imitar Jesus. A resposta que são Bento propôs às urgências da sociedade foi monástica, desenraizada das realidades temporais, mas adequada às situações do momento histórico.

A Regra de são Bento[38] se distingue pelo equilíbrio e discrição. Trabalho, oração e descanso, sabiamente regulados pela obediência, caracterizam uma vida que sintetiza a riqueza mística e contemplativa do monaquismo oriental e o realismo ocidental.

Os conceitos de seguimento/imitação perpassam toda a Regra de são Bento. Nos momentos mais decisivos e determinantes da vida, coloca diante dos olhos e do coração do monge o seguimento e a imitação de Cristo como força e sustento na caminhada.

O prólogo da Regra começa com um convite a quem quiser ser discípulo do Senhor e propõe como primeira condição a escuta. Para expressar a realidade da vida monástica, usa a metáfora do *caminho* e mostra que esse *caminho da vida* consiste em seguir os passos de Cristo:

> Presos, pois, os nossos cintos com a fé e a observância das boas obras, sigamos os caminhos dele, conduzidos pelo Evangelho, a fim de merecermos ver Aquele que nos chamou para o seu reino.[39]

Este árduo programa de vida terá sua concreta e cotidiana aplicação na renúncia a si mesmo "para seguir Cristo"[40] e na escuta da Palavra com o compromisso de praticá-la. A escuta interior é chamada de obediência. Na prática, será com a humilde obediência ao abade, por amor a Deus, que a imitação de Cristo atinge o

---

[37] Sobre a figura de são Bento e sua importância na história do monaquismo cristão do ocidente, ver, por exemplo, ÁLVAREZ GÓMEZ, J. *La Vida Religiosa ante los retos de la historia*, pp. 51-73.

[38] *Na estrada do Evangelho* é o título da obra do monge beneditino Marcelo de Barros Souza, publicada em 1993, que apresenta um comentário à Regra de são Bento desde a perspectiva latino-americana.

[39] *Regra de são Bento*, Prólogo, 50. BARROS SOUZA, M. *Na estrada do Evangelho*, p. 194.

[40] Cf. idem, ibidem, p. 205.

seu cume. No capítulo sétimo da Regra, sobre a humildade, encontramos várias referências à obediência seguindo os exemplos de Cristo:

> O terceiro degrau da humildade é quando o monge, por amor a Deus, submete-se ao superior com toda obediência, imitando o Senhor de quem diz o Apóstolo: "Fez-se obediente até a morte".[41]

A Regra fala ainda que também o abade, no cumprimento de sua tarefa, deve espelhar-se em Cristo e imitar seus exemplos, de modo particular, deve imitar o zelo do Bom Pastor em relação à ovelha perdida.[42] Além desses aspectos do seguimento e da imitação de Cristo, encontramos ainda, na Regra de são Bento, referências à participação ativa no mistério pascal de Cristo:

> De modo que, nunca nos afastemos do nosso Mestre, e perseverando em seus ensinamentos no mosteiro até a morte, participemos, pela paciência, dos sofrimentos de Cristo, a fim de merecermos ser companheiros do seu reino.[43]

A Regra de são Bento representa, sem dúvida, um marco na história do monacato. Seguimento e imitação são, portanto, temas que perpassam tanto a Regra como toda a literatura e a espiritualidade monásticas.[44]

Entretanto, é necessário perguntar: a rápida expansão do cristianismo ocorrida nos primeiros séculos e o distanciamento das origens provocaram alguma mudança na intelecção do conceito de seguimento e de imitação?

3. O distanciamento das origens e a identificação dos conceitos de seguimento e imitação

A expansão do cristianismo, nos primeiros séculos, foi surpreendente e caracterizada por altibaixos. De uma religião perigosa e rejeitada converteu-se em religião privilegiada; o martírio cruel e atroz cedeu lugar ao testemunho martirial buscado no deserto; a solidão do deserto se prolongou no silêncio da cela, no mosteiro; a

---

[41] Idem, ibidem, p. 214.
[42] Cf. idem, ibidem, p. 239.
[43] Idem, ibidem, p. 194.
[44] Cf. TURBESSI, G. Il significato neotestamentario di "sequela" e di "imitazione" di Cristo, *Benedictina*, n. 19, p. 163.

renúncia do mosteiro, aos poucos, foi cedendo lugar ao comodismo; a fuga do mundo transformou-se em preocupação com o diálogo.

O cristianismo, pequena semente de mostarda, começou a se tornar árvore frondosa. A vivência do seguimento de Jesus e de sua imitação, como galhos, folhas, flores e frutos, começou a assumir as mais variadas formas de expressão, tornando-se uma realidade complexa e abrangente.

Por conseguinte, responderemos à pergunta sobre as mudanças ocorridas na intelecção do conceito de seguimento e imitação abordando os seguintes aspectos: *a dificuldade de intelecção dos conceitos; seguir é imitar.*

A dificuldade de intelecção dos conceitos

As mudanças socioculturais, o novo estilo de vida da Igreja inaugurado com a paz constantinopolitana, o surgimento e a complexa trajetória do monacato, as conversões em massa com a entrada na Igreja de pessoas que não estavam nem espiritual nem psicologicamente preparadas são alguns dos fatores que não só diversificaram o modo de viver o seguimento e a imitação de Jesus, mas também dificultaram a intelecção desses conceitos.

Outro fator determinante foi o ingresso na Igreja não apenas de membros de famílias nobres, mas ainda de intelectuais, os quais começam a interpretar as verdades da fé cristã segundo categorias filosóficas. Conseqüentemente, a Igreja se defronta com o perigo de querer transformar o cristianismo numa escola filosófica e com a ameaça das heresias.[45]

Na literatura patrística, encontramos abundantes referências ao seguimento e à imitação.[46] Mesmo reconhecendo a importância de todos os padres da Igreja para a compreensão desses conceitos, destacamos o pensamento de santo Agostinho, porque além de ser um dos homens que mais influenciaram a história da humanidade, no Ocidente, seu contributo para a formação da tradição do seguimento foi decisiva.

---

[45] Sobre as controvérsias cristológicas deste período, ver, por exemplo, AMATO, A. *Gesù il Signore*, pp. 161-286; CRISTIANI, M. *Breve história das heresias*; FRANGIOTTI, R. *História das heresias* (séculos I-VII).

[46] Na literatura patrística, ver, por exemplo, são Jerônimo, que, na *Epístola 125*, escreve: "*Nudum sequi Christum nudus*" e são João Crisóstomo, que, em *Adeptus Judeo 8*, afirma: "Você é cristão para imitar Cristo: olha, portanto, o que fez o divino modelo". Cf. ADNES, P. *Sequela e imitazione di Cristo nella Scrittura e nella Tradizione*, p. 143; GOFFI. T. Seguimento/ Imitação. In: CAMPAGNONI, F.; PIANA, G.; PRIVITERA, S. (orgs.). *Dicionário de teologia moral*, p. 1.140.

Seguir é imitar

Bispo de Hipona, uma das maiores inteligências de todos os tempos, filósofo, teólogo, exegeta, orador e educador, Agostinho[47] não só direcionou a compreensão do seguimento e, sobretudo, da imitação, mas impulsionou a identificação desses dois conceitos. Em seu livro *A virgindade consagrada*,[48] considerado valioso tratado sobre o estado de virgindade, santo Agostinho, no capítulo 27, faz uma exortação que é um cântico novo das virgens e termina com estas palavras:

> Com razão, vós o (o Cordeiro) seguis aonde quer que ele vá, graças à virgindade do coração e à da carne. Mas que quer dizer seguir, senão imitar? Pois como disse o apóstolo: "Cristo sofreu por vós, deixando-vos um exemplo, a fim de que sigais os seus passos" (1Pd 2,21). Seguimo-lo à medida que o imitamos. Não enquanto ele é o Filho único de Deus, por quem foram feitas todas as coisas, mas enquanto é Filho do homem que nos deu exemplos para serem imitados. Muitas de suas virtudes são propostas para serem imitadas por todos. Mas a virgindade do corpo não é dada a todos para ser imitada, pois os que uma vez a perderam, como poderão recuperá-la?[49]

Nesse trecho encontra-se a famosa pergunta, que encerra uma afirmação categórica: *Quid est enim sequi nisi imitari?* "Mas o que quer dizer seguir, senão imitar?" Essa frase é citada em muitos escritos sobre o tema para justificar a identificação dos dois conceitos de seguimento e imitação.[50]

É difícil imaginar por que santo Agostinho fez essa afirmação exatamente numa obra que trata da virgindade. Não consta que houvesse, na época, alguma discussão

---

[47] Sobre santo Agostinho, ver, por exemplo, ALTANER, B. & STUIBER, A. *Patrologia*, pp. 412-446; CAYRÉ, F. *Patrologia e storia della teologia*, v. 1, pp. 637-746; HAMMAN, A. *Santo Agostinho e seu tempo*; ————. *Os Padres da Igreja*, pp. 225-240; FIGUEIREDO, F. A. *Curso de Teologia Patrística*, v. 3, pp. 131-160; FOLCH GOMES, C. *Antologia dos Santos Padres*, pp. 255-280; TILLICH, P. *História do pensamento cristão*, pp. 117-144.

[48] A obra de santo Agostinho, *De Sancta Virginitate*, escrita no final do ano de 401, foi traduzida no Brasil pela Paulus Editora e publicada em 1990. A obra divide-se em duas partes. A primeira (capítulos 1-30) trata da virgindade em si, da qual Cristo e Maria são modelos perfeitos. Estabelece a superioridade da consagração a Deus pela virgindade, acima do estado matrimonial. A segunda (capítulos 31-56) é dedicada à consideração da humildade, tão necessária ao estado virginal. Cf. *A virgindade consagrada*, pp. 5-10.

[49] SANTO AGOSTINHO. *A virgindade consagrada*. p. 52.

[50] Sobre a referência à pergunta afirmativa de santo Agostinho – *O que quer dizer seguir, senão imitar* – ver, por exemplo, PROIETTI, B. Sequela Christi e imitazione. In: PELLICCIA, G. & ROCCA, G. (orgs.). *Dizionario degli istituti di perfezione*, v. 8, p. 1.288; ESTRADA, J. A. Imitação de Jesus Cristo. In: RODRÍGUEZ, A. & CANALS CASAS, J. (orgs.). *Dicionário teológico da vida consagrada*, p. 551.

acerca do significado de seguimento e de imitação que tivesse obrigado santo Agostinho a tomar uma posição.

A resposta à indagação do por que santo Agostinho fez essa afirmação parece que deve ser buscada no conjunto do seu pensamento, em que a imitação de Cristo ocupa um lugar preponderante. Considerado "um doutor da imitação de Cristo",[51] santo Agostinho afirma:

> Nós entramos na vida sobrenatural por meio do batismo em nome de Jesus; saímos deste mundo para repousar na paz de Jesus; entre estes dois pólos, devemos, cada dia, e na medida da sua graça e da sua força, fazer crescer Jesus em nossa alma, imitando-o e amando-o.[52]

O pensamento de santo Agostinho gira ao redor de duas palavras-chave: *amar* e *imitar*. Para ele, a imitação de Cristo é o fruto do amor. Normalmente, o ser humano procura imitar a pessoa a quem ama. Se os cristãos amam a Cristo, desejam também assemelhar-se a ele, que é o perfeito modelo de todas as virtudes. Os esforços dos fiéis na prática das virtudes encontram, no amor de Cristo, sua fonte e seu sustentáculo.

Comentando o trecho de 1Pd 2,21, Agostinho afirma que os mártires seguiram as pegadas de Cristo, mas eles não são os únicos seguidores. Seguimento não é privilégio dos mártires, mas obrigação de todos os cristãos. Também não é privilégio da virgindade consagrada; as pessoas casadas devem seguir Cristo.

O conceito de imitação de Cristo em santo Agostinho está relacionado com a doutrina de Paulo da incorporação dos fiéis a Cristo. Para Agostinho, imitar Cristo significa caminhar ativamente rumo à perfeição. Toda a vida de Cristo é exemplo para nós, tanto seus grandes gestos: nascimento, paixão, morte e ressurreição, como seus atos mais simples e seu sentimento. Ser cristão é seguir Cristo e seguir Cristo significa, principalmente, imitar sua humildade, da qual ele nos deu exemplo especialmente em sua encarnação, paixão e morte na cruz.

No período posterior a santo Agostinho, qual dos dois conceitos se tornou mais comum e quais os fatores que mais influenciaram para que isso ocorresse?

---

[51] Bardy, G. & Tricot, A. *Enciclopedia cristologica*, p. 782.
[52] Idem, ibidem, p. 782.

4. Os fatores que projetaram luzes sobre o conceito de imitação deixaram na sombra o conceito de seguimento

A reflexão teológica desenvolvida no Ocidente, no período medieval,[53] sofreu grande influência dos padres da Igreja, especialmente de santo Agostinho. O prestígio do bispo de Hipona era único e os pensadores se referiam a ele como mestre absoluto. O corpo doutrinal elaborado por santo Agostinho é comparado a um oceano para o qual convergem todos os ensinamentos dos padres que o precederam e donde provêm os ensinamentos dos doutores que o seguiram.

No que se refere à tradição do seguimento e da imitação, a afirmação de santo Agostinho de que *seguir é imitar* encontrou, na cristologia e piedade medievais, um terreno fértil para germinar, crescer e dar frutos. Inaugurou-se, assim, na tradição cristã ocidental, um período em que desapareceu, quase por completo, o conceito de seguimento, dando lugar à preocupação pela imitação de Cristo.

Sem querer analisar toda a riqueza da herança teológica e espiritual dessa época,[54] procuramos identificar alguns fatores que colaboraram para ofuscar o conceito de seguimento e fazer emergir deles o conceito de imitação: *a centralidade e a relevância da humanidade de Jesus; Santo Tomás: a teologia da imitação de Cristo; a espiritualidade: a ascese e a mística da imitação; a devotio moderna; a moral como disciplina prático-pastoral.*

A centralidade e a relevância da humanidade de Jesus

A teologia medieval, na mesma linha da teologia patrística, não estabelecia uma separação nem traçava os limites entre a doutrina sistemática e a vivência da fé. Tudo estava intrinsecamente unido: a teologia, a pregação, a vida litúrgica, a piedade.[55]

---

[53] A Idade Média abrange um período muito vasto e complexo. Para uns, ela se estende do século V ao XV, para outros, do século VII ao XV.

[54] Para uma análise da teologia e espiritualidade medievais, ver, por exemplo, AUMANN, J. Síntese histórica da experiência espiritual. In: GOFFI, T. & SECONDIN, B. (orgs.). *Problemas e perspectivas de espiritualidade*, pp. 74-81; CAYRÉ, F. *Patrologia e storia della teologia*, v. 2; GRABMANN, M. *Historia de la teología católica*; PENCO, G. Gesù Cristo nella spiritualità monastica medievale. In: *Gesù Cristo: mistero e presenza*, pp. 407-445; SECONDIN, B. *Alla luce del suo volto*, pp. 210-228; VILANOVA, E. *Historia de la teología cristiana*.

[55] Cf. BARBAGLIO, G. & DIANICH, S. *Nuevo Diccionario de teología*, v. 1, p. 250: GRILLMEIER, A. Os mistérios da vida de Jesus. In: FEINER, J. & LOEHRER, M. *Mysterium Salutis III/5*, p. 17.

Além dessa forte unidade, outro aspecto característico da teologia e piedade medievais é, sem dúvida, a orientação cristológica, com forte ênfase no culto à humanidade de Jesus e à contemplação dos mistérios de sua vida terrena. A Idade Média sente "paixão pela humanidade de Cristo",[56] sem uma visão sintética e global do seu mistério humano-divino e de sua paixão-páscoa com todas as conseqüências para a piedade e a vida cristãs.

A devoção cristã medieval se alimenta da contemplação dos mistérios de sua vida terrena. Parte da cena do presépio de Belém, onde o vagido e as lágrimas do Deus que se fez criança não são forças que provocam a conversão, mas sinais que despertam a ternura; passa, depois, para outros episódios da vida terrena e termina com o sofrimento da paixão.[57]

A contemplação desses mistérios estabelece uma relação familiar e humana com Cristo, e a piedade é caracterizada por uma grande ternura e afetividade, usando expressões que refletem tais sentimentos.[58] Entre as raízes históricas que deram origem e sustentaram esse enfoque da cristologia na humanidade de Jesus podemos citar, especialmente, três delas: *a influência dos monges, a espiritualidade litúrgica e a atuação dos pregadores.*

- *A influência dos monges*, para quem a humanidade de Jesus constitui a motivação fundamental da vida espiritual, o centro de sua contemplação e o instrumento primário de seu progresso espiritual. A vida terrena de Jesus era considerada conseqüência de sua infinita condescendência para com a debilidade humana.[59]

- *A espiritualidade litúrgica* difundida pela Ordem de São Bento. Na celebração do Ofício Divino, os religiosos e os fiéis meditavam nos mistérios da vida do Salvador, seguindo o desenvolvimento do ciclo litúrgico. As grandes festas do ano litúrgico tinham por objetivo a celebração do nascimento

---

[56] Cf. Álvarez Navarrete, P. El seguimiento de Cristo en la teología y espiritualidad monásticas. In: García-Lomas, J. M. & García-Murga, J. R. (eds.). *El seguimiento de Cristo*, p. 227; Barbaglio, G. & Dianich, S. *Nuevo Diccionario de teología*, v. 1, p. 250.

[57] Cf. idem, ibidem, p. 250.

[58] Eram muito comuns as expressões: "Dominus humanissimus Christus piissimus" (Helinando, Ep. ad Galterum, PL 212, 757A), "Jesu, Jesu... nomen dulce, nomen delectabile, nomen confortans peccatorem et beatae spei". Idem, ibidem, p. 250.

[59] Cf. Aumann, J. Síntese histórica da experiência espiritual. In: Goffi, T. & Secondin, B. (orgs.). *Problemas e perspectivas de espiritualidade*, p. 75; Barbaglio, G. & Dianich, S. *Nuevo diccionario de teología*, v. 1, p. 250.

de Jesus precedida pelo advento, a apresentação ao templo, a paixão, a ressurreição e a ascensão. Esses acontecimentos, considerados provas do amor de Jesus por nós, eram, constantemente, colocados diante dos olhos das pessoas devotas, despertando-lhes a sensibilidade até as lágrimas.[60]

• *A atuação dos pregadores* que comoviam os religiosos e os fiéis quando falavam, com emoção, dos mistérios da vida terrena e do amor de Cristo para conosco. Eles ensinavam a ternura diante do presépio e o pranto diante do crucifixo.[61]

Na pregação sobre a humanidade de Cristo e na orientação afetiva da piedade medieval, que desemboca na imitação de Cristo, são Bernardo[62] teve uma influência preponderante. Foi um pregador genial da devoção à humanidade de Cristo que conduz à imitação. O conjunto de seus sermões forma uma espécie de biografia mística do Salvador, cuja vida, em cada um de seus detalhes, enquanto provoca a emoção, reclama generosa imitação.[63]

A piedade medieval, que se torna profundamente afetiva, toca o coração dos fiéis e se expressa em sentimentos de ternura e compaixão, provocando a imitação. A contemplação dos mistérios de Cristo não é estéril. Tem como objetivo estimular a sensibilidade dos fiéis para provocar a imitação de Cristo. Daqui decorre a importância da imitação de Cristo, da contemplação dos mistérios de sua vida, particularmente da infância e paixão. Esses mistérios possibilitam uma relação familiar e humana com o Salvador.

Por meio dos mistérios salvíficos, históricos e metaistóricos, estabelece-se uma comunhão de vida entre os seres humanos e Cristo. A imitação de Cristo deixa de ser uma exigência moral para constituir uma comunhão propriamente dita (real) com os atos salvíficos históricos de Cristo numa simultaneidade (não contemporaneidade) de vida com o salvador.[64]

---

[60] Cf. BARDY, G. & TRICOT, A. *Enciclopedia cristologica*, pp. 603-604.

[61] Cf. idem, ibidem, p. 604.

[62] Cf. ADNES, P. *Sequela e imitazione di Cristo nella Scrittura e nella Tradizione*, p. 145; BARDY, G. & TRICOT, A. *Enciclopedia cristologica*, p. 604; GRILLMEIER, A. Os mistérios da vida de Jesus. In: FEINER, Y. & LOEHRER, M. *Mysterium Salutis III/5*, p. 20.

[63] BARDY, G. & TRICOT, A. *Enciclopedia cristologica*, pp. 603ss; VALSECCHI, A. Gesù Cristo nostra legge II, *La Scuola Cattolica*, n. 89, pp. 161-162.

[64] Cf. BARBAGLIO, G. & DIANICH, S. *Nuevo Diccionario de Teología*, v. 1, p. 256.

A devoção centrada na humanidade de Cristo e nos mistérios de sua vida terrena encontrou uma expressão fecunda nas orações, tais como *Alma de Cristo*, que está reproduzida em todos os livros de oração não só dessa época, mas também dos atuais; *Ó Jesus vivente em Maria*, que suplica a presença de Jesus na própria vida; e *Adorável Jesus*, breve fórmula contendo um propósito de imitar Jesus, recitada, em geral, nas orações da manhã.[65]

Os mestres e os teólogos medievais,[66] continuadores dos santos padres, contribuíram, com sua reflexão, para fundamentar a imitação de Cristo. Sem ignorar a contribuição de outros pensadores medievais,[67] dada a importância de santo Tomás de Aquino, o mestre por excelência da Escolástica, perguntamos: em relação à imitação e ao seu seguimento, qual a posição teológica de santo Tomás de Aquino?

Santo Tomás: a teologia da imitação de Cristo

Ao contrário do que alguns autores afirmam,[68] o tema da imitação de Cristo ocupa um lugar determinante no pensamento filosófico e teológico de santo Tomás.[69] Essa realidade tornou-se um fator preponderante para a emergência do conceito de imitação. Em suas grandes obras sistemáticas,[70] encontramos alusões belíssimas sobre este tema. Ele define o cristão como aquele que não só pertence a Cristo, mas o imita:

---

[65] A origem da oração *Alma de Cristo* data do século XIII e foi usada por santo Inácio nos Exercícios Espirituais. A oração *Ó Jesus vivente em Maria* foi composta por Olier, e *Adorável Jesus* tem autor e data desconhecidos. Cf. BARDY, B. & TRICOT, A. *Enciclopedia cristologica*, pp. 808-809.

[66] Podemos citar, além de são Bernardo, são Boaventura, Duns Scotus, representantes da teologia e espiritualidade franciscanas.

[67] São Boaventura, por exemplo, que também trata do tema da imitação.

[68] Cf. ADNES, P. *Sequela e imitazione di Cristo nella Scrittura e nella Tradizione*, p. 146.

[69] Sobre santo Tomás de Aquino, ver, por exemplo, CAYRÉ, F. *Patrologia e storia della teologia*, v. 2, pp. 574-684; CHENU, M. D. *Santo Tomás de Aquino e a teologia*; FRANGIOTTI, R. *História da teologia. Período Medieval*, pp. 72-90; JOSAPHAT, C. *Tomás de Aquino e a nova era do Espírito*; TORREL, J. P. *Iniciação a Santo Tomás de Aquino: sua pessoa e obra*; VILANOVA, E. *Historia de la teología cristiana*, v. 1, pp. 761-801.

[70] Resultado de 50 anos de estudo e trabalho do autor Roberto Busa, S. J., em 1997, na Itália, foi lançado um CD-ROM intitulado *Thomae Aquinatis "Opera omnia", cum hypertextibus*. Este CD-ROM, editado pela Cael (Roma), contém todo o *Index Thomisticus* com um sistema de cerca de 11 mil palavras, acompanhado de um volume de 600 páginas com o *Thesaurus tomistico*, permitindo não apenas o acesso aos textos originais de santo Tomás, mas também a possibilidade de conhecer o contexto lingüístico e teológico em que cada palavra foi utilizada pelo autor.

O cristão é aquele que pertence a Cristo. Pertencer a Cristo não é apenas ter fé em Cristo, é também praticar as virtudes no espírito de Cristo e morrer ao pecado à imitação de Cristo, como está expresso na Carta aos Gálatas: "Os que são de Cristo crucificam a própria carne com seus vícios e concupiscências (Gl 5,24)".[71]

A teologia da imitação de Cristo desenvolvida por santo Tomás foi, sem dúvida, outro fator que contribuiu para a emergência do conceito de imitação de Cristo. Para compreender, em linhas gerais, o significado da imitação de Cristo em santo Tomás, analisaremos: *imitar e participar* e *agir imitando Cristo*.

Imitar e participar

No pensamento filosófico de santo Tomás,[72] as criaturas são imitações fiéis das idéias divinas. A essência e a existência, o ser e o agir, tudo procede das idéias divinas e são imitação delas. Deus concebeu todas as coisas no decreto supremo de sua sabedoria e nada acontece sem que ele não tenha previsto e querido. Realizando o que Deus quis delas, as criaturas "imitam" a vontade de Deus.

Nesta perspectiva, o conceito de imitação guarda uma relação primordial com o de participação. Onde existe participação, existe imitação, mas os dois conceitos não são idênticos. Enquanto entre o que imita e o que é imitado pode existir igualdade, entre o participado e o participante existe uma distância ontológica e uma inferioridade. Por conseguinte, não é ao conceito de participação, mas ao de imagem que santo Tomás liga a imitação.[73]

Na imagem existe uma graduação. Nos seres inferiores encontramos apenas um vestígio da perfeição divina, o que já é uma imitação. Somente a criatura inteligente é imagem de Deus. No ser humano e nos anjos, não obstante sua grandeza, a imagem de Deus é imperfeita, eles foram criados à imagem de Deus. Somente o Filho de Deus é a imagem perfeita do Pai.

---

[71] Gillon, L. B. *Cristo e la Teologia Morale*, p. 45.

[72] Sobre a filosofia de santo Tomás, ver, por exemplo, Campos, A. C. *Tomismo no Brasil*; Dezza, P. *Filosofia: síntese tomista*; Lima Vaz, H. C. *Filosofia e cultura: Escritos de filosofia*, v. 3, pp. 183-342; Mattiussi, G. *Le XXIV tesi della filosofia di S. Tommaso*; Reale, G. & Antiseri, D. *Historia da filosofia*, v. 1; Sertillanges, A. D. *As grandes teses da filosofia tomista*; Van Acker, L. *O tomismo e o pensamento contemporâneo*.

[73] Cf. Gillon, L. B. *Cristo e la Teologia Morale*, p. 48.

Como a filosofia grega, também santo Tomás distingue a imitação no sentido *ontológico* (um ser que é a imitação de um outro) da imitação no sentido *ético* (agir imitando um outro ser).[74] Só a criatura livre é capaz de escolher um exemplo de ação, um modelo para seguir, adaptando-o às circunstâncias. Só a criatura inteligente pode querer imitar um exemplo e escolher a modalidade de imitação.

No sentido ético, a imitação é própria da pessoa, pois somente ela é sujeito da ação. O exemplo para uma pessoa só poderá ser outra pessoa. Coloca-se assim o problema do princípio da exemplaridade pessoal: cada ser humano, na vida moral, tem uma pessoa da qual procura reproduzir os traços.

Na ordem das coisas criadas, os seres inferiores imitam, na medida do possível, os seres superiores. O primeiro exemplar na sucessão dos seres é o Filho de Deus. Por isso, todas as criaturas o imitam, como imagem verdadeira e perfeita do Pai. De modo especial, o Verbo é exemplar quanto aos dons de graça nas criaturas espirituais. Mas este exemplar estava muito longe de nós. Também o Filho de Deus quis tornar-se homem, para apresentar ao ser humano o modelo de uma vida humana.

Agir imitando Cristo

Tendo como base o conceito filosófico de santo Tomás sobre a imitação, visto anteriormente, é mais fácil entender o significado e a importância que ele atribui à imitação de Cristo. Partindo da imitação no sentido ontológico, santo Tomás chega ao sentido ético. O filho deve imitar o pai. O cristão é filho adotivo de Deus e, portanto, é convidado a imitar Deus, o Pai de Nosso Senhor Jesus Cristo: "Sejam imitadores de Deus, como filhos queridos" (Ef 5,1).

O cristão imita Deus Pai, imitando o Filho de Deus que se fez homem. Imitar Cristo significa amar e perdoar. Cristo é exemplo de caridade e gratuidade. Com sua morte, ele mostrou que não existe *amor maior do que dar a vida pelos amigos* (cf. Jo 15,13). Também nós, conclui santo Tomás, *amemo-nos uns aos outros, não somente com palavras, mas com obras e em verdade* (Jo 13,34).

---

[74] Cf. idem, ibidem, p. 49.

Comentarista bíblico de são Paulo e de são João, santo Tomás traz os elementos fundamentais de uma teologia da imitação de Cristo. Mas, ao contrário do que se poderia pensar, essa teologia não influenciou sensivelmente a elaboração de sua vasta teologia moral. A *Suma teológica* permanece como uma moral das virtudes e dos preceitos sem transformar-se numa moral da imitação de Cristo.

Os textos da III Parte que se referem diretamente à moral passam da imitação ontológica à imitação ética. No sentido ontológico, a nossa adoção é apropriada ao Pai como seu autor e ao Filho como o seu exemplo. A predestinação de Cristo é exemplar da nossa; a ressurreição de Cristo é exemplar de nossa ressurreição futura, e, no presente, é exemplar da nossa ressurreição espiritual.[75]

No sentido ético, Cristo é exemplo de paciência, oração, humildade e obediência. Ele quis ser tentado no deserto para ensinar-nos como devemos agir. Na sua paixão, ofereceu-se como modelo perfeito de todas as virtudes.

Entretanto, no pensamento de santo Tomás, a influência de Cristo como exemplo de vida moral não se limita à imitação das virtudes e do modo de agir de Cristo. Alguns aspectos são imitáveis na vida presente, outros são imitáveis somente no sentido escatológico: a nossa ressurreição futura será uma imitação da ressurreição de Jesus, o Cristo.

Há também aspectos que não são imitáveis nem na vida presente nem na vida futura. Nós não somos nem seremos nunca filhos de Deus por natureza, como Cristo. Todavia, a encarnação do Verbo exerce sobre a vida moral influência decisiva, sobretudo no que diz respeito às virtudes teologais. A encarnação solidifica a nossa fé, reanima a nossa esperança e provoca o nosso amor.[76]

Como todo o universo teológico de santo Tomás, também sua reflexão sobre a imitação de Cristo contribuiu para colocar em evidência esse conceito. Seu pensamento influenciou não só a teologia, mas também a espiritualidade. De que modo a espiritualidade medieval expressava o mistério de Cristo e qual era o centro em torno do qual girava a vida espiritual?

---

[75] Cf. idem, ibidem, pp. 51-59.
[76] Cf. idem, ibidem, p. 58.

Espiritualidade: a ascese e a mística da imitação

Outro fator que contribuiu para fortalecer o conceito de imitação foi o enfoque típico dado à espiritualidade. Intimamente ligada à teologia que, como vimos, estava centralizada no culto à humanidade de Cristo e na contemplação de seus mistérios, desenvolveu-se e consolidou-se a chamada espiritualidade medieval, que priorizava a reflexão sobre o mistério da encarnação do Verbo e centralizava a vida espiritual em torno do conceito de *imitação de Cristo*. A vida cristã era o lugar por excelência da prática dos preceitos e virtudes e da vivência mística e contemplativa dos mistérios da vida terrena de Cristo e da sua imitação.

O espaço em que se cultivava esse tipo de espiritualidade e de onde se irradiava para os fiéis eram as Escolas de Espiritualidade. Por conseguinte, para aprofundar esses aspectos característicos da espiritualidade medieval, abordaremos os seguintes pontos: *o caminho ascético e místico da imitação* e as *Escolas de Espiritualidade*.

O caminho ascético e místico da imitação

À luz da humildade e pobreza de Jesus, o Verbo encarnado, o caminho ascético[77] indispensável para chegar à imitação de Cristo, era a prática da *humildade* e *pobreza*.

A *humildade* significava, acima de tudo, renúncia da própria vontade e obediência incondicional à vontade de Deus expressa por meio dos superiores, dos mandamentos e dos preceitos. Jesus, o Mestre, submeteu a própria vontade até a morte na cruz, dando o exemplo; o discípulo, por sua vez, deve seguir, em tudo, a vontade de Deus, quem o representa nesta terra.

Além da humildade e, conseqüentemente, da obediência, *a pobreza* era outro ponto importante da ascese da imitação. O desprendimento efetivo das riquezas era considerado pelos cristãos condição *sine qua non* para a imitação de Cristo e para a salvação eterna.

---

[77] Sobre o significado da ascese medieval, ver, por exemplo, ANCILLI, E. *Dizionario Enciclopedico di Spiritualità*, 3 v.; CAYRÉ, F. *Patrologia e storia della teologia*, v. 1, pp. 19-30; GÉNICOT, L. *La Spiritualità medievale*; MAROTO, D. P. *Historia de la espiritualidad cristiana*; ZOVATTO, P. Experiência espiritual na História. In: SECONDIN, B. & GOFFI, T. (orgs.). *Curso de espiritualidade*, pp. 113-177.

Humildade e *pobreza*, desprendimento de si e das realidades terrenas, são os pólos da ascese particularmente preocupada em imitar Cristo. Essas virtudes que constituíam a lei fundamental da ascese da imitação e de sua prática, a exemplo de Cristo, eram também os ingredientes que fundamentavam uma sólida e autêntica espiritualidade.[78]

Além da ascese, a contemplação mística dos mistérios da vida terrena de Cristo, particularmente da encarnação, e a conseqüente imitação de seus exemplos constituíam o principal fundamento da vida espiritual. A ascese como caminho para a imitação estava inseparavelmente ligada à mística da imitação.[79]

As etapas da vida espiritual dos cristãos podiam ser expressas em três palavras: *conhecer*, *amar* e *imitar Cristo*. Conhecer para amar, amar para imitar, imitar para chegar à transformação em Cristo e à perfeição na terra e preparar-se para a felicidade eterna.[80]

Conhecer, amar e imitar Cristo era a preocupação dominante das Escolas de Espiritualidade que surgiram nesta época.

As Escolas de Espiritualidade

As Escolas de Espiritualidade eram canais para transmitir e fomentar a contemplação mística e a necessidade de imitação. Cada escola enfatizava um aspecto da humanidade de Jesus: as chagas de Cristo, o coração de Jesus, os mistérios de sua infância e paixão, entre outros, mas todas elas convergiam para a realização de um único programa de vida traçado por são Paulo: "Tende em vós o mesmo sentimento de Jesus Cristo" (Fl 2,5); todas as escolas tinham o mesmo ideal traçado pelo apóstolo: "Já não sou eu que vivo, mas é Cristo que vive em mim" (Gl 2,20).[81]

---

[78] Cf. GÉNICOT, L. *La Spiritualità medievale*, pp. 51-59.

[79] A "teologia mística" surgiu com o apoio do Pseudo-Dionísio Areopagita. Para ele, o centro de todos os fenômenos ordinários e extraordinários é a visão extática: o homem é arrebatado acima de si e percebe que ele não está sozinho. A visão extática tem um centro: o Cristo encarnado. MIETH, D. Mística. In: EICHER, P. (org.). *Dicionário de conceitos fundamentais de teologia*, p. 564.

[80] Cf. BARDY, G. & TRICOT, A. *Enciclopedia cristológica*, p. 777.

[81] Cf. idem, ibidem, p. 808.

Entre as principais Escolas de Espiritualidade que, na Idade Média, centraram-se, particularmente, na humanidade de Cristo e na sua imitação, podemos citar: no século XII, a *Escola Beneditina*, a *Escola Cisterciense* e a *Escola Agostiniana de São Vítor*; no século XIII, a *Escola Franciscana* e a *Escola Dominicana*.[82]

A *Escola Beneditina*, que teve seu auge no mosteiro de Cluny, orientava os monges para a contemplação dos mistérios de Cristo e para a mais alta e íntima união com Deus. Entre os meios mais importantes para alcançar essa união estão: a liturgia — particularmente o canto litúrgico —, a vida em comum, as atividades moderadas, o estudo das sacras disciplinas, a austeridade efetiva, o culto e a arte sacra.[83]

A *Escola Cisterciense* caracterizou-se pela interpretação literal da Regra de são Bento, a qual influenciou também na espiritualidade. Para são Bernardo, seu principal representante, a contemplação da humanidade de Cristo é o caminho mais rápido e seguro para conduzir a alma para Deus.[84]

A *Escola Agostiniana de São Vítor* renovou, no século XII, o agostinianismo. Os vitorianos eram filósofos e teólogos que aspiravam à mística, segundo a intuição de Agostinho, mas acrescentavam elementos novos derivados de Dionísio, o areopagita.[85]

A *Escola Franciscana*. Embora são Francisco de Assis, como veremos, tenha chamado a atenção para a necessidade de voltar à radicalidade do evangelho e ao seguimento de Jesus, sua espiritualidade seguiu a principal tendência da época: contemplar a humanidade de Cristo. Os principais meios para atingir essa contemplação são: pobreza absoluta; amor apaixonado a Jesus, considerado na sua humanidade e, particularmente, nos mistérios de sua infância e paixão, pois é neles que resplandecem a bondade e o amor de Deus pelos homens; amor à natureza considerada obra de Deus e expressão de sua beleza; exemplarismo e elevação a Deus seguindo o método agostiniano, transformado em sistema por são Boaventura.[86]

---

[82] Cf. Idem, ibidem, p. 604.

[83] Entre os seus principais representantes, podemos lembrar: Pedro, o venerável (†1156), o mais célebre abade de Cluny; santo Anselmo (†1109); Ruperto di Deutz (†1135) e santa Ildegarda (†1179). Cayré, F. *Patrologia e storia della teologia*, v. 2, pp. 749-750.

[84] Podemos recordar ainda entre os seus maiores representantes Guilherme di Saint-Thierry (+1148), Joaquim di Fiori (†1202) e santa Gertrudes (†1301). Cf. idem, ibidem, p. 751.

[85] Seus principais representantes são Hugo (†1141) e Ricardo (†1173) de São Vítor. Cf. idem, ibidem, p. 752.

[86] Podemos ainda citar, como expoentes desta escola, Ângela de Foligno e são Bernardino de Sena. Cf. idem, ibidem, p. 755.

A *Escola Dominicana*, espiritualidade orientada para o estudo em vista do apostolado. Entre as principais características é preciso salientar: o estudo considerado como meio de santificação e instrumento preparatório para o apostolado, particularmente o estudo especulativo da teologia, seguindo o método de santo Tomás; a doutrina agostiniana da graça, que exige a prática das virtudes, por meio da docilidade ao Espírito; o apostolado doutrinal exercido por meio do ensinamento da teologia e pregação popular.[87]

No final da Idade Média, ao lado dessas escolas de tendências predominantemente ascética e mística, surgem escolas de caráter essencialmente prático e afetivo. Elas não se desinteressam pela ascese e pela mística, e antes de se ocuparem com definições e teorias, preocupavam-se, particularmente, com os meios mais práticos e eficazes para alcançar a perfeição. O que distingue essas escolas não é tanto a doutrina, mas os métodos empregados.[88] Essa tendência caracteriza a chamada *devotio moderna*. De que modo esse movimento fortaleceu o conceito de imitação?

A *devotio moderna*

Outro fator que contribuiu enormemente para consolidar o conceito de imitação foi a chamada *devotio moderna*. Movimento de renovação religiosa, amplo e complexo, a *devotio moderna*[89] surgiu na segunda metade do século XIV e se prolongou até o século XV.[90] Tinha como principal objetivo proporcionar uma verdadeira renovação da religiosidade (devoção) do povo cristão, baseando-se em uma nova interioridade, adaptando-se às exigências dos tempos.

---

[87] Entre seus principais representantes estão, além de são Domingos, santo Tomás de Aquino (†1274), santo Alberto Magno (†1280), santa Catarina de Sena (†1380). Cf. idem, ibidem, p. 756.

[88] Cf. idem, ibidem, p. 762.

[89] Para um conhecimento mais amplo da *devotio moderna*, ver, por exemplo, Grabmann, M. *Historia de la teología católica*, pp. 165-167; Pelliccia, G. & Rocca, G. *Dizionario degli istituti di perfezione*, pp. 456-463; Vilanova, E. *Historia de la teología cristiana*, v. 1, pp. 978-982.

[90] A *devotio moderna* tem no místico prático Geert Grote ou Gerhardus Magnus (1340-1384) seu pai espiritual e fonte de inspiração. Teve enorme influência nos Países-Baixos (a Holanda de hoje, parte da Bélgica e a região renana da Alemanha) na transição da Idade Média para a Moderna. Cf. Zovatto, P. Experiência espiritual na História. In: Secondin, B. & Goffi, T. (orgs.). *Curso de Espiritualidade*, pp. 147-148.

Tratava-se, originalmente, de um movimento de caráter laical que não se preocupava em apresentar novidades do ponto de vista doutrinal. Propunha aos cristãos leigos uma maneira de reencontrar o Cristo do evangelho, mediante uma vida de oração, de exercício das virtudes e de prática das obras de misericórdia. Era uma proposta eminentemente cristocêntrica, que priorizava a pessoa humana de Jesus, notadamente no aspecto de seu sofrimento, paixão e morte na cruz.

A *devotio moderna* insistia na interioridade espiritual, fato explicável se levarmos em conta o momento histórico em que surgiu. Era a época do cisma do Ocidente, em que a Igreja ignorava seu chefe visível. Diante da confusão exterior, da angústia e da incerteza, as pessoas buscavam luz e paz no silêncio, no retiro e na oração. A intimidade entre a pessoa e Deus tinha a primazia sobre a liturgia e as obras externas de devoção.

Nascendo sob o signo da oposição à situação decadente da espiritualidade que antes havia produzido grandes místicos, esse movimento tinha em sua nascente um toque de reação e crítica. Seus representantes[91] desejavam formar na oração e na piedade pessoal um público relativamente simples. Para atingir esse objetivo, esforçam-se para descobrir procedimentos práticos e eficazes.

O primeiro deles é, sem dúvida, a busca de uma ascese primordialmente psicológica e interior, na qual a introspecção tem um lugar importante e abre os caminhos ao psicologismo do século XVI. A ascese tem a finalidade de ordenar e regular a vida espiritual e, assim, chegar à pureza e liberdade de coração. Neste contexto tem lugar privilegiado o desenvolvimento de uma afetividade expansiva, destinada a suplantar as áridas especulações da razão. A meditação afetiva da vida de Cristo, especialmente de seus sofrimentos, deve ter como fruto a caridade efetiva para com os irmãos.[92]

A *devotio moderna* se caracteriza por uma atitude moralista e antiespeculativa e por uma piedade simples e popular.[93] Enfim, existe preocupação em relação a uma

---

[91] Entre os principais representantes, podemos citar: Fiorenzo Radewijns (1350-1400), executor do projeto de Grote e seu sucessor como guia espiritual; Gerardo Zerbolt (1367-1398); Giovanni Gerlach Peters (1378-1411); Enrico Mande (1360-1431); Tomás Kempis (1379-1471); W. Ganfort († 1498). Cf. Blasucci, A.; Calati, B.; Grégoire, R. *La spiritualità del medievo*, v. 4, pp. 449-450.

[92] O ponto de convergência da *devotio moderna* foi a Congregação de Windeshein (1387), que adota a Regra de Santo Agostinho. Cf. Huerga, A. Devotio moderna. In: Ancilli, E. (org.) *Dizionario enciclopedico di spiritualità*, v. 1, pp. 543-544.

[93] Cf. Blasucci, A.; Calati, B.; Grégoire, R. *La spiritualità del medievo*, v. 4, p. 451.

técnica de oração pessoal que conduza rapidamente à edificação dos primeiros métodos de oração mental. A principal obra produzida pela *devotio moderna* foi o famoso livro *Imitação de Cristo*, considerado o fruto maduro e duradouro deste movimento de renovação.

O livro Imitação de Cristo

Considerado um dos livros de espiritualidade mais lido em toda a história da humanidade,[94] *Imitação de Cristo* é uma obra atribuída a Tomás Kempis.[95] Sua proposta fundamental é ensinar as pessoas a encontrar Jesus na vida pelo caminho da imitação. Valoriza os sofrimentos e as tribulações inevitáveis da existência como meios para a pessoa se assemelhar sempre mais a Cristo.

A *Imitação de Cristo* não apresenta uma estrutura orgânica coerentemente desenvolvida ao redor do núcleo doutrinário da categoria da imitação. Trata-se de uma experiência pessoal de conversão sempre mais profunda em direção a Deus. O texto divide-se em quatro partes denominadas livros.

Avisos úteis para a vida espiritual

Fazendo referência à afirmação de Jesus: *Quem me segue não anda nas trevas*, o primeiro livro começa tratando da imitação de Cristo e do desapego das vaidades do mundo. Acentua a desconfiança em relação ao saber racionalista e apresenta os elementos imprescindíveis para que o ser humano possa caminhar para a felicidade eterna.

---

[94] Não só o sucesso, mas, acima de tudo, a influência da obra *Imitação de Cristo* pode ser avaliada a partir do fato de que ela teve 88 edições incunábulas e mais de 200 edições no século XVI. Cf. Estrada, J. A. Imitação de Jesus Cristo. In: Rodríguez, A. & Canals Casas, Y. (orgs.) *Dicionário teológico da vida consagrada*, p. 552. No Brasil, pelo menos duas traduções alcançaram sucesso com a publicação de várias edições: a do pe. Leonel Franca e a do pe. José Maria Cabral, enriquecida com reflexões do pe. J. T. Roquette.

[95] Sobre a questão do autor da obra *Imitação de Cristo*, ver, por exemplo, Cabral, J. M. *Imitação de Cristo* (Prefácio), pp. 8-9; Huerga, A. Devotio moderna. In: Ancilli, E. (org.). *Dizionario enciclopedico di spiritualità*, v. 1, p. 547.

Exortação à vida interior

Os seis primeiros capítulos mostram como a paz interior prepara o advento do Reino de Deus; os demais indicam os meios necessários ao estabelecimento do Reino de Deus na alma cristã. A alma deve colocar-se em contato amoroso com Cristo e identificar-se de tal maneira com ele, a ponto de substituir o seu eu pelo de Cristo. Neste processo íntimo e radical de conformação a Cristo, exige-se controle dos instintos do homem e despojamento dos bens sensíveis.

Da consolação interior

A amizade com Cristo desdobra-se num diálogo pessoal entre Cristo e o discípulo que aprende os segredos do amor divino. Nesse diálogo amoroso, a alma sente-se impregnada por uma suprema ternura divina e envolta por uma luz beatificante. Na subida ao monte de Deus, a alma é encorajada e sustentada pela amizade de Cristo, que a ajuda com sua graça e amor misericordiosos.

Do sacramento do altar

O itinerário de imitação de Cristo até a total configuração a ele é levado à perfeição pela presença amorosa de Cristo na eucaristia. O amor que impele para Deus alimenta-se e fortifica-se com a devoção eucarística. Esse amor não se funda nos esforços de ascese pessoal, mas é um dom do alto.[96]

A finalidade desta obra está indicada no próprio título: a imitação de Cristo e o centro ao redor do qual giram todos os capítulos é um duplo conhecimento: Cristo e de si próprio. Transparece certo individualismo e rigorosa separação entre a vida sobrenatural e a vida natural. Algumas críticas mais recentes apontam para a carência de teologia bíblica, de enfoque eclesiológico, de espírito litúrgico e excessivo verticalismo, esquecendo a dimensão horizontal da vida.[97]

---

[96] Cf. CABRAL, J. M. *Imitação de Cristo*, pp. 5-7; ZOVATTO, P. Experiência espiritual na História. In: SECONDIN, B. & GOFFI, T. (orgs.). *Curso de espiritualidade*, pp. 147-148.

[97] Cf. BLASUCCI, A.; CALATI, B.; GRÉGOIRE, R. *La spiritualità del medievo*, v. 4, pp. 459-460.

Ambigüidade e ambivalência de significados

A partir do enfoque dado à humanidade de Cristo — que desemboca na imitação —, da reflexão teológica de santo Tomás e da espiritualidade como caminho ascético e místico, cresce o uso do conceito de imitação na teologia e na vida espiritual. O conceito imitação de Cristo passa a expressar a relação com Cristo e a busca da salvação que tem como meta a configuração a Cristo para chegar à união plena com Deus. A união com Deus é o fim último, enquanto a imitação que leva à conformação a Cristo é o meio.

O livro *Imitação de Cristo*, que, como vimos, expressa essa realidade de forma simples e coloquial, colaborou, significativamente, para orientar a vida espiritual dos fiéis, na esteira da contemplação dos principais mistérios da vida de Cristo e da imitação.

A tradução da palavra *imitação*, bem como do título do livro *Imitação de Cristo*, nas mais diferentes línguas, trouxe uma dificuldade de diferenciação dos conceitos de imitação e seguimento: houve um ocultamento do conceito de seguimento; acentuou-se sua identificação com o conceito de imitação; e criou-se uma ambigüidade e ambivalência de significados do conceito de imitação.[98]

Neste quadro dos fatores que contribuíram para a prevalência do uso da categoria de imitação para expressar a relação do crente com Cristo, como situar a teologia moral?

A moral como disciplina prático-pastoral

O nascimento da teologia moral como disciplina autônoma sem infra-estrutura teorética e caracterizada por uma marcante metodologia prático-pastoral foi outro fator que favoreceu o distanciamento não só da categoria evangélica do se-

---

[98] Anselmo Schulz afirma: "Há, entretanto, na história da piedade cristã, uma porção de testemunhos que comprovam como a Igreja manteve, através dos séculos, a identidade destes dois conceitos. O testemunho mais conhecido fica sendo, sem dúvida, o livro intitulado *De imitatione Christi libri quatuor*, atribuído pela tradição a Tomás Kempis e que provêm do grupo da assim chamada *devotio moderna*, na fase final da Idade Média. Em alemão preferem traduzir o título desta obra *Die Nachfolge Christi* (O seguimento de Cristo)". *Discípulos do Senhor*, p. 123. Por outro lado, Luigi Bertrando Gillon escreve: "Também aqui a palavra 'imitação' aparece muito débil, e o termo alemão *Nachfolge* tem uma ressonância muito forte. De fato, significa propriamente o ato de 'colocar-se no seguimento', de tornar-se discípulo, e nos introduz diretamente na perspectiva bíblica do *Vinde a mim todos*". *Cristo e la Teologia Morale*, p. 11.

guimento, mas também do conceito paulino de imitação. Na época pós-tridentina, a teologia moral se transformou numa ética legalista, cuja única preocupação era resolver os casos práticos com base em leis contidas nos manuais.

Por inspiração do Concílio de Trento (1545-1563), surge, em 1600, o primeiro manual de moral intitulado: *Institutiones Sacrae Theologiae Moralis*. Elaborado pelo jesuíta João Azor (1559-1603), esse manual assinala o nascimento de um gênero literário novo na teologia moral, caracterizado por uma visão jurídica da moralidade. Com esse manual, a teologia moral surge como disciplina autônoma, desligada da teologia sistemática e das Sagradas Escrituras.[99]

Os manuais de teologia moral[100] são uma resposta aos problemas pastorais detectados pelo Concílio de Trento, que percebeu a necessidade e a utilidade do sacramento da penitência, do qual um elemento essencial era a confissão dos pecados. A teologia moral expressa nesses manuais teve grande influência na formação da consciência do povo, e suas consequências são sentidas até hoje. Nela, ignora-se a categoria do seguimento de Jesus, e, quando se reforça a idéia da imitação, esta aparece desvinculada do contexto bíblico.

A principal preocupação expressa nos manuais de teologia moral não era propor aos fiéis um caminho de seguimento e configuração a Cristo para chegar à união com Deus, mas resolver os problemas de consciência e induzir os cristãos à prática dos preceitos e das virtudes.

Essa preocupação transparece em três características particulares dos manuais: primeira, *a separação da teologia dogmática e bíblica*, a preocupação principal era resolver questões práticas; segunda, *o modo de apresentar a matéria*, moral fundamental e geral, os dez mandamentos como caminho para alcançar o fim, os sacra-

---

[99] Cf. ANGELINI G. VALSECCHI, A. *Disegno storico della teologia morale*, p. 114; CAFFARRA, C. Teologia morale (storia). In: ROSSI, L. & VALSECCHI, A. *Dizionario enciclopedico di teologia morale*, p. 1.103; HOLDEREGGER, A. Per una fondazione storica dell'etica. In: GOFFI, T. & PIANA, G. *Vita Nuova in Cristo* (1 Morale fondamentale e generale), pp. 209-214; MOSER, A. & LEERS, B. *Teologia moral: impasses e alternativas*, p. 35.

[100] Entre os autores de manuais de teologia moral desta época, lembramos Vincenzo Filliuci (1566-1622), Paulo Layman (1574-1635), Ferdinando di Castro Palao (1581-1633) e Cardeal Giovanni De Lugo (1583-1660). Contudo, o mais famoso é, sem dúvida, Ermanno Busembaum (1600-1668), que, em 1650, escreveu *Medulla Theologiae moralis*, o qual serviu de ponto de partida para santo Afonso na renovação da teologia moral. Recordamos também o *Cursus theologiae moralis* (seis volumes) dos chamados Salmaticenses, carmelitas descalços de Salamanca. Foi redigido entre os anos de 1677 a 1724, e seus autores permaneceram no anonimato. Cf. ANGELINI, G. & VALSECCHI, A. *Disegno storico della teologia morale*, p. 114; HÄRING, B. *A Lei de Cristo*, v. 1, pp. 57-65.

mentos como meios para atingir o fim; terceira, *apresentação dos mandamentos separados do contexto bíblico da aliança entre Deus e o povo*.[101]

Na teologia subjacente a esta estrutura, a vida cristã não emerge da participação no mistério pascal de Cristo, não existe estreita ligação entre os ensinamentos morais e o mistério da salvação. Conseqüentemente, perde-se de vista a especificidade da ética cristã como ética da graça de Deus.

A teologia dos manuais é estruturada verticalmente e se transforma numa ciência própria dos confessores. Sofrendo os influxos de uma interpretação platônica e de movimentos heréticos rigoristas, os manuais alimentam uma visão negativa do ser humano e do mundo. O mundo e o ser humano são vistos com desconfiança. O mundo como um todo é sinônimo de perigo. Daí o incentivo à fuga do mundo. O ser humano, embora trazendo em si as marcas divinas, carrega consigo o fardo da materialidade. Daí a negatividade com que são abordados os temas do corpo e da sexualidade.

Tendo como pano de fundo a visão sacral do mundo e o dualismo antropológico, os manuais são escritos sob o império da lei. Entre os valores perseguidos estão a busca do que é universal e perene, a importância do agir, do indivíduo e da lei. Portanto, a moral dos preceitos e das virtudes se distancia ainda mais do conceito originário de seguimento proposto nos evangelhos e de imitação proposta nos escritos paulinos. Mas será que o conceito de imitação conservou sempre o mesmo significado ou sofreu alguma transformação?

5. A evolução do conceito de imitação

Ao longo deste período, o conceito de imitação não conservou seu significado original. Embora não seja possível estabelecer distinções rígidas, percebe-se no conceito e na prática da imitação de Cristo uma evolução histórica. De modo geral, pode-se distinguir três momentos importantes: *conformidade a Cristo: imitação empírica e implícita; Jesus, modelo exterior: imitação literal e explícita; Jesus, princípio interior: imitação espiritual*.[102]

---

[101] Cf. CAFFARRA, C. Teologia morale (storia). In: ROSSI, L. & VALSECCHI, A. *Dizionario enciclopedico di teologia morale*, p. 1.103.

[102] Ao considerar esses três momentos na evolução do conceito e prática da imitação, seguimos a indicação dos autores Fr. Valentini e M. Breton, expressa na *Enciclopedia cristologica*, pp. 805-808.

Conformidade a Cristo: imitação empírica e implícita

Os apóstolos e seus sucessores imediatos exortavam os fiéis a seguirem os exemplos de Cristo, colocando diante de seus olhos a imagem do Mestre crucificado. "Pois que Cristo sofreu na carne, deveis também vós munir-vos desta convicção" (1Pd 4,1).

Na Carta aos Hebreus 12,1-3, encontramos a seguinte exortação: "Portanto, também nós, rejeitando todo fardo e o pecado que nos envolve, corramos com perseverança para o certame que nos é proposto, com os olhos fixos naquele que é o autor e o realizador da fé, Jesus, que, em vez da alegria que lhe é proposta, sofreu a cruz, desprezando a vergonha, e se assentou à direita do trono de Deus".

Os apóstolos não enumeravam as virtudes de Jesus nem especificavam os seus exemplos, convidando os fiéis à imitação distinta. Dada a proximidade do tempo, a pessoa de Jesus Cristo estava viva na memória de seus discípulos e uma lembrança genérica de seu comportamento bastava para determinar a decisão de imitá-lo de modo concreto. Os cristãos procuravam tornar-se outro cristo com a prática do amor e a conformidade a Cristo, para além de qualquer questão teórica.[103]

É uma imitação chamada *empírica*, porque não se apóia em nenhum sistema de pensamento, e *implícita*, porque é proposta de modo genérico, sem se ater a nenhum aspecto particular da vida e dos ensinamentos de Jesus.[104]

Jesus, modelo exterior: imitação literal e explícita

Com o passar do tempo e o distanciamento do evento histórico da encarnação do Verbo, a imagem divina de Jesus ficou estampada na memória e no coração dos fiéis. Mas, era necessário rememorar as várias circunstâncias da vida de Jesus para despertar a imitação. Cada momento da vida humana do Filho de Deus contém um ensinamento. Por isso, é preciso meditar sobre cada um deles, sobre os particulares de cada fato, e descobrir seu significado, provocando a sensibilidade até a comoção para encorajar-se a reproduzir seus ensinamentos.

---

[103] Embora, como dissemos, não seja possível uma separação nítida do significado e prática da imitação, podemos dizer que a *imitação empírica e implícita* é própria dos primeiros séculos do cristianismo. VALENTINI, Fr. & BRETON, M. L'imitazione di Cristo. In: BARDY, G. & TRICOT, A. (orgs.). *Enciclopedia cristologica*, p. 805.

[104] Cf. CICCARELLI, M. M. *I misteri di Cristo nella spiritualità francescana*, p. 11.

Essa forma de propor a imitação, tendo Jesus como modelo exterior, própria de muitos santos como são Bernardo e são Boaventura, é diferente do modo usado pelos apóstolos e seus sucessores imediatos.[105] É uma imitação *literal*, porque cada acontecimento da vida de Jesus, cada gesto, cada palavra, tem um significado particular e explícito, porque a emoção e o amor suscitados pela atenta consideração de cada um dos mistérios da vida do Salvador constituem forte apelo à imitação.[106]

Jesus, princípio interior: imitação espiritual

A imitação de Cristo não é um caminho entre outros, mas é o único caminho, no qual todos os outros caminhos se inspiram e adquirem eficácia. Imitar Jesus deve ser a única preocupação do ser humano, porque somente Jesus agradou ao Pai, e ninguém pode agradar ao Pai a não ser pela participação no fascínio e atrativo de Cristo.

Nesse modo de conceber a imitação, Cristo não é somente o modelo perfeito e eficaz, mas é o princípio mesmo da transformação do cristão nele, por meio do seu Espírito. Jesus continua sendo modelo, mas é modelo interior, santo e santificador. Em vez de partir da contemplação da vida e das ações terrenas de Jesus, a *imitação espiritual*[107] parte da consideração teológica da função do Verbo encarnado, conforme a doutrina do apóstolo Paulo. O fundamento da *imitação espiritual* é a concepção teológica da encarnação do Verbo, a qual é a causa eficiente e exemplar de toda a obra de Deus *ad extra*.

Esta breve evolução no entendimento e na prática da imitação mostra que esse conceito não tem um significado unívoco, o que dificulta sobremaneira sua exata compreensão.

Apesar de tudo isso, o conceito de seguimento não é totalmente esquecido. Deus suscitou alguns profetas desejosos de voltar às fonte do evangelho e viver a radicalidade do seguimento, como foi proposta por Jesus. Neste período em que

---

[105] A imitação literal e explícita está ligada ao enfoque da cristologia dado à humanidade de Cristo, no período medieval. VALENTINI, Fr. & BRETON, M. L'imitazione di Cristo. In: BARDY, G. & TRICOT, A. (org.). *Enciclopedia cristologica*, p. 806.

[106] Cf. CICCARELLI, M. M. *I misteri di Cristo nella spiritualità francescana*, p. 17.

[107] A *imitação espiritual* foi proposta por Olier e são João Eudes, os quais popularizaram a doutrina de Pietro Bérulle. Cf. VALENTINI, Fr. & BRETON, M. L'imitazione di Cristo. In: BARDY, G. & TRICOT, A. (orgs.). *Enciclopedia cristologica*, pp. 807-808.

predominava o conceito de imitação e em que nem sempre a vida cristã conservou o seu vigor, quais foram os profetas que, com o seu testemunho de vida e ensinamentos, chamaram a atenção para a necessidade de voltar a Jesus de Nazaré a fim de resgatar a categoria do seguimento?

6. A contestação profética como forma de resgate da radicalidade do seguimento

A tradição eclesial do seguimento é caracterizada pela presença e pela atuação de pessoas audaciosas que, percebendo os sinais dos tempos, procuraram atualizar o convite de Jesus: "Vem e segue-me". Na galeria dos seguidores de Jesus, destacam-se as figuras dos grandes santos fundadores: são Francisco de Assis, são Domingos de Gusmão e santo Inácio de Loyola. Em contextos históricos marcados por diferentes desafios, eles representam, cada um a seu modo, uma tentativa de volta ao evangelho e de resgate da radicalidade do seguimento.

Não é uma tarefa fácil avaliar o significado e a importância para o resgate da categoria do seguimento de figuras como Francisco de Assis, Domingos de Gusmão e Inácio de Loyola. A questão esconde não só uma certa ambivalência dos conceitos de imitação e seguimento,[108] mas também uma ambigüidade gerada, sobretudo, a partir da transmissão dos ensinamentos desses santos e das traduções dos escritos originais para as mais diversas línguas. Não é raro acontecer que o mesmo termo seja traduzido por uns como seguimento e por outros como imitação ou vice-versa.

Mesmo em meio a essas dificuldades quase impossíveis de serem solucionadas, permanece a opinião de que esses santos fundadores estavam inseridos na realidade de seu tempo e, pelo seu corajoso apelo ao radicalismo evangélico, constituem uma referência no resgate da categoria evangélica de seguimento.

---

[108] No *Dicionário franciscano*, o verbete *Jesus Cristo* emprega a expressão *imitação ou seguimento de Cristo*, deixando entender uma certa identificação dos dois conceitos. "Por isso, a primeira parte da presente exposição, depois de algumas breves considerações a respeito do seguimento de Cristo como elemento central do discurso sobre Cristo, coloca em destaque duas dimensões: em primeiro lugar a dimensão 'mística' da imitação ou seguimento de Cristo, que realça o conhecimento que Francisco tinha de Jesus Cristo pela incidência em sua vida pesssoal cristã; em segundo lugar, a dimensão política da imitação ou seguimento de Cristo, que manifesta o conhecimento que Francisco tem de Cristo como aquele que revela uma paternidade divina prenhe de conseqüências para nossa vida social." CAROLI, E. *Dicionário franciscano*, p. 354.

Para compreender melhor sua importância, perguntamos: qual a contribuição específica de Francisco de Assis, Domingos de Gusmão e Inácio de Loyola para o resgate da categoria de seguimento? Responderemos a essa questão abordando os seguintes aspectos: *Francisco de Assis: a profecia do testemunho; Domingos de Gusmão: o poder da palavra; Inácio de Loyola: a mística do serviço.*

Francisco de Assis: a profecia do testemunho

Vivendo num ambiente de ostentação da riqueza, hostil à fraternidade humana, Francisco de Assis[109] renuncia ao conforto material e percebe o mistério e a poesia existentes na criação. Ele se torna uma resposta vivente suscitada por Deus numa conjuntura em que o capitalismo incipiente e o afã de possuir riquezas estavam sufocando o espírito cristão.

A preocupação fundamental de Francisco é revelar Jesus Cristo por meio da própria vida, no intuito de tornar evidente, na sociedade em que vive, o projeto de Deus. Ele acredita profundamente na força do testemunho.

Para Francisco, o seguimento de Cristo é inseparável da doutrina a respeito de Jesus Cristo, Mestre e Caminho. A única condição para compreender Jesus e saber em que depositamos nossa fé e nossa esperança é o seu seguimento. Por conseguinte, é importante considerar, em Francisco de Assis, a *cristologia do seguimento* e o *seguimento como experiência do absoluto*.

Cristologia do seguimento

Francisco conhece Jesus Cristo por meio das maravilhas que o Senhor opera em sua vida, sente-se chamado por ele para reconstruir a sua Igreja, responde ao convite, submetendo-se inteiramente a Deus e colocando-se na condição de criatura.

---

[109] Um dos santos mais admirados e estudados na história do cristianismo é, sem dúvida, são Francisco de Assis. Como exemplo, citamos apenas algumas obras que julgamos significativas: Boff, L. *São Francisco de Assis*: ternura e virgor; ——. *Oração de São Francisco*: uma mensagem para o mundo atual; Joergensen, J. *São Francisco de Assis*; Koser, C. *O pensamento franciscano*; Silveira, I. & Reis, O. (org.). *São Francisco de Assis*: escritos e biografias; Pelliccia, G. & Rocca, G. (orgs.). *Dizionario degli istituti di perfezione*, v. 4, pp. 513-527; Vilanova, E. *Historia de la teología cristiana*, pp. 666-671.

A lei fundamental de vida de Francisco foi tornar-se conforme aquele para quem vive e a quem invoca e segue, e assim diminuir o espaço que os separavam. Podemos dizer que, em Francisco, sua doutrina sobre Cristo (cristologia) se converte em biografia e, por esse motivo, Francisco foi definido "como um outro cristo".[110]

O seguimento de Cristo não diz respeito apenas à vida cristã, separada das afirmações cristológicas, mas é parte integrante da profissão de fé em Cristo. Os escritos de Francisco que se referem diretamente a Cristo e os textos em que os hagiógrafos descrevem seu relacionamento com o Mestre mostram que Francisco interpreta, fundamentalmente, a cristologia como cristologia do seguimento. Na sua vida, Cristo foi a origem e a raiz de tudo. É o modelo a ser seguido, o único Mestre, o protótipo exemplar, o guia, o caminho.

O que significa para Francisco seguir Cristo? Não significa, em primeiro lugar, reproduzir os fatos e os gestos da vida terrena de Jesus, mas significa sintonizar a própria vida com as exigências evangélicas. Seguir não é outra coisa senão imitar, ativamente, os exemplos de Cristo. Francisco utiliza, com freqüência, em seus escritos, a expressão usada em 1Pd 2,21, *seguir os passos de Cristo*, especialmente no sofrimento de sua paixão, no abandono ao Pai e no amor aos inimigos.[111]

Essa imitação ativa de Cristo não vem depois da dogmática para chegar à nossa vida. A prática não é uma conseqüência da fé em Jesus Cristo; é, antes, parte integrante e central da cristologia. A cristologia não se constitui apenas e particularmente em conceitos nem se transmite por meio deles, mas sim, e antes de tudo, por meio de relatos que narram a imitação de Cristo. Trata-se de uma imitação que faz reviver os mistérios do Verbo encarnado.

Essa imitação é, ao mesmo tempo, denúncia de tudo aquilo que na sociedade civil ou eclesiástica se opõe ao seguimento. Denúncia tática, mas nem por isso menos vigorosa e eficaz. Mostra que é impossível viver a loucura da cruz junto com um comportamento comunitário insensível diante da fome e injustiça.

---

[110] Cf. Da Campagnola, S. *Fonti Francescane*, pp. 261ss.

[111] A expressão *seguir os passos de Cristo* (1Pd 2,21) é citada cinco vezes nos escritos de são Francisco. Cf. Matura, T. La sequela negli scritti di S. Francesco. In: Pelliccia, G. & Rocca, G. (orgs.). *Dizionario degli Istituti di perfezione*, v. 8, pp. 1.311-1.312.

Na vida de Francisco, adquirem grande importância dois elementos que na vida de Cristo aparecem profundamente unidos: a oração de Jesus e a práxis fraterna, que se apresenta como elemento essencial da oração de Jesus. Identificando a observância do evangelho como a imitação da doutrina e exemplos de Jesus Cristo, Francisco se sente particularmente atraído pela "humildade da encarnação e pela caridade da paixão".[112]

Seguimento como experiência do absoluto

Para Francisco, Jesus é aquele que rompe com tudo aquilo que, em seu ambiente, é hostil à fraternidade humana; aquele que invoca a Deus como Pai e como absoluto que escapa à medida das aspirações humanas. Jesus revela o Pai como o Deus que deve ser amado acima de tudo e em si mesmo. Para chamar a Deus de Pai, é necessário superar a agressividade e o egoísmo.

Francisco descobre o Pai de Jesus Cristo como absolutamente outro. Seguir Jesus é, para Francisco, fazer a experiência do absoluto na própria vida e colocar-se em atitude de escuta e obediência, decidido a ser servo do Senhor e a ter os mesmos sentimentos de Cristo.

Jesus Cristo revela a paternidade universal de Deus. Em razão dessa paternidade divina revelada por Jesus, todos devem viver a fraternidade. Os seres humanos e o universo estão harmoniosamente conexos com Deus. Como criaturas de Deus, as realidades assumem uma densidade espiritual, não são palavras de um discurso arcano do Verbo que deve ser interpretado, mas são filhas de Deus, realidades nutridas pela Providência, que é o poder e a misericórdia de Deus.

Percebendo a presença divina nas coisas, Francisco tem a nítida sensação da beleza deixada por Deus no universo. Ele capta a proximidade de Deus, e sua oração é uma prece perene e uma experiência do absoluto intensa e original.[113]

---

[112] Cf. CELANO, T. *Vida de São Francisco de Assis*, p. 84.
[113] Cf. ZOVATTO, P. Experiência espiritual na história. In: SECONDIN, B. & GOFFI, T. (orgs.). *Curso de espiritualidade*, pp. 132-140.

Despojamento e pobreza

Para poder realizar o seguimento, Francisco se despoja de tudo, enamorando-se da senhora pobreza; e a pobreza o conduz a Cristo; o seguimento se conclui com a libertação total do mal e com a autodeterminação em direção ao bem, isto é, na adesão à vontade do Deus-amor. O seguimento compreende: despojamento de todos os bens; sair e anunciar a penitência a todos os homens, sem levar nada consigo; renegar a si mesmo; e seguir Cristo carregando a cruz.

Outra atitude fundamental no seguimento é a paciência, a exemplo do Bom Pastor, que, para salvar a humanidade, suportou a paixão na cruz. No intuito de seguir Cristo, Francisco se lança com os seus na missão salvífica sabendo que quem segue o Senhor deverá experimentar com ele incompreensões, tribulações e a própria morte, aceitando a vida de observância evangélica partilhando a trilha das bem-aventuranças.

Francisco completará seu seguimento na conformação também física ao amor de Cristo na cruz para a salvação da humanidade. Tal seguimento exige a observância total do evangelho, a pobreza integral e a caridade da comunhão fraterna.

A essência do seguimento franciscano é, portanto, a observância do evangelho, e significa "observar a humildade e a pobreza de Cristo". É contemplação e partilha da humildade-pobreza-caridade de Cristo que se refletem na encarnação-paixão-eucaristia.

Francisco foi na Igreja de seu tempo, e ainda o é em nossos dias, um exemplo profético de seguimento de Cristo e de perfeição do evangelho conforme foi vivida por Cristo, que revela ao mundo o que é realmente ser cristão.[114]

São Francisco concebe a vida espiritual como simples seguimento/imitação do Jesus histórico, procurando aderir ao evangelho. Segundo alguns autores recentes, "seguir os passos de Cristo" (1Pd 2,21) é o núcleo vital da espiritualidade de são Francisco e de sua ordem. A espiritualidade franciscana é assim descrita na Regra: "A vida dos frades é esta, isto é, viver na obediência, na castidade, sem nada de próprio e seguir a doutrina e os passos do Senhor nosso Jesus Cristo".

---

[114] Cf. CAROLLI, E. *Dicionário franciscano*, pp. 354-367.

Francisco quer que os frades não tenham nem ouro nem prata (cf. Mt 10,7-14); envia os irmãos dois a dois como Jesus; rejeita toda a honra; e quer morrer nu na terra como Jesus. A tradição franciscana vê na transfiguração de Francisco e em seus estigmas o cume de uma identificação na qual são sínteses a imitação e o seguimento perfeitos.[115]

Domingos de Gusmão: o poder da palavra

Dois fatores sensibilizaram profundamente Domingos de Gusmão,[116] sacerdote e membro do Cabido dos Cônegos de Osma. De um lado, o surgimento, no começo do século XIII, de um novo tipo de cidadão: os intelectuais. De outro, a percepção de que o problema-chave da Igreja do seu tempo era a falta de formação bíblica e teológica dos pregadores itinerantes.

Era necessário descobrir um modo de pregar o evangelho adequado às exigências concretas de seu tempo, pois o povo, sedento da palavra de Deus, estava sendo vítima de um grupo de pregadores chamados cátaros,[117] que, com a força da palavra e com o exemplo inspirado na letra do evangelho, difundiam doutrinas contrárias ao próprio evangelho.

Nasce, assim, a Ordem dos Pregadores,[118] cuja finalidade é não somente a santificação dos seus membros, mas também a salvação das almas mediante a pregação das verdades da fé. A preocupação primeira de Domingos de Gusmão era *renovar a vida e a missão dos apóstolos* na escola da caridade.

---

[115] Cf. ESTRADA, J. A. Imitação de Jesus Cristo. In: RODRÍGUEZ, A. & CANALS CASAS, J. (orgs.). *Dicionário teológico da vida consagrada*, p. 551.

[116] Sobre a vida e as atividades de são Domingos, ver, por exemplo, BERNADOT, P. *São Domingos e sua ordem*; GELABERT, M. & MILAGRO, J. M. *Santo Domingos de Guzmán visto por sus contemporáneos*; PELLICCIA, G. & ROCCA, G. *Dizionario degli istituti di perfezione*, v. 3, pp. 948-962; VILANOVA, E. *Historia de la teología cristiana*, v. 1, pp. 671-676.

[117] Sobre a heresia dos cátaros, ver, por exemplo, BIHLMEYER, K. & TÜCHLE, H. *História da Igreja. Idade Média*, pp. 221-224; KNOWLES, D. & OBOLENSKY, D. E. *Nova História da Igreja. Idade Média*, pp. 393-404.

[118] A Família Dominicana compõe-se, hoje, de três ramos fundamentais: a *Ordem Primeira*, composta dos religiosos, sacerdotes e cooperadores; a *Ordem Segunda*, formada pelas monjas de vida contemplativa; e a *Ordem Terceira*, que compreende dois ramos: Regular (irmãs de vida ativa) e Secular (terceiros ou leigos dominicanos).

Renovar a vida e a missão dos apóstolos

O apelo fundamental de Domingos foi a necessidade de voltar ao evangelho, ao modo de viver e de evangelizar da comunidade de Cristo e seus apóstolos. À imitação dos apóstolos, ele insiste na necessidade de viver uma vida comunitária (cf. At 4,32), de ser assíduo na oração (cf. At 2,46;6, 4) e na pregação (cf. Mt 28,18-20). Ele convida a seguir Jesus, que assumiu em profundidade a condição humana, tomando a forma de servo. O ponto culminante da encarnação de Jesus é a pobreza radical — expressa na liberdade radical em relação aos bens materiais —, que o torna livre para o anúncio e a realização do Reino de Deus.[119]

A contemplação de Cristo pobre se converte em exigência ineludível de seguimento radical e vida apostólica, a exemplo da comunidade apostólica primitiva. É preciso renovar a vida e a missão dos apóstolos. A pobreza se converte em fonte inesgotável de experiências evangélicas e de iluminação sobre o que significa verdadeiramente o seguimento de Cristo e a verdadeira liberdade cristã.

Para Domingos, a contemplação de Cristo e a conseqüente exigência de seguimento têm seu prolongamento na pregação, na qual os frades transmitem aos outros os frutos da própria contemplação. *Falar sempre com Deus ou de Deus*, insistirá Domingos. Mais tarde isso será traduzido por santo Tomás naquele mote que se tornou a máxima oficial da Ordem: *contemplata aliis tradere*.[120]

Contemplar: chegar à verdade por meio do estudo da verdade divina, da escuta de Deus e da comunhão com ele; *dar aos irmãos* o fruto da própria contemplação. Dois são os momentos essenciais na vida dos seguidores de Domingos: a contemplação, isto é, a conquista da verdade; e a pregação, isto é, o dom da verdade contemplada.[121]

---

[119] Cf. Martinez Diez, F. *Domingos de Gusmão: o evangelho vivo*, pp. 52-53.

[120] A história da espiritualidade registra alguns momentos característicos na busca da experiência de Deus: na oração e no trabalho (*ora et labora* = reza e trabalha); no estudo e na oração para a pregação (*contemplata aliis tradere* = levar aos outros o que se contemplou); na ação apostólica (*contemplativus in actione* = contemplativos na ação). Na fidelidade criativa a essa tradição viva, a América Latina busca, hoje, viver a contemplação na ação libertadora (*contemplativus in liberatione*), descobrindo nos processos históricos de libertação a presença do Espírito que sopra onde quer. Cf. Casaldáliga, P. & Vigil, J. M. *Espiritualidade da libertação*, p. 130.

[121] Cf. D'amato, A. Domenicani. In: Ancilli, E. (org.). *Dizionario enciclopedico di spiritualità*, v. 1, p. 822.

Ação apostólica não se contrapõe à contemplação, e o encontro com as pessoas é um prolongamento da comunhão com Deus; a contemplação não é um ato isolado, mas uma constante atitude de vida, é a seiva que alimenta a ação apostólica.[122]

Domingos insiste em dois pontos que irão tornar-se característicos da espiritualidade dominicana: o caráter doutrinal e o contemplativo.[123] Desde o início, a intelectualidade contemplante parece constituir a especificidade dessa ordem apostólica. A teologia exerce um papel preponderante, a ponto de se poder afirmar que ela é uma ciência da fé, a qual se expressa, sobretudo, mediante os dons do Espírito.

Escola da caridade

A pobreza fez de Domingos um homem livre para o seguimento de Cristo e para o anúncio do evangelho. Seguimento de Cristo, que é o Filho primogênito do Pai, o qual cuida dos lírios do campo e dos pássaros do céu e, com maior razão, cuida do ser humano. É o seguimento de Cristo, escravo de nada e de ninguém, e que permanece livre para fazer a vontade do Pai e anunciar o seu Reino.

O núcleo do seguimento de Jesus é a caridade.[124] A escola da caridade é para Domingos a escola do seguimento e a fonte de toda a sabedoria. Aos pés de Cristo crucificado e na escola da caridade, Domingos aprendeu a sabedoria. Seu testamento de seguimento pode ser resumido na expressão a "caridade da verdade".

Nota característica da espiritualidade de são Domingos e de seus seguidores, a "caridade da verdade" é o modo próprio proposto por ele para amar a Deus e ao próximo. A verdade deve ser amada, buscada, estudada, contemplada, vivida, pregada e defendida. Para ele, os graus da contemplação são os seguintes: o conhecimento intelectual, fruto do estudo da divina verdade; o conhecimento afetivo, fruto da meditação; o conhecimento intuitivo — conhecimento amoroso e experiencial de Deus —, a contemplação infusa, dom do Espírito Santo.[125]

---

[122] Cf. idem, ibidem, p. 824; MARTINEZ DIEZ, F. *Domingos de Gusmão: o evangelho vivo*, pp. 46-52.

[123] Além de são Domingos, santo Tomás de Aquino e santa Catarina expressaram, de modo elevado, com peculiaridades próprias, uma teologia da mente e do coração, a qual, animada pelo amor e pelo sopro do Espírito, foi profundamente transformadora. Cf. ZOVATTO, P. Experiência espiritual na história. In: SECONDIN, B. & GOFFI, T. (orgs.). *Curso de espiritualidade*, p. 130

[124] Cf. MARTINEZ DIEZ, F. *Domingos de Gusmão: o evangelho vivo*, p. 73.

[125] Cf. D'AMATO, A. Domenicani. In: ANCILLI, E. (org.). *Dizionario enciclopedico di spiritualità*, v. 1, p. 822.

Inácio de Loyola: a mística do serviço

Mestre espiritual e místico, Inácio de Loyola[126] situa-se na continuidade dos grandes mestres medievais e no alvorecer dos tempos modernos.[127] Sua vida e herança espirituais constituem um marco referencial na tradição cristã de seguimento de Jesus.

Fundador da Companhia de Jesus,[128] Inácio transmitiu, de forma viva e dinâmica, o ideal evangélico de seguimento, sobretudo porque não tomou como centro e critério de seguimento a pessoa do seguidor, mas Jesus Cristo; nem deixou que o conceito de seguimento se esgotasse em sua função, mas colocou a pessoa a serviço do Senhor, conquistando, desse modo, a verdadeira liberdade.[129]

Apaixonado por Jesus Cristo, Inácio fez a experiência do Deus peregrino e sintetizou seu ideal de seguimento nas palavras: *em tudo amar e servir*.[130] Em seu livro *Exercícios Espirituais*, deixou não só aos jesuítas, mas a todos os cristãos, um caminho de seguimento. *Inácio é o peregrino que faz a experiência de Deus Trindade, para seguir e imitar Cristo pobre e humilde e sentir na Igreja.*

O peregrino que faz a experiência de Deus Trindade

O itinerário místico de Inácio de Loyola tem dois pólos que lembram a experiência do povo de Israel que se coloca a caminho no seguimento de Javé: de um lado, *o peregrino Inácio* que busca, constantemente, Deus; de outro, o *Deus peregrino* que toma a iniciativa.

---

[126] Sobre a vida e as atividades de santo Inácio, ver, por exemplo, *Autobiografia de Inácio de Loyola*; Braun, B. *Santo Inácio de Loyola*; García Villoslada, R. *Santo Inácio de Loyola*; Idígoras, J. I. T. *Inácio de Loyola*: sozinho e a pé; Longchamp, A. *Vida de Inácio de Loyola*; Pelliccia, G. & Rocca, G. *Dizionario degli istituti di perfezione*, v. 4, pp. 1.624-1.631; Rahner, H. *Inácio de Loyola*: homem da Igreja.

[127] "Inácio vive na confluência de dois mundos. Carrega ambos em si. É medieval e moderno. Medieval pela tradição religiosa e familiar. É moderno pelo contato com o mundo das letras, pela organização da empresa apostólica. É medieval nas austeridades, nos sonhos de grandeza. É moderno no cultivo da interioridade e discernimento das moções subjetivas. É medieval no espírito cavaleiresco de conquistar o mundo. É moderno pela racionalidade como organiza essa missão mundial. Vive já no mundo das grandes descobertas." Libanio, J. B. Inácio e seu mundo, *Grande sinal*, n. 45, p. 413.

[128] Sobre a Companhia de Jesus, ver, por exemplo, Bangert, W. V. *História da Companhia de Jesus*; Ravier, A. *Inácio de Loyola funda a Companhia de Jesus*.

[129] Balthasar, H. U. von. Seguimento y ministerio. In: ———. *Ensayos teológicos II*. p. 165.

[130] *Exercícios Espirituais*, n. 233: "2º preâmbulo: 'Pedir o que quero: aqui pedirei conhecimento interno de tanto bem recebido, para que, inteiramente reconhecendo, possa em tudo amar e servir à sua divina Majestade'.".

Inácio se auto-intitula "o peregrino", um perpétuo caminhante ao encalço de Deus, sempre em movimento, buscando a vontade de Deus e descobrindo, a cada momento, em cada situação e em todas as coisas, a maneira de prestar-lhe um serviço maior e mais perfeito.

A característica que marca, constantemente, esse peregrinar é uma experiência de Deus-amor, vivida na totalidade da vida,[131] que, por sua vez, desembocará numa práxis de serviço por amor. *Em tudo amar e servir.*[132] Deus se deixa experimentar como comunidade de amor, um só Deus em três pessoas distintas. A experiência de Deus, de Inácio, é, fundamentalmente, trinitária.[133]

Deus se revela progressivamente ao peregrino Inácio como *um Deus peregrino*. Ele toma a iniciativa de revelar-se como Criador do qual provêm todas as coisas que existem; como Filho, pobre, humilhado, paciente, sofredor e crucificado que redime o mundo; como Espírito que move e atrai o ser humano para a comunhão. Trata-se de um Deus peregrino que não cessa de mover-se, caminhar e vir ao encontro do ser humano, sua criatura, atraindo-o a uma comunhão sempre mais plena.

Deus se revela, para Inácio, fundamentalmente, como o Deus criador. Para ele, as criaturas são diáfanas. "Todas as coisas" cantam a glória de Deus.[134] Contemplar todas as coisas e viver a experiência de reconhecer a presença do Criador nas criaturas não é fruto de uma reflexão meramente especulativa, mas revelação salvífica deste mesmo Deus que "desce" do alto de sua majestade divina, ao encontro de Inácio que o deseja e espera.

---

[131] "O lugar da experiência cristã é a totalidade da vida. Afirmação necessária face ao inegável deslocamento de uma certa tradição espiritual que acabou identificando a experiência de Deus com tempos e lugares privilegiados, acentuando de maneira unilateral as suas manifestações religiosas. Em regime cristão, pela lei da encarnação, é na história concreta que Deus se revela e deve ser encontrado. Esse é o lugar da experiência, contra qualquer tentação de fuga da realidade. Encarnado em Jesus Cristo, o Deus cristão tem de ser experimentado na história." PALACIO, C. Experiência de Deus e oração na espiritualidade inaciana, *Grande Sinal*, n. 45, p. 417.

[132] A mística de Inácio não é uma "mística nupcial", mas "mística do serviço". Em sua espiritualidade procura a harmonia e a concórdia entre Deus e o homem, entre a graça e a natureza, entre fazer tudo o que a pesssoa pode fazer e confiar na ajuda divina. *In actione contemplativus*, apóstolos consagrados em ação, mas em constante união com Deus. Cf. PELUCCIA, G. & ROCCA, G. *Dizionario degli istituti di perfezione*, p. 1.630.

[133] Cf. BINGEMER, M. C. *Em tudo amar e servir:* mística trinitária e práxis cristã em Santo Inácio de Loyola, p. 150.

[134] "Buscar e encontrar a Deus em todas as coisas" constitui o núcleo da experiência espiritual de santo Inácio. Cf. MIRANDA, M. F. Encontrar Deus em todas as coisas e sociedade moderna, *Grande Sinal*, n. 45, pp. 433-445.

O ser humano é colocado diante desse Deus que tudo pervade e da criação, para que possa cumprir sua missão em harmonia com o universo, com um ser consciente e livre. Elevado à ordem da graça, deve buscar em tudo a glória de Deus.[135]

O Deus que cria não permanece além dessas mesmas coisas, na sua glória, mas desce, aniquila-se. A majestade divina pode ser encontrada nas coisas ínfimas e humildes. A palavra divina se fez carne, vem ao encontro do homem e morre para ressuscitar e conduzir, desde dentro, toda a criação de volta à glória. O Criador do mundo é Amor, se esvazia para inaugurar o movimento que, com o coração da realidade, vai unir todas as coisas com aquele que é sua fonte e origem.

Seguir e imitar Cristo pobre e humilde e sentir na Igreja

Diante dos olhos do peregrino, uma figura vai se apresentar e se impor, como caminho e modelo a imitar e a seguir: o Cristo pobre e humilde, que pelo itinerário da *kenosis* mais radical, pela experiência da pobreza e humildade mais absoluta, no serviço maior vai lhe mostrar progressivamente a via que conduzirá à face luminosa de Deus.

Cristo é percebido por Inácio como inseparável da comunhão trinitária com o Pai, que o envia ao seio da criação pecadora como mediador e salvador para, a partir daí, redimir todas as coisas, reconduzindo-as de volta ao Pai. Essa missão trinitária de Cristo, que pervade toda a criação, realiza-se pela cruz na qual o Filho se faz obediente, pobre e humilde, no serviço até a morte.

Para Inácio, amar e seguir Jesus é, definitivamente, segui-lo na humilhação e na cruz, na *kenosis* mais radical, condição do serviço maior que Inácio ensinava a prestar ao seu Senhor. Na imitação e no seguimento do Cristo, pobre e humilde, crucificado e servo sofredor, é que Inácio descobre a si mesmo como pessoa, entendendo seu destino: entregar sua vida até o fim, na pobreza e humildade mais radicais e mais totais.

---

[135] Cf. Zovatto, P. Experiência espiritual na história. In: Secondin, B. & Goffi, T. (orgs.). *Curso de espiritualidade*, p. 150.

A imitação e o seguimento do Cristo encarnado, pobre e humilde, servo sofredor, são, então, aceitação e participação no serviço trinitário que continua acontecendo na criação e na humanidade, única via de acesso imanente de Deus. Seguir Jesus, imitá-lo e servi-lo é sempre, para Inácio, entrar no mistério do Pai, do Filho e do Espírito Santo.

Nessa perspectiva, a obediência, desvinculada da concepção intimista e considerada realização da íntima atitude esponsal da Igreja para com Cristo, constitui, para santo Inácio, o núcleo central da resposta do chamado ao seguimento. É colocar-se em atitude de servo para amar e servir, buscando, em tudo, a maior glória de Deus.[136]

Para Inácio, "o ser humano é criado para louvar, reverenciar e servir a Deus, nosso Senhor, e, assim, salvar-se", e todos os bens que existem sobre a terra foram criados "para o ser humano a fim de o ajudarem a atingir o fim para o qual foi criado".[137] Esse "princípio e fundamento" é a base e, ao mesmo tempo, a meta da vida e do trabalho apostólico de Inácio.[138]

Inácio vive a sua dedicação a Cristo na Igreja, reconhecendo nela a esposa de Cristo, imbuída do seu mesmo Espírito. Tornou-se comum a expressão "sentir na Igreja",[139] cujo significado não se limita a um simples sentir, mas a uma atitude fundamental diante da Igreja.[140] Porque a Igreja é esposa de Cristo e animada pelo mesmo Espírito, Inácio a ama e trabalha para santificá-la, reconhecendo, no entanto, que ela não é perfeita e tem necessidade de reforma.[141]

Inácio expressou, de forma magistral, sua proposta mística de resposta ao chamado de Cristo no caminho dos Exercícios Espirituais.

---

[136] Cf. BALTHASAR, H. U. von. Seguimento y ministerio. In: ———. Ensayos teológicos II, p. 165.

[137] Cf. LOYOLA, I. Exercícios Espirituais, n. 23.

[138] Cf. RAMBALDI, G. Ignazio di Loyola: esperienza e dottrina. In: ANCILLI, E. (org.). Le grandi scuole della spiritualità cristiana, p. 482.

[139] Nos Exercícios Espirituais nn. 352-370, santo Inácio dá 18 regras "para o verdadeiro sentido que devemos ter na Igreja militante".

[140] Sobre a questão "sentir na Igreja", ver, por exemplo, SALOMÃO, C. G. As regras "para o sentir verdadeiro que na Igreja militante devemos ter" nos Exercícios Espirituais de Santo Inácio.

[141] Cf. RAMBALDI, G. Ignazio di Loyola: esperienza e dottrina. In: ANCILLI, E. (orgs.). Le grandi scuole della spiritualità cristiana, pp. 485-486.

Exercícios Espirituais: seguir e imitar

Os *Exercícios Espirituais*[142] apresentam, junto com os temas fundamentais da vida cristã, distribuídos em quatro semanas,[143] uma pedagogia do caminho de seguimento. Sem dúvida, há momentos em que a realidade do seguimento se torna mais explícita, mas o objetivo dos Exercícios só pode ser entendido sob a perspectiva do seguimento. Buscar a vontade de Deus, como disposição de vida do exercitante, passa necessariamente pelo seguimento de Jesus.[144]

O Jesus dos *Exercícios Espirituais* de santo Inácio é o Jesus pobre e humilhado que desperta no exercitante não só o compromisso de uma práxis semelhante à de Jesus, mas também o desejo de uma vida totalmente configurada à pobreza e à humilhação de Jesus. Compartilhar a pobreza e a humilhação de Jesus Cristo para identificar-se com ele.[145]

Santo Inácio de Loyola propõe o seguimento de Jesus como mediador junto ao Pai, seu perfeito seguidor, modelo que nós seguimos no corpo da Igreja. Inácio sugere uma imitação fundamentalmente ascética na perspectiva apostólica, no serviço à Igreja. Emprega tanto o conceito seguimento[146] de Cristo como o termo imita-

---

[142] Sobre os *Exercícios Espirituais*, existe, nas mais diferentes línguas, uma ampla e qualificada bibliografia. Como fonte acessível, citamos BINGEMER, M. C. *Em tudo amar e servir*, com sua selecionada bibliografia.

[143] As meditações da primeira semana têm por objetivo suscitar o horror ao pecado e às suas conseqüências; as da segunda semana, dedicadas à vida de Cristo, conduzem o exercitante a escolher o estado de vida; as da terceira semana estão centradas na reflexão sobre a paixão e morte de Cristo e, com as da quarta semana, através da reflexão sobre a ressurreição e ascensão, o exercitante busca alcançar o amor do Senhor ressuscitado, a "contemplação para alcançar o amor". Cf. BINGEMER, M. C. *Em tudo amar e servir*, pp. 163-313; VILANOVA, E. *Historia de la teología cristiana*, v. 1, p. 182.

[144] Cf. CORELLA, J. Ejercicios Ignacianos y seguimiento de Cristo. In: GARCÍA-LOMAS, J. M. & GARCÍA-MURGA, J. R. (eds.). *El seguimiento de Cristo*, p. 182.

[145] Cf. idem, ibidem, pp. 199-200.

[146] Em forma verbal, como ação, o verbo seguir aparece, no sentido que nos interessa aqui, nas seguintes passagens dos *Exercícios Espirituais*: "seguindo-me na luta também me siga na glória" (n. 95, 5); "para que mais o ame e o siga" (n. 104); "Pedir, segundo aquilo que sentir em si, para mais seguir e imitar a Nosso Senhor, recém-feito carne" (n. 109,2); "para mais o servir e seguir" (n. 130,2); "a pessoa espiritual segue o que lhe for mostrado, *sem duvidar nem poder duvidar*. Assim aconteceu com s. Paulo e s. Mateus quando seguiram a Cristo Nosso Senhor" (n. 175,2-3); "para seguir a Cristo de algum modo, mas com o propósito de voltar a possuir o que tinha deixado, como diz s. Lucas; finalmente, para seguir sempre a Cristo Nosso Senhor, segundo s. Mateus e s. Marcos" (n. 275,3-4); "S. Pedro, que o havia seguido de longe, negou-o uma vez" (n. 291,5). Cf. CORELLA, J. Ejercicios ignacianos y seguimiento de Cristo. In: GARCÍA-LOMAS, J. M. & GARCÍA-MURGA, J. R. (eds.). *El seguimiento de Cristo*, pp. 181 e 186.

ção[147] de Cristo. Em algumas passagens, como, por exemplo, na meditação sobre a encarnação, une os dois termos:

> Finalmente, farei um colóquio, pensando no que devo dizer às Três Pessoas divinas, ou ao Verbo eterno, feito carne, ou à sua Mãe e Senhora nossa. Pedir, segundo aquilo que sentir em si, para mais seguir e imitar a Nosso Senhor, recém-feito carne. Dizer um "pai-nosso".[148]

A contemplação do Reino de Cristo, no início da segunda semana dos exercícios, está baseada, mais particularmente, na idéia de seguimento. É concebida como um caminho no seguimento de Cristo em vista da santificação pessoal e do trabalho apostólico:

> Se julgarmos esta convocação do rei deste mundo digna de ser tida em conta, quanto mais será digna de consideração ver Cristo Nosso Senhor, Rei eterno, com o mundo inteiro diante dele, que chama todos e cada um em particular, e diz: Minha vontade é conquistar o mundo inteiro, vencendo todos os inimigos, e assim alcançar a glória do meu Pai. Portanto, quem quiser vir comigo há de trabalhar comigo, a fim de que, seguindo-me na luta, também me siga na glória.[149]

A segunda semana, *O Chamamento do Rei Temporal ajuda a contemplar a vida do Rei eterno*, começa pedindo a graça de não ser surdo ao chamado de Cristo:

> 2º preâmbulo, pedir a graça que quero. Pedirei a Nosso Senhor a graça de não ser surdo ao seu chamado, mas pronto e diligente em cumprir a sua santíssima vontade.[150]

---

[147] "Imitar" aparece nove vezes nos *Exercícios Espirituais*: oito referindo-se a Cristo e uma a Maria. "[...] imitar-vos (Cristo) em passar todas a injúrias, todas as afrontas e toda a pobreza" (n. 98,3); "Pedir, segundo aquilo que sentir em si, para mais seguir e imitar a Nosso Senhor, recém-feito carne" (n. 109,2); "E conhecimento da vida verdadeira que mostra o supremo e verdadeiro chefe, e graça para o imitar" (n. 139,2); "Segundo, em passar afrontas e injúrias, para mais imitá-lo nisto" (n. 147,3); "[...] para mais imitar e assemelhar-me de fato a Cristo Nosso Senhor" (n. 167,2); "[...] a fim de que mais o imitar e servir [...]". (n. 168,2); "[...] procurando imitá-lo (Cristo)" (n. 214,1); "Quem quiser imitar Cristo Nosso Senhor [...]" (n. 248,1); e uma a Maria: "Quem quiser imitar Nossa Senhora[...]" (n. 248,2). Cf. *Exercícios Espirituais*: Apresentação, tradução e notas do Centro de Espiritualidade Inaciana de Itaici, p. 147.

[148] LOYOLA, I. *Exercícios Espirituais*, n. 109.

[149] Idem, ibidem, n. 95,2-4.

[150] Idem, ibidem, n. 91, 4.

Nesta semana há uma insistência particular ao tema da pobreza e humilhação de Cristo e, conseqüentemente, do seguimento de Cristo pobre e humilhado. Na contemplação da encarnação, santo Inácio faz uma ligação entre conhecer, amar e seguir o Verbo encarnado. Do conhecimento ao amor, do amor ao seguimento: "Pedirei aqui um conhecimento interno do Senhor que por mim se fez homem, para que mais o ame e o siga".[151]

No caminho de seguimento, santo Inácio aconselha a leitura do livro *Imitação de Cristo*[152] e se refere à importância da imitação:

> Quero e desejo e é minha determinação deliberada, desde que seja para o vosso maior serviço e louvor, imitar-vos em passar por todas as injúrias, todas as afrontas e toda a pobreza, — tanto material como espiritual — se vossa santíssima Majestade me quiser escolher e receber nesta vida e estado.[153]

Como vimos, ao se referir à experiência de Deus em Jesus Cristo, santo Inácio empregou os dois termos: *seguir* e *imitar*. Entretanto, a originalidade de sua proposta representa um marco referencial na tradição eclesial do seguimento de Jesus. A categoria cristológica do seguimento constitui o núcleo de sua mística do serviço, buscando, em tudo, a maior glória de Deus.

Com Francisco de Assis e os franciscanos, Domingos de Gusmão e os dominicanos, Inácio de Loyola e os jesuítas, a vida religiosa teve, na Igreja, um grande desenvolvimento. A vida religiosa exerceu algum tipo de influência na tradição eclesial do seguimento e da imitação?

7. A vida religiosa: um caminho especial para seguir e imitar Jesus

Parte integrante da história da Igreja, a vida religiosa e sua reflexão teológica exerceram significativa influência na tradição eclesial do seguimento e da imitação de Jesus.

---

[151] Idem, ibidem, n. 104.
[152] Idem, ibidem, n. 100.
[153] Idem, ibidem, n. 98. Ver também os números 139 e 147.

Com seu rápido crescimento e a diversificação das formas, o ideal da vida religiosa foi ganhando espaço e credibilidade até chegar a impor-se à consciência cristã como o *modo mais perfeito* de seguir e imitar Jesus.[154] Por outro lado, os padres da Igreja, os mestres e os teólogos se preocuparam não só em descobrir a origem da vida religiosa, mas também em explicitar sua fundamentação bíblica e teológica.

Para responder à questão sobre a influência da vida religiosa na tradição eclesial do seguimento, refletiremos sobre os seguintes aspectos: *seguir e imitar: uma vocação especial* e *os dois caminhos de vida.*

Seguir e imitar: uma vocação especial

Os dois primeiros séculos do cristianismo mantiveram a identificação entre fé cristã e seguimento radical de Jesus. Com a expansão do cristianismo, nos séculos III e IV, e a mundanidade crescente da Igreja, começou também a ser gerado um divórcio entre fé cristã e seguimento de Jesus.[155]

Além disso, o nascimento do monacato, no final do século III, e, sobretudo, seu impressionante crescimento a partir do século IV causaram profunda admiração entre os fiéis, porque constituía realmente uma novidade nas comunidades cristãs. Começou, então, a se delinear um fenômeno que terá seu ponto culminante na Idade Média e perdurará até o Concílio Vaticano II: a vida religiosa como vocação especial.[156]

Na teologia católica e no magistério eclesiástico, aos poucos vai se criando uma consciência de que há uma vocação excepcional, reservada a um determinado grupo de pessoas na Igreja: os religiosos e, em particular, as ordens mendicantes surgidas nos séculos XII e XIII (os franciscanos, os dominicanos, os carmelitas, os agostinianos), cuja tarefa específica era, exatamente, imitar a vida de pobreza e de completo desprendimento que Jesus e os apóstolos tiveram.[157]

---

[154] Cf. ÁLVAREZ GÓMEZ, J. *La vida religiosa ante los retos de la historia*, p. 32; MATURA, T. Dos conselhos de perfeição ao radicalismo evangélico. In: GOFFI, T. & SECONDIN, B. (orgs.). *Problemas e perspectivas de espiritualidade*, pp. 253-270.

[155] Cf. FERNÁNDEZ, J. L. Universalidad del llamamiento y radicalidad del seguimiento. In: INSTITUTO SUPERIOR DE PASTORAL. *Quién decís que soy yo? Dimensiones del seguimiento de Jesús.* p. 124.

[156] Cf. CASTILLO, J. M. *El seguimiento de Jesús*, p. 191.

[157] Cf. ADNES, P. *Sequela e imitazione di Cristo nella Scrittura e nella Tradizione*, p. 148.

Subjacente a esse modo de conceber a vida religiosa está a afirmação de que o evangelho, em sua integralidade, não é para todos os cristãos, mas para poucos.[158] A existência da ordem terceira em algumas ordens mendicantes mostra, porém, que muitos leigos procuravam viver, no mundo, o máximo possível, o ideal evangélico que viam concretizado entre os religiosos. Esse modo de pensar tem seu fundamento na idéia dos dois caminhos para entrar no reino dos céus.

Os dois caminhos de vida

A partir dos evangelhos, sobretudo da interpretação de Mt 19,16-30; Mt 19,1-12; Lc 20,27-40, e também de 1Cor 7,1-40, fundamentou-se a teoria de que Cristo oferece dois caminhos para se entrar no Reino dos céus: *o caminho dos preceitos* exprime a vontade universal de salvação, resume-se na observância dos mandamentos e é uma exigência para todos os cristãos; *o caminho dos conselhos* exprime a vontade de conduzir aqueles que o almejam a uma perfeição mais árdua e mais santificadora, e que consiste na prática não só dos mandamentos, mas também dos conselhos evangélicos.[159]

A teologia da existência de um duplo caminho: o dos *mandamentos*, para a maioria dos cristãos, chamados simplesmente a observar os mandamentos e, desta maneira, ganhar a vida eterna, e o dos *conselhos evangélicos*, para os poucos escolhidos, chamados ao seguimento radical de Jesus, teve seu ponto alto na Idade Média e foi assumida pelo magistério da Igreja, nos fins do século XI, no pontificado de Urbano II.[160]

---

[158] Cf. CASTILLO, J. M. *El seguimiento de Jesús*, p. 191.

[159] Sobre o testemunho da tradição acerca dos dois estados de vida, ver SPISANTI, S. Os estados de vida: velhas e novas perspectivas. In: GOFFI, T. & SECONDIN, B. (orgs.). *Problemas e perspectivas de espiritualidade*, pp. 271-290; TILLARD, J. M. R. *Diante de Deus e para os homens*, pp. 100-123.

[160] "A santa Igreja, em seu início, instituiu duas formas de vida para seus filhos. A primeira cobre com indulgência a fraqueza dos fracos, a segunda conduz à perfeição a vida bem-aventurada dos fortes. A primeira mantém-se na planície de Segor, a outra sobe ao cume do monte. A primeira redime seus pecados com lágrimas e esmolas, a outra adquire méritos eternos com sua oração ardente de cada dia. Os que adotam a primeira, que é inferior, usam os bens da terra; mas os que vivem a segunda, que é superior, desprezam os bens da terra e renunciam totalmente a eles. A vida que pela graça de Deus se afasta das realidades da terra compreende duas formas cujo fim é quase idêntico: a forma canônica e a forma monástica" (Urbano II, PL 151, 338). Citado por CODINA, V. & ZEVALLOS, N. *Vida religiosa: história e teologia*, p. 124; TILLARD, J. M. R. *Diante de Deus e para os homens*, p. 117. Em 1140, um cânon cuja paternidade é atribuída a são Jerônimo por Graciano, afirma:

A teologia dos dois estados de vida colaborou para que se entendesse o seguimento de Jesus como sinônimo de vida consagrada a Deus numa congregação religiosa. Nesse caso, seguir Jesus era ser padre ou irmão, irmã, e dedicar-se inteiramente ao serviço dos mais necessitados. Desse modo, o seguimento de Jesus perdeu a força de ser uma categoria cristológica que define o ser cristão e passou a ser, juntamente com a imitação, um tema dos tratados de vida espiritual e da teologia espiritual.[161]

O Concílio Vaticano II, ao afirmar a vocação universal de todos os batizados à santidade, acolherá o que há de melhor na tradição patrística e em santo Tomás, e se afastará da visão medieval dos dois estados ou caminhos de vida. Entretanto, é importante perguntar: antes do Concílio Vaticano II, houve alguma reação à teologia dos dois estados de vida e contra a identificação dos conceitos de seguimento e imitação?

8. A reforma protestante: tentativa de recuperar o sentido original do seguimento

No final da Idade Média, a Reforma Protestante[162] representou uma forte reação contra a teologia dos dois estados de vida e contra a identificação dos conceitos de seguimento e de imitação, e um insistente apelo à volta às fontes bíblicas desses conceitos.

"Há dois gêneros de cristãos. Um, ligado ao serviço divino e entregue à contemplação e à oração, se abstém de toda as realidade temporal e é constituído pelos clérigos [...]. O outro é o gênero dos cristãos a que pertencem os leigos [...]. A estes é permitido ter bens temporais, mas só para as suas necessidades [...]; é permitido casar-se, cultivar a terra [...], ser árbitro nos julgamentos, defender suas próprias causas, depositar oferendas nos altares, pagar o dízimo; assim poderão salvar-se, contanto que evitem os vícios e façam o bem" (*Decretum Gratianis*: pars II, c. 7, causa XII, qu. 1). Cf. INSTITUTO SUPERIOR DE PASTORAL. *Quién decís que soy yo? Dimensiones del seguimento de Jesús*. p. 126.

[161] A palavra *espiritualidade* é considerada, por muitos, como filha da modernidade; ela surgiu no século XVII. Em 1917, foi criada, pelos dominicanos, em Roma, a cátedra universitária de espiritualidade, logo em seguida pelos jesuítas e, depois, pelos franciscanos e carmelitas. Cf. BORRIELLO L.; DELLA CROCE, G.; SECONDIN. B. *La spiritualità cristiana nell'età contemporanea*, v. 6, pp. 279-298; MOIOLI, G. Teologia espiritual. In: FIORES, S. & GOFFI, T. (orgs.). *Dicionário de espiritualidade*, pp. 1.135-1.142; SECONDIN, B. & GOFFI, T. Introdução geral. In: SECONDIN, B. & GOFFI, T. (orgs.). *Curso de espiritualidade*, pp. 12-18.

[162] Sobre a Reforma Protestante, ver, por exemplo, ISERLOH, E. & MEYER, H. *Lutero e luteranismo hoje*; LORTZ, J. *Storia della Chiesa nello sviluppo delle sue idee*, pp. 104-131; MARTINA, G. *História da Igreja de Lutero a nossos dias*: I A era da Reforma; TÜCHLE, G. *Nova História da Igreja*, v. 3, Reforma e Contra-Reforma, pp. 44-49; VILANOVA, E. *Historia de la teología cristiana*, v. 2, pp. 205-244.

De modo geral, entre os protestantes — especialmente entre os mais diretos continuadores da teologia luterana — prevaleceu o conceito de seguimento sobre o de imitação. A história do conceito de seguimento no protestantismo passa por três grandes teólogos que direcionaram a teologia protestante: *Martinho Lutero, Sören Kierkegaard e Dietrich Bonhoeffer.*

Perguntamos, então, qual a visão teológica de cada um desses teólogos protestantes acerca do seguimento? Responderemos a esta questão enfocando os seguintes aspectos: *Martinho Lutero: obedecer à Palavra; Sören Kierkegaard: Cristo, modelo por excelência; Dietrich Bonhoeffer: fé e seguimento.*

Martin Lutero: obedecer à Palavra

Fundador do protestantismo, Martinho Lutero[163] situa-se num momento de transição histórica e de profunda crise cultural, social, política, econômica e religiosa. O sistema medieval, caracterizado por uma grande coesão interna que o manteve por um longo período, estava chegando ao fim. Novos valores e uma nova visão do universo, da sociedade e do ser humano estavam surgindo. Acontecia a passagem da Era Medieval para a Era Moderna.[164]

Nesta interconexão histórica, Martinho Lutero, de caráter forte, descomedido, exuberante e impulsivo e, ao mesmo tempo, cordial e sensível para com os outros, teve um papel significativo, deixando marcas indeléveis na cultura européia e na história do cristianismo. Possuía uma acentuada tendência ao subjetivismo e era reconhecido por sua religiosidade e pela profunda experiência de Deus, acompanhada de autêntico sentido do pecado e de ilimitada confiança em Jesus Cristo e na sua redenção.[165]

Lutero reage contra a idéia corrente em sua época que identificava seguimento e imitação e propõe uma distinção entre os dois conceitos. Todos os cristãos, e

---

[163] Sobre Lutero, ver, por exemplo, GREINER, A. *Martim Lutero*: um apaixonado pela verdade; GRISAR, H. *Lutero*: la sua vita e le sue opere; LEINHARD, M. *Martim Lutero*; tempo, vida e mensagem.

[164] ALTMANN, W. *Lutero e libertação*, p. 29; DREHER, M. Entre a Idade Média e a Idade Moderna: a localização de Lutero e de sua Reforma. In: ALTMAN, W. et alii. *Reflexões em torno de Lutero*, v. 2, pp. 29-42.

[165] Cf. FITZER, G. *O que Lutero realmente disse*, pp. 211-221; MARTINA, G. *História da Igreja de Lutero a nossos dias*: I A era da Reforma, pp. 121-123.

não somente os monges e os frades mendicantes, são chamados a seguir Jesus. O seguimento é o coração do cristianismo.[166]

Para compreender esta posição de Lutero, procuraremos contextualizá-la, sinteticamente, no horizonte do seu pensamento teológico, caracterizado pela experiência do *Deus escondido e Deus revelado* e pela *perspectiva soteriológica da sua cristologia*.

Deus escondido e Deus revelado

A reflexão teológica de Lutero[167] parte de um dado que para ele é fundamental: a relação pessoal do crente com seu Deus, caracterizada, fundamentalmente, pela confiança ilimitada e pela fé incondicional nele. Confiar e crer são duas atitudes essenciais na vida cristã.[168] Conseqüentemente, falar acerca de Deus não é uma questão teórica, mas prática. A definição de Deus não é um conceito doutrinário, aprendido e aceito intelectualmente, mas uma reflexão sobre o relacionamento vital entre o ser humano e Deus.[169]

Essa relação vital tem dupla direção: o ser humano se relaciona com seu Deus e Deus se relaciona com o ser humano. Para o ser humano, Deus possui dupla característica: de um lado, é poderoso, majestático, do qual pouco sabemos; de outro, revela-se na fraqueza de Cristo, chora, lamenta e geme com o ser humano. Onde e quando podemos encontrar o Deus verdadeiro, em que podemos confiar na vida e na morte? Esse Deus só pode ser encontrado onde e quando ele próprio se revela. Ali, onde e quando ele se revela, a fé se torna certeza, dispensando garantias dadas pela razão, pelo sentimento e pela obra humana.[170]

---

[166] Cf. ADNES, P. *Sequela e imitazione di Cristo nella Scrittura e nella Tradizione*, p. 149.

[167] Dos escritos de Martinho Lutero, dispomos no Brasil da publicação, pela Editora Sinodal, da coleção *Obras Selecionadas*, 7 v.: *Os Primórdios: Escritos de 1517-1519*, v. 1; *O Programa da reforma: Escritos de 1520*, v. 2; *Debates e controvérsias, I*, v. 3; *Debates e controvérsias, II*, v. 4; *Ética: Fundamentos – Oração – Sexualidade – Educação – Economia*, v. 5; *Ética: Fundamentação da ética, Política, Governo, Guerra dos Camponeses, Guerra contra os Turcos – Paz social*, v. 6; *Vida em comunidade: Comunidade – Ministérios – Culto – Sacramentos – Catecismos – Hinos*, v. 7.

[168] Em seu livro *Catecismo Maior*, p. 395, Lutero afirma: "Deus designa aquilo de que se deve esperar todo o bem e em que devemos refugiar-nos em toda abertura. Portanto, ter um Deus outra coisa não é senão confiar e crer nele de coração. Repetidas vezes já disse que apenas o confiar e crer de coração faz tanto Deus como ídolo. Se é verdadeira a fé e a confiança, verdadeiro também é o teu Deus. Inversamente, onde a confiança é falsa e errônea, aí também não está o Deus verdadeiro. Fé e Deus não se podem divorciar. Aquilo, pois, a que prendes o coração e te confias, isso digo, é propriamente o teu Deus".

[169] Cf. ALTMANN, W. *Lutero e libertação*, pp. 47- 48.

[170] Cf. idem, ibidem, pp. 48-49.

Para Lutero, Deus é absoluto e totalmente distinto do mundo e do ser humano. É o Deus escondido (*absconditus*), oculto, cuja essência não podemos desvendar e cuja conduta não podemos compreender nem perscrutar, porque é inacessível ao ser humano, é um mistério a ser adorado e temível por expressar sua vontade.[171]

Em Cristo, e particularmente em sua cruz, o Deus escondido (*absconditus*), se torna o Deus revelado (*revelatus*) ao qual temos acesso; é o Deus "que se vestiu e se revelou em sua palavra, pela qual se oferece a nós".[172] É o Deus na fraqueza, na pobreza, na humildade, na renúncia, no sacrifício, na cruz. Conseqüentemente, os destinatários por excelência do amor de Deus são os pecadores, os necessitados, os sofredores, os marginalizados, os fracos, os doentes, os pobres.[173]

A partir desse Deus que se revela na fraqueza, Lutero denuncia os ídolos criados pelo ser humano para satisfazer seus desejos e interesses particulares. Entre os diferentes ídolos que a mente humana pode criar, Lutero afirma que a maior idolatria consiste em acreditar que, por meio das obras humanas, podemos obter de Deus a salvação.[174] Essa afirmação está relacionada com o princípio da *Justificatio sola fide* que, juntamente com outros dois princípios — da *Sola Scriptura* e da *Sola gratia* —, constitui o eixo fundamental do pensamento de Lutero.

- *Justificatio sola fide*. Para Lutero, pela graça e por meio de um processo longo e difícil, opera-se no ser humano uma mudança real. O ser humano é pecador e justo, ao mesmo tempo, porque é sempre levado a voltar-se sobre si mesmo e a cair no pecado. Essa tendência não é eliminada no batismo, mas vencida gradualmente e com dificuldade. A graça, por sua vez, não é própria do ser humano, é um dom que exige constante saída de si mesmo. O ser humano chega à justificação somente mediante a fé fiducial, isto é, pela entrega ao Senhor com a confiança absoluta de que ele nos salva. As boas

---

[171] Cf. Leowenich, W. *A teologia da Cruz de Lutero*, pp. 21-27; Altmann, W. *Lutero e libertação*, p. 49; Richter, F. *Martin Lutero e Ignacio de Loyola*, pp. 150-151.

[172] Cf. Lutero, M. *Obras Selecionadas*, pp. 101-106.

[173] Cf. Leowenich, W. *A teologia da Cruz de Lutero*, pp. 28-32; Altmann, W. *Lutero e libertação*, p. 49; Richter, F. *Martin Lutero e Ignacio de Loyola*, pp. 151-152.

[174] "A idolatria não consiste apenas em erigir uma imagem e adorá-la, mas principalmente num coração que pasma a vista em outras coisas e busca auxílio e consolo junto às criaturas, santos ou diabos, e não faz caso de Deus, nem espera dele este tanto de bem que ele queria ajudar. Também não crê que procede de Deus o que de bem lhe sucede." Lutero, M. *Catecismo Maior*, p. 397.

obras não têm nenhuma incidência sobre esse processo. Para Lutero, o ser humano, sendo justo, realiza obras justas, mas as obras justas não são um meio para chegar a Deus.[175]

- *Sola Scriptura*. Para Lutero, a Escritura é o centro do pensamento cristão. Contém todas as verdades reveladas por Deus e se interpreta a si mesmo, não tendo necessidade de ser iluminada e esclarecida pela tradição e pela mediação da Igreja com o seu magistério. Sozinha, a Escritura é suficiente para dar à Igreja a certeza sobre todas as verdades reveladas.[176]

- *Sola gratia*. Para Lutero, entre Deus e o ser humano existe uma relação direta, acima e fora de qualquer mediação. Não existe nenhuma mediação externa, nem mesmo a Igreja hierárquica tradicional. Lutero rejeita, particularmente, o primado do papa, objeto de fortes ataques. Lutero concebe a Igreja como uma comunidade espiritual de almas unidas numa só fé, e essa unidade espiritual é suficiente para formar a Igreja. A celebração eucarística como sacrifício é um atentado contra a unicidade e a suficiência do sacrifício da cruz.[177]

Esses aspectos do pensamento de Lutero, por sua vez, estão relacionados com o enfoque característico de sua cristologia.

A perspectiva soteriológica da cristologia e o seguimento

A reflexão cristológica de Lutero é desenvolvida segundo a perspectiva da redenção. Por conseguinte, sua cristologia é fundamentalmente soteriologia. Para ele, responder à pergunta: quem é Jesus[178] não é uma questão teórica, mas prática;

---

[175] Cf. Martina, G. *História da Igreja de Lutero a nossos dias*: I A era da Reforma, p. 126; Richter, F. *Martin Lutero e Ignacio de Loyola*, pp. 109-118.

[176] Cf. Richter, F. *Martin Lutero e Ignacio de Loyola*, pp. 100-102.

[177] Cf. Martina, G. *História da Igreja de Lutero a nossos dias*: I A era da Reforma, pp. 126-130; Richter, F. *Martin Lutero e Ignacio de Loyola*, pp. 137-149.

[178] Lutero sintetiza a resposta a esta pergunta no *Catecismo Menor*, p. 371: "Creio que Jesus Cristo, verdadeiro Deus nascido do Pai desde a eternidade, também verdadeiro homem, nascido da Virgem Maria, é meu Senhor, que me remiu a mim, homem perdido e condenado, me resgatou e salvou de todos os pecados, da morte e do poder do diabo, não com ouro ou prata, mas com o seu santo e precioso sangue e sua inocente paixão e morte, para que eu lhe pertença e viva submisso a ele, em seu reino, e o sirva em eterna justiça, inocência e bem-aventurança, assim como ele ressuscitou da morte, vive e reina eternamente. Isso é certissimamente verdade".

o importante não é saber quem é Jesus, mas o que ele faz e proporciona. Nosso acesso cognitivo à pessoa de Jesus se dá por meio de suas obras e palavras. Não as obras do passado, mas as atuais, pois é por meio delas que ele justifica e renova a cada dia os que nele crêem.[179]

Tudo o que Jesus faz, ele o faz em favor de mim (*pro me*), em favor de nós (*pro nobis*). Essas expressões têm duplo sentido: em nosso lugar, isto é, Jesus toma o nosso lugar para que possamos ocupar o dele; em nosso favor: ele, o justo, torna-se pecador, nós, os pecadores, tornamo-nos justos. O pecado da humanidade é lançado sobre ele; a sua justiça é concedida a nós.[180]

No horizonte teológico de Lutero e na perspectiva soteriológica de sua cristologia, situa-se sua concepção do seguimento de Jesus.[181] Para ele, seguir Jesus significa obedecer confiante à palavra de Deus. Quem crê deve responder, incondicionalmente, na obediência da fé, ao chamado de Cristo. A resposta a esse apelo torna os seguidores capazes de imitar o Senhor. Por conseguinte, a imitação é fruto e conseqüência do seguimento.[182]

O seguimento está relacionado com o ato de fé e crer é, antes de tudo, receber, aceitar e captar o dom divino da graça de Deus, é uma confiança ilimitada e vitoriosa em Deus. E a resposta de quem crer será a total obediência à palavra de Deus, como única fonte de verdade e fundamento da fé.[183]

Lutero chama a atenção para o perigo de se conceber a imitação como puro esforço humano para atingir a semelhança com Cristo e com Deus. Para ele, o simples fato de pensar que o ser humano pode tentar, com as próprias forças, tornar-se semelhante a Cristo e a Deus é uma blasfêmia; uma recaída no pecado original do Paraíso Terrestre; um atentado à majestade de Deus e à grandeza única de Cristo.[184]

---

[179] Cf. ALTMANN, W. *Lutero e libertação*, p. 65.
[180] Cf. idem, ibidem, p. 65.
[181] Lutero, obviamente, não tinha a consciência moderna da distinção entre o Jesus histórico e o Cristo da fé. Sua preferência recai na confissão acerca da ação atual de Cristo, em favor das pessoas, em vez de narrar acontecimentos do passado. Essa visão reflete-se na sua concepção de seguimento.
[182] Cf. TURBESSI, G. Il significato neotestamentário di "sequela" e di "imitazione" di Cristo n. 19, *Benedictina*, p. 166.
[183] Cf. RICHTER, F. *Martin Lutero e Ignacio de Loyola*, pp. 100-101.
[184] Cf. ADNES, P. *Sequela e imitazione di Cristo nella Scrittura e nella Tradizione*, p. 149.

De modo geral, a tradição protestante permaneceu fiel ao modo de pensar de Lutero em relação à imitação de Cristo. Mas, um cristianismo que elimina completamente a idéia de imitação de Cristo se transforma, facilmente, numa doutrina moralizante, pouco motivadora e, freqüentemente, aburguesada. É sobre esse perigo que Sören Kierkegaard chama a atenção.[185]

Sören Kierkegaard: Cristo, modelo por excelência

Precursor do existencialismo moderno,[186] o filósofo e teólogo Sören Kierkegaard[187] critica duramente o protestantismo luterano, no qual nasceu e viveu, por ter deteriorado a vida cristã, eliminando a ascese, o celibato e o martírio.

O principal responsável por essa degeneração, segundo Kierkegaard, é o próprio Lutero, que acentuou, em sua reflexão teológica, Cristo como dom e graça, esquecendo-se, totalmente, de Cristo como caminho e modelo.

A principal preocupação de Kierkegaard é — como ele mesmo afirma — promover um retorno ao cristianismo do Novo Testamento. O objeto da fé é o que ele chama de "paradoxo existencial", isto é, a pessoa do homem-Deus, enquanto ele torna presente, no mundo, o próprio Deus. Para ele, Cristo apareceu na forma humana para salvar cada pessoa e ser o modelo para cada uma delas.

Dessa forma, Kierkegaard reintroduz na teologia protestante o conceito de imitação, que se torna, especialmente nos últimos anos de sua vida, um elemento essencial de sua doutrina.[188]

Em seu livro *Exercícios do cristianismo*,[189] Kierkegaard aborda o tema da imitação, que constitui para ele a essência do devir cristão. Cristo é o modelo por excelência e sua imitação não é algo de extrínseco, mas é participação pessoal nos seus

---

[185] Cf. idem, ibidem, p. 149.

[186] Sobre o existencialismo, ver, por exemplo, GILES, T. R. *História do existencialismo no Brasil*; JOLIVET, R. *As doutrinas existencialistas*; LIMA, A. A. *O existencialismo*; ———. *O existencialismo e outros mitos do nosso tempo*.

[187] Sobre Kierkegaard, ver, por exemplo, CHESTOV, L. *Kierkegaard y la filosofía existencial*; ROVIGHI, S. V. *História da filosofia contemporânea*, pp. 103-118.

[188] Cf. ADNES, P. *Sequela e imitazione di Cristo nella Scrittura e nella Tradizione*, p. 150.

[189] A obra *Exercícios do cristianismo* foi publicada em 1849.

sofrimentos e morte na cruz. A imitação é a única dialética que pode purificar o ser humano e aproximá-lo de Deus.

Distinguindo o admirador do imitador, Kierkegaard afirma que o cristão, muitas vezes, contenta-se em admirar Cristo e não se preocupa em imitá-lo:

> Cristo não falou de querer ter admiradores adoradores. Também quando usa o termo discípulos, explica-se sempre de modo que se compreende que eles são os imitadores; não os seguidores de uma doutrina, mas os imitadores de uma vida.[190]

Enquanto Martinho Lutero quer resgatar a categoria de seguimento para todos os cristãos, Sören Kierkegaard não usa o termo seguimento e afirma que a imitação constitui a essência do devir cristão.

Dietrich Bonhoeffer: fé e seguimento

Pastor e teólogo universalmente conhecido, Dietrich Bonhoeffer[191] é uma referência significativa na evolução histórica da categoria cristológica de seguimento. É um autor citado várias vezes por Jon Sobrino,[192] o qual afirma explicitamente: "Quando era estudante, li Bonhoeffer, e me atraiu o que ele escreveu sobre o seguimento".[193]

---

[190] ADNES, P. *Sequela e imitazione di Cristo nella Scrittura e nella Tradizione*, p. 151.

[191] Sobre Dietrich Bonhoeffer, ver, por exemplo, BETHGE, E. Svolta nella vita e nell'opera di Dietrich Bonhoeffer. In: BETHGE, E. et alii. *Dossier-Bonhoeffer*, pp. 25-55; DUMAS, A.; BOSC, J. CARREZ, M. *Novas fronteiras da teologia*, pp. 99-114; GIBELLINI, R. Studi su Bonhoeffer. In: BETHGE, E. et alii. *Dossier-Bonhoeffer*, pp. 7-24; MOTA DIAS, Z. Dietrich Bonhoeffer: a fé num contexto secular. In: CINTRA, R. (coord.). *Credo para amanhã*, pp. 41-56; THILS, G. *Cristianismo sem religião*, pp. 32-42 e 132-146.

[192] Jon Sobrino afirma: "Sempre que a Igreja passou por momentos de crise, relaxamento ou desorientação, os cristãos mais lúcidos voltaram ao seguimento — como fez claramente D. Bonhoeffer — para encontrar orientação, identidade, relevância e alegria na vida cristã". Seguimento de Jesus. In: FLORISTÁN SAMANES, C. & TAMAYO-ACOSTA, J. J. (orgs.). *Dicionário de conceitos fundamentais do cristianismo*, p. 771. "Bonhoeffer centralizou o seguimento no seu conhecido livro *Nachfolge*". Identidade cristã. In: idem, ibidem, p. 343. "D. Bonhoeffer recordava que 'segue-me' é a primeira e a última palavra de Jesus a Pedro." Espiritualidad y seguimiento de Jesus. In: ELLACURÍA, I. & SOBRINO, J. (orgs.). *Conceptos fundamentales de la Teología de la Liberación*, v. 2, p. 460 e Seguimento de Jesus. In: FLORISTÁN SAMANES, C. & Tamayo-Acosta, J. J. (orgs.). *Dicionário de conceitos fundamentais do cristianismo*, p. 774.

[193] Trecho de nosso diálogo particular com Jon Sobrino realizado no dia 22 de setembro de 1992, em seu escritório, no Centro de Pastoral Dom Oscar Romero, na Universidad Centroamericana "José Simeón Cañas", em San Salvador, El Salvador.

Dietrich Bonhoeffer propõe, com insistência, uma volta às raízes evangélicas do seguimento de Jesus, do qual a imitação é uma decorrência.[194] Ele chama a atenção para a necessidade de reconhecer, novamente, a unidade entre fé e seguimento e de reestabelecer a justa relação entre graça e seguimento. Seu livro *Discipulado*[195] é considerado uma obra prima que contém os elementos essenciais de seu pensamento sobre o significado e a vivência do seguimento.[196]

Para compreender toda a originalidade e a força do pensamento de Dietrich Bonhoeffer sobre o seguimento de Jesus, é importante situar essa questão no horizonte mais amplo de sua cristologia. Por conseguinte, abordaremos antes *a centralidade e a mediação de Cristo* e, em seguida, *o itinerário do discipulado*.

A centralidade e a mediação de Cristo

A cristologia de Bonhoeffer[197] gira ao redor de uma questão fundamental: quem é Jesus para nós, hoje?[198] Essa formulação manifesta uma preocupação existencial. Jesus não é um deus disfarçado sob a forma humana (docetismo), nem um homem adotado por Deus (adocionismo), tampouco é um homem divinizado (monofisismo), mas é um Deus que se fez homem *por nós* (*Deus pro nobis*). A expressão *por nós* revela a relação ontológica que nos permite saber quem é Jesus Cristo.[199]

---

[194] Na tradução para o português e na interpretação do seu pensamento, percebemos que, em determinados momentos, a palavra alemã *Nachfolge* foi traduzida por *imitação*, gerando assim uma certa ambigüidade e também dificuldade na interpretação do seu pensamento. Por exemplo: no livro *Ética para nossos dias*, de Procópio Velasques Filho, lemos: "Esta narrativa da transformação interior de Bonhoeffer é da época em que ele era diretor do Seminário de Finkenwalde e de seu curso sobre 'A imitação de Cristo' (*Nachfolge*) na Universidade de Berlim" (p. 17). No livro *Novas fronteiras da teologia*, de André Dumas, Jean Bosc e Maurice Carrez, traduzido por Jaci Maraschin, lemos: "Bonhoeffer, de acordo com inúmeras inclinações, escolheu o termo medieval *imitatio*, imitação de Jesus, dando-lhe a conotação de 'seguir', pois nos compete apenas acompanhar o caminho de Jesus Cristo sem pretender realizar suas obras" (p. 105).

[195] Dietrich Bonhoeffer publicou sua obra *Nachfolge* em 1937, quando era diretor do Seminário da Igreja confessante. A obra foi traduzida em várias línguas. No Brasil, foi publicada pela Editora Sinodal, com o título *Discipulado* e tradução de Ilson Kayser.

[196] Duas décadas depois da publicação de *Nachfolge*, o teólogo Karl Barth afirmou não ser preciso incluir nada de essencial ao que havia sido escrito por Dietrich Bonhoeffer, o qual, depois de ter escrito sobre o seguimento, quis vivê-lo, pessoalmente, até as últimas conseqüências. GÜNTER, J. Sequela. In: SCHULTZ, H. J. *Dizionario del pensiero protestante*, p. 495.

[197] Um estudo importante sobre a cristologia de Dietrich Bonhoeffer foi apresentado por Eberhard Bethge, com o título Cristologia e "cristianesimo non religioso" in Dietrich Bonhoeffer. In: BETHGE, E. et alii. *Dossier-Bonhoeffer*, pp. 199-229. Ver, também, ALEMANY, J. J. *Realidad y fe cristiana*, pp. 57-109; MARGERIE, B. *Cristo, para o mundo*, pp. 136-162.

[198] Cf. BETHGE, E. Cristologia e "cristianesimo non religioso" in Dietrich Bonhoeffer. In: BETHGE, E. et alii. *Dossier-Bonhoeffer*, pp. 204-216.

[199] Cf. VELASQUES, P. *Uma ética para nossos dias*, p. 29.

Líder de todos os que o seguem, Jesus Cristo toma o lugar dos homens, identificando-se, assim, com a comunidade cristã. Por causa da liderança e dessa substituição, Deus abençoa a comunidade. Para Bonhoeffer, Cristo é, acima de tudo, *centro e mediador*.

Cristo, centro da existência humana

Num mundo que rejeita Deus, o ser humano vive entre a exigência do cumprimento da lei e a impossibilidade de cumpri-la. Cristo supera esse dilema e cumpre a lei no lugar do homem.

No relato bíblico da criação, a árvore da vida está no centro do jardim; no relato evangélico da paixão, a cruz de Cristo está no centro da existência humana. Nas duas situações, a vida emana do centro que é Cristo. A totalidade da existência humana gira ao redor de Cristo.

A árvore colocada no meio do jardim expressa, também, a limitação humana. Com o pecado, o homem perde a consciência de sua limitação e tenta apropriar-se da glória divina. Torna-se o centro de sua própria existência e o centro do mundo.[200]

Cristo, centro da história

A história se desenvolve entre a promessa do Messias e sua realização. Essa promessa criou uma expectativa que nutre a história. Como centro da história, Cristo é um paradoxo. Na cruz, na qual o destino humano se realiza, ele está oculto aos olhos do mundo e visível aos olhos da fé.

Na cruz, realiza-se o destino humano. Pela morte e ressurreição de Cristo, a comunidade de fé torna-se, também, centro da história, em virtude da presença de Cristo no meio dela. A comunidade é a presença de Cristo no mundo e, portanto, o centro da história.[201]

---

[200] Cf. idem, ibidem, p. 30.
[201] Cf. ALEMANY, J. J. *Realidad y fe cristiana*, pp. 67-68.

Cristo, mediador entre Deus e a natureza

O mundo adquire sentido, por meio da relação com Cristo, o mediador da criação (cf. Cl 1,16-17). A criação, que originalmente tinha por tarefa proclamar a glória de Deus, com o pecado tornou-se escrava e muda. Sofrendo a perda de sua liberdade, ela espera a sua libertação, por meio da redenção.

Bonhoeffer distingue a ação divina no ser humano e na história de sua ação na natureza. No ser humano e na história, ela é denominada reconciliação anunciada por meio da palavra pregada pela Igreja; na natureza é denominada redenção e ocorre por meio dos sacramentos. É por meio deles que Cristo se torna mediador entre Deus e a natureza.[202]

Cristo, mediador entre o ser humano e a natureza

Por meio da exegese da segunda narrativa da criação (Gn 2,4-25), Bonhoeffer descobre um Deus próximo do homem, que passeia no jardim e fala com Adão. Esta realidade tem conseqüências para o relacionamento do homem com a natureza. O homem foi formado da terra e está essencialmente ligado a ela. Ele não é imagem de Deus apesar de seu corpo, mas por causa dele. Por meio de seu corpo, ele se relaciona com o mundo e com as outras criaturas. Na aptidão para o relacionamento é que o homem se torna imagem de Deus.

O ser humano é livre e pode, assim, tornar-se senhor da criação de Deus. O seu relacionamento com a natureza exprime-se, ao mesmo tempo, por meio do seu enraizamento nela e da sua liberdade em relação a ela. Com o pecado, o ser humano adulterou esse relacionamento, tornando-se escravo da natureza, sujeito às leis que a regem, e perdeu a capacidade de ser livre em relação ao mundo e aos outros.[203]

Cristo, mediador entre Deus e o ser humano

Esta mediação é chamada por Bonhoeffer de *representação* ou *substituição*. Jesus carregou sobre si toda a fraqueza humana e também as alegrias, a gratidão e a esperança dos homens.

---

[202] Cf. VELASQUES, P. *Uma ética para nossos dias*, p. 31.
[203] Cf. idem, ibidem, pp. 31-32.

Esta *substituição* é conseqüência da encarnação e se expressa, na cruz, onde Cristo se sacrificou pela nossa salvação. Na cruz, Jesus representava a humanidade pecadora e o castigo divino recaiu sobre ele. Colocou-se entre Deus e os homens e no centro de todos os acontecimentos; Cristo se declarou culpado de todos os pecados do mundo, a fim de eliminá-los. Ele carregou sobre si o peso da nossa culpa e recebeu a punição que nos estava reservada.

Em Jesus, Deus se colocou do lado do ser humano e assumiu o seu lugar. Sua condenação é também a nossa, sua morte é a nossa morte, mas essa condenação e essa morte nos livram e salvam.[204]

Cristo, mediador entre o ser humano e a realidade

Com o pecado, a relação com o próximo e com a realidade foi cortada. Cristo se coloca como mediador para reatar a relação, removendo todos os obstáculos. Por meio dele, podemos conhecer, verdadeiramente, Deus, o próximo e a realidade.

Na pessoa de Jesus Cristo, Deus entra na História e participa de tudo o que é humano. Sua condição humana foi caracterizada pela fraqueza, por isso, sua pretensão de ser Deus provoca em seus contemporâneos reações negativas e hostis. Ele viveu como homem e é em sua humanidade que encontramos Deus.

Para Bonhoeffer, a vida cristã consiste em amar plenamente a vida terrestre, com suas dores e alegrias, fracassos e sucessos, perplexidades e experiências; viver plenamente no mundo é participar dos sofrimentos de Deus no mundo.

Deus está no centro da realidade, sua presença dá significado e revela a origem e o destino do mundo. Quem segue Jesus deve estar presente, junto com Deus, no mundo. Tal presença implica participar com Deus do sofrimento que o mundo de Deus inflige a Deus. Não é a religiosidade pietista que constitui o ser cristão, mas a participação no sofrimento de Deus.[205]

O ser humano é chamado a seguir e a tornar-se discípulo fiel do Deus encarnado na pessoa de Jesus, fraco e sofredor, presente no centro da realidade.

---

[204] Cf. idem, ibidem, pp. 32-33.
[205] Cf. idem, ibidem, pp. 33-34.

O itinerário do discipulado

No prefácio de seu livro *Discipulado*, Dietrich Bonhoeffer apresenta essa obra com uma pesquisa sobre os elementos essenciais da mensagem bíblica e sobre o centro, Jesus de Nazaré, num tempo de "reavivamento espiritual". Ele pergunta: "Que pretendia Jesus dizer? Que espera de nós hoje? De que maneira ele nos ajuda a sermos melhores cristãos hoje?"[206] A resposta é clara: Jesus nos chama ao seu seguimento e espera de nós uma resposta que nos leve a viver como cristãos comprometidos. "É a graça preciosa pela qual chama ao discipulado".[207]

O seguimento de Jesus é, para Bonhoeffer, uma categoria central na vida cristã. Ele expressa essa centralidade por meio de dois conceitos opostos: "graça barata" — pregação do perdão sem arrependimento, batismo sem disciplina, ceia sem confissão dos pecados, absolvição sem confissão pessoal, graça sem discipulado, sem cruz, sem Jesus Cristo vivo e encarnado —,[208] e "graça preciosa" — chamado ao discipulado, preciosa por custar a vida ao ser humano,[209] contrária a toda forma de alienação e de abstração na vivência cristã. A fé deve vir acompanhada do seguimento e o seguimento exige a fé.

Ser discípulo de Cristo, centro e mediador, significa obedecer-lhe. O apelo à obediência é apelo ao discipulado. Esse discipulado é um processo que passa por dois estágios básicos: inicialmente, exige mudança de vida, que é a resposta humana à graça divina do chamado; depois, quem responde ao apelo de Deus e muda a direção da própria vida inicia um caminho de fé. Essa resposta é unicamente conseqüência da graça divina.[210]

Aos que estão sob o poder do seu chamado, Jesus propõe um ideal de vida, sintetizado nas bem-aventuranças. As dificuldades que os cristãos encontram diante da compreensão do sermão da montanha são dificuldades para seguir Jesus. Colo-

---

[206] Cf. BONHOEFFER, D. *Discipulado*, p. 3.
[207] Cf. idem, ibidem, p. 10.
[208] Cf. idem, ibidem, p. 10.
[209] Cf. idem, ibidem, pp. 10-11.
[210] Cf. GALLAS, A. *Ánthropos téleios*. L'itinerario di Bonhoeffer nel conflitto tra cristianismo e modernità, p. 186.

cando-se no seguimento de Cristo, o sermão da montanha se torna compreensível. A compreensão pressupõe a conversão e a conversão é resposta à vocação. A verdadeira compreensão está ligada ao agir, ao fazer.[211]

Não basta uma fé profunda, é preciso também obediência. Sem a experiência de seguir Jesus Cristo, a salvação pela fé não passa de uma justificação barata do pecado. Jesus Cristo toma o lugar dos nossos pecados e somos modificados acompanhando a sua obediência.[212]

Bonhoeffer denunciou as graves conseqüências do princípio protestante da *sola gratia* e de uma certa concretização da justificação por meio da fé. Ele delineou uma breve história do modo como a graça fora entendida, vivida e degenerada. De "graça preciosa", isto é, da graça ligada à obediência, passou a ser "graça barata", isto é, graça sem seguimento.[213]

Obediência não é fuga, mas engajamento na obra que Deus realiza no mundo, e implica comunhão com Cristo sofredor e participação nos seus sofrimentos; é submissão à vontade de Deus, a qual pode expressar-se no rompimento com o mundo ou no estabelecimento do santuário de Deus no meio do mundo.[214]

Viver como discípulo significa descobrir a plenitude da realidade do mundo, a partir da realidade divina. Pela encarnação, a realidade divina entrou na realidade humana, dando-lhe assim sua plena significação. O mundo foi reconciliado em Cristo e existe uma aliança divina entre Deus e o homem. Por isso, não é possível ser autêntico discípulo de Cristo fora da realidade do mundo.[215]

Isolar Cristo do mundo é negar a encarnação. Com Cristo, o discípulo não terá temor em participar da realidade humana e, conseqüentemente, da vida do próximo, e assim ele se torna responsável com Cristo. Bonhoeffer dá ênfase à ação responsável do discípulo, no domínio da realidade humana.[216]

---

[211] Cf. SOBRINO, J. Seguimento de Jesus. In: FLORISTÁN SAMANES, C. & TAMAYO-ACOSTA, J. J. (orgs.). *Dicionário de conceitos fundamentais do cristianismo*, p. 771.
[212] Cf. BONHOEFFER, D. *Discipulado*, pp. 20-24.
[213] Cf. GALLAS, A. *Ánthropos téleios. L'itinerario di Bonhoeffer nel conflito tra cristianesimo e modernità*, p. 187.
[214] Cf. VELASQUES, P. *Uma ética para nossos dias*, p. 35.
[215] Cf. idem, ibidem, p. 38.
[216] Cf. idem, ibidem, p. 39.

O seguimento, finalmente, desemboca na imitação de Cristo, o qual é a verdadeira imagem de Deus, o filho mesmo de Deus que se fez homem para que o ser humano recuperasse sua semelhança divina perdida pelo pecado. Bonhoeffer não coloca em oposição o seguimento e a imitação, passa tranqüilamente de um conceito ao outro. A imitação é explicitação de um aspecto fundamental do seguimento.[217]

Não obstante a presença de algumas forças proféticas que, como vimos, chamaram a atenção para a importância do conceito de seguimento de Jesus, o período em que a dinâmica da vida cristã e a relação pessoal com Cristo foram expressas, principalmente por meio do conceito de imitação, foi longo e consolidou-se num patrimônio espiritual de inestimável valor.

Entretanto, percebe-se atualmente uma preocupação pelo resgate do conceito de seguimento. Qual foi o fato gerador que se transformou, para os teólogos, em força motriz tanto da reapropriação quanto da busca do significado universal do conceito de seguimento?

9. A volta ao Jesus histórico e o resgate da categoria de seguimento

O esforço dos teólogos para resgatar o conceito de seguimento não constitui um fato isolado. Por conseguinte, suas raízes devem ser buscadas no horizonte do processo histórico de compreensão da vida, missão e destino de Jesus de Nazaré e da preocupação que polarizou a atenção dos teólogos nestes últimos tempos: a volta ao Jesus histórico.[218]

A revalorização da história de Jesus constitui o fato gerador do processo de reapropriação do conceito de seguimento.[219] Torna-se necessário, portanto, situar e compreender a abrangência e a relevância desse fato e suas conseqüências para o resgate da categoria de seguimento. Para atingir esse objetivo, abordaremos os seguintes aspectos: *o movimento de volta ao Jesus histórico; o resgate da categoria de seguimento*.

---

[217] Cf. ADNES, P. *Sequela e imitazione di Cristo nella Scrittura e nella Tradizione*, pp. 151-154.

[218] Martin Hengel observa que, num primeiro momento, a pesquisa sobre os evangelhos e sobre o Jesus histórico deixou em segundo plano a questão do seguimento. *Seguimiento y carisma*, p. 10.

[219] Também a exegese moderna trouxe, sem dúvida, um grande contributo para a compreensão do conceito de seguimento. Luigi Di Pinto ("Seguire Gesù" secondo i vangeli sinottici. In: ASSOCIAZIONE BIBLICA ITALIANA. *Fondamenti biblici della teologia morale*, pp. 191-197) afirma que é possível identificar dois períodos característicos na trajetória da pesquisa e do estudo sobre este conceito.

O movimento de volta ao Jesus histórico

O edifício da cristologia construído sobre o alicerce das declarações conciliares de Nicéia e Calcedônia[220] e consolidado nos manuais de teologia e nas obras neo-escolásticas permaneceu firme, na Igreja, até o surgimento da crítica histórica, a qual estava respaldada pelo Iluminismo e pelo racionalismo, que rejeitavam os dogmas cristológicos e questionavam o fundamento histórico dos evangelhos.[221]

A aplicação dos métodos histórico-críticos, com pressupostos racionalistas, deu origem a um debate que teve início com a publicação, por Gotthold Efraim Lessing, de parte da obra de Hermann Samuel Reimarus,[222] e ocupou o centro dos interesses dos estudiosos, particularmente no fim do século XIX e começo do século XX: a identidade histórica de Jesus e sua relação com o Cristo da fé.[223]

O primeiro período vai do início do cristianismo até o ano 1962, data da publicação dos estudos de E. Larson, E. Neuhäusler e A. Schulz. Os resultados dos estudos deste primeiro período serviram para colocar as bases teóricas para a vivência da proposta de seguimento. O ponto central dessa pesquisa dá conta de que o seguimento de Jesus descrito nos evangelhos evoca, na sua forma exterior, a relação que liga o *talmîd* rabínico ao seu mestre. Essa relação se inspira no estilo dos círculos proféticos veterotestamentários e nas instituições do mundo grego e helenístico, nas quais também se inspiravam as instituições judaicas. Entretanto, o seguimento de Jesus tem uma estrutura interna mais complexa e singular. O chamado de Jesus e sua consciência messiânica rompem os quadros do seguimento rabínico e helenístico e criam um significado novo seja da figura do mestre seja da condição dos discípulos.

O segundo período tem início em 1962 e se estende até nossos dias. As descobertas exegéticas sobre o seguimento deste período não partiram do nada, mas levaram em consideração as descobertas do período anterior. As novas posições podem ser reduzidas a quatro: a superação gradual, mas decidida de uma exegese historicizante sob a influência do método da história das formas, sem com isso negar, antes iluminando mais profundamente, a radicalidade do seguimento na história de Jesus; a valorização das referências ao tema do seguimento no Antigo Testamento; a descoberta da convergência entre a mensagem dos evangelhos sinóticos e das epístolas paulinas; o reconhecimento do valor ético e teológico do seguimento e a superação da contraposição entre seguimento e imitação, sem, contudo, confundir os dois conceitos.

[220] A este respeito Andrés Torres Queiruga afirma: "De Nicéia a Calcedônia inaugurou-se um caminho que culminará na sistematização escolástica. Dentro dela, a cristologia cristaliza uma visão metafísica de enorme coerência interna e bem adaptada ao universo cultural em que vive. Forma uma síntese internamente articulada e externamente significativa e plausível. É isso precisamente que se rompe para sempre no Iluminismo. Um novo universo cultural colocou a síntese herdada diante de um novo modo de entender e exigiu-lhe novas pautas de verificação". *Repensar a cristologia*, p. 209.

[221] Cf. GONZALES FAUS, J. I. *Acesso a Jesus*, pp. 24-33; LOEWE, W. P. *Introdução à cristologia*, pp. 27-28; MUÑHOZ LEÓN, D. Jesus Cristo In: PIKAZA, X. & SILANES, N. (orgs.). *Dicionário teológico O Deus cristão*, p. 485.

[222] O problema crítico sobre Jesus teve início, no clima do Iluminismo alemão, com Hermann Samuel Reimarus (1694-1768), professor de línguas orientais no ginásio de Hamburgo. Ele opunha à doutrina de Jesus (primeiro sistema) a doutrina dos discípulos (novo sistema), distinguindo o Jesus histórico do Cristo dos dogmas. Projetou uma reconstrução histórico-científica do cristianismo numa obra enciclopédica de 4.000 páginas, da qual foram publicados apenas sete excertos, de 1774-1778, pelo filósofo Gotthold Efraim Lessing, bibliotecário de Wolfenbüttel, sob o título de *Fragmentos do anônimo de Wolfenbüttel*. Esta publicação, que provocou uma reação em cadeia, pode ser considerada como o fato que deu início ao debate histórico-crítico sobre Jesus. Cf. FABRIS, R. *Jesus de Nazaré. História e interpretação*, pp. 7-9.

[223] Cf. CIOLA, N. *Introdução à cristologia*, p. 9; MUÑHOZ LEÓN. D. Jesus Cristo. In: PIKAZA, X & SILANES, N. (orgs.). *Dicionário teológico O Deus cristão*, p. 485.

Sem querer traçar uma linha divisória precisa, mas levando em conta a interpenetração dos elementos desse processo, podemos considerar três etapas no desenvolvimento desta questão que se convencionou chamar de movimento de volta ao Jesus histórico. Tentaremos apresentá-las em suas grandes linhas, sem a pretensão de expor todos os detalhes de uma questão tão ampla como esta, que perdura até hoje e que talvez nunca acabará.

O primeiro encontro entre fé cristã e modernidade

A primeira etapa, também chamada de pesquisa antiga sobre o Jesus histórico, abrange o final do século XVIII até o começo do século XX. Num primeiro momento, o debate se concentrou no confronto entre dois grupos: os *supernaturalistas* e os *racionalistas*, particularmente no que diz respeito à história bíblica dos milagres. Os *supernaturalistas* tentavam salvaguardar a compreensão tradicional da fé cristã, rejeitando a cultura moderna em todos os aspectos em que ela poderia significar uma ameaça ao seu modo de interpretá-la. Em relação à Bíblia, sustentavam a *inspiração verbal*, segundo a qual cada palavra foi diretamente inspirada por Deus. Esta posição tinha como conseqüência a *inerrância bíblica*. Se Deus é o autor principal da Bíblia, ela não pode ter erros de espécie alguma. Os *racionalistas*, por sua vez, procuravam conciliar fé cristã e cultura moderna. Ser moderno, no começo do século XIX, significava, particularmente, ter uma visão científica alicerçada na física de Newton, segundo a qual a natureza era um sistema fechado de causa e efeito. Os milagres de Jesus contradiziam a visão científica mundial. Para explicá-los, recorriam à teoria da *dupla causalidade*: Deus é a *causalidade primária* de tudo o que acontece, é a razão de existir do universo. Mas, nós podemos dar explicações científicas — botânicas, físicas, políticas e econômicas — ao que acontece no universo; neste nível se dá a *causalidade secundária*.

Esse debate recobrou vigor com a publicação, em 1831-1832, da obra do professor da Universidade de Tubinga, David Friedrich Strauss, *A vida de Jesus* (*Das Leben Jesu*).[224] Tratava-se de um trabalho científico de ampla envergadura sobre os quatro

---

[224] No contexto cultural iluminista-racionalista situam-se três obras sobre a vida de Jesus. A primeira, da autoria de Eberhard Gottlob Paulus, é *A vida de Jesus*, em quatro volumes, publicada em 1828; o autor tenta reconstruir a vida de Jesus como fundamento do cristianismo primitivo sob um aspecto puramente histórico. A segunda, *A vida de Jesus* escrita por Karl Hase e publicada em 1929; seu objetivo era apresentar a realidade de Jesus em termos históricos com base nas fontes evangélicas, sem avaliar as questões não suficientemente documentadas ou de caráter dogmático. A terceira, *A Vida de Jesus*, publicação póstuma baseada nas lições ministradas na Universidade de Berlim por Friedrich Ernest Daniel Schleiermacher, em 1832; o autor, filósofo e teólogo, embora partindo de pressupostos contrários aos racionalistas, apresenta Jesus como o representante máximo da autoconsciência do divino no humano. Cf. Fabris, R. *Jesus de Nazaré*. História e interpretação, pp. 8-9.

evangelhos. Este não tinha a pretensão de se tornar uma biografia sobre Jesus.[225] O autor empregava a noção de mito própria do ambiente cultural da Escola de Tubinga, já usada na hermenêutica bíblica por G. L. Bauer, no final do século XVIII. Por causa da polêmica provocada por seus escritos, Strauss foi afastado do cargo de professor universitário, mas prosseguiu em suas pesquisas, juntamente com F. C. Baur, que também esboçou um retrato de Jesus, apresentando-o como mestre de moral elevada. Nessa imagem já se percebiam traços do Jesus da escola comumente chamada de liberal.

A teologia protestante liberal preocupava-se em descobrir o Jesus "verdadeiro". A pesquisa sobre a vida de Jesus[226] realizada por essa teologia era movida por dúplice motivação: polêmica contra a tradição dogmática da Igreja, partindo do pressuposto de que havia divergência entre o Cristo pregado pela Igreja e o Jesus da história; apologética que pretendia justificar o cristianismo diante do racionalismo moderno.[227]

Entendendo a história de modo positivista e naturalista, a teologia liberal despojava os fatos do seu significado de fé e deslocava a fé para além da reconstrução histórica de Jesus. Tratava-se de uma leitura histórica fechada à exigência de um sentido. Conseqüentemente, a fé era considerada apenas um fato subjetivo sem consistência histórico-objetiva.[228] O anúncio de Jesus, sintetizado no Reino de Deus, não é uma realidade histórica ou apocalíptica, mas um ideal religioso-moral que se realiza nas pessoas que o acolhem.

Como representante dessa orientação, destaca-se a figura de Adolf von Harnack, que publicou sua tese com o título *Vita Jesu scribi nequit* (*É impossível escrever a vida de Jesus*). Seu curso ministrado na Universidade de Berlim, em 1900, resultou na publicação do livro *A essência do cristianismo*. Para ele, a essência do cristianismo não está na doutrina, nem no código de moral, nem no culto, mas na mensagem de Jesus extraída dos evangelhos mediante a análise histórica. Tal mensagem é univer-

---

[225] Cf. ZUURMOND, R. *Procurais o Jesus histórico?*, pp. 22-24.

[226] O gênero literário "vida de Jesus" teve um período fecundo na época da escola liberal do século XIX e se prolongou até a Segunda Guerra Mundial. Cf. FABRIS, R. *Jesus de Nazaré. História e interpretação*, p. 26; SCHILSON, A., & KASPER, W. *Cristologia: abordagens contemporâneas*, pp. 18-19.

[227] Cf. FABRIS, R. *Jesus de Nazaré. História e interpretação*, p. 16.

[228] Cf. CIOLA, N. *Introdução à cristologia*, p. 9; SCHILSON, A. & KASPER, W. *Cristologia: abordagens contemporâneas*, pp. 18-19; ZUURMOND, R. *Procurais o Jesus histórico?*, pp. 30-31.

sal e aplicável a todos os tempos e todos os lugares. Ele resume a mensagem de Jesus em três proposições: Jesus pregou o Reino de Deus e a sua vinda; proclamou a paternidade de Deus e o valor infinito da alma humana; ensinou uma justiça mais elevada e a lei do amor. A novidade trazida por Jesus é a sua mensagem da vinda do reino como uma Realidade presente, interior e totalmente espiritual.[229]

Para Harnack, Jesus pertence à essência do cristianismo por duas razões: porque ele próprio é a realização pessoal e a força de sua mensagem evangélica; porque os cristãos assim o sentiram. Ele chega a Jesus por meio dos evangelhos sinóticos, particularmente Marcos; por terem sido escritos primeiro, estavam mais próximos dos fatos. Eliminando o material sobrenatural, como as histórias dos milagres, teremos uma narrativa basicamente confiável sobre a vida de Jesus.[230]

Johannes Weiss, no livro *A proclamação do Reino de Deus por Jesus*, reage contra essa idéia de que o Reino de Deus é uma realidade que progride na história com o avanço da cultura, considerando-a tipicamente moderna. Como judeu do século I, Jesus partilhava da expectativa apocalíptica do Reino e distinguia dois aspectos: primeiro, o Reino estava próximo; segundo, ele mesmo tinha um papel importante nessa vinda.[231]

A pesquisa antiga e o período chamado do Jesus liberal terminaram, em 1906, com o estudo de Albert Schweitzer, uma das figuras mais representativas da teologia liberal. Em sua pesquisa sobre essa questão, conclui que é impossível escrever uma biografia do Jesus histórico. As imagens de Jesus analisadas por ele não são a imagem do Jesus histórico, mas a revelação *a priori* de seus pesquisadores. Pertencente à Escola da História das Religiões, Schweitzer pensava que o Novo Testamento estava totalmente dominado pela expectativa de que o mundo acabaria em breve. Jesus era uma figura apocalíptica que teria se enganado quanto ao tempo da vinda do Reino de Deus. O grito de Jesus na cruz (cf. Mt 27,46) mostra sua grandeza e sua inabalável fidelidade. Unidos com ele misticamente, podemos encontrar, em Jesus, uma inspiração.[232]

---

[229] Cf. LOEWE, W. P. *Introdução à cristologia*, pp. 32-36.

[230] Esta posição de Harnack foi questionada por William Wrede em seu livro *O segredo messiânico no evangelho de Marcos*. Cf. LOEWE, W. P. *Introdução à cristologia*, p. 36.

[231] Cf. idem, ibidem, p. 37.

[232] Cf. ZUURMOND, R. *Procurais o Jesus histórico?*, pp. 30-31; PALACIO, C. *Jesus Cristo. História e interpretação*, pp. 24-28.

Esta etapa do movimento de volta ao Jesus histórico representou o primeiro encontro entre fé cristã e modernidade, mas os resultados não pareceram satisfatórios: os supernaturalistas rejeitaram a modernidade; os liberais acomodaram-se. Weiss e Schweitzer chegaram a um Jesus histórico pouco relevante para os cristãos contemporâneos a eles.

O Jesus da história e o Cristo da fé

A semente que deu origem à *segunda etapa*, também chamada de intermediária (1906-1953), já havia sido lançada com a publicação, em 1892, do livro de Martin Kähler, *O assim chamado Jesus histórico e o Cristo historial anunciado na Bíblia* (*Der sogenannte historisch Jesus und der geschichtliche, biblisch Cristus*). O autor introduz a distinção entre o Jesus histórico e o verdadeiro Cristo da Bíblia. Defende a tese de que não podemos conhecer Cristo pelo material histórico a nós fornecido; só podemos descobrir o Jesus do querigma, o Jesus pregado na comunidade cristã primitiva. Ele distingue a história (*Geschichte*), realidade historicamente operante, da dimensão secundária da crônica (*Historie*), que enfatiza a materialidade dos fatos.[233]

O teólogo Rudolf Bultmann, referência importante deste período, radicaliza os pressupostos de Kähler. Para ele, só o Cristo do querigma é importante. Sobre Jesus não sabemos praticamente nada. A partir das fontes é impossível construir, com um mínimo de segurança, os traços principais da figura de Jesus. Além de ser impossível metodologicamente, tal tentativa é, segundo ele, ilegítima teologicamente, pois o Jesus histórico é irrelevante para a fé. O que fundamenta a fé neotestamentária é a Páscoa. O querigma pós-pascal sobre Jesus suplanta a mensagem do Jesus histórico. Dá-se a passagem da mensagem de Jesus para a mensagem sobre Jesus.[234]

Bultmann abandona o Jesus histórico, pois, segundo ele, é impossível libertá-lo do seu invólucro helenista e sincretista e da cosmovisão mitológica do Novo Testamento. Faltam-nos fontes, no sentido da historiografia moderna, que nos garantam o conhecimento da história de Jesus. Dele podemos afirmar apenas que foi um pro-

---

[233] Cf. CIOLA, N. *Introdução à cristologia*, p. 23.

[234] Cf. FABRIS, R. *Jesus de Nazaré. História e interpretação*, pp. 17-21; SCHILSON, A. & KASPER, W. *Cristologia: abordagens contemporâneas*, pp. 28-35; ZUURMOND, R. *Procurais o Jesus histórico?*, pp. 31-36.

feta judeu, com traços apocalípticos, que pertence essencialmente ao Antigo Testamento e, por conseguinte, não tem importância para os cristãos.

O fundamento e o objeto da nossa fé é o Cristo ressuscitado, pregado pela Igreja, e não o Jesus da história. Para a fé cristã é suficiente saber que Jesus existiu e foi crucificado sob o império de Pôncio Pilatos. Somente o fato mesmo (*Dass*) da existência terrena de Jesus é importante, e não sua modalidade (*das wie und Was*). A religião cristã teve origem na pregação pascal e a pregação de Jesus pertence aos pressupostos da teologia do Novo Testamento, mas não faz parte dela.[235]

Juntamente com Karl Barth,[236] Bultmann participa do movimento que se concentrou em torno do que se chamou teologia da palavra, segundo a qual a Bíblia é um texto antigo e empoeirado que, quando proclamado, torna-se, para os que o ouvem, palavra salvífica de Deus. As pessoas que respondem à palavra, na fé, são salvas, as que a rejeitam são submetidas ao julgamento e condenadas.

Essa dicotomia entre o Jesus histórico e o Cristo pregada por Schweitzer, Barth e Bultmann teve como objetivo defender a fé cristã dos resultados da pesquisa crítica-histórica e a reação contra ela fez surgir um novo período no estudo dessa questão.

A relevância teológica da história de Jesus

A *terceira etapa* recoloca a questão do Jesus histórico e tem início com a famosa conferência do ex-aluno de Bultmann — E. Käsemann — para os antigos alunos de Marburg, em outubro de 1953, sob o título *O problema do Jesus histórico*. Nela, Käsemann afirma que uma nova pesquisa sobre o Jesus histórico *legítima, necessária, é possível*. *Legítima* porque o desenvolvimento do método crítico-histórico oferece outros meios de informação a respeito de Jesus; *necessária* porque um cristianismo centrado totalmente no Cristo da fé pode ser acusado de ser apenas mais um mito, sem nenhuma relação com a figura histórica do Jesus de Nazaré; *possível* porque os estudiosos dispõem de novos métodos de pesquisa: a crítica das fontes, a crítica das formas e a crítica redacional.[237]

---

[235] Cf. PALACIO, C. *Jesus Cristo. História e interpretação*, pp. 30-35; ZUURMOND, R. *Procurais o Jesus histórico?*, pp. 31-36.

[236] Karl Barth contesta os pressupostos metodológicos da teologia liberal: substituição do primado absoluto da revelação pela subjetividade religiosa e redução da fé a uma possibilidade da razão, e estabelece o primado da revelação. Cf. PALACIO, C. *Jesus Cristo: História e interpretação*, pp. 28-30; SCHILSON, A. & KASPER, W. *Cristologia: abordagens contemporâneas*, pp. 46-56.

[237] Cf. LOEWE, W. P. *Introdução à cristologia*, pp. 46-54.

Ele rejeita a dissociação entre o Cristo do querigma e o Jesus da história. Para Käsemann, a história de Jesus tem uma significação constitutiva para a fé. O Jesus terrestre está incluído em nossa fé em Cristo. A história pré-pascal de Jesus pertence essencialmente à fé cristã. Uma fé sem referência ao Jesus histórico, uma teologia exclusivamente querigmática que prescinde da história concreta de Jesus de Nazaré e retém só o puro *Dass* de sua existência desemboca inexoravelmente no gnosticismo.[238]

Para Käsemann, o ponto de partida é, sem dúvida, a fé pascal do Cristo como foi transmitida pela Igreja apostólica. A situação pós-pascal da fé em Cristo é diferente da situação pré-pascal. Os ditos e fatos referentes a Jesus de Nazaré são sempre relatados a partir da fé. A vida pré-pascal de Jesus tem, em si mesma, uma relevância teológica e a fé pascal exige, como dimensão essencial, a história pré-pascal de Jesus.[239] O Novo Testamento traz informações sobre Jesus, mas cada um desses dados precisa ser analisado para averiguar se usufrui algum grau de probabilidade histórica ou não.

A partir da década de 1970, alguns fatores influenciaram a pesquisa sobre o Jesus histórico. Entre estes, podemos citar: a arqueologia moderna, a pesquisa histórico-crítica da literatura rabínica da época, além do estudo dos escritos encontrados de Qumran e perto de Nag-Hammadi, no Egito. A cristologia atual é fruto da longa e profunda ruptura do Iluminismo e do racionalismo, produzida há mais de dois séculos, e que o Concílio Vaticano II legitimou. Depois desse marco histórico, a produção cristológica tornou-se densa e ainda está muito próxima para que se possa fazer uma avaliação mais profunda. Resumidamente, podemos dizer que a pretensão inicial de *saber tudo sobre Jesus* chocou-se com a afirmação de que *já sabemos tudo sobre Jesus*, sobreviveu graças à resignação bultmanniana de que *não necessitamos saber nada sobre Jesus* e chegou à constatação de que *podemos saber algo sobre Jesus*.[240]

Neste processo, um dado permanece fundamental: o cristianismo não nasceu de uma simples idéia, nem de um dogma, nem de uma mensagem; começou com um acontecimento histórico: a vida, a missão, a morte e a ressurreição de Jesus de Nazaré. O Jesus da história deve, portanto, ser estudado em sua vida terrena, tal

---

[238] Cf. FABRIS, R. *Jesus de Nazaré. História e interpretação*, pp. 21-22; SCHILSON, A. & KASPER, W. *Cristologia: abordagens contemporâneas*, pp. 21-23.
[239] Cf. CIOLA, N. *Introdução à cristologia*, pp. 25-26.
[240] Cf. GONZÁLEZ FAUS, J. I. *La Humanidad Nueva*, p. 32.

como nos é relatado pelos evangelhos. Jesus revelou sua identidade de Filho de Deus em sua vida pública e, com autoridade, chamou os discípulos ao seu seguimento. Manifestou-se como Filho de Deus e como salvador na condição histórica. A sua ressurreição projetou nova luz, que veio confirmar a veracidade de suas palavras e de seus gestos terrenos.[241] O movimento de volta ao Jesus histórico tornou presente o realismo humano de sua vida e nos fez perceber que ele, no início de sua vida pública, chamou algumas pessoas para o seguirem e partilharem com ele a vida, a missão e o destino.[242]

O resgate da categoria do seguimento

O longo e conturbado processo de volta ao Jesus da história trouxe consigo inúmeras conseqüências.[243] Sem ignorar essa abrangência, direcionamos nossa análise apenas para a questão que nos interessa de perto: o seguimento de Jesus.

---

[241] Cf. TORRES QUEIRUGA, A. *Repensar a cristologia*, p. 207.

[242] A este respeito, André Torres Queiruga chama a atenção para a passagem da "inteligibilidade" à "seguibilidade" de Cristo, isto é, à possibilidade existencial de seu seguimento em nossa vida. Cf. *Repensar a cristologia*, p. 277.

[243] Na teologia moral, desencadeou-se um esforço de reação contra a moral dos manuais e de busca de uma moral fundamentada na pessoa de Jesus. Nesse campo, o filósofo alemão Max Scheler, expoente da fenomenologia, exerceu uma influência determinante. Em sua obra *Modelos e chefes*, ele insistiu no princípio da exemplaridade na vida moral e distinguiu o *chefe do modelo*. O *chefe* se legitima e age fundamentado no princípio da autoridade e dos mandamentos. Os que dele dependem o fazem motivados pela obediência. O *modelo* implica sempre uma idéia de valor, se fundamenta e age pelos caminhos do exemplo e pela força de sua personalidade. Ele personaliza os valores, tornando-os vivos e atraentes. Os que o seguem reagem à sua influência como uma atitude da imitação, que não deve ser confundida com a mera reprodução material.

Os chefes movem a vontade, os modelos plasmam o ser. Para Max Scheler, o seguimento supõe um modelo. A fonte do seguimento é o amor por outra pessoa que motiva a pessoa enamorada a tornar-se discípula da pessoa amada. Dessa forma, o ideal do mestre se converte em ideal do discípulo. O ideal ético e o princípio de seguimento em Max Scheler foi estudado por K. Wojtyla em sua obra *Max Scheler e a ética cristã*.

A teoria do modelo de Max Scheler, exposta no contexto de uma ética personalista dos valores, foi retomada pelo exegeta Fritz Tillmann, em sua obra *Il maestro chiama. Compendio di teologia morale*, e, por ele, aplicada à teologia moral, tendo Cristo como modelo. Tillmann busca na idéia de seguimento/imitação um princípio fundamental de moral. Para ele a idéia de seguimento de Cristo contém, claramente, uma tarefa de altíssimo valor para a personalidade religioso-moral; esta requer plena dedicação e amor total. Da atuação, sempre somente aproximativa de tal seguimento, nasce uma tensão interior, que no cristão autêntico conduz à humildade da abnegação de si mesmo e à decisão de carregar, todos os dias, a própria cruz. O motivo último de desejar seguir Jesus está no fato místico da vida de Cristo, na qual o discípulo é assumido depois do batismo.

Bernhard Häring, um dos maiores expoentes da teologia moral, particularmente em *A lei de Cristo*, 4 v, coloca em segundo plano a exemplaridade de Cristo e fundamenta seu pensamento no estar aferrados à pessoa de Cristo, Deus-homem, e na obediência amorosa a ele. Metodologicamente, ele prescinde de uma relação sacramental com Cristo, porque sua

Não consta que questão do seguimento de Jesus estivesse explicitamente presente nos fatos, nas preocupações e nos objetivos que originaram o movimento de volta ao Jesus histórico. Entretanto, numa avaliação retrospectiva, podemos afirmar que existe, sem dúvida, uma relação entre o esforço de redescoberta da dimensão histórica de Jesus e o resgate da categoria de seguimento, que só num segundo momento foi percebida de forma sensível.[244]

O debate sobre o Jesus histórico e Cristo da fé não é um simples problema da ciência histórica, mas uma questão teológica significativa, que guarda uma relação especial com o crente ou o incrédulo que trata do assunto. Como para os autores dos evangelhos, o objeto mesmo da investigação impede uma abordagem neutra, pois a própria neutralidade já é uma tomada de postura. A pergunta pelo Jesus histórico não é uma questão do passado, mas pertence à essência do cristianismo, que não se define como uma doutrina, mas como o seguimento de uma pessoa.[245]

Delinear o rosto histórico de Jesus de Nazaré — certificar-se da veracidade de suas palavras, da pretensão messiânica de seus gestos — é uma questão significativa, pois uma vez precisada sua verdadeira identidade, dela derivam conseqüências vitais. Se Jesus de Nazaré é verdadeiramente o Verbo eterno, o messias anunciado pelos profetas que, na plenitude dos tempos, assumiu a natureza humana, a única alternativa é segui-lo, pois nele se encontra a salvação.[246] Conseqüentemente, a volta ao Jesus da história leva ao resgate da categoria de seguimento.[247]

---

pesquisa é de cunho fenomenológico. Apesar disso, ele fala do amor ao mestre sobre o qual se fundamenta o seguimento, mas não esclarece a relação entre a caridade e o seguimento. Seguimento seria mais a visão da moral cristã, enquanto a caridade seria o princípio formal interior dos atos sobrenaturais. Adotando o ponto de vista de Kant, para o qual *princípio* compreende necessariamente algo de impessoal, Häring não fala em princípio de seguimento.

Não obstante o louvável esforço desses autores em reconhecer a importância do seguimento de Jesus, eles não conseguiram tirar todas as conseqüências dessa visão cristológica da moral. Apesar disso, eles representam um marco na história eclesial da tradição do seguimento. Cf. Adnes, P. *Sequela e imitazione di Cristo nella Scrittura e nella Tradizione*, pp. 159-163. Sobre o seguimento na teologia moral, foi publicada uma síntese da pesquisa de Alfons Kling, na obra de Kalus Demmer e Bruno Schüller, *Fede cristiana e agire morale*.

[244] Cf. Hengel, M. *Seguimiento y carisma*, p. 10.
[245] Cf. González Faus, J. I. *La Humanidad Nueva*, pp. 33 e 47.
[246] Cf. Ciola, N. *Introdução à cristologia*, p. 7.
[247] A percepção desta realidade continuou a despertar grande interesse junto aos teólogos em geral e, particularmente, no âmbito da teologia moral. Além de E. Larsson, E. Neuhäusler e A. Schulz (ver nota 164), podemos destacar alguns autores. R. Schnackenburg, em sua obra *Messaggio morale del Nuovo Testamento*, sublinha, no período pré-pascal, o aspecto do discipulado no sentido estrito da palavra com todas as implicações de uma comunhão de vida com o Mestre, e, no

A radicalidade humana de Jesus, a consciência de sua pertença a uma tradição religiosa e histórica muito concreta e, por meio dela, à própria história da humanidade, levaram a perceber que isso significava também sua imersão no processo evolutivo da vida e do próprio cosmo,[248] abrindo a possibilidade de refazer e atualizar, na história, sua vida, missão e destino.

Além disso, o valor de Cristo se torna abstrato e inoperante se não for traduzido numa relação-comunicação vital com ele, que transforme, progressivamente, nossa existência e amplie os horizontes da nossa história. Isso não pode ser alcançado por meio de uma relação teórica ou recorrendo à simples lembrança histórica. Porque pertence à nossa história e surge do nosso cosmo, Jesus pode revelar-nos os segredos da dimensão transcendente de sua comunhão com Deus. Dimensão que nos ultrapassa em seu mistério absoluto, mas que, partindo das raízes de nossa humanidade comum, permite a comunhão real com ele e a apropriação de sua dinâmica vital: tornar-nos filhos no Filho.[249]

O problema da identidade histórica de Jesus arrasta consigo a questão da *significatio universalis* de sua pessoa. Ligar estreita e indissoluvelmente a realidade salvífica e universal de Deus ao nome de Jesus exige uma hermenêutica das origens correlacionada com a hermenêutica da relevância. A historicidade de Jesus está nas origens da fé cristã e deve tornar-se a norma sempre viva da fé, a resposta plena para as necessidades e perguntas pelo sentido da existência humana.[250]

O seguimento de Jesus supõe uma referência ao acontecimento histórico do chamado de Jesus de Nazaré como absolutamente normativo, como disponibilidade

---

período pós-pascal, realiza o aspecto do seguimento de Cristo para toda a Igreja. Neste último caso, trata-se freqüentemente de uma atitude moral que se identifica, parcialmente, com o tema da imitação. C. Spicq, em *Théologie morale du N.T.*, estudou o tema do seguimento e da imitação de Cristo do ponto de vista da moral neotestamentária. R. Thysman, em *L'éthique de imitation di Christi dans le N.T.*, também fundamenta o seu estudo sobre a ética da imitação de Cristo no Novo Testamento. O seguimento de Cristo, para ele, exprime um conceito essencialmente teológico e religioso, de uma comunhão de vida estável com Cristo, que é um dom de Deus. T. Aerts, em *Le verbe "suivre" dans la tradition synoptique*, oferece uma síntese válida — do ponto de vista da crítica literária — sobre a origem e a evolução do conceito de seguimento de Cristo nos evangelhos sinóticos. Aerts estuda a tradição no estado pré-comunitário (chamado de Cristo e suas exigências), no comunitário (condições para seguir Jesus, narração das vocações e outros textos narrativos) e no redacional (examina separadamente os três evangelhos).

[248] Cf. TORRES QUEIRUGA, A. *Repensar a cristologia*, p. 278.

[249] Cf. idem, ibidem, p. 283.

[250] Cf. CIOLA, N. *Introdução à cristologia*, pp. 9-10.

para deixar-se normatizar por ele, mediante o dom do Espírito. E é isso que legitima e atualiza o seguimento, não obstante a real distância dos tempos e das situações.

Entre as cristologias mais recentes,[251] que se desenvolveram na segunda metade do século XX e ganharam força após o Concílio Vaticano, está a cristologia da libertação, a qual nasceu no seio da teologia da libertação.[252] No processo de resgate da categoria do seguimento de Jesus, como situar a produção cristológica latino-americana?

10. A categoria cristológica de seguimento na Teologia da Libertação

Na história da América Latina, durante quase cinco séculos, "imagem" de Cristo e sofrimento humano estiveram relacionados de modo evidente e de forma unilateral. Cristo era símbolo do sofrimento com o qual o povo se identificava e modelo para ser imitado.

Entretanto, a partir da década de 1960, com o impacto da modernidade, começa a emergir a inoperância das cristologias tradicionais e a urgente necessidade de uma nova cristologia que sustentasse a práxis dos cristãos comprometidos com os processos históricos de libertação. Cristo começa a ser visto também como símbolo da libertação e de protesto contra a tragédia de um povo crucificado.[253]

Para situar a produção cristológica latino-americana no processo de resgate da categoria de seguimento é necessário considerar: *a origem da cristologia da libertação é a proposta de Jon Sobrino.*

---

[251] Entre as correntes cristológicas mais recentes, podemos citar: *a cristologia cósmica, a cristologia antropológica e a cristologia progressiva*. Essas correntes são apresentadas por GALOT, J. Cristologias. In: LATOURELLE, R. & FISICHELLA, R. (orgs.). *Dicionário de teologia fundamental*, pp. 175-179; GIBELLINI, R. *A teologia do século XX*; MARTIN RODRIGUES, F. *Jesus relato histórico de Deus*, pp. 249-256; SCHILSON, A. & KASPER, W. *Cristologia: abordagens contemporâneas*; RAHNER, K. *Curso fundamental da fé*, pp. 247-272.

[252] Cf. SCANNONE, J. C. Teologia da Libertação. In: NEUFELD, K. H. (org.). *Problemas e perspectivas da teologia dogmática*, pp. 341-343.

[253] A este respeito Riolando Azzi publicou um estudo intitulado Do Bom Jesus Sofredor ao Cristo libertador. Um aspecto da evolução da Teologia e da Espiritualidade católica no Brasil, *Perspectiva Teológica*, n. 45, pp. 215-233.

A origem da cristologia da libertação

A reflexão cristológica latino-americana tem suas raízes em Medellín (1968), que não elaborou um documento sobre Cristo, mas recolheu os fragmentos já existentes no ambiente cristão e fez afirmações que apontam para uma nova compreensão pastoral e teológica de Cristo, particularmente em relação ao aspecto histórico da salvação, ao princípio da parcialidade e à hermenêutica.[254]

A importante obra de Leonardo Boff, *Jesus Cristo Libertador*, publicada em 1972, marcou o início de um caminho novo, árduo e difícil: a leitura histórica de Jesus Cristo na perspectiva da teologia latino-americana. A originalidade dessa cristologia reside em suas quatro características principais: *o primado da antropologia sobre a eclesiologia*: no centro das preocupações da América Latina não está a Igreja, mas o ser humano, que a Igreja é chamada a humanizar; *o primado da utopia sobre o factual*: na história se antecipa o Reino e está em gestação o homem novo, e a reconciliação prometida e realizada em Cristo é o coroamento das realizações humanas; *o primado da crítica sobre a dogmática*, ancorada na necessidade de discernir o núcleo da libertação da mensagem cristã; *o primado da ortopraxia sobre a ortodoxia*, salientando o momento praxicológico da mensagem de Cristo.[255]

Nessa cristologia, o seguimento de Jesus é, para os cristãos, a forma de realizar a libertação, que lhe confere concretude histórica. Em sua obra, Leonardo Boff sintetiza numa frase magistral a relevância e a abrangência do seguimento, afirmando: "Seguir Jesus é pro-seguir sua obra, per-seguir sua causa e con-seguir sua plenitude".[256]

Outros teólogos da libertação também reconheceram a importância do seguimento: J. B. Libanio afirma que o seguimento de Jesus é o ponto nodal da cristologia da libertação. Ele diz que o seguimento de Jesus "é a expressão existencial da fé em Cristo. Ilumina tanto uma cristologia práxica — que conduz ao agir do cristão — como uma cristologia teórica — que conduz à intelecção da fé".[257]

---

[254] Cf. Lois, J. Cristología en la Teología de la Liberación. In: Ellacuría, I. & Sobrino, J. (orgs.). *Mysterium Liberationis. Conceptos fundamentales de la Teología de la Liberación*, pp. 223-224; Sobrino, J. *Jesus na América Latina*, p. 18; Tavares, S. S. *Il Mistero della Croce nei teologi della liberazione latino-americani*, pp. 65-66.

[255] Cf. Gibellini, R. *A Teologia do século XX*, p. 363.

[256] Boff, L. *Jesus Cristo libertador*, p. 35.

[257] Libanio, J. B. & Antoniazzi, A. *20 anos de teologia na América Latina e no Brasil*, pp. 40-41.

G. Gutiérrez inicia sua obra *Beber no próprio poço* com a seguinte afirmação: "Seguir a Jesus define o cristão. Refletir sobre esta experiência é o tema central de toda a teologia sadia".[258] C. Palacio, usando uma comparação muito bem escolhida, diz: "A vida de Jesus é 'parábola', cuja única chave de interpretação é o seguimento".[259] Para I. Ellacuría, a teologia latino-americana "entende a vida cristã como seguimento". [260] A. Barreiro resume a vida cristã no seguimento: "Só se pode ser cristão no seguimento de Jesus, e não há seguimento de Jesus se não há participação, de uma maneira ou de outra, no processo de libertação dos pobres, sinal mais característico da vinda do Reino proclamado por Jesus.[261]

Mas o projeto cristológico mais bem elaborado desde a perspectiva do seguimento é, sem dúvida, o proposto pelo teólogo hispano-salvadorenho Jon Sobrino.

A proposta de Jon Sobrino

Na galeria dos teólogos latino-americanos é Jon Sobrino quem tematiza, de forma muito especial, a categoria cristológica de seguimento. No horizonte da teologia da libertação, tendo presente seus pressupostos específicos,[262] desenvolve sua reflexão que ele próprio designa com o nome de "cristologia da libertação" ou "cristologia latino-americana".[263]

A preocupação fundamental de Jon Sobrino é resgatar o valor do seguimento como "princípio estrutural e hierárquico de toda a vida cristã, segundo o qual po-

---

[258] GUTIÉRREZ, G. *Beber no próprio poço*, p. 13.

[259] PALACIO, C. *Jesus Cristo*: história e interpretação, p. 106.

[260] ELLACURÍA, I. Tesis sobre la posibilidad, necesidad y sentido de una teología latinoamericana. In: VARGAS-MACHUCA, A. (org). *Teología y mundo contemporaneo*, p. 344. Frase citada por SOBRINO, J. Identidade cristã. In: FLORISTÁN SAMANES, C. & TAMAYO-ACOSTA, J. J. (orgs.). *Dicionário de conceitos fundamentais do cristianismo*, p. 343; SOBRINO, J. Seguimento de Jesus. In: FLORISTÁN SAMANES, C. & TAMAYO-ACOSTA, J. J. (orgs.). *Dicionário de conceitos fundamentais do cristianismo*, p. 771.

[261] BARREIRO, A. Opção pelos pobres. A propósito de uma opção teológica. *Perspectiva Teológica*, n. 38, p. 30.

[262] Cf. SOBRINO, J. Cristología sistemática. Jesucristo, el mediador absoluto del reino de Dios. In: ELLACURÍA, I. & SOBRINO, J. (orgs.). *Mysterium Liberationis*. Conceptos fundamentales de Teología de la Liberación, v. 1, p. 575.

[263] Em seu livro *Jesus na América Latina*, p. 19, nota, 5, Jon Sobrino esclarece que o termo "cristologia latino-americana" ou "cristologia da libertação" não é um termo técnico. Designa, descritivamente, os enfoques e os conteúdos que aparecem nos escritos de teólogos latino-americanos como Leonardo Boff, Ignacio Ellacuría, Segundo Galiléia, Gustavo Gutiérrez e o próprio autor.

dem e devem organizar-se outras dimensões dessa vida".[264] Não quer apenas revitalizar teologicamente esse tema, mas propor um princípio para "desmundanizar" e "desalienar" a Igreja, para que ela possa realizar uma adequada encarnação e missão no mundo, e possa reencontrar sua identidade e relevância.[265]

A origem de sua reflexão cristológica está ligada a uma práxis de libertação histórica e brota de um compromisso prévio com a transformação da realidade.[266] Seu objetivo é expor a verdade sobre Cristo, levando em consideração os elementos fundamentais da fé real em Cristo que caracterizam o contexto latino-americano. Não tem a preocupação de esclarecer fórmulas neotestamentárias ou dogmáticas sobre a totalidade de Cristo, pois sua intenção pastoral não é tornar essas fórmulas compreensíveis aos que as põem em dúvida por razões culturais e ambientais.[267] Sua preocupação é mais ampla e abrangente e, ao mesmo tempo, clara e concreta:

> A cristologia pode mostrar um caminho, o de Jesus, no qual o ser humano pode se encontrar com o mistério, pode chamá-lo com o nome de "Pai", como fez Jesus, e pode chamar este Jesus com o nome de Cristo. A cristologia necessita e deve desencadear a força da inteligência, mas também outras forças do ser humano. Seu trabalho deverá ser rigorosamente intelectual, para alguns deverá ser inclusive doutrinal, mas sua essência mais profunda está em ser algo "espiritual", que ajude as pessoas e as comunidades a se encontrar com o Cristo, a seguir a causa de Jesus, a viver como homens e mulheres novos e a fazer este mundo segundo o coração de Deus.[268]

No contexto dos autores da Teologia da Libertação, reconhecemos a originalidade e a abrangência da proposta de Jon Sobrino. Por isso, nossa atenção se volta, de modo especial, para este autor com um dúplice objetivo: entender o significado, a abrangência e a relevância do seguimento e tentar descobrir sua contribuição específica para o resgate dessa categoria cristológica.

---

[264] SOBRINO, J. Seguimento de Jesus. In: FLORISTÁN SAMANES, C. & TAMAYO-ACOSTA, J. J. (orgs.). Dicionário de conceitos fundamentais do cristianismo. p. 773.

[265] Cf. idem, ibidem, pp. 771-772.

[266] Cf. idem, Cristologia a partir da América Latina, p. 23; ———. Jesus na América Latina, p. 24.

[267] Cf. idem, Jesus na América Latina, p. 22.

[268] Idem, Jesus, o Libertador. I – A História de Jesus de Nazaré, p. 21.

Conclusão

Sem o propósito de traçar uma história exaustiva da evolução do conceito de seguimento e de suas encruzilhadas com o conceito de imitação, percorremos, como quem segue o curso das águas de um rio, o caminho desenhado por aquele conceito desde as primeiras comunidades até hoje. Nessa trajetória, nossa preocupação foi perceber o fio condutor dessa evolução e registrar as interferências que foram direcionando o curso da história dos dois conceitos: seguimento e imitação. Este olhar panorâmico nos permitiu elaborar um quadro de referência e tirar algumas conclusões.

1. O fato histórico, testemunhado pelos apóstolos, de que Jesus chamou pessoas para segui-lo, permanece como fonte inspiradora e normativa de todos os esforços de atualização e vivência do seguimento de Jesus ao longo dos tempos.

Ao iniciar sua vida pública, Jesus, com autoridade indiscutível, chamou algumas pessoas para segui-lo e partilhar com ele a vida, a missão e o destino. Esse fato, testemunhado pelos apóstolos, é a fonte inspiradora e normativa de todos os chamados e de todos os esforços de vivência do seguimento, ao longo da história. O pressuposto de todas as tentativas de compreensão e vivência do seguimento é a consciência do mistério inefável que envolve a pessoa de Jesus, o Deus feito homem, por meio do qual o próprio Deus intervém na vida da pessoa, provocando uma experiência cristã imensurável.

A partir desse pressuposto, o chamado de Jesus e a resposta humana se tornam um evento salvífico. Dois elementos estabelecem a unidade e a continuidade entre o seguimento histórico de Jesus e o seguimento como expressão da existência cristã: de um lado, as palavras de Jesus, o Messias, que chama para segui-lo, e, de outro, a fé em sua pessoa, como o enviado de Deus, o anunciado pelos profetas e esperado pelas nações.

Jesus é o modelo e a personificação do chamado de Deus. Como enviado do Pai e Filho Unigênito, está associado a ele no chamado; como ser humano, responde no mundo e pelo mundo diante do Pai. O imperativo de Jesus — *segue-me* — é o ato por meio do qual Deus coloca radicalmente em questão o ser humano e o abre ao dom da salvação.

2. Os conceitos de seguimento e de imitação fazem parte do universo religioso dos que reconhecem em Jesus o Verbo encarnado vindo ao mundo para realizar o projeto do Pai.

Seguimento e imitação atravessam a história do cristianismo como modos de expressar a experiência cristã. Cada momento histórico, percebendo de modo singular os desafios da realidade e sob a ação do Espírito de Jesus e do Pai, interpretou de forma diferente o chamado ao seguimento e à imitação e elaborou de modo singular a própria resposta.

Embora Jesus não se coloque como modelo de imitação, sua vida oferece alguns pressupostos para fundamentar a relação entre seguimento e imitação: *a comunhão de vida* dos discípulos com o Mestre, que os coloca em condição de assimilar as atitudes pessoais e profundas de Jesus; *a mudança de mentalidade* exigida por Jesus; *a invocação Abba:* Jesus chama a Deus de Pai e autoriza os discípulos a fazê-lo também.

Ao longo da história, o conceito de seguimento, característico dos evangelhos, se cruza com o conceito de imitação, encontrado, prevalentemente, nos escritos paulinos. A imensa gama de matizes do significado desses termos e a pertinência e a relevância de cada um tornam quase impossível uma nítida separação.

As coordenadas histórico-culturais, a cristologia, a eclesiologia e as diferentes preocupações pastorais projetam luzes, ora sobre o conceito de seguimento, deixando na sombra o conceito de imitação, ora sobre o conceito de imitação, deixando na penumbra o conceito de seguimento.

3. Nos primórdios do cristianismo, seguimento e imitação se entrelaçavam e ambos os termos expressavam a realidade pluriforme da presença viva e atuante de Jesus de Nazaré.

Uma preocupação fundamental dominava a Igreja nascente: manter viva a memória de Jesus de Nazaré, que Deus ungiu com o Espírito Santo e com poder, que andou pelas estradas da Palestina, fazendo o bem a todos, foi rejeitado e crucificado. Deus, porém, o ressuscitou no terceiro dia (cf. At 10,38-40).

Nos primeiros séculos do cristianismo, marcados pela perseguição violenta, o martírio era considerado a mais autêntica e perfeita expressão de seguimento e imitação do Mestre da Galiléia, a mais qualificada profissão de fé e a mais radical profecia evangélica numa sociedade corrupta e idolátrica. Cristo mártir, presente na consciência dos cristãos como modelo a ser imitado, dava força para suportar os sofrimentos.

Os dois conceitos de seguimento e de imitação guardavam uma relativa distinção entre si e uma total referência à pessoa de Jesus Cristo. Imitar o exemplo do mártir Jesus de Nazaré era uma decorrência da fidelidade no seguimento radical, a ponto de entregar a própria vida.

Cessadas as perseguições, muitos cristãos sentiram falta da tensão escatológica do martírio e da fidelidade radical à pessoa de Jesus. Surge a necessidade de buscar formas novas para expressar a radicalidade do seguimento de Jesus e da imitação de sua paixão e morte. Nasce a vida monástica, uma espécie de martírio incruento. Na continuidade do martírio, a vida monástica é um chamado permanente à condição escatológica do cristão, que devia viver neste mundo consciente de sua transitoriedade, sem estabelecer aqui morada permanente.

Como o martírio, também a vida monástica se fundamenta num apaixonado cristocentrismo. A preocupação maior é a busca de formas de viver radicalmente a proposta de Jesus à imitação dos apóstolos. Como os apóstolos, eles deixam tudo para seguir Jesus, viver em comunidades, colocar os bens em comum e exercer a caridade fraterna.

4. Santo Agostinho representa um marco na tradição cristã do seguimento e da imitação. Para ele, seguir é sinônimo de imitar; à medida que imitamos também seguimos.

Considerado um dos "doutores da imitação", santo Agostinho, em seu livro *A virgindade consagrada*, faz uma pergunta que encerra uma afirmação: *O que quer dizer seguir, senão imitar?* Além de identificar os dois conceitos, ele subordina o seguimento à imitação: à medida que imitamos Jesus, também o seguimos.

Percebemos na afirmação de santo Agostinho que a imitação é o critério básico para avaliar o seguimento. A preocupação principal dos cristãos deve ser, por conseguinte, imitar Jesus, exemplo de todas as virtudes.

Essa subordinação da categoria cristológica de seguimento à de imitação, feita por santo Agostinho, exerceu uma influência ímpar na história desses dois conceitos. Seu pensamento gira ao redor de dois conceitos-chave: amar e imitar.

A imitação é fruto do amor. Se o cristão ama a Cristo, procura também se assemelhar a ele, que é o perfeito modelo de todas as virtudes.

5. Na tradição cristã ocidental, durante o período em que predominou a teologia escolástica, desapareceu, quase por completo, o conceito de seguimento, dando lugar à preocupação pela imitação de Cristo.

A Idade Média, centralizando sua reflexão cristológica e sua vivência em torno da humanidade de Cristo, fez emergir fortemente o ideal da imitação, deixando em segundo plano o ideal do seguimento. Vários fatores contribuíram para reforçar o ideal da imitação. Entre eles, podemos citar: a reflexão dos teólogos sobre o conceito de imitação, a espiritualidade concebida como ascese e mística da imitação, a *devotio moderna*, particularmente a obra *Imitação de Cristo* e o enfoque dado à moral como disciplina prático-pastoral.

Algumas vozes proféticas clamaram pelo resgate da categoria de seguimento sob forma de contestação. Entre elas, destacamos Francisco de Assis, Domingos de Gusmão e Inácio de Loyola.

Reforçado pela teologia dos dois caminhos, o seguimento passou a ser considerado uma vocação especial na Igreja. Contra essa tendência reagiu a Reforma Protestante, sobretudo: Martinho Lutero, Sören Kierkegaard e Dietrich Bonhoeffer.

6. A volta ao Jesus histórico proporcionou a redescoberta da importância do seguimento de Jesus.

Atualmente, os teólogos são concordes em admitir a necessidade de se resgatar a categoria cristológica do seguimento. Essa preocupação tem suas raízes no horizonte do processo histórico de compreensão da vida, missão e destino de Jesus de Nazaré e da preocupação que polarizou a atenção dos teólogos nestes últimos tempos: a volta ao Jesus histórico.

A travessia de volta ao Jesus da história constitui o fato gerador do processo de reapropriação do conceito de seguimento. A preocupação de conhecer os traços históricos do Homem de Nazaré, de provar a autenticidade de seus ensinamentos e o caráter messiânico de seus gestos é uma questão significativa, pois uma vez precisada sua verdadeira identidade, dela derivam conseqüências vitais. Se Jesus de Nazaré, que inaugurou sua vida pública chamando pessoas para segui-lo, é verdadeiramente o Verbo eterno, que, na plenitude dos tempos, assumiu a natureza humana, a única alternativa é segui-lo, pois nele se encontra a salvação.

A radicalidade humana de Jesus, a consciência de sua pertença a uma tradição religiosa e histórica muito concreta e, por meio dela, à própria história da humanidade, levou os teólogos a perceberem que isso significava também a imersão de Jesus no processo evolutivo da vida e do próprio cosmo, abrindo a possibilidade de refazer e atualizar, na história, sua vida, missão e destino. Conseqüentemente, a volta ao Jesus da história leva ao resgate da categoria de seguimento de Jesus.

7. Na Teologia da Libertação, é Jon Sobrino quem, de modo particular, se preocupa em resgatar a categoria cristológica do seguimento.

A cristologia da libertação insere-se no grande movimento de volta ao Jesus histórico com a preocupação central de dar continuidade à sua prática, por meio do seu seguimento. Os teólogos da libertação são unânimes em valorizar essa categoria cristológica.

Entre eles destaca-se Jon Sobrino, que, percebendo a inoperância das cristologias tradicionais, elabora uma cristologia segundo a perspectiva do seguimento. Nossa preocupação será, pois, identificar e realçar o seu contributo específico para o resgate dessa categoria.

Esta rápida evolução do conceito de seguimento e de imitação nos ajudou a situar Jon Sobrino na continuidade da história e nos possibilitou retomar com maior clareza a questão que nos acompanha: compreender o significado, a relevância e a abrangência do seguimento de Jesus, que atravessa toda a cristologia de Jon Sobrino, e identificar a contribuição específica que ele oferece para o resgate dessa categoria cristológica.

Para responder com propriedade a tal questão é indispensável perguntar: quais os pressupostos fundamentais da cristologia de Jon Sobrino? Quais são os traços característicos do Jesus apresentados por Jon Sobrino? A resposta a essas perguntas será objeto do capítulo III.

Capítulo III
CRISTOLOGIA NA PERSPECTIVA DO SEGUIMENTO DE JESUS

❋

O seguimento se transforma, então, na fórmula breve do cristianismo, porque enuncia a recuperação de Jesus e o modo de recuperá-lo; tem a virtualidade de resumir a totalidade da vida cristã e de evocá-la no concreto; tem o caráter de norma e também de ânimo para a sua realização, de exigência pela dificuldade e pela alegria por ter encontrado a "pérola preciosa".

Jon Sobrino

Iniciamos este nosso trabalho delineando um amplo horizonte bíblico da categoria do seguimento e buscando as raízes profundas de sua tradição neotestamentária (capítulo I); prosseguimos evidenciando a existência de uma tradição cristã do seguimento e demonstrando como seguir Jesus constitui o eixo central do cristianismo, a ponto de podermos afirmar que a história do cristianismo é uma história de seguimento (capítulo II). Tendo presente esse amplo panorama bíblico-histórico, nosso olhar se concentra, agora, na obra cristológica do teólogo Jon Sobrino. Como vimos, ele se situa na continuidade da tradição cristã do seguimento e é o autor que melhor trata desse tema no contexto latino-americano atual.

Para Jon Sobrino, recuperar o Jesus histórico não significa apenas ter notícias acerca de sua vida, missão e destino, mas também reproduzir sua vida, nas mais variadas circunstâncias históricas.[1] Propõe, por conseguinte, o seguimento como a forma mais radical para recuperar o concreto de Jesus e fazer dele a "origem e o fundamento da vida cristã".[2]

O seguimento é, na expressão do nosso autor, "fórmula breve do cristianismo", porque, ao mesmo tempo que enuncia a recuperação de Jesus, também oferece um modo de recuperá-lo. Concentra em si a virtualidade de resumir, de forma concreta, a totalidade da existência cristã; possui o caráter de norma e também de ânimo para a sua realização, de exigência pela dificuldade e pela alegria por ter encontrado a "pérola preciosa".[3]

---

[1] Cf. SOBRINO, J. Espiritualidad y seguimiento de Jesús. ELLACURÍA, I. & SOBRINO, J. (orgs.). In: *Mysterium Liberationis*. Conceptos fundamentales de la Teología de la Liberación, v. 2, pp. 459-471.

[2] Idem. Seguimento de Jesus. In: FLORISTÁN SAMANES, C. & TAMAYO-ACOSTA, J. J. (orgs.). *Dicionário de conceitos fundamentais do cristianismo*. p. 771.

[3] Idem, ibidem, p. 771.

Para compreender o alcance dessas afirmações de Jon Sobrino e suas implicações para a existência cristã, é necessário, antes de tudo, situá-las no contexto mais amplo de sua vasta e rica obra cristológica. Perguntamos, então, quais os pressupostos metodológicos fundamentais que perpassam todo o tecido da cristologia de Jon Sobrino? Qual o significado específico que Jon Sobrino atribui ao Jesus histórico? Quais as realidades centrais da vida e da pregação de Jesus? Quais as relações existentes entre essas opções metodológicas e o seguimento de Jesus?

Responderemos a essas questões no decorrer deste capítulo, considerando os seguintes pontos: *os pressupostos metodológicos da cristologia sobriniana* (1); *a prática de Jesus: história desencadeada para ser prosseguida* (2); *a relação de Jesus de Nazaré com o Reino de Deus* (3); *a relação de Jesus com Deus Pai* (4); *Jesus chama para o seu seguimento* (5).

As respostas a essas indagações, que serão objeto deste capítulo, representaram mais um passo na solução das questões básicas que perpassam todo o nosso trabalho: qual o significado, a relevância e a abrangência do seguimento de Jesus que atravessa toda a cristologia de Jon Sobrino? E qual a contribuição específica que ele oferece para o resgate dessa categoria cristológica?

1. Pressupostos metodológicos da cristologia sobriniana

Para Jon Sobrino, uma cristologia bem determinada não pode ser compreendida sem os seus pressupostos metodológicos.[4] Na concepção do nosso autor, a metodologia não se restringe ao modo de usar as fontes de pesquisa, mas vai muito além. Integra também a determinação do lugar onde se situa o sujeito da reflexão teológica e o processo global da tarefa teológica.[5]

Tendo presente essa constatação, perguntamos: quais os pressupostos metodológicos que perpassam o tecido da reflexão cristológica de Jon Sobrino e que constituem a chave para adentrar no universo de sua obra? Desdobraremos a resposta dessa questão em dois pontos fundamentais: *a perspectiva das vítimas deste mundo; Jesus de Nazaré, sacramento histórico do Cristo.*

---

[4] Cf. idem, *Cristologia a partir da América Latina*, p. 39.

[5] Cf. idem ibidem, pp. 40-44.

A perspectiva das vítimas deste mundo

Todo o pensamento está situado em um lugar e nasce de um interesse determinado, tem uma *perspectiva*, um *a partir de onde* e um *para onde*.[6] Por conseguinte, ao analisarmos a questão dos pressupostos metodológicos, precisamos responder a uma pergunta básica: qual a realidade histórica de onde brota a reflexão cristológica de Jon Sobrino e a quem ela se destina?

A resposta a essa pergunta toca um ponto muito específico da cristologia de Jon Sobrino. Na introdução de sua mais recente obra, *A fé em Jesus Cristo. Ensaio a partir das vítimas*, ele afirma que seu livro tem uma perspectiva parcial, concreta e interessada: "as vítimas deste mundo" ou "os povos crucificados",[7] expressões que são sinônimos da palavra pobre, mas que querem resgatar a dramaticidade atual do mundo da pobreza e a responsabilidade histórica diante dela.[8]

As vítimas deste mundo são o lugar de onde brota a cristologia sobriniana e, ao mesmo tempo, os seus destinatários privilegiados. São o sinal dos tempos, a realidade cruel, diante da qual precisamos ter "olhos novos para ver a verdade da realidade";[9] a verdade dos seres humanos;[10] a verdade de Deus;[11] e reagir com um coração cheio de misericórdia.[12]

Essa perspectiva está fundamentada numa dupla exigência: a predileção de Deus para com os fracos e pequenos deste mundo;[13] a situação de pobreza extrema em que vive grande parte dos seres humanos "encurvados sob o peso da vida: sobreviver é sua máxima dificuldade e a morte lenta é seu destino mais próximo".[14]

---

[6] Cf. idem, *A fé em Jesus Cristo. Ensaio a partir das vítimas*, p. 13.

[7] As expressões "povos crucificados" e "descer da cruz os povos crucificados" foram criadas por Ignacio Ellacuría. Jon Sobrino explica: "Olhando o Terceiro Mundo, não resta dúvida de que há cruzes, não só individuais, mas coletivas, as de povos inteiros. Por isso — diante da realidade histórica deste Terceiro Mundo —, I. Ellacuría costumava dizer que é bom falar de 'Deus crucificado', mas é tanto ou mais necessário falar de 'povos crucificados', com o que, também, elevava a realidade dos povos do Terceiro Mundo à realidade teologal". *Jesus, o Libertador: I – A História de Jesus de Nazaré*, p. 366.

[8] Cf. idem, *A fé em Jesus Cristo. Ensaio a partir das vítimas*, p. 13.

[9] Idem, *O princípio misericórdia*, pp. 16-19.

[10] Cf. idem, ibidem, pp. 19-22.

[11] Cf. idem, ibidem, pp. 22-25.

[12] Cf. idem, ibidem, pp. 25-27.

[13] Cf. idem, *A fé em Jesus Cristo. Ensaio a partir das vítimas*, p. 16.

[14] Idem, ibidem, p. 13.

Jon Sobrino está convencido de que a perspectiva das vítimas deste mundo oferece uma luz específica para compreender o objeto de teologia: Deus, Cristo, a graça, o pecado, a justiça, a esperança, a utopia. E estabelece uma relação de reciprocidade, um círculo hermenêutico: de um lado, a perspectiva das vítimas ajuda a entender os textos cristológicos e a conhecer melhor Jesus; de outro, Jesus conhecido desta forma ajuda a compreender melhor as vítimas e a defendê-las.

Esse círculo hermenêutico traz conseqüências para o labor teológico: leva a fazer teologia "em defesa das vítimas" — *intellectus misericordiae*[15] — e a introduzir os pobres e as vítimas no âmbito da realidade teologal. As vítimas exigem conversão, acolhida e perdão, e se transformam em sacramento de Deus e presença viva de Jesus no mundo.[16] Além disso, Jon Sobrino estabelece uma correlação entre as vítimas deste mundo e a esperança da ressurreição de Jesus.[17]

A recente afirmação de Jon Sobrino de que a perspectiva de sua cristologia são as vítimas deste mundo está em sintonia com suas opções e motivações expressas desde o início de sua reflexão, e acompanha toda sua trajetória teológica.[18] Segundo ele, ao abordar o seu objeto — Jesus Cristo —, a cristologia deve levar em conta duas realidades fundamentais: os *textos* resultantes da história do *passado* nos quais está contida a revelação; e a *realidade de Cristo* manifestada no *presente*, isto é, sua presença atual na história que corresponde a fé real em Cristo.[19]

Conseqüentemente, o lugar ideal da cristologia é aquele no qual é possível compreender melhor as fontes do passado e onde se captam melhor a presença e a realidade da fé em Cristo. Aparentemente, pode parecer que o lugar a partir do qual se realiza a reflexão cristológica não é decisivo para a cristologia, pois suas fontes específicas[20] são anteriores a qualquer lugar, o qual seria apenas uma exigência pastoral para aplicar em determinadas situações a verdade universal constante no depósito da fé.

---

[15] Cf. idem, Teología desde la realidad. In: SUSIN, L. C. (org.). *O mar se abriu. Trinta anos de teologia na América Latina*, p. 161.

[16] Cf. idem, *A fé em Jesus Cristo. Ensaio a partir das vítimas*, p. 19.

[17] Aprofundaremos este aspecto no próximo capítulo, ao abordar o tema da ressurreição de Jesus, como o quarto elemento da estrutura histórica da vida de Jesus que é preciso reproduzir através do seguimento.

[18] Cf. SOBRINO, J. *O princípio misericórdia*, pp. 11-16; ———. Teología desde la realidad. In: SUSIN, L. C. (org.). *O mar se abriu. Trinta anos de teologia na América Latina*, pp. 155-161.

[19] Cf. idem, *Jesus, o Libertador: I – A História de Jesus de Nazaré*, p. 42.

[20] "A cristologia tem suas fontes específicas na revelação de Deus, que foi registrada nos textos do passado, em especial do Novo Testamento, e que são interpretados normativamente pelo magistério". Idem, ibidem, p. 42.

Diante disso, uma pergunta permanece sem resposta: por que a cristologia latino-americana redescobriu a libertação, que, embora sendo essencial para a mensagem do evangelho, praticamente permaneceu ausente durante séculos? Não é porque, na América Latina, existem melhores recursos técnicos para analisar as fontes da revelação, mas sim porque existe um contexto de opressão nesse continente.[21]

Há lugares onde se descobrem importantes realidades que estão nas fontes da revelação e que permaneceram ocultas por muito tempo. Por isso, não é possível distinguir adequadamente "lugares" e "fontes" da revelação, nem é possível admitir a importância do lugar simplesmente por razões pastorais. Para a Teologia da Libertação, o "lugar teológico" é algo real, "uma determinada realidade histórica em que se crê que Deus e Cristo continuam presentes e na qual é possível ler mais adequadamente os textos do passado".[22]

Por conseguinte, o "lugar" da teologia não é um *ubi* categorial, um lugar concreto geográfico-espacial — universidade, seminário, comunidade de base, cúria episcopal... —, ainda que seja preciso estar presente nesses lugares. Por "lugar" teológico se entende aqui um *quid*, uma realidade substancial na qual a cristologia se deixa "contaminar, questionar e iluminar".[23]

A determinação do lugar é essencial para a cristologia. Ao longo da história, podemos constatar a existência de diferentes lugares teológicos. Hoje, na reflexão cristológica característica da América Latina existe unanimidade:

> A cristologia latino-americana — especificamente enquanto cristologia — determina que seu lugar social, como realidade substancial, são os pobres deste mundo, e esta realidade é a que deve estar presente e transcender qualquer lugar categorial, porque eles constituem a máxima e escandalosa presença profética e apocalíptica do Deus cristão.[24]

---

[21] "A poderosa e quase irresistível aspiração dos povos à *liberdade* constitui um dos principais sinais dos tempos que a Igreja deve perscrutar e interpretar à luz do Evangelho. Este fenômeno marcante de nossa época tem uma amplidão universal; manifesta-se, porém, em formas e em graus diferentes, conforme os povos. É sobretudo entre os povos que experimentam o peso da miséria e entre as camadas deserdadas que esta aspiração se exprime com vigor." Congregação para a Doutrina da Fé. *Instrução sobre alguns aspectos da Teologia da Libertação*, p. 9.

[22] Sobrino, J. *Jesus, o Libertador*. I – A História de Jesus de Nazaré, p. 48.

[23] Cf. idem, ibidem, pp. 48-49; ———. Cristología sistemática. Jesucristo, el mediador absoluto del Reino de Dios. In: Ellacuría, I. & Sobrino, J. (orgs.). *Mysterium Liberationis. Conceptos fundamentales de la Teología de la Liberación*, v. 1, p. 599.

[24] Idem, *Jesus, o Libertador:* I – A História de Jesus de Nazaré, p. 49.

Essa opção pode ser justificada: *a priori*, pela correlação existente entre Jesus e os pobres e pela sua presença no meio deles tal como aparece no Novo Testamento; *a posteriori*, a "irrupção dos pobres" é o fato maior, o "sinal dos tempos", presença de Deus e do seu Cristo. E essa realidade tudo ilumina e esclarece.[25] Assim, se estabelece o círculo hermenêutico: de um lado, a escolha desse lugar é exigida pela revelação; de outro, essa exigência é captada no mundo dos pobres.

Em meio à mudança de paradigmas, permanece sempre firme o que Jon Sobrino chama de metaparadigma da cristologia: Jesus e os pobres, a relação de Jesus com os pobres como a boa notícia de Deus, a relação essencial de Jesus com as vítimas da injustiça e da opressão.[26]

Embora seja difícil dividir adequadamente a realidade dos pobres, percebem-se, na reflexão sobriana, dois aspectos importantes: *Igreja dos pobres e mundo dos pobres*.

Igreja dos pobres: lugar eclesial

Jon Sobrino distingue uma dupla eclesialidade na qual está radicada a reflexão cristológica: *a primeira eclesialidade* expressa a vivência comunitária da fé e a presença de Cristo na história, particularmente do Cristo crucificado, corporificado na pessoa do pobre; *a segunda eclesialidade* é a Igreja como instituição, lugar real da cristologia, guardiã do depósito da fé e garantia última da verdade. Ela mantém e transmite os textos sobre Cristo e os interpreta, salvaguardando sua verdade fundamental.[27]

Esses dois aspectos não se excluem nem se substituem um ao outro, antes reclamam-se mutuamente. A ênfase de Jon Sobrino recai na *primeira eclesialidade*; nela se realiza o seguimento de Jesus, o qual implica necessariamente a opção pelos pobres e o compromisso em descer da cruz os povos crucificados. Ela constitui a Igreja dos pobres, lugar eclesial onde nasce e se desenvolve sua cristologia, sem

---

[25] Cf. idem, ibidem, p. 49.
[26] Cf. idem, *A fé em Jesus Cristo. Ensaio a partir das vítimas*, pp. 15-17; ———. "Jesus y pobres": lo meta-paradigmático de las cristologías, *Misiones extranjeras*, n. 161, pp. 499-511.
[27] Cf. idem, *Jesus na América Latina*, p. 36; ———. *Jesus, o Libertador. I – A História de Jesus de Nazaré*, pp. 50-51.

contudo excluir a *segunda eclesialidade* em toda a sua abrangência. Essa Igreja dos pobres, como lugar eclesial da reflexão teológica, apresenta três características fundamentais:

- *a fé se concretiza antes de tudo, como prática libertadora*, como seguimento de Jesus em sua opção pelos pobres, em sua denúncia e em seu destino histórico. E, por isso, a cristologia latino-americana deve ter em conta este ser e fazer da Igreja dos pobres, à semelhança de Jesus, para conhecer melhor Jesus;
- *a fé é vivida na* complementação mútua e na solidariedade, já que os pobres, por serem destinatários privilegiados da missão de Jesus, ajudam a "aprender a aprender" quem é Cristo e questionam a fé cristológica, direcionando-a para o que é fundamental;
- *o corpo de Cristo se torna presente na história*. Infelizmente, essa presença em nosso continente latino-americano se assemelha mais ao crucificado do que ao ressuscitado. O teólogo é, então, confrontado com o atroz sofrimento do povo e impulsionado a levar em conta essa realidade em sua reflexão teológica.[28]

Essa Igreja dos pobres é o lugar eclesial da cristologia. E, no aspecto da *segunda eclesialidade*, a Igreja, em Medellín e Puebla, tirou do seu "depósito coisas novas" e reformulou a realidade de Cristo segundo os pobres.[29]

Mundo dos pobres: lugar "social-teologal"

A Igreja dos pobres é o lugar da cristologia dentro de uma realidade mais abrangente, o mundo dos pobres. Na reflexão cristológica: *o lugar eclesial* influi, de modo particular, em relação aos conteúdos cristológicos, *quem é Jesus*; *o lugar social* influi sobre o modo de pensar cristológico: *como abordar Jesus Cristo*.

---

[28] Cf. idem, ibidem, pp. 52-53; ———. *Jesus na América Latina*, pp. 94-100.
[29] Cf. idem, *Jesus, o Libertador*. I – A História de Jesus de Nazaré, p. 53.

A realidade social configura o modo de pensar do teólogo não só como pensador, mas também como crente, pois ela não é outra coisa senão a criação de Deus em diálogo com a liberdade humana. Observar a realidade é observar a criação de Deus; é por isso que falamos de "lugar social-teologal". Ademais, a fé real se concretiza, é questionada e cresce no mundo real. Em última instância, cremos em Deus no mundo real, e nele se dá seu questionamento, sua aceitação e seu confronto.

Enquanto a realidade eclesial pode favorecer ou dificultar a aceitação de Cristo, a rejeição ou a aceitação de Cristo como revelação do divino e do humano se dá no mundo real e é facilitada ou dificultada por ele.[30]

As vítimas deste mundo ou os povos crucificados — terminologia mais recente empregada por Jon Sobrino —, em sintonia com o mundo dos pobres e nele a Igreja dos pobres, constituem o ponto de partida real do teólogo ou o ponto de partida subjetivo. Esse ponto de partida real está em correlação com o ponto de partida metodológico.

Sabemos que Jon Sobrino parte do Jesus histórico e que ele está em sintonia com o grande movimento de volta ao Jesus histórico, com o objetivo de resgatar o significado revelador de sua existência como caminho para compreender a totalidade do mistério de Cristo.[31] Quais as características específicas da volta ao Jesus histórico na perspectiva da cristologia de Jon Sobrino? Quais as razões que o motivaram na escolha desse ponto de partida metodológico?

Jesus de Nazaré, sacramento histórico do Cristo

Na elaboração de sua cristologia, Jon Sobrino parte do pressuposto real de que Jesus de Nazaré é Jesus Cristo, o Cristo de Deus.[32] Esclarece que Cristo é Jesus e que só é possível conhecer Deus por meio dele.[33] Além de proclamar que Jesus é o Cristo, Deus e homem, é importante afirmar que Cristo é Jesus.[34]

---

[30] Cf. idem, ibidem, p. 54.
[31] Cf. idem, *Jesus na América Latina*, p. 88; ———. *Jesus, o Libertador. I – A História de Jesus de Nazaré*, pp. 74-75.
[32] Cf. idem, Jesús de Nazaret. In: Floristán Samanes, C. & Tamayo-Acosta, J. J. (orgs.). *Conceptos fundamentales de pastoral*, p. 480.
[33] Cf. idem, *Jesus na América Latina*, p. 23.
[34] Cf. idem, Jesús de Nazaret. In: Floristán Samanes, C. & Tamayo-Acosta, J. J. (orgs.). *Conceptos fundamentales de pastoral*, p. 482.

Recupera, portanto, Jesus de Nazaré enviado "a pregar a boa-nova aos pobres e a libertar os cativos" (Lc 4,18). A partir desse acontecimento central, revaloriza toda a vida, a atuação e o destino de Jesus, afirmando que o Cristo libertador é antes de tudo Jesus de Nazaré, o chamado "Jesus histórico".[35]

Para melhor compreender essa posição do nosso autor, é importante saber quais as características específicas da volta ao Jesus histórico na perspectiva de Jon Sobrino e quais os motivos que orientaram essa escolha. Por conseguinte, abordaremos as seguintes questões: *Dois universos distintos; razões que nortearam a escolha do Jesus histórico como ponto de partida.*

Dois universos distintos

Responderemos à pergunta sobre as características específicas da volta ao Jesus histórico na perspectiva de Jon Sobrino confrontando-a com a teologia européia. No movimento geral de revalorização da história de Jesus, Jon Sobrino adverte que é preciso considerar a orientação básica dessa historização, as suas razões teológicas e pastorais e as conseqüências para a cristologia sistemática.[36]

Tendo presente esses referenciais, ele constata a existência de dois universos dintintos: o da *cristologia européia* e o da *cristologia latino-americana*. Para Jon Sobrino, explicitar as diferenças desses dois universos que norteiam a recuperação do Jesus histórico é fundamental e indispensável, pois esse confronto ajuda a compreender melhor e a valorizar a própria escolha.[37]

Libertar o indivíduo do mito e da autoridade

No universo da cristologia européia, de acordo com a explicitação de Jon Sobrino, a escolha do Jesus histórico como ponto de partida metodológico situa-se no horizonte da problemática e da busca de soluções propostas pela primeira ilus-

---

[35] Cf. idem, *Jesus, o Libertador*. I – A História de Jesus de Nazaré, pp. 76-78.
[36] Cf. idem, *Jesus na América Latina*, p. 88.
[37] Cf. idem, *Jesus, o Libertador*. I – A História de Jesus de Nazaré, p. 78.

tração,[38] que deseja libertar o indivíduo do mito e da autoridade, reencontrar o sentido da vida e provar a racionalidade da fé, tendo como centro o próprio indivíduo.[39]

Essa preocupação fundamental esteve na base de uma série de esforços que Jon Sobrino sublinha de forma sintética: o movimento teológico que levou a escrever as chamadas "vidas de Jesus";[40] a preocupação de encontrar em Jesus a histórica estrutura proléptica, relacionando o Jesus histórico com sua própria ressurreição para descobrir quem é Jesus;[41] o esforço para buscar em Jesus aquela realidade concreta que impeça que o querigma sobre Cristo se volatilize;[42] a necessidade de encontrar em Jesus Cristo aquele aspecto único e irrepetível que subtraia a fé total em Jesus Cristo de manipulações antropológicas e sociológicas e mantenha, portanto, a originalidade da fé em Cristo:[43] a preocupação em responder à crítica histórica e a necessidade pessoal de superar em Cristo "um modelo atemporal de verdadeira humanidade".[44]

---

[38] O fenômeno da chamada *ilustração* foi, em sua intenção, libertador. Pressupõe que o ser humano esteve preso e alienado. Historicamente, a *ilustração* foi compreendida de diferentes formas: como autonomia da razão de qualquer imposição, movimento que começa com Kant, e como autonomia do homem inteiro diante das estruturas alienantes, movimento iniciado por Marx. A compreensão que o teólogo possui da essência da ilustração e de seu risco influi na elaboração da cristologia. Cf. idem, *Cristologia a partir da América Latina*, p. 41.

[39] Cf. idem, ibidem, p. 56.

[40] "No século XIX se pretendeu abordar Jesus biograficamente, nas chamadas 'vidas de Jesus', esforço declarado como ilusão irrealizável por A. Schweitzer, A. Loisy, J. Weiss, e cujo epitáfio é o título da tese doutoral de A. Harnack: 'Vita Jesu scribi nequit' (Não se pode escrever a vida de Jesus). A cristologia latino-americana, por sua vez, não pretende de modo algum reaviver essa missão impossível, nem sequer está interessada diretamente em resgatar — embora aceite se forem encontradas — as chamadas 'ipsissima verba' ou ipsissima facta Jesu (palavras ou atos que de fato provêm de Jesus). Idem, *Jesus, o Libertador*. I – A História de Jesus de Nazaré, pp. 78-79.

[41] "Na cristologia de W. Pannenberg é decisivo encontrar já no Jesus histórico uma realidade essencialmente antecipativa (proléptica), de modo que por sua própria realidade o Jesus histórico faça referência a seu próprio final, a ressurreição, somente a partir da qual se descobriria quem ele é. Ainda que seja esta uma consideração importante, a cristologia latino-americana — embora partilhe do positivo que se afirma — não valoriza a volta a Jesus por este motivo. Ou seja, não concentra formalmente sua compreensão do 'histórico' naquilo que por sua essência 'está aberto ao futuro', que é o que realmente interessa a Pannenberg para fundamentar sua cristologia sem ter de apelar a nenhum outro tipo de autoridade." Idem, ibidem, p. 79.

[42] Os seguidores de Rudolf Bultmann voltaram a Jesus para impedir que se volatilizasse o querigma sobre Jesus. A cristologia latino-americana partilha do interesse de concretizar o querigma a partir de Jesus de Nazaré. Contudo, não está preocupada em encontrar solução para a problemática do Novo Testamento sobre como relacionar o Cristo pregado no querigma com o Cristo que prega, que é Jesus de Nazaré. Cf. idem, ibidem, p. 79.

[43] Cristologias atuais, como a de Walter Kasper, realçam a importância do Jesus histórico para que Cristo possa ser apresentado como irrepetível e único e, assim, a fé em Cristo seja subtraída da manipulação antropológica e sociológica e mantenha sua irrepetível originalidade. Para a cristologia latino-americana, não se trata, como afirma Walter Kasper, de "manter viva e atualizar uma recordação concreta, única". Cf. idem, ibidem, pp. 79-80.

[44] Teólogos como Edward Schillebeeckx voltaram ao Jesus histórico para que a fé em Cristo tenha sentido vivencial, superando uma compreensão de Cristo como modelo "atemporal de humanidade autêntica". A afirmação de Edward Schillebeeckx "eu creio em Jesus como a realidade definitiva salvadora que proporciona à minha vida um ponto final e um sentido" é também verdade na cristologia latino-americana, mas não como ponto de partida. Cf. idem, ibidem, p. 80.

Com matizes diferentes,[45] essas cristologias têm como preocupação central a suspeita característica da primeira ilustração de que a fé é mítica e autoritária. Conseqüentemente, emerge a preocupação de como o indivíduo pode crer racionalmente e como ele pode, como indivíduo, encontrar sentido nessa fé.[46]

Por último, Jon Sobrino faz questão de admitir que considerou de forma generalizada o que se costuma chamar de teologia européia progressista e chama a atenção para o fato de que estão crescendo expressões novas do que significa voltar ao Jesus histórico e para que voltar.[47]

Essas características da volta ao Jesus histórico nas cristologias européias nos ajudam a compreender a preocupação específica de Jon Sobrino e da Teologia da Libertação.

Libertar a realidade da miséria

No universo da cristologia latino-americana, da qual se sente parte integrante, Jon Sobrino afirma claramente que sua reflexão cristológica parte do pressuposto real de que Jesus de Nazaré é Jesus Cristo, o Cristo de Deus.[48] Sublinha que Cristo não é senão Jesus e que só é possível saber quem é Deus por meio de Jesus:[49]

> Não basta dizer que Jesus é o Cristo, que é Deus e homem; é preciso dizer que o Cristo é Jesus, que Deus se manifestou em Jesus e que a realidade última do que é ser homem apareceu em Jesus. Cristo como adjetivo e Jesus como substantivo se relacionam mutuamente, mas, em última instância, é o substantivo como algo real que esclarece o adjetivo e não o contrário.[50]

---

[45] Nesta polêmica estão envolvidas três correntes do mundo cultural europeu: o racionalismo, o historicismo e a teologia querigmática, que não atuam apenas no campo teológico, especialmente no caso do racionalismo e do historicismo, mas são expressões fortes na busca de afirmar o mundo moderno contra a "não razão" e a "não fundamentação objetiva" dos mundos culturais anteriores. Cf. HILGERT, R. P. *Jesus histórico. Ponto de partida da cristologia latino-americana*, p. 65.

[46] Cf. SOBRINO, J. *Jesus, o Libertador*. I – A História de Jesus de Nazaré, p. 81.

[47] Entre os teólogos que estão aprofundando essas novas expressões, Jon Sobrino cita J. Moltmann, J. B. Metz, E. Schillebeeckx e J. I. González Faus. Cf. idem, ibidem, p. 82.

[48] Cf. SOBRINO, J. Jesús de Nazaret. In: FLORISTÁN SAMANES, C. & TAMAYO-ACOSTA, J. J. (orgs.). *Conceptos fundamentales de pastoral*, p. 480.

[49] Cf. idem, *Jesus na América Latina*, p. 23.

[50] Idem. Jesús de Nazaret. In: FLORISTÁN SAMANES, C. & TAMAYO-ACOSTA, J. J. (orgs.). *Conceptos fundamentales de pastoral*. p. 482.

A preocupação de Jon Sobrino é, portanto, recuperar Jesus de Nazaré enviado "a pregar a boa-nova aos pobres e a libertar os cativos" (Lc 4,18). A partir desse acontecimento central, revaloriza toda a vida, a atuação e o destino de Jesus, afirmando que o Cristo libertador é antes de tudo Jesus de Nazaré, o chamado "Jesus histórico".[51]

No contexto latino-americano, Jon Sobrino não se sente sozinho na realização dessa tarefa. Ele percebe que a preocupação pela "volta a Jesus" esteve presente desde as origens da Teologia da Libertação, foi assumida pelos teólogos e continua, como ponto de partida metodológico, sendo mantida e explicitada:[52]

> Propomos como ponto de partida o Jesus histórico, isto é, a pessoa, a pregação, a atividade, as atitudes e a morte na cruz de Jesus de Nazaré, enquanto se pode depreender, embora dentro das precauções que a exegese crítica dos textos do Novo Testamento impõe.[53]

A cristologia latino-americana não despreza o conteúdo dogmático, mas prefere começar pela realidade histórica de Jesus, colocando em prática duas importantes lições do Novo Testamento: não se pode teologizar a figura de Jesus sem historicizá-la, sem narrar sua vida, sua prática, seu destino etc., ou seja, não se pode falar teologicamente de Cristo sem voltar ao Jesus histórico; não se pode historicizar Jesus sem teologizá-lo, ou seja, sem apresentá-lo como boa notícia de Deus.

Por conseguinte, a cristologia latino-americana não pretende ser uma reflexão sobre a "idéia" de Cristo nem mera jesusologia. Mas considera importante a mútua relação entre "teologizar historizando e historizar teologizando", incorporando-a no próprio labor cristológico.[54]

---

[51] Cf. idem, *Jesus, o Libertador*. I - A História de Jesus de Nazaré, p. 62.

[52] Em seu livro *Jesus Cristo libertador*, Leonardo Boff adota a ótica do Jesus histórico, tanto na estrutura como nos conteúdos fundamentais. Ignacio Ellacuría foi quem colocou com mais clareza e radicalidade conceitual a necessidade e o significado de voltar ao Jesus histórico. Ele propõe uma leitura "situada historicamente" das "diversas cristologias do NT". E adverte: "É preciso passar a um logos histórico sem o que todo *logos* é meramente especulativo e idealista". "A vida histórica de Jesus é a revelação mais plena do Deus cristão". Idem, ibidem, pp. 76-77.

[53] Idem, *Cristologia a partir da América Latina*, p. 358.

[54] Cf. idem, *Jesus na América Latina*, pp. 117-118.

Embora participando formalmente do processo de volta do Jesus histórico da cristologia européia, a proposta da cristologia latino-americana é considerada uma "intuição original", porque se situa no contexto da *segunda ilustração*, que deseja libertar a realidade da miséria, a partir da qual adquire sentido a libertação do indivíduo. O que está em jogo é o uso do mistério de Cristo para sustentar a injustiça.

Na América Latina, a tarefa mais importante da fé não é a "desmitização" como nas teologias progressistas, mas a "despacificação" de Cristo; e a "desidolatrização: que em nome de Cristo não se oprima a realidade. Nessa perspectiva,

> a recuperação do Jesus histórico acontece para que, em nome de Cristo, não se possa aceitar, e menos ainda justificar, a coexistência da miséria da realidade e da fé cristã.[55]

A diferença entre a Europa e a América Latina no que diz respeito à volta a Jesus foi explicitada, de forma muito clara e precisa, por José Ignacio Gonzáles Faus:

> Na Europa, o Jesus histórico é objeto de investigação, enquanto na América Latina é critério de seguimento. Na Europa, o estudo do Jesus histórico pretende estabelecer as possibilidades e a racionalidade do fato de crer ou não crer. Na América Latina, a apelação ao Jesus histórico pretende colocar o dilema converter-se ou não.[56]

Depois de termos contextualizado Jon Sobrino no amplo movimento de volta ao Jesus histórico e de termos evidenciado as principais características de sua teologia, em comparação com a teologia européia, podemos perguntar: quais as razões que motivaram Jon Sobrino na escolha do Jesus histórico como ponto de partida metodológico?

Razões que nortearam a escolha do Jesus histórico como ponto de partida

A opção metodológica de Jon Sobrino nada tem de ocasional ou aleatória. É uma escolha consciente, que está em profunda sintonia com o ponto de partida real, o lugar social teologal de sua cristologia.

---

[55] Idem, ibidem, p. 93.
[56] Frase citada por Jon Sobrino, *Jesus, o Libertador*. I – A História de Jesus de Nazaré, p. 82.

Jon Sobrino explica que o mistério de Cristo é uma totalidade com dois momentos que, por sua natureza, complementam-se mutuamente: o Jesus histórico e o Cristo da fé.

> Jesus é uma totalidade que, dito agora de forma simplificada, consta de um elemento histórico (Jesus) e de um elemento transcendente (Cristo), e o mais específico da fé enquanto tal é a aceitação do elemento transcendente: que Jesus é mais do que Jesus, é o Cristo. Essa aceitação é fé, o que pressupõe que o Cristo e seu reconhecimento é dom de Deus e que nada pode obrigar a que Deus seja assim nem a reconhecê-lo mecanicamente assim.[57]

Esse momento da fé, portanto, não é deduzível de nenhuma análise, é desígnio de Deus. Tendo presente esta realidade, Jon Sobrino esclarece alguns motivos da escolha do Jesus histórico como ponto de partida metodológico.

Jesus é o caminho para o Cristo e sua melhor salvaguarda contra os perigos da manipulação

O Cristo total é uma realidade-limite para o ser humano; só é possível compreender Cristo em sua totalidade e abrangência por meio do caminho percorrido pelo próprio Jesus para chegar à sua plenitude como Cristo. Para confessar que Jesus é o Cristo, é preciso conhecer Jesus. Foi o que aconteceu com os primeiros cristãos. Eles se confrontaram com a realidade histórica da vida de Jesus e com a experiência da ressurreição. Por meio dessa experiência chegaram a confessar que Jesus é o Cristo.[58]

A práxis do seguimento

A exigência fundante de Jesus em relação ao cristão é o seguimento de sua vida histórica, quer dizer, a práxis real da fé na esperança e no amor. Essa exigência usufrui a primazia, mesmo para a compreensão do Cristo total, sobre qualquer outro tipo de contato intencional com Cristo, como a oração, o culto ou a ortodoxia. Contudo, o seguimento só é compreensível com o Jesus histórico.

---

[57] Idem, ibidem, pp. 62-63.
[58] Cf. idem, *Jesus na América Latina*, p. 87; ———. *Jesus, o Libertador. I – A História de Jesus de Nazaré*, pp. 64-65.

As lições da história

A história registra que à medida que a fé se dirige unilateralmente a Cristo ressuscitado e plenificado e se esquece do Jesus histórico, tende a converter-se em "religião", no sentido pejorativo do termo, e em oposição à existência na fé, tende a desvalorizar o que é tipicamente cristão.[59]

A semelhança da situação histórica

Existe um certo paralelismo entre a situação latino-americana e a situação palestina do tempo de Jesus. A semelhança de situações é evidente sobretudo no que se refere à miséria, à repressão e à morte. Seu horizonte é a luta contra a morte e a favor da vida. Por conseguinte, Jesus, que luta a favor da vida e contra os ídolos da morte, adquire um significado particular para a América Latina:

> Jesus torna-se "evidente" — uma vez que se apresentou sua história com o mínimo de veracidade —, torna-se "exigível" para que haja fé nele na América Latina; e, por outro lado, esse Jesus histórico torna "evidente" e "exigível" o que deve ser a fé em Cristo e qual deve ser seu núcleo fundamental: o seguimento de Jesus como defesa da vida e a luta contra a morte.[60]

As deficiências dos outros pontos de partida

A análise dos outros pontos de partida da história da cristologia e a percepção de suas deficiências[61] justifica a escolha do Jesus histórico.

Na cristologia latino-americana, portanto, o mundo dos pobres e nele a Igreja dos pobres, que constituem o ponto de partida real do teólogo ou o ponto de partida subjetivo, estão em relação de circularidade dialética com o Jesus histórico, que é o ponto de partida metodológico.

---

[59] Cf. idem, *Cristologia a partir da América Latina*, p. 359.

[60] Idem, *Jesus na América Latina*, pp. 111-112.

[61] Jon Sobrino apresenta essas deficiências ao analisar cada um dos pontos de partida. Ver *Cristologia a partir da América Latina*, pp. 28-33; *Jesus, o libertador. I – A História de Jesus de Nazaré*, pp. 68-73. Refere-se particularmente às deficiências dos outros pontos de partida como justificativa para a sua escolha em *Cristologia a partir da América Latina*, pp. 359-360.

A realidade social latino-americana leva evidentemente a dar importância e a compreender o Jesus histórico, e o Jesus histórico projeta luzes sobre a problemática latino-americana e sobre os esforços libertadores para superá-la.[62] Estabelece-se, assim, uma reciprocidade: a fidelidade à situação latino-americana e às suas exigências remete ao Jesus histórico; e a captação do Jesus histórico leva a aprofundar o conhecimento da situação latino-americana e de suas exigências.

Na realidade, é este um único movimento com dois momentos distintos e complementares que leva à historização (segundo o Jesus histórico) e à "latino-americanização" da fé em Cristo.[63]

A unificação desses dois momentos é um fato. A realidade mostra que a aproximação do Jesus histórico facilita a "latino-americanização" da fé em Cristo, e, por sua vez, a "latino-americanização" da fé em Cristo remete ao Jesus histórico.[64]

A constatação de que Jon Sobrino, de um lado, está em sintonia com a história da cristologia no que diz respeito ao movimento de volta ao Jesus histórico e, de outro, em confronto com a cristologia européia — ele tem objetivos e motivações específicas — nos leva a aprofundar, ainda mais, tal questão, perguntando: qual o significado e a abrangência do Jesus histórico na cristologia de Jon Sobrino?

2. A prática de Jesus: história desencadeada para ser prosseguida

O Jesus histórico não é, para Jon Sobrino, objeto de investigação científica, mas *memória viva e atuante* de Jesus presente na comunidade dos crentes. A recuperação da realidade histórica de Jesus e do significado revelador de sua existência terrena tem um duplo e preciso direcionamento: evitar que o acesso a Cristo seja ideologizado e recriar sua prática hoje para prosseguir sua causa.[65]

Diante dessa visão sobriniana, precisar o significado atribuído por ele ao Jesus histórico e conhecer sua prática é uma tarefa importante, que toca o cerne de

---

[62] Cf. idem, *Jesus na América Latina*, p. 94.
[63] Idem, ibidem, p. 112.
[64] Cf. idem, ibidem, p. 112.
[65] Cf. Idem, *Jesus, o Libertador*. I – A História de Jesus de Nazaré, p. 82.

sua estrutura cristológica, abrindo perspectivas novas e proféticas para a existência cristã e para a identidade dos seus seguidores de todos os tempos e lugares.

Por conseguinte, aprofundaremos a questão sobre o significado atribuído por nosso autor ao Jesus histórico, analisando os seguintes enfoques: *globalidade histórica de Jesus de Nazaré; princípio hierarquizador dos elementos históricos; caminho de acesso à pessoa de Jesus; lugar do salto da fé no Cristo total.*

Globalidade histórica de Jesus de Nazaré

Sem desprezar os enfoques dados pelas cristologias européias, Jon Sobrino e os teólogos latino-americanos[66] atribuem à expressão Jesus histórico um significado próprio. Portanto, na tarefa de entender essa especificidade, o primeiro dado a ser levado em conta é o sentido da globalidade: a história de Jesus inclui sua pessoa, atividade, atitudes, processualidade e destino.

> Por "Jesus histórico" entendemos a vida de Jesus de Nazaré, suas palavras e seus acontecimentos, suas atividades e sua práxis, sua atitude, seu espírito, seu destino de cruz (e de ressurreição). Em outras palavras e expresso de forma sistemática, a história de Jesus.[67]

Jon Sobrino esclarece que o significado atribuído à história de Jesus de Nazaré, do ponto de vista formal, não é simplesmente o que é datável no espaço e no tempo, mas o que nos é transmitido como tarefa para ser vivida e para continuar sua transmissão.

Essa afirmação supõe que os textos do Novo Testamento, e particularmente os evangelhos, são relatos vividos e registrados com o objetivo de manter viva, ao longo da história, uma realidade desencadeada por Jesus. Depois da ressurreição, essa realidade consiste na transmissão da fé em Cristo, mas, segundo a intenção do próprio Jesus, implica mais originalmente transmitir sua prática, isto é, seu seguimento, considerado antes de tudo continuidade de sua prática.

---

[66] Entre os teólogos latino-americanos, podemos citar Boff, L. *Jesus Cristo Libertador*; Comblin, J. *Jesus de Nazaré. Meditação sobre a vida e a ação humana de Jesus*; Ferraro, B. *A significação política e teológica da morte de Jesus*; Palacio, C. *Jesus Cristo. História e interpretação*; Segundo, J. L. *O homem de hoje diante de Jesus de Nazaré*.

[67] Sobrino, J. *Jesus, o Libertador. I – A História de Jesus de Nazaré*, p. 83.

Nessa linha de raciocínio, a continuidade entre o passado e o presente não se situa no horizonte comum da compreensão, mas no horizonte comum da prática. E a continuidade da prática não está a serviço do passado, mas da transformação da realidade no presente.

Essa globalidade histórica de Jesus de Nazaré pode ser desdobrada em diversos elementos que usufruem certa autonomia e, ao mesmo tempo, estão relacionados entre si. Tal constatação leva Jon Sobrino a admitir a necessidade de distinguir, dentre eles, qual é o mais histórico, com potencialidade para introduzir-nos na totalidade de Jesus e para organizar os diversos elementos dessa totalidade.

Essa é, sem dúvida, uma preocupação metodológico-teórica, pois na fé real e existencial essa reconstrução se dá de forma pessoal e não pode ser programada de antemão.[68] Para Jon Sobrino, qual é o elemento histórico com potencialidade para introduzir-nos na totalidade de Jesus e para organizar os diversos elementos dessa totalidade?

Princípio hierarquizador dos elementos históricos

A globalidade histórica de Jesus, para Jon Sobrino, deve ser organizada em torno de um núcleo central que expresse o "mais histórico" dessa história. Ele defende a tese de que o mais histórico do Jesus histórico é sua prática e o espírito com que a executou. Por conseguinte, a "prática com espírito" é o elemento que melhor possibilita a hierarquização dos elementos históricos e ilumina sua complementariedade.

> O mais histórico do Jesus histórico é sua prática, isto é, sua atividade para operar ativamente sobre a realidade circundante e transformá-la numa direção determinada e buscada, na direção do Reino de Deus. É a prática que em seu tempo desencadeou história e que chegou até nós como história desencadeada.[69]

Optar pela escolha da prática de Jesus, metodologicamente, como elemento histórico hierarquizador não significa, para Jon Sobrino, ignorar ou menosprezar o inevitável problema do sentido da vida. Antes, é acreditar que a continuidade da

---

[68] Cf. idem, *Jesus na América Latina*, p. 102; ———. *Jesus, o Libertador. I – A História de Jesus de Nazaré*, p. 83.
[69] Idem, *Jesus na América Latina*, pp. 102-103.

prática de Jesus não só desencadeia a pergunta pelo sentido, senão também conduz à sua resposta.

Prática e sentido são realidades humanas que não podem ser ignoradas, nem contrapostas, pois se situam em níveis diferentes. A pergunta pelo sentido da vida é concomitante a qualquer situação do ser humano. Torna-se presente tanto na prática de Jesus como na de seus seguidores.

De fato, as perguntas referentes ao sentido da vida não desaparecem, mas se tornam mais agudas em uma prática como a de Jesus. Pergunta-se: se é mais sábia a esperança que a resignação, se humaniza mais o amor que o egoísmo, o dar a vida ou o guardá-la para si, se a utopia verdadeiramente atrai e gera realidades positivas ou é, definitivamente, escapismo, se o mistério de Deus é último e bem-aventurado ou um absurdo.[70]

A prática de Jesus é caracterizada pelo espírito que norteia o modo de exercê-la: "honradez com o real, parcialidade com os pequenos, misericórdia fundante, fidelidade ao mistério de Deus". Esse espírito não é só o modo de atuar de Jesus, mas está intrinsecamente relacionado com sua prática. De um lado, esse espírito chegou a ser concreto e real por meio de uma prática, pois é nela, e não em sua pura interioridade, que Jesus foi "questionado e potenciado". De outro lado, esse espírito não foi só o companheiro inseparável de sua prática, mas "plasmou-a, redirecionou-a e potenciou sua eficácia histórica".

Jon Sobrino acentua que caracterizar com a expressão "com espírito" a prática de Jesus é uma novidade que brota da experiência latino-americana, pois essas duas realidades não se opõem, antes se completam mutuamente e essa recíproca complementariedade ajuda os cristãos a não cair no puro espiritualismo nem no puro ativismo.

E o nosso autor acentua que, dessa forma, é não apenas possível, senão também mais adequado começar metodologicamente pela "prática de Jesus com espírito" como princípio hierarquizador dos elementos históricos, não em sentido redutivo para permanecer nela, mas por seu potencial mistagógico capaz de introduzir-nos na totalidade de Jesus.[71] Perguntamos, portanto, de que forma a prática de Jesus com espírito nos introduz na totalidade do mistério de Cristo?

---

[70] Idem, *Jesus, o Libertador*. I – A História de Jesus de Nazaré, p. 84.
[71] Cf. idem, ibidem, pp. 83-85.

Caminho de acesso à pessoa de Jesus

Momento privilegiado de sua totalidade histórica, a prática de Jesus — como vimos — permite esclarecer, compreender e hierarquizar os outros elementos dessa totalidade: os acontecimentos isolados de sua vida, sua doutrina, suas atitudes internas, seu destino e sua realidade mais íntima, que chamamos de pessoa.

Além disso, como lugar de maior densidade da pessoa de Jesus, possibilita: adentrar na "historicidade de sua subjetividade"; conhecer melhor os conteúdos fundamentais de sua pregação: Reino de Deus e Deus do Reino, sermão da montanha, amor ao próximo etc.; explicitar melhor seu destino histórico na cruz, sua transcendência aceita na fé e sua ressurreição como justiça de Deus para com ele; adentrar, de certa forma, na interioridade de sua pessoa, na sua relação íntima com Deus na oração, na fé e na esperança.[72] Jon Sobrino faz um alerta:

> Com isto não estamos dizendo que a totalidade de Jesus e especialmente a sua pessoa, naquilo que tem de mais íntimo, seja produto mecânico de sua prática, mas afirmamos que a partir dela descobre-se melhor a totalidade de sua realidade pessoal.[73]

Além disso, começar com a prática de Jesus não significa deduzir logicamente, inventar ou reconstruir arbitrariamente os outros elementos da vida de Jesus. Para esses outros elementos, como para a mesma prática, será necessário buscar suas bases nas narrações evangélicas e apresentá-las de forma orgânica e na fidelidade ao que é fundamental dessa história.

Assim, Jon Sobrino considera que o caminho lógico da cristologia é o cronológico. Salienta como conteúdos organizativos três realidades mínimas de alto conteúdo teológico e de cuja historicidade não se pode duvidar: a missão de Jesus como serviço ao Reino; Deus do Reino, a quem Jesus se dirige como *Abba*; a morte de Jesus, que ilumina retrospectivamente a prática e a pessoa de Jesus.[74]

Ao apresentar o Jesus histórico e o histórico de Jesus, Jon Sobrino busca o acesso pessoal a Jesus. Não o faz apresentando, em primeiro lugar, conhecimentos

---

[72] Cf. idem, *Jesus na América Latina*, pp. 105-106.
[73] Idem, ibidem, p. 106.
[74] Cf. idem, ibidem, p. 108.

sobre ele, para que a pessoa decida como fazer e como se relacionar com ele, mas apresenta sua prática para recriá-la e assim aceder a Jesus.

O pressuposto dessa afirmação é que o acesso pessoal a Jesus só é possível, em última instância, com a continuidade entre Jesus e os que o conheceram; e essa continuidade deverá ser proposta segundo a "prática de Jesus com espírito", como lugar de maior densidade metafísica. Conseqüentemente, aceder a Jesus não é saber sobre ele e desenvolver uma hermenêutica que salve a distância entre Jesus e nós, mas é questão de afinidade e conaturalidade, começando com aquilo que é mais real em Jesus: sua prática:

> O histórico de Jesus é, então, para nós, em primeiro lugar, um convite (e uma exigência) a prosseguir em sua prática; na linguagem do próprio Jesus, o seu seguimento para a missão.[75]

Por conseguinte, o seguimento da prática de Jesus com espírito é uma exigência ética do Jesus histórico e também princípio hermenêutico e lugar epistemológico para conhecer Jesus. Por isso, perguntamos: qual a relação entre a "prática de Jesus com espírito", como o mais histórico de Jesus, e o Cristo da fé?

Lugar do salto da fé no Cristo total

Percorrer o caminho da "prática com espírito", como modo de aceder ao Jesus histórico, é, para Jon Sobrino, também a maneira logicamente mais adequada de acesso ao Cristo da fé. No mero fato de "reproduzir com ultimidade a prática de Jesus e sua historicidade, por ser de Jesus", se aceita uma normatividade última de Jesus, e por isso se está declarando-o algo realmente último. E implícita, mas eficazmente, confessa-se o próprio Cristo, ainda que depois seja preciso explicitar essa confissão.

Por conseguinte, declarar Jesus como o Cristo implica uma descontinuidade, o salto da fé, que não pode ser dedução mecânica nem sequer da continuidade representada pelo seu seguimento. Todavia, essa continuidade é necessária para que a descontinuidade da fé seja cristã e não arbitrária.

---

[75] Idem, ibidem, p. 103.

Crer em Jesus, no sentido radical da palavra, significa uma descontinuidade, um salto na fé. O Cristo total é um "outro" e torna-se impossível vencer a distância de sua alteridade. A preocupação de Jon Sobrino é evidenciar o lugar do salto da fé. Não faz isso apresentando conhecimentos sobre Jesus, suas obras e sua consciência messiânica. Sem menosprezar a apresentação dessa realidade de Cristo, propõe o seguimento do Jesus histórico como lugar do salto na fé:[76]

> Não se confessa o Cristo como o Senhor ressuscitado e o Filho por antonomásia (descontinuidade), mas é essencial para a fé confessá-lo também como o primogênito da ressurreição entre muitos irmãos e como o irmão maior.[77]

Por conseguinte, a prática com espírito é o elemento mais histórico e, portanto, o princípio hierarquizador dos elementos históricos. Além disso, é o caminho de acesso à pessoa de Jesus e o lugar por excelência do salto da fé no Cristo total.

Ao recuperar o Jesus histórico e o significado revelador de sua existência terrena, descobre-se um fato central para a cristologia: Jesus não fez de si mesmo o centro de sua pregação.[78] Perguntamos, então, quais as realidades centrais da vida e da pregação de Jesus, o Mestre de Nazaré?

3. A relação de Jesus de Nazaré com o Reino de Deus

De acordo com os evangelhos, a vida de Jesus está centrada em duas realidades totalizantes: *Reino de Deus*, expressão da totalidade da realidade e do que é preciso fazer; e *Pai*, expressão da realidade pessoal que dá sentido último à sua vida. Na estrutura cristológica de Jon Sobrino, *Reino de Deus* e *Pai* são realidades relevantes, pois a partir delas é possível organizar e hierarquizar melhor as múltiplas atividades externas da vida de Jesus, adentrar na sua interioridade e encontrar ra-

---

[76] "Poder-se-ia objetar que neste processo não se mencionou a graça como momento interno da fé, como o que possibilita o real acesso a Cristo. A ênfase na prática poderia induzir a pensar que a graça desaparece de todo o processo. É preciso insistir, em qualquer caso, em que o movimento de sair do próprio eu para aceder a Cristo é graça e não obra humana." Idem, *Jesus na América Latina*, p. 107.

[77] Idem, ibidem, p. 107; ———. *Jesus, o Libertador*. I – A História de Jesus de Nazaré, p. 89.

[78] Cf. idem, ibidem p. 105; ———. *Jesus na América Latina*, p. 123.

zões para a sua morte na cruz.[79] Além disso, *Reino de Deus* e *Pai* são realidades distintas e complementares.[80]

Deixando a questão da relação de Jesus com Deus Pai para o tópico seguinte,[81] perguntamos: na vida e na pregação de Jesus, qual a sua relação com o Reino de Deus? Nosso esforço será entender os pontos-chave da cristologia de Jon Sobrino em relação à realidade do Reino de Deus e sua relação com o seguimento. Para isso, abordaremos as seguintes questões: *Jesus, mediador absoluto e definitivo do Reino de Deus; caminhos para a intelecção da realidade do Reino de Deus.*

Jesus, mediador absoluto e definitivo do Reino de Deus

Para responder à pergunta sobre a relação de Jesus com o Reino de Deus é preciso ter presente que a centralidade do Reino de Deus na vida e na pregação de Jesus[82] perpassa toda a cristologia de Jon Sobrino.[83] Ele estabelece uma correlação fundamental: para compreender o Reino é preciso ir a Jesus; para conhecer a Jesus é preciso ir ao Reino de Deus.[84]

Alicerçado nessa afirmação, o teólogo salvadorenho busca os elos fundamentais dessa correlação e percebe que eles se situam preferencialmente: *na relação de ultimidade de Jesus com o Reino* e *na dialética da descontinuidade e da continuidade históricas* que se estabelece com sua mediação absoluta e definitiva.

---

[79] Cf. idem, ibidem, *Jesus na América Latina*, p. 105; ―――. Jesús de Nazaret. In: Floristán Samanes, C. & Tamayo-Acosta, J. J. (orgs.). *Conceptos fundamentales de pastoral*, p. 485.

[80] Ao afirmar a complementariedade e a reciprocidade existentes entre Reino de Deus e Pai, Jon Sobrino cita J. I. González Faus em sua obra *Acesso a Jesús*, p. 46: "O Reino dá a razão do ser de Deus como Abba e a paternidade de Deus dá fundamento e razão de ser ao Reino". *Jesus, o Libertador. I – A História de Jesus de Nazaré*, p. 105.

[81] Jon Sobrino dá as razões que justificam sua opção de começar analisando a relação de Jesus com o Reino: porque assim fazem os evangelhos e porque a partir da atividade exterior de Jesus em favor do Reino é possível chegar à sua relação interior com Deus, e este é o melhor caminho de acesso à totalidade de Jesus. Cf. idem, ibidem, p. 105.

[82] O próprio Jon Sobrino reconhece que a questão da centralidade do Reino de Deus na pregação de Jesus é hoje aceita pela maioria dos teólogos. Ele cita explicitamente K. Rahner, W. Pannenberg, J. Moltmann, W. Kasper, H. Küng, E. Schillebeeckx, J. L. González Faus, entre outros. Cf. idem, ibidem, p. 75, nota 10.

[83] Ao afirmar a centralidade do Reino na pregação de Jesus, Jon Sobrino cita outros teólogos: "Jesus proclama o Reino de Deus e não a si mesmo". Rahner, K. *Líneas fundamentales de una cristología sistemática*, p. 35. "O tema central da pregação de Jesus era a soberania real de Deus". Jeremias, J. *Teologia do Novo Testamento*, p. 150. "Centro e marco da pregação de Jesus foi o Reino de Deus que se aproximara". Kasper, W. *Jesús, el Cristo*, p. 86. Cf. Sobrino, J. *Jesus, o Libertador. I – A História de Jesus de Nazaré*, p. 106; ―――. *Jesus na América Latina*, p. 123.

[84] Cf. idem, Cristología sistemática: Jesucristo, el mediador absoluto del Reino de Dios. In: Ellacuría, I. & Sobrino, J. (orgs.). *Mysterium Liberationis. Conceptos fundamentales de la Teología de la Liberación*, v. 1, p. 576.

A relação de ultimidade de Jesus com o Reino

Na identificação da realidade última para Jesus, Jon Sobrino faz questão de afirmar que adota um procedimento dialético. Começa negando o que não é absolutamente último, para chegar à afirmação do que é verdadeiramente último, que dá sentido à vida e às atividades de Jesus.[85]

Seguindo este caminho metodológico, o teólogo mostra que a realidade última para Jesus de Nazaré não foi ele mesmo,[86] nem simplesmente Deus,[87] nem a Igreja.[88] Jesus expressa a realidade última de sua vida numa unidade dual ou numa dualidade unificada: *Reino de Deus.*[89]

A realidade do *Reino de Deus* possui uma dimensão transcendente — *Deus* — e uma dimensão histórica — *o Reino* —, isto é, a vontade realizada de Deus. Essas duas dimensões estão intimamente relacionadas entre si. A compreensão do que é o Reino depende, em última instância, do que é Deus e a compreensão de Deus depende do que é o Reino.[90] A razão dessa reciprocidade reside no fato de que para Jesus, Deus não é um Deus-em-si, mas o Deus-de-um-povo, cuja relação com a história é essencial.[91]

A relação de ultimidade de Jesus com o Reino de Deus encontra seu fundamento: nos evangelhos sinóticos e nas palavras do próprio Jesus. Os evangelhos sinóticos apresentam o início da vida pública de Jesus no Reino, oferecendo um sumário programático de sua missão.

---

[85] Cf. idem, *Jesus na América Latina*, pp. 122 e 125.

[86] Para comprovar esta sua afirmação, Jon Sobrino cita W. Thüsing, La imagen de Dios en el Nuevo Testamento. In: RATZINGER, J. *Dios como problema*, pp. 80-120, que diz: "Não só pelo que Jesus diz a seus ouvintes, mas no que diz respeito à sua própria autoconsciência, não há indício de que ele desejasse pregar a si mesmo, o que exige que toda cristologia seja, em princípio, cristologia indireta. Algo semelhante deve ser dito também se partirmos da ressurreição de Jesus: também a partir dela é preciso apresentar Jesus de forma relacional". *Jesus, o Libertador.* I – A História de Jesus de Nazaré, p. 106, nota 4.

[87] Deus não é o último pólo referencial para Jesus. Deus é visto, por Jesus, dentro de uma totalidade mais ampla: o Reino de Deus. Cf. idem, ibidem, p. 107; ———. *Jesus na América Latina*, p. 123.

[88] Jon Sobrino alerta para o que ele chama de "funestas conseqüências" da equiparação do Reino de Deus com a Igreja. *Jesus na América Latina*, p 125; ———. *Jesus, o Libertador.* I – A História de Jesus de Nazaré, p. 106. Esta questão foi abordada também por Leonardo Boff em sua obra *Igreja*: carisma e poder.

[89] Cf. idem, *Jesus, o Libertador.* I – A História de Jesus de Nazaré, p. 107.

[90] Cf. idem, ibidem, p. 107.

[91] A concepção de Deus relacionado com a história tem suas raízes no Antigo Testamento. Por mais diferentes que sejam as tradições sobre Deus no AT, têm em comum isto: que é um Deus-*de*, um Deus-*para*, um Deus-*em*, nunca um Deus-*em-si*. Cf. idem, ibidem, pp. 107-108.

Marcos, no início do seu evangelho, explicita o horizonte último de Jesus e suas conseqüências: "Cumpriu-se o tempo e o Reino de Deus está próximo. Arrependei-vos e crede no Evangelho" (1,15). Mateus apresenta o começo da vida pública de Jesus com estas palavras: "A partir deste momento, Jesus começou a pregar e a dizer: Arrependei-vos, porque está próximo o Reino dos céus" (4,17). Lucas apresenta o início da vida pública de Jesus na sinagoga de Nazaré com o anúncio da boa-nova aos pobres e a libertação dos oprimidos (cf. 4,18). O próprio Jesus relaciona a boa-nova com o Reino de Deus: "Devo anunciar também a outras cidades a boa-nova do Reino de Deus, pois é para isso que fui enviado" (4,43).

Além disso, nos sinóticos, inúmeras vezes aparece a expressão Reino de Deus e, quase sempre, na boca de Jesus e em contextos diferentes de sua pregação: nas parábolas, nos discursos apocalípticos, nas exortações, nas exigências éticas, na orações.[92]

Dessa forma, o próprio Jesus revela a relação do Reino de Deus com sua pessoa: *explicitamente*, quando afirma: "Se é pelo Espírito de Deus que eu expulso os demônios, então o Reino de Deus já chegou a vós" (Mt 12,28); *implicitamente*, nas ações e na práxis interpretadas como sinais do Reino em favor dos pobres, manifestada por meio dos milagres, da expulsão dos demônios, acolhida dos pequenos e oprimidos; como luta contra o anti-reino nas controvérsias, denúncias e desmascaramento dos opressores, como celebração da presença do Reino por meio da comida.

Jon Sobrino sintetiza, numa frase magistral, a total relação de Jesus com o Reino de Deus:

> Reino de Deus configura a sua pessoa na exterioridade de sua missão (fazer histórico) e na interioridade de sua subjetividade (sua própria historicidade), e é também o que desencadeia seu destino histórico na cruz. Sua própria ressurreição é a resposta de Deus a quem, por servir ao Reino, morreu pelo anti-reino.[93]

Para Jon Sobrino, portanto, Jesus aparece relacionado essencial e constitutivamente com o Reino de Deus, como a vontade última de Deus, que chamamos sistematicamente de *mediação* de Deus.[94]

---

[92] Cf. idem, ibidem, p. 106; ———. Jesús de Nazaret. In: Floristán Samanes, C. & Tamayo-Acosta, J. J. (orgs.). *Conceptos fundamentales de pastoral*, p. 485; *Jesus na América Latina*, p. 126.

[93] Idem. Cristología sistemática. Jesucristo, el mediador absoluto del Reino de Dios. In: Ellacuría, I. R. & Sobrino, J. (orgs.). *Mysterium Liberationis. Conceptos fundamentales de la Teología de la Liberación*. v. 1, p. 576.

[94] Cf. idem, ibidem, p. 577.

A dialética da descontinuidade e da continuidade históricas

O Reino de Deus, como mediação de Deus, na visão de Jon Sobrino, está essencialmente relacionado com o *mediador da vontade de Deus*. E esse mediador é Jesus, isto é, "a pessoa que anuncia o Reino, realiza sinais de sua presença e aponta para a sua totalidade".[95]

Nesse ponto, o teólogo salvadorenho conclui que a cristologia sistemática deve fazer uma passagem importante: de Jesus como mediador para o mediador absoluto e definitivo do Reino de Deus, embora, na continuidade da história, antes e depois de Jesus, existam outros mediadores relacionados com o Reino e que contribuíram com ele.[96]

Na passagem de Jesus como mediador para o mediador absoluto e definitivo do Reino é preciso considerar a dialética da descontinuidade e da continuidade históricas que se estabelece em relação à pessoa de Jesus, tendo presente que a descontinuidade total é, em última análise, uma questão de fé.

A *descontinuidade* pode ser captada na atitude audaciosa de Jesus em proclamar a proximidade do Reino e a vitória indefectível de Deus; em anunciar a realidade gratuita, salvífica e libertadora de Deus que se manifesta por meio de sua pessoa. Com essa atitude de ruptura é possível refletir sobre a especial relação de Jesus com o transcendente. A *continuidade* na relação com outros mediadores permite situar Jesus na corrente da História marcada pela honradez diante da verdade, pela misericórdia perante o sofrimento alheio, pela justiça ante a opressão, pela entrega amorosa na missão, pela total fidelidade a Deus, pela esperança indestrutível, pela entrega da própria vida.[97]

Estabelecida a relação de ultimidade de Jesus com o Reino de Deus e a dialética da descontinuidade e da continuidade históricas de Jesus como mediador absoluto e definitivo do Reino, emerge outra questão: concretamente, o que Jesus

---

[95] Idem, ibidem, p. 577.
[96] "Neste sentido se pode e se deve dizer que, segundo a fé, já apareceu o mediador definitivo, último e escatológico do Reino de Deus: Jesus. Não é preciso esperar outro — embora antes e depois de Jesus existam outros mediadores relacionados com ele e normados por ele —, o que não é mais do que repetir em terminologia do Reino o fundamental da confissão cristológica: que Cristo é o mediador." Idem, *Jesus, o Libertador*. I — A História de Jesus de Nazaré, p. 164.
[97] Cf. idem. Cristología sistemática. Jesucristo, el mediador absoluto del Reino de Dios. In: Ellacuría, I. & Sobrino, J. (orgs.). *Mysterium Liberationis*. Conceptos fundamentales de la Teología de la Liberación. v. 1, p. 577.

entende por Reino de Deus? Existe, nos evangelhos, uma definição de Reino de Deus atribuída a Jesus que nos ajude a compreender essa realidade central da cristologia?

Caminhos para a intelecção da realidade do Reino de Deus

Na visão de Jon Sobrino, a relação de Jesus com o Reino de Deus é um tema amplo e complexo, que incide na teologia como um todo: na cristologia, na eclesiologia, na escatologia e na moral.[98]

Ao tentar compreender a pertinência e a relevância da relação de Jesus com o Reino de Deus, o teólogo salvadorenho se depara com um paradoxo. Jesus falou muito do Reino de Deus, mas nunca disse concretamente o que é. Nem mesmo nas chamadas parábolas do Reino, em que acentua sua novidade, sua exigência e seu escândalo.[99]

Esse fato exige a utilização de um método para descobrir o que Jesus pensava do Reino de Deus. Jon Sobrino percorre três caminhos de averiguação: *a via nocional; a via dos destinatários; e a via da prática de Jesus*. Tentaremos entender o significado e a abrangência de cada um desses caminhos, na visão de Jon Sobrino, analisando respectivamente os itens seguintes: *continuidade histórica e ruptura na intelecção da realidade do Reino de Deus (a via nocional); relação entre a boa notícia do Reino e os seus destinatários (a via dos destinatários); palavras e atos de Jesus a serviço do Reino (a via da prática de Jesus).*

Continuidade histórica e ruptura na intelecção da realidade do Reino de Deus

Para Jon Sobrino, a *via nocional* é a mais transitada pela teologia. Tem como pressuposto a consciência histórica de Jesus e percorre um caminho simples: parte da noção de *Reino de Deus no Antigo Testamento*, analisa *o horizon-*

---

[98] Cf. idem, *Jesus na América Latina*, p. 121; ———. *Jesus, o Libertador. I – A História de Jesus de Nazaré*, p. 160.

[99] Cf. idem, Centralidad del Reino de Dios en la Teología de la Liberación. In: Ellacuría, I. & Sobrino, J. (orgs.). *Mysterium Liberationis*. Conceptos fundamentales de la Teología de la Liberación, v. 1, p. 476.

te *imediato da missão de Jesus,* para concluir com *a novidade anunciada por Jesus acerca do Reino.*[100]

O Reino de Deus no Antigo Testamento

A afirmação da realeza de Javé perpassa toda a história de Israel e é um modo de afirmar que Deus atua na história em favor de seu povo. Reino de Deus não é, portanto, uma realidade geográfico-política, embora expresse a esperança de um povo concreto, nem uma realidade cultual-ascendente, embora Israel reconheça, nas expressões litúrgicas, que Javé é seu único rei.[101]

Embora o Antigo Testamento, sobretudo os salmos, expresse, nas mais variadas matizes, essa realidade fundamental, a expressão Reino de Deus tem duas conotações essenciais: é o agir de Deus em ato, para transformar uma realidade histórica social má e injusta em boa e justa.[102] Por conseguinte, ao invés de "Reino" de Deus, seria mais apropriado falar em "reinado" de Deus:

> "Reinado" de Deus é a ação positiva pela qual Deus transforma a realidade, e "Reino" é o que ocorre neste mundo quando é Deus quem realmente reina: uma história, uma sociedade, um povo transformados, segundo a vontade de Deus.[103]

Esse reinado de Deus esperado ansiosamente pelo povo de Israel pode ser delineado e caracterizado segundo três aspectos marcantes. É uma *realidade histórica* que tem incidência real na vida do povo e corresponde à *esperança histórica* de que Deus pode mudar a realidade má e injusta em boa e justa. É uma *realidade*

---

[100] Neste sentido, Jon Sobrino cita a obra clássica de R. Schnackenburg, *Reino y reinado de Dios* que oferece um bom exemplo metodológico de como se vai esclarecendo o significado de Reino de Deus em Jesus em comparação com o seu significado no Antigo Testamento e na Igreja posterior. Cf. *Jesus, o Libertador.* I – A História de Jesus de Nazaré, p. 108, nota 10.

[101] Cf. idem, *Jesús de Nazaret.* In: Floristán Samanes, C. & Tamayo-Acosta, J. J. (orgs.). *Conceptos fundamentales de pastoral,* p. 485; ————. *Cristologia a partir da América Latina,* pp. 62-66.

[102] Cf. idem, *Cristologia a partir da América Latina,* p. 63; *Jesús de Nazaret.* In: Floristán Samanes, C. & Tamayo-Acosta, J. J. (orgs.). *Conceptos fundamentales de pastoral,* p. 485; ————. *Jesus na América Latina,* p. 128. O conceito de Reino de Deus como agir de Deus é expresso também por J. Jeremias: "O Reino de Deus não é um conceito espacial nem um conceito estático, mas um conceito dinâmico. Designa a soberania real de Deus exercendo *in actu,* em primeiro lugar, em contraste com a soberania do rei terreno e, depois, em contraste com toda a soberania no céu e na terra. A principal característica deste Reino divino é que Deus realiza o ideal régio da justiça". *Teologia del Nuevo Testamento,* v. 1, pp. 121s.

[103] Sobrino, J. *Jesus, o Libertador.* I – A História de Jesus de Nazaré, p. 111; ————. *Jesus na América Latina,* p. 129.

utópica que diz respeito a todo o povo e visa à transformação da sociedade, sem menosprezar as exigências individuais de conversão. Corresponde a uma *esperança popular* de todo o povo e para todo o povo. É uma *realidade excludente e contrária ao anti-reino*. Surge como boa-nova diante da situação de opressão. Corresponde a uma *esperança ativa* contra toda as opressões do anti-reino:[104]

> Reino de Deus é uma utopia que responde a uma esperança popular secular no meio de inumeráveis calamidades históricas; é, por isso, o bom e o sumamente bom. Mas é também algo libertador, porque vem no meio de e contra a opressão do anti-reino. Necessita e gera uma esperança que é também libertadora da compreensível desesperança historicamente acumulada deste fato: quem triunfa na história é o anti-reino.[105]

Conseqüentemente, o Reino é uma realidade sumamente positiva e, ao mesmo tempo, extremamente crítica diante do mal e da injustiça, e sua principal característica é que Deus realiza o ideal régio da justiça.[106]

O horizonte imediato da missão de Jesus

Depois de constatar que, no tempo de Jesus, a expectativa do Reino de Deus era uma constante que se manifestava sob as mais diversas formas,[107] Jon Sobrino explicita a concepção de Reino própria do Batista, motivado pela sua relação de proximidade com Jesus.[108]

João Batista anuncia, no deserto, a vinda iminente de Deus em termos de *juízo de Deus* e não de Reino de Deus. Denuncia o pecado do povo e anuncia a vinda de Deus e de seu juízo radical. Para o povo, existe uma única possibilidade: a conversão,

---

[104] Cf. idem, ibidem, p. 112.
[105] Idem, ibidem, p. 113.
[106] Cf. idem, ibidem, p. 112.
[107] Os fariseus e os saduceus esquadrinhavam os sinais dos tempos para averiguar a vinda do Reino; os essênios e os fariseus queriam acelerá-lo com uma vida de pureza, de contemplação e de observância da Lei. Também havia grupos que queriam acelerá-lo com a violência armada para implantar a teocracia.
[108] Para comprovar sua afirmação de que a influência de João Batista sobre Jesus foi grande, Jon Sobrino cita, entre outros, os teólogos: JEREMIAS, J. Teologia do Novo Testamento; MOLTMANN, J. *O caminho de Jesus Cristo. Cristologia em dimensões messiânicas.* Cf. *Jesus, o Libertador. I - A História de Jesus de Nazaré*, p. 116, nota 26.

expressa no batismo como perdão dos pecados e realizada em "frutos dignos de penitência" (Mt 3,8). Para João, a boa notícia consiste na possibilidade de salvação por meio do batismo de penitência e na realidade escatológica da unificação do verdadeiro Israel.[109]

Não só a pregação, também a pessoa do Batista, exerceu significativa influência no tempo de Jesus e no próprio Jesus. Além de ter sido batizado por João,[110] Jesus foi iniciado no movimento profético-escatológico do Batista.[111]

Jesus tomará de João a ocasião e alguns conteúdos para a própria proclamação da vinda do Reino de Deus. Ambos oferecem a possibilidade de salvação, que não se relaciona com as instituições salvíficas do Antigo Testamento: templo, culto, sacrifícios, mas, com a conversão real, relacionada com o batismo de penitência, para João, e com a confiança incondicional em Deus, para Jesus.

Por conseguinte, o horizonte imediato da missão de Jesus e de sua visão do Reino foi, inicialmente, o do Batista, embora se distanciasse dele em pontos considerados essenciais.

A novidade anunciada por Jesus acerca do Reino

Jesus participa das esperanças de seu povo, situa-se na encruzilhada do tempo e na continuidade[112] da história, ao mesmo tempo, oferece sua própria visão de Reino de Deus. Inicia sua vida pública convidando pessoas a segui-lo e

---

[109] Cf. idem, ibidem, pp. 113-116.

[110] "Os evangelhos narram que Jesus se deixou batizar por João, e a historicidade do acontecimento parece indiscutível. As comunidades não poderiam ter inventado uma cena em que Jesus aparece sendo batizado com o resto do povo (cf. Lc 3,21), sem se distinguir dos demais (cf. Jo 1,26.31) e com um batismo que era especificamente para o perdão dos pecados." Idem, ibidem, p. 115.

[111] "Indícios desta relação profunda são os elogios de Jesus a João como o maior dos profetas e o maior dos nascidos de mulher (cf. Lc 7,26s; Mt 11,18-19) e o fato de se ter retirado para um lugar solitário quando lhe anunciaram o assassinato do Batista (cf. Mt 14,3-13). E não esqueçamos algo muito importante: em Marcos e Mateus, Jesus começa sua atividade própria "depois que João foi preso" (cf. Mc 1,14; Mt 4,12), o que pode ser interpretado, pelo menos provavelmente, como motivação existencial de Jesus a começar sua própria obra pelo que ocorreu a João e não só como coincidência cronológica." Idem, ibidem, p. 116.

[112] Jon Sobrino constata que, na história da teologia em geral, houve uma preocupação muito grande em evidenciar a descontinuidade histórica de Jesus, relegando ao segundo plano o aspecto da continuidade histórica. Cf. idem, ibidem, p. 117.

relaciona este apelo, na primeira etapa de sua vida, à pregação do Reino e, na segunda, à reação contra o anti-reino. Ele não só espera a vinda do Reino de Deus, mas afirma que está próximo, que não é só objeto de esperança, mas de certeza:

> Em linguagem sistemática, Jesus tem a audácia de proclamar o desenlace do drama da história, a superação, finalmente, do anti-reino, a vinda inequivocamente salvífica de Deus. E os sinais que acompanharam suas palavras mantiveram essa esperança.[113]

De acordo com as palavras de Jesus, o Reino de Deus tem algumas características significativas. É *dom de Deus* e sua vinda está perpassada de *gratuidade*: Deus vem por amor gratuito, não como resposta à ação dos homens. Essa gratuidade não se opõe à ação dos homens, mas exige conversão. É *boa notícia*: Deus se aproxima, se aproxima porque é bom e é bom para os homens que Deus se aproxime. A boa notícia é anunciada com alegria e é causa de alegria em quem a recebe.[114]

O anúncio do Reino de Deus como boa notícia traz também algumas exigências que Jesus apresenta com clareza: como juízo iminente, o Reino exige conversão: "Convertei-vos e crede na boa notícia" (Mc 1,5; Mt 4,17); como lei da vida, o Reino exige amor sem limite, que deve dirigir-se, preferencialmente, aos mais pobres e necessitados (cf. Mt 5,43; Lc 14,12-14); como realidade a ser anunciada, o Reino exige o seguimento. Jesus chamou os discípulos e os enviou a pregar a proximidade do Reino e a realizar sinais de sua presença (cf. Mc 3,13s; 6,7-13; Mt 10).[115]

O Reino de Deus não é mero prolongamento das possibilidades do homem, mas irrompe como graça e seu efeito transformador abarca a interioridade humana e as relações inter-humanas. Supera a dualidade entre a dimensão pessoal e a dimensão estrutural, entre ética individual e ética social.

---

[113] Idem, ibidem, p. 119.
[114] Cf. idem, ibidem, pp. 122-123; ———. *Cristologia a partir da América Latina*, pp. 67-82.
[115] Cf. idem, Jesús de Nazaret. In: Floristán Samanes, C. & Tamayo-Acosta, J. J. (orgs.). *Conceptos fundamentales de pastoral*, pp. 488-490.

Relação entre a boa notícia do Reino e os seus destinatários

Na perspectiva de Jon Sobrino, a *via dos destinatários*[116] tem como pressuposto lógico o fato de que o Reino de Deus, como boa notícia, é algo *relacional* e, por conseguinte, seus destinatários ajudam essencialmente a esclarecer seu conteúdo. Nesse sentido, podemos considerar dois aspectos: *o anúncio do Reino aos pobres* e *a parcialidade do Reino de Deus*.

O anúncio do Reino aos pobres

Referindo-se à sua missão, Jesus afirma ter sido enviado para *anunciar a boa-nova aos pobres* (cf. Lc 4,18). A relação entre Reino e pobres[117] que se estabelece nos evangelhos é fundamental para compreender Jesus, sua missão e seu convite para segui-lo.

Jon Sobrino observa que, embora nos evangelhos não exista nem um conceito absolutamente unívoco de pobres nem uma reflexão estritamente conceitual, não se pode negar a existência de uma visão fundamental referente ao que significam os pobres para Jesus: são os que estão à margem da história, os que são oprimidos pela sociedade e segregados por ela.[118]

Os sinóticos falam de forma dialética de pobres e ricos, como grupos diferentes e opostos, referem-se a uma pobreza coletiva, massiva e caracterizada em termos históricos, numa dupla dimensão: pobres *economicamente*, que, como descreve o profeta Isaías (cf. 61,1-2), gemem oprimidos por qualquer tipo de necessidade básica: os famintos e sedentos, os nus, os forasteiros, os enfermos, os encarcerados, os que choram, os que estão angustiados (cf. Lc 6,20-21; Mt 25,35-46). Nesse sentido, pobres são os que vivem encurvados sob uma pesada carga, aqueles para quem viver e sobreviver é uma realidade duríssima, aqueles para quem são negadas as

---

[116] Jon Sobrino afirma que o acento dado a esta terceira via, que de certa forma já está incluída na via da prática, parece ser a contribuição metodológica mais específica da Teologia da Libertação. Cf. Centralidad del Reino de Dios en la Teología de la Liberación. In: ELLACURÍA, I. & SOBRINO, J. (orgs.). *Mysterium Liberationis. Conceptos fundamentales de la Teología de la Liberación*, v. 1, p. 488.

[117] Cf. idem, *Jesus, o Libertador. I – A História de Jesus de Nazaré*, p. 126; ———. *Jesus na América Latina*, p. 133.

[118] Cf. idem, *Jesus, o Libertador. I – A História de Jesus de Nazaré*, pp. 125-126; ———. *Jesus na América Latina*, pp. 133-134; ———. Jesús de Nazaret. In: FLORISTÁN SAMANES, C. & TAMAYO-ACOSTA, J. J. (orgs.). *Conceptos fundamentales de pastoral*, p. 486.

mínimas condições de vida; pobres *sociologicamente*, que são desprezados pelas estruturas sociais vigentes: os que são considerados pecadores, os publicanos, as prostitutas (cf. Mc 2,16; Mt 11,19; 21,31; Lc 15,1ss), os simples, os pequenos (Mt 11,25; Mc 9,36ss), os que exercem profissões desprezadas (Mt 21,31; Lc 18,11). Nesse sentido, pobres são os marginalizados, aqueles cuja ignorância religiosa e cujo comportamento moral, de acordo com os padrões da época, impediam o acesso à salvação, aqueles aos quais é negado o mínimo de dignidade.[119]

Desses pobres, Jesus diz que é o Reino de Deus, um Reino cujo conteúdo mínimo, mas fundamental, é a vida e a dignidade do ser humano. A esses pobres, Jesus envia seus seguidores a anunciarem o Reino.[120]

A parcialidade do Reino de Deus

O Reino de Deus é para os pobres e, por conseguinte, parcial, embora como realidade escatológica seja universal. Jon Sobrino expressa essa realidade na seguinte afirmação:

> Se apocalipticamente Jesus acentua seu caráter escatológico e sua vinda iminente, profeticamente sublinha a parcialidade de Deus como Deus dos pobres.[121]

A parcialidade do Reino de Deus aparece clara no Antigo Testamento, em que *Deus* é o Deus dos pobres e humildes. No êxodo, acontecimento fundante do Antigo Testamento, Deus está do lado do povo oprimido, a ele se revela e o liberta. A parcialidade se torna mediação essencial de sua revelação. É por meio de sua parcialidade para com os oprimidos que Deus revela sua própria realidade.

Essa parcialidade é mantida em todo o Antigo Testamento[122] e está presente também em termos de Reino. O rei esperado por Israel estará do lado do oprimido

---

[119] Cf. idem, *Jesus na América Latina*, p. 133; ———. *Jesus, o Libertador. I – A História de Jesus de Nazaré*, pp. 125-126.

[120] Cf. idem, *Jesus na América Latina*, p. 133.

[121] Idem, *Jesus, o Libertador: I – A História de Jesus de Nazaré*, p. 129; ———. Jesús de Nazaret. In: Floristán Samanes, C. & Tamayo-Acosta, J. J. (orgs.). *Conceptos fundamentales de pastoral*, p. 486.

[122] Nesta afirmação, Jon Sobrino está de acordo com outros teólogos que ele próprio cita: Miranda, P. *O Ser e o Messias*; Sivatte, R. La práctica de la justicia, criterio de discernimiento de la verdadera experiencia de fé, según el Antiguo Testamento. In: Gonzáles Faus et alii. *La justicia que brota de la fe*; Gutiérrez, G. *O Deus da vida*; Jeremias, J. *Teologia do Novo Testamento*, v. 1. Cf. Sobrino, J. *Jesus, o Libertador. I – A História de Jesus de Nazaré*, p. 129.

e fará justiça.¹²³ Essa parcialidade é *dialética*: opta por uns em oposição a outros. Daí a classificação freqüente de dois tipos de grupos ou pessoas: uns aceitos outros rejeitados por Deus. O Novo Testamento segue essa mesma dialética. Jesus inúmeras vezes expressa essa contraposição.¹²⁴

Palavras e atos de Jesus a serviço do Reino

Para Jon Sobrino, a *via da prática*¹²⁵ tem como pressuposto a consciência de que as palavras e os atos de Jesus estavam a serviço do Reino de Deus. Suas atividades são *sinais da proximidade do Reino*;¹²⁶ *parábolas: a desafiadora utopia do Reino*.

Sinais da proximidade do Reino

Além de anunciar o Reino, Jesus realiza sinais de sua presença em favor dos pobres: percorre toda a Galiléia, pregando nas sinagogas, expulsando demônios e curando toda sorte de enfermidades (cf. Mc 1,39; Mt 8,16; Lc 4,40). Todas essas atividades expressam, cada uma a seu modo, a proximidade do Reino.

- *Os milagres*¹²⁷ não trazem a salvação global para a realidade oprimida, mas são sinais concretos da proximidade de Deus e, por isso, geram a esperança da salvação. Não tornam presente o Reino como transformação estrutural da realidade, mas são clamores e apontam para a justa direção do que será o Reino em sua plenitude. A importância cristológica dos milagres consiste em mostrar uma dimensão fundamental de Jesus: a misericórdia.¹²⁸

---

¹²³ Neste caso, o conceito de rei é sinônimo de juiz.

¹²⁴ Cf. SOBRINO, J. *Jesus, o Libertador. I – A História de Jesus de Nazaré*, pp. 129-130.

¹²⁵ A prática é aqui entendida em sentido amplo: palavras e atos de Jesus. Cf. idem, ibidem, pp. 109 e pp. 135.

¹²⁶ Jon Sobrino afirma que aprendemos o que foi realmente o Reino para Jesus não só daquilo que se possa depreender de sua noção de Reino, mas da *mesma vida de Jesus a serviço do Reino*. Cf. *Jesus na América Latina*, p. 127.

¹²⁷ Para aprofundar o tema dos milagres de Jesus, ver GONZÁLEZ FAUS, J. I. *La humanidad nueva*, pp. 113-114; FABRIS, R. *Jesus de Nazaré. História e interpretação*, pp. 141-154.

¹²⁸ Cf. SOBRINO, J. *Jesus, o Libertador. I – A História de Jesus de Nazaré*, pp. 137-143.

- *A expulsão dos demônios* expressa que o Reino e o anti-reino são realidades formalmente excludentes e que se digladiam entre si. Essa luta acirrada se trava entre os seus mediadores, Jesus e o demônio, e mostra que a vinda do Reino não é pacífica e ingênua, mas implica luta ativa contra o anti-reino.[129]

- *A acolhida e o perdão dos pecadores*, que podem ser considerados, globalmente, em dois tipos distintos: *os opressores*, cujo pecado fundamental consiste em praticar a injustiça e colocar carga pesada sobre os ombros dos outros. Deles Jesus exige conversão radical entendida positivamente como deixar de oprimir e praticar a justiça; *os que pecam por fragilidade e os considerados pecadores pela estrutura religiosa vigente*. Deles Jesus exige mudança no modo de conceber Deus: não mais segundo a imagem neles introjetada pelos opressores, mas como amor verdadeiro que veio não para condenar, mas para salvar os pecadores, os quais não devem ter medo, mas alegrar-se pela vinda de Cristo.[130]

Enquanto os milagres e a expulsão dos demônios expressam a libertação do mal físico e do poder do mal, a acolhida e o perdão dos pecados expressam a libertação do pecador de seu princípio interior de escravidão. Jesus liberta, devolvendo a dignidade aos desprezados e marginalizados pela sociedade.

Tanto os milagres como a expulsão dos demônios e a acolhida dos pecadores provocam escândalo. Os adversários de Jesus se indignam porque ele come com os pecadores e publicanos. Mas o escândalo maior provém do fato de que Jesus oferece o perdão independentemente de todas as prescrições cúlticas.

A acolhida dos pecadores não acontece de acordo com os critérios religiosos vigentes, e o perdão não é mediado pelas instituições religiosas, não é preciso ir ao Templo, nem oferecer sacrifícios.[131] Dessa forma, Jesus rompe com as tradições e propõe uma nova imagem de Deus que causa escândalo, porque derruba o apego exagerado à Lei.[132]

---

[129] Cf. idem, ibidem, pp. 144-147.
[130] Cf. idem, ibidem, pp. 147-152.
[131] Para aprofundar o tema *Jesus e a Lei*, ver GONZÁLEZ FAUS, J. I. *La humanidad nueva*, pp. 57-71.
[132] Cf. SOBRINO, J. *Jesus, o Libertador*. I – A História de Jesus de Nazaré, p. 151.

Por meio desses sinais, Jesus prova que o Reino de Deus que se aproxima é dom, tem poder recriador e dá forças para que a pessoa se transforme conforme seu interior.[133]

Parábolas: a desafiadora utopia do Reino

A mensagem fundamental de que o Reino de Deus está próximo é traduzida por Jesus também em parábolas,[134] relatos baseados em acontecimentos da vida cotidiana.

As parábolas falam do Reino, mas não o definem, e seu conteúdo é de tal natureza que sua interpretação permanece aberta e exige que seus ouvintes tomem posição. Não oferece uma receita pronta e não admite neutralidade, mas exige decisão.

Por apresentarem um conteúdo concreto e positivo, as parábolas são, ao mesmo tempo, questionadoras e polêmicas, criticam e provocam crise, geram esperança e expressam satisfação.[135]

Presença celebrativa do Reino

Por ser boa notícia, a vinda do Reino é incompatível com a tristeza. Por isso, Jesus convida a celebrar o Reino, especialmente em forma de comida: come com os pecadores e desprezados; no final de sua vida, despede-se de seus amigos mais íntimos com uma ceia, e, depois de sua ressurreição, aparece, várias vezes, durante uma refeição.

A importância da comida como sinal celebrativo está presente em todas as culturas e também no Antigo Testamento; é, por isso, um símbolo significativo dos ideais do Reino: liberdade, paz, justiça e comunhão universal.

Lamentavelmente, em vez de converter-se em deleite para todos, a alegria de comer juntos incomoda os adversários do Reino, que acusam Jesus de comilão,

---

[133] Cf. idem, ibidem, p. 152.

[134] Para aprofundar este tema, ver JEREMIAS, J. *As parábolas de Jesus*; FABRIS, R. *Jesus de Nazaré. História e interpretação*, pp. 170-179.

[135] Cf. SOBRINO, J. *Jesus, o Libertador*. I – A História de Jesus de Nazaré, pp. 152-157.

beberrão e amigo dos pecadores. Jesus responde ironicamente dizendo que não são os sadios que têm necessidade de médico, mas os doentes.[136]

Todas essas expressões do Reino são parte integrante do caminho real do seguimento de Jesus. Por outro lado, a realização do seguimento, segundo Jon Sobrino, coloca em evidência importantes valores do Reino. O *deixa tudo* pelo Reino comunica aos destinatários da evangelização a *incondicionalidade* da boa-nova e o fato de que o Reino é verdadeiramente uma "pérola preciosa" que, uma vez encontrada, relativiza as demais; *não olhar para trás* e seguir até o fim comunica a *ultimidade* da boa notícia; *não poder servir a dois senhores* comunica a *exclusividade* da boa notícia, o Deus cioso de qualquer outro deus, sua *conflitividade* com tudo o que pode ocupar o lugar de Deus, a *parcialidade* do caminho da pobreza e do pequeno; *vem e segue-me* comunica a *gratuidade* irredutível da boa notícia que provém de Deus, que se apresenta como convite exigente e não como produto da lógica humana.[137]

Depois de apresentar a relação de Jesus com o Reino de Deus, Jon Sobrino aborda a outra face da dupla relacionalidade: o Deus do Reino que Jesus chama de Pai. Sabemos que a relação de Jesus com o Pai é, sem dúvida, um mistério profundo e inatingível para a mente humana. É um mistério que desafia o entendimento dos teólogos. Perguntamos, então, como Jon Sobrino apresenta a relação de Jesus de Nazaré com Deus Pai?

4. A relação de Jesus com Deus Pai

A missão de Jesus e o modo como ele a concretizou tem como pressuposto fundamental uma experiência íntima e pessoal com Deus. Como todo ser humano, Jesus, o Ungido, o Filho, o primogênito entre muitos irmãos (cf. Rm 8,29) se defrontou com a complexidade da vida e da história e se viu forçado a buscar e a dar sentido à própria existência. Percebeu, então, que no cerne da realidade não existe um absurdo, uma força impessoal, mas algo bom e pessoal, um Deus a quem ele chamou de Pai:

---

[136] Cf. idem, ibidem, pp. 157-159.
[137] Cf. idem, Jesús de Nazaret. In: Floristán Samanes, C. & Tamayo-Acosta, J. J. (orgs.). *Conceptos fundamentales de pastoral*, p. 490.

A consciência da paternidade de Deus, a força concreta com que Deus se manifestava a Jesus como Pai — mais propriamente como Abba, Pai absolutamente próximo, familiar e íntimo — vai progredindo nele e concretizando-se através do vai-e-vem da história e dos altibaixos de sua missão a serviço do Reino.[138]

Responderemos à pergunta sobre a relação de Jesus com Deus Pai analisando os seguintes aspectos: *caminhar com o Deus-mistério e praticar o Deus-do-Reino; a dialética da intimidade e da alteridade.*

Caminhar com o Deus-mistério e praticar o Deus-do-Reino

Jesus buscou incessantemente Deus, abriu-se a ele, dialogou com ele, descansou nele, deixando-o ser Deus. Os evangelhos se referem à radical experiência de Deus que Jesus fez, como algo absolutamente central em sua vida.[139] Jon Sobrino reconhece que a relação de Jesus com Deus Pai é questão extremamente difícil, senão impossível, de ser abordada, pela própria natureza do assunto e pela impossibilidade de adentrar na psicologia interna de Jesus.

A densidade e a abrangência do mistério insondável da relação pessoal de Jesus com Deus Pai[140] podem ser captadas, de alguma forma, por meio da análise: *das diversas concepções de Deus e da transcendência de Deus.*

As diversas concepções de Deus

Jesus não propôs uma doutrina sobre Deus, nem apresentou definições concisas e aceitáveis. Ele conhecia as tradições sobre Deus, próprias da religião de seu povo, e agiu de tal modo que as decisões concretas e práticas que tomava causavam impacto e questionavam seus contemporâneos.

---

[138] Idem, Jesús de Nazaret. In: Floristán Samanes, C. & Tamayo-Acosta, J. J. (orgs.). *Conceptos fundamentales de pastoral*, p. 491; ———. *Jesus, o Libertador*. I – A História de Jesus de Nazaré, p. 202.

[139] Cf. idem, ibidem, p. 202.

[140] O modo como Jesus se relacionava com Deus impressionava extraordinariamente os discípulos e as pessoas que dele se aproximavam. Os evangelhos documentam esta experiência como absolutamente central em sua vida. Cf. idem, ibidem, p. 202.

Por meio de parábolas ou de imagens, Jesus explicava o significado do seu modo de proceder e de suas atitudes. Jon Sobrino analisa a mútua interação entre seu modo de atuar e sua pregação; podemos detectar os diversos elementos provenientes das tradições de Israel que Jesus integrava em sua própria visão de Deus.[141]

- *Tradição profética*, segundo a qual Deus é defensor dos oprimidos, dos pobres e dos fracos, age contra a injustiça e garante que a utopia de uma vida justa é possível. Relaciona-se severamente com suas criaturas, exigindo conversão pessoal e mudança interior. Suscita os profetas, exige deles entrega incondicional até mesmo da própria vida. Fundamentalmente, essa tradição se compagina com a do Deus do Reino.

- *Tradição apocalíptica*, que realça o futuro absoluto de Deus. Ele mesmo e só ele transformará a realidade no final dos tempos, pois o momento presente não é capaz de receber a plenitude de Deus. Em relação à expectativa da chegada do fim dos tempos e da transformação total e absoluta da realidade, essa tradição se relaciona com o Deus do Reino.

- *Tradição sapiencial*, que enfatiza o Deus criador e providente. Ele cuida de suas criaturas e vela por suas necessidades cotidianas, permite que, na história, cresçam juntos os bons e os maus, deixando a seleção e a justiça para o fim dos tempos. Distancia-se formalmente da visão escatológica do Deus do Reino.[142]

- *Tradição existencial*,[143] segundo a qual só se escuta o silêncio do Deus presente em toda a teodicéia, e própria de alguns salmos, das lamentações de Jeremias, do Coélet, de Jó. Aparece esporadicamente no Antigo Testamento e, em si mesma, é distinta e até contrária ao Deus do Reino:[144]

---

[141] Jon Sobrino tem consciência das dificuldades na abordagem das questões relativas à visão e à experiência de Deus que Jesus teve. Os motivos são óbvios. De um lado, a própria natureza do tema, pois Deus é uma realidade que não se deixa aprisionar em palavras; de outro, porque é difícil, quando não impossível, penetrar na psicologia interna de Jesus. Cf. idem, ibidem, p. 202.

[142] Para aprofundar o tema das tradições bíblicas, ver, por exemplo, JEREMIAS, J. *Teologia do Novo Testamento*; FOHRER, G. *Estruturas teológicas fundamentais do Antigo Testamento*; ———. *História da religião de Israel*; WESTERMANN, C. *Teologia do Antigo Testamento*.

[143] A tradição existencial do silêncio de Deus aparece de forma muito explícita em dois momentos importantes da vida de Jesus: no Horto das Oliveiras, Mt 27,36-46; Mc 14,32-42; Lc 22,39-46; e na cruz, Mt 27,46; Mc 15,34; Lc 23,46; Jo 19,28. Cf. SOBRINO, J. *A oração de Jesus e do cristão*, p. 26.

[144] Cf. idem, *Jesus, o Libertador. I – A História de Jesus de Nazaré*, pp. 203-204.

Essas tradições, com diversas concepções de Deus, influenciam de uma ou de outra forma, na vida concreta de Jesus, e apresentam — ao menos conceitualmente — certas tensões. Deus se manifesta no cotidiano, no ritmo natural da vida, e se revela também como algo escatológico, como quem se manifestará no final da história. Revela-se como exigência ao homem, à ação aberta em favor dos oprimidos, e se revela também como gratuidade, porque está na origem absoluta e no futuro do Reino. Manifesta-se como proximidade, a quem se pode chamar de *Abba*, e como mistério santo e incontrolável, a quem se deve deixar ser Deus. E no final da vida de Jesus, manifesta-se como presença e ausência, como poder e impotência.[145]

Jon Sobrino reconhece que do ponto de vista estritamente conceitual é difícil conciliar essas tradições.[146] Jesus, em sua história concreta, vai integrando-as ao longo da vida, de maneira existencial. Sem entrar no problema estritamente exegético, preferimos manter a diversidade e a novidade dessas diferentes visões de Deus.[147]

A transcendência de Deus

Além da visão de Deus, composta de vários elementos que não podem ser sintetizados com facilidade de maneira puramente conceitual, no aspecto da *formalidade da realidade de Deus*, Jon Sobrino apresenta Jesus como revelador da *transcendência* de Deus.

Nos evangelhos, Jesus mostra, com clareza e de diversas formas, que Deus é transcendente porque é: *criador* (cf. Mc 10,6; 13,19); *soberano absoluto*, tem poder sobre a vida e a morte (cf. Mt 10,28); seu nome deve ser respeitado (cf. Mt 5,33-37,23,16-22); diante dele o homem é servo (cf. Lc 17,7-10) e escravo (cf. Mt 6,24; Lc 16,13); *incompreensível* (cf. Mt 11,25ss; Lc 10,21ss).

Essa visão da transcendência, além de conservar elementos comuns a outras tradições religiosas e filosóficas, tem um aspecto específico: Deus, inacessível e inatingível, é captado essencialmente como *graça*. Deus atua por graça e como graça:

---

[145] Idem, *Oração de Jesus e do cristão*, p. 26.

[146] "Conciliar conceitualmente as diversas tradições sobre Deus, nas quais Jesus cresce e das quais se utiliza sempre, constituiu um problema. Qualquer tentativa de conciliação conceitual pressupõe que se tome uma das tradições que possa unificar as outras." Idem, ibidem, p. 26.

[147] Cf. idem, *Jesus, o Libertador*. I – A História de Jesus de Nazaré, p. 205.

Deus é dom e graça pelo conteúdo — Deus é o bom — e pela forma inesperada e imerecida como Deus historiza essa bondade para os homens.[148]

Dessa forma, a cristologia de Jon Sobrino apresenta Jesus rompendo com a visão tradicional e comumente difundida de que a transcendência se concretiza e se reduz à infinita distância entre Deus e a criatura, entre o poder de Deus e a fragilidade humana. Jesus capta essa distância e essa diferença, mas afirma que a transcendência de Deus se torna presente. O infinitamente distante transforma-se em radicalmente próximo. O poder transcendente não consiste em realizar o que está além da capacidade natural da pessoa e sem contar com ela, mas em realizar o impossível de uma maneira nova e inesperada, como graça que renova o ser humano.[149]

Jesus revela de modo muito específico essa transcendência de Deus *na própria história e nas discussões com os judeus.*

- *Na própria história de sua vida,* que passou por duas etapas significativas: do início da vida pública até a crise da Galiléia, da crise da Galiléia até a morte na cruz; etapas diferentes só no nível descritivo, mas também na sua interioridade e, por conseguinte, na concepção de Deus. Quando Jesus pronuncia o nome de Deus no começo de sua vida pública (cf. Mc 1,15), sua concepção de Deus é diferente de quando o pronuncia no final, na cruz (cf. Mc l5,34).

A passagem de uma etapa para outra implica *tentação, crise* e *não-saber.* Na *tentação,* Jesus se põe diante de Deus em situação de obscuridade, de dificuldade e de solidão e é confrontado com a vontade de Deus, que deve aceitar ou rejeitar. Ele vence a tentação e deixa Deus ser Deus.[150] Na *crise,* percebe-se, ao menos externa-

---

[148] Idem, ibidem, p. 205.

[149] *"Quanto mais penetramos em sua noção de Deus mais consideramos que, para Jesus, Deus é graça.* Isto aparece em numerosas parábolas. Na parábola do amigo inoportuno (cf. Lc 11,5-8), na comparação de Deus com o pai que dá a seu filho pão, e não pedra (cf. Mt 7,6). A bondade gratuita de Deus ainda se manifesta dentro dos critérios normais e compreensíveis para o homem. Porém, Jesus vai preparando o terreno para que se compreenda a graça de Deus, como algo absolutamente não pensado, cujo exemplo típico é a parábola do filho pródigo (cf. Lc 15,11-24). A transcendência de Deus aparece aqui como a realização de algo que parece impossível. Quando perguntam a Jesus se os ricos podem se salvar, ele responde dizendo que *aos homens é impossível, mas não a Deus, pois para Deus tudo é possível* (Mc 10,27). A realização do impossível é a expressão da transcendência de Deus, não segundo a maneira clássica das religiões baseadas em prodígios, mas de uma maneira nova e inesperada como a graça que renova o homem, e o homem perdido." Idem, *A oração de Jesus e do cristão,* pp. 27-28.

[150] Cf. idem, *Jesus, o Libertador.* I – A História de Jesus de Nazaré, p. 224.

mente, uma mudança nas atitudes de Jesus, mas ele permanece fiel a Deus até o fim.[151] No *não-saber*, Jesus respeita a transcendência de Deus e por isso seu não-saber não é uma imperfeição, mas manifesta seu ser criatura.[152] E é a realidade de um Deus transcendente, de um Deus sempre maior que explica as mudanças e rupturas ocorridas em sua vida.

> • *Nas discussões com os judeus*, acusando-os de querer manipular Deus por meio de tradições humanas:[153]
>
> Fica claro que, para Jesus, Deus tem um conteúdo que, em sua generalidade máxima, é o de ser "o bom", e tem uma formalidade que é "a transcendência". Mas o que é isso concretamente, como as duas coisas se relacionam, qual ênfase tem prioridade sobre as outras, em outras palavras, quem foi Deus para Jesus, cremos que não pode ser resolvido só pela análise conceitual das palavras que Jesus usa.[154]

É preciso então contemplar as atitudes de Jesus, a realidade do que ele é e do que ele faz para perceber a concretização e a hierarquização de sua conceitualidade de Deus:

> E se algo parece dar unidade às diversas noções de Deus que Jesus teve, é o fato mesmo de sempre caminhar com o Deus-mistério, praticando sempre o Deus-do-Reino. Na formulação de Miquéias "praticando o direito, amando com ternura e caminhando humildemente com Deus" (6,8).[155]

Jesus se confrontou com a realidade última a quem ele chamou de *Abba, ó Pai*,[156] expressão que manifesta sua relação íntima e sua confiança amorosa para com esse Pai que continua sendo o último para ele, isto é, Deus. Usando a metáfora *pai*, Jesus concentra em Deus a origem absoluta de todas as coisas, que garante o senti-

---

[151] Cf. idem, ibidem, pp. 227-228.

[152] Cf. idem, ibidem, p. 229.

[153] "A agudeza da acusação e a defesa da transcendência de Deus se fazem mais notáveis uma vez que essas tradições são religiosas. Contudo, através dessas tradições religiosas, (os fariseus) invalidam a palavra de Deus (cf. Mc 17,13). Jesus denuncia, portanto, o querer manipular Deus através das tradições humanas." Idem, *A oração de Jesus e do cristão*, p. 28.

[154] Idem, *Jesus, o Libertador*. I – A História de Jesus de Nazaré, p. 206.

[155] Idem, ibidem, p. 206.

[156] Para uma análise exegética da expressão *Abba*, ver, por exemplo, JEREMIAS, J. *A mensagem central do Novo Testamento*.

do da história e o amor que existe nessa origem, como fundamento último da realidade. Para Jesus, Deus é uma realidade sumamente dialética: absolutamente íntimo e próximo e absolutamente outro e distante. É essa convicção, realidade integrante do caminho real de seguimento, que Jesus expressa, de modo particular, em seu modo peculiar de rezar.

A dialética entre intimidade e alteridade

Na abordagem da relacionalidade constitutiva de Jesus com o Deus do Reino, além de apresentar as noções que ele tinha de Deus, Jon Sobrino percorre o caminho da análise das expressões externas, que refletem suas atitudes internas.

Entre essas expressões externas, podemos considerar: *a oração filial: expressão da alteridade e da proximidade de Deus; a bondade de Deus: força geradora da liberdade; Jesus, homem disponível diante de Deus; a confiança e a obediência: a dupla vertente da incondicional fé de Jesus em Deus Pai.*

A oração filial: expressão da alteridade e da proximidade de Deus

Fundamentado nos evangelhos sinóticos,[157] Jon Sobrino mostra Jesus como um judeu orante: *bendiz à mesa* (cf. Mt 15,36; 26,26); *observa o culto sabático e ora com sua comunidade* (cf. Lc 4,16).

Além das preces comunitárias, os sinóticos evidenciam a oração pessoal de Jesus e mostram que sua existência terrena se realiza em clima de oração.[158] No evangelho de Lucas, a vida pública de Jesus começa com um momento profundo de oração (cf. Lc 3,21) e os evangelistas são unânimes em afirmar que sua vida termina com uma oração, interpretada de forma diferente como expressão de angústia, de esperança ou de paz, mas sempre como explícita relação com Deus.

---

[157] "Ao abordar positivamente a oração de Jesus, nos limitamos às alusões que aparecem sobre ela nos sinóticos. Sabe-se que João elabora longas e profundas orações de Jesus, mas o conteúdo destas orações está, evidentemente, influenciado pela teologia do próprio João." SOBRINO, J. *A oração de Jesus e do cristão*, p. 17.

[158] Cada um dos evangelhos sinóticos apresenta a oração de Jesus segundo seu próprio esquema literário e enfoque teológico. O dado fundamental comum a todos e que não pode ser negado historicamente é que Jesus orava, e o conteúdo e o contexto de sua oração estão suficientemente situados na história. Cf. idem, ibidem, p. 13.

O espaço que transcorre entre o começo e o fim da vida de Jesus é permeado de inúmeros momentos de oração. Jesus reza *antes de tomar importantes decisões históricas*: ao escolher os doze apóstolos (cf. Lc 6,12ss); ao ensinar o pai-nosso (cf. Lc 11,1); ao curar o epilético (cf. Mc 9,29). *Por pessoas concretas*: por Pedro (cf. Lc 22,32), por seus verdugos (cf. Lc 23,34). *Em momentos de particular importância*, como quando afirma que certa classe de demônio só se expulsa com a oração (cf. Mc 9,29), ou quando relaciona a oração com a convicção de fé (cf. Mc 11,23ss).

Os sinóticos afirmam ainda que Jesus tinha o costume de retirar-se para orar, no monte, no horto, no deserto (cf. Mc 1,35; 6,46; 14,32; Mt 14,23; Lc 6,12). O evangelista Lucas afirma em um de seus sumários: "A notícia a seu respeito, porém, difundia-se cada vez mais, e acorriam numerosas multidões para ouvi-lo e serem curadas de suas enfermidades. Ele, porém, permanecia retirado em lugares desertos e orava" (Lc 5,15s).[159]

Jesus rezava incessantemente, mas não era um orante ingênuo que desconhecia os perigos da oração. Com os evangelhos, Jon Sobrino chama a atenção para alguns tipos de oração que Jesus denuncia e condena: *a oração mecânica, a oração vaidosa e hipócrita, a oração cínica, a oração alienante, a oração opressora*. Convém analisá-las rapidamente, pois constituem para quem segue Jesus perigosa armadilha.

- *Oração mecânica*, que vê na repetição de fórmulas uma correta relação com Deus: "Nas vossas orações não useis de vãs repetições, como os gentios, porque imaginam que é pelo palavreado excessivo que serão ouvidos. Não sejais como eles, porque o vosso Pai sabe do que tendes necessidade antes de lho pedirdes" (Mt 6,7).

    Jesus condena a tentativa de estabelecer contato com Deus por meio do palavreado, a sacralização das fórmulas e, no fundo, a falta de confiança em Deus, pressuposto indispensável para a oração.

- *Oração vaidosa e hipócrita*, que pretende ser expressão de grandeza. "E quando orardes, não sejais como os hipócritas, porque eles gostam de fazer orações pondo-se em pé nas sinagogas e nas esquinas, a fim de serem vistos pelos homens" (Mt 6,5).

---

[159] Cf. idem, *Jesus, o Libertador*. I – A História de Jesus de Nazaré, pp. 207-208.

A malícia desse tipo de oração consiste na falsidade exatamente naquele espaço interior em que a pessoa deveria ser honesta e humilde. Não é por meio das manifestações religiosas que se consegue ser justo, mas por meio de uma oração que seja expressão das obras de justiça e de caridade.

- *Oração cínica*, que é auto-afirmação do eu egoísta. "O fariseu, de pé, orava interiormente deste modo: ó Deus, eu te dou graças porque não sou como o resto dos homens, ladrões, injustos, adúlteros, nem como este publicano" (Lc 18,11).

O pólo referencial dessa oração não é Deus, mas o próprio homem que pretende rezar; falta, por conseguinte, alteridade para que possa ter início o processo de comunicação com Deus. A oração aqui é um mero mecanismo narcisista e gratificante, é auto-engano, desmascarado por Jesus.

- *Oração alienante*, que não é expressão de uma práxis nem a acompanha. "Nem todo aquele que me diz Senhor, Senhor entrará no Reino dos céus, mas sim aquele que pratica a vontade de meu Pai que está nos céus" (Mt 7,21).

Jesus adverte que a oração sem a ação é vã, não só porque não conduz à salvação, mas porque é literalmente impossível. Sem uma práxis não existe o pressuposto a partir do qual possa acontecer uma verdadeira experiência cristã.

- *Oração opressora*, que se converte em mercadoria. "Guardai-vos dos escribas que gostam de circular de toga, de ser saudados nas praças públicas e de ocupar os primeiros lugares nas sinagogas e os lugares de honra nos banquetes; mas devoram as casas das viúvas e simulam fazer longas preces" (Mc 12,38-40).

O pressuposto da condenação dessa oração é a opressão das viúvas — símbolo bíblico do desamparado e do oprimido — pelos escribas e pelos mestres da lei. Essa opressão tem malícia incomparável quando se faz precisamente por meio da oração, por meio daquilo que é o lugar da aproximação de Deus. Aparece aqui uma dupla condenação: da opressão e do uso da oração como mecanismo de opressão:[160]

---

[160] Cf. idem. *A oração de Jesus e do cristão*, pp. 14-16; ———. *Jesus, o Libertador. I – A História de Jesus de Nazaré*, p. 208.

Jesus não era, portanto, ingênuo com respeito à oração. Sabia que tudo o que as pessoas fazem está também sujeito à pecaminosidade, inclusive a oração. Por isso denuncia o deterioramento da oração; que no fundo a oração não seja um pôr-se diante de Deus sem deixar que Deus se ponha diante de alguém.[161]

A oração de Jesus expressa, num momento denso, o sentido último e totalizante de Deus, sua alteridade e a absoluta proximidade. Historicamente situada e relacionada com sua prática, a oração de Jesus, em si mesma, é uma realidade distinta dela; é buscar a totalidade de sentido e o sentido da totalidade, é colocar-se realmente diante de Deus.

A profundidade e, ao mesmo tempo, a importância da oração no caminho do seguimento podem ser percebidas mediante a análise de duas passagens fundamentais de singular importância: a *oração de ação de graças* e a *oração do Horto*. Elas acontecem em momentos cruciais da existência de Jesus e sintetizam, diante de Deus Pai, o sentido último de sua pessoa, de sua atividade e de seu destino.

Oração de ação de graças

É uma expressão de louvor e de agradecimento e sua formulação se torna mais compreensível no horizonte apocalíptico da comunicação e da revelação (cf. Dn 2,20-23), cujo conteúdo é o Reino de Deus (cf. Dn 2,44). "Por esse tempo, pôs-se Jesus a dizer: 'Eu te louvo, ó Pai, Senhor do céu e da terra, porque ocultaste estas coisas aos sábios e doutores e as revelaste aos pequeninos'" (Mt 11,25; Lc 10,21).

É difícil precisar historicamente o momento exato em que Jesus pronunciou essa oração. Parece claro que Jesus havia transcorrido um período de intensa prática evangelizadora, anunciando o Reino, e que sua pregação havia suscitado um conflito fundamental com os dirigentes do povo que não estavam de acordo com ele.

Neste contexto polêmico e crucial para sua missão, Jesus dá graças ao Pai porque os pequenos o compreendem, enquanto os sábios continuam cegos. Aconteceu o impossível: os sábios, aqueles que aparentemente poderiam compreendê-lo, não o entendem; paradoxalmente, os pequenos, que não têm condições, estes o

---

[161] Idem, ibidem, p. 208.

compreendem. Jesus introduz, assim, na oração o elemento de escândalo, que se repete constantemente nos evangelhos e que, inevitavelmente, acontece ao confrontar-se com o Pai de Jesus e não com qualquer outra divindade:

> Nesta oração aparece o Pai como horizonte último da pessoa e da atividade de Jesus. Esse horizonte de transcendência — o Pai — não é descrito abstratamente, mas de uma maneira definida. É um Deus parcial para com os pequenos, longe de uma divindade igualmente próxima ou longínqua de todos os homens. É um Deus com uma vontade determinada que se deve buscar e cumprir: "Sim, Pai, porque assim foi do teu agrado" (Mt 11,26).[162]

Essa oração de Jesus, portanto, não é a repetição mecânica de uma fórmula de ação de graças, mas a expressão de uma profunda experiência de sentido: o Pai é aquele que age na história, por meio da mediação dos homens, particularmente dos pequenos, e por isso escandaliza. E quem quiser segui-lo deverá aceitar e viver a experiência dessa realidade fundamental.

Oração do Horto

A importância desta oração está no fato de que Jesus expressa sua consciência de que vai ser entregue à morte, que sua alma está triste e pede ao Pai que o livre desta hora.

"E, indo um pouco adiante, caiu por terra, e orava para que, se possível, passasse dele a hora. E dizia: 'Abba! Ó Pai! Tudo é possível para ti: afasta de mim este cálice; porém, não o que eu quero, mas o que tu queres'" (Mc 14,35s; Mt 26,39; Lc 22,41s).

Situada historicamente, tanto porque é precedida de uma história concreta, como porque desemboca numa decisão histórica, esta oração apresenta um conteúdo no qual aparece a crise de Jesus, a ameaça ao sentido da totalidade de sua vida. O cálice que Jesus pede que passe é a sua própria morte, conseqüência histórica de sua vida.

Por conseguinte, a oração do Horto retoma, num momento denso, a crise de Jesus ao longo de sua vida, e desemboca numa ação histórica: a decisão de Jesus de ser fiel à vontade do Pai até o fim. Essa obediência à vontade do Pai foi uma constante na vida de Jesus:

---

[162] Idem, *A oração de Jesus e do cristão*, p. 20.

A oração do Horto é, portanto, uma oração característica de Jesus; acontece num contexto histórico bem determinado, em continuidade com sua vida; nela aparece algo essencial à oração: a busca da vontade de Deus, a confiança no Pai como aquele que é o pólo referencial de sentido, inclusive de sua vida, expressa em um "muito obrigado", agora, na crise, a concentra num "faça-se a tua vontade".[163]

Para Jesus, a oração é uma forma de entrega ao Pai. Ela não é uma ação meramente reflexivo-analítica, nem somente uma ação equiparável à sua atuação histórica, mas é expressão da totalidade:

> Esta oração é algo distinto de sua prática e de sua possível reflexão analítica sobre como construir o Reino; é uma realidade na qual expressa diante de Deus o sentido de sua própria vida em relação à construção do Reino, sentido afirmado e questionado pela história real. Por isso, a oração de Jesus aparece como busca da vontade de Deus, como alegria de que seu Reino chegue, como aceitação de seu destino; em síntese, aparece como confiança em um Deus bom que é Pai e como disponibilidade diante de um Pai que continua sendo Deus, mistério.[164]

Esse modo próprio de rezar de Jesus, que expressa sua confiança inusitada em Deus, mesmo nos momentos difíceis, deve ser também o modo característico de rezar de seus seguidores e deve levá-los a viver a experiência vital da bondade do Pai. Ao elevar seu coração ao Pai, por meio da oração, o seguidor deve espelhar-se em Jesus, que viveu originariamente e em plenitude a fé (cf. Hb 12,2) e em sua vida terrena apresentou pedidos e súplicas a Deus (cf. Hb 5,7). Por conseguinte, a oração do cristão deve ser profundamente trinitária: "O cristão ora ao Pai, como ao mistério último; ora como o Filho; e ora no Espírito, isto é, dentro do seguimento de Jesus".[165]

A estrutura fundamental da oração do seguidor pode ser resumida, segundo Jon Sobrino, em três momentos simultâneos: *ouvir a palavra de Deus*, por meio das mediações concretas: a vida de Jesus, as Escrituras, a tradição cristã, as situações históricas; *fazer o que se escutou*, concretizando a palavra na própria vida, por meio da práxis do amor e da justiça; *falar, dando graças ou pedindo perdão*, expressando assim a resposta à palavra e a entrega do próprio ser a Deus.[166]

---

[163] Idem, *A oração de Jesus e do cristão*, p. 22.
[164] Idem, *Jesus, o Libertador. I – A História de Jesus de Nazaré*, p. 211.
[165] Idem, *A oração de Jesus e do cristão*, p. 64.
[166] Cf. idem, ibidem, pp. 43-46.

Dessa forma, a oração do seguidor acontece a partir da palavra e da vida, da transcendência e da imanência. É expressão de fé e de confiança em Deus e impulsiona para a práxis do amor e da justiça.

A bondade de Deus: força geradora da liberdade

Além de ser orante, o Jesus que Jon Sobrino apresenta confia plenamente em Deus Pai, que é sumamente bom para com ele e para com todos os seres humanos, seus filhos:

> Dizer que para Jesus Deus é "algo bom" pode parecer um mínimo, mas é sumamente importante. Significa que o último que define a Deus não é seu poder, como entre os pagãos, nem seu pensamento, como para Aristóteles, nem o seu juízo, como em João Batista, mas sua bondade.[167]

As palavras de Jesus sobre Deus, suas atitudes em relação a ele e seu comportamento só se explicam com a experiência de um Deus sumamente bom. Jesus está convencido de que Deus é bom para com ele e para com os homens. Não há nada mais importante para Deus do que os seres humanos (cf. Mt 6,26), e nada pode ser usado contra eles, nem mesmo o que convencionalmente se apresenta como serviço a Deus. A causa do homem é a causa de Deus.

A partir desse pressuposto é preciso entender: *as constantes e desafiadoras afirmações* de Jesus de que o ser humano é maior do que o sacrifício (cf. Mt 5,23ss; Mc 12,33), inequivocamente superior ao sábado (cf. Mc 2,23-27); *o ensinamento central de sua vida* de que passou fazendo o bem (cf. Hb 10,38), Jesus é apresentado como o proto-sacramento do Deus bom, como aquele que passou historicizando a bondade de Deus neste mundo; *as palavras dirigidas a todos os seres humanos* para que sejam bons e misericordiosos como o Pai celeste (cf. Mt 5,48; Lc 6,36).

Para Jesus, Deus não é somente bom para os homens, mas sua bondade é descrita como amor[168] que se expressa em forma de especial ternura para com os

---

[167] Idem, *Jesus, o Libertador:* I – A História de Jesus de Nazaré, pp. 211-212.

[168] No Novo Testamento, a palavra que traduz o termo amor é *ágape* e não *eros*. *Ágape* significa o amor que se alegra com o bem do outro e só por causa do bem do outro, enquanto *eros* expressa, de algum modo, a própria gratificação. São João dirá, de forma absoluta e lapidar, que Deus é *ágape* (cf. 1Jo 4,8) e é este conceito que nos evangelhos Jesus historiciza. Cf. idem ibidem, p. 213.

pobres e indefesos (cf. Lc 15,11-31).[169] É o pai que vai ao encontro do filho que saiu de casa, alegra-se com o seu regresso (cf. Lc 15) e expressa sua bondade até mesmo com os ingratos (cf. Lc 6,35).

A visão de Deus como bondade, amor, ternura[170] é essencial em Jesus e constitui o núcleo central de sua experiência de Deus. Diante da profundidade dessa experiência passam para um segundo plano outras mediações da divindade. Deus é absoluto e transcendente, senhor e juiz, porém não é autoritário nem déspota. Por isso, Jesus mesmo se apresenta como servidor e livre, com autoridade, mas sem autoritarismo; seu modo de argumentar é exigente, mas não impositivo. Critica os poderes existentes, civis e religiosos, e ensina com suas palavras e obras que a autoridade é um serviço na liberdade:[171]

> Por mais difícil que pareça aos seres humanos conceber, em Deus o correlato do poder não é a submissão servil do homem, mas sua liberdade. [...] Poderíamos dizer que, assim como o homem deve deixar Deus ser Deus, segundo Jesus Deus deixa o homem ser homem. Não que Deus não tenha exigências para ele, às vezes fortíssimas, mas deseja que o homem as cumpra de maneira humana, com liberdade e por convicção, mais que por coação e imposição.[172]

Jesus crê que a bondade e a verdade são forças que mudam e transformam a realidade, que exercem uma específica intimidação em relação às pessoas quando aparecem historicamente visíveis e palpáveis. Jesus não nega o poder de Deus, mas o concebe preferencialmente como força da bondade e da verdade.

Em seu modo de agir, Jesus se apresenta sem autoritarismo, mas soberanamente livre.[173] Além de sua conhecida liberdade em relação à Lei e ao Sábado, esco-

---

[169] Sobre Deus ternura, ver as maravilhosas páginas de González Faus, J. I. *Acesso a Jesus*, pp. 152-157. (O título do capítulo é "O ser como ternura".)

[170] Os escritos do Novo Testamento documentam, cada um a seu modo, esta realidade de Deus. Uma das expressões mais lapidares é a da epístola de são Paulo a Tito: "A bondade e o amor de Deus, nosso Salvador, se manifestaram" (3,4).

[171] Sobre este tema, ver, por exemplo, González Faus, J. I. La autoridad en Jesús, *Revista Latinoamericana de Teología*, n. 20, pp. 189-206.

[172] Sobrino, J. *Jesus, o Libertador*. I – A História de Jesus de Nazaré, pp. 215-216.

[173] Sobre este tema, ver Sobrino, J. La cristopraxis de la liberación. In: Ellacuría, I. & Sobrino, J. (orgs.) *Mysterium Liberationis*. Conceptos fundamentales de la Teología de la Liberación, v. 1, pp. 589-597.

lhe com naturalidade seus seguidores entre os piedosos israelitas e também entre os publicanos e pertencentes a grupos armados; come com seus amigos e também com os fariseus, publicanos e prostitutas; acolhe em sua companhia homens e mulheres; visita os ricos e os maldiz; faz pouco caso da opinião pública, mesmo quando está baseada em motivações religiosas.

Essa liberdade aparece em forma soberana, unida a uma grande coragem em denunciar e desmascarar o jogo dos opressores. A liberdade de Jesus não pode ser compreendida primeiramente segundo o ideal da liberdade liberal — exercício dos próprios direitos —, nem de forma existencialista — realização do ser humano. É uma liberdade em função do bem dos outros, e então, sim, sem limites nem obstáculos: nem da opinião pública, nem do êxito ou fracasso, nem da Lei ou do Sábado. A liberdade de Jesus é então, paradoxalmente, liberdade para escravizar-se a fazer o bem. Como formulou são Paulo, o grande defensor da liberdade: "Fiz-me escravo de todos para salvar a todos" (1Cor 9,19).

O ponto culminante da suprema liberdade de Jesus é a entrega da própria vida: "Ninguém me tira a vida, eu a dou voluntariamente" (Jo 10,18). A raiz da liberdade de Jesus é a bondade de Deus e, por conseguinte, está a serviço da bondade e não de si mesma. Não por ser liberal, mas por ser misericordioso como o Pai celeste, Jesus cura num dia de sábado e justifica sua ação com esta argumentação: "É permitido, no sábado, fazer o bem ou fazer mal?" (Mc 3,4). A bondade de Deus torna as pessoas livres em si mesmas e livres para amar:[174]

> A experiência da bondade de Deus é que liberta Jesus e o torna livre. E Jesus exercita sua liberdade para a bondade. Aqui está, parece-nos, a raiz e o significado da liberdade de Jesus. E aqui está o aprofundamento do que significa a bondade de Deus como força criadora de liberdade.[175]

Tal liberdade para amar, vivida em plenitude por Jesus, constitui um desafio constante para os seus seguidores, na submissão à vontade do Pai, em meio às vicissitudes do cotidiano.

---

[174] Cf. GUTIÉRREZ, G. *Beber no próprio poço*, pp. 103-118.
[175] SOBRINO, J. *Jesus, o Libertador*. I – A História de Jesus de Nazaré, p. 217.

Jesus, homem disponível diante de Deus

A relação de Jesus com o Pai foi de absoluta proximidade, mas não de possessão. Também nisso Jesus viveu em profundidade sua situação de criatura. A experiência de Deus Pai não anulou, mas potenciou a experiência do mistério de Deus. Isso aparece claramente no Novo Testamento quando se fala da obediência de Jesus a Deus.[176]

A obediência de Jesus não pode ser entendida segundo as obediências concretas, categoriais, exigidas e realizadas pelos seres humanos; não pode ser reduzida ao cumprimento dos preceitos divinos, nem pode ser compreendida como um modo escolhido por Jesus para chegar à perfeição moral:

> A obediência de Jesus foi uma atitude fundamental e fundante em sua vida; uma disponibilidade ativa para Deus, que inclui, certamente, a execução de sua vontade, mas que, mais profundamente, é radical referência a Deus como alguém que é um "outro" radical para Jesus, a cujas palavras é preciso estar ativamente aberto para recobrar a própria identidade.[177]

A disponibilidade de Jesus foi um constante sair de si mesmo que, a partir do ser criatura, teve como conseqüência uma realização plenificante. Mas foi também um esvaziar-se de si mesmo e ir contra as próprias tendências. Nisso Jesus participou da condição humana e esta esteve muito presente em sua relação teologal com o Pai. Jesus teve de deixar Deus ser Deus, com as dificuldades que essa decisão supõe.[178]

A conversão, as tentações, a crise e a ignorância de Jesus[179] são realidades que provam que Jesus teve de deixar Deus ser Deus em sua vida. Sua disponibilidade a toda prova mostram que em verdade Jesus foi *o disponível* diante de Deus.[180]

É essa disponibilidade total em relação ao misterioso projeto do Pai que Jesus exige de seus discípulos e, conseqüentemente, de todos os que ele chama a prosseguir a sua obra.

---

[176] Jesus obedece somente a Deus. O único texto do Novo Testamento em que menciona sua obediência a outros seres — a seus pais — usa uma linguagem distinta: *era-lhes submisso* (cf. Lc 2,51).

[177] SOBRINO, J. *Jesus, o Libertador.* I – A História de Jesus de Nazaré, p. 220.

[178] Cf. idem, ibidem, p. 220.

[179] Jon Sobrino explicita o significado da conversão, das tentações, da crise e da ignorância de Jesus em seu livro *Jesus, o Libertador.* I – A História de Jesus de Nazaré, pp. 220-230.

[180] Sobre a disponibilidade de Jesus, ver GONZÁLEZ FAUS, J. I. *Acesso a Jesus*, pp. 59-61.

A confiança e a obediência: a dupla vertente da incondicional fé de Jesus em Deus Pai

A dupla atitude de absoluta confiança no Pai e de absoluta obediência a Deus pode ser resumida no termo bíblico fé.[181] Em última análise, Deus foi para Jesus alguém com quem ele teve de se relacionar com fé:[182]

> A fé de Jesus pode ser resumida na atitude de confiança exclusiva para com o Pai (relação vertical) e de obediência à sua missão, que é o anúncio e a presencialização do Reino (relação horizontal). Esta dupla vertente explica a única fé de Jesus.[183]

No evangelho encontramos algumas afirmações acerca da fé de Jesus. "Então Jesus disse: 'Se tu podes!... Tudo é possível àquele que crê'" [...] (Mc 9,23). Nessa passagem *aquele que crê* não é outro senão Jesus, que efetivamente realiza milagres em base à sua fé. "Jesus respondeu-lhes: 'Tende fé em Deus. Em verdade vos digo, se alguém disser a esta montanha: ergue-te e lança-te ao mar, e não duvidar no coração, mas crê que o que diz se realizará, assim lhe acontecerá'". (Mc 11,22-23). Jesus unifica a fé e a possibilidade de realizar coisas impossíveis, como mover montanhas. Essa afirmação de Jesus é precedida pela surpresa dos discípulos ao verem que a figueira que Jesus havia amaldiçoado secara até a raiz. Por conseguinte, a conclusão é clara: Jesus havia realizado o impossível porque tinha fé.

A epístola aos hebreus refere-se, de modo particular, à fé de Jesus: "Com os olhos fixos naquele que é o autor e realizador da fé, Jesus, que, em vez da alegria que lhe foi proposta, suportou a cruz, desprezando a vergonha, e se assentou à direita do trono de Deus" (Hb 12,2). Essa afirmação é clara e radical: Jesus viveu originariamente e em plenitude a fé. Jesus experimentou a obediência (cf. 5,8), foi se aperfeiçoando nela (cf. 2,10) e assim se converteu em guia de salvação para seus irmãos (cf. 2,10).

---

[181] Não nos interessa abordar aqui o aspecto polêmico da fé de Jesus, mas apenas reafirmar a absoluta confiança e a obediência de Jesus, traduzida na fé, e que deve ser também a atitude de quem segue Jesus. Sobre este aspecto, ver SOBRINO, J. *Cristologia a partir da América Latina*, pp. 97-126; ———. *Jesus, o Libertador*. I – A História de Jesus de Nazaré, pp. 230-235.

[182] "Jesus foi um extraordinário crente e teve fé. A fé foi o modo de existir de Jesus." BOFF, L. *Jesus Cristo libertador*, p. 126. Frase citada por SOBRINO, J. em seu livro *Jesus, o Libertador*. I – A História de Jesus de Nazaré, p. 230.

[183] Idem, *Cristologia a partir da América Latina*, p. 122.

A fé de Jesus, portanto, é processual e histórica e se expressa, de modo particular: *na vitória mediante a fidelidade* (cf. 3,2; 2,13); *não de forma idealista, mas por meio da provação* (cf. 2,18); e *no sofrimento* (cf. 2,10.18; 12,2b).[184] Seu conteúdo pode ser descrito com as características essenciais do verdadeiro sacerdote: fidelidade a Deus e misericórdia em relação aos ser humano (cf. 2,17), que correspondem à disponibilidade e confiança de Jesus.[185]

Por conseguinte, Deus é aquele a quem Jesus responde e corresponde na fé. E da fé realizada de Jesus se conclui quem é Deus para Jesus. Deus é sumamente bom, é Pai, é o amor que está na origem de todas as coisas. E Jesus afirma que esse amor é parcial e que em linguagem humana pode ser descrito como infinita ternura, condescendente, que não assusta por sua imensa majestade, mas que se oferece e impõe por sua invencível proximidade dos pequenos e perdidos deste mundo.

Nesse Pai, Jesus descansa, mas o Pai, por sua vez, não o deixa descansar. Deus se manifestou como Pai, mas o Pai se manifestou como Deus. Deus continua sendo mistério, continua sendo Deus e não homem, e por isso distinto e maior que todas as idéias e expectativas dos homens.

Deus se torna para Jesus: *tentação* quando ele tem de discernir sobre o verdadeiro poder salvador; *enigma* quando se reserva absolutamente o dia da vinda do Reino que Jesus acredita estar próximo; *mistério* quando sua vontade vai além da lógica do Reino e requer um sofrimento impensado e exigirá a morte na cruz; *escândalo* quando na cruz escuta o seu silêncio.[186]

> Jesus concretizou o mistério de Deus em dois pontos. De um lado, o Deus maior se manifesta como o Deus menor, presente no pobre e no pequeno — mais tarde, como o Deus silencioso na cruz. De outro lado, o mistério de Deus deixou de ser mistério enigmático e se converte em mistério luminoso num ponto: o amor. Lá onde os seres humanos praticam o verdadeiro amor, lá está Deus.[187]

---

[184] Cf. idem, Jesús de Nazaret. In: FLORISTÁN SAMANES, C. & TAMAYO-ACOSTA, J. J. (orgs.). *Conceptos fundamentales de pastoral*, p. 495; SOBRINO, J. *Jesus, o Libertador*. I – A História de Jesus de Nazaré, p. 234.

[185] Em Hebreus, fidelidade é deixar Deus ser Deus e misericórdia é o exercício da bondade de Deus, pressuposto da confiança de Jesus. Hebreus apresenta uma síntese teológica da fé de Jesus. Cf. SOBRINO, J. *Jesus, o Libertador*. I – A História de Jesus de Nazaré, p. 234.

[186] Em Jesus existe, portanto, uma *teo-logia* positiva que afirma que Deus é Pai e se atreve a afirmar que a última realidade da história é a aproximação salvífica de Deus dos pobres e o triunfo da vítima sobre os verdugos. No entanto, há também uma *teo-logia* negativa ao afirmar que o Pai é Deus. Cf. idem, ibidem, pp. 235-236.

[187] Idem, ibidem, p. 235.

Não resta dúvida, portanto, de que Jesus viveu uma profunda e pessoal relação com Deus Pai, próximo e distante ao mesmo tempo. E essa experiência perpassa todos os momentos de sua vida e constitui o cerne de sua existência terrena, mas se traduz, particularmente, na oração filial, na confiança inabalável e na total disponibilidade ao seu projeto.

Por conseguinte, o caminho real do seguimento de Jesus constroe-se numa relação pessoal profunda e transformadora com Deus Pai, por meio de Jesus. Chamado a ser filho no Filho, o seguidor, como Jesus, é confrontado, a cada instante, com a realidade dialética de Deus, absolutamente íntimo e próximo e absolutamente exterior e distante.

Aceitar, como Jesus, esse Deus Pai — *tentação, enigma, mistério* e *escândalo* — faz parte da dialética do seguimento. O seguidor é chamado a viver essa paradoxal experiência de Deus por meio do Ressuscitado e guiado pela força propulsora do seu Espírito.

Percorrendo o caminho histórico de Jesus, além de perceber que sua vida está centrada em duas realidades totalizantes: o Reino de Deus e o Pai, constata-se também que Jesus, no início de sua vida pública, chamou algumas pessoas para o seguirem. E Jon Sobrino propõe o seguimento como modo concreto para recuperar o Jesus histórico. Por conseguinte, é importante perguntar: como Jon Sobrino apresenta o seguimento proposto por Jesus?

5. Jesus chama para o seu seguimento

Para compreender a profundidade e a relevância do seguimento para a existência cristã, Jon Sobrino apresenta como fundamento desta o fato de que Jesus chamou pessoas para segui-lo,[188] e toma como referência os evangelhos sinóticos.[189]

---

[188] Ao tratar separadamente o "seguimento exigido por Jesus" (aproximação histórica) e o "seguimento de Jesus hoje" (aproximação sistemática), estamos seguindo a divisão feita pelo nosso autor, que expõe o seguimento tal como o exigiu Jesus, mas a serviço do que o seguimento deve significar na atualidade. Cf. SOBRINO, J. Seguimento de Jesus. In: FLORISTÁN SAMANES, C. & TAMAYO-ACOSTA, J. J. (orgs.). *Dicionário de conceitos fundamentais do cristianismo*, p. 772. No próximo capítulo, trataremos do seguimento hoje.

[189] Ao se referir à proposta de seguimento feita por Jesus, como fundamento do seguimento de todos os tempos e lugares, além dos evangelhos sinóticos, Jon Sobrino se refere apenas a dois outros textos neotestamentários: "Predestinou a serem conformes à imagem de seu Filho" (Rm 8,29); "Com os olhos fixos naquele que é autor e realizador da fé, Jesus" (Hb 12,2).

Sem se deter em particularidades e sem fazer exegese profunda dos textos evangélicos, Jon Sobrino aborda os elementos fundamentais de forma suscinta e genérica. Nos sinóticos, ele capta a densidade, a abrangência do seguimento exigido pela pessoa de Jesus, como luz perene que ilumina os seguidores de todos os tempos e lugares.[190]

Por conseguinte, depois de termos abordado a questão da relação de Jesus com o Reino de Deus e com Deus Pai, queremos, a seguir, desenhar um quadro referencial do seguimento, com os elementos essenciais que Jon Sobrino extrai dos evangelhos sinóticos e coloca como fundamento bíblico da proposta de seguimento hoje.

Nosso esforço concentrar-se-á em compreender os aspectos que Jon Sobrino considera essenciais, com base no fato de que o Mestre de Nazaré chamou para o seu seguimento: *a novidade e a radicalidade da proposta de Jesus; o específico do seguimento de Jesus de Nazaré; a historicidade das exigências do seguimento; o processo de universalização da proposta de Jesus.*

A novidade e a radicalidade da proposta de Jesus

Qual a novidade da proposta de seguimento feita por Jesus, no início de sua vida pública? Para Jon Sobrino, Jesus de Nazaré, anunciado pelos profetas e esperado pelas nações, apareceu nas estradas da Palestina com aspecto aparentemente em tudo semelhante aos homens de seu tempo. Iniciou sua pregação assumindo uma atitude que surpreendeu os seus contemporâneos: reclamou para si a assombrosa pretensão não só de apontar em que consistia a realidade última da história, mas de indicar como vivê-la com radicalidade. Anunciou, assim, com força e convicção, que o Reino de Deus estava próximo e exigiu a conversão, a fé e o amor, levando à plenitude as expectativas e exigências do Antigo Testamento e de outras religiões.[191]

---

[190] No Capítulo II deste nosso trabalho, abordamos a proposta de seguimento específica de cada um dos evangelhos. Conscientes de que uma certa repetição é inevitável, apresentamos aqui um quadro de referência do seguimento exigido por Jesus, segundo Jon Sobrino.

[191] Cf. SOBRINO, J. Seguimento de Jesus. In: FLORISTÁN SAMANES, C. & TAMAYO-ACOSTA, J. J. (orgs.). *Dicionário de conceitos fundamentais do cristianismo*, p. 772.

O acontecimento que mais marcou o início da vida pública de Jesus, segundo os evangelhos, foi o chamado que ele fez aos apóstolos para o seguirem. Jesus aparece como um mestre que chama discípulos para junto dele e os instrui.

A proposta de seguimento feita por Jesus tem, para Jon Sobrino, duas novidades singulares: *a pessoa de Jesus e a função salvífica do seguimento; a entrega incondicional e a obediência absoluta.*

A pessoa de Jesus e a função salvífica do seguimento

A absoluta novidade da proposta de Jesus está ligada à sua pessoa e à função salvífica do seguimento. Jesus chamou vários discípulos a segui-lo em comunhão de vida, missão e destino.[192] "Vinde em meu seguimento" (Mc 1,17); "Segue-me" (Mc 2,14); "Segui-me e eu vos farei pescadores de homens" (Mt 4,19). "Jesus não propõe uma doutrina acerca do seu seguimento, mas o oferece e o exige: 'Quem quiser vir após mim!', é um convite; 'Segue-me' é um imperativo".[193]

No tempo de Jesus, o seguimento como tal já existia,[194] e a constatação de que Jesus chamou discípulos é indiscutível.[195] Mas o diferencial está no fato de que Jesus chamou com autoridade, incondicionalmente e sem dar nenhuma explicação convincente. A iniciativa da escolha e do chamado é de Jesus e unicamente dele:[196]

---

[192] Cf. SOBRINO, J. Seguimento de Jesus. In: FLORISTÁN SAMANES, C. & TAMAYO-ACOSTA, J. J. (orgs.). *Dicionário de conceitos fundamentais do cristianismo*, p. 772. Essa mesma posição é seguida por CASTILLO, J. M. *El seguimiento de Jesús*, p. 16. Ele afirma: "Nos evangelhos, o chamado de Jesus segue sempre um esquema fixo e uniforme: a) Jesus passa (Mc 1,16.19; 2,14); b) vê alguém (Mc 1,16.19; Jo 1,47); c) indica a atividade profissional que esta pessoa exerce (Mc 1,16.19; 2,14; Lc 5,2); d) chama (Mc 1,17-20; 2,14; Jo 1,37); e) faz o apelo a deixar tudo (Mc 1,18.20); f) a pessoa chamada segue a Jesus (Mc 1,18.20; 2,14; Lc 5,11)". Ver também WALDENFELS, H. *Teología fundamental contextual*, pp. 367-374.

[193] SOBRINO, J. Identidade cristã. In: FLORISTÁN SAMANES, C. & TAMAYO-ACOSTA, J. J. (orgs.). *Dicionário de conceitos fundamentais do cristianismo*, p. 343.

[194] No Capítulo I deste livro, traçamos um paralelo entre as características da relação mestre e discípulo no sistema rabínico e a novidade trazida por Jesus.

[195] Cf. SOBRINO, J. Seguimento de Jesus. In: FLORISTÁN SAMANES, C. & TAMAYO-ACOSTA, J. J. (orgs.). *Dicionário de conceitos fundamentais do cristianismo*, p. 772.

[196] A este respeito escreve Palacio: "Não são os discípulos que se adiantam ou se oferecem; quando o homem tem a iniciativa, o seguimento fracassa (Mc 5,18-20; Mt 8,19-22). É Jesus quem chama (Mc 1,17; 3,13). Seu olhar surpreende o homem no seu trabalho cotidiano (Mc 1,16-20; 2,14). A resposta a este chamamento é uma mudança radical na existência que se traduz em liberdade efetiva (Mc 1,18.20; 2,14) e em disponibilidade total". PALACIO, C. *Jesus Cristo. História e interpretação*, p. 117.

Esse modo de chamar não tem paralelo e só é comparável com o chamado que o mesmo Deus faz. Nesse chamado "se trata do final" e por isso, o seguidor de Jesus se confronta, desde o princípio, com o absoluto de Deus.[197]

A função salvífica do seguimento como serviço ao Reino está ligada à pessoa de Jesus:

> O que há de novo em Jesus é a função salvífica do seguimento como serviço ao Reino, mas unido à sua pessoa concreta (Mc 8, 34), principalmente na segunda etapa de sua vida: o poder absoluto com que ele exige este seguimento sem condições (Mt 8, 19-22) e a renúncia ao mais íntimo do homem (posse, família, o próprio eu).[198]

O chamado ao seguimento por parte de Jesus é, por conseguinte, a exigência maior, mais abrangente, que ultrapassa os ditames da lógica humana e coloca o seguidor, desde o primeiro instante, em confronto com o absoluto de Deus, envolvendo-o numa dinâmica pessoal, profunda e globalizante.[199] O chamado ao seguimento por Jesus é uma proposta nova que exige uma resposta humana radical.

A entrega incondicional e a obediência absoluta

A radicalidade é, na visão de Jon Sobrino, outra característica da proposta de seguimento feita por Jesus. Por ser o próprio Deus quem intervém na história da pessoa, por meio de Jesus, a radicalidade do chamado concretiza-se na exigência da entrega incondicional e da obediência absoluta: "E imediatamente, deixando as redes, eles o seguiram" (Mc 1,18); "Ele levantou-se e o seguiu" (Mc 2,14).

Essa exigência inicial deve articular-se historicamente em uma série de renúncias radicais a tudo o que possa impedir o seguimento de Jesus e a total disponibilidade a serviço do Reino. Jesus exige que o seguidor esteja disposto:

---

[197] SOBRINO, J. Seguimento de Jesus. In: FLORISTÁN SAMANES, C. & TAMAYO-ACOSTA, J. J. (orgs.). *Dicionário de conceitos fundamentais do cristianismo*, p. 772.

[198] Idem, *Cristologia a partir da América Latina*, p. 91.

[199] Cf. idem, Seguimento de Jesus. In: FLORISTÁN SAMANES, C. & TAMAYO-ACOSTA, J. J. (orgs.). *Dicionário de conceitos fundamentais do cristianismo*, p. 772.

- a ignorar ou a quebrantar as obrigações religiosas tradicionais, algumas delas tão graves e importantes como a de enterrar os mortos: "Segue-me e deixa que os mortos enterrem seus mortos" (Mt 8,21; Lc 9,59);[200]

- a renunciar os vínculos familiares que possam obstaculizar o seguimento: "Se alguém vem a mim e não odeia seu próprio pai e mãe, mulher, filhos, irmãos e irmãs e até a própria vida, não pode ser meu discípulo" (Lc 14,26);

- a vender os bens e dar esse dinheiro aos pobres: "Vai, vende o que tens, dá aos pobres e terás um tesouro no céu. Depois, vem e segue-me" (Mc 10,21);

- a renunciar ao matrimônio: "E há eunucos que se fizeram eunucos por causa do Reino dos Céus. Quem tiver capacidade para compreender, compreenda!" (Mt 19,21).[201]

Desta forma, o seguimento exigido por Jesus significa "rendição sem impor condições",[202] explicável apenas pela absoluta novidade e radicalidade do Reino de Deus e do Deus do Reino.[203] Diante dessas exigências, perguntamos: o seguimento proposto por Jesus tem ou não algo de específico?

O específico do seguimento de Jesus de Nazaré

Além de ser uma proposta nova e radical por estar ligada à sua pessoa, ter uma função salvífica e exigir uma obediência incondicional, o seguimento, tal como o exigiu Jesus, tem, na visão de Jon Sobrino, uma especificidade própria e inconfundível, que se expressa: na *relação-comunicação pessoal com Jesus*; na *finalidade do chamado de Jesus*.

---

[200] Para uma análise aprofundada sobre o significado da expressão "deixa que os mortos enterrem os seus mortos" (Mt 8,21), ver Hengel, M. *Seguimiento y carisma*, p. 13.

[201] Esta passagem do evangelho de Mateus foi entendida, ao longo da história, de diversas maneiras. Para uma adequada interpretação, ver, por exemplo, Gorgulho, G. S. & Anderson, A. F. *A justiça dos pobres*, pp. 176-180; Storniolo, I. *O Evangelho de Mateus. O caminho da justiça*, pp. 137-140.

[202] Jon Sobrino usa a expressão "rendição sem impor condições" de Hengel, M. *Seguimiento y carisma*, p. 107.

[203] O seguimento de Jesus exige liberdade e só é possível a partir da liberdade diante dos bens, das situações, das pessoas, de si mesmo e de toda a forma de poder. Só onde há liberdade, há disponibilidade plena para entregar-se totalmente ao serviço dos outros.

Relação-comunicação pessoal com Jesus

Ao chamar para segui-lo, Jesus de Nazaré não dita normas a serem observadas rigorosamente, não traça antecipadamente projetos a serem realizados, não faz inúmeras e tentadoras promessas a serem cumpridas. Mas faz questão de deixar muito claro que o seguimento é, acima de tudo, uma relação profunda e pessoal com ele, e implica uma corajosa ruptura com o passado e o misterioso começo de uma existência radicalmente nova.[204]

Seguir Jesus supõe dúplice relação: de proximidade e de movimento:[205] *estar com Jesus* (cf. Mc 3,14); *manter-se ao seu lado nas provações* (cf. Lc 22,28); *ter os mesmos sentimentos e atitudes de Jesus* (cf. Fl 2,5); *tornar-se filho no Filho* (cf. Rm 8,29); *ter os olhos fixos em Jesus* (cf. Hb 12,12).

O que Jesus quer, portanto, é estabelecer uma relação de amizade profunda e transformadora com os seus seguidores que os leve a reproduzir a estrutura fundamental de sua vida histórica.[206]

Finalidade do chamado de Jesus

Se, de um lado, Jesus ao chamar não propõe um programa de vida, de outro, deixa claro que o seu convite tem uma finalidade precisa. O seguidor deve: *assemelhar-se a Jesus de Nazaré*, reproduzindo sua vida histórica, exercendo a missão como ele exerceu: *sem levar pão, nem alforje, nem dinheiro no cinto* (cf. Mc 6,8); e partici-

---

[204] Castillo explicita esse pensamento desta forma: "O seguimento se refere à pessoa mesma de Jesus e somente à sua pessoa. Portanto, existe seguimento de Jesus em que existe relação *pessoal* com o mesmo Jesus. Só quando o homem se relaciona com Jesus *como pessoa*, pode-se dizer que está capacitado para segui-lo. Por conseguinte, quando falamos de seguimento de Jesus, não nos referimos ao seguimento de uma ideologia, de um conjunto de verdades, de algumas normas mais ou menos exigentes, nem sequer de um projeto, seja ele qual for. Tudo isso pode estar incluído no seguimento, mas nada disso constitui a essência e o centro mesmo do que é seguir Jesus". Castillo, J. M. *El seguimiento de Jesús*, pp. 80-81.

[205] Cf. Sobrino, J. Seguimento de Jesus In: Floristán Samanes, C. & Tamayo-Acosta, J. J. (orgs.). *Dicionário de conceitos fundamentais do cristianismo*, pp. 771-772. A este respeito José Maria Castillo explica: "O verbo 'seguir' (ákolouzein) significa manter uma relação de proximidade com alguém, graças a uma atividade de movimento subordinada a essa pessoa. Esse verbo inclui um tema estático-relacional, a proximidade, e outro dinâmico, o movimento". Castillo, J. M. *El seguimiento de Jesús*, p. 19.

[206] Cf. idem, ibidem, pp. 773-774. Desenvolveremos, no próximo capítulo do nosso livro, este aspecto sumamente importante na compreensão do seguimento de Jesus na cristologia de Jon Sobrino: reproduzir a estrutura fundamental da vida histórica de Jesus.

pando do seu destino: "Vós sois os que permanecestes constantemente comigo nas minhas provações" (Lc 22,28);[207] *assumir a causa de Jesus* e dispor-se a ser enviado em missão por ele e em lugar dele: "Eu vos farei pescadores de homens" (Mc 1,17).[208]

Existe, portanto, uma profunda e íntima relação entre chamado e envio, entre assemelhar-se a Jesus e ser enviado em missão. Seguimento é colocar-se, como Jesus, a serviço do Reino de Deus, anunciando sua proximidade e realizando os sinais concretos de sua presença; é reproduzir a mesma realidade de Deus que em Jesus de Nazaré se manifesta como salvação para o seu povo:[209]

> Do ponto de vista histórico, é claro que Jesus chamou algumas pessoas a segui-lo para enviá-las a anunciar o boa-nova do Reino, quer dizer, para evangelizar. O "vem e segue-me" tem sua razão de ser no "eu vos farei pescadores de homens".[210]

Por ser Deus quem chama por meio de Jesus, o chamado se justifica em si mesmo. Já o seguimento não se justifica por si mesmo, justifica-se no fato de orientar-se ao anúncio da boa-nova, isto é, para a evangelização.

Seguimento e evangelização são realidades totalizantes da vida cristã que se devem inter-relacionar harmoniosamente e não apenas de forma operacional e justaposta. De modo geral, pode-se dizer que para evangelizar cristãmente é necessário o seguimento e que este conduz necessariamente à evangelização.[211]

O processo de seguimento acontece em sintonia com o desenvolvimento da vida histórica de Jesus e, em consonância com ela, vai adquirindo matizes próprias. Na visão de Jon Sobrino, quais são as características da historicidade do seguimento de Jesus?

---

[207] Este pensamento é muito bem explicitado por Castillo: "O seguimento de Jesus não se reduz à experiência intimista que muitas pessoas fazem no mais profundo de seu espírito quando se colocam em oração. Sem dúvida, o seguimento se baseia na amizade com Jesus e exige esse tipo de amizade. Mas se uma pessoa se limita a isso, pode estar certa de que não segue Jesus, por mais elevada que seja sua contemplação. Seguir Jesus não é só 'estar com ele', mas também entregar-se à mesma tarefa que ele: a tarefa da libertação". Castillo, J. M. *El seguimiento de Jesús*, p. 157.

[208] Segundo José Maria Castillo, "seguir Jesus significa assemelhar-se a ele (proximidade) através da prática de um modo de vida/atividade como a dele (movimento subordinado), que tem um desenlace como o seu (término do caminho). A missão, portanto, faz parte do seguimento". Idem, ibidem, p. 21.

[209] Sobrino, J. Seguimento de Jesus In: Floristán Samanes, C. & Tamayo-Acosta, J. J. (orgs.). *Dicionário de conceitos fundamentais do cristianismo*, p. 772.

[210] Idem, *Espiritualidade da libertação*: estrutura e conteúdo, p. 159.

[211] Paulo VI também desenvolve esta idéia, na encíclica *Evangelii Nuntiandi*, n. 7: "O próprio Jesus, 'Evangelho de Deus', foi o primeiro e o maior dos evangelizadores. Ele foi isso mesmo até o fim, até a perfeição, até o sacrifício de sua vida terrena".

A historicidade das exigências do seguimento

Jon Sobrino observa que não é comum os estudiosos considerarem a historicidade da exigência do seguimento de Jesus.[212] Entretanto, analisando as duas etapas estruturais da vida de Jesus — do início de sua vida pública até a crise da Galiléia; da crise da Galiléia até a morte —, precisamente como história, sujeitas a mudanças e conflitos, ele percebe que a noção de seguimento está intimamente relacionada com o desenvolvimento de sua fé.

Dessa forma, ele descreve as duas etapas do seguimento: a *concepção messiânica do seguimento* e a *concepção cristológica do seguimento*.

Concepção messiânica do seguimento

Na primeira etapa, que vai do início da vida pública até a crise da Galiléia, Jesus se apresenta como um judeu ortodoxo, herdeiro das melhores tradições religiosas do seu povo. Fundamentalmente, não afirma nem traz nada de novo. Estabelece uma compreensão relacional e constitutiva entre sua pessoa e sua atividade. Não prega a si mesmo, mas o Reino de Deus,[213] e o pólo referencial de sua existência não é simplesmente Deus, mas o Reino de Deus:[214]

> A experiência original da fé de Jesus está em igualdade com sua confiança na atuação do Pai; é, ao mesmo tempo, esperança no futuro de Deus e no futuro do Reino de Deus.[215]

Além disso, Jesus acredita que, tanto a vinda de Deus como do seu Reino estão temporalmente próximas e esta expectativa tem repercussões práticas sobre sua fé e sua missão. Realiza gestos concretos em favor das pessoas marginalizadas, oprimidas, desprezadas pela estrutura religioso-política.

---

[212] Jon Sobrino reconhece a existência de uma lacuna em relação à historicidade do seguimento e, ao mesmo tempo, a necessidade de um estudo mais completo e profundo sobre a história de Jesus. Para uma primeira abordagem, considera importante dividir a vida de Jesus em duas grandes etapas, caracterizadas pelo início e pelo fim do processo. Cf. *Cristologia a partir da América Latina*, p. 136.

[213] "O centro e o marco da pregação de Jesus foi o Reino de Deus que se havia aproximado." KASPER, W. *Jesús, el Cristo*, p. 86.

[214] Cf. SOBRINO, J. *Jesus na América Latina*, pp. 123-124.

[215] Idem, *Cristologia a partir da América Latina*, p. 110.

Segundo o evangelho de Marcos, nesta primeira etapa o apelo ao seguimento se reduz a alguns poucos chamados. Jesus chama e exige o seguimento na base do entusiasmo, provocado pela grandeza da causa que ele defende. As exigências do chamado são deduzíveis da concepção do Reino de Deus presente na tradição do Antigo Testamento. Os discípulos são enviados a realizar importantes tarefas: pregar o Reino e exigir a conversão (cf. Mc 6,12); exorcizar e curar os enfermos (cf. Mc 6,13); com poder sobre os espíritos imundos (cf. Mc 6,7). Ao realizarem a missão, os discípulos devem ter as mesmas atitudes de Jesus: não levar nada pelo caminho, nem pão, nem alforje, nem dinheiro (cf. Mc 6,8).[216]

Os evangelhos sinóticos relatam que Jesus se aproximava dos pobres, dos enfermos e dos pecadores e exigia deles apenas que aceitassem que sua miséria real e sua situação de marginalidade social não fossem a última possibilidade de sua existência, pois não são a última possibilidade de Deus:

> A exigência que Jesus faz a este grupo de pessoas é, então, a de uma fé-esperança em Deus e algumas exigências morais, expressas no "vai e não peques mais".[217]

Quando a fé-esperança exigida por Jesus se converte em fé realizada pelos desclassificados, acontecem em germe o Reino de Deus e a libertação.

Nesta etapa, estritamente falando, não existe uma concepção cristológica do seguimento, mas messiânica. Os discípulos seguem um messias triunfante, que vem cumprir as promessas, segundo seu modo de pensar.[218]

Concepção cristológica do seguimento

A segunda etapa da vida de Jesus abrange o período que vai da crise da Galiléia até a morte. Abandonando o coração da Galiléia, Jesus se dirige para Cesaréia de Filipe e para a fronteira sírio-fenícia. Essa mudança de cenário expressa uma ruptura mais profunda em sua atividade e em sua pessoa.

---

[216] Cf. idem, ibidem, p. 136.
[217] Idem, ibidem, p. 134.
[218] Cf. idem, ibidem, p. 136.

Jesus toma consciência de que fracassou em sua missão: as multidões o abandonam, os chefes religiosos do seu povo o rejeitam, os fariseus pedem um sinal, os discípulos mostram que nada entenderam e querem abandoná-lo:[219]

> Jesus se retira para o Norte, fato que pode ser interpretado como tentação de fugir da publicidade e reduzir sua proposta a um pequeno grupo, com as características de uma seita: pequena e fechada aos demais. Porém, depois dirige-se a Jerusalém – subida que pode ser interpretada como superação da crise e da tentação.[220]

.Na consciência de Jesus não se operou uma simples mudança evolutiva e pacífica, mas uma ruptura ou "crise".[221] Jesus já não fala da proximidade do Reino, e o pólo referencial de sua existência continua sendo Deus. Sua atividade consiste na disponibilidade e na entrega de sua pessoa até a morte, e seu poder se manifesta no amor e no sofrimento. A fidelidade à vontade do Pai até o fim se expressa na ida a Jerusalém, onde se encontrará com Deus de uma forma diferente e nova: na paixão e na cruz:[222]

> A fé de Jesus teve uma história que o tornou diferente. Mas esta história não foi uma história abstrata, uma história de idéias que foi concretizando uma diferente concepção de Deus e de Reino de Deus, de pecado, justiça, amor, poder, mas uma história real, pois a história da fé de Jesus foi historicamente medida pela história da práxis de Jesus na sua conflitividade.[223]

Paralelamente à autocompreensão de Jesus, ocorre um deslocamento na perspectiva do seguimento. Não é mais o seguimento de um messias em sua função messiânica, mas da pessoa de Jesus naquilo que possui de mais concreto e escandaloso: "Quem quiser vir após mim, tome a sua cruz e me siga" (Mc 8,34).

---

[219] A historicidade da chamada "crise da Galiléia" é hoje discutida e matizada de diversas formas por vários teólogos, como DODD, C. *El fundador del cristianismo*; AGUIRRE, R. & GARCÍA LÓPEZ, F. Jesús y la multitud a la luz de los sinópticos. In: idem, *Escritos de Biblia y Oriente*, pp. 259-282.

[220] SOBRINO, J. *Jesus, o Libertador: I – A História de Jesus de Nazaré*, p. 227.

[221] Seja qual for a historicidade concreta desta crise e sua localização, o importante para Jon Sobrino é ressaltar que os evangelhos, pelo menos externamente, apresentam mudanças no comportamento de Jesus e que este fato tem conseqüências históricas. Cf. idem, ibidem, p. 227.

[222] Cf. idem, ibidem, pp. 227-228.

[223] Idem, ibidem, p. 114.

As exigências do seguimento situam-se no contexto da preocupação de Jesus e do seu destino. Exigem uma fé que não é só confiança em Deus, mas também aceitação escandalosa de Jesus.

O convite de Jesus não se limita mais aos discípulos, mas dirige-se a todos indistintamente, como um estilo de vida que atinge todas as atividades e as atitudes da pessoa, a partir do qual adquirem sentido todas as outras realidades humanas.[224]

Considerando a existência cristã um caminho para Deus,[225] na primeira etapa, Jesus seria um possível caminho para um Deus conhecido; na segunda, Jesus é o único caminho para conhecer Deus. O horizonte geral continua sendo Deus e a práxis em favor do seu Reino.

Diante dessa exigência de Jesus, particularmente na segunda etapa de sua vida, e do fato do convite de Jesus não se limitar mais aos discípulos, perguntamos: na visão de Jon Sobrino, como se deu o processo de universalização da proposta de Jesus?

O processo de universalização da proposta de Jesus

Para Jon Sobrino, de acordo com os evangelhos sinóticos, em relação aos destinatários, o chamado de Jesus para viver em comunhão com ele evolui progressivamente, passando por três momentos distintos. Jesus dirige seu convite: a *algumas pessoas escolhidas*, *à multidão* e a *todos indistintamente*.

- Jesus dirige o seu convite a *algumas pessoas escolhidas*, que vivem em realidades diferentes e exercem as mais variadas atividades.[226] "Então disse Jesus aos seus discípulos: 'Se alguém quer vir após mim, negue-se a si mesmo, tome a sua cruz e siga-me'" (Mt 16,24).

- Percebendo a presença não só de um pequeno grupo escolhido, mas de uma *multidão* que o acompanhava, Jesus estendeu seu convite. "Chamando a multidão, juntamente com seus discípulos, disse-lhes: 'Se al-

---

[224] Idem, *Cristologia a partir da América Latina*, p. 137.

[225] Para aprofundar o tema da existência cristã como caminho para Deus, ver, por exemplo, BOFF, L. *Vida segundo o Espírito*.

[226] Simão Pedro e seu irmão André eram pescadores de Betsaida (cf. Jo 1,44); Mateus era cobrador de impostos em Cafarnaum (cf. Mt 9,9).

guém quiser vir após mim, negue-se a si mesmo, tome a sua cruz e siga-me'" (Mc 8,34).[227]

- Jesus dirige o seu convite a todos indistintamente e universaliza o seu chamado. "Dizia ele a todos: 'Se alguém quer vir após mim, renuncie a si mesmo, tome a sua cruz cada dia e siga-me'" (Lc 9,23).[228] Neste processo de universalização, percebe-se um crescendo que vai da comunidade dos doze até a abrangência total.

A partir do grupo dos doze, Jesus universaliza seu chamado ao seguimento.

Por conseguinte, sem fazer uma análise exegética mais profunda dos textos bíblicos, Jon Sobrino resgata os elementos fundamentais da proposta de Jesus, recolocando assim as bases evangélicas para uma resposta sempre renovada em sintonia com as exigências dos tempos e a ação transformadora do seu Espírito.

Conclusão

Nossa preocupação básica neste capítulo foi a de entender os pressupostos metodológicos fundamentais que perpassam o tecido da cristologia sobriniana. Para atingir esse objetivo, depois de termos evidenciado a perspectiva das vítimas deste mundo, com base na qual Jon Sobrino elabora sua cristologia, situamos nosso autor no movimento mais amplo de volta ao Jesus histórico e analisamos o significado específico que ele atribui à história de Jesus, a relação de Jesus com o Reino e com Deus Pai e o seguimento exigido por sua pessoa. Este caminho nos levou a algumas conclusões que sintetizamos a seguir.

---

[227] O chamado de Jesus não se limitou aos "doze", isto é, aos membros fiéis do povo de Israel. Jesus chamou também os pecadores, os publicanos, as pessoas excluídas e marginalizadas.

[228] Cf. SOBRINO, J. Seguimento de Jesus. In: FLORISTÁN SAMANES, C. & TAMAYO-ACOSTA, J. J. (orgs.). *Dicionário de conceitos fundamentais do cristianismo*, p. 773; ———. Jesús de Nazaret. In: FLORISTÁN SAMANES, C. & TAMAYO-ACOSTA, J. J. (orgs.). *Conceptos fundamentales de pastoral*, p. 490.

1. Realidades fundamentais da cristologia de Jon Sobrino.

Três realidades fundamentais perpassam toda a reflexão cristológica de Jon Sobrino: a realidade social e eclesial e o ambiente teológico do autor;[229] o Jesus histórico, *norma normans non normata*;[230] o seguimento, expressão de fé e a mais importante forma de explicitar a existência cristã.[231]

Essas três realidades estão íntima e profundamente relacionadas entre si: a realidade socioeclesial remete ao lugar onde ocorrem a fé e a reflexão cristológicas;[232] o Jesus histórico é critério de seguimento;[233] e o seguimento é um modo de recuperar o Jesus histórico.[234]

2. As vítimas deste mundo, centro da reflexão cristológica, sacramento de Deus e presença de Jesus entre nós.

Com admirável clareza e coragem, Jon Sobrino afirma que sua cristologia tem uma *perspectiva parcial, concreta e interessada: as vítimas deste mundo*. Esta perspectiva tem uma fundamentação bíblico-histórica: a revelação do amor de predileção de Deus para com os pobres e os fracos; a realidade atual, caracterizada pela pobreza extrema de grande parte da humanidade.

Ao optar por essa perspectiva, Jon Sobrino mostra sua honradez e responsabilidade diante da realidade e proclama a boa notícia aos pobres, fazendo teologia como *intellectus amoris*, como práxis de libertação das vítimas.

Em seus primeiros escritos, sob a influência de Medellín e Puebla, Jon Sobrino refere-se aos *pobres e oprimidos* e propõe a libertação integral do ser humano. Recentemente, vivendo a dureza da guerra, dos massacres e assassinatos sem conta

---

[229] Cf. SOBRINO, J. *Jesus, o Libertador*. I – A História de Jesus de Nazaré, pp. 14-15.

[230] Cf. idem, *Cristologia a partir da América Latina*, p. 27; ———. *Jesus na América Latina*, p. 94; ———. *Jesus, o Libertador*. I – A História de Jesus de Nazaré, p. 62.

[231] Cf. idem, Identidade cristã. In: FLORISTÁN SAMANES, C. & TAMAYO-ACOSTA, J. J. (orgs.). *Dicionário de conceitos fundamentais do cristianismo*, p. 343.

[232] Cf. idem, *Cristologia a partir da América Latina*, pp. 40-41.

[233] Cf. idem, Seguimento de Jesus. In: FLORISTÁN SAMANES, C. & TAMAYO-ACOSTA, J. J. (orgs.). *Dicionário de conceitos fundamentais do cristianismo*, p. 771.

[234] Cf. idem, Jesús de Nazaret. In: FLORISTÁN SAMANES, C. & TAMAYO-ACOSTA, J. J. (orgs.). *Conceptos fundamentales de pastoral*, p. 483.

em El Salvador, passou a insistir, particularmente, na realidade das *vítimas deste mundo* e na necessidade de uma reação diante do sofrimento alheio interiorizado, que ele chama de *princípio misericórdia*.[235]

O uso dos termos *vítimas deste mundo* ou *povos crucificados*, como ele mesmo explica,[236] não significa mudança de conceito, mas é fruto da percepção e sensibilidade pastorais diante da realidade. O encontro com o pobre, experiência fundante da Teologia da Libertação, permanece como o eixo central da cristologia sobriniana.

3. A história de Jesus de Nazaré como referência metodológica central e como conteúdo práxico-libertador.

É inegável a importância atribuída por Jon Sobrino ao Jesus histórico e ao significado revelador de sua existência terrena.[237] A reapropriação da história de Jesus de Nazaré constitui o eixo central de toda a sua estrutura cristológica, o critério decisivo da totalidade da fé vivida, o referencial impulsionador do seguimento histórico e da verdadeira ortodoxia. Neste fato reside, sem dúvida, um dos grandes méritos do teólogo salvadorenho.[238]

Tendo como pressuposto explícito a fé do teólogo na globalidade do mistério de Cristo, do qual ele quer dar conta, Jon Sobrino assume, *decidida e sistematicamente*, o Jesus histórico como ponto de partida metodológico de sua tarefa cristológica. Para ele, fórmulas e símbolos em si mesmos universais (fórmulas dogmáticas, querigma como evento, ressurreição como símbolo universal de esperança) não conseguem evidenciar a verdadeira universalidade de Jesus. É o acesso ao Jesus concreto que mostra a sua virtualidade universal nas diversas situações históricas.

---

[235] Por princípio misericórdia Jon Sobrino entende um amor específico que está na origem de um processo e permanece presente ao longo dele, outorgando-lhe uma determinada direção e configurando os diversos elementos dentro do processo. Cf. *O princípio misericórdia*, p. 32.

[236] Cf. idem, *Jesus, o Libertador*. I – A História de Jesus de Nazaré, p. 15.

[237] Não há como negar esta afirmação, pois trata-se de uma evidência que dispensa qualquer tipo de prova.

[238] Podemos afirmar que, de modo geral, os teólogos, tanto europeus como latino-americanos, estão de acordo em atribuir a Jon Sobrino este mérito. Como exemplo, citamos C. Palacio, o qual, referindo-se à primeira obra de Jon Sobrino, *Cristologia a partir da América Latina*., esboço a partir do seguimento do Jesus histórico, escreve: "A *história de Jesus* deve ser assumida de maneira *sistemática* na elaboração da Cristologia porque ela é para sempre o *critério* (norma crítica) decisivo da *totalidade* da *fé vivida*: pedra de toque do seguimento e da verdadeira ortodoxia. E este é, sem dúvida, um dos méritos do livro de J. Sobrino". Cf. PALACIO, C. O. Jesus Histórico e a Cristologia Sistemática. Novos pontos de partida para uma Cristologia ortodoxa (Sobre a Cristologia de Jon Sobrino e sua tradução brasileira), *Perspectiva Teológica*, n. 16, pp. 353-370.

Esta escolha, de um lado, em relação ao objeto formal da busca, a história de Jesus, está em sintonia com a teologia européia; de outro, no que diz respeito às razões teológico-pastorais que presidem esta opção, tem uma originalidade própria.

No horizonte interpretativo da teologia européia, situada no contexto da primeira ilustração, a preocupação fundamental é libertar o indivíduo do mito e da autoridade mediante a investigação científica; na teologia latino-americana que se situa no contexto da segunda ilustração, o objetivo visado é a libertação da realidade da miséria, mediante o seguimento.

No que se refere à opção metodológica de sua cristologia, o mérito e a originalidade de Jon Sobrino não residem no fato da escolha do Jesus histórico, comum à teologia européia, mas em ter evidenciado, de forma clara e convincente, as razões teológico-pastorais que norteiam a cristologia latino-americana[239] e a diferenciam da cristologia européia.

Trata-se de trilhar o mesmo caminho cronológico percorrido pelas primeiras comunidades cristãs, que se tornou *normativo* para nós; neste sentido, o processo cronológico coincide com o processo lógico: buscam-se inspirações e força para viver, num contexto de opressão e de injustiça, e não apenas motivos racionais para crer.

Uma das preocupações fundamentais que acompanharam Jon Sobrino, na elaboração de sua cristologia, foi, sem dúvida alguma, a inoperância da cristologia clássica e a necessidade de oferecer aos cristãos força e estímulo para viver.

Movendo-se no contexto da Teologia da Libertação, Jon Sobrino atribui ao Jesus histórico um significado específico. Não se trata de oposição entre o "Jesus histórico" e o "Cristo da fé", mas da vida de Jesus de Nazaré, suas palavras e seus acontecimentos, suas atividades e sua práxis, sua atitude, seu espírito, seu destino de cruz e de ressurreição.

Nessa globalidade histórica da vida de Jesus, Jon Sobrino elege a prática, isto é, sua atividade para operar ativamente na realidade circundante e transformá-la, como o lugar de maior densidade metafísica da pessoa de Jesus. A prática de Jesus é

---

[239] Os teólogos latino-americanos estão de acordo em relação ao significado atribuído ao Jesus histórico, no horizonte da Teologia da Libertação. Cf. SOBRINO, J. *Jesus, o Libertador:* I – A História de Jesus de Nazaré, pp. 82-90. O mérito de Jon Sobrino está exatamente no fato de ter elaborado uma cristologia que parte metodologicamente do Jesus histórico e está situada no horizonte de compreensão da Teologia da Libertação.

inseparável de sua identidade mais profunda e, por isso, constitui a chave de acesso à totalidade de sua pessoa.

Jesus tornou visível o sentido mais profundo de sua vida por meio de suas atitudes, de suas opções e de suas tomadas de posição. A esse modo singular de Jesus viver, Jon Sobrino adjetiva com a palavra espírito e cria a expressão "prática com espírito". Esta, segundo ele, revela o que há de melhor e mais profundo na pessoa de Jesus.

Esse modo próprio de Jon Sobrino entender a globalidade histórica de Jesus e sua pertinência teológica foi motivo de críticas e mal-entendidos. Evidentemente, percebe-se um processo de amadurecimento nas suas posições. Os estágios dessa evolução são caracterizados pela publicação sucessiva de suas obras: *Cristologia a partir da America Latina*, fruto de um curso ministrado no Centro de Reflexão Teológica de San Salvador; *Jesus a partir da América Latina*, que esclarece pontos obscuros da obra anterior; e, finalmente, *Jesus, o Libertador. I – A História de Jesus de Nazaré*, obra que reflete seu amadurecimento teológico.[240]

A cristologia de Jon Sobrino constitui louvável esforço teológico de reapropriação da história de Jesus e pretende responder aos desafios de uma situação concreta de América Latina. Por conseguinte, não se pode negar o valor teológico e sistemático desta maneira de entender o Jesus histórico.

---

[240] Concordamos com os críticos de Jon Sobrino. Eles são unânimes em afirmar que ele, como é lógico e natural, passou por um processo de amadurecimento teológico.

J. J.Tamayo-Acosta refere-se a este processo de amadurecimento vivido por Jon Sobrino em sua obra *Para compreender la Teología de la Liberación*. Na página 276 lê-se: "Em 1976 publica seu primeiro 'esboço' de cristologia sistemática, 'situada historicamente e construída a partir da situação de opressão, injustiça e exploração dos países latino-americanos'; uma cristologia enraizada no Jesus histórico e no sofrimento do povo. Nesse esboço recolhe as contribuições das modernas cristologias européias (Rahner, Pannenberg, Moltmann, Kasper etc.), recolocando-as dentro das perspectivas cristológicas do seu continente. Em 1982 publica nova obra cristológica, *Jesus na América Latina*. Seu significado para a fé e a cristologia é o fato de que vem completar o esboço anterior e se situa de forma mais explícita na ótica da América Latina. A esta obra somam-se numerosos artigos sobre o mesmo tema, publicados nas diferentes revistas latino-americanas e européias de pensamento cristão".

Em relação ao primeiro volume da obra *Jesus, o Libertador. I – A História de Jesus de Nazaré*, publicada, no Brasil, em 1994, Carlos Palacio afirma em seu artigo Uma cristologia suspeita? *Perspectiva teológica*, n. 25, pp. 181-182: "A um leitor atento e imparcial não haveria de escapar o grau de maturidade que transparece nesta reflexão cristológica de J. Sobrino com relação às suas publicações anteriores. [...] Em certo sentido este livro não faz mais do que retomar a linha de reflexão desenvolvida por J. Sobrino desde a publicação da sua *Cristología desde América Latina*, México, 1977, e *Jesús en América Latina*, San Salvador, 1982 (ambos traduzidos em português). O conteúdo e a perspectiva não deveriam causar admiração, portanto, a quem conhece tais publicações. E, no entanto, apesar da modéstia do autor, há algo de novo nesta obra. *Jesus, o Liberador* é o resultado de um pensamento longamente amadurecido. Não só pelo tempo (quase dez anos), mas sobretudo pela experiência do sofrimento, da perseguição e da morte".

4. O caráter sistemático e totalizante da categoria de Reino de Deus.

A centralidade da categoria de Reino de Deus na vida e na missão de Jesus atravessa toda a cristologia de Jon Sobrino. Neste aspecto, como vimos, ele mesmo reconhece estar em sintonia com outros teólogos. Entretanto, o que impressiona é a sua capacidade de sistematizar e reelaborar essa categoria.

Na reapropriação histórica da vida de Jesus que Jon Sobrino propõe, o conceito de Reino adquire um caráter sistemático e totalizante, porque dotado de força intrínseca, com a qual é possível: globalizar a missão de Jesus e sua prática; conceber Deus voltado para a história, com uma vontade e um projeto históricos.

Jon Sobrino evidencia um fato que é central nos evangelhos: Jesus está a serviço do Reino de Deus que, para ele, é a realidade última. Ele é o mediador absoluto e definitivo do Reino. Apesar de falar inúmeras vezes do Reino de Deus, Jesus não define, teoricamente, o que é o Reino nem quem é Deus. Diante desse fenômeno paradoxal, o teólogo salvadorenho percorre três vias fundamentais e não excludentes: a via nocional, a via dos destinatários e a via da prática de Jesus.

Em sintonia com os pressupostos da Teologia da Libertação, Jon Sobrino privilegia a via dos destinatários. A razão é simples. Sendo a boa notícia do Reino algo relacional, seus destinatários ajudam a esclarecer o conteúdo do próprio evangelho. E os pobres são os destinatários privilegiados desta boa-nova de Jesus.

5. O Reino de Deus como expressão da historicidade da salvação e da unidade da história.

A perspectiva da unidade da história no processo de salvação está bem clara na cristologia de Jon Sobrino. Para ele, não existem duas histórias separadas. A história da salvação e a história do mundo têm sua unidade estrutural na "história de Deus". Existe reciprocidade dialética entre elas. A história do mundo determina de múltiplas formas a história da salvação; a história da salvação determina de múltiplas formas a história do mundo. Neste processo de unidade dialética vai se realizando a salvação.[241]

---

[241] Como vimos no Capítulo III, na concepção da historicidade da salvação e da unidade da história, Jon Sobrino é discípulo do teólogo Ignacio Ellacuría, que desenvolveu, de forma clara, esses conceitos.

É na história, em sua realidade concreta e situada, que o Reino de Deus precisa ser visibilizado pela práxis do seguimento. O princípio da unidade da história é expresso de forma muito clara na abordagem do tema Reino de Deus. Em sua própria formulação, a categoria Reino de Deus expressa essa unidade: *Reino* é história e *de Deus* é transcendência. Este Reino acontece na presença e contra o anti-reino, tendo como destinatários os pobres, e precisa de mediação histórica para poder se fazer presente.

Na conceitualização sistemática do Reino de Deus como vida justa para os pobres, aberta ao sempre mais, aparece outra vez a unidade da história da salvação. A vida aberta para o sempre mais aponta para a plenitude e a utopia do Reino de Deus e está perpassada de transcendência e de história teologal.

6. A consciência relacional de Jesus e a profunda unidade entre Deus e o Reino que transparece de sua vida histórica concreta.

Jon Sobrino evidencia o caráter relacional e não absoluto de Jesus em relação ao Reino e ao Pai: o Reino como utopia da libertação total que se vai historicizando e o Pai como referência última. Ambos dão sentido à vida, à atividade e ao destino de Jesus.

Essa afirmação da dupla relação de Jesus traz consigo outras conseqüências: uma nova compreensão da atividade de Jesus e, particularmente, dos milagres, que deixam de ser sinal da divindade para significar o advento do Reino e, indiretamente, iluminar a figura do Jesus histórico; o resgate das mediações históricas como caminho de acesso ao absoluto, pois é na história humana de Jesus que se esconde e se revela a sua divindade.

Nesse sentido, Jon Sobrino critica a tendência de absolutizar o Cristo, gerando uma consciência aistórica e convertendo o Cristo em divino álibi.

A categoria do Reino está relacionada também com sua experiência de Deus, porque é o Deus do Reino que Jesus experimenta como realidade última de sua existência.

Por meio da análise do modo de atuar de Jesus e de sua pregação, Jon Sobrino detecta diversos elementos da noção de Deus provenientes das tradições de Israel, os quais Jesus integra conceitualmente em sua própria visão de Deus.

No aspecto da formalidade da realidade de Deus, Jesus revela a transcendência de Deus. O sentido totalizante da atitude profunda de Jesus diante do Pai é expresso pela oração de Jesus, pela sua fé e confiança, pela sua obediência e disponibilidade.

7. A função salvífica do seguimento proposto pela pessoa de Jesus como caminho de recuperação do Jesus histórico.

Para Jon Sobrino, a recuperação do Jesus histórico e do significado revelador de sua existência terrena acontece, de forma privilegiada, por meio do seguimento. O fundamento do seguimento de Jesus, em todos os tempos e lugares, é a função salvífica do seguimento exigido pela pessoa de Jesus.

O acontecimento determinante de que no início de sua vida pública Jesus chamou discípulos para segui-lo em comunhão de vida, missão e destino é uma constatação comum aos teólogos e exegetas. A Jon Sobrino, entretanto, cabe o mérito de contribuir, de forma clara e concreta, para recuperar os elementos essenciais da proposta do Mestre Jesus, como fundamento para a continuidade histórica do seu seguimento.

Em relação ao fundamento bíblico do seguimento, Jon Sobrino se apoiou nos evangelhos sinóticos, deixando completamente de lado o evangelho de João. Não encontramos em seu texto referências explícitas ao quarto evangelho.

Buscando o porquê desse fato, encontramos duas explicações que nos parecem cabíveis: de um lado, porque Jon Sobrino não faz uma exegese bíblica dos textos relativos ao seguimento, de outro, porque os sinóticos oferecem maiores informações acerca da vida de Jesus, enquanto o evangelho de João apresenta com maior intensidade a transcendência de Jesus.

Sinteticamente, Jon Sobrino apresenta elementos que podem ser considerados essenciais ao seguimento exigido pela pessoa de Jesus: a novidade e a radicalidade da proposta de Jesus, a especificidade do seguimento, a historicidade das exigências de seguimento e o processo de universalização do seguimento.

Em relação à historicidade das exigências da proposta de seguimento, o próprio Jon Sobrino reconhece que não é comum considerá-las e que seria necessário maior aprofundamento desse aspecto. Apesar de reconhecer essa necessidade, Jon

Sobrino não enfrenta essa questão, introduzindo apenas uma distinção entre uma concepção messiânica (não cristológica) do seguimento e outra propriamente cristológica.[242]

Explicitamos a densidade teológica da história de Jesus, sua relação com o Reino de Deus e o Deus do Reino e sua exigência de seguimento. Tendo presente esse horizonte de compreensão, chegamos ao ponto central e decisivo da nossa pesquisa. Recolocamos, então, as perguntas fundamentais que nos acompanham desde o início de nosso trabalho: Como entender a realidade do seguimento de Jesus que atravessa toda a cristologia de Jon Sobrino? Qual a sua contribuição para o resgate dessa categoria cristológica? Avançaremos na resposta a essas perguntas no capítulo IV.

---

[242] Neste sentido, Carlos Palacio afirma: "[...] e a introdução, na noção mesma de seguimento, de uma concepção 'messiânica' (não cristológica) e de outra propriamente cristológica, poderia prestar-se a uma interpretação menos cristológica e mais moralizante (tipo imitação) do seguimento de Jesus". O "Jesus histórico" e a Cristologia sistemática, *Perspectiva Teológica*, n. 16, p. 363.

Capítulo IV

SEGUIMENTO DE JESUS: FORMA PRIVILEGIADA DE EXPLICITAR A IDENTIDADE CRISTÃ

[...] O seguimento de Jesus ficou, a partir disso, como a forma mais importante de explicitar a identidade cristã, e muito mais quando, ao longo da história, os cristãos passaram por crise de identidade e de relevância. [...] O Espírito que faz a história caminhar e apresenta sempre novas exigências e mediações faz voltar sempre a Jesus e ao seu seguimento.

Jon Sobrino

Na visão de Jon Sobrino, o seguimento de Jesus adquire caráter claramente pertinente e relevante para o contexto da América Latina, caracterizado pela injustiça e pela opressão. Além de ser uma categoria estruturante de sua cristologia, o seguimento permite historicizar e atualizar a memória viva e atuante de Jesus de Nazaré,[1] evitando o perigo da abstração e da manipulação do Cristo.[2]

No amplo horizonte de compreensão da cristologia de Jon Sobrino, que tem como ponto de partida o Jesus histórico, sua dupla relação com o Reino de Deus e com o Deus do Reino e sua exigência de seguimento — como vimos no capítulo III —, recolocamos as questões que constituem o objeto central de nossa pesquisa: como entender a realidade do seguimento de Jesus que atravessa toda a cristologia de Jon Sobrino? Qual a sua contribuição para o resgate dessa categoria?

Analisando seus escritos, encontramos uma afirmação que, pela sua abrangência e intencionalidade cristológicas, merece ser evidenciada: o seguimento de Jesus é a melhor forma de explicitar a identidade cristã.[3] Estabelecer uma

---

[1] Cf. Sobrino, J. Identidade cristã. In: Floristán Samanes, C. & Tamayo-Acosta, J. J. (orgs.). *Dicionário de conceitos fundamentais do cristianismo*, pp. 348-349.

[2] O teólogo salvadorenho afirma a necessidade de superar as imagens alienantes de Cristo, citando três abstrações: 1) *Um Cristo "abstrato"*. Neste caso, a abstração do Cristo pode acontecer a partir de algo bom, como a imagem do *Cristo-amor*, através da qual se afirma algo verdadeiro. Entretanto, enquanto não se disser a partir de Jesus em que consiste o amor, quais suas formas e prioridades, esse amor permanece abstrato. A abstração pode acontecer também a partir de algo perigoso, como na imagem de Cristo-poder, tradicionalmente desejada, sobretudo pelos poderosos. 2) *Um Cristo, "reconciliador"*, no qual está ausente a conflitividade real da história. 3) *Um Cristo "absolutamente absoluto"*, que ignora a constitutiva relação histórica entre Jesus e o Reino de Deus e o Deus do Reino. Cf. *Jesus, o Libertador. I – A História de Jesus de Nazaré*, pp. 30-34.

[3] Cf. idem, Identidade cristã. In: Floristán Samanes, C. & Tamayo-Acosta, J. J. (orgs.). *Dicionário de conceitos fundamentais do cristianismo*, p. 343.

relação direta entre seguimento e identidade cristã é, sem dúvida, uma questão que merece ser aprofundada. É a partir dela que queremos avançar em nossa pesquisa.

Conseqüentemente, uma nova pergunta desafia a nossa compreensão da categoria cristológica do seguimento na cristologia de Jon Sobrino. Como entender a afirmação do nosso autor de que o seguimento de Jesus constitui uma forma privilegiada de explicitar a identidade cristã?

Trata-se de uma questão complexa e abrangente, que abordaremos, no decorrer deste capítulo, desenvolvendo os seguintes aspectos: *a perspectiva cristológica da identidade cristã* (1); *o seguimento como processo epistemológico para construir a identidade cristã* (2); *a importância da realidade do seguimento como expressão da identidade cristã* (3); *a estrutura fundamental do seguimento de Jesus como forma de explicitar a identidade cristã* (4).

1. A perspectiva cristológica da identidade cristã

Para entender o significado do seguimento de Jesus como expressão de identidade cristã, é importante apresentar duas questões fundamentais: para Jon Sobrino, o que define a identidade cristã? Qual o caminho metodológico que ele percorre para defini-la?

Essas questões básicas precisam ser contextualizadas no amplo horizonte da cristologia sobriniana. Por conseguinte, antes de responder às questões acima, perguntamos: em relação ao conteúdo, que eixos centrais da cristologia de Jon Sobrino permitem entender melhor seu conceito de identidade cristã e a metodologia usada para defini-la?

A cristologia de Jon Sobrino se desenvolve ao redor de dois eixos fundamentais: a *história de Jesus* e a *história da fé em Jesus*.[4] É uma cristologia comparada, pelo próprio autor, a uma parábola acerca de Jesus, que exige do seu leitor uma

---

[4] Jon Sobrino apresenta, de forma sistemática, a *história de Jesus* em sua obra *Jesus, o Libertador. I – A História de Jesus de Nazaré*; e a *história da fé em Jesus* na obra *A fé em Jesus Cristo. Ensaio a partir das vítimas*. Essas duas obras, consideradas complementares pelo próprio autor, representam, em relação às obras anteriores, um grande amadurecimento na reflexão teológica deste renomado escritor.

tomada de decisão e uma resposta existencial. E por meio dessa resposta, teórica e histórica, vai sendo construída a identidade cristã.[5]

A *história de Jesus* em sua totalidade é apresentada por meio de uma leitura histórico-teológica de sua vida em relação a três realidades centrais: o serviço ao *Reino de Deus*, a *relação com Deus Pai* e a *morte na cruz*. A insistência recai sobre a dimensão libertadora da pessoa e da missão de Jesus. O objetivo é dúplice: dar relevância e primazia à vida terrena de Jesus e animar os fiéis a ter "os olhos fixos em Jesus, autor e consumador da fé" (Hb 12,2).[6]

A *história da fé em Jesus* é apresentada por meio de três realidades básicas: *a ressurreição de Jesus* analisada sob a perspectiva específica da esperança das vítimas com a correlativa revelação de Deus como o Deus das vítimas e da possibilidade de viver como ressuscitados nas condições da existência histórica;[7] *os títulos cristológicos* considerados desde a perspectiva da lógica de Deus, manifestada em Jesus; *as fórmulas conciliares* analisadas na sua dimensão formal que apresentam a totalidade da realidade e sua unidade diferencial em relação a Deus e aos seres humanos, a Deus e ao sofrimento. Essas fórmulas doxológicas exigem um processo de conhecimento, um caminho histórico. Esse caminho é o seguimento de Jesus, que adquire dimensão epistemológica.[8]

Para adentrar no verdadeiro sentido da história de Jesus e da história da fé em Jesus, Jon Sobrino reafirma a necessidade de um caminho teórico que nos mostre quem é Jesus. Mas este caminho sozinho não é suficiente. É necessário percorrer também um caminho práxico, isto é, o caminho do seguimento de Jesus.[9]

---

[5] Cf. idem, *A fé em Jesus Cristo*. Ensaio a partir das vítimas, pp. 488-489.

[6] Jon Sobrino deixa claro seu objetivo ao apresentar a vida de Jesus. Mediante a apresentação das três dimensões centrais da vida de Jesus: serviço ao Reino, relação com Deus Pai, morte na cruz, "queremos insistir na dimensão libertadora, e por isso de boa notícia, tanto da *missão* como da *pessoa* de Jesus. É boa notícia a missão (o Reino, *mediação* de Deus) e é boa notícia o fato de ser esse Jesus de Nazaré concreto (o *mediador* de Deus) quem a realiza". *Jesus, o Libertador*. I – A História de Jesus de Nazaré, p. 19.

[7] Sobre o tema da ressurreição de Jesus trataremos mais adiante, ao abordar a estrutura histórica da vida terrena de Jesus e, conseqüentemente, a estrutura da identidade cristã construída através do seguimento de Jesus.

[8] Cf. SOBRINO, J. *A fé em Jesus Cristo*. Ensaio a partir das vítimas, p. 10.

[9] Cf. idem, ibidem, pp. 476-478.

Essa visão de Jon Sobrino nos faz perceber um dado fundamental para a fé cristã: o Jesus apresentado por Jon Sobrino está em constante e íntima relação com o seu seguidor. Descobrindo quem é Jesus de Nazaré, vamos também, gradualmente, descobrindo quem somos nós, seus seguidores. Por conseguinte, subjacente a toda a cristologia sobriniana está o problema da identidade cristã.[10]

Podemos afirmar que a preocupação com a identidade cristã atravessa toda a cristologia de Jon Sobrino e tem como marco referencial seu escrito intitulado *Identidade cristã*.[11] Baseando-nos nesse texto, podemos responder com segurança à primeira pergunta feita no início: Para Jon Sobrino, o que é a identidade cristã?

Na visão do teólogo salvadorenho, a identidade cristã não é estática e atemporal, mas é uma realidade dinâmica que recebeu, ao longo da história do cristianismo, múltiplas e variadas definições.[12] Já nos escritos do Novo Testamento aparecem formas diversificadas de explicitar a identidade cristã.[13]

Pela sua própria estrutura intrínseca e por sua relação com a realidade, a identidade cristã precisa ser constantemente repensada,[14] a fim de que se consiga, para ela, mediações históricas novas e criativas.[15] Coerente com o pensamento sobriniano, mais uma vez, aparece, com clareza, a importância das coordenadas históricas na vivência da fé cristã.

---

[10] Jon Sobrino começa o Epílogo de seu livro *A fé em Jesus Cristo. Ensaio a partir das vítimas* com estas palavras: "Tinha pensado terminar com um epílogo sobre a identidade cristã, porque, por trás do que foi dito no livro anterior sobre Jesus de Nazaré e neste sobre a fé em Jesus Cristo, se expressa o que significa ser cristão hoje" (p. 468).

[11] Jon Sobrino explicita, de forma clara e sintética, o seu pensamento sobre a identidade cristã como seguimento, em um artigo intitulado "La identidad cristiana", publicado na revista *Diakonia*, n. 46 e na obra *Conceptos fundamentales del cristianismo*, p. 568-587; esta última obra foi traduzida para o português com o título *Dicionário de conceitos fundamentais do cristianismo*. Nossas referências, daqui para frente, serão do texto traduzido e publicado na obra *Dicionário de conceitos fundamentais do cristianismo*.

[12] "A pergunta pela identidade cristã é a pergunta pelo ser cristão hoje. A pergunta tem, por trás de si, uma longa história de respostas. H. Küng deu uma resposta em seu livro *Ser cristão*; H. Harnack, na mudança de século, com a obra *Esencia del cristianismo*; e, antes deles, Lutero e Agostinho e os escritos do NT." SOBRINO, J. Identidade cristã. In: FLORISTÁN SAMANES, C. & TAMAYO-ACOSTA, J. J. (orgs.). *Dicionário de conceitos fundamentais do cristianismo*. p. 342.

[13] Cf. idem, *A fé em Jesus Cristo. Ensaio a partir das vítimas*, p. 488.

[14] "Dever-se-á esclarecer sempre quem é Deus e o seu Cristo, quem é a Igreja etc. Contudo, esclarecer o que somos possui uma necessidade mais decisiva e inescusável. Nos outros conteúdos teológicos está implicado, indubitavelmente, o eu e o nós que perguntam, mas na identidade cristã, porém, a implicação é direta e imediata. E não se pode relegar *ad infinitum* a resposta do que somos, esperando que venha à tona somente do esclarecimento de outros conteúdos teológicos, pois alguma vez dever-se-á dar conta dele." Idem. Identidade cristã. In: FLORISTÁN SAMANES, C. & TAMAYO-ACOSTA, J. J. (orgs.). *Dicionário de conceitos fundamentais do cristianismo*, p. 342.

[15] Cf. idem, ibidem, p. 343.

Para Jon Sobrino, na construção da identidade cristã estão em jogo duas realidades complexas: *o ser humano*, com o qual é possível construir diferentes antropologias filosófico-teológicas; e *o ser cristão*, cuja definição implica a resposta a outras perguntas teológicas sobre Deus, Cristo, graça e pecado.

Tendo presente esse conceito de identidade cristã, podemos refazer a segunda questão mencionada no início: qual o caminho metodológico que Jon Sobrino percorre para definir a identidade cristã? Para responder à pergunta sobre o significado da identidade cristã, Jon Sobrino reconhece que é possível percorrer diferentes caminhos. Ele identifica quatro vias distintas: a via *protológica*, segundo a criação; a via *escatológica*, segundo a plenificação do ser humano; a via *paulina*, descrita por Paulo, segundo o Espírito; a via *cristológica*, segundo Jesus Cristo.[16]

Jon Sobrino reconhece a legitimidade dos três primeiros caminhos, limitando-se a situá-los, sem explicitá-los, e optando pela via *cristológica*. Ele esclarece as razões de sua escolha: a *força de expressão e de conteúdo intrínsecos* na própria linguagem — cristão vem de Cristo; a *íntima relação existente entre a identidade cristã e a teologia* — na definição do ser cristão é preciso ter presente conteúdos, como Deus, Espírito Santo, graça, pecado; *a fé cristã* — Cristo é verdadeiramente alguém que se revelou plenamente humano.

Mas Jon Sobrino vai mais além. Para ele, a identidade cristã não só *pode*, mas *deve* ser abordada a partir de Cristo. Nessa perspectiva, ela adquire dupla dimensão: *histórica*, tornando-se visível na pessoa de Jesus, com base em de sua encarnação; de *fé*, pois, em Jesus, se revelou a plenitude do ser humano. E a afirmação de que a identidade cristã consiste no seguimento é a confissão cristológica de que em Cristo apareceu a verdadeira dimensão humana.[17]

A partir dessa dupla dimensão, o teólogo salvadorenho sintetiza seu pensamento sobre o seguimento como expressão da identidade cristã afirmando:

... O fundamental da identidade cristã consiste em realizar o próprio ser humano como Jesus, reagir diante da história e realizar a própria vida como Jesus; em palavras simples, parecer-se com Jesus.[18]

---

[16] Cf. idem, ibidem, pp. 342-343.
[17] Cf. idem, ibidem, p. 343.
[18] Idem, ibidem, p. 348.

Para Jon Sobrino, o caminho cristológico para definir a identidade cristã tem sólida fundamentação *bíblica* e *histórica*.

No Novo Testamento, a identidade cristã é vista a partir de Cristo e do seu Espírito, e a vida cristã é um exercício para tornar-se "filhos no Filho" (Rm 8,29). E o Cristo, cuja imagem é preciso reproduzir, não é outro senão o Jesus de Nazaré. Hebreus 12, 2 não apenas convida, mas exige dos cristãos que tenham os "olhos fixos em Jesus, que é o autor e realizador da fé".

Os evangelhos são a apresentação da identidade de Cristo: a vida, a atividade, o destino de Jesus de Nazaré. Em sua vida terrena, Jesus mesmo ensinou em que consiste a identidade do cristão:

> E é esse mesmo Jesus que explicita em que consiste a identidade de quem se soma a ele na história — e de quem crê nele depois da ressurreição —: em seu seguimento.[19]

Ao longo da *história*, especialmente em momentos de crise e de perda do sentido da vida cristã, os grandes santos, sobretudo os reformadores, os movimentos cristãos desde as comunidades primitivas até as atuais comunidades de base, na busca de soluções adequadas para esses problemas, sempre se preocuparam em resgatar o valor do seguimento como caminho de renovação e de redescoberta da identidade cristã.

Jon Sobrino comprova essa sua afirmação, referindo-se a alguns exemplos significativos que mudaram o rumo da história. *Francisco de Assis*, intuindo a necessidade de reformar a Igreja, insistia na urgência de "seguir a doutrina e as pegadas de Cristo".[20] *Inácio de Loyola*, depois de sua conversão, pedia incessantemente "o conhecimento interior do Senhor [...] para que eu mais o ame e o siga".[21] *Dietrich Bonhoeffer*, percebendo a importância do seguimento para reencontrar a identidade, a relevância e o gozo da vida cristã, dizia: "Segue-me foi a primeira e a última palavra de Jesus dirigida a Pedro".[22]

---

[19] Idem, ibidem, p. 343.

[20] Idem, *Jesus, o Libertador.* I – A História de Jesus de Nazaré, p. 90.

[21] *Exercícios Espirituais*, n. 104. Expressão citada várias vezes por J. Sobrino, em Identidade cristã. In: *Dicionário de conceitos fundamentais do cristianismo*, p. 343; ———. *Jesus, o Libertador.* I – A História de Jesus de Nazaré, p. 90.

[22] BONHOEFFER, D. *O discipulado*, p. 11. Frase citada várias vezes por J. SOBRINO, em J. Seguimento de Jesus In: FLORISTÁN SAMANES, C. & TAMAYO-ACOSTA, J. J. (orgs.). *Dicionário de conceitos fundamentais do cristianismo*, p. 774. ———. *Jesus, o Libertador.* I – A História de Jesus de Nazaré, p. 90.

Diante da gravidade da crise de identidade cristã, gerada pela complexidade do mundo moderno e pós-moderno, o teólogo *Johann Baptist Metz* declarou que "soou a hora do seguimento para a Igreja".[23] *Ignacio Ellacuría* afirmou que a teologia latino-americana "entende a vida cristã como seguimento".[24]

O seguimento como forma de explicitar a identidade cristã é afirmado por Jon Sobrino, de forma incisiva, na seguinte citação:

> [...] O seguimento de Jesus ficou, desde então, como a forma mais importante de explicitar a identidade cristã, e muito mais quando, ao longo da história, os cristãos passaram por momentos de crise de identidade e de relevância. [...] O Espírito que faz a história caminhar e apresenta sempre novas exigências e mediações faz voltar sempre a Jesus e ao seu seguimento.[25]

Na visão do teólogo salvadorenho, realizar a identidade cristã segundo o seguimento de Jesus significa viver em constante tensão entre *reproduzir* e *atualizar* o seguimento. O seguidor deve reproduzir a estrutura fundamental da vida de Jesus e, ao mesmo tempo, historicizá-la de acordo com o contexto em que vive. Ser cristão supõe a encarnação, no tempo e no espaço, do modo de ser e de viver de Jesus.[26] Da mesma forma que Jesus é a melhor salvaguarda do Cristo, também o seguimento de Jesus é a melhor garantia da identidade cristã.[27] Por conseguinte, a identidade cristã tem duas dimensões significativas, que Jon Sobrino expressa com dois verbos: *recordar* e *caminhar*.

Recordar como ponto central da identidade cristã: *Deus se manifestou em Jesus*. Esse é o anúncio que está presente nos textos do Novo Testamento, na teologia dos santos padres e nas fórmulas conciliares. É fundamental para a identidade cristã evitar uma fé em Deus que não necessite de Jesus.

---

[23] METZ, J. B. *Las ordenes religiosas*, p. 38. Esta afirmação é citada várias vezes por J. SOBRINO, em Identidade cristã. In: FLORISTÁN SAMANES, C. & TAMAYO-ACOSTA, J. J. (orgs.). *Dicionário de conceitos fundamentais do cristianismo*, p. 343; ———. Seguimento de Jesus. In: FLORISTÁN SAMANES, C. & TAMAYO-ACOSTA, J. J. (orgs.). *Dicionário de conceitos fundamentais do cristianismo*, p. 771.

[24] ELLACURÍA, I. Tesis sobre la posibilidad, necesidad y sentido de una Teología Latinoamericana. In: VARGAS-MACHUCA, A. *Teología y mundo contemporáneo*, p. 344. Frase citada várias vezes por J. Sobrino, em Identidade cristã. In: FLORISTÁN SAMANES, C. & TAMAYO-ACOSTA, J. J. (orgs.). *Dicionário de conceitos fundamentais do cristianismo*, p. 343; ———. Seguimento. In: FLORISTÁN SAMANES, C. & TAMAYO-ACOSTA, J. J. (orgs.). *Dicionário de conceitos fundamentais do cristianismo*, p. 771.

[25] Idem, Identidade cristã. In: ———. *Dicionário de conceitos fundamentais do cristianismo*, p. 343.

[26] Cf. idem, ibidem, p. 343.

[27] Cf. idem, *A fé em Jesus. Ensaio a partir das vítimas*, p. 177.

Essa lembrança perene em sintonia com o mistério eterno de Deus nos leva à outra realidade que não pode ser esquecida: *o Reino de Deus e sua relação central com os pobres*. É preciso evitar o perigo de esquecer o Reino de Deus, pois com ele desaparece a identidade cristã, a centralidade dos pobres em relação ao projeto de Deus.[28]

Caminhar como parte estrutural e essencial da fé cristã no seguimento de Jesus. O Deus de Jesus Cristo é um Deus a caminho. A fé cristã nesse Deus a caminho é um caminhar na história respondendo e correspondendo a esse Deus. Jon Sobrino relaciona o caminhar cristão com o labor teológico, afirmando que a fé é caminhar, realizando a práxis de baixar da cruz as vítimas, e a teologia é *intellectus amoris*; a fé é caminhar com esperança na justiça de Deus e a teologia é *intellectus spei*; a fé é caminhar continuamente e a teologia é *intellectus gratiae*.[29]

O cristianismo, afirma Jon Sobrino, é uma "religião do caminhar na história", caminhar sempre e apesar de tudo, humanizando as vítimas e a si mesmos. No recordar e caminhar, dimensões próprias da identidade cristã, é que essa identidade vai sendo construída, tendo como irmão maior Jesus de Nazaré; ele é o caminho de Deus para este mundo; é o caminho do Pai e o caminho dos seres humanos, sobretudo dos pobres e das vítimas.[30]

Com a afirmação sobriniana, tão clara e incisiva, de que o seguimento de Jesus é a melhor forma de explicitar a existência cristã, podemos perguntar: na estrutura do pensamento de Jon Sobrino, qual a relação que ele estabelece entre estas duas realidades: seguimento de Jesus e identidade cristã?

2. O seguimento como processo epistemológico na construção da identidade cristã

A resposta à pergunta sobre o tipo de relação que Jon Sobrino estabelece entre seguimento de Jesus e identidade cristã encontra-se na afirmação do próprio autor quando diz:

---

[28] Cf. idem, ibidem, pp. 465-472.
[29] Cf. idem, ibidem, pp. 472-475.
[30] Cf. idem, ibidem, p. 476.

[...] Só a partir do seguimento realizado, poder-se-á falar, com sentido, do seguimento e somente a partir do seguimento, operar-se-á a convicção de que nele está a identidade cristã.[31]

Jon Sobrino estabelece, desta forma, entre seguimento e identidade uma relação epistemológica fundamental. O processo de seguimento é o lugar epistemológico por excelência para simultaneamente conhecer Jesus e construir a identidade cristã.

Para entender o seguimento como processo epistemológico na construção da identidade cristã é preciso ter presente que uma das novidades históricas da cristologia que se desenvolve no seio da Teologia da Libertação e, por conseguinte, da cristologia de Jon Sobrino, seu maior expoente, não consiste em apresentar *conteúdos sobre Cristo* para serem conhecidos e aceitos, mas em propor um *modo de conhecer Jesus*. Tal conhecimento, por sua própria natureza, só pode ser a *fé em Cristo*. A maior preocupação de Sobrino consiste em mostrar o acesso *in actu* a Cristo: de um lado, sem relegar essa tarefa a outras disciplinas teológicas ou à teologia espiritual; de outro, sem desresponsabilizar a teologia, no sentido estrito do termo, e sem atribuir a reponsabilidade apenas à pastoral.[32]

Ao tematizar esse conhecimento obtido por meio do encontro real com Cristo, Jon Sobrino inclui, na sua cristologia, tudo o que já se sabe sobre Cristo mediante os relatos evangélicos, das cristologias neotestamentárias e conciliares. Mas seu caráter típico consiste em propor o seguimento como meio insubstituível para conhecer Jesus:[33]

Fora deste seguimento pode haver um saber correto e formulado ortodoxamente, mas isto não garante sem mais que o homem se introduza na verdade do mistério de Cristo.[34]

---

[31] Idem, Identidade cristã. In: FLORISTÁN SAMANES, C. & TAMAYO-ACOSTA, J. J. (orgs.). *Dicionário de conceitos fundamentais do cristianismo*, p. 343.

[32] Cf. idem, *Jesus na América Latina*, pp. 33-34.

[33] Neste sentido, Julio Lois, ao abordar essa questão do seguimento como princípio noético, cita Jon Sobrino, afirmando: "O seguimento se converte em uma categoria noética ou princípio hermenêutico fundamental, que entra como momento interno no processo mesmo da reflexão cristológica, condição estrita da possibilidade da epistemologia própria da Teologia da Libertação. Como indica J. Sobrino de forma compendiosa: 'conhecer a Jesus é segui-lo'." LOIS, J. Cristología en la Teología de la Liberación. In: ELLACURÍA, I. & SOBRINO, J. (orgs.). *Mysterium Liberationis. Conceptos fundamentales de la Teología de la Liberación*, v. 1, p. 229.

[34] SOBRINO, J. *Jesus na América Latina*, p. 34.

Jon Sobrino justifica seu posicionamento apresentando duas razões fundamentais: a necessidade de uma *mediação totalizante* e a *tentação de rejeitar o mistério*.

Mediação totalizante. Ao afirmarmos a humanidade e a divindade de Cristo, estamos diante de conceitos-limites, que não são diretamente intuitivos em si mesmos e apresentam a realidade genericamente. Há, portanto, *a necessidade de uma mediação que não seja puro conhecimento,* mas que *inclua a totalidade da vida,* a prática do amor e a esperança, com as quais se concretiza a realidade genérica a partir de dentro: "A esta totalidade que inclui o conhecimento, mas que não se reduz ao puro conhecimento, chamamos seguimento".[35]

Tentação de rejeitar o mistério. A realidade de Cristo, formulada em conceitos-limites por ser mistério, é historicamente uma desafiadora contradição para o homem natural,[36] o qual, pensando concupiscentemente um mistério segundo sua própria lógica, *tende a rejeitar o verdadeiro mistério de Cristo.*

Encontramos um exemplo concreto dessa rejeição na composição teológica de Marcos 8,27-38. Jesus desmascara a falsidade do conhecimento, aparentemente correto, que Pedro tem dele. E mostra que o conhecimento cognoscitivo não é suficiente para transformar esse modo de pensar. Essa transformação radical depende do fato de segui-lo ou não na cruz, isto é, do caminho práxico do seguimento até o fim.[37]

O seguimento como lugar privilegiado para conhecer Jesus, na cristologia de Jon Sobrino, tem como cenário mais amplo a Teologia da Libertação, cujo interesse teológico mais explícito é a libertação[38] e, por conseguinte, sua consciência de ser teo-*logia,* isto é, discurso intelectual, e acontece à medida que se põe a serviço da libertação real.

---

[35] Idem, ibidem, p. 35.

[36] No contexto, entendemos que a expressão *homem natural* tem o sentido bíblico de homem que vive segundo a carne em oposição ao homem que vive segundo o Espírito. Para aprofundar essas duas opções fundamentais, ver Boff, L. *Vida segundo o Espírito,* pp. 41-50; Gutiérrez, G. *Beber no próprio poço,* pp. 62-82.

[37] "É isto que aparece na composição teológica de Marcos 8, 27-38. O aparentemente correto conhecimento teológico de Pedro sobre Cristo mostra-se o mais falso; os pensamentos não são os pensamentos de Deus. Mudar a falsidade destes pensamentos em verdade não é coisa, segundo Jesus, que se consiga apenas ao nível cognoscitivo. Segundo Jesus, isto depende de segui-lo ou não na cruz." Sobrino, J. *Jesus na América Latina,* p. 35.

[38] Jon Sobrino esclarece o sentido que ele dá ao termo libertação: "Ao contrário de outras latitudes nas quais a libertação se relaciona com a 'liberdade', na América Latina se relaciona com algo ainda mais fundamental e originário: relaciona-se com a 'vida', que em sua complexidade inclui também a liberdade, mas que é um dado primigênio". *Jesus na América Latina,* p. 144.

Para compreender, mais profundamente, o seguimento como processo epistemológico na visão de Jon Sobrino, torna-se imprescindível situar a questão no horizonte mais amplo da Teologia da Libertação. Perguntamos, então: qual a função do conhecimento teológico na Teologia da Libertação?

Dada a amplitude dessa pergunta, para respondê-la, abordaremos os seguintes tópicos: *o caráter práxico e ético do conhecimento teológico; a relação entre ortodoxia e ortopráxis; a ruptura epistemológica no conhecimento teológico; o seguimento como caminho para conhecer Jesus; a necessidade de refazer o caminho das afirmações dogmáticas.*

O caráter práxico e ético do conhecimento teológico

A pergunta pela função do conhecimento teológico na Teologia da Libertação encontra resposta no pensamento do próprio Jon Sobrino. Segundo o nosso autor, na Teologia da Libertação,[39] a função do conhecimento não consiste, em última análise, em explicitar uma realidade existente ou a fé ameaçada pela situação, dando-lhes sentido, mas em transformar uma realidade para que tenha significado e desta forma recupere, a seu modo, o sentido da fé.[40]

Por conseguinte, na visão sobriniana, o conhecimento teológico tem um caráter práxico e ético e pretende *enfrentar, analisar* e *libertar a realidade.*

Enfrentar a realidade da maneira mais real e menos ideologizada possível, aproximando-se dela tal qual é, mesmo quando não se pode fazer uma clara distinção entre a realidade como é e a realidade interpretada teológica, filosófica e culturalmente; seu interesse maior não está em afirmar, por exemplo, que uma determinada realidade é pecado, nem mesmo em esclarecer da maneira mais exata possível a essência do pecado do homem neste mundo, o significado de um

---

[39] Para explicitar o pensamento de Jon Sobrino em relação ao conhecimento teológico, tomamos por base sua abordagem intitulada "O conhecimento teológico na teologia européia e latino-americana", publicada em sua obra *Ressurreição da verdadeira Igreja*, pp. 17-47. É nela que Jon Sobrino sintetiza, de forma concisa, sua posição sobre este tema, em confronto com a teologia européia.

[40] A posição de Jon Sobrino a este respeito é muito clara. Ele afirma: "A teologia latino-americana trata de responder a uma nova problemática, que não é isoladamente a do sentido da fé, mas a do sentido da situação real da América Latina, e dentro dessa situação se apresenta também o problema do sentido da fé". *Ressurreição da verdadeira Igreja*, p. 25.

mundo de pecado, o sentido da existência do homem neste mundo, mas em constatar a realidade, perceber o pecado, refletir sobre o modo de eliminá-lo, transformando a situação de pecado.[41]

Analisar a realidade por meio da mediação das ciências sociais, para perceber não só a situação de miséria, mas também os seus mecanismos geradores e os possíveis modelos concretos de libertação.[42]

Libertar a realidade da miséria, pois sua preocupação primordial não está em criar ou elaborar modelos interpretativos para explicar a realidade — a miséria, a fome, o pecado estrutural —, mas em libertar a realidade da miséria. Os modelos interpretativos se tornam importantes, pois surgem da realidade sentida e apontam para a superação da situação de miséria.[43]

Neste contexto da Teologia da Libertação, *de enfrentar, analisar* e *libertar a realidade*, Jon Sobrino entende o seguimento de Jesus como lugar epistemológico privilegiado.

Se Jesus só é conhecido no caminho real do seguimento, enfrentando, analisando e libertando a realidade, qual é, então, a relação que se estabelece entre a teoria e a práxis, entre ortodoxia e ortopráxis?

---

[41] Para Jon Sobrino: "Transformar já não é buscar uma forma inteligível de ordenar a realidade para o conhecimento, mas dar nova forma à miséria da realidade. O conhecimento teológico aparece então inseparável de seu caráter práxico e ético e não se reduz ao interpretativo, aspecto este último um tanto descuidado por reação à concepção européia sobre autonomia do conhecimento". Idem, ibidem, p. 25.

[42] Em relação ao papel das ciências sociais na teologia, Jon Sobrino afirma: "Se o problema da teologia é concebido como o de dar significado, então espontaneamente se dirige para a filosofia, entendida tradicionalmente como o tipo de conhecimento que por ser universalizante e totalizante pode servir de mediação concreta a expressões de significado. Todavia, se a intenção é libertar a realidade de sua miséria, então a atenção se volta mais espontaneamente para as ciências sociais que analisam a miséria concreta da realidade, os mecanismos dessa miséria e os possíveis modelos concretos de libertação dessa miséria". Idem, ibidem, p. 28.

[43] Para Jon Sobrino: "A teologia latino-americana está mais interessada na própria crise que se verifica na realidade, e não tanto nas repercussões no sujeito a quem ideologicamente essa crise possa afetar. Fala-se então da miséria da realidade, do cativeiro, do pecado estrutural. Não preocupa tanto, por exemplo, o fato de que uma fome de grandes massas faça aparecer o mundo atual como sem sentido; o que a preocupa é a própria realidade da fome". *Ressurreição da verdadeira Igreja*, p. 27.

A relação entre ortodoxia e ortopráxis

Para estabelecer a relação entre teoria e práxis, Jon Sobrino explica que, na Teologia da Libertação, o movente do pensamento não é fundamentalmente a tradição de uma teoria teológica, mas a fé vivida num processo de libertação no meio da conflitividade histórica. O contato teológico com a realidade: a práxis de tornar real o amor e a justiça entre os oprimidos antecede a reflexão teológica sobre esse mesmo contato.

Daqui surge uma nova visão do teólogo, como a pessoa que está inserida no processo de luta pela libertação e está em contato com centros de ação social, meios de comunicação e outros movimentos e cujo interesse não se limita ao campo estritamente teológico, mas abre-se para a sociologia, a política e outras ciências.[44]

A partir dessa diferente concepção da profissionalidade do teólogo, na relação entre a teoria e a práxis, Jon Sobrino relaciona a *ortopráxis com a ortodoxia* e resgata o *sentido original do método como caminho*.

A ortopráxis torna-se uma exigência da ortodoxia,[45] pois não se trata apenas de pensar a partir de uma experiência, mas de uma experiência determinada, de uma práxis não apenas influenciada pela miséria do mundo, mas comprometida com a transformação dessa miséria, percebida como destruição do sentido da realidade e do sentido social da convivência entre os homens.

O sentido original do método como caminho real da fé[46] estabelece a passagem da ortodoxia abstrata para a concreta. Esta não se realiza fundamentalmen-

---

[44] O tema polêmico do engajamento social do teólogo na Teologia da Libertação foi abordado de forma muito clara por Clodovis Boff, na obra *Teologia e prática*. Teologia do Político e suas mediações, pp. 281-303. Ele defende a existência de um engajamento social de todo teólogo e de toda teologia; estabelece a diferença analítica entre engajamento social e engajamento teórico e demonstra a ligação real entre esses mesmos engajamentos. A partir dessas teses, estabelece três modelos de síntese entre Teologia e Política: o modelo de contribuição específica, o modelo de alternância de momentos e o modelo da encarnação.

[45] Para entender corretamente os termos *ortopráxis* e *ortodoxia* é importante partir da raiz das palavras. *Orthos* diz respeito ao que é reto, correto; *doxia* remete para *doxa*, verdade; *práxis* refere-se à atividade transformadora. Assim *ortodoxia* é o reto entender das verdades reveladas, enquanto *ortopráxis* é o reto agir, o agir de acordo. Esses conceitos não se excluem, pelo contrário, um pressupõe o outro e podem ser perfeitamente articulados, pois o reto entender não exclui o reto agir nem o reto agir exclui o reto entender. Cf. MOSER, A. & LEERS, B. *Teologia moral*: impasses e alternativas.

[46] Jon Sobrino esclarece que o método como caminho não se concentra na reflexão crítica sobre o caminho do conhecimento, mas no próprio caminho real. Cf. *Ressurreição da verdadeira Igreja*, p. 32.

te pela mediação da história das idéias, mas pela práxis. Teologicamente falando, não é pensar, mas percorrer o caminho de Jesus. O seguimento (práxis) leva ao conhecimento da realidade de Jesus (teoria), não excluindo os métodos, as análises e as hermenêuticas. No seu sentido mais profundo, o método é compreendido como conteúdo.[47]

Dentro desse horizonte de relação entre teoria e práxis, há vários métodos para esclarecer a verdadeira realidade de Jesus: a exegese histórica permite conhecer *o caminho real de Jesus de Nazaré*; a hermenêutica mostra *os caminhos concretos* que é preciso percorrer hoje numa história e geografia diferentes daquelas de Jesus de Nazaré; a história da Igreja permite perceber *a verdade e a falsidade* no caminho histórico da existência cristã; as ciências sociais evidenciam *a situação real* do caminho num mundo atual; a teologia sistemática salienta *o sentido totalizante e transcendente* experimentado nesse caminho; a teologia crítica alerta para *o perigo inerente à fé* de ideologizar o caminho.[48]

Na perspectiva sobriniana, todos esses métodos são complementares e convergem para uma única e idêntica finalidade: adentrar na totalidade do mistério de Cristo, recuperando o sentido do método como caminho real da fé. Essa intelecção do método teológico fundamenta-se na própria história de Jesus: Cristo é verdade, enquanto é caminho.

No Novo Testamento, a fé inclui um elemento teórico e outro práxico. Essa dupla dimensão teórico-práxica está presente também nas cristologias do Novo Testamento. Nelas, com expressões diversas — seguimento nos sinóticos, fazer as obras de Jesus, em João, ter os mesmos sentimentos de Cristo, em Paulo —, se encontra o convite/exigência a reproduzir a vida de Jesus:[49]

---

[47] "É o seguimento real de Jesus que dá o conhecimento da realidade de Jesus, mesmo que essa deva também ser esclarecida usando uma variedade de métodos, análises e hermenêuticas. O método em seu sentido mais profundo é compreendido como conteúdo." Idem, ibidem, p. 33.

[48] Cf. idem, *Ressurreição da verdadeira Igreja*, pp. 33-34.

[49] Cf. idem, *A fé em Jesus Cristo. Ensaio a partir das vítimas*, pp. 344-345; ———. *Jesus, o Libertador. I – A História de Jesus de Nazaré*, pp. 279-284.

O importante é que Jesus não é apresentado somente como objeto de fé, nem sequer só como objeto de esperança de salvação, mas como pessoa cuja realidade deve ser reproduzida, de alguma maneira, na própria vida.[50]

Toda a cristologia de Jon Sobrino tem essa preocupação central: apresentar a realidade de Cristo na sua totalidade, como um convite/exigência para reproduzir sua vida nas circunstâncias atuais.

A relação entre ortodoxia e ortopráxis parece reduzir a teologia a uma tarefa da razão teórica e prática. Mas ela tem uma dimensão própria, que exige uma ruptura epistemológica. Então, segundo Jon Sobrino, como se dá tal ruptura epistemológica na Teologia da Libertação?

A ruptura epistemológica no conhecimento teológico

Jon Sobrino evidencia que, de acordo com as Sagradas Escrituras, não existe conhecimento teológico sem ruptura epistemológica.[51] Isto é, não se alcança o nível da fé sem romper com os conhecimentos da razão autônoma. De fato, o conhecimento teológico é: *distinto* do conhecimento natural, enquanto afirma a transcendência de Deus como futuridade; *contrário* ao conhecimento natural, enquanto afirma a transcendência de Deus crucificado.

Na Teologia da Libertação, de forma coerente com seus pressupostos, a ruptura epistemológica aconteceu de forma mais vivida do que pensada reflexivamente. Jon Sobrino mostra como se concretiza essa ruptura epistemológica,[52] por meio de cinco pontos fundamentais: *o caráter dialético do conhecimento, a dor como movente do conhecimento, a teodicéia e a antropodicéia, a morte de Deus e a morte dos oprimidos, a aporia fundamental do conhecimento.*

---

[50] Idem, *A fé em Jesus Cristo. Ensaio a partir das vítimas*, p. 345.

[51] Ruptura epistemológica é uma expressão usada pelos teólogos da libertação para ressaltar a inovação metodológica da Teologia da Libertação. Para Jon Sobrino, esse conceito diz respeito diretamente a uma mudança no modo de acesso a Jesus, isto é, na maneira de conhecê-lo. Cf. SOBRINO, J. *Ressurreição da verdadeira Igreja*, pp. 34-44.

[52] Cf. idem, ibidem, pp. 37-44.

O caráter dialético do conhecimento

Num continente marcado pelo sofrimento, onde não existe reconciliação nem justiça, e a situação da maioria da população é lamentável, o discurso teológico passa a ser mais dialético do que analógico.[53] Paradoxalmente, a miséria, a situação de pecado e a opressão são os lugares de encontro com Deus, o qual evidentemente aparece em contradição com a miséria real vivida. A realidade teológica não é conhecida em continuidade nem como culminância da realidade.

As mediações concretas do conhecimento são aquelas que *sub specie contrarii* apontam para a totalidade do outro, não porque Deus está além da realidade presente, mas porque está em clara contradição com ela. Por isso, a Teologia da Libertação se concentra em temas como o êxodo, o pecado estrutural, o cativeiro, a conflitividade, entre outros.

Dentro dessa perspectiva, Jon Sobrino entende que o conhecimento (teoria) de Jesus passa pelo confronto (seguimento) da vida de Jesus com a realidade presente de pecado.

A dor como movente do conhecimento

Na América Latina, a dor, que é, ao mesmo tempo, movente do conhecimento teológico e analogia para conhecer a realidade teológica, leva a reconhecer na realidade histórica atual a continuação da paixão de Cristo.[54]

A dor sempre esteve presente nos momentos mais significativos da revelação de Deus: no clamor dos oprimidos no Egito, no grito de Jesus na cruz, nas dores de parto da criação inteira que espera a libertação.

---

[53] A este respeito, Jon Sobrino esclarece que "o conhecimento analógico pressupõe que o semelhante é conhecido pelo semelhante (Platão) e, em sua versão práxica, que o semelhante se dá bem com o semelhante (Aristóteles). Nesse sentido uma teologia analógica não incorporou a ruptura epistemológica. O caráter típico do conhecimento teológico seria, então, o fato de ser dialético". Idem, ibidem, p. 37.

[54] Em relação à dor como movente do conhecimento, Jon Sobrino faz uma importante distinção. "O pensamento grego supõe que a admiração é o motor de todo conhecimento. Supõe que é a estrutura positiva da realidade que move o homem a conhecer: nisso encontra gozo e aí se dá um critério último do próprio movimento do conhecimento. Na América Latina, mais do que a admiração, o que está agindo no conhecimento é a dor presente." *Ressurreição da verdadeira Igreja*, pp. 37-38.

A Teologia da Libertação privilegiou o gemido dos oprimidos como o motor do pensar teológico, sem excluir os temas mais positivos como o amor, a esperança, a reconciliação, o Reino, tratados, porém, sob a mesma ótica.[55]

Na ruptura epistemológica que a dor supõe se dá também a orientação práxica e ética do próprio conhecimento. A situação generalizada do mal moral repercute no teólogo como dor. Por conseguinte, o sistema teológico produzido por ele não é um esquema especulativo, no qual se integram coerentemente os dados da revelação e da história, mas é um esquema de resposta à dor generalizada.

A reflexão que surge dessa dor não pretende explicitar sua natureza ou buscar sua congruência com os dados da revelação, mas eliminá-la. Isto não exclui, mas exige a análise das causas dessa dor generalizada, pois o que está em jogo é a eliminação da miséria.

Assim, na cristologia de Jon Sobrino, Jesus só é conhecido por quem, no seu seguimento, participa de seu clamor e de sua dor historicizada no sofrimento dos oprimidos.

A teodicéia e a antropodicéia

Na América Latina, a pergunta sobre Deus é a questão fundamental da teodicéia e, de modo geral, pode ser assim formulada: *como reconciliar Deus com miséria real?*[56]

Essa pergunta genérica apresenta diferentes matizes. Ela é *historicizada*: não são as catástrofes naturais que questionam Deus, mas as catástrofes históricas, fruto da livre vontade do homem; *politizada*: não é a livre vontade de um indivíduo que

---

[55] A presença e a importância da dor nos momentos mais significativos da revelação de Deus foram temas abordados, de forma magistral, pelos teólogos COMBLIN, J. *O Clamor dos oprimidos, o clamor de Jesus*; GUTIÉRREZ, G. *Falar de Deus a partir do sofrimento do inocente*.

[56] Para Jon Sobrino, "é importante notar que 'o problema de Deus' não é abordado tão direta e profusamente na teologia latino-americana como na européia. E isso não porque Deus deixe de ser problema ou questão no duplo sentido de questionável e questionante, mas porque o tema é abordado mais indiretamente. A ruptura epistemológica da teodicéia não consiste fundamentalmente em explicar dentro do pensamento a verdadeira essência de Deus, mas em experimentar a realidade de Deus no intento de fazer seu Reino. A realidade de Deus vai se mostrando no intento de reconciliação da realidade. E mesmo quando teoricamente essa reconciliação é mais modesta do que as reconciliações dentro do pensamento, é mais profunda por ser real". *Ressurreição da verdadeira Igreja*, p. 39.

oprime o homem, mas um esquema estrutural de opressão; *mediada pela antropodicéia*: como justificar o homem num mundo de injustiça estrutural.[57]

A ruptura epistemológica da teodicéia não aparece em "pensar" Deus de maneira a reconciliá-lo idealmente com a miséria, mas na tarefa de fazer um mundo segundo Deus. Sem dúvida, esta ótica inclui também um momento teórico para mostrar a realidade do Deus cristão em relação ao sofrimento, mas a pergunta da teodicéia se torna essencialmente práxica. Deus é justificado à medida que a fé em Jesus leva a superar a miséria do mundo, mesmo que teoricamente seja impossível conciliar Deus com a miséria.[58]

Conseqüentemente, para Jon Sobrino, o aprofundamento do conhecimento de Jesus faz-se pelo culto ao Deus da Vida que vence a miséria no seguimento de Jesus.

A morte de Deus e a morte dos oprimidos

Jon Sobrino reafirma que, na América Latina, a morte de Deus[59] é vista por meio da morte dos oprimidos, a qual é expressão da crise da própria realidade e do triunfo da injustiça e do pecado. A afirmação teologicamente correta de que o pecado deu a morte ao Filho é vivida a partir da experiência de que o pecado continua dando a morte aos filhos.

Por conseguinte, adverte o teólogo salvadorenho, a preocupação primeira não é a de descobrir novas categorias para formular Deus, exigidas pela ruptura

---

[57] Na visão de Jon Sobrino, "a teodicéia não é um problema construído teoricamente ao introduzir Deus no esquema da compreensão total da realidade, mas um problema que está ali independente dessa construção teórica. Por isso, a pergunta fundamental é como justificar o homem. E nessa última tarefa de tipo práxico vai-se compreendendo indiretamente também o que significa justificar Deus, cuja única justificação é sua inserção na história para justificar o homem no sentido de recriá-lo. Assim, o conhecimento de Deus se faz conatural: quem trata seriamente de fazer justiça ao homem está na linha de Deus, mesmo quando a pergunta da teodicéia, formulada em nível meramente teórico, fica sem solução teórica". Idem, ibidem, p. 40.

[58] "À medida que a fé no Deus de Jesus leva realmente a superar a miséria do mundo, nessa mesma medida Deus fica justificado, mesmo que *teoricamente* nunca se consiga reconciliar Deus com a miséria." Idem, ibidem, p. 39.

[59] Jon Sobrino lembra um dado importante: "É sabido que na Europa o conhecimento teológico nos últimos 150 anos, e mais explicitamente a partir do aparecimento da teologia chamada da morte de Deus, foi influenciado por este horizonte de morte de Deus. Independentemente da maneira pela qual foi compreendida no plano lingüístico, ateu ou cristão, a própria noção de 'morte de Deus' significou uma ruptura no conhecimento teológico, pois não há maior ruptura do que a morte nem modo mais absoluto de ser expressa teologicamente do que afirmar que Deus morreu". *Ressurreição da verdadeira Igreja*, p. 40.

epistemológica, mas a linguagem teológica é influenciada pela morte do homem. E o sofrimento, o poder, a conflitividade e a libertação passam a ser as novas categorias históricas da linguagem teológica, excluindo como falsa, idealista e alienante qualquer outra linguagem sobre Deus.[60]

Na linguagem de Jon Sobrino, aqui sobressai a importância da mediação concreta de Deus: o oprimido. Nele se descobre, dialeticamente, na comunhão de dor, o Outro. Mas a ruptura necessária para captar esse Outro vem do questionamento sobre a nossa verdadeira identidade e da ruptura real que o oprimido ocasiona não nos âmbitos da autocompreensão e do sentimento, mas no da realidade.

Neste sentido, é importante perceber a força da convicção e a densidade com que Jon Sobrino expressa essa realidade:

> A conversão acontece, também no Evangelho, através daquele que é historicamente "outro" para nós, o oprimido. Através dele se descobre o caráter típico do Deus de Jesus: sua disponibilidade em fazer-se outro, em submergir na história e, dessa forma, tornar real e crível sua última palavra aos homens, sua palavra de amor. Além disso, o outro como mediação concreta de Deus não causa uma ruptura de nossa identidade, mas é também, em sua própria existência, uma exigência de ação, de libertação. O outro está ali para ser libertado, para ser re-criado, para que seja possível uma verdadeira comunhão não só na dor, mas também no gozo e no amor.[61]

Seguir Jesus, para Jon Sobrino, é ser-para-outro e assim aprofundar quem é o próprio Jesus, aquele que viveu-para-o-outro. Nesse processo vai se construindo a identidade cristã.

A aporia fundamental do conhecimento

Na teologia latino-americana, esclarece Jon Sobrino, a aporia teológica se apresenta preferentemente como a reconciliação entre a gratuidade do Reino e sua realização humana, o que, aparentemente, não passa de uma formulação moderna

---

[60] "As novas categorias da linguagem teológica são históricas: sofrimento, poder, conflitividade e libertação. Qualquer linguagem sobre Deus que esteja além dessas categorias é vista espontaneamente como falsa, idealista ou alienante." Idem, ibidem, p. 41.

[61] Idem, ibidem, p. 42.

da aporia entre graça e liberdade. Entretanto, sua concreção histórica tem um sentido diferente. Construir o Reino não é uma frase abstrata, que contrasta com sua gratuidade teórica, mas é, em primeiro lugar, uma tarefa a realizar, porque o Reino de Deus não se faz idealisticamente nem na mera interioridade do homem, mas na história da miséria real.

A aporia, então, acontece onde não há caminho, na impotência do amor sobre a justiça, e a ruptura epistemológica coincide com o significado da aporia e com o modo de realizá-la.[62]

O conhecimento teológico é remetido novamente à práxis, ao lugar do sem-caminho. Por conseguinte, na visão sobriniana, conhecer teologicamente na presença de uma aporia é abrir caminho. E o seguimento é o caminho real para buscar a solução da aporia do conhecimento de Jesus não no âmbito teórico, mas no da própria realidade, optando por respostas sociais e políticas concretas, ainda que sejam parciais.

Em síntese, nesta perspectiva ampla do conhecimento teológico voltado para a transformação da miséria da realidade e que recupera paralelamente o sentido da fé, a teologia latino-americana pretende superar o dualismo mais radical da teologia: do sujeito crente e da história, da teoria e da práxis, mas não a partir do mesmo pensamento, e sim partindo da existência real:

> No fundo, o que se pretendeu foi recuperar o sentido das profundas experiências bíblicas sobre o que significa conhecer teologicamente: conhecer a verdade é fazer verdade, conhecer Jesus é seguir Jesus, conhecer o pecado, conhecer a miséria é libertar o mundo da miséria, conhecer Deus é ir a Deus na justiça.[63]

Por conseguinte, na cristologia de Jon Sobrino, o seguimento como processo epistemológico acontece no horizonte da Teologia da Libertação. Nele, o conhecimento teológico tem um caráter libertador, estabelece-se uma relação singular entre teoria e prática, e a ruptura epistemológica ocorre por meio do conhecimento dialético, da dor como movente do conhecimento, da teodicéia e antropodicéia, da morte dos oprimidos e da aporia do conhecimento.

---

[62] "A ruptura epistemológica acontece então na mesma concepção daquilo que significa uma aporia e no modo de focalizá-la. Aporia é literalmente sem-caminho, e por isso se encontra ali onde realmente parece que não há caminho, na impotência do amor sobre a injustiça." Idem, ibidem, p. 43.

[63] Idem, ibidem, p. 47.

Neste cenário da Teologia da Libertação, é possível entender a afirmação de Jon Sobrino de que o seguimento é o lugar primigênio de toda a epistemologia teológico-cristã[64] e o caminho para conhecer Jesus proposto por ele mesmo e que dá sentido aos demais.[65] No horizonte de toda a Teologia da Libertação há uma ruptura epistemológica entre razão autônoma e fé. Como ela se concretiza na cristologia de Jon Sobrino?

O seguimento como caminho para conhecer Jesus

Jon Sobrino estabelece profunda relação entre seguir e conhecer Jesus. Para ele, o seguimento, como forma de explicitar a identidade cristã, é condição indispensável para conhecer Jesus.

Na composição teológica de Marcos 8,27-38, Jesus exige o seguimento como condição para responder à pergunta que ele mesmo fez: "E vós, quem dizeis que eu sou", e para que a resposta não seja fruto do pensamento humano, mas provenha de Deus.[66] Não se trata, portanto, de formular conceitos exatos e de saber corretamente acerca de Cristo, de Deus e de seu Espírito, mas de realizar o mais fundamental e específico da vida cristã e de chegar ao conhecimento interior que pedia santo Inácio de Loyola.

A realização do seguimento permite, na visão sobriniana, participar do mistério de Cristo e de sua revelação histórica por *afinidade e conaturalidade*. O teólogo salvadorenho expressa, de forma magistral, a relação entre seguir e conhecer. A força e a densidade de suas palavras impressionam os leitores. Por isso, vale a pena transcrevê-las:

> Quem quer conhecer Cristo e não só ter notícia sobre ele, que o siga. [...] Quem quiser conhecer o mistério cristão de Deus, que esteja disposto a se pôr diante de Deus, a viver e a agir como Jesus. [...] Quem quiser saber da ação renovadora e vivificadora do Espírito que se ponha como Jesus, no meio dos pequenos e pobres, lá onde surge a esperança quando só deveria reinar o desespero, lá onde surge a

---

[64] Cf. idem, *Jesus na América Latina*, p. 140.
[65] Cf. idem, *Jesús de Nazaret*. In: FLORISTÁN SAMANES, C. & TAMAYO-ACOSTA, J. J. (orgs.). *Conceptos fundamentales de pastoral*, p. 509.
[66] Cf. idem, ibidem, p. 509.

criatividade, a solidariedade, a fortaleza, a fé e, também, o perdão, onde deveria reinar só a resignação, o egoísmo, a decadência, a incredulidade e a revindita.[67]

Conseqüentemente, para Jon Sobrino, seguir Jesus é ser, na mais íntima relação com ele, *resposta humana ao Pai, palavra encarnada do Pai*. O seguimento é o lugar privilegiado da prática da fé e o espaço onde é possível captar a própria filiação divina. A partir do seguimento realizado crescerá a convicção da proximidade do Reino de Deus, da importância do amor absoluto ao próximo e da defesa dos direitos dos pobres, da realidade da esperança, apesar do desespero, de que na história não há só pecado, mas também dom e graça.

À medida que o processo de seguimento se concretiza, o seguidor poderá "dar razões de sua esperança". Porque, como afirma o nosso Autor,

> fora do seguimento não se pode argumentar nem a favor nem contra Cristo, simplesmente porque não se conhece a fundo o que se está falando.[68]

Por conseguinte, a única forma possível para conhecer Jesus está no seguimento, real e vivido, de sua pessoa, no esforço para identificar-nos com suas preocupações históricas, na tentativa de plasmar seu Reino entre nós.[69] Mas, se na perspectiva cristológica de Jon Sobrino só se conhece Jesus seguindo-o, qual o significado para a cristologia e o valor que se deve atribuir às afirmações dogmáticas?

A necessidade de refazer o caminho das afirmações dogmáticas

Na cristologia sistemática, afirma Jon Sobrino, o conhecimento de Jesus é sintetizado teoricamente em dogmas cristológicos,[70] que compõem o depósito da fé. Ele reconhece, de um lado, o valor positivo, regulador e insubstituível do dogma

---

[67] Idem, Seguimento de Jesus. In: FLORISTÁN SAMANES, C. & TAMAYO-ACOSTA, J. J. (orgs.). *Dicionário de conceitos fundamentais do cristianismo*, p. 774.

[68] Idem, Jesús de Nazaret. In: FLORISTÁN SAMANES, C. & TAMAYO-ACOSTA, J. J. (orgs.). *Conceptos fundamentales de pastoral*, p. 510.

[69] Cf. idem, *Cristologia a partir da América Latina*, p. 11.

[70] Jon Sobrino aborda a questão dos dogmas cristológicos: em seu livro *Cristologia a partir da América Latina*. Esboço a partir do seguimento do Jesus histórico, pp. 321-351, esclarece a questão da noção de dogma, do problema da interpretação do dogma, do significado positivo e necessário do dogma e os dogmas cristológicos fundamentais; na sua obra mais recente *A fé em Jesus Cristo. Ensaio a partir das vítimas*, pp. 333-487, ele retoma a questão dos dogmas, apresentando uma análise abrangente e completa, profunda e amadurecida.

para manter a radicalidade do mistério de Cristo, de outro, o perigo que a sua formulação apresenta. Por isso, deve ser sempre compreendido segundo seu acontecimento original: a realidade de Jesus de Nazaré e do Deus que nele se revela.[71]

O teólogo salvadorenho lembra que a comunidade dos primeiros cristãos, antes mesmo de formular teoricamente a realidade sobre Cristo, expressou sua fé de forma existencial, confessando, litúrgica e doxologicamente, que Jesus é o ressuscitado, o exaltado, o Senhor. Priorizou, assim, a fé existencial em relação às formulações de fé, pois a realidade última de Cristo, seu mistério insondável, não pode ser intuída diretamente e só pode ser conceitualizada e verbalizada por meio de um caminho que conduza, de alguma forma, do que já é experimentado e controlável às afirmações-limites. Nesse sentido, o caminho real de seguimento se torna gênese das formulações de fé.

Para Jon Sobrino, a cristologia latino-americana tem consciência não só do papel insubstituível dos dogmas,[72] mas também de que, por serem as afirmações dogmáticas afirmações-limites, não podem ser compreendidas, nem mesmo em nível noético, sem percorrer o caminho que levou a formulá-las.

As afirmações do Concílio de Calcedônia, por exemplo, só adquirem sentido depois de refazerem o caminho da cristologia teórica e da tradição dos primeiros séculos. Metodologicamente, é preciso conhecer quem foi Jesus, como foi teorizado no Novo Testamento e na tradição da Igreja. Sem percorrer esse caminho, as afirmações do Concílio de Calcedônia seriam não apenas misteriosas e incompreensíveis, mas ininteligíveis.[73]

---

[71] "O dogma tem um valor positivo, regulador e insubstituível para manter a radicalidade do mistério de Cristo. Mas sua formulação, embora verdadeira e obrigatória, enfrenta sempre o perigo de tudo o que é humano, e portanto deve ser sempre compreendida a partir do acontecimento original que a possibilitou: a realidade de Jesus de Nazaré e do Deus que nele se revela." Idem, *Jesus na América Latina*, p. 74.

[72] A posição de Jon Sobrino a este respeito é clara. "[...] É preciso considerar também o papel insubstituível, para a cristologia da libertação e para qualquer cristologia, dos dogmas cristológicos da Igreja. Isto consiste, em nossa opinião, em que: a) os dogmas propõem os limites de qualquer cristologia; superá-los representaria não apenas desobediência ao magistério, mas também empobrecimento, a curto ou longo prazo, da figura de Cristo; b) os dogmas em sua própria linguagem e conceituação expõem com radicalidade o mistério de Cristo e exigem mantê-lo como mistério, embora haja certos usos dos dogmas que tendem a domesticar o mistério; c) os dogmas cristológicos expõem, no fundo, a verdade da fé cristã: a absoluta e salvífica proximidade de Deus com relação à humanidade pecadora e escravizada, feita irrepetível e não-superável em Jesus Cristo." *Jesus na América Latina*, p. 38.

[73] "[...] É preciso conhecer com prioridade lógica e cronológica quem foi Jesus, como foi teorizado no Novo Testamento e na tradição da Igreja para que as afirmações-limite do Concílio de Calcedônia tenham sentido. Sem percorrer esse caminho, a fórmula de Calcedônia não só seria misteriosa e incompreensível, mas simplesmente ininteligível, o que não é a mesma coisa." Idem, Cristología sistemática: Jesucristo El mediador absoluto del reino de Dios. In: ELLACURÍA, I. & SOBRINO, J. (orgs.). *Mysterium Liberationis*: Conceptos fundamentales de la Teología de la Liberación, v. I, p. 588.

Na visão de Jon Sobrino, refazer o caminho das afirmações dogmáticas é o melhor modo para compreendê-las, mas esse caminho deve ser o mais possível práxico. Quer dizer, é preciso percorrer o caminho do seguimento real para que as formulações da ultimidade de Cristo tenham sentido.[74]

Para que as afirmações conciliares possam ter sentido, Jon Sobrino afirma que não basta percorrer um caminho conceitual, explicitando quem foi Jesus e como foi teorizado no Novo Testamento. É necessário percorrer também um caminho práxico, isto é, o caminho do seguimento de Jesus: refazer na história a estrutura de sua vida, práxis e destino.[75]

Para Jon Sobrino, o seguimento realizado se transforma em lugar por excelência, onde nos tornamos afins à realidade de Jesus, homem-Deus, e a partir dessa afinidade se torna possível recriar o caminho das afirmações dogmáticas no qual elas adquirem sentido, conhecer internamente Cristo e confessar sua ultimidade, nas mais diferentes situações históricas. Dessa forma, o seguimento de Jesus não é apenas uma realidade antropológica, ética e salvífica, mas também uma categoria epistemológica.[76]

Esse processo de conhecimento inclui um caminho teórico e outro histórico-práxico, isto é, o seguimento termina com a entrega da razão, que, na linguagem da teologia tradicional, se chama *sacrificium intellectus* e, em linguagem bíblica, entrega a Deus de toda a pessoa. Seguir Jesus até o fim significa disponibilidade a dar a vida.

A realidade do seguimento como processo epistemológico que leva a conhecer Jesus e a construir a identidade cristã suscita nova pergunta: como aparece na cristologia de Jon Sobrino a importância da realidade do seguimento?

---

[74] "Seria uma ingenuidade da cristologia teórica pensar que se possa delegar só aos primeiros cristãos a tarefa de percorrer o caminho do seguimento real para poder chegar a fazer afirmações-limite que tenham sentido, ao passo que, depois, basta analisar essas formulações como formulações e contentar-se em desenvolver teoricamente suas virtualidades ao longo da história." Idem, ibidem, p. 588.

[75] Cf. idem, *A fé em Jesus Cristo. Ensaio a partir das vítimas*, pp. 476-478.

[76] Cf. idem, ibidem, p. 476.

3. Importância da realidade do seguimento como expressão da identidade cristã

Perguntar pela importância da realidade do seguimento, na visão de Jon Sobrino, é, sem dúvida alguma, tocar no cerne de seu pensamento teológico e defrontar-se com o objetivo principal de toda sua cristologia:

> [...] Ajudar as pessoas e as comunidades a se encontrar com Cristo, a seguir a causa de Jesus, a viver como homens e mulheres novos e a fazer este mundo segundo o coração de Deus.[77]

É importante notar que, em seus escritos, Jon Sobrino revela uma vasta cultura teológica. Nesta constelação de conhecimentos, freqüentemente, ele se preocupa em identificar os conceitos que possuem potencial globalizador e hierarquizador da realidade pensada.[78] Isto é, conceitos que, por sua abrangência e relevância, englobam outras realidades e, ao mesmo tempo, possuem uma força intrínseca capaz de hierarquizar as realidades da vida cristã.

Nesta perspectiva, a importância da realidade do seguimento de Jesus, como forma de explicitar a identidade cristã, aparece porque ela exerce uma função globalizadora e hierarquizadora. Essa função se torna perceptível *pela densidade e pela força cristológicas do seguimento na multiplicidade de formas para expressar a totalidade do seguimento*.

A densidade e a força cristológicas do seguimento

Jon Sobrino explicita a densidade e a força cristológicas do seguimento de Jesus de uma dupla forma: negando claramente o que não é seguimento de Jesus e afirmando decididamente o que é.

---

[77] Idem, *Jesus, o Libertador.* I – A História de Jesus de Nazaré, p. 21.
[78] Como vimos no Capítulo III, para Jon Sobrino, a *prática de Jesus*, momento privilegiado de sua totalidade histórica, permite esclarecer, compreender e hierarquizar os outros elementos desta totalidade. *Reino de Deus* e *Pai* são realidades a partir das quais é possível hierarquizar as múltiplas atividades externas da vida de Jesus e penetrar na sua interioridade.

O seguimento de Jesus não é uma realidade fragmentada ou ascética, nem repetição estática das atitudes, práticas e virtudes de Jesus. *É sinônimo de totalidade da vida cristã* e, por sua própria natureza, implica um processo para chegar a realizar em plenitude a existência cristã.[79]

O seguimento de Jesus não consiste em imitar Jesus, nem mesmo em reproduzir alguns traços históricos de sua existência, por causa da diversidade de circunstâncias históricas e teológicas. É *refazer processualmente a estrutura fundamental* de sua vida nas mais variadas situações históricas.[80]

O seguimento de Jesus não é uma exigência ética que implica o cumprimento formal de leis e a observância de normas. *É um espírito*, e como tal cada pessoa o realiza de modo único e irrepetível, de acordo com os dons pessoais e o próprio estado de vida.[81]

Jon Sobrino sintetiza toda a importância cristológica da categoria do seguimento evidenciando dois aspectos: a absoluta obediência ao projeto salvífico do Pai, tendo a pessoa de Jesus como a última *norma normans* do ser cristão;[82] a função salvífica e libertadora do seguimento, que consiste em "imitar" Jesus no que ele tem de salvador, e assim reproduzir a mesma realidade de Deus, o qual se revelou em Jesus como salvador.[83]

Retomando a constatação de que a importância cristológica do seguimento se manifesta na função globalizadora e hierarquizadora que ele exerce, perguntamos: como Jon Sobrino concentra e expressa, em seus escritos, o potencial unificador e hierarquizador do seguimento?

---

[79] Cf. idem, *Espiritualidade da libertação*: Estrutura e conteúdos, p. 67.

[80] Cf. idem, *Cristologia a partir da América Latina*. Esboço a partir do seguimento do Jesus histórico, p. 151; ————. Seguimento de Jesus. In: FLORISTÁN SAMANES, C. & TAMAYO-ACOSTA, J. J. (orgs.). *Dicionário de conceitos fundamentais do cristianismo*, p. 773; ————. *A fé em Jesus Cristo*. Ensaio a partir das vítimas, p. 488.

[81] Cf. idem, *Jesus na América Latina*, p. 227; ————. Identidade cristã. In: FLORISTÁN SAMANES, C. & TAMAYO-ACOSTA, J. J. (orgs.). *Dicionário de conceitos fundamentais do cristianismo*, pp. 351-352; ————. Seguimento de Jesus. In: FLORISTÁN SAMANES, C. & TAMAYO-ACOSTA, J. J. (orgs.). *Dicionário de conceitos fundamentais do cristianismo*, p. 774.

[82] "Uma vida cristã segundo o seguimento é vida e vida radical. É absoluta obediência à vontade de Deus, sejam quais forem as exigências e as renúncias que exige para uma prática salvífica e libertadora, tendo como modelo, última *norma normans* e não normado por nada, ao próprio Jesus em seu modo de vida e destino. Nisto consiste também, hoje, o ser cristão." Idem, ibidem, p. 772.

[83] "O seguimento é uma prática salvífica e libertadora, que formalmente anseia, em primeiro lugar, à salvação dos outros; é 'imitar' Jesus como salvador, e dessa forma — dito sistematicamente — reproduzir a mesma realidade de Deus, que se manifestou em Jesus, inequivocamente, como salvífica." Idem, ibidem p. 772.

A multiplicidade de formas para expressar a totalidade do seguimento

De um tema relegado à teologia espiritual,[84] o seguimento tem, na linguagem teológica de Jon Sobrino, múltiplas e variadas expressões que evidenciam sua riqueza e abrangência e, ao mesmo tempo, seu potencial capaz de unificar e hierarquizar as realidades humano-cristãs. Assim, apresentamos, a seguir, uma vasta gama de modos de expressar o seguimento, colhidos dos seus escritos, que comprovam esta afirmação.

- Diante da fragmentação do mundo moderno e pós-moderno e da inversão de valores apregoada pela cultura da comunicação, Jon Sobrino afirma que *o seguimento é o princípio estruturante e hierarquizador da vida cristã*, segundo o qual se podem e se devem organizar as várias dimensões da vida como a pertença à Igreja, a ortodoxia e a liturgia.[85]

- Jon Sobrino percebe a diversidade de modos de expressar a fé e a problemática que envolvem a questão do Jesus histórico e aponta o seguimento como *fórmula breve do cristianismo*, porque propõe não só a recuperação do Jesus histórico, mas também o modo de recuperá-lo e sintetiza todas as dimensões do ser cristão.[86]

- A dimensão trinitária da vida cristã é expressa, por Jon Sobrino, ao afirmar que o seguimento é a *chave para viver a totalidade da vida cristã*, porque leva a ser como Jesus, diante do Pai e para os irmãos, na força do seu Espírito.[87]

- Percebendo o perigo de uma fé alienada e alienante, Jon Sobrino apresenta o seguimento como *lugar privilegiado para a prática da fé autêntica e concreta em Deus uno e trino*.[88]

---

[84] Como vimos no Capítulo II, a categoria cristológica do seguimento emigra da cristologia, seu ambiente vital, e se refugia, num primeiro momento, particularmente, no âmbito da piedade popular; depois, é acolhida pela teologia espiritual, merecendo destaque nos seus tratados. Conseqüentemente, a resposta do seguimento limita sua abrangência e enfraquece sua concretude, deixando de ser um modelo inspirador e motivador do ser cristão. A existência cristã e o caminho espiritual perdem a referência histórica e se tornam mais difusos e manipuláveis. A cristologia distancia-se do contato com o gênero narrativo e perde a força carismática e pneumatológica advinda da experiência viva dos crentes.

[85] Cf. Sobrino, J. Seguimento de Jesus. In: Floristán Samanes, C. & Tamayo-Acosta, J. J. (orgs.). *Dicionário de conceitos fundamentais do cristianismo*, p. 773.

[86] Cf. idem, ibidem, p. 771.

[87] Cf. idem, ibidem, p. 774.

[88] Cf. idem, ibidem, p. 774; ———. Jesús de Nazaret. In: Conceptos fundamentales de pastoral, p. 510.

- Para o teólogo salvadorenho, o seguimento é *expressão absoluta da existência cristã*, pois não há outro modo mais concreto do que o seguimento para expressar a totalidade da fé em Jesus.[89]

- Ao constatar a íntima ligação entre o Deus próximo e o Deus distante, o nosso autor afirma ser o seguimento a *forma práxica de aceitar a transcendência de Cristo*, o Filho de Deus.[90]

- Usando a linguagem do apóstolo Paulo em Romanos e do autor de Hebreus, Jon Sobrino afirma ser o seguimento de Jesus um modo de "ser conforme à imagem do Filho" (Rm 8,29), "tendo os olhos fixos em Jesus, autor e consumador da fé" (Hb 12,1).[91]

- Para evitar o perigo da mundanização e da alienação da Igreja, o nosso autor apresenta o seguimento como *princípio de desmundanalidade e de desalienação da Igreja*, de sua adequada encarnação e missão, de sua identidade e relevância histórica.[92]

- Ao demonstrar a relação entre chamado de Deus e missão, Jon Sobrino define o seguimento como *serviço ao Reino*, anunciando sua proximidade e realizando sinais de sua presença.[93]

- Diante da fragmentação da teologia e na busca de unidade, o nosso autor apresenta o seguimento como *princípio organizativo das diversas teologias*: teologia da criação, da cruz e da ressurreição.[94]

---

[89] Cf. idem, Seguimento de Jesus. In: Floristán Samanes, C. & Tamayo-Acosta, J. J. (orgs.). *Dicionário de conceitos fundamentais do cristianismo*, p. 771.

[90] "No seguimento de Jesus já se aceita Cristo. E no seguimento desse Jesus e não de qualquer outro líder ou messias, político ou religioso, mantendo todos os valores enunciados e a tensão histórica entre eles, a história vai dando mais de si, vai se abrindo historicamente para a transcendência e a transcendência vai mostrando sua força histórica. A confissão dessa transcendência divina de Cristo faz-se praticamente no mesmo ato de manter-se fiel a seu seguimento e encontra até uma verificação histórica sempre 'maior' e 'melhor', e a isto, em virtude do próprio seguimento de Jesus, nunca se pode pôr limites." Idem, *Jesus na América Latina*, p. 51.

[91] Cf. idem, Seguimento de Jesus. In: *Dicionário de conceitos fundamentais do cristianismo*, p. 771; ———. *Jesus na América Latina*, p. 225; ———. Jesús de Nazaret. In: Floristán Samanes, C. & Tamayo-Acosta, J. J. (orgs.). *Conceptos fundamentales de pastoral*, pp. 480-481.

[92] Cf. idem, Seguimento de Jesus. In: Floristán Samanes, C. & Tamayo-Acosta, J. J. (orgs.). *Dicionário de conceitos fundamentais do cristianismo*, pp. 771-772.

[93] Cf. idem, ibidem, p. 772.

[94] Em relação às diversas teologias (teologia da criação, da ressurreição, da cruz), "é preciso buscar um princípio de organização, a partir do qual apareçam todos os elementos, sua diversidade, sua hierarquização e sua complementariedade. Este princípio não é outro senão o seguimento de Jesus". Idem, La teología de la cruz en el Sínodo, *Sal Terrae*, n. 4, p. 265.

- Estabelecer uma correta relação com Cristo, "origem e fundamento da vida cristã" e também "pedra de tropeço", constitui um problema fundamental para a Igreja e para os cristãos. Diante desta realidade, Jon Sobrino propõe o seguimento como *caminho definitivo* que dá sentido aos demais e leva a estabelecer uma adequada relação com Cristo e a conhecê-lo por afinidade e conaturalidade.[95]

- Ao enfocar o problema do conhecimento teológico na Teologia da Libertação, Jon Sobrino propõe o seguimento como *lugar primigênio de toda a epistemologia teológico-cristã*,[96] e por isso também lugar para compreender a escatologia.[97]

- Diante da tensão constante entre reproduzir e atualizar a memória de Jesus, Jon Sobrino apresenta o seguimento como *princípio de unificação* entre a dimensão transcendente e a dimensão histórica da existência cristã.[98]

- Referindo-se aos títulos cristológicos do Novo Testamento, Jon Sobrino faz um paralelo, afirmando que Jesus é a melhor salvaguarda do Cristo e o *seguimento de Jesus é a melhor* salvaguarda *da identidade cristã*.[99]

- Reportando-se ao profeta Miquéias 6,8,[100] Jon Sobrino define o seguimento como *caminhar para Deus* e com Deus na história, praticando a justiça e amando com ternura.[101]

---

[95] Cf. idem, Jesús de Nazaret. In: Floristán Samanes, C. & Tamayo-Acosta, J. J. (orgs.). *Conceptos fundamentales de pastoral*, pp. 509-510; ————. *A fé em Jesus Cristo. Ensaio a partir das vítimas*, p. 498.

[96] Cf. idem, *Ressurreição da verdadeira Igreja*, p. 47; ————. *La fe en el Dios crucificado. Reflexiones desde El Salvador, Revista Latinoamericana de Teología*, n. 31, p. 65.

[97] "A tensão *pensada* entre dom de Deus e tarefa humana dissolve-se a partir do seguimento de Jesus. [...] O que o seguimento de Jesus oferece não é a resposta ao que é a plenitude do Reino e quando este chegará. Oferece o lugar a partir do qual as perguntas podem ser feitas com sentido." Idem, *Jesus na América Latina*, pp. 140-141.

[98] Cf. idem, Seguimento de Jesus. In: Floristán Samanes, C. & Tamayo-Acosta, J. J. (orgs.). *Dicionário de conceitos fundamentais do cristianismo*, p. 774.

[99] Cf. idem, *A fé em Jesus Cristo. Ensaio a partir das vítimas*, p. 188.

[100] Miquéias 6,8 é uma passagem bíblica muito cara a Jon Sobrino. Ele a cita diversas vezes em seus escritos. Deus. In: Floristán Samanes, C. & Tamayo-Acosta, J. J. (orgs.). *Dicionário de conceitos fundamentais do cristianismo*, p. 182; De una teología sólo de la liberación a una teología del martirio, *Revista Latinoamericana de Teología*, n. 28, p. 47; De una Teología solo de la Liberación a una Teología del Martirio. In: Comblin, J.; González Faus, J. I.; Sobrino, J. (eds.). *Cambio social y pensamiento cristiano en América Latina*, p. 120; La fe en el Dios crucificado. Reflexiones desde El Salvador. *Revista Latinoamericana de Teología*, n. 31, pp. 67-72; *A fé em Jesus Cristo. Ensaio a partir das vítimas*, p. 498.

[101] "O seguimento, visto antropologica e teologicamente, é caminhar para Deus e caminhar com Deus na história. A esse caminhar é que Deus nos convida e atrai, e esse caminhar é a espiritualidade." Idem, De una Teología sólo de la Liberación a una Teología del Martirio. In: Comblin, J.; González Faus, J. I.; Sobrino, J. (eds.). *Cambio social y pensamiento cristiano en América Latina*, p. 121.

- Escrevendo sobre os Exercícios Espirituais de santo Inácio, Jon Sobrino refere-se ao seguimento como *lugar autêntico da contemplação do mistério de Deus* na sua realidade trinitária.[102]

- Em relação à ressurreição de Jesus, Jon Sobrino lembra que as aparições pascais, de um lado, estão em descontinuidade essencial: o morto aparece vivo e o crucificado é exaltado; de outro, em continuidade com a vida terrena de Jesus, dando-lhe validade e perenidade. Por isso, Jesus será sempre o caminho para o Cristo e correlativamente o seu *seguimento*, vivido analogamente na atualidade, *é a condição necessária para uma experiência análoga à das aparições*.[103]

- *O seguimento é a expressão primigênia de que Jesus de Nazaré, crucificado e ressuscitado, "faz diferença"*; nele apostam os seres humanos, que se contagiam com seu entusiasmo e se constituem como povo.[104]

- Jesus é o sacramento do Pai e o caminho para o Pai. Em sua realidade existencial, a fé em Jesus tem dúplice dimensão: crer em Cristo como o Filho que torna presente o rosto do Pai e como caminho que leva ao Pai. *O seguimento de Jesus* não é algo acrescentado ou exigido arbitrariamente por uma fé já construída, mas *é um elemento da construção dessa fé diante e para o mistério de Deus*.[105]

- Ao fazer uma leitura formal e doxológica do Concílio de Calcedônia, Jon Sobrino insiste na necessidade de recorrer a um caminho práxico, isto é, *ao seguimento de Jesus: refazer na história a estrutura terrena de sua vida, práxis e destino*. Desta forma, o seguimento não é só uma realidade antropológica, ética e salvífica, mas também uma categoria epistemológica.[106]

---

[102] Cf. idem, *El Cristo de los Ejercicios de San Ignacio*, p. 32.
[103] Cf. idem, *A fé em Jesus Cristo. Ensaio a partir das vítimas*, pp. 102-103.
[104] Cf. idem, ibidem, p. 170.
[105] Cf. idem, *La pascua de Jesús y la revelación de Dios desde la perspectiva de las víctimas*, Revista Latinoamericana de Teología, n. 34, p. 90; ———. *A fé em Jesus Cristo. Ensaio a partir das vítimas*, p. 147.
[106] Cf. idem, *A fé em Jesus Cristo. Ensaio a partir das vítimas*, p. 476.

- Ao abordar a questão da relação entre seguimento e Espírito no conhecimento de Cristo, Jon Sobrino esclarece que o seguimento é o lugar para historicizar as manifestações do Espírito e o lugar para entrar em sintonia com o Espírito de Deus.[107]

Essa enorme gama de expressões diversificadas e, ao mesmo tempo, complementares, por meio das quais o nosso autor define o seguimento de Jesus, evidenciam seu potencial capaz de unificar e hierarquizar os valores cristãos relacionados com sua importância cristológica como forma de expressar a identidade cristã.

Na multiplicidade de formas empregadas para definir o seguimento de Jesus, existe um conceito básico expresso ora de forma implícita ora de forma explícita. Para Jon Sobrino, o seguimento consiste, fundamentalmente, em refazer a estrutura da vida terrena de Jesus nas mais diversas circunstâncias históricas.[108]

Por conseguinte, depois de evidenciar a importância da realidade do seguimento e de identificar as múltiplas e variadas formas, por meio das quais Jon Sobrino expressa sua complexidade e abrangência, avançando, ainda mais, podemos perguntar: que relação tem o seguimento de Cristo hoje com a vida histórica de Jesus?

4. A estrutura fundamental do seguimento de Jesus como forma de explicitar a identidade cristã

Para responder a esta pergunta sobre a relação do seguimento de Cristo hoje com a vida histórica de Jesus, é necessário compreender como Jon Sobrino relaciona a estrutura da vida histórica de Jesus com o nosso seguimento. Assim trabalharemos simultaneamente a compreensão da vida histórica de Jesus e seu significado para o seguimento de Cristo pelo cristão.

---

[107] Cf. idem, ibidem, p. 487.
[108] Cf. Idem, *Cristologia a partir da América Latina*, p. 151; ———. Seguimento de Jesus. In: FLORISTÁN SAMANES, C. & TAMAYO-ACOSTA, J. J. (orgs.). *Dicionário de conceitos fundamentais do cristianismo*, p. 773. ———. *A fé em Jesus Cristo. Ensaio a partir das vítimas*, p. 488.

Para Jon Sobrino, a estrutura da vida histórica de Jesus se fundamenta, sucessivamente, na encarnação, missão, morte na cruz e ressurreição. E a estrutura fundamental do seguimento se constitui ao redor destes quatro momentos significativos da vida terrena de Jesus: *encarnação parcial na história; missão libertadora em favor das vítimas; escândalo da cruz; vida em plenitude*.[109]

Em que consiste cada um desses momentos da vida terrena de Jesus? Como reproduzi-los hoje em nossa vida, na resposta do seguimento? Essas são perguntas comprometedoras, pois não se trata apenas de dar uma resposta teórica, mas de percorrer um caminho práxico, o mesmo caminho do seguimento. É o que mostraremos a seguir, abordando, nesta perspectiva, *a encarnação parcial de Jesus na história; a missão libertadora em favor das vítimas; o escândalo da cruz; o viver como ressuscitados nas contingências da história.*

A encarnação parcial de Jesus na história

Jon Sobrino apresenta a encarnação de Jesus[110] como primeiro elemento da estrutura de sua vida terrena: o Filho eterno do Pai "fez-se carne e habitou entre nós" (Jo 1,14).[111] Conseqüentemente, a encarnação é também o primeiro passo a ser

---

[109] Em vários momentos e com matizes diferentes, Jon Sobrino se refere a esses quatro momentos da vida de Jesus como constitutivos da estrutura fundamental do seguimento. Seguimento de Jesus. In: *Dicionário de conceitos fundamentais do cristianismo*, pp. 773-774; *Jesus na América Latina*, pp. 235-237; Identidade cristã. In: FLORISTÁN SAMANES, C. & TAMAYO-ACOSTA, J. J. (orgs.). *Dicionário de conceitos fundamentais do cristianismo*, pp. 334-348; Espiritualidad y seguimiento de Jesús. In: ELLACURÍA, I. & SOBRINO, J. (orgs.). *Mysterium Liberationis. Conceptos fundamentales de la Teología de la Liberación*, v. 2, pp. 461-471; El Espíritu, memoria e imaginación de Jesús en el mundo. "Supervivencia" y "civilización de la pobreza", *Sal Terrae*, n. 966, p. 190; "Luz que penetra las almas". *Espíritu de Dios y seguimiento lúcido de Jesús*, *Sal Terrae*, n. 1.008, p. 9; A fé em Jesus Cristo. Ensaio a partir das vítimas, p. 465.

[110] A realidade fundamental da encarnação de Jesus é apresentada por Jon Sobrino nos mais variados matizes, como: 1) elemento primordial do seguimento, *Jesus na América Latina*, p. 235; 2) estrutura fundamental do prosseguimento de Jesus, Seguimento de Jesus. In: FLORISTÁN SAMANES, C. & TAMAYO-ACOSTA, J. J. (orgs.). *Dicionário de conceitos fundamentais do cristianismo*, p. 773; 3) critério de discernimento, *Jesus na América Latina*, p. 199; 4) primeiro passo na construção da identidade cristã, a partir do seguimento, Identidade cristã. In: FLORISTÁN SAMANES, C. & TAMAYO-ACOSTA, J. J. (orgs.). *Dicionário de conceitos fundamentais do cristianismo*, pp. 344-345; 5) primeiro elemento da estrutura fundamental da vida de Jesus, Espiritualidad y seguimiento de Jesús. In: ELLACURÍA, I. & SOBRINO, J. (orgs.). *Mysterium Liberationis. Conceptos fundamentales de la Teología de la Liberación*, v. 2, p. 461; Em nossa abordagem, procurando englobar os demais aspectos, partimos da perspectiva da encarnação, como primeiro passo na construção da identidade cristã, a partir do seguimento.

[111] Cf. idem, Seguimento de Jesus. In: FLORISTÁN SAMANES, C. & TAMAYO-ACOSTA, J. J. (orgs.). *Dicionário de conceitos fundamentais do cristianismo*, p. 773; ———. Espiritualidad y seguimiento de Jesús. In: ELLACURÍA, I. & SOBRINO, J. (orgs.). *Mysterium Liberationis. Conceptos fundamentales de la Teología de la Liberación*, v. 2, p. 461.

dado para iniciar a caminhada de seguimento e construir a identidade cristã.[112] Para Jesus, em que consistiu sua encarnação parcial na história e como reproduzi-la, hoje, no seu seguimento?

O teólogo salvadorenho está convencido de que, aparentemente, a afirmação de que o Verbo se fez carne não apresenta nenhuma dificuldade, sobretudo após o Concílio Vaticano II, que desencadeou, na Igreja, um movimento de inserção e de diálogo com o mundo contemporâneo.[113] Teoricamente, portanto, estaria superado qualquer tipo de docetismo cristológico, eclesial e teológico.

Entretanto, o problema é muito mais amplo e complexo, pois, para Jon Sobrino, a encarnação de Jesus não significa apenas assumir a carne humana, mas é uma *opção consciente, livre, parcial, excludente e conflitiva.*

Opção consciente e livre

Na visão de Jon Sobrino, a exemplo de Jesus, a encarnação como primeiro passo no processo de seguimento implica uma escolha livre e consciente por um *modo específico de ser, um lugar determinado, uma realidade particular e uma exigência fundamental de solidariedade.*

Modo específico de ser

O Verbo eterno de Deus se encarnou, mas de *forma específica: fez-se carne nos débeis deste mundo.* Por conseguinte, para quem segue Jesus, encarnar-se é optar por ser carne de um modo específico dentro da carne que se é por natureza. É encarnar-se não simplesmente no mundo, mas *no mundo dos pobres.*[114]

---

[112] Cf. idem, *Jesus na América Latina*, p. 235; ———. Identidade cristã. In: Floristán Samanes, C. & Tamayo-Acosta, J. J. (orgs.). *Dicionário de conceitos fundamentais do cristianismo*, pp. 344-345.

[113] O grande anseio do Concílio Vaticano II de diálogo com o mundo contemporâneo foi expresso na Constituição pastoral sobre a Igreja no mundo de hoje, *Gaudium et spes.*

[114] A este respeito, Jon Sobrino gosta de lembrar a afirmação de Dom Oscar Romero: "No mundo sem rosto humano, sacramento atual do servo de Iahweh, a Igreja da minha arquidiocese procurou se encarnar". Discurso em Lovaina, 2 de fevereiro de 1980. Seguimento de Jesus. In: *Dicionário de conceitos fundamentais do cristianismo*, p. 773.

Lugar determinado

Ao encarnar-se, Jesus escolheu um *lugar determinado* para a sua atuação missionária: *o mundo dos pobres*. Ofereceram a Jesus a possibilidade de ver o mundo do alto do monte e do pináculo do Templo da cidade santa, divisando todos os reinos da terra e sua glória, mas ele escolheu os pequenos caminhos da desprezada Galiléia. Por conseguinte, para a identidade cristã, nem todos os lugares são igualmente aptos para ver a realidade do mundo, pois existem lugares privilegiados. Encarnar-se, para quem segue Jesus, é optar por estar *no lugar* de onde se vê melhor a realidade do universo e onde transparece mais claramente qual é o acontecimento maior e mais flagrante deste mundo e, conseqüentemente, qual é também sua esperança. Esse lugar é, sem dúvida, o *mundo dos pobres*.[115]

Realidade particular

Jesus optou pela *realidade material*, que, por sua natureza, tem maior capacidade de humanização: o *mundo dos pobres*. Quem segue Jesus deve escolher entre estar no mundo do poder, que, por sua natureza, desumaniza, e o mundo dos pobres, que, por sua natureza, humaniza. Este não deve ser sacramentalizado nem idealizado; pelo contrário, é preciso lutar decididamente contra a pobreza.

Exigência fundamental de solidariedade

Na sua trajetória terrena, Jesus foi um ser humano solidário. Na história da humanidade, existe uma corrente que pretende dominar, que constrói a identidade cristã na superioridade sobre os outros e à custa dos outros. Mas existe também a corrente sofredora e esperançosa, solidária com o ser humano dentro de um projeto de vida, justiça e libertação. Seguir Jesus é optar pela *exigência fundamental da solidariedade*.[116]

---

[115] "A encarnação deve ser real e não intencional, e por isso também verificável, ainda que admita diversos graus e formas: inserção real entre os pobres, ativa defesa de sua causa, participação em seu destino." Idem, ibidem, p. 773.
[116] Cf. idem, Identidade cristã. In: FLORISTÁN SAMANES, C. & TAMAYO-ACOSTA, J. J. (orgs.). *Dicionário de conceitos fundamentais do cristianismo*, p. 345.

Para Jon Sobrino, encarnar-se no mundo dos pobres exige um rebaixamento consciente, descobrindo formas de aproximação e de integração e assumindo sua causa e seu destino. Essa encarnação parcial é expressão de fé em Cristo.[117]

Na perspectiva sobriniana, encarnação não é somente opção, mas também conversão e novo modo de ver o mundo e de avaliá-lo. A exigência da conversão atinge a todos. Os pobres necessitam converter-se para assumir conscientemente sua realidade e potenciar as possibilidades da verdade, da humanização e da esperança. Para os ricos, a exigência de conversão é óbvia e significa despojamento, partilha e solidariedade.

Lembrando o documento de Puebla,[118] Jon Sobrino afirma que os pobres são: *lugar de conversão* por sua própria realidade e se convertem na mais clara pergunta pelo que somos e pelo que devemos ser; *lugar de evangelização* pelos valores que cultivam — sensibilidade, abertura, sentido de comunidade, esperança de vida, amor e entrega total; *lugar de experiência espiritual*, de encontro com Deus. Não são apenas uma exigência ética. Dessa forma, constituem para a humanidade um evangelho vivo, boa-nova, dom e graça recebidos inesperada e imerecidamente.

Encarnação significa esvaziamento e encontro, decisão primordial de estar na verdadeira realidade deste mundo, e significa também deixar-se encontrar por Deus, que está escondido, mas presente nessa realidade.[119] Na cristologia de Jon Sobrino, a encarnação de Jesus, como escolha livre e consciente pelo mundo dos pobres, que traz consigo a exigência fundamental da solidariedade, está diretamente relacionada com a parcialidade de Jesus.

---

[117] "Um povo crucificado já está, materialmente, nesta encarnação, necessitando apenas de assumi-la conscientemente com fé — seja qual for o grau de consciência reflexiva em nível psicológico. Os que não pertencem sociologicamente a esse povo crucificado devem realizá-la como abaixamento consciente, integrando-se nele de diversas formas, aproximando-se desse povo, assumindo sua causa e seu destino. Esse tipo de encarnação parcial já é expressão de fé em Cristo." Idem, *Jesus na América Latina*, p. 235.

[118] "O compromisso com os pobres e oprimidos e o surgimento das Comunidades de Base ajudaram a Igreja a descobrir o potencial evangelizador dos pobres, enquanto estes a interpelam constantemente, chamando-a à conversão, e porque muitos deles realizam em sua vida os valores evangélicos da solidariedade, serviço, simplicidade e disponibilidade para acolher o dom de Deus." *Puebla*, n. 1.147.

[119] Neste aspecto, Jon Sobrino lembra as palavras de Gustavo Gutiérrez: "beber no próprio poço", e afirma que os pobres e a pobreza são como um grande poço de água — símbolo da vida — que os pobres encheram com sua vida, seu sofrimento, suas lágrimas, suas esperanças e sua entrega. Espiritualidad y seguimiento de Jesús. In: ELLACURÍA, I. & SOBRINO, J. (orgs.). *Mysterium Liberationis. Conceptos fundamentales de la Teología de la Liberación*, v. 2, p. 462.

Opção parcial

A encarnação de Jesus, livre e consciente, tem duas dimensões distintas. *Transcendente*: o Verbo eterno, preanunciado pelos profetas, esperado pelas nações *quando chegou a plenitude dos tempos* (Gl 4,4), assumiu a condição humana, menos o pecado. *Histórica*: Jesus encarnou-se no mundo dos pobres. Escolheu estar solidariamente no mundo dos fracos, dos pobres e dos oprimidos.

Jon Sobrino esclarece que este modo de proceder de Jesus implica outra atitude radical: a parcialidade compreendida como escolha de um lugar determinado da História capaz de encaminhá-lo para a totalidade de Deus; este lugar é o mundo dos pobres.[120]

Nos evangelhos, Jesus é apresentado como o homem dos pobres, rodeado de pobres e serviçal deles. Seu modo de ser e sua mensagem estão em sintonia com a parcialidade libertadora de Deus revelada no Antigo Testamento, por meio de suas ações concretas em favor do povo.[121]

Jesus aparece como alguém colocado na corrente de esperança da história, com muitos antes e depois dele, corrente cujo protagonista é o povo pobre. Sua visão deste mundo e seu juízo fundamental são feitos segundo a ótica dos pobres. Sua esperança é a dos pobres e para os pobres.

Esta parcialidade não se opõe à universalidade, mas a possibilita; Jesus se tornou um ser humano universal com os pequenos. Embora signifique assumir uma determinada realidade e implique algumas conseqüências sociais e políticas para Jesus, esta parcialidade não deve ser entendida de modo horizontal e redutivo. O fundamento da parcialidade é teológico: o eterno desígnio de Deus se manifestou historicamente por meio dos pobres. Conseqüentemente, a parcialidade não é reducionista precisamente porque os pobres e a pobreza foram escolhidos por Deus como lugares privilegiados de sua manifestação.[122]

---

[120] Jon Sobrino afirma: "Encarnar-se, para Jesus, não significou situar-se na totalidade da história para corresponder a partir daí à totalidade de Deus; significou, antes, escolher aquele lugar determinado da história que fosse capaz de encaminhá-lo para a totalidade de Deus. E este lugar não é outra coisa que o pobre e o oprimido". *Jesus na América Latina*, p. 199.

[121] Cf. idem, *A fé em Jesus Cristo. Ensaio a partir das vítimas*, pp. 130-135.

[122] Cf. Idem, *Jesus na América Latina*, pp. 56-66.

A parcialidade de Deus que ressuscitou Jesus, vítima inocente (cf. Rm 2,24), permitirá universalizar a formulação da realidade de Deus como aquele que dá vida aos mortos e chama as coisas que não são para que sejam (cf. Rm 4,17). Dessa forma, a parcialidade é caminho para a universalização, e a fé no mistério de Deus é esperança da justiça para as vítimas deste mundo.[123]

Jon Sobrino relaciona a parcialidade com os elementos que estão no núcleo e na origem da soteriologia, tal como a entenderam os primeiros cristãos e como se desenvolveu nos diversos modelos soteriológicos do Novo Testamento e da tradição. Na base da ação salvífica está sempre a dimensão histórica, que concentra e revela a dimensão escatológica. Desta forma, na expressão do nosso Autor:

Cristo dá-se a si mesmo: historicamente entrega sua vida em favor dos pobres; escatologicamente aceita a morte como entrega total. O amor é o elemento fundamental na salvação, e Jesus é aquele que ama até o fim.

Cristo ocupa o lugar dos homens: historicamente, assume ele mesmo as conseqüências objetivas do pecado; escatologicamente, carrega o pecado do mundo. A solidariedade e a substituição são elementos básicos da soteriologia clássica.

Cristo entrega-se, segundo a vontade salvífica do Pai: historicamente, obedece à vontade do Pai durante sua vida que o leva a este trágico fim; escatologicamente, aceita que a cruz é seu último serviço salvador. O desígnio de Deus é imperscrutável.

Cristo é salvação e afasta da humanidade a ira vindoura: historicamente, Deus se aproxima dos seres humanos e afasta definitivamente sua ira. Nenhum pecado, nem mesmo a morte de seu Filho, torna irreversível a proximidade de Deus. Na morte de seu Filho, Deus disse ao mundo sua última palavra, como palavra de graça. Por meio da morte de seu Filho, Deus manifestou seu amor ao mundo e comprometeu-se irrevogavelmente com ele.

A salvação de Cristo não é apenas perdão dos pecados, mas também renovação da vida introduzir o ser humano na própria vida de Deus e no atual senhorio de Cristo.[124]

---

[123] Cf. idem, *La pascua de Jesús y la revelación de Dios desde la perspectiva de las víctimas*, Revista Latinoamericana de Teología, n. 34, p. 81; ———. *A fé em Jesus Cristo. Ensaio a partir das vítimas*, pp. 130-135.

[124] Cf. idem, *Jesus na América Latina*, pp. 61-62.

Assim, na cristologia de Jon Sobrino, parcialidade e universalidade não se contrapõem. A pró-existência histórica de Jesus é o caminho que permite confessá-lo como o salvador escatológico. Universalizam-se, então, *os destinatários*: Jesus morreu por todos; *os meios de salvação*: toda a vida de Jesus, especialmente sua morte e ressurreição; *os conteúdos de sua ação*: redenção e salvação.

Excludente e conflitiva

Na visão de Jon Sobrino, a encarnação, livre e consciente, de Jesus, além de ser parcial, tem outras duas características fundamentais. É *excludente e conflitiva*.

Excludente

A encarnação parcial na história exclui, por sua própria natureza, a riqueza e redescobre a característica evangélica da alternativa: "Ninguém pode servir a dois senhores. Com efeito, ou odiará um e amará o outro, ou se apegará ao primeiro e desprezará o segundo. Não podeis servir a Deus e ao Dinheiro" (Mt 6,24). Recorda que existe o lugar de Deus e o lugar do pecado; a bandeira de Cristo: pobreza e humilhação, e a bandeira de Lúcifer: riqueza e honra.

Conflitiva

Esta encarnação é *conflitiva* porque o seu inimigo é ativo. Pobreza e riqueza não podem coexistir justaposta e pacificamente. A conflitividade possui uma dinâmica própria para gerar importantes realidades cristãs: contradição e perseguição e também fortaleza e esperança. É condição fundamental para assemelhar-se a Jesus, fazendo como ele fez.[125]

Encarnar-se, livre e conscientemente, no mundo dos pobres, como primeiro passo na construção da identidade cristã, por meio do seguimento, significa, hoje, na América Latina, enfrentar a exclusão e o conflito, pois existem pessoas e estruturas, sobretudo econômicas, políticas, militares e religiosas, que tiranizam e oprimem os pobres.[126]

---

[125] Cf. idem, Seguimento de Jesus. In: FLORISTÁN SAMANES, C. & TAMAYO-ACOSTA, J. J. (orgs.). *Dicionário de conceitos fundamentais do cristianismo*, p. 773.

[126] Cf. idem, *A fé em Jesus Cristo. Ensaio a partir das vítimas*, pp. 257-260.

Tendo presente a encarnação de Jesus, livre, consciente, parcial, excludente e conflitiva como primeiro elemento na estrutura da vida terrena de Jesus e como primeiro passo no caminho de seguimento, podemos avançar perguntando: qual o segundo elemento da estrutura da vida de Jesus que será também o segundo passo no caminho de seguimento? Como atualizá-lo?

A missão libertadora em favor das vítimas

Na explicitação de Jon Sobrino, o segundo elemento da estrutura terrena da vida de Jesus e, conseqüentemente, do processo de seguimento é a missão libertadora em favor das vítimas.[127] A missão de Jesus está diretamente relacionada com o anúncio, com os sinais e com a presença do reino de Deus, do qual já tratamos no capítulo III.

Queremos, agora, analisar a missão libertadora de Jesus em favor das vítimas numa dupla dimensão: como fundamento e distintivo do seguidor e como realidade a ser, por ele, atualizada e vivida na atualidade da história. Essa missão salvífica é, acima de tudo, expressão de amor incondicional e de doação total.[128]

Jon Sobrino distingue dois momentos sumamente significativos na missão de Jesus: *a prática* e *a práxis profética*.

A prática

No sentido amplo da palavra, a prática de Jesus é o conjunto das atividades por ele exercidas. Jesus anuncia a boa-nova e empenha-se em concretizá-la para que se converta em boa realidade. Prega o Reino aos pobres deste mundo e demonstra sinais

---

[127] O tema da *missão* é abordado por Jon Sobrino em vários momentos e com matizes diferentes: 1) *prática da libertação*, segundo elemento no caminho do seguimento, *Jesus na América Latina*, p. 235; 2) *prática cristã*, parte da estrutura fundamental do prosseguimento de Jesus, Seguimento de Jesus. In: FLORISTÁN SAMANES, C. & TAMAYO-ACOSTA, J. J. (orgs.). *Dicionário de conceitos fundamentais do cristianismo*, pp. 773-774; 3) *prática salvífica*, segundo passo da estrutura fundamental da identidade cristã como seguimento, Identidade cristã. In: FLORISTÁN SAMANES, C. & TAMAYO-ACOSTA, J. J. (orgs.). *Dicionário de conceitos fundamentais do cristianismo*, pp. 345-346; 4) *santidade do amor*, segundo elemento da vida de Jesus, Espiritualidad y seguimiento de Jesús. In: ELLACURÍA, I. & SOBRINO, J. (orgs.). *Mysterium Liberationis*. Conceptos fundamentales de la Teología de la Liberación, v. 2, p. 462. Em nossa abordagem, que tem como objetivo esclarecer o significado da missão na vida de Jesus e de seus seguidores, procuramos ter presente, de forma sucinta, todos esses aspectos.

[128] Cf. idem, Identidade cristã. In: FLORISTÁN SAMANES, C. & TAMAYO-ACOSTA, J. J. (orgs.). *Dicionário de conceitos fundamentais do cristianismo*, pp. 345-346.

de sua proximidade: milagres, exorcismos e acolhida dos pecadores. Essas atividades são sinais da presença do Reino, mas em si não apresentam a totalidade dele, nem se orientam à transformação da sociedade, apontam em sua direção e suscitam a esperança de que o Reino é possível no meio da realidade oprimida.

Ao exercer suas atividades, Jesus tem a preocupação de explicar concreta e historicamente em que consiste o pecado e o amor. Para isso, reafirma a necessidade de mediações concretas para que o amor seja eficaz e transformador.[129] Esse amor, motivação formal da prática, tem uma dimensão sociopolítica, isto é, deve expressar-se em forma de justiça nas relações sociais.

Por ser eficaz e sociopolítico, esse amor é conflitivo:[130] *intrinsecamente*, porque sua universalização supõe estar, em primeiro lugar, com os pobres e com os oprimidos e, conseqüentemente, contra os opressores; *extrinsecamente*, porque a práxis do amor implica polêmica, recusa, perseguição e morte. Apesar dos conflitos enfrentados no caminho do seguimento, o amor é o dinamismo que gera a prática e não o ódio ou a vingança.

A práxis profética

Além das palavras e dos sinais realizados por Jesus, os quais Jon Sobrino chama de prática no sentido amplo de atividade a serviço do Reino, existem, nos evangelhos, outras atividades, expressas verbalmente, em forma de *controvérsia, desmascaramento e denúncia* de seus adversários, as quais chamamos de *práxis profética*.[131]

---

[129] "O fato de que Jesus dê um nome concreto ao pecado dos ricos, poderosos, sacerdotes e governantes e o fato de que diga, por exemplo, ao jovem rico o que tem de fazer são — embora de forma rudimentar — expressões da necessidade de mediações concretas para que o amor seja historicamente eficaz e transformador." Idem, *Jesus na América Latina*, pp. 199-200.

[130] Já nos referimos à conflitividade na vida de Jesus e no caminho do seguimento ao abordar a encarnação de Jesus na história. O conflito é um tema que aparece com freqüência na literatura teológica latino-americana em geral e, particularmente, na cristologia de Jon Sobrino, como veremos ao tratar das causas históricas da morte de Jesus. Para aprofundar o significado do conflito, ver, por exemplo, o livro da Equipe de teólogos da Clar, *Fidelidade e conflito na vida religiosa*; Libanio, J. B. *Pastoral numa sociedade de conflitos*.

[131] Jon Sobrino distingue a práxis messiânica da práxis profética. "Para maior clareza chamamos de *profética* esta práxis e não simplesmente messiânica. Ambos os termos têm aqui um significado sistemático, mais do que estritamente bíblico. Com prática messiânica queremos designar o serviço positivo ao advento do Reino, como vimos antes. Com práxis profética queremos designar diretamente a denúncia do anti-reino." *Jesus, o Libertador*. I – A História de Jesus de Nazaré, p. 240.

Embora esteja também a serviço do Reino, a práxis profética caracteriza-se por combater, de modo especial, a realidade do anti-reino e por estar diretamente relacionada com a experiência teologal de Jesus de defesa do verdadeiro Deus e de denúncia dos ídolos. Sua especificidade expressa-se no fato de estar diretamente relacionada com o Reino de Deus enquanto tal. Jon Sobrino adverte que, para compreender a práxis profética de Jesus, sua finalidade e suas conseqüências, é preciso analisar a realidade do seu tempo segundo sua estrutura teologal-idolátrica.[132]

A história apresenta duas realidades não apenas distintas entre si, mas excludentes e contrapostas: de um lado, o Deus verdadeiro, Deus da vida, tendo Jesus como seu mediador e o Reino como sua mediação; de outro, os ídolos da morte, os opressores são os seus mediadores e o anti-reino, a sua mediação.

Esta estrutura da realidade explica a práxis profética de Jesus e sua dimensão estritamente teologal. Essa práxis é necessária, porque o anúncio positivo do Reino deve ser feito na presença do anti-reino. Tem como finalidade a superação do anti-reino e a defesa do Deus verdadeiro. Realiza-se no meio do conflito e por isso implica luta.

Jesus se dirige, coletivamente, a grupos ou classes. Denuncia, no plural, os escribas, os fariseus, os ricos, os sacerdotes, os governantes. Todos eles têm em comum o fato de representar ou exercer algum tipo de poder, em torno do qual se configura a sociedade. A exigência de Jesus, neste caso, não é de uma conversão individual, e sim coletiva, de grupos inteiros, para que mudem e assim transformem a sociedade.

Sem empregar nenhuma estratégia social transformadora, Jesus exerce a práxis profética por meio da palavra. Denuncia e desmascara o anti-reino e toda forma de poder — religioso, econômico, intelectual e político — que oprima estruturalmente e, *sub specie contrarii*, anuncia como deve ser uma sociedade forjada de acordo com o Reino de Deus.

---

[132] "Para compreender a práxis profética de Jesus, sua finalidade e suas conseqüências, é preciso ter algum quadro globalizante de interpretação da realidade. Esse quadro deve ser histórico e, por isso, é necessário o conhecimento da realidade social do tempo de Jesus. Aqui, sem dúvida, nos concentramos na análise da estrutura teologal-idolátrica da realidade, não menos histórica e efetiva." Idem, ibidem, p. 241.

Jesus não elaborou teorias acerca da sociedade como tal nem acerca do modo de transformá-la, mas enfrentou concretamente essa realidade em sua dimensão estrutural perversa com o objetivo de transformá-la.[133]

Jon Sobrino mostra que a práxis profética se expressa de quatro modos característicos: *controvérsia, desmascaramento, denúncia* e *anúncio do Reino de Deus*.

Controvérsia

A discussão de Jesus com seus adversários sobre a realidade social e religiosa tem como centro o Templo e a Lei, em cujos nomes se configura a sociedade. No início de seu evangelho, Marcos (cf. 2,1- 3,6) reúne cinco controvérsias diferentes:[134] a cura e o perdão de um paralítico (cf. 2,1-12); a refeição com os pecadores (cf. 2,15-17); a questão do jejum (cf. 2,18-22); as espigas colhidas em dia de sábado (cf. 2,23-28); a cura da mão seca (cf. 3,1-6).

Aparentemente, essas discussões versam sobre normas sociais e religiosas, mas o que realmente está em questão é a visão de Deus. Jesus argumenta que Deus é um Deus de vida. A partir dessa afirmação, ele defende sua conduta e diz aos adversários que eles precisam julgar a bondade ou a maldade de suas próprias práticas e as normas religiosas e sociais.

Abordando uma problemática humana, Jesus oferece uma visão de Deus totalmente diferente da visão de seus adversários. As leis e os costumes não podem impedir que se satisfaçam as necessidades vitais do ser humano. Há aqui uma convergência das duas dimensões da controvérsia: a humana e a religiosa.[135] A argu-

---

[133] "Isto não quer dizer que é preciso buscar em Jesus teorias acerca da sociedade e de sua transformação, muito menos no sentido atual do termo como uma atividade social transformadora, orientada por uma ideologia e exercida por um sujeito privilegiado, o povo organizado, mas quer dizer que Jesus, objetivamente, enfrenta o tema da sociedade como um todo e também em sua dimensão estrutural e quer transformá-la." Idem, ibidem, p. 240.

[134] Estas mesmas controvérsias aparecem também em Lucas 5,17- 6,11 e, divididas em seções, em Mateus 9,1-17 e 12,1-21. Não entraremos aqui nos detalhes das conhecidas discussões exegéticas sobre os textos. O que nos interessa é observar apenas o aspecto da práxis profética de Jesus, como elemento estrutural do seguimento de Jesus.

[135] "Através desta problemática radicalmente humana, no entanto, Jesus oferece sua visão de Deus contra a visão de Deus de seus adversários. Em nome de Deus não se pode justificar que os homens passem fome, podendo esta ser satisfeita. Uma lei ou costume que impede que se satisfaça essa necessidade vital não é vontade de Deus. E desta forma convergem as duas dimensões da controvérsia: a humana e a religiosa." SOBRINO, J. *Jesus, o Libertador*. I – A História de Jesus de Nazaré, p. 244.

mentação fundamental de Jesus é clara: Deus não quer que a observância das normas e das tradições impeça o crescimento do ser humano como tal.

Outra controvérsia importante registrada pelos evangelhos sinóticos diz respeito ao mandamento principal (cf. Mt 22,34; Mc 12,28).[136] Ao responder à pergunta dos fariseus sobre o maior de todos os mandamentos, Jesus não apresenta nenhuma novidade, pois este modo de pensar era comum no judaísmo helenista. Entretanto, Jesus insiste na importância de hierarquizar os mandamentos num contexto em que era proibido fazer qualquer distinção entre o que é importante e o que é secundário, porque todas as leis provinham de Deus.

Jesus equipara o amor a Deus ao amor ao próximo e, por isso, escandaliza seus ouvintes. Exige realmente que os seres humanos respondam com total e absoluta seriedade a Deus, amando-o com todas as forças. Afirma que responder a Deus é corresponder à realidade de Deus, fazer para os outros o que Deus faz para ele e para nós. Na lógica do Novo Testamento, o amor a Deus nos torna amorosos para com os outros.[137]

Desmascaramento

Jesus constata que os seres humanos possuem diferentes visões, às vezes contraditórias entre si, de Deus. Usam-nas para defender seus próprios interesses. Daí a necessidade de desmascarar essas falsas concepções de Deus. Mais ainda, Jesus percebe que os seres humanos oprimem uns aos outros e justificam esse modo de agir em nome de Deus. A tragédia dos seres humanos não consiste apenas em cometer erros puramente noéticos acerca de Deus, mas em serem capazes de produzir falsas imagens de Deus, que são opressoras, fazendo acreditar que se trata do verdadeiro Deus.

O exemplo clássico do desmascaramento da imagem opressora de Deus aparece na discussão sobre as tradições farisaicas, em Marcos 7,1-23.[138] Ao ataque dos judeus, Jesus dá dois tipos de respostas: a primeira se refere ao valor das tradições

---

[136] Não é nosso objetivo fazer aqui uma análise exegética dos textos, mas unicamente perceber a atitude de Jesus em relação aos seus adversários como elemento normativo para quem segue Jesus.
[137] SOBRINO, J. Jesús de Nazaret. In: FLORISTÁN SAMANES, C. & TAMAYO-ACOSTA, J. J. (orgs.). *Conceptos fundamentales de pastoral*, pp. 496-497; *Jesus, o Libertador. I – A História de Jesus de Nazaré*, pp. 242-249.
[138] Encontramos o mesmo desmascaramento dos mecanismos da religião opressora em Mt 15,1-20 e Lc 11,37-54.

religiosas dos homens (cf. Mc 7,6-13) e a segunda à verdadeira pureza (cf. Mc 7,14-23). Jesus esclarece em que consistem as tradições humanas e desmascara o fato de os homens as produzirem e as usarem como mecanismos para ignorar a verdadeira vontade de Deus e poder, assim, oprimir os semelhantes.

As tradições religiosas, produto dos seres humanos, não podem ofuscar a luminosidade do mistério da vontade de Deus, por meio de prescrições, rituais ou solenidades externas. Quando a religião é usada para ir contra a dimensão criatural, converte-se em mecanismo opressor do ser humano.[139]

Denúncia

Jesus denuncia os grupos opressores que produzem o pecado estrutural: *os ricos*,[140] porque a riqueza é um ídolo que desumaniza a quem lhe rende culto e exige vítimas para subsistir; *os escribas e fariseus*,[141] mestres praticantes da Lei, que não ajudam o povo, mas o oprimem em força da mesma Lei; *os sacerdotes*,[142] porque oprimem o povo em nome do poder religioso.

Essas denúncias que Jesus faz, com força e convicção, evidenciam o fato de que a configuração da sociedade é injusta e opressora e, por conseguinte, precisa ser transformada. Por meio dessas atitudes de Jesus fica claro que ele não apenas anuncia o Reino e proclama a Deus como Pai, mas também denuncia o anti-reino e desmascara os ídolos. Com isso, toca as raízes de uma sociedade oprimida sob o jugo do poder econômico, político, ideológico e religioso.

---

[139] Cf. Sobrino, J. *Jesus, o Libertador.* I – A História de Jesus de Nazaré, pp. 249-254; ———. Jesús de Nazaret. In: Floristán Samanes, C. & Tamayo-Acosta, J. J. (orgs.). *Conceptos fundamentales de pastoral*, p. 497.

[140] "Ai de vós, ricos" (Lc 6,24). Riqueza aqui não significa abundância de bens, considerada, em várias ocasiões, no Antigo Testamento, como benção de Deus, mas significa insultante abundância de uns contrastando com a pobreza de outros. Se com o termo *abundância* se descreve a bênção do Antigo Testamento, com o termo *riqueza* se descreve a maldição do Novo Testamento. A riqueza desumaniza o rico, porque ele coloca o coração no tesouro (cf. Lc 12,34; Mt 6,21); dificulta a abertura do homem para Deus (cf. Mc 10,17-22).

[141] Forma clássica desse tipo de denúncia encontramos em Lc 11,37-53 e Mt 23,1-36.

[142] A passagem em que aparece claramente o confronto entre Jesus e o poder religioso é a da expulsão dos vendilhões do Templo de Jerusalém: Mc 11,15-19; Mt 21,12-17; Lc 19,45-48.

Anúncio

Existe, portanto, o anti-reino, e Jesus — objetivamente — mostra quais são suas raízes. Não se contenta em denunciar o maligno, realidade transistórica, mas aponta para seus responsáveis, realidades profundamente históricas.[143] Anuncia que o Reino de Deus está próximo. Em relação à práxis, Jesus insere-se na linha dos profetas clássicos de Israel. Sua mensagem central é a defesa dos oprimidos, a denúncia dos opressores e o desmascaramento da opressão que se justifica com o poder religioso.

Palavras, sinais e práxis proféticas são formas concretas por meio das quais Jesus exerceu sua missão, concretizando o princípio fundamental de sua vida: o amor. Ter uma missão é o que dá sentido à vida de Jesus. A missão vai modelando não só a vida externa de Jesus, mas também sua vida interna, seu estar diante do Pai. A missão foi para Jesus e é para seu seguidor a forma de manter a supremacia do amor.

A vida cristã é uma prática; consiste não só em confessar Senhor, Senhor, mas também, e acima de tudo, em fazer a vontade de Deus. Jesus propôs o amor como fundamento distintivo para os seus seguidores. No Novo Testamento, tanto João como Paulo definem a identidade cristã baseando-se no amor.

O amor cristão supõe uma vida de pró-existência, descentrada de si mesma e voltada para o próximo. Na situação de injustiça em que vivemos, o seguidor deve continuar a prática de Jesus, tendo como parte essencial o anúncio da boa-nova de libertação aos povos e o serviço para a sua realização. Só assim os cristãos farão o que Jesus fez: "Passou fazendo o bem" (At 10,38).[144]

---

[143] Cf. Sobrino, J. Jesús de Nazaret. In: Floristán Samanes, C. & Tamayo-Acosta, J. J. (orgs.). *Conceptos fundamentales de pastoral*, p. 497; ————. *Jesus, o Libertador.* I – A História de Jesus de Nazaré, pp. 254-265.

[144] "A prática cristã deve partir, hoje, do *miserior super turba* de Jesus, não considerando as multidões só como pobres individuais e pacíficos, mas como coletividades, povos inteiros na miséria e que buscam a sua libertação. Deve continuar fazendo 'os milagres' de Jesus, hoje, como a promoção da justiça, forma estrutural que assume a caridade; deve prosseguir as 'controvérsias', 'denúncias' dos opressores, os 'desmascaramentos' e 'exorcismos' dos ídolos da morte. Prosseguir a missão de Jesus tem, hoje, como parte essencial, o anúncio da boa-nova da libertação aos pobres e o serviço para a sua realização. Esta é a forma para que, hoje, digam dos cristãos o que diziam de Jesus: 'Ele passou fazendo o bem' (At 10,38)." Sobrino, J. Seguimento de Jesus. In: Floristán Samanes, C. & Tamayo-Acosta, J. J. (orgs.). *Dicionário de conceitos fundamentais do cristianismo*, pp. 773-774.

Por sua própria natureza, a prática da libertação, como qualquer outra atividade humana, tem tendência a gerar subprodutos negativos. Jon Sobrino faz um elenco desses subprodutos:[145] *conflitos* entre os diversos grupos por causa do protagonismo na prática da libertação, com a conseqüente desunião; *suplantação* paulatina do popular pelas organizações, com o perigo do distanciamento das necessidades e sofrimentos reais do povo; *dogmatismo* na análise e interpretação dos fatos, confirmando posturas prévias sem se submeter à verificação real; *absolutização* de determinados mecanismos na prática libertadora, com a conseqüente redução da realidade a uma única dimensão, fazendo depender dela as demais dimensões; atitude de *superioridade ética* que não reconhece a contribuição de outros pelo mero fato de não fazer o que eles fazem; *manipulação* do religioso, violentando a realidade religiosa do povo e privando-o da importante motivação religiosa para a libertação; *ambigüidade* no uso do poder com sua inata tendência de auto-afirmação e não de serviço; cansaço, desencanto, deserção da prática da libertação por causa das dificuldades e dos riscos.

Esses subprodutos negativos, além de constituir empecilhos à prática da libertação, colocam entraves no caminho real do seguimento e na construção da identidade cristã.

A compreensão da missão como segundo elemento da estrutura da vida de Jesus e segundo passo no caminho da construção da identidade cristã segundo o seguimento nos leva a prosseguir perguntando: qual o terceiro elemento constitutivo da vida de Jesus que é preciso viver e atualizar no caminho de seguimento?

---

[145] Ao enfocar o subprodutos negativos da prática da libertação, Jon Sobrino afirma inspirar-se nos escritos de Dom Oscar Romero. Cf. Idem, Espiritualidad y seguimiento de Jesús. In: ELLACURÍA, I. & SOBRINO, J. (orgs.). *Mysterium Liberationis: Conceptos fundamentales de la Teología de la Liberación*, v. 2, p. 464.

O escândalo da cruz

Para Jon Sobrino, o terceiro elemento da estrutura terrena da vida de Jesus e, conseqüentemente, do caminho de seguimento é o escândalo da cruz.[146] Jesus foi fiel à vontade salvífica do Pai e sua morte na cruz foi a conseqüência de sua fidelidade incondicional. Da mesma forma, o seguimento de Jesus passa necessariamente pela obscuridade da cruz para chegar à aurora da ressurreição.[147]

Para compreender o significado e a importância da cruz na vida de Jesus e no caminho de seguimento, é preciso, antes de tudo, ter presente duas realidades fundamentais: primeira, a teologia da cruz ocupa um lugar central na cristologia de Jon Sobrino; segunda, sua reflexão cristológica sobre a cruz de Jesus e a cruz no caminho de seguimento está fortemente marcada por dois autores, Jürgen Moltmann e Ignacio Ellacuría, que, neste aspecto, podem ser considerados mestres do seu pensamento.

O teólogo Jürgen Moltmann[148] insere-se no contexto alemão e na Igreja protestante; Jon Sobrino está na realidade salvadorenha e na Igreja católica, caracterizada pela pobreza, pelo sofrimento e pelo martírio de um povo, que constitui o horizonte hermenêutico para receber criticamente o pensamento moltmanniano já em sua tese doutoral.[149] Entretanto, entre o "Deus crucificado"[150] do autor alemão e

---

[146] Em seus escritos, Jon Sobrino refere-se, com freqüência, à realidade da cruz como: 1) terceiro elemento da estrutura do seguimento, Identidade cristã. In: FLORISTÁN SAMANES, C. & TAMAYO-ACOSTA, J. J. (orgs.). *Dicionário de conceitos fundamentais do cristianismo*, pp. 346-347; "Luz que penetra las almas" Espíritu de Dios y seguimiento lúcido de Jesús, *Sal Terrae*, n. 1.008, p. 9; El Espíritu, memoria e imaginación de Jesús en el mundo, *Sal Terrae*, n. 966, p. 190; 2) elemento da estrutura da vida de Jesus, Seguimento de Jesus. In: FLORISTÁN SAMANES, C. & TAMAYO-ACOSTA, J. J. (orgs.). *Dicionário de conceitos fundamentais do cristianismo*, p. 774; 3) santidade política, Espiritualidad e seguimiento de Jesús. In: ELLACURÍA, I. & SOBRINO, J. (orgs.). *Mysterium Liberationis. Conceptos fundamentales de la Teología de la Liberación*, v. 2, pp. 467-468. Em nossa abordagem, cujo objetivo é esclarecer o significado da cruz na vida terrena de Jesus e no caminho de seguimento, procuramos ter presente todos esses aspectos.

[147] "Quem se encarna entre os humildes da história, quem exercita a pro-existência e, sobretudo, quem se exercita na prática da justiça sofre infalivelmente a reação do mundo". Idem, Identidade cristã. In: *Dicionário de conceitos fundamentais do cristianismo*, p. 346.

[148] Jürgen Moltmann, teólogo protestante, nasceu em 1926, em Hamburgo (Alemanha). Membro da Igreja Evangélica Reformada, estudou na Universidade de Göttingen. Doutorou-se em Teologia e foi professor na Escola Eclesiástica Superior de Wuppertal (1958-1963), na Universidade de Bonn (1963-1967). Foi presidente da Sociedade para a Teologia Evangélica. Atualmente, é professor emérito de Teologia Sistemática na Universidade de Tübingen.

[149] Jon Sobrino doutorou-se em Teologia, em 1975, na Hochschule Sankt Georgen de Frankfurt (Alemanha), com a tese *Significado de la cruz y resurrección en las cristologías de W. Pannenberg y J. Moltmann*.

[150] A obra *O Deus crucificado* (1972) é a segunda de uma espécie de trilogia da esperança, ao lado da primeira, *Teologia da esperança* (1964), e da terceira, *A Igreja na força do Espírito* (1975). Cf. GIBELLINI, *A teologia do século XX*, p. 296.

o "povo crucificado", expressão de Ignacio Ellacuría[151] abundantemente utilizada por Jon Sobrino, existe uma estreita ligação.[152]

Além disso, entre Ignacio Ellacuría e Jon Sobrino há uma profunda afinidade de pensamento. Podemos dizer que Jon Sobrino é não só admirador, mas seguidor de Ignacio Ellacuría.[153] As duas perguntas: "Por que matam Jesus?", "Por que Jesus morreu?", que estão na base do importante artigo de Sobrino, *Jesús de Nazaret*, publicado na obra *Conceptos fundamentales de pastoral*, e de seu livro, *Jesus, o Libertador. I – A História de Jesus de Nazaré* (pp. 287-337), são as mesmas feitas por Ellacuría.[154]

Tendo presente esse horizonte de compreensão da teologia da cruz em Jon Sobrino, com o objetivo de entender esta verdade central de fé, voltamos à pergunta inicial: no caminho de seguimento, qual o significado da cruz de Jesus e das nossas cruzes cotidianas?

Para responder a essa pergunta, abordaremos as seguintes questões: *as causas históricas da morte de Jesus: por que mataram Jesus?*; *a cruz no mistério de Deus: por que Jesus morreu?*; *a cruz como mediação de salvação: para que Jesus morreu?*; *a cruz: expressão máxima do amor e da fidelidade de Deus*; *a relação entre Deus e o sofrimento*; *a cruz dos povos crucificados*.

---

[151] Ignacio Ellacuría nasceu em 1930 em Portugalete, Vizcaya (Espanha). Foi para El Salvador (América Central) em 1949. Doutorou-se em Filosofia na Universidade de Madri. Foi reitor da Universidad Centroamericana, discípulo e colaborador de X. Zubiri e colaborador de Dom Oscar Romero. Foi assassinado em El Salvador no dia 16 de novembro de 1989.

[152] Sobre a influência de Jürgen Moltmann, em geral, na Teologia da Libertação, ver a tese doutoral de Paulo Sérgio Lopes Gonçalves, *Liberationis Mysterium*. O Projeto sistemático da Teologia da Libertação. Um estudo teológico na perspectiva da *regula fidei*, pp. 201-206; em particular, sobre a influência de Jürgem Multmann em Jon Sobrino, ver a tese doutoral de Hammes, *Filii in Filio*, A divindade de Jesus como evangelho da filiação no seguimento. Um estudo em J. Sobrino, pp. 48-59.

[153] Sobre a relação de Jon Sobrino com Ignácio Ellacuría, basta lembrar suas constantes referências a ele em seus escritos e, particularmente, seus testemunhos: Carta a Ignacio Ellacuría. *O princípio misericórdia*, pp. 267-269; Ignacio Ellacuría, el hombre y el cristiano. *Proyecto*, n. 33, pp. 45-114; *Os seis jesuítas mártires de El Salvador*.

[154] Cf. Ellacuría, I. Por qué muere Jesús y por qué le matan? *Diakonia*, n. 8, pp. 65-75. Referência feita pelo próprio Jon Sobrino, em *Jesus, o Libertador. I – A História de Jesus de Nazaré*, p. 287.

As causas históricas da morte de Jesus: por que mataram Jesus?

É um fato comprovado que Jesus morreu na cruz, castigo de escravos e subversivos.[155] No confronto com as outras concepções religiosas, este dado central da fé cristã constitui, desde o início, a novidade e a diferença fundamental. Por isso, o apóstolo Paulo, que tem consciência dessa realidade, afirma que o anúncio de um messias crucificado é loucura para os gregos ilustres e escândalo para os judeus ortodoxos (cf. 1Cor 1,23).[156]

Diante do fato histórico da morte de Jesus na cruz, é preciso encontrar as causas históricas. Por que mataram Jesus? Jon Sobrino busca a resposta dessa pergunta não isoladamente, nos fatos que antecederam a morte de Jesus, mas na totalidade de sua vida. Ele mostra que Jesus foi essencialmente "homem em conflito"[157] e, por causa disso, foi perseguido até a morte na cruz, a ponto de merecer o título de "o perseguido".[158]

A perseguição, como uma constante na vida de Jesus, levanta a questão da consciência que ele tinha a respeito de sua morte provável. Jesus percebia que a perseguição contra ele podia levá-lo à morte e se refere à morte violenta como destino dos profetas, permitindo supor que ele tinha consciência dos riscos que corria, mesmo assim se mantém fiel até o fim.[159]

Sua morte na cruz não foi um episódio isolado, acidental, mas a decorrência de sua prática e de sua vida. Desta forma, também o martírio é conseqüência real do seguimento radicalizado.[160]

---

[155] Cf. SOBRINO, J. *Jesús de Nazaret*. In: FLORISTÁN SAMANES, C. & TAMAYO-ACOSTA, J. J. (orgs.). *Conceptos fundamentales de pastoral*, p. 496; ————. *Jesus, o Libertador.* I – A História de Jesus de Nazaré, p. 300.

[156] "A cruz de Jesus constitui desde o princípio a linha divisória entre a existência cristã e qualquer outro tipo de religião, mesmo quando entre elas existiam crenças em deuses ressuscitados". Idem, *Cristologia a partir da América Latina*, p. 191.

[157] Jon Sobrino cita o livro de Carlos Bravo Gallardo, *Jesus, homem em conflito*, no qual o autor analisa a conflitividade de Jesus segundo o relato de Marcos. O próprio título desta obra concentra uma realidade essencial de Jesus que não costuma ser refletida em outras cristologias, e que — além da análise exegética para justificar isso — o autor pôde compreender o evangelho de Marcos como "uma pequena obra de vencidos" porque escreve a partir de povos crucificados. Cf. *Jesus, o Libertador.* I – A História de Jesus de Nazaré, p. 288, nota 2.

[158] "[...] Seja qual for a historicidade de todos os detalhes, nos evangelhos aparece uma perseguição sustentada e progressiva, de modo que o final de Jesus não foi casual, mas culminância de um processo histórico e necessário. A morte de Jesus não deve ser compreendida, pois, como 'final trágico' que um *idolum ex machina* produziu — em simetria com o 'final feliz' que o *deus ex machina* costuma produzir." Idem, *Jesus, o Libertador.* I – A História de Jesus de Nazaré, p. 292; ————. *Jesús de Nazaret*. In: *Conceptos fundamentales de pastoral*, p. 498.

[159] Cf. idem, *Jesus, o Libertador.* I – A História de Jesus de Nazaré, pp. 294-295.

[160] Trataremos mais detalhadamente do martírio no capítulo IV.

A razão histórica da morte de Jesus pode ser claramente deduzida da análise dos dois julgamentos distintos, aos quais Jesus foi submetido: um *religioso*, outro *político*.

No julgamento *religioso*, Jesus passou por dois interrogatórios: o primeiro, sobre seus discípulos e sua doutrina, isto é, sobre sua ortodoxia, na casa de Anás, sumo sacerdote, o qual, não encontrando motivo para condená-lo, o enviou a Caifás; o segundo, sobre a sua divindade, pelo sumo sacerdote Caifás. Jesus declara-se o Cristo e se refere à destruição e à substituição do Templo, símbolo da teocracia e centro político, religioso e econômico.[161] Por isso é acusado de blasfemar, pelos mediadores da religião da Lei. As divindades e seus mediadores estão em luta: Jesus, o mediador do Reino de Deus, e os sumos sacerdotes, mediadores da religião configurada no Templo.[162]

No julgamento *político*, fizeram a Jesus duas acusações: ele proíbe pagar impostos a César e diz ser o Messias-Rei. Pilatos não se assusta com a pretensão de Jesus de ser rei e procura livrá-lo da condenação. Entretanto, diante da escolha que é forçado a fazer: soltar Jesus ou ser amigo do César (cf. Jo 19,12-16), decide condenar Jesus. Novamente, as divindades entram em confronto: Jesus, mediador do Reino, e Pilatos, mediador do império romano. Pilatos foi colocado diante de uma alternativa de fundo religioso que responde à estrutura teologal da realidade:[163] o Deus de Jesus ou os deuses de César; o Deus vivo e verdadeiro, ou os ídolos da morte.[164]

Jesus foi condenado em nome dos deuses do Estado romano e por ser uma ameaça à paz romana.[165] A Pilatos é atribuída a responsabilidade formal dessa condenação. Em relação à participação das autoridades e do povo, Jon Sobrino acentua a responsabilidade das autoridades religiosas[166] e políticas da época, eximindo a

---

[161] Cf. idem, *Jesús de Nazaret*. In: FLORISTÁN SAMANES, C. & TAMAYO-ACOSTA, J. J. (orgs.). *Conceptos fundamentales de pastoral*, p. 499.

[162] Cf. idem, *Jesus, o Libertador*. I - A História de Jesus de Nazaré, pp. 300-302.

[163] Cf. idem, ibidem, p. 307.

[164] Cf. idem, ibidem, pp. 303-307.

[165] Em relação ao motivo histórico da morte de Jesus, Jon Sobrino segue o que J. Moltmann explicita em seu livro *El Dios crucificado*.

[166] Sobre a responsabilidade das autoridades religiosas, Jon Sobrino cita Boismard: "Podemos razoavelmente acreditar que os artífices desta morte foram principalmente os membros da casta sacerdotal, irritados por ver que Jesus se erigia em reformador religioso dos usos cultuais vigentes em seu tempo". *Jesus, o Libertador*. I – A História de Jesus de Nazaré, p. 302.

população simples de culpabilidade direta. Jesus morreu por causa da relação conflitiva e antagônica com seus executores.[167]

A condenação de Jesus tem um caráter decisivo: não é apenas a execução de um inocente, mas do Filho de Deus encarnado e em conseqüência de sua encarnação.[168] Essa realidade aponta para a responsabilidade humana: "Vós o matastes, crucificando-o pelas mãos dos ímpios" (At 2,23).

A resposta à pergunta pelas causas históricas da morte de Jesus — por que mataram Jesus? — está intimamente relacionada com a pergunta teológica pelo significado de sua morte — por que Jesus morreu?

A cruz no mistério de Deus: por que Jesus morreu?

O teólogo salvadorenho busca resposta à pergunta — por que Jesus morreu? — em duas fontes distintas: na razão pela qual Jesus enfrentou a morte e nos modelos explicativos do Novo Testamento.

A razão pela qual Jesus enfrentou a morte

Apesar de saber dos riscos que corria, Jesus não se intimidou diante da perseguição e enfrentou a morte. A razão disso deve ser buscada na fidelidade a Deus e na radicalidade de sua misericórdia para com os seres humanos.[169] Na última ceia (cf. Mc 13,24; Lc 22,20; Mt 26,28; 1Cor 11,24), Jesus expressa a certeza e o sentido da entrega de sua vida: seu corpo é "entregue por vós", seu sangue é "derramado por muitos", "para o perdão dos pecados, como nova aliança".[170] Essa certeza e esse sentido evidenciam a compreensão da vida como serviço e da morte como serviço sacrificial.

---

[167] Cf. idem, *Jesús de Nazaret*. In: Floristán Samanes, C. & Tamayo-Acosta, J. J. (orgs.). *Conceptos fundamentales de pastoral*, p. 499.

[168] "A cruz é conseqüência de uma encarnação situada num mundo de pecado que se revela com poder contra o Deus de Jesus." Idem, *Cristologia a partir da América Latina*, p. 212.

[169] Cf. idem, *Jesus, o Libertador. I – A História de Jesus de Nazaré*, pp. 299-300.

[170] Cf. idem, ibidem, p. 298.

Quanto à possibilidade de Jesus ter interpretado a própria morte como um serviço ao advento do Reino, Jon Sobrino deixa aberta a possibilidade, porque, segundo ele, não se pode querer forçar tal interpretação.[171]

Os modelos explicativos do Novo Testamento

Jon Sobrino mostra que, depois da ressurreição do Filho de Deus, os primeiros cristãos descobriram progressivamente o significado da cruz de Jesus. O autor apresenta três momentos fundamentais desse processo: *o destino de um profeta; a predição das Escrituras; o desígnio determinado e a presciência de Deus*.

- *O destino de um profeta*. Num primeiro momento, consideraram a cruz o *destino de um profeta* (cf. 1Ts 2,14ss; Rm 11,3), explicação que será retomada nos evangelhos. "Jerusalém, Jerusalém, que matas os profetas e apedrejas os que te são enviados, quantas vezes quis eu ajuntar os teus filhos, como a galinha recolhe os seus pintinhos debaixo das suas asas, e não o quiseste!" (Mt 23,37; cf. Mc 12,2ss). Essa argumentação baseia-se na tradição de Israel e dá forças às primeiras comunidades cristãs diante das perseguições.

  Neste aspecto, mais do que uma explicação, os primeiros cristãos fazem uma constatação: matam-se os profetas. Porém, eles não explicam o significado desta morte para a história. Em se tratando de Jesus, que é mais que um profeta, a pergunta torna-se ainda mais desafiadora: por que mataram o messias, o Filho de Deus?[172]

- *A predição das Escrituras*. Avançando mais a busca de explicação para a cruz de Jesus, o profeta por excelência, perceberam que sua morte na cruz estava *predita nas Escrituras*. É o que afirma com muita clareza a passagem dos discípulos de Emaús: "Insensatos e lentos de coração para crer tudo o que os profetas anunciaram! Não era preciso que o Cristo sofresse tudo isso e entrasse em sua glória?" (Lc 24,25). São Paulo escrevendo aos coríntios afirma: "Cristo morreu por nossos pecados, segundo as Escrituras" (1Cor 15,4).

---

[171] Adotando essa posição, Jon Sobrino afirma estar em sintonia com a tese de H. Schürmann, expressa em seu livro *Cómo entendió y vivió Jesús su muerte?*

[172] Cf. SOBRINO, J. *Jesus, o Libertador. I – A História de Jesus de Nazaré*, p. 320.

Esta constatação se tornou importante argumentação teológica para os primeiros cristãos provenientes da fé judaica e conseqüentemente para sua apologética, quando se apresentavam diante dos judeus, pregando um messias crucificado.

Entretanto, apesar de apelar para as Escrituras, essa argumentação também não esclarece intrinsecamente o fato de que Jesus, messias e Filho de Deus, tenha morrido numa cruz. Os primeiros cristãos avançaram, então, para uma explicação mais teologal.[173]

- *O desígnio determinado e a presciência de Deus*. Jesus morreu na cruz "segundo o desígnio determinado e a presciência de Deus" (At 2,23). Jesus mesmo diz: "O Filho do Homem deve sofrer muito, ser rejeitado pelos anciãos, pelos chefes dos sacerdotes e pelos escribas, ser morto e, depois de três dias, ressuscitar" (Mc 8,31). Conseqüentemente, a expressão *era necessário* se converte em termo técnico para esclarecer o significado da cruz de Jesus.

A explicação, segundo o próprio Deus, mostra que a cruz não tem nenhum sentido captável diretamente pela razão humana. É possível compreender as razões históricas da cruz de Jesus e de tantos outros profetas, mas é impossível fazer um juízo sobre o porquê da cruz. Se existe alguma explicação plausível, ela faz parte do insondável mistério de Deus.

Explicar a cruz, apelando para o mistério de Deus, de um lado, denuncia a renúncia dos seres humanos a dar-lhe seu próprio sentido; de outro, mostra que a história não é absurda, que a esperança continua sendo possível; esperança gerada e alimentada não no *saber* acerca do mistério, mas na *fé* em Deus, que, na sua infinita bondade, tem um desígnio salvífico concreto.[174]

Entretanto, explicar o significado da cruz de Jesus, apelando para o mistério de Deus, não elimina a pergunta: por que foi este e não outro o desígnio de Deus? Essa pergunta nos coloca diante de um impasse: a morte de Jesus

---

[173] Cf. idem, ibidem, p. 321.
[174] Cf. idem, *Jesus, o Libertador*. I – A História de Jesus de Nazaré, p. 322.

é o desígnio de um Deus bom, que liberta o oprimido e a quem Jesus chama de Pai. A bondade essencial de Deus não exclui o mistério.[175] Como, então, conciliar a bondade de Deus com o desígnio de morte de seu Filho na cruz? Responder a tal questão significa responder à pergunta salvífica: para que Jesus morreu?

A cruz como mediação de salvação: para que Jesus morreu?

A resposta à pergunta "para que Jesus morreu?" foi objeto de preocupação e de intensa busca dos primeiros cristãos e, de certa forma, acompanha a história da teologia e a trajetória da humanidade.

Percebendo seus efeitos positivos nos seres humanos, a cruz de Jesus foi, desde o início, relacionada com a salvação dos pecados. Pela sua morte na cruz, Jesus nos salvou do pecado.[176] A concentração na salvação do pecado funciona, de um lado, como uma realidade totalizante que engloba todas as expressões salvíficas e, de outro, como um perigo que leva ao esquecimento das salvações plurais realizadas por Jesus: salvação das opressões internas e externas, espirituais e físicas, pessoais e sociais.[177]

Se, no âmbito da fé, os primeiros cristãos não tinham dúvida de que Deus nos salva por meio de Jesus, no da reflexão teológica é preciso esclarecer por que a cruz é mediação de salvação.[178] Jon Sobrino cita os principais modelos teóricos apresentados pelo Novo Testamento para esclarecer a relação entre cruz e salvação: *o sacrifício, a nova aliança, o servo sofredor*.

---

[175] "De fato, o Deus cujo desígnio foi a cruz de Jesus não é um Deus qualquer nem seu mistério é um mistério qualquer. Tanto para os judeus como para Jesus, Deus é um Deus bom, que liberta os oprimidos, que quer a vinda do Reino; é um Deus a quem Jesus chama de Pai. Essa bondade essencial de Deus não exclui seu mistério nem o fato de ter um desígnio indeduzível; mas o fato de o desígnio do Deus bom ser que seu Filho morra numa cruz parece uma crueldade incompatível com sua bondade." Idem, ibidem, p. 323.

[176] Dito na linguagem de todo o NT, pela cruz de Jesus, Deus nos salvou dos pecados. Na formulação do querigma primitivo, Jesus foi crucificado "para conceder a Israel a conversão dos pecados" (At 5,31). Jesus crucificado é salvação para Israel (cf. Jo 11,50), e a partir daí é salvação dos "povos" (cf. Jo 11,51-52), de "todos" (2Cor 5,14-15); 1Tm 2,6) e do "mundo" (cf. Jo 6,51). Idem, ibidem, p. 324.

[177] Cf. idem, ibidem, p. 324.

[178] "Mas é preciso esclarecer o que há especificamente na *cruz* que a torna mediação de salvação e, concretamente, da remissão dos pecados. Aqui, portanto, nos movemos em dois níveis. No nível da fé, o mais profundo: afirmar que na cruz há salvação; e no nível da reflexão, o mais teológico: mostrar como pode haver salvação na cruz." Idem, ibidem, p. 324.

O sacrifício

No Antigo Testamento e nas religiões antigas, o sacrifício tinha a função de superar a distância, de certa forma intransponível, entre o homem pecador e Deus. O ser humano oferece a Deus o que lhe é mais querido, reconhecendo assim a soberania divina.

Tendo esse horizonte de compreensão, várias passagens do Novo Testamento descrevem a figura e a ação de Jesus em linguagem cúltico-sacrificial: "Pois nosso cordeiro pascal, Cristo, foi imolado" (1Cor 5,7); "Foste imolado e, por teu sangue, resgataste para Deus homens de toda a tribo, língua, povo e nação" (Ap 5,9); "Isto é meu sangue, o sangue da Aliança, que é derramado em favor de muitos" (Mc 14,24).

Hebreus, usando a terminologia cúltico-sacrificial, declaram abolido todo sacrifício e todo sacerdócio anterior e posterior a Cristo, e usam o sacrifício como modelo teórico para esclarecer o significado salvífico da cruz de Jesus.[179]

A nova aliança

No Antigo Testamento, a aliança entre Deus e o homem é essencial para a fé e uma das formas mais características para explicar a salvação. Da mesma forma que a aliança era selada com o derramamento de sangue, a cruz de Jesus pode ser interpretada como o sangue da nova e eterna aliança.[180]

Esse quadro referencial da aliança tem por base as narrações, já teologizadas, da última ceia. De um lado, as palavras pronunciadas por Jesus sobre o cálice são interpretadas na linha sacrificial como ação em favor do ser humano, "sangue derramado por todos", afirmam os sinóticos, e Mateus acrescenta "para o perdão dos pecados". Por outro lado, os sinóticos e a Primeira Carta aos Coríntios explicam que esse sangue produz a nova e definitiva aliança entre Deus e os seres humanos.[181]

---

[179] Cf. idem, ibidem, pp. 325-326.

[180] "A nova aliança é uma nova forma de vida dos agraciados por ela. Em síntese, é 'a plenitude da fé', 'a confissão firme da esperança' e 'a caridade e as boas obras' (Hb 10,22-24)." Idem, ibidem, p. 327.

[181] Cf. idem, ibidem, p. 327.

O servo sofredor

Outro modelo explicativo da salvação por meio da cruz é a misteriosa figura do servo de Javé, descrita por Isaías (42,1-9; 49,1-6; 50,4-11; 52,13-53,12).

O Novo Testamento usa freqüentemente as passagens relativas ao servo sofredor para explicar a missão terrena de Jesus e o modo de concretizá-la. Mateus 12,18-21; 11,10 cita explicitamente parte de Isaías 42,1-9. João 1,32-34; 8,12; Mateus 3,17; e Lucas 4,18; 7,23 se referem implicitamente a essa mesma passagem de Isaías.

Algumas passagens foram usadas para explicar a forma como Jesus morreu: como "ovelha levada ao matadouro" (Is 53,7, citado em At 8,32); "encontrado entre os malfeitores" (Is 53,13, da boca de Jesus em Lc 22,37, para que se cumprissem as Escrituras). Mas essas passagens não explicam o sentido de sua morte. Justo e inocente, Jesus carrega os sofrimentos alheios e se converte em salvação para os outros. Mais do que uma explicação do significado da cruz, encontramos aqui uma afirmação: existe algo de positivo na cruz de Jesus.[182]

Além desses modelos, Paulo acentua o aspecto da cruz como salvação de três modos: afirmando sua centralidade, pois dela depende a verdadeira fé; mostrando que por meio da cruz o negativo da existência humana se transforma em positivo; e evidenciando que a cruz nos libertou da Lei convertida em maldição.[183]

E Jon Sobrino privilegia a pregação paulina do crucificado. Para ele, a cruz desmascara todos os pressupostos humanos e pecaminosos que não aceitam a revelação do verdadeiro Deus.[184]

Os modelos teóricos insistem no fato de que a cruz de Jesus é salvífica. Tal explicação é genérica e não esclarece o enigma da cruz. Perguntamos, então, com o nosso autor: o que queriam dizer os autores do Novo Testamento com a afirmação de que "da cruz provém a salvação"?

---

[182] Cf. idem, ibidem, pp. 327-329.

[183] Cf. idem, ibidem, pp. 327 e 329-331.

[184] "A cruz se converte em desmascaramento de todos os pressupostos humanos e pecaminosos por não aceitar a revelação do verdadeiro Deus. Deus poderá ser aceito ou não, diria Paulo, mas se for aceito na cruz — pelo que isso tem de escandaloso e insuspeitado — então se aceita realmente a Deus e se aceitou que ele mesmo se mostrou a nós, não que nós tenhamos chegado a ele por nossas próprias forças." Idem, ibidem, p. 330.

A cruz: expressão máxima do amor e da fidelidade de Deus

Para responder à pergunta sobre o significado da afirmação de que da cruz provém a salvação, Jon Sobrino parte da constatação de que, nos autores do Novo Testamento, não é o sofrimento em si que produz a salvação. Não é pelo fato de ter havido sofrimento que ocorreu a salvação.[185]

Desvinculada do sofrimento, a salvação é conseqüência do fato de que Jesus, na totalidade de sua vida — encarnação, missão e morte na cruz —, foi agradável a Deus e por isso foi aceito por ele. Essa afirmação, além de relativizar o sofrimento, mantém a relevância do Jesus histórico para a soteriologia. O sofrimento adquire importância não em si mesmo, mas na historização do amor, verdadeira origem da salvação. Deus não se compraz nem exige o sacrifício da cruz de Jesus. Entretanto, o amor acontece no sofrimento em razão das condições humanas e da realidade da história.

Se o que agradou a Deus foi a totalidade da existência de Jesus e não um de seus momentos, conclui-se que salvífico é seu modo de ser, que o Novo Testamento descreve usando múltiplas expressões: aquele que "passou fazendo o bem" (At 10,38), o "fiel e misericordioso" (Hb 2,17), o que veio "não para ser servido, mas para servir" (Mc 10,45). Ele é não apenas o *vere homo*, isto é, expressão da verdadeira natureza humana, mas o *homo verus*, isto é, a revelação do que nós, seres humanos, somos.

O núcleo central do ser e da existência de Jesus foi seu grande amor para com a humanidade. Por amor e como expressão máxima de fidelidade a Deus e aos seres humanos, Jesus aceita a morte na cruz como conseqüência de sua vida, mantendo sua relacionalidade constitutiva: para Deus, é o homem fiel; para o ser humano, é homem o serviçal.[186]

No final da vida de Jesus, a cruz é salvífica. Ela possui uma eficácia salvífica que é mais causa exemplar do que causa eficiente, sem deixar de ser eficaz. Na força que provém de sua fidelidade até o fim e de sua misericórdia a toda a prova, Jesus convida a seguir o seu caminho, na total confiança e abandono ao Pai e na entrega aos irmãos.

---

[185] Cf. idem, ibidem, pp. 331-332.
[186] Cf. idem, ibidem, p. 334.

O teólogo salvadorenho exclui toda a concepção mecânica e mágica da salvação. A morte de Jesus manifesta sua eficácia por meio da revelação de um modo concreto de enfrentar o mal e de um modo eficaz para salvar e fazer a salvação emergir do mal, e por meio do exemplo de como lidar com o que é contra Deus.

Mas essa explicação não é a última palavra sobre a eficácia da cruz. O mais específico da interpretação da cruz feita pelo Novo Testamento é o fato de que a salvação provém de Deus. Por isso, é preciso perguntar, em última análise, o que a cruz de Jesus revela sobre o Deus salvífico.

Jon Sobrino responde a essa pergunta com uma afirmação do Novo Testamento que ele chama de audaz e inaudita: Deus mesmo tomou a iniciativa de *tornar-se salvificamente presente em Jesus*, e a cruz não é só agradável a Deus, mas sinal por meio do qual Deus mesmo se expressa como agradável aos homens. Não se trata, portanto, de uma causalidade eficiente, mas de uma causalidade simbólica. A vida e a cruz de Jesus expressam da forma mais radical possível o amor de Deus para com os homens: "Pois, Deus amou tanto o mundo, que entregou o seu Filho único" (Jo 3,16); "Deus não poupou seu próprio Filho e o entregou por todos nós" (Rm 8,32).[187]

Dessa forma, a palavra final do Novo Testamento sobre a cruz de Jesus é que ela expressa o amor de Deus.

> Esta linguagem do "amor" é mais abrangente do que a da "redenção" e da "salvação dos pecados". Inclui esta, mas a supera e, sobretudo, oferece — sem explicar nem tentar explicar — o grande modelo teórico explicativo: o amor salva e a cruz é expressão do amor de Deus.[188]

Jesus é o *sacramento histórico* por meio do qual Deus manifestou sua vontade salvífica. E a cruz expressa a iniciativa e a credibilidade do amor divino. "Nisto consiste o amor: não fomos nós que amamos a Deus, mas foi ele quem nos amou e enviou o seu Filho como vítima de expiação pelos nossos pecados" (1Jo 4,10). "Mas Deus demonstra seu amor para conosco pelo fato de Cristo ter morrido por nós quando éramos ainda pecadores" (Rm 5,8).

---

[187] Cf. idem, ibidem, p. 334.
[188] Idem, ibidem, p. 335.

A mensagem definitiva da cruz de Jesus é que Deus se aproximou irrevogavelmente deste mundo, que é um *Deus conosco* e um *Deus para nós*. E para expressar esta realidade com a máxima transparência se torna um Deus à *mercê dos homens*.

Apesar de todas as teorias explicativas, a cruz continua sendo, em si mesma, escândalo para a razão, sobretudo porque quem morre na cruz é Jesus, aquele que, na fé, é reconhecido como o Filho de Deus. Essa realidade nos coloca diante de outra questão desafiadora: qual a relação que existe entre Deus e o sofrimento de Jesus?

A relação entre Deus e o sofrimento

A pergunta posta pela cruz de Jesus sobre a relação entre Deus e o sofrimento leva Jon Sobrino a pensar em dois aspectos da questão: *Deus diante do sofrimento* e *o sofrimento em Deus*.

Em relação ao primeiro aspecto da questão *Deus diante do sofrimento*, pode-se afirmar que: para a razão, o sofrimento continua sendo o enigma por excelência, pois nada pode dar sentido à morte das vítimas inocentes; para a fé, embora sendo também enigma, a cruz revela de forma humana que nada na história coloca limites à proximidade de Deus aos seres humanos. Deus participa do sofrimento sem eliminar nem explicar o sofrimento. A grande lição da cruz é que o próprio Deus carrega o sofrimento, e quem aceita, na fé, sua presença na cruz de Jesus deve fazer o mesmo que ele fez.[189]

Em relação ao segundo aspecto da questão *o sofrimento em Deus*, Jon Sobrino lembra que, no Novo Testamento, não encontramos formulações sobre o sofrimento de Deus. Entretanto, Paulo diz que Deus estava na cruz (cf. 2Cor 5,19) e Marcos registra que o centurião, depois da morte de Jesus, faz a confissão de fé: "Verdadeiramente este homem era filho de Deus" (Mc 15,39).[190]

O ponto central dessas afirmações é a constatação de que Deus estava na cruz de Jesus; a cruz, como lugar da revelação de Jesus, é mediação da própria realidade. Vista na perspectiva da índole sacramental, a presença de Deus leva a

---

[189] Cf. idem, ibidem, pp. 349-351.
[190] Cf. idem, ibidem, p. 353.

pensar na revelação de Deus. Para Jon Sobrino, basta dizer que Deus sofre na cruz de Jesus e na cruz das vítimas deste mundo ao ser testemunha *in-ativa* e silenciosa destas. Essa *in-ação* e esse silêncio podem ser interpretados como a forma negativa em que a cruz afeta o próprio Deus.[191]

A cruz não pode ser vista como desígnio arbitrário de Deus, nem como castigo cruel para Jesus, mas como conseqüência da opção primigênia de Deus: a encarnação, o abaixamento radical, a luta em favor do Reino. O Deus crucificado é sinônimo de outra expressão igualmente provocativa e chocante: Deus solidário.

O sofrimento de Deus na cruz é prova de que o Deus que luta contra o sofrimento humano se mostra solidário com os seres humanos que sofrem e de que a luta de Deus contra o sofrimento também ocorre de maneira humana:

> O silêncio de Deus na cruz, como silêncio que dói ao próprio Deus, pode ser interpretado, muito paradoxalmente, como solidariedade de Jesus com os crucificados da história: é a parte de Deus na luta histórica pela libertação no que esta tem de sofrimento necessário.[192]

A realidade do Deus crucificado não pode ser abordada como um conceito teórico, mas como um conceito práxico; não se trata, pois de *teo-logia*, mas de *teopráxis*. Há uma convergência da teologia, enquanto *teoria*, com a reação de misericórdia, enquanto *práxis*. O amor, sendo crível, tem sua própria eficácia. Deus crucificado lembra a todos os que o seguem que não é possível haver libertação do pecado sem carregar-se dele, não é possível haver erradicação da injustiça sem carregar-se dela.[193]

A cruz revela a credibilidade do amor de Deus, revela Deus com base no negativo. Não como único momento revelador, mas junto com outros momentos reveladores, mantendo a revelação de Deus como história de sua revelação, composta de diversos elementos, desde a criação, passando pelo Antigo Testamento, até a encarnação, a cruz e a ressurreição da vítima inocente.[194]

---

[191] Cf. idem, ibidem, pp. 353-354.

[192] Idem, ibidem, p. 356.

[193] Cf. idem, ibidem, p. 357; ———. La teología y el "principio liberación. *Revista Latinoamericana de Teología*, n. 35, pp. 126-140.

[194] Cf. idem, *Jesus, o Libertador*. I – A História de Jesus de Nazaré, p. 357.

Para nosso autor, a impossibilidade de sintetizar adequadamente os diversos elementos revelatórios é *in actu* a prova mais definitiva de que estamos diante do mistério de Deus. Conseqüentemente, nossa resposta a esse mistério só se dá na entrega total a ele, à novidade que ele traz e à mudança que ele exige.[195]

Essa posição obriga: a reformular a transcendência de Deus, que passa a ser pensada não mais somente em termos de "Deus maior", mas também de "Deus menor", e passa a ser expressa na simultaneidade da grandeza e da pequenez de Deus;[196] a reconhecer a insuficiência da teologia natural seja no acesso a Deus, seja na função do conhecimento ou no seu interesse;[197] a apontar para as vítimas como lugar da revelação de Deus, pois elas são, sacramentalmente, o lugar do conhecimento de Deus: revelam Deus, porque o tornam presente.[198]

Para conhecer Deus na cruz, não existe receita pronta. Porém algumas atitudes são básicas: estar disposto a encontrá-lo no positivo e no negativo; considerá-lo como o "Deus maior e Deus menor"; mudar nosso próprio interesse em conhecer Deus; e, sobretudo, permanecer ao pé da cruz e descer dela os crucificados da história.[199]

Por conseguinte, a cruz de Jesus remete às cruzes do povo e vice-versa: cremos que a atitude cognoscitiva que permite uma verdadeira analogia entre o fiel e a cruz de Jesus é a dor ante a presença das cruzes históricas. Perguntamos então: qual a relação entre a cruz de Jesus e a cruz dos povos crucificados?

---

[195] Cf. idem, ibidem, p. 359.

[196] "O homem religioso sempre usou a palavra 'mais' para expressar a transcendência de Deus. Deus está mais no passado (na criação), mais fora (na natureza), mais no futuro (na escatologia). [...] A partir da cruz, a linguagem do mais deve ser completada com a linguagem do menos: Deus está também no pequeno, no sofrimento, na negatividade; tudo isso afeta também a Deus e o revela. Ao Deus 'maior' é preciso acrescentar o Deus 'menor'." Idem, ibidem, pp. 358-359; ———. *Cristologia a partir da América Latina*, pp. 229-230.

[197] "A cruz de Jesus coloca em questão todo o conhecimento de Deus baseado numa teologia natural. Conhecer a Deus é permanecer com Deus na paixão. O conhecimento de Deus deve ser colocado a partir da questão da teodicéia, ou seja, a partir da experiência do mal no mundo." Idem, *Cristologia a partir da América Latina*, p. 231; ———. *Jesus, o Libertador. I – A História de Jesus de Nazaré*, pp. 360-363.

[198] Cf. idem, ibidem, pp. 363-365.

[199] Cf. idem, ibidem, p. 364.

A cruz dos povos crucificados

Jon Sobrino reconhece a originalidade de sua reflexão cristológica sobre os "povos crucificados",[200] justificando-a teologicamente segundo a realidade eclesiológica do corpo místico de Cristo presente na história.[201] O ponto de partida dessa reflexão é o contexto de pobreza, sofrimento e perseguição, que constitui o horizonte hermenêutico de sua cristologia.[202]

Não há dúvida de que, na América Latina, existem cruzes não só individuais, mas coletivas, de povos inteiros.[203] Alicerçado nesse fato, Jon Sobrino afirma que a expressão "povo crucificado" é útil e necessária do ponto de vista *fático-real*, *histórico-ético* e *religioso*.

A expressão "povo crucificado" é útil e necessária do ponto de vista *fático-real*, porque cruz não significa apenas pobreza, mas também morte. Os povos latino-americanos sofrem de mil formas de morte: morte lenta, mas real, por causa da pobreza; morte rápida e violenta por causa das repressões e das guerras; e morte indireta, mas real, causada pela opressão das culturas.

Do ponto de vista *histórico-ético*, a expressão é útil e necessária porque cruz exprime com toda a clareza que não se trata de qualquer morte, mas da morte causada pelas estruturas injustas. Morrer crucificado não significa simplesmente morrer, mas ser levado à morte; e cruz significa que existe de um lado a vítima, de outro, o verdugo.[204]

---

[200] Em Ellacuría, que cunhou a expressão "povos crucificados", esse tema não é tratado na cristologia. Cf. ELLACURÍA, I. Pueblo crucificado. Ensayo de soterología histórica. In: SOTO, F. (org.) *Cruz y resurrección*, p. 49-82, publicado mais tarde como El pueblo crucificado. In: ELLACURÍA, I. Conversión de la Iglesia al Reino de Dios, pp. 25-63 e agora também em ELLACURÍA, I. & SOBRINO, J. (orgs.). *Conceptos fundamentales de la Teología de la Liberación*, v. 2, pp. 189-216.

[201] Jon Sobrino afirma: "Este capítulo não costuma estar presente nas cristologias. [...] Contudo, como se repete na eclesiologia, Cristo tem um corpo que o torna presente na história, e por isso é preciso perguntar se esse corpo está crucificado, qual parte desse corpo está crucificada e se a crucifixão desse corpo é a presença de Cristo crucificado na história". *Jesus, o Libertador*. I – A História de Jesus de Nazaré, p. 366.

[202] "Escrevemos no meio de guerra, ameaças, conflitos e perseguições, que produzem inúmeras urgências às quais é preciso atender e inumeráveis transtornos no ritmo de trabalho. [...] Em qualquer caso, tanta tragédia e tanta esperança, tanto pecado e tanta graça oferecem um poderoso horizonte hermenêutico para compreender Cristo e fazem com que o Evangelho tenha sabor de realidade." Idem, ibidem, p. 21.

[203] "Diante da realidade histórica do Terceiro Mundo, Ignacio Ellacuría costumava dizer que é bom falar em 'Deus crucificado', mas que é necessário falar também de 'povo crucificado' e elevar a realidade dos povos do Terceiro Mundo à realidade teologal." Idem, ibidem, p. 366.

[204] "Por mais que se queira mitigar o fato e tornar suas causas complexas, é verdade que a cruz dos povos do Terceiro Mundo é uma cruz que muito fundamentalmente lhes é infligida pelos diversos poderes que se apossaram do continente em convivência com os poderes locais." Idem, ibidem, p. 367.

Finalmente, é importante do ponto de vista *religioso*, pois crucifixão é o tipo de morte de que padeceu Jesus, e para os cristãos ela tem a força de evocar as realidades fundamentais da fé: o pecado, a graça, a condenação e a salvação.[205]

Para o teólogo salvadorenho, a expressão "povo crucificado" é também útil e necessária do ponto de vista cristológico. Sobrino expressa o significado cristológico da expressão em dois sentidos: os povos crucificados são tanto os que completam na própria carne o que falta à paixão de Cristo como também os que atualizam a presença de Cristo na história.[206]

De que forma Jon Sobrino estabelece a relação entre Cristo crucificado e o povo crucificado? Para ele, no contexto latino-americano, a cristologização do povo crucificado passa pelo caminho da coincidência do povo crucificado e de Cristo crucificado com a figura do servo de Javé.[207] Seus traços fundamentais são: *a missão do servo é salvífica*, expressa na linha libertadora do Antigo Testamento e apresentada de forma parcial e polêmica, pois se dirige aos oprimidos e se realiza ao abrir os olhos dos cegos e ao libertar os presos e os que vivem nas trevas; *o servo é escolhido* para salvar aquele que é desprezado e detestado; *o servo é destruído* historicamente pelos homens, sem rosto humano, abandonado, sem que ninguém lhe faça justiça; *a causa* desse fim são os pecados dos homens; *o grande paradoxo e escândalo* é que por meio da morte vem a *salvação*; *o servo triunfa*.

Os povos da América Latina reproduzem esses traços fundamentais: são povos sem rosto, privados de toda a justiça, tendo seus direitos fundamentais violados; como o servo de Javé, tentam implantar a justiça, o direito e lutam pela libertação; sabem que foram escolhidos para que a salvação passe por eles e interpretam sua própria opressão como caminho para a libertação:

> Da primeira semelhança com o servo passa-se para a fé em Cristo na medida em que um povo crucificado concebe e vive sua condição, sua causa e seu destino como seguimento de Cristo.[208]

---

[205] "Não devemos esquecer que este mundo que está mal não é outra coisa que a 'criação de Deus', e para introduzir essa tragédia primária do Terceiro Mundo na consciência religiosa, é bom usar a terminologia da cruz." Idem, ibidem, p. 367.

[206] "Vocês são a imagem do divino transpassado", disse Dom Oscar Romero a um grupo de camponeses aterrorizados, sobreviventes de um massacre. Apud, idem, ibidem, pp. 367-368.

[207] Dom Oscar Romero dizia: "Em Cristo encontramos o modelo do libertador, homem que se identifica com o povo a tal ponto que os intérpretes da Bíblia não sabem se o servo de Javé que Jesus proclama é o povo sofredor ou é o Cristo que vem remi-lo". Apud, idem, *Jesus na América Latina*, p. 232.

[208] Idem, *Jesus na América Latina*, p. 235.

O povo crucificado reproduz os traços de Jesus e é amado privilegiadamente por Deus. Torna-se, então, realidade histórica o que diz são Paulo: "Porque os que de antemão ele conheceu, esses também predestinou a serem conformes à imagem do seu Filho, a fim de ser ele o primogênito entre muitos irmãos" (Rm 8,29).

No caminho do seguimento, é importante deter-nos no escândalo da cruz, porque a história continua produzindo cruzes.[209] Por conseguinte, permanece ainda hoje a desafiadora pergunta: como compaginar Deus bom e poderoso com os horrores e as tragédias de que somos vítimas todos os dias?[210]

Refletir sobre o escândalo da cruz é salutar também do ponto de vista teórico, pois com a cruz cristianiza-se radicalmente todos os conteúdos teológicos: Deus, Cristo, o pecado, a graça, a esperança, o amor.[211] A cruz de Jesus e as cruzes das vítimas deste mundo não são o fim, mas uma etapa da caminhada. Perguntamos então: qual é o quarto elemento constitutivo da vida de Jesus e da caminhada de seguimento?

O viver como ressuscitados nas contingências da história

A história de Jesus de Nazaré não termina na noite sombria de sua morte na cruz, porque o Deus fiel o ressuscitou dentre os mortos. A cruz de Jesus, portanto, não é a última e derradeira palavra sobre ele, nem a cruz dos povos crucificados é o último e definitivo julgamento sobre eles.[212] Para Jon Sobrino, a ressurreição é o quarto elemento da estrutura terrena da vida de Jesus que é preciso refazer e atualizar no caminho do seguimento.[213]

---

[209] "Oxalá essas cruzes sirvam para algo e, de fato, gerem muitas coisas positivas: esperança, compromisso, solidariedade...; e oxalá sirvam para a libertação. Mas estão aí, e seu possível e real serviço para a vida e a libertação não deveria fazer desaparecer o horror de a história ser assim e de que nem o próprio Deus muda essas coisas." Idem, *Jesus, o Libertado*. I – A História de Jesus de Nazaré, p. 339.

[210] Idem, ibidem, p. 339.

[211] "Como foi dito, a cruz de Jesus ou é o fim de toda a teologia ou é o começo de uma teologia nova e radicalmente cristã, para além do ateísmo e do teísmo, que sempre pensa Deus em correspondência e continuidade com o homem." Idem, ibidem, pp. 339-340.

[212] Cf. idem, *Jesus na América Latina*, p. 391.

[213] A realidade fundamental da ressurreição de Jesus é apresentada por Jon Sobrino nas mais variadas matizes, como: 1) estrutura fundamental do prosseguimento de Jesus, Seguimento de Jesus. In: FLORISTÁN SAMANES, C. & TAMAYO-ACOSTA, J. J. (orgs.). *Dicionário de conceitos fundamentais do cristianismo*, p. 774; 2) quarto passo na construção da identidade cristã, a partir do seguimento, Identidade cristã. In: FLORISTÁN SAMANES, C. & TAMAYO-ACOSTA, J. J. (orgs.). *Dicionário de conceitos fundamentais do cristianismo*, p. 347-348; 3) quarto elemento da estrutura fundamental da vida de Jesus, Espiritualidade y seguimiento de Jesús. In: FLORISTÁN SAMANES, C. & TAMAYO-ACOSTA, J. J. (orgs.). *Mysterium Liberationis. Conceptos fundamentales de la Teología de la Liberación*, v. 2, pp. 470-471. Em nossa abordagem, procurando englobar os demais aspectos, partimos da perspectiva da ressurreição, como quarto e último passo na construção da identidade cristã, a partir do seguimento.

No contexto da cristologia sobriniana, orientada para a vivência da fé, a ressurreição de Jesus, consumação intrínseca de sua vida,[214] é um acontecimento escatológico; é uma realidade totalizante, não acessível diretamente, mas por meio de uma perspectiva que é preciso determinar com clareza.[215]

Para o seguidor de Jesus, a ressurreição é fundamental, pois determina o modo de ser e de viver o seu seguimento.[216] Qual é, então, a pertinência e a relevância da ressurreição de Jesus na construção da identidade cristã segundo o seguimento? Para responder a essa pergunta, desenvolveremos os seguintes aspectos: *relação entre cruz e ressurreição; a compreensão do evento central da fé cristã: a ressurreição de Jesus; o princípio hermenêutico específico: a esperança das vítimas; a ressurreição: modo de ser e de viver o seguimento do crucificado.*

A relação entre cruz e ressurreição

Para avaliar a pertinência e a relevância da ressurreição e suas conseqüências para o seguimento na construção da identidade cristã, é preciso, antes de tudo, compreender a perspectiva segundo a qual Jon Sobrino analisa o evento que transformou a vida dos discípulos e que fundamenta a fé cristã.

No Novo Testamento (cf. Jo 20,25-28) existe uma total identificação do ressuscitado com o crucificado. A ressurreição é anunciada em unidade com a cruz de Jesus (cf. 1Cor 15,3ss) não apenas no sentido de justaposição lógico-cronológica, mas, particularmente, no sentido mutuamente explicativo: "Este homem [...], vós o matastes [...]. Mas Deus o ressuscitou [...]" (At 2,23s). A relação entre cruz (realidade histórica) e ressurreição (realidade histórico-escatológica) é decisiva para compreender o mistério pascal e o seu potencial revelador e salvador.[217]

Além de relacionar a morte com a ressurreição, o Novo Testamento especifica o tipo de morte sofrida por Jesus: morte de cruz. A intrínseca relação entre os dois

---

[214] Cf. idem, *Jesus, o Libertador. I – A História de Jesus de Nazaré*, p. 391.

[215] Cf. idem, *A fé em Jesus Cristo. Ensaio a partir das vítimas*, p. 23; ———. *Cristologia a partir da América Latina*, p. 246.

[216] Cf. Idem, *A fé em Jesus Cristo. Ensaio a partir das vítimas*, p. 26

[217] Cf. idem, *Jesus na América Latina*, p. 216; ———. *La Pascua de Jesús y la Revelación de Dios desde la perspectiva de las víctimas*, Revista Latinoamericana de Teología, n. 34, p. 80; ———. *A fé em Jesus Cristo. Ensaio a partir das vítimas*, p. 28.

momentos da estrutura terrena da vida de Jesus — morte na cruz e ressurreição — fundamenta a afirmação sobriniana de que os crucificados da história são o lugar teológico privilegiado[218] para compreender a ressurreição de Jesus. Os outros lugares o são à medida que analogicamente reproduzem a realidade da cruz.[219]

Na situação concreta dos povos crucificados, por sua própria natureza, surgem as mais desafiadoras perguntas em relação à ressurreição: é possível compreender e refazer, hoje, a experiência dos primeiros cristãos, ainda que seja de forma analógica? Quais as possibilidades de viver como ressuscitados nas condições históricas? O povo crucificado pode ter esperança de ser também um povo ressuscitado? Que significa crer que Deus é o Deus da vida, que fez justiça a uma vítima inocente ressuscitando-a da morte?[220]

A perspectiva da esperança das vítimas deste mundo[221] perpassa toda a cristologia de Jon Sobrino[222] e, em particular, a compreensão do evento central da fé cristã: a ressurreição de Jesus.[223] A partir dessa perspectiva, perguntamos: no caminho de seguimento, como entender a realidade da ressurreição de Jesus?

---

[218] Lugar teológico entendido não como *ubi* categorial, mas como *quid* substancial, a partir do qual as fontes do conhecimento teológico esclarecem uma e outra coisa. Cf. idem, *A fé em Jesus Cristo. Ensaio a partir das vítimas*, pp. 28-29; ——. *La Pascua de Jesús y la Revelación de Dios desde la perspectiva de las víctimas*, Revista Latinoamericana de Teología, n. 34, p. 81.

[219] Jon Sobrino faz um paralelo e, ao mesmo tempo, uma atualização entre a Galiléia dos pobres e dos pequenos, no tempo de Jesus, e El Salvador, realidade atual, marcada pela pobreza e pelo sofrimento. Cf. *A fé em Jesus Cristo. Ensaio a partir das vítimas*, p. 29.

[220] Cf. idem, ibidem, p. 29.

[221] "Recordemos — embora isto não fosse talvez necessário — a atual situação do nosso mundo como um mundo de vítimas, seu ocultamento, e a cultura da indiferença diante dele. E se no subtítulo usamos a palavra *vítimas* (ou, às vezes, a expressão ainda mais forte de povos crucificados), é para que, ao menos na linguagem, resgatemos a interpelação encerrada antes no termo pobres." Idem, ibidem, p. 13.

[222] "Todo pensamento se acha situado em algum lugar e nasce de algum interesse; tem uma perspectiva, um lugar de onde e um para onde, um para que e um para quem. Ora, o lugar de onde deste livro é uma perspectiva *parcial, concreta e interessada*: as vítimas deste mundo." Idem, ibidem, p. 13.

[223] Cf. idem, *Jesus na América Latina*, p. 217; ——. *La pascua de Jesús y la revelación de Dios desde la perspectiva de las víctimas*. Revista Latinoamericana de Teología, n. 34, p. 79.

A compreensão do evento central da fé cristã: a ressurreição de Jesus

Na cristologia de Jon Sobrino, a compreensão da ressurreição de Jesus, segundo a perspectiva das vítimas deste mundo, está relacionada com a interpretação própria dos textos do Novo Testamento que narram a experiência pascal dos primeiros discípulos. Neles, basicamente, percebem-se três questões fundamentais: a *ação escatológica de Deus*, expressa em *diversos modelos lingüísticos*, que estabelece um *círculo hermenêutico trinitário*.

Ação escatológica de Deus que revela sua realidade íntima: o problema teológico

No Novo Testamento, a ressurreição de Jesus é apresentada como uma ação escatológica de Deus na história,[224] que expressa e revela algo de novo e decisivo acerca do próprio Deus. Essa revelação de Deus está intimamente relacionada com a identificação do ressuscitado. Deus ressuscitou uma vítima: Jesus de Nazaré, que anunciou a vinda do Reino de Deus aos pobres, denunciou e desmascarou os poderosos, foi por eles perseguido, condenado à morte e executado, e manteve, em tudo, fidelidade radical à vontade de Deus e confiança filial no Pai.[225]

A ressurreição de Jesus não revela apenas a onipotência absoluta de Deus sobre a morte, mas, acima de tudo, o triunfo da justiça sobre a injustiça.[226] A ação fundante da revelação de Deus é formalmente uma ação libertadora: faz justiça a uma vítima.[227] Mostra a justiça e a parcialidade de Deus;[228] a luta e o triunfo de Deus

---

[224] Este modo de agir de Deus está em sintonia com a estrutura da revelação de Deus no Antigo Testamento, no qual ele se revela por meio de ações históricas libertadoras em favor das vítimas, que apontam para o futuro e expressam a universalidade mediante a parcialidade. Cf. idem, *A fé em Jesus Cristo. Ensaio a partir das vítimas*, pp. 128-130.

[225] Cf. idem, La pascua de Jesús y la revelación de Dios. *Revista Latinoamericana de Teología*, n. 34, p. 80.

[226] Cf. idem, ibidem, p. 81.

[227] Cf. idem, ibidem, p. 80.

[228] Jon Sobrino apresenta esta realidade da luta e do triunfo de Deus contra os ídolos em forma de tese: "Existe na história uma oposição excludente e duélica entre as mediações das divindades (o Reino de Deus, de um lado, e a paz romana e uma sociedade ao redor do Templo, do outro) e entre os mediadores (Jesus, de um lado, e o sumo sacerdote e Pilatos do outro). Essa dialética está presente na revelação de Deus. Idem, ibidem, p. 82; Idem, *A fé em Jesus Cristo. Ensaio a partir das vítimas*, pp. 130-135.

sobre os ídolos;[229] a dialética do Deus "maior e menor",[230] um Deus a caminho,[231] e que permanece um mistério.[232]

A ressurreição de Jesus é, portanto, uma *realidade teologal* que reafirma não só o poder de Deus sobre a morte, mas também sobre a injustiça que produz vítimas. Diante dessa realidade teologal, o ser humano não pode ficar indiferente, mas tem de tomar uma decisão. Acontecimento sem precedentes na história, a ressurreição não é narrada como uma ação intra-histórica. Mas isso não significa que ela não atue na história e a afete definitivamente.[233]

Ressuscitando Jesus, Deus confirma a verdade de sua vida terrena. Começa, assim, a se manifestar a verdadeira realidade de Jesus, sua inserção na vida definitiva, como veremos.[234]

Experiência expressa em diversos modelos lingüísticos

Para a hermenêutica, a questão da linguagem usada para expressar a realidade da ressurreição é relevante, pois é o único caminho de acesso para compreender o seu conteúdo.[235] E em princípio, não existe linguagem adequada para expressar a experiência dos apóstolos e a realidade do acontecimento escatológico da ressurreição.[236]

Os apóstolos fizeram a experiência do ressuscitado nas aparições, apresentadas em *descontinuidade* com qualquer outra revelação, visão ou vocação. Narraram essa experiência tomando por base realidades análogas, expressas em três modelos lingüísticos: *a vida de Jesus, a exaltação e a ressurreição*.

---

[229] Cf. idem, ibidem, pp. 135-137.
[230] Cf. idem, La pascua de Jesús y la revelación de Dios desde la perspectiva de las víctimas *Revista Latinoamericana de Teología*, n. 34, pp. 83-87; ———. A fé em Jesus Cristo. Ensaio a partir das vítimas, pp. 137-142.
[231] Cf. idem, ibidem, pp. 142-148.
[232] Cf. idem, ibidem, pp. 148-152
[233] Cf idem, ibidem, pp. 34-35.
[234] Cf idem, ibidem, p. 35.
[235] Cf. idem, ibidem, pp. 36-38.
[236] Cf. idem, ibidem, p. 36.

A vida de Jesus:[237] ele apareceu, Jesus está vivo, foi visto. Essa linguagem expressa que a morte e a negatividade não têm a última palavra sobre a história. A última palavra pertence à vida, sobretudo quando se afirma não só que Jesus vive, mas que vive para sempre (cf. Hb 7,24).[238]

A exaltação de Jesus:[239] ele está sentado à direita do Pai e virá julgar no final dos tempos. Esta linguagem recorda algo específico do Deus bíblico: transformar a realidade, abaixar os poderosos, elevar os oprimidos e as vítimas.[240]

A ressurreição:[241] Jesus foi elevado por Deus dentre os mortos. Essa linguagem nos faz olhar para a vida histórica de Jesus como ponto de referência: o ressuscitado é o crucificado.[242]

Diante dessa diversidade de modelos lingüísticos usados para explicitar a realidade e a experiência de ressurreição, Jon Sobrino afirma que esbarramos com o que ele chama de "barreira de linguagem",[243] para expressar uma realidade limite de tipo escatológico. E essas formas de expressar o evento escatológico da ressurreição nos levam a pressupor que o que aconteceu a Jesus responde às expectativas do ser humano, pois, caso contrário, nada poderiam ter captado.

Círculo hermenêutico

No Novo Testamento, o núcleo central da ressurreição de Jesus proclama uma tríplice novidade: *acerca de Deus, de Jesus e dos seres humanos.*

O *Deus* que ressuscitou Jesus não é mais simplesmente Javé. Tornou-se "novo" pela novidade de sua ação escatológica e com ela será compreendido trinitariamente.

---

[237] Este modelo baseia-se na realidade análoga do justo arrebatado a Deus no final de sua vida (cf. Gn 6,24; 2Rs 2,11). Cf. idem, ibidem, p. 36.
[238] Cf. idem, ibidem, p. 37.
[239] Este modelo baseia-se na exaltação do servo de Javé (cf. Is 52,13ss). Cf. idem, ibidem, p. 36.
[240] Cf. idem, ibidem, p. 37.
[241] Modelo baseado na ressurreição dentre os mortos (cf. Is 26,19; Dn 12,2). Cf. idem, ibidem, p. 36.
[242] Cf. idem, ibidem, p. 37.
[243] Hoje, em geral, nos referimos ao que aconteceu a Jesus apenas com uma linguagem: a da ressurreição, termo consagrado; porém, não podemos esquecer que é um dos modelos lingüísticos, entre outros, e que é necessário explicar sua origem e seu significado, pois caso contrário não compreenderemos o que aconteceu a Jesus. Cf. idem, ibidem, p. 38.

A ressurreição de *Jesus* será o referencial para refletir e reavaliar a realidade de Jesus e a partir dela será proclamada sua indissolúvel união com Deus. Aos *seres humanos* é dado um novo sentido para a vida. A quem esteve com Jesus durante sua vida foi dada a graça de vê-lo e a missão de testemunhá-lo; foi-lhe dado o Espírito para conhecê-lo e segui-lo, o qual constitui o germe da nova criatura, segundo a expressão do apóstolo Paulo.[244]

Essa tríplice realidade estabelece um círculo hermenêutico: a iniciativa é de Deus, dando origem ao círculo. Esse Deus "novo" possibilita a realidade do homem "novo"; e o homem "novo" pode conhecer o Deus "novo". O conhecimento da novidade de Jesus aparece concomitantemente com o da novidade do ser humano possibilitada pelo Deus "novo".[245] A novidade do ser humano deve ser a mais abrangente possível para entrar em sintonia com a realidade de Jesus ressuscitado e de Deus que ressuscita. Trata-se da fusão de realidades, a qual nos leva a abordar o problema hermenêutico segundo a totalidade do ser humano.

Partindo da perspectiva das vítimas e considerando a ressurreição como ação escatológica de Deus e como experiência codificada nos diversos modelos lingüísticos e do círculo hermenêutico trinitário, perguntamos: qual o princípio hermenêutico específico adotado por Jon Sobrino para interpretar a ressurreição de Jesus?

O princípio hermenêutico específico: a esperança das vítimas

Diante da realidade da ressurreição, é preciso considerar dois aspectos. De um lado, no Novo Testamento, a ressurreição de Jesus não consiste na reanimação de um cadáver nem na volta de Jesus às condições normais da existência, mas num acontecimento escatológico, isto é, numa realidade na qual acontece o último, tanto no sentido temporal (no final da história) como no sentido metafísico (manifestação da realidade última). De outro lado, a ressurreição aconteceu no passado e num horizonte cultural distinto do atual. Por conseguinte, é fundamental levantar a questão da hermenêutica.[246]

---

[244] Cf. idem, ibidem, pp. 38-39.
[245] Cf. idem, ibidem, p. 38.
[246] Cf. idem, ibidem, pp. 31-33; ————. *Cristologia a partir da América Latina*, p. 246.

Jon Sobrino insiste na importância de determinar, com clareza, o princípio hermenêutico a ser seguido. Analisa diversos enfoques hermenêuticos. Da teologia protestante européia, examina a posição de três expoentes: R. Bultmann,[247] cujo princípio hermenêutico ele define como sendo: *a seriedade da existência*; W. Marxsen,[248] que escolhe: *prosseguir a causa de Jesus*; e W. Pannenberg,[249] o qual escolhe a *esperança no futuro antecipado*. Da teologia católica européia, privilegia K. Rahner.[250] Da Teologia da Libertação latino-americana analisa a posição de L. Boff.[251]

---

[247] R. Bultmann afirma que a ressurreição de Jesus é central para a fé cristã e nega por completo que seja um acontecimento histórico. Por isso, é preciso aceitá-la simplesmente na fé. E essa fé não é mera aceitação de uma verdade, mas é a fé que compreende. Para poder compreender é necessário reinterpretar a mensagem da ressurreição. Bultmann reinterpreta o Novo Testamento existencialmente. A autocompreensão existencial do ser humano é o que possibilita que o anúncio da resssurreição de Jesus possa ter sentido e ser compreendido em sua realidade. A ressurreição de Jesus deve estar relacionada com sua cruz, para ser compreendida como possibilidade de salvação. A condição para que a cruz possa ser salvação é que ela seja pregada. A ressurreição não é outra coisa senão o significado da cruz, e aceitar a ressurreição é crer que a cruz foi um acontecimento salvífico. A cruz revela a existência do ser humano como pecador e, ao mesmo tempo, como acolhido por Deus. Cf. idem, *Cristologia a partir da América Latina*, pp. 246-247; ———. *A fé em Jesus Cristo. Ensaio a partir das vítimas*, pp. 40-43.

[248] Para interpretar a ressurreição, W. Marxsen parte das aparições que, para os discípulos, tiveram um caráter histórico. A novidade de sua análise consiste em encontrar no Novo Testamento diversas possibilidades de interpretações. Uma das interpretações das aparições é a ressurreição. Ao lado dessa interpretação mais pessoal, W. Marxsen acrescenta outra de tipo mais funcional. Com base na afirmação de Paulo na Primeira Carta aos Coríntios 9,1, na qual assegura ter visto o Senhor, W. Marxsen explica: a visão não tem a ver agora com a realidade da pessoa de Jesus, mas é a fundamentação do seu apostolado. As aparições têm, portanto, como finalidade, fundamentar os ministérios, particularmente o da pregação (cf. At 10,40). De forma sintética, W. Marxsen afirma que o objeto do anúncio da ressurreição de Jesus é prosseguir a sua causa. Cf. idem, *Cristologia a partir da América Latina*, p. 247; ———. *A fé em Jesus Cristo. Ensaio a partir das vítimas*, pp. 43-46.

[249] W. Pannenberg afirma que a ressurreição de Jesus é o acontecimento central: para a *teologia*, pois a partir dela revela-se a realidade de Deus como poder sobre toda a realidade; para a *cristologia*, pois a partir dela se manifesta a divindade de Cristo. Pannenberg afirma que a ressurreição de Jesus é um acontecimento histórico e deve ser conhecido por meio de métodos históricos. A ressurreição de Jesus tem de ser histórica e verificável, já que a teologia não pode estabelecer a realidade das coisas baseando-se, para isso, só na fé, na revelação ou na inspiração da Escritura e muito menos no magistério doutrinal. A ressurreição deve ser considerada pela teologia como realidade histórica. Isso conduz à interrogação sobre o método adequado para estabelecer sua realidade, o qual, por sua vez, levará à pergunta hermenêutica. Cf. idem, *Cristologia a partir da América Latina*, p. 248; ———. *A fé em Jesus Cristo. Ensaio a partir das vítimas*, pp. 46-52.

[250] K. Rahner aborda o tema da ressurreição a partir de uma perspectiva substancialmente especulativa. Para ele, a ressurreição é a definitividade de algo que antes havia sido aniquilado pela morte. Essa definitividade proclamada no Novo Testamento é a totalidade de Jesus, de sua pessoa e de sua causa. É possível captar a ressurreição e, de alguma maneira, essa captação deve ser real, pois seria uma contradição afirmar a ressurreição de Jesus como definitiva vitória de Deus na história, caso essa vitória não fosse perceptível. E para o ser humano captar o conteúdo da vitória de Deus é necessário que ele: esteja aberto à possibilidade de receber esse conteúdo da vitória de Deus; explicite a esperança na própria ressurreição como definitividade; experimente a repercussão da ressurreição de Jesus como tal na própria vida. Cf. idem, ibidem, pp. 52-55.

[251] L. Boff afirma que para compreender a ressurreição é necessário ter uma esperança capaz de plenificar o ser humano em todos os seus níveis. A reflexão de L. Boff se mantém fundamentalmente na hermenêutica da esperança, desenvolvida na teologia européia, interpretada desde perspectiva latino-americana como realidade injusta e sofrida. Sua hermenêutica é assim formulada: esperança de justiça para os débeis e vida para a justiça. Idem, *Cristologia a partir da América Latina*, p. 249; ———. *A fé em Jesus Cristo. Ensaio a partir das vítimas*, pp. 57-58.

Esses autores oferecem pressupostos hermenêuticos baseados em realidades antropológicas, por meio das quais captar a ressurreição é já uma forma de vivê-la.[252]

Mas qual é, então, a perspectiva hermenêutica escolhida pelo nosso Autor? Em profunda coerência com toda a sua estrutura cristológica, Jon Sobrino faz questão de deixar muito claro seu princípio hermenêutico: as vítimas, lugar hermenêutico por antonomásia, que oferecem uma luz específica para iluminar a vida e a morte.[253]

Além disso, o Novo Testamento relaciona a ressurreição com as dimensões antropológicas que expressam a totalidade do ser humano. Jon Sobrino concentra essa totalidade nas três famosas perguntas de Kant: *o que podemos saber, o que devemos fazer, o que nos é permitido esperar*. E ele acrescenta uma quarta: *o que podemos celebrar*. Existe uma tríplice razão para o acréscimo: porque celebrar envolve a totalidade do ser humano; porque a pergunta está presente nos textos do Novo Testamento que narram a ressurreição; porque sem captar o que há de celebração na história, não se pode compreender a realidade latino-americana segundo a qual queremos compreender a ressurreição de Jesus.[254]

Com base na perspectiva e no princípio hermenêutico das vítimas, Jon Sobrino mostra, como veremos, a esperança, a práxis, o saber e o celebrar que possibilitam compreender a ressurreição de Jesus.

A esperança no poder de Deus contra a injustiça que produz vítimas: o que podemos esperar?

A resposta à pergunta pelo que podemos esperar é contextualizada, por Jon Sobrino, no horizonte da esperança do Novo Testamento: a expectativa apocalíptica de uma aparição no final da história com a renovação da realidade.[255]

---

[252] Cf. idem, ibidem, p. 39.

[253] Cf. idem, La pascua de Jesús y la revelación de Dios desde la perspectiva de las víctimas, *Revista Latinoamericana de Teología*, n. 34, p. 79.

[254] Cf. idem, *Cristologia a partir da América Latina*, p. 250; ———. *A fé em Jesus Cristo. Ensaio a partir das vítimas*, pp. 59-61.

[255] Cf. idem, *Cristologia a partir da América Latina*, p. 250.

Ao formularem a realidade da ressurreição, os discípulos usam uma linguagem do seu tempo, proveniente da apocalíptica judaica: a ressurreição dos mortos. Essa metáfora indica uma mudança descontínua e expressa a superioridade do novo estado em relação ao antigo. A fórmula exprime que a morte não põe fim à existência humana e, paralelamente, afirma a esperança de vida para além da morte.[256]

Os textos do Antigo Testamento mostram que a esperança passou por um processo. Num primeiro momento, Israel concebeu Deus em relação com a vida real e histórica do povo. O fundamental de sua fé foi a afirmação de Deus como o Deus da vida. A fidelidade a Javé foi levando, paulatinamente, a afirmar a existência de uma vida depois da morte, passando a acreditar na comunhão com Deus para além da morte e no triunfo escatológico de Deus pela justiça.[257]

No tempo de Jesus, o povo esperava a ação escatológica de Deus. Jesus nunca a formulou em termos de "ressurreição", mas de Reino de Deus. Foram os discípulos nomear sua experiência pascal com o termo "ressurreição". Essa formulação está relacionada com dois sentidos diferentes: com o do "primogênito de muitos irmãos", o que pressupõe a esperança de uma ressurreição final; com o da reação de Deus à ação dos seres humanos, como justiça de Deus a aquele que foi assassinado injustamente.[258]

Quem segue Jesus é chamado a reafirmar a esperança no poder de Deus contra a injustiça que produz vítimas. A ressurreição de Jesus é esperança para os crucificados da história, porque Deus ressuscitou um crucificado. O lugar privilegiado da esperança é o mundo dos crucificados. Nesse lugar, por analogia, universalizam-se os destinatários e a esperança supera o escândalo.[259]

No seguimento de Jesus, a exigência primordial da ressurreição, que é também o princípio hermenêutico insubstituível, consiste em ter e dar esperança para as vítimas, comungando com sua capacidade de esperar. As vítimas nos oferecem a sua esperança, pois nelas não há só pecado, mas também a graça e a audácia da espera.[260]

---

[256] "A formulação desta expectativa no Antigo Testamento é a 'ressurreição dos mortos'. Essa expressão é uma metáfora tomada da vida cotidiana: ressurgir significa passar do sono ao estado de vigília, indicando: 1) uma mudança 2) que é radical e 3) a superioridade da nova situação com respeito à antiga." Idem, ibidem, p. 250.
[257] Cf. idem, *A fé em Jesus Cristo. Ensaio a partir das vítimas*, pp. 61-68.
[258] Cf. idem, ibidem, pp. 68-70.
[259] Cf. idem, ibidem, pp. 70-73.
[260] Cf. idem, ibidem, pp. 73-75.

Descer da cruz os povos crucificados: o que devemos fazer?

Fundamentalmente, para responder à pergunta sobre o que podemos fazer, Jon Sobrino relaciona a hermenêutica específica da esperança com a práxis do amor. Ambas se exigem reciprocamente, e a raiz última da esperança é o amor.

Não se considerando apenas videntes ou espectadores da ressurreição de Jesus, os discípulos têm consciência de que a experiência da ressurreição deve ser anunciada ao mundo. Por sua própria natureza, a ressurreição exige que seja testemunhada e, portanto, desencadeia a missão. Conseqüentemente, no caminho de seguimento de Jesus, a disponibilidade para dar testemunho, isto é, para a missão, é indispensável para captar a realidade da ressurreição.[261]

Além da disponibilidade subjetiva dos discípulos, nos relatos das aparições há o envio objetivo do ressuscitado: "dar testemunho do ressuscitado" (At 1,18; Lc 24,48). A experiência do ressuscitado e a consciência da missão aparecem, na vida dos discípulos, inseparavelmente unidas. Por conseguinte, ao lado da esperança das vítimas, a práxis é outro princípio hermenêutico adequado para compreender a ressurreição. Sem a práxis não é possível entender a ressurreição como acontecimento escatológico que, por essência, desencadeia uma práxis.[262]

Que tipo de práxis temos de estar dispostos a realizar hoje? Jon Sobrino responde: a práxis necessária, atualmente, é esta: "descer da cruz os povos crucificados",[263] que consiste, de um lado, em anunciar a boa notícia da ressurreição; de outro, em tornar realidade essa verdade de forma analógica, isto é, realizando sinais de ressurreição.[264] Essa hermenêutica será, por conseguinte, política, isto é, transformadora do mal e da injustiça.[265]

---

[261] Cf. idem, ibidem, p. 75.

[262] Cf. idem, ibidem, pp. 76-78.

[263] Segundo Jon Sobrino, quem, por primeiro, usou a expressão "descer da cruz os povos crucificados", usada como subtítulo de seu livro *O princípio misericórdia*, foi Inacio Ellacuría. Sobrino comenta essa expressão em dois artigos intitulados: Ignacio Ellacuría, el hombre y el cristiano "Bajar de la cruz al pueblo crucificado" (I e II). Cf. *Revista Latinoamericana de Teología*, n. 32, pp. 131-161; e n. 33, pp. 215-244.

[264] Cf. idem, *A fé em Jesus Cristo. Ensaio a partir das vítimas*, pp. 77-81.

[265] Cf. idem, *Cristologia a partir da América Latina*, p. 265.

Em linguagem cristológica, a práxis exigida hoje para captar a ressurreição é o prosseguimento da missão de Jesus, que é também o lugar para verificar, histórica e parcialmente, a aceitação da ressurreição. O seguimento de Jesus, que consiste em reproduzir a vida de Jesus em favor das vítimas, nos introduz na esperança das vítimas e se converte em práxis para torná-la realidade.[266]

A história como promessa: o que podemos saber?

A pergunta sobre o que podemos saber está relacionada com o problema histórico e com a função do conhecimento "histórico" para compreender a ressurreição de Jesus.[267]

Partindo da constatação de que os evangelhos não descrevem a ressurreição de Jesus, necessitamos recorrer à experiência dos discípulos, hoje conhecida como "experiência pascal". É impossível descrever essa experiência. Podemos dizer que "a realidade escatológica tocou tangencialmente a existência histórica dos discípulos"[268] de forma precisa e à maneira de encontro com Jesus. Conseqüentemente, a realidade dessa experiência é, ao mesmo tempo, histórica e aistórica.[269]

Em que sentido podemos falar da historicidade da ressurreição? Segundo alguns textos do Novo Testamento, aconteceu algo com os discípulos, e eles atribuem isso ao encontro com Jesus, que eles chamam "o ressuscitado", e isso é histórico. Objetivamente, é histórica e real a fé dos discípulos na ressurreição de Jesus e é tão histórica e real que, para eles, não existe dúvida de que sua fé subjetiva corresponde a uma realidade objetiva que aconteceu ao próprio Jesus.[270]

No Novo Testamento, não há dúvida de que a ressurreição de Jesus foi algo real que aconteceu na história: "O Senhor ressuscitou realmente". É essa verdade que se quer transmitir quando se mencionam realidades verificáveis: morte e sepul-

---

[266] Cf. idem, *Cristologia a partir da América Latina*, p. 266; ———. *A fé em Jesus Cristo. Ensaio a partir das vítimas*, pp. 79-80.
[267] Cf. idem, ibidem, pp. 83-87.
[268] Idem, ibidem, p. 90.
[269] Cf. idem, ibidem, p. 105.
[270] Cf. idem, ibidem, p. 81.

tura; ou quando se apontam alguns dados especiais: Galiléia, Jerusalém, os quais mostram o interesse em afirmar o que aconteceu realmente.[271]

Captar a realidade da ressurreição não é apenas captar a dimensão da temporalidade, mas também a dimensão da promessa definitiva e escatológica de Deus. Promessa entendida não como conclusão lógica de um processo, mas como algo que vem de fora, inesperada e imerecidamente. A ressurreição como promessa leva a uma postura diante da realidade: exige abertura à graça.

Para captar a ressurreição como real é preciso captar a realidade como promessa. Isso pressupõe abertura à graça. Por outro lado, é preciso deixar a realidade ser o que é, sem determinar o que ela deve ser. Tal abertura diante do mistério da realidade Jon Sobrino chama de castidade da inteligência.[272]

A plenitude da história: o que podemos celebrar?

A pergunta pelo que podemos celebrar ultrapassa as fronteiras da hermenêutica e suscita uma questão vital: podemos ou não viver com ultimidade nossa própria vida. Do ponto de vista cristão, essa ultimidade de vida é equivalente ao próprio seguimento de Jesus historicizado adequadamente ao longo da história.[273]

Essa equivalência leva à pergunta: o que a ressurreição de Jesus acrescenta ao seu seguimento? Como a plenificação, o triunfo, a vitória influenciam na esperança e na práxis em favor dos crucificados da história? Mais uma vez, para responder a essas perguntas, Jon Sobrino começa analisando os relatos do Novo Testamento. Neles é inegável que a ressurreição de Jesus gera nos discípulos uma plenitude histórica, os quais experimentam, em suas vidas, não só esperança e envio em missão, mas paz, perdão, luz, gozo, apresentados como vitória sobre a inquietação, a obscuridade e o medo. Essa plenitude os acompanha ao longo de suas vidas. Os discípulos que se encontraram com o ressuscitado vivem uma vida nova, com sentido e gozo, e esta, de alguma forma, em plenitude. Celebram o Senhor ressuscitado e exaltado e expressam que sua plenitude chegou até eles.[274]

---

[271] Cf. idem, ibidem, p. 81.
[272] Cf. idem, ibidem, p. 86.
[273] Cf. idem, ibidem, pp. 118-119.
[274] Cf. idem, ibidem, p. 121.

No seguimento de Jesus, a exemplo dos discípulos, é preciso fazer, na história, algum tipo de experiência de plenitude, de triunfo e de vitória. Ao amor que se expressa no seguimento é preciso acrescentar a dimensão de triunfo que podemos sintetizar em dois momentos fundamentais: uma vida em liberdade e em gozo; liberdade como triunfo sobre o egocentrismo, gozo como triunfo sobre a tristeza.

Para a vida cristã, além de proclamar verdades ou adotar normas rituais no âmbito do culto, é fundamental celebrar a presença e a ação do ressuscitado no meio da comunidade. Essa celebração caracteriza a liturgia cristã e possibilita uma ligação entre fé e vida.[275]

Essa liberdade e esse gozo são expressões do que podemos viver como homens e mulheres novos, ressuscitados na história. Fazer com que o seguimento de Jesus não seja o cumprimento de uma pura exigência ética, mas leve a marca da ressurreição.[276]

A ressurreição de Jesus é uma resposta cristã a uma eterna pergunta humana: a pergunta pela justiça às vítimas, a pergunta pelo sentido ou pelo absurdo. Para captá-la são necessários esperança e consciência da missão. A ressurreição, compreendida segundo esses pressupostos, leva a viver o seguimento do crucificado à luz do ressuscitado.[277]

Dando um passo adiante na compreensão da ressurreição, como quarto elemento da vida terrena de Jesus e do seguimento, perguntamos: o que significa viver o seguimento do crucificado como ressuscitados no meio das contradições da história?

A ressurreição: modo de ser e de viver o seguimento do crucificado

Para Jon Sobrino, só é possível compreender e viver a ressurreição no caminho práxico do seguimento do crucificado à luz do ressuscitado. Conseqüentemente, a ressurreição de Jesus é um modo de ser e de viver o seguimento.

---

[275] Cf. idem, ibidem, p. 121.
[276] Cf. idem, ibidem, p. 125.
[277] Cf. idem, ibidem, pp. 125-126.

Por ser um acontecimento escatológico, a ressurreição de Jesus revela, de um lado, quem é Deus, como vimos, de outro, quem é Jesus, estabelecendo uma relação precisa entre ambos.[278]

No Novo Testamento, a ressurreição de Jesus é apresentada de tal modo, que desperta a fé nos primeiros cristãos. Por sua vez, esta relação de fé desencadeia uma reflexão sobre a identidade de Jesus. A fé em Jesus de Nazaré precede a formulação teórica acerca da realidade de sua vida. E a ultimidade de Jesus é confessada como ultimidade de vida pelos discípulos.[279]

O apóstolo Paulo exorta os cristãos a terem os mesmos sentimentos de Cristo (cf. Fl 2,5). São João fala da ultimidade do amor aos irmãos, acrescentando que "Jesus nos deu o exemplo". A Carta aos Hebreus exorta a manter os olhos fixos em Jesus, autor e consumador da fé (cf. Hb 12,2). O importante de tudo isso não são tanto os conteúdos como a formalidade: é preciso ser assim porque assim foi Jesus.[280]

Para expressar essa realidade, o teólogo salvadorenho afirma que as primeiras comunidades "praticam o ressuscitado".[281] A experiência do ressuscitado se converteu não só em possibilidade de conhecimento teórico sobre quem é ele, mas em possibilidade de refazer sua realidade histórica.

Para Jon Sobrino, no processo de seguimento, a ressurreição de Jesus é uma realidade fundamental e totalizante que tem a função de plasmar "ressuscitadamente" a estrutura da encarnação, da missão e das cruzes da história.[282] À luz da ressurreição, estabelece-se uma profunda e íntima relação entre os diversos elementos da vida histórica de Jesus e do seu seguimento.

---

[278] Cf. idem, ibidem, p. 23.

[279] Cf. idem, ibidem, p. 167.

[280] Neste aspecto, Jon Sobrino cita a frase de M. Hengel na obra *Seguimiento y carisma*: "Seguimento e discipulado começaram a ser expressão absoluta da existência cristã na comunidade pós-pascal, perseverando na idéia de que todos os crentes estavam postos, ao mesmo tempo, a serviço do Cristo de Deus". Idem, ibidem, p. 168.

[281] Com esta expressão, Jon Sobrino diz estar parafraseando G. Gutiérrez, que diz: "A Deus é preciso contemplá-lo e praticá-lo". Idem, ibidem, p. 169.

[282] Cf. idem, ibidem, p. 26

Viver no seguimento de Jesus, como ressuscitados nas contingências da história, é expressar a dimensão plenificante e escatológica da ressurreição.[283] No seguimento do crucificado, a ressurreição se torna presente de dois modos distintos: primeiro, como *plenitude escatológica* no meio das limitações históricas, a qual se manifesta na esperança, na liberdade e no gozo do seguimento de Jesus;[284] segundo, como *vitória contra a escravidão na caducidade* da história, que se manifesta na esperança contra a resignação, o desencanto, a trivialidade; na liberdade contra os condicionamentos que a história impõe ao amor; no gozo contra a tristeza.[285]

O seguimento de Jesus como reprodução de sua vida histórica deve ser vivido com espírito. Perguntamos, então, qual a relação que Jon Sobrino estabelece entre cristologia e pneumatologia, entre seguimento e espiritualidade? Essa pergunta orientará nossa pesquisa do próximo capítulo. Antes, porém, queremos explicitar alguns pontos que se impõem na conclusão deste capítulo.

Conclusão

Neste capítulo, percorremos o caminho que nos levou da descoberta da identidade cristã como seguimento de Jesus até a explicitação de sua estrutura fundamental, que consiste em refazer e atualizar os quatro momentos fundamentais da vida histórica de Jesus: encarnação, missão, morte na cruz e ressurreição. Queremos agora evidenciar alguns pontos que nos parecem significativos e originais.

1. A preocupação com a identidade cristã atravessa toda a cristologia de Jon Sobrino.

Admitindo que toda a reflexão está situada num lugar determinado e surge de um interesse específico, Jon Sobrino esclarece que sua cristologia nasce de uma perspectiva *parcial, concreta e interessada*: as vítimas deste mundo. Essa

---

[283] Neste sentido, Jon Sobrino lembra Inacio Ellacuría, que, em um sermão no qual falava do seguimento de Jesus, relacionou o seguimento com a plenificação e a escatologia, usando a expressão "viver como ressuscitados na história". Cf. idem, ibidem, p. 25.
[284] Cf. idem, ibidem, p. 27.
[285] Cf. idem, ibidem, p. 27.

escolha está fundamentada na revelação de Deus e na contraditória realidade do mundo atual.[286]

Nosso autor percebe o agravamento da situação de pobreza no mundo. Três bilhões de seres humanos estão submetidos a dificuldades extremas de sobrevivência e à morte lenta. A raiz dessa pobreza extrema é a injustiça estrutural, que gera um abismo intransponível entre ricos e pobres. Além disso, cresce a indiferença e a hipocrisia em relação aos pobres. A pobreza é a forma de violência mais duradoura e também a mais impune.

O agravamento do problema da pobreza no mundo e a profunda indignação ética diante dela levam o teólogo salvadorenho a usar em seu livro, *A fé em Jesus Cristo. Ensaio a partir das vítimas*,[287] e nos artigos mais recentes[288] uma linguagem mais contundente: as vítimas, ou os povos crucificados, em continuidade com o termo pobres, no sentido e no contexto empregados na teologia latino-americana a partir da Conferência de Medellín.

Jon Sobrino admite a existência de um metaparadigma na cristologia, cujo conteúdo central é a relação entre Jesus e os pobres, entre Jesus e as vítimas. Esse metaparadigma permanece sempre como horizonte e como perspectiva segundo os quais a reflexão cristológica se torna mais práxica, mistagógica e existencial. Estabelece-se um círculo hermenêutico. De um lado, a perspectiva das vítimas ajuda a ler os textos cristológicos e a conhecer melhor Jesus. De outro, Jesus ajuda a conhecer melhor a situação das vítimas e a trabalhar em sua defesa.[289]

Junto com a diversificação da linguagem: pobres, vítimas e/ou povos crucificados, percebemos também, em Jon Sobrino, mais claramente, a preocupação com a identidade cristã. Ele se pergunta: na situação concreta da América Latina, como Jesus se revela e como nós o percebemos? Que significa ser cristão, hoje, num contexto de injustiça estrutural?

---

[286] Cf. idem, ibidem, p. 13.

[287] Cf. idem, ibidem, p. 13.

[288] Lembramos aqui de seus artigos: La fe en el Dios crucificado. Reflexiones desde El Salvador. *Revista Latinoamericana de Teología*, n. 31, pp. 49-75; La pascua de Jesús y la revelación de Dios desde la perspectiva de las víctimas. *Revista Latinoamericana de Teología*, n. 34, pp. 79-91.

[289] Cf. idem, *A fé em Jesus Cristo. Ensaio a partir das vítimas*, pp. 15-19.

Nosso autor afirma, claramente, que por trás de seus escritos cristológicos se expressa o que é ser cristão. Por isso, era sua intenção concluir a obra *A fé em Jesus Cristo. Ensaio a partir das vítimas* com um epílogo sobre a identidade cristã. Infelizmente, diante da complexidade do tema da identidade cristã, ele limitou-se a escrever sobre duas de suas dimensões, que ele expressa com os verbos *recordar* que Jesus de Nazaré é o enviado do Pai; e *caminhar* com Deus na história. *Recordar* sintetiza a totalidade do dom de Deus à humanidade, na pessoa de seu Filho, *caminhar* indica a dinâmica da existência cristã, aberta aos novos desafios e concretizada na história.

Apesar de ter-se limitado a essas duas dimensões, não podemos negar a grande contribuição dada por Jon Sobrino ao escrever sua cristologia sob a perspectiva das vítimas e com a preocupação de esclarecer a identidade cristã, no processo de seguimento de Jesus, num contexto de injustiça estrutural.

2. A identidade cristã é uma realidade dinâmica que se constrói no processo de seguimento de Jesus.

Por meio de dois eixos fundamentais: a *história de Jesus* e a *história da fé em Jesus*, Jon Sobrino apresenta Jesus, seu modo de ser e de agir, como boa notícia para o mundo. Sua ressurreição traz esperança para as vítimas e, por meio delas, para todos os seres humanos.[290]

A preocupação fundamental que perpassa toda a cristologia de Jon Sobrino é a mesma que guiou os autores do Novo Testamento: ajudar as pessoas e as comunidades a se encontrarem com Cristo e a seguirem sua causa. A fé em Jesus não significa apenas tomar posição diante da sua realidade divina e humana, mas implica também tomar posição diante da totalidade da realidade.[291]

Por isso, a cristologia de Jon Sobrino é comparada, por ele mesmo, com uma parábola que provoca o leitor e exige tomada de posição e resposta existencial. Por meio da resposta, teórica e histórica, vai sendo construída a identidade cristã. Jesus é

---

[290] Cf. idem, Es Jesús una buena noticia?, *Revista Latinoamericana de Teología*, n. 30, pp. 291-304; ————. *A fé em Jesus Cristo. Ensaio a partir das vítimas*, p. 500.

[291] Cf. idem, ibidem, p. 11.

apresentado em constante e íntima relação com o seu seguidor. Descobrindo quem é Jesus, vamos também, gradualmente, descobrindo quem somos nós, seus seguidores.[292]

Dois pressupostos fundamentais estão na base da abordagem da identidade cristã: primeiro, a identidade cristã é uma realidade dinâmica que, por sua natureza íntima e sua relação com a realidade, precisa ser constantemente repensada, buscando sempre novas e criativas mediações históricas; segundo, a identidade cristã, por causa de sua relação com os conteúdos teológicos e pela força da própria expressão, deve ser definida, metodologicamente, pela via cristológica.

A partir desses pressupostos, Jon Sobrino relaciona a identidade cristã ao seguimento. É no processo de seguimento que vai sendo construída a identidade cristã, a qual tem, como vimos, duas dimensões significativas: *recordar* que Deus se manifestou em Jesus e *caminhar* com Deus na história, respondendo e correspondendo a esse mesmo Deus.

Estabelece-se, assim, entre o seguimento de Jesus e a identidade cristã uma relação de natureza epistemológica. O seguimento se transforma em princípio epistemológico e em caminho insubstituível para conhecer Jesus e construir a identidade cristã.

Dessa forma, na relação com Jesus, além da dupla perspectiva da *ortodoxia* e da *ortopráxis* diretamente relacionadas entre si, Jon Sobrino acrescenta uma terceira, que ele chama de *ortopáthos*, isto é, deixar-se afetar pela realidade de Jesus.[293]

3. A categoria do seguimento concentra uma intencionalidade cristológica capaz de explicitar a identidade cristã em toda a sua relevância e pertinência e, ao mesmo tempo, de unificar e hierarquizar as dimensões da vida cristã.

Apresentar a totalidade do mistério de Cristo e, simultaneamente, a globalidade de uma vida cristã comprometida com as vítimas deste mundo é uma preocupação constante de Jon Sobrino. Percebe-se aqui uma forte reação do nosso autor à teorização estéril da vida e da missão de Jesus, que levam, facilmente, a conciliar ascese cristã e injustiça estrutural.

---

[292] Cf. idem, ibidem, p. 500.
[293] Cf. idem, Es Jesús una buena notícia?, *Revista Latinoamericana de Teología*, n. 30, p. 293.

No processo da elaboração de sua cristologia, Jon Sobrino se preocupa em identificar conceitos que, por sua abrangência e relevância, englobam outras realidades e, ao mesmo tempo, possuem força intrínseca capaz de unificar e hierarquizar os valores da vida cristã, evitando a abstração e a fragmentação.

Para ele, a categoria do seguimento de Jesus possui uma intencionalidade cristológica que se fundamenta em dois aspectos: na pessoa de Jesus, como última *norma normans* do ser cristão; na função salvífica e libertadora do seguimento. A intencionalidade cristológica do seguimento está intimamente ligada com sua capacidade intrínseca de abraçar todas as esferas das possibilidades humanas, de estruturar a vida cristã na sua globalidade e hierarquizar todos os valores humano-cristãos.[294]

A densidade e a força cristológicas do seguimento, bem como seu potencial totalizante e hierarquizador, não se esgotam numa simples definição, mas são expressas numa multiplicidade de formas complementares entre si.

Jon Sobrino recoloca o seguimento de Jesus no centro da reflexão cristológica e da existência cristã, refutando toda a concepção redutiva, fragmentária, ascética e repetitiva. Deixando de ser um tema específico da teologia espiritual, o seguimento se transforma em categoria cristológica, lugar primigênio de toda a epistemologia teológico-cristã e, por conseguinte, também princípio hermenêutico fundamental.[295]

4. A identidade cristã consiste em reproduzir e atualizar, no caminho de seguimento, a estrutura fundamental da vida de Jesus: encarnação, missão, cruz e ressurreição.

De diversos modos e com matizes diferentes, Jon Sobrino afirma que seguir Jesus é reproduzir e atualizar os quatro momentos mais significativos de sua vida terrena: encarnação parcial na história, missão em favor das vítimas, caminho da cruz e ressurreição. Introduz, desta forma, a consciência de que o seguimento é o lugar da articulação entre fé e compromisso, entre memória viva e atuante do passado e resposta corajosa aos desafios históricos atuais.

---

[294] Cf. idem, Seguimento de Jesus. In: Floristán Samanes, C. & Tamayo-Acosta, J. J. (orgs.). *Dicionário de conceitos fundamentais do cristianismo*, p. 773.

[295] Cf. Idem, Jesús de Nazaret. In: Floristán Samanes, C. & Tamayo-Acosta, J. J. (orgs.). *Conceptos fundamentales de pastoral*, pp. 509-510; ———. *A fé em Jesus Cristo. Ensaio a partir das vítimas*, p. 455.

O seguimento exige encarnação parcial no mundo dos pobres, não como critério de moral, mas como critério teológico. É tornando-se irmão dos pobres que Deus se faz pai de todos. A universalidade para ser cristão passa pela parcialidade. Se a encarnação é real, seu fruto é uma prática de amor eficaz, que luta contra a injustiça e a favor das vítimas. A práxis do amor e da justiça passa a ser uma dimensão interna e experiencial da fé.

Na cristologia de Jon Sobrino e, por conseguinte, em sua proposta de seguimento, a encarnação de Jesus, sua dedicação à causa do Reino, sua morte na cruz e sua ressurreição não podem ser compreendidas como acontecimentos isolados, mas segundo uma profunda e clara interligação.

A cruz é a expressão total de uma existência que não só lutou contra o pecado e procurou erradicá-lo, mas também carregou o pecado do mundo; a morte na cruz foi a conseqüência de sua vida; a ressurreição justifica-se segundo a identidade do ressuscitado como o injustamente crucificado.

5. A relação intrínseca, útil e necessária da cruz de Jesus com as cruzes dos povos crucificados.

Antes mesmo de qualquer formulação conceitual, Jon Sobrino percebe que existe uma relação entre Jesus de Nazaré e a situação dos povos oprimidos. Essa percepção constitui elemento decisivo para a cristologização das vítimas.

Embora a expressão povos crucificados tenha sido usada pela primeira vez, na cristologia, por Inacio Ellacuría, não resta dúvida de que este tema é específico do nosso autor. Mesmo assim, deve-se reconhecer que, neste aspecto, Jon Sobrino é devedor do teólogo J. Moltmann, autor da obra *O Deus crucificado*, por ele citado inúmeras vezes.

Nosso autor não usa a expressão realidade crucificada, mas povo crucificado, que, sendo um termo histórico, sem dúvida reflete também a realidade crucificada e indica a centralização direta na pessoa humana, como protagonista da história.

Povos crucificados é um termo histórico, útil e necessário, alicerçado em três níveis: primeiro, no nível *factual-real*, pois a cruz expressa a realidade de pobreza e morte dos povos do Terceiro Mundo; segundo, no nível *histórico-ético*, pois a cruz expressa que não se trata de qualquer morte, mas de um tipo que é fruto das estruturas injustas; terceiro, no *nível religioso*, pois a cruz foi o tipo de morte que Jesus sofreu, que evoca o fundamental da fé, do pecado, da graça, da condenação e da salvação.[296]

A expressão povos crucificados, vista segundo esses níveis de necessidade e de utilidade, desemboca na cristologia, pois eles são a presença atual de Cristo crucificado na história. Tomando como modelo interpretativo o servo sofredor de Isaías, figura de Jesus que toma sobre si o peso dos pecados do mundo, Jon Sobrino relaciona a situação dos povos latino-americanos e, em especial, do povo salvadorenho, com o Cristo injustiçado pelos chefes políticos e religiosos de seu tempo.

Os povos que não têm o essencial para viver, desprezados e humilhados em sua dignidade de filhos de Deus, são a atualização do rosto histórico do crucificado de Nazaré. Nessa constatação, percebem-se duas aproximações transparentes: com a cristologia popular, para a qual aqueles que padecem sofrimentos encarnam em suas vidas o Bom Jesus sofredor; com a fé popular, que vê no Cristo sofredor a prova maior de sua humanidade.

6. O ressuscitado é o crucificado e a ressurreição de Jesus determina o modo de ser e de viver o seguimento.

Consumação intrínseca da vida de Jesus, sua ressurreição é uma realidade totalizante não acessível diretamente, mas por meio da perspectiva da esperança das vítimas, a qual perpassa toda a trajetória da cristologia de Jon Sobrino.

A ressurreição como ação escatológica de Deus na história está intimamente relacionada com a identificação do ressuscitado, que é o crucificado. Ressuscitando Jesus, Deus confirma a verdade de sua vida terrena.

Depois de analisar diversos enfoques hermenêuticos, Jon Sobrino escolhe as vítimas deste mundo como seu princípio hermenêutico. A partir desse princípio, inspirando-se em Kant, responde às perguntas antropológicas que expressam a totalidade do ser humano: o que podemos esperar? A esperança no poder de Deus con-

---

[296] Cf. idem, *Jesus, o Libertador.* I – A História de Jesus de Nazaré, p. 367.

tra a injustiça que produz vítimas. O que devemos fazer? Descer da cruz os povos crucificados. O que é permitido esperar? A história como promessa. E ele acrescenta uma quarta pergunta: o que podemos celebrar? A plenitude da história.

Só é possível compreender e viver a ressurreição no caminho práxico do seguimento do crucificado à luz do ressuscitado. Conseqüentemente, a ressurreição é um modo de ser e de viver o seguimento. A ressurreição é uma realidade totalizante que tem a função de plasmar ressuscitadamente a estrutura do seguimento de Jesus: a encarnação parcial na história, a missão em favor das vítimas e, conseqüentemente, o caminho da cruz.

A descoberta do seguimento de Jesus como forma privilegiada de explicitar a identidade cristã nos leva a perguntar: qual a relação que se estabelece entre cristologia e pneumatologia, entre seguimento e espiritualidade? A resposta a essa pergunta será objeto do capítulo V.

Capítulo V
VIDA CRISTÃ: PROSSEGUIMENTO DE JESUS COM ESPÍRITO

A totalidade da vida cristã pode ser definida como prosseguimento de Jesus com espírito. Seguimento remete à estrutura fundamental da vida de Jesus, a qual é preciso reproduzir. Com espírito indica a força para caminhar. Pro indica a atualização no presente e a abertura para a novidade do futuro.

Jon Sobrino

O seguimento de Jesus como forma privilegiada de explicitar a identidade cristã não é uma realidade impessoal e aistórica, mas exige responsabilidade pessoal e contextualização na história. Conseqüentemente, o seguimento só pode ser concretizado levando em conta dois fatores determinantes: a memória viva de Jesus de Nazaré e as situações históricas em que se vive. Jesus deve ser prosseguido, atualizado e não imitado mecanicamente.[1] E isso se faz na força do Espírito.

Tal constatação nos coloca diante de outro desafio fundamental: como equacionar a relação entre cristologia e pneumatologia, entre Jesus-seguimento e Espírito-espiritualidade. Em outras palavras, no processo de construção da identidade cristã segundo o seguimento de Jesus, como estabelecer uma relação adequada entre estes dois pólos: de um lado, a fidelidade a Jesus, a qual nos conduz, de fato, a reproduzir sua vida histórica; de outro, a abertura ao Espírito, a qual nos leva a encarnar-nos na realidade em que vivemos e a responder, de forma consciente e responsável, aos seus apelos.

Jon Sobrino nos dá a chave para adentrar no universo dessa relação e para descobrir suas implicações para a existência cristã ao afirmar que a totalidade da vida cristã pode ser descrita como "prosseguimento de Jesus com espírito".[2] Sintética e, ao mesmo tempo, complexa, essa afirmação nos projeta para o futuro e abre uma nova perspectiva no que diz respeito à questão primordial da nossa pesquisa:

---

[1] Cf. Sobrino, J. *Cristologia a partir da América Latina*, p. 151; ———. Seguimento de Jesus. In: Floristán Samanes, C. & Tamayo-Acosta, J. J. (orgs.). *Dicionário de conceitos fundamentais do cristianismo*, pp. 772-773; ———. *A fé em Jesus Cristo. Ensaio a partir das vítimas*, p. 488.

[2] Cf. idem, "Luz que penetra las almas" Espíritu de Dios y seguimiento lúcido de Jesús, *Sal Terrae*, n. 1.008, p. 9; ———. *A fé em Jesus Cristo. Ensaio a partir das vítimas*, pp. 482-483.

como entender a realidade do seguimento de Jesus que atravessa, de forma perceptível e comprometedora, toda a cristologia de Jon Sobrino?

Estamos, portanto, diante de um novo desafio diretamente relacionado à nossa compreensão da categoria de seguimento na cristologia de Jon Sobrino: como entender a afirmação do nosso autor de que a totalidade da vida cristã pode ser descrita como "prosseguimento de Jesus com espírito"?

Procuraremos, no decorrer deste capítulo, responder a essa questão e analisar suas implicações para a existência cristã, considerando os seguintes pontos: *A relação entre Jesus e o Espírito* (1); *o prosseguimento de Jesus: lugar da manifestação do Espírito* (2); *o ato de fé em Deus Trindade* (3); *a espiritualidade do seguimento de Jesus* (4); *a superação da dicotomia entre espiritualidade e teologia* (5); *as exigências e os frutos da espiritualidade do seguimento de Jesus* (6); *o seguimento de Jesus: lugar e critério de discernimento* (7).

1. A relação entre Jesus e o Espírito

A reflexão cristológica de Jon Sobrino, desenvolvida, como vimos, segundo a perspectiva do seguimento, como realidade viva e dinâmica, pretende ser uma cristologia trinitária. O fazer cristológico acontece dentro da realidade trinitária de Deus. O Pai é o princípio e o horizonte último da realidade; o Filho é a exemplaridade definitiva de como corresponder ao Pai; a vida no Espírito de Jesus é o agir cristão que nos torna filhos no Filho.[3]

A relação de Jesus com o Pai já foi objeto de nosso estudo no capítulo III. Resta-nos agora aprofundar outra questão fundamental: para Jon Sobrino, qual a relação existente entre Jesus e o Espírito, entre cristologia e pneumatologia?

Embora o enfoque trinitário esteja presente na elaboração teológica de Jon Sobrino[4] e seus escritos sobre vida espiritual e espiritualidade sejam relativamente

---

[3] Cf. idem, *Cristologia a partir da América Latina*, pp. 20-22.
[4] Cf. idem, Deus. In: Floristán Samanes, C. & Tamayo-Acosta, J. J. (orgs.). *Dicionário de conceitos fundamentais do cristianismo*, pp. 176-178; ———. La concepción de "Dios" en los Ejercicios. In: Floristán Samanes, C. & Tamayo-Acosta, J. J. (orgs.). *El Cristo de los Ejercicios de san Ignacio*, pp. 21-29; ———. Teología desde la realidad. In: Susin, L. C. (org.). *O mar se abriu. Trinta anos de teologia na América Latina*, p. 161.

abundantes,⁵ só recentemente ele abordou, de forma explícita, a questão da relação entre Jesus e o Espírito e, conseqüentemente, entre seguimento e espiritualidade.⁶ Ele próprio adverte que, ao refletir sobre o Espírito, não pretende fazer uma abordagem bíblica detalhada, nem um tratado estritamente dogmático trinitário.⁷

Apesar da honestidade de nosso autor em reconhecer tais limites, com os quais concordamos, percebemos que ele traz uma contribuição significativa para a teologia e a vida cristã, ao fundamentar a relação entre Jesus e o Espírito, entre cristologia e pneumatologia, na vida de Jesus como lugar da manifestação do Espírito e no Espírito como memória e imaginação de Jesus.

Esclarecer não apenas abstratamente, mas também *in actu*, a relação existente entre Jesus e o Espírito é uma tarefa difícil, porém indispensável para a vida cristã. A resposta a essa pergunta é fundamental para abordar a relação entre seguimento de Jesus e espiritualidade. Por isso, responderemos à pergunta inicial sobre a relação entre Jesus e o Espírito, abordando dois aspectos complementares: *Jesus de Nazaré: possuído pelo Espírito* e *o Espírito de Deus: memória e imaginação de Jesus*.

Jesus de Nazaré: possuído pelo Espírito

Ao refletir sobre a relação entre Jesus e o Espírito, Jon Sobrino exclui o modo de proceder que consiste simplesmente em justapor o Espírito a Jesus, a pneumatologia à cristologia, e opta pela convergência dessas realidades. Resgata, assim, o Espírito de um lugar etéreo, atemporal e invisível, e remete-o para um lugar histórico: a vida de Jesus e o seu seguimento.⁸

---

⁵ Os escritos mais significativos de Jon Sobrino sobre o tema da espiritualidade foram publicados na obra *Espiritualidade da libertação: estrutura e conteúdos*. Ver também Espiritualidad y seguimiento de Jesús. In: ELLACURÍA, I. & SOBRINO, J. (orgs.). *Mysterium Liberationis*. Conceptos fundamentales dela Teología de La Liberación, v. 2, pp. 449-476.

⁶ Este tema foi desenvolvido por Jon Sobrino, nos textos, El Espíritu, memoria e imaginación de Jesús en el mundo. "Supervivencia" y "civilización de la pobreza", *Sal Terrae*, n. 966, pp. 181-195; "Luz que penetra las almas" Espíritu de Dios y seguimiento *lúcido* de Jesús, *Sal Terrae*, n. 1.008, pp. 3-15, e também em sua obra *A fé em Jesus Cristo. Ensaio a partir das vítimas*, pp. 482-487.

⁷ Cf. idem, El Espíritu, memoria e imaginación de Jesús en el mundo. "Supervivencia" y "civilización de la pobreza", *Sal Terrae*, n. 966, p. 185, nota 3.

⁸ Cf. idem, "Luz que penetra las almas" Espíritu de Dios y seguimiento *lúcido* de Jesús, *Sal Terrae*, n. 1.008, p. 3; ———. *A fé em Jesus Cristo. Ensaio a partir das vítimas*, p. 483.

Para o teólogo salvadorenho, na relação entre Jesus e o Espírito, o primeiro aspecto a ser considerado é a vida de Jesus como lugar, por excelência, da manifestação do Espírito. Ele constata que, em sua vida terrena, Jesus falou pouco do Espírito e não definiu a personalidade deste último. Entretanto, a vida de Jesus está toda ela perpassada pelo Espírito,[9] realidade que o nosso autor formula com esta proposição:

> A história de Jesus, sua práxis, sua atividade, seu destino estão perpassados de espírito de forma histórica e palpável. São o lugar da manifestação do Espírito de Deus.[10]

Baseando-se nos evangelhos sinóticos, Jon Sobrino resume a relação entre Jesus e o Espírito em três pontos: primeiro, o Espírito envia Jesus não como força extrínseca, mas configurando-o íntima e pessoalmente conforme seu próprio ser; segundo, essa força tem como objetivo a realização da missão de Jesus, é uma força para proclamar a boa-nova aos cativos, dar vista aos cegos e libertar os oprimidos (cf. Lc 4,16-19); terceiro, o Espírito é força, energia, vigor, "uma força sai dele" (cf. Mc 5,30; Lc 8,46).[11]

A vida e a práxis de Jesus nas quais o Espírito se manifesta são realidades históricas e não deixam lugar ao intimismo e ao esoterismo.[12] Jesus está *no* Espírito e fala *com* o Espírito,[13] o qual se expressa em sua vida de forma concreta.[14]

O teólogo salvadorenho faz um elenco das manifestações do Espírito na vida de Jesus. *Espírito de novidade e de futuro*: Jesus foi um ser extremamente aberto ao novo em todas as dimensões da realidade, até mesmo na dimensão teologal; ele se abre à novidade de Deus Pai, próximo, mas que, ao mesmo tempo, continua sendo mistério.[15]

---

[9] Cf. idem, "Luz que penetra las almas" Espíritu de Dios y seguimiento *lúcido* de Jesús, *Sal Terrae*, n. 1.008, p. 5; Deus. In: FLORISTÁN SAMANES, C. & TAMAYO-ACOSTA, J. J. (orgs.). *Conceitos fundamentais do cristianismo*, p. 177.

[10] Idem, "Luz que penetra las almas" Espíritu de Dios y seguimiento *lúcido* de Jesús, *Sal Terrae*, 1.008 p. 4.

[11] Cf. idem, El Espíritu, memoria e imaginación de Jesus en el mundo. "Supervivencia" y "civilización de la pobreza", *Sal Terrae*, n. 966, p. 186.

[12] Cf. idem, "Luz que penetra las almas" Espíritu de Dios y seguimiento *lúcido* de Jesús, *Sal Terrae*, n. 1.008, p. 8.

[13] Cf. idem, ibidem, p. 8; ———. El Espíritu, memoria e imaginación de Jesus en el mundo. "Supervivencia" y "civilización de la pobreza", *Sal Terrae*, n. 966, p. 189; ———. *A fé em Jesus Cristo. Ensaio a partir das vítimas*, p. 486.

[14] Para Jon Sobrino, Espírito (com letra maiúscula) é o Espírito Santo, a terceira pessoa da Santíssima Trindade, e espírito (com letra minúscula) são as suas manifestações concretas na história, como, por exemplo, Jesus estava cheio do espírito de misericórdia. Cf. idem, "Luz que penetra las almas" Espíritu de Dios y seguimiento *lúcido* de Jesús, *Sal Terrae*. n. 1.008, p. 3, nota 1.

[15] Cf. idem, "Luz que penetra las almas" Espíritu de Dios y seguimiento *lúcido* de Jesús, *Sal Terrae*, n. 1.008, p. 5; ———. *A fé em Jesus Cristo. Ensaio a partir das vítimas*, p. 485.

Espírito de liberdade: Jesus se mostrou totalmente livre diante da Lei, do culto e das tradições religiosas; o exercício da liberdade teve sempre em vista o amor, a justiça, a misericórdia para com os pobres, os marginalizados e as vítimas.[16]

Espírito de discernimento: Jesus se colocou diante de Deus para discernir a sua vontade acerca da missão que ele lhe confiara.[17]

Espírito de oração: a vida de Jesus está perpassada pelo espírito de oração e o momento de maior intimidade com Deus é quando ele o chama de *Abba*, Pai (cf. Mc 14,36);[18]

Espírito de gratuidade: a vida de Jesus foi perpassada pelo sabor da iniciativa divina.[19]

Além dessas manifestações do Espírito (novidade e futuro, liberdade, discernimento, oração, gratuidade) existem outras na vida de Jesus, as quais Jon Sobrino relaciona com as situações de opressão e de libertação, de conflito e de martírio.

Espírito de vida: Jesus dedicou sua vida à defesa daqueles a quem a vida foi tirada, os pobres e marginalizados.[20]

Espírito de verdade: Jesus falava com autoridade.[21]

Espírito de amor e misericórdia: o mandamento novo é que orienta a vida de Jesus.[22]

---

[16] Cf. idem, "Luz que penetra las almas" Espíritu de Dios y seguimiento *lúcido* de Jesús, *Sal Terrae*, n. 1.008, p. 5; ———. El Espíritu, memoria e imaginación de Jesus en el mundo. "Supervivencia" y "civilización de la pobreza", *Sal Terrae*, n. 966, p. 183; ———. *A fé em Jesus Cristo*. Ensaio a partir das vítimas, pp. 485-486.

[17] Sobre o espírito de discernimento, Jon Sobrino lembra o episódio das tentações, escrito com o objetivo de mostrar que Jesus se colocou diante de Deus para discernir a sua vontade acerca de algo central em sua vida: como ser messias. Cf. idem "Luz que penetra las almas" Espíritu de Dios y seguimiento *lúcido* de Jesús, *Sal Terrae*, 1.008: 6; ———. El Espíritu, memoria e imaginación de Jesus en el mundo. "Supervivencia" y "civilización de la pobreza", *Sal Terrae*, n. 966, pp. 183-184; ———. *Jesus, o Libertador*. I – A História de Jesus de Nazaré, pp. 222-224.

[18] Cf. idem, "Luz que penetra las almas" Espíritu de Dios y seguimiento *lúcido* de Jesús, *Sal Terrae*, n. 1.008, p. 6; ———. *A fé em Jesus Cristo*. Ensaio a partir das vítimas, p. 486.

[19] Cf. idem, ibidem, pp. 486-487.

[20] Cf. idem, "Luz que penetra las almas" Espíritu de Dios y seguimiento *lúcido* de Jesús, *Sal Terrae*, n. 1.008, pp. 6-7.

[21] Cf. idem, ibidem, p. 7; ———. *A fé em Jesus Cristo*. Ensaio a partir das vítimas, p. 485.

[22] Cf. idem, "Luz que penetra las almas" Espíritu de Dios y seguimiento *lúcido* de Jesús, *Sal Terrae*, n. 1.008, pp. 6-7.

Ao considerar a vida de Jesus como lugar da manifestação do Espírito, Jon Sobrino acena para a superação de dois perigos provenientes do cristocentrismo exagerado. O primeiro risco é o "empobrecimento de Deus", reduzindo-o ao que dele transparece em Jesus Cristo; Deus é maior que Jesus, humano e limitado.[23] O segundo perigo é o "fanatismo antropológico", excessiva valorização da figura humana de Jesus, o qual pode gerar um seguimento fechado, intransigente e até mesmo violento.[24]

Na cristologia de Jon Sobrino, portanto, a história de Jesus, sua práxis, suas atividades e seu destino manifestam de forma concreta a presença do Espírito de Deus e sinalizam para o segundo pólo dessa relação, o Espírito.

O Espírito de Deus: memória e imaginação de Jesus

Na relação entre Jesus e o Espírito, o segundo aspecto que Jon Sobrino considera é o Espírito como *memória e imaginação* de Jesus. Se, de um lado, é na vida e na práxis de Jesus que o Espírito se manifesta, de outro, o Espírito é a *memória* e a *imaginação* de Jesus.

O Espírito é a *memória* que nos faz voltar sempre de novo a Jesus de Nazaré e propiciar vida justa para os pobres e, ao mesmo tempo, nos introduz na verdade plena e nos capacita a fazer coisas maiores que Jesus. A *memória* de Jesus é, imprescindível e, ao mesmo tempo, difícil de se manter, pois a tentação de manipular Jesus de Nazaré nos acompanha ao longo da história.[25]

Sabemos que os evangelhos foram escritos segundo a fé em Jesus e, portanto, sem a preocupação da exatidão histórica, mas, ao mesmo tempo, na pós-modernidade, o evento da morte de Jesus na cruz continua sendo algo que incomoda. Entretanto, não podemos negar a presença do conflito e da cruz na vida de Jesus, motivados pela defesa dos pobres e pela denúncia dos poderosos, nem podemos

---

[23] Percebemos aqui uma referência à problemática atual da cristologia no diálogo inter-religoso. A esse respeito, Jon Sobrino lembra o artigo de E. Schillebeeckx, publicado na revista *Concilium*, n. 272, pp. 797-814. Cf. idem "Luz que penetra las almas" Espíritu de Dios y seguimiento *lúcido de Jesús, Sal Terrae*, n. 1.008, p. 4, nota 3.

[24] Cf. idem, ibidem, p. 4.

[25] Cf. idem, El Espíritu, memoria e imaginación de Jesús en el mundo. "Supervivencia" y "civilización de la pobreza", *Sal Terrae*, n. 966, p. 181.

negar a existência, hoje, de povos crucificados e do conflito e martírio de quem defende a sua causa diante dos poderosos deste mundo.[26]

O Espírito é também a *imaginação* de Jesus, e como tal nos leva a perguntar constantemente: hoje, o que diria e faria Jesus de Nazaré? Com certeza, anunciaria o Reino de Deus aos pobres e se colocaria a serviço deles, denunciaria o anti-reino e por isso entraria em conflito com os poderosos.[27]

Memória e *imaginação* são realidades fundamentais para a vida cristã. Nelas se julga, existencialmente, o essencial da fé: ser e viver, hoje, como Jesus. Jon Sobrino lembra que Ignacio Ellacuría gostava de usar a expressão "Espírito de Jesus", introduzindo, já na formulação, a dialética da novidade e da norma.[28]

Para Jon Sobrino, portanto, a relação entre Jesus e o Espírito se dá por meio de dois pólos fundamentais: a vida de Jesus, lugar da manifestação do Espírito e o Espírito, *memória* e *imaginação* de Jesus. Essa descoberta nos leva a perguntar: para nós, hoje, qual é o lugar por excelência, da manifestação do Espírito?

2. O prosseguimento de Jesus: lugar da manifestação do Espírito

Na visão de Jon Sobrino, a pergunta sobre o lugar por excelência da manifestação do Espírito, para nós hoje, encontra no próprio Jesus um referencial para a resposta. A vida de Jesus está, toda ela, perpassada pelo Espírito. Conseqüentemente, o seguimento, que consiste em ser e viver como Jesus, é, para nós, o lugar privilegiado da manifestação do Espírito. O seguimento de Jesus tem duas dimensões fundamentais intrinsecamente relacionadas: a dimensão *cristológica*: a concretização de Jesus como *norma normans*[29] e a *pneumatológica*: o Espírito, que atualiza Jesus na história.[30]

---

[26] Cf. idem, El Espíritu, memoria e imaginación de Jesús en el mundo. "Supervivencia" y "civilización de la pobreza", *Sal Terrae*, n. 966, pp. 181-182.

[27] Cf. idem, ibidem, p. 182.

[28] Cf. idem, ibidem, pp. 184-185.

[29] Cf. idem, ibidem, p. 185; ————. Espiritualidad y seguimiento de Jesús. In: FLORISTÁN SAMANES, C. & TAMAYO-ACOSTA, J. J. (orgs.). *Conceptos fundamentales de la Teología de la Liberación*, v. 2, p. 459; ————. "Luz que penetra las almas" Espíritu de Dios y seguimiento lúcido de Jesús, *Sal Terrae*, n. 1.008, p. 4; ————. *A fé em Jesus Cristo. Ensaio a partir das vítimas*, p. 482.

[30] Jon Sobrino afirma: "O fundamental do Espírito é gerar vida, continuar gerando-a historicamente, fazendo inclusive "obras maiores" e remetendo Jesus sempre novamente à origem das obras de Deus". Deus. In: FLORISTÁN SAMANES, C. & TAMAYO-ACOSTA, J. J. (orgs.). *Dicionário de conceitos fundamentais do cristianismo*, p. 177.

A partir dessa constatação, Jon Sobrino formula esta proposição:

> O lugar primário da manifestação atual do Espírito é o prosseguimento de Jesus, que nos assemelha a ele. O Espírito é a força para tornar real essa semelhança, atualizada na história, e por isso, aberta ao novo.[31]

O seguimento como lugar da manifestação do Espírito engloba outras realidades, tais como: a oração, a liturgia, a contemplação da natureza. Mas o desígnio de Deus é chamar-nos a "ser filhos no Filho", isto é, a reproduzir na história a vida de Jesus.[32]

O Espírito, força de salvação para os seres humanos, não inventa a estrutura do seguimento. Esta é dada pela vida terrena de Jesus e consiste, como vimos no capítulo IV, em quatro momentos fundamentais: encarnação parcial na história; missão libertadora em favor das vítimas; conflito com os opressores, perseguição e cruz; ressurreição como plenificação histórica e transcendente.[33]

Seguimento de Jesus e Espírito não são realidades que coexistem simplesmente de forma justaposta, nem são realidades que geram forças contrárias, mas cada uma corresponde a âmbitos distintos da realidade.

Para explicar esses âmbitos distintos da realidade, Jon Sobrino usa uma linguagem metafórica. Para ele, o seguimento é a linha mestra traçada por Jesus para caminhar e o espírito é a força que nos capacita a caminhar real e atualizadamente por esse traçado, ao longo da história. Conseqüentemente, não falamos apenas de seguimento, mas de *prosseguimento*:

> A totalidade da vida cristã pode ser definida como *prosseguimento de Jesus com espírito*. *Seguimento* remete à estrutura fundamental da vida de Jesus, a qual é preciso reproduzir. *Com espírito* indica a força para caminhar. *Pro* indica a atualização no presente e a abertura para a novidade do futuro.[34]

---

[31] Idem, "Luz que penetra las almas" Espíritu de Dios y seguimiento *lúcido* de Jesús, *Sal Terrae*, n. 1.008, p. 8.

[32] Cf. idem, ibidem, p. 8.

[33] Cf. idem, ibidem, p. 9; ———. *A fé em Jesus Cristo. Ensaio a partir das vítimas*, p. 483.

[34] Idem, "Luz que penetra las almas" Espíritu de Dios y seguimiento *lúcido* de Jesús, *Sal Terrae*, n. 1.008, p. 9; ———, *A fé em Jesús Cristo. Ensaio a partir das vítimas*, pp. 482-483.

O teólogo salvadorenho adverte que, atualmente, proliferam movimentos considerados manifestações extraordinárias do Espírito. Por isso, é preciso reafirmar que o verdadeiro lugar da manifestação do Espírito é o seguimento de Jesus, o qual implica encarnação na realidade dos pobres, missão a favor do Reino e contra o anti-reino, perseguição e cruz. Essa afirmação pode ser comprovada pelo testemunho de são Francisco de Assis, Dietrich Bonhoeffer, Dom Oscar Romero, que foram insignes seguidores de Jesus e, ao mesmo tempo, revolucionaram a história pela ação transformadora do Espírito.[35]

A constatação de que o seguimento é o lugar por excelência da manifestação do Espírito nos leva a perguntar: quais são as manifestações do Espírito que ocorrem no seguimento?

Dentre as múltiplas e variadas manifestações do Espírito,[36] Jon Sobrino concentra sua atenção em dois aspectos: o Espírito como *luz para iluminar a verdade* e o Espírito como *força para desmascarar a mentira do mundo*.

Em relação ao *Espírito, luz para iluminar a verdade*, Jon Sobrino formula a seguinte proposição: "Ao longo da história, o Espírito é força para captar a verdade nova e maior".[37]

A função do Espírito como luz para iluminar a verdade está relacionada com a historicidade da comunicação de Deus. A verdade de Deus se tornou presente em Jesus, mas precisa ser completada: "Quando ele vier, os guiará à verdade completa" (Jo 16,13).

Além de nos conduzir do não-saber ao saber, o Espírito é *força para desmascarar a mentira do mundo*. A esse respeito, Jon Sobrino formula outra proposição: "O Espírito é a força para superar a mentira e iluminar a realidade encoberta".[38]

---

[35] Além de Francisco de Assis, Dietrich Bonhoeffer e Dom Oscar Romero, Jon Sobrino lembra também Inacio Ellacuría. Em sua vida, ele priorizou o seguimento e, nele, o espírito de novidade esteve sempre presente, interpretado a partir da perspectiva inaciana: meditação da encarnação, o rei temporal, as duas bandeiras, o escondimento da divindade na cruz, o *in actione contemplativus*. Cf. idem. El Espíritu, memoria e imaginación de Jesús en el mundo. "Supervivencia" y "civilización de la pobreza", *Sal Terrae*, n. 966, p. 10, nota 9.

[36] Jon Sobrino lembra a afirmação do apóstolo Paulo de que o Espírito outorga uma multidão de carismas. A Tradição lembra sete dons. E o *Veni Creator* lhe atribui diversas funções: luz, amor, fortaleza, força contra o inimigo. Cf. idem "Luz que penetra las almas" Espíritu de Dios y seguimiento *lúcido de Jesús*, *Sal Terrae*, n. 1.008, p. 11.

[37] Idem, ibidem, p. 11.

[38] Idem, ibidem, p. 13.

Em todos os campos das relações sociais, existem, hoje, mentiras e ocultamento da verdade. Superar tal situação de mentira estrutural e institucionalizada é um milagre do Espírito. O seguimento de Jesus aberto ao Espírito que ilumina a verdade e desmascara a mentira é chamado por Jon Sobrino de seguimento "lúcido".[39]

Na reflexão cristológica de Jon Sobrino, portanto, a relação entre Jesus, o enviado do Pai, e o Espírito se estabelece por meio de dois pólos: a vida de Jesus como possuída pelo Espírito e o Espírito como memória e imaginação de Jesus. E o seguimento é, para nós, o lugar autêntico da contemplação do mistério de Deus na sua realidade trinitária. Perguntamos, então, como expressar a fé em Deus Trindade, no processo de seguimento?

3. O ato de fé em Deus Trindade

No seguimento de Jesus, expressamos nossa fé em Deus Trindade, Pai, Filho e Espírito Santo. Deus, que, em Jesus, se aproxima do ser humano, torna-se interior a ele, pessoal e socialmente no Espírito,[40] força positiva e salvífica para os seres humanos, necessária para configurar humanamente as pessoas e para construir a história com justiça.[41]

Nossa expressão de fé adquire um colorido próprio diretamente relacionado com as pessoas da Trindade às quais se dirige. Jon Sobrino sintetiza essa sua convicção num texto profundamente inspirado que ele próprio repete várias vezes em seus escritos:

> Crer no Pai significa a entrega confiada e obediente ao que existe de mistério absoluto em Deus, origem gratuita e futuro bem-aventurado. Crer no Filho significa crer que de Jesus o Pai se aproximou; que o mistério do Pai é realmente amor, na escandalosa

---

[39] Cf. idem, "Luz que penetra las almas" Espíritu de Dios y seguimiento *lúcido* de Jesús, *Sal Terrae*, n. 1.008, pp. 11 e 15.

[40] Cf. idem, Deus. In: FLORISTÁN SAMANES, C. & TAMAYO-ACOSTA, J. J. (orgs.). *Dicionário de conceitos fundamentais do cristianismo*, pp. 177.

[41] A este respeito, Jon Sobrino lembra Ignacio Ellacuría. Este que usava a expressão "pobres com espírito", buscando uma síntese sistemática entre o conteúdo das bem-aventuranças em Mateus e em Lucas. Para ele, o espírito é força que configura os pobres e sustenta na construção de uma nova sociedade. El Espíritu, memoria e imaginación de Jesús en el mundo. Cf. idem "Supervivencia" y "civilización de la pobreza", *Sal Terrae*, n. 966, p. 185, nota 4.

dialética do amor ressuscitante e do amor crucificado; que no seguimento de Jesus — e não fora dele — dá-se a estrutura do acesso ao Pai. Crer no Espírito significa a realização *in actu* da entrega ao Pai e do prosseguimento de Jesus.[42]

No seguimento de Jesus, a totalidade da nossa fé é expressa na totalidade dos diversos "crer em" e na sua mútua relação. Jesus, o Verbo feito carne, é o enviado do Pai e o caminho que nos conduz a ele como a origem e a consumação da salvação. O Espírito é o dom vivificante do Pai, o qual se manifestou em Jesus, age em nós e nos leva ao Pai, tornando-nos filhos no Filho.[43]

O Espírito de Deus sopra onde e como quer. Mas tem um lugar determinado de atuar, recordar e imaginar em que o seu sopro é real e tem a força de um vendaval.[44] Esse lugar é o seguimento de Jesus, o qual embora pareça contraditório, tem uma estrutura precisa: encarnação entre os pequenos e fracos da história, missão libertadora em favor das vítimas, conflito com os opressores, perseguição e cruz, ressurreição como plenitude histórica e transcendente do seguimento.[45]

No processo de seguimento, o Espírito, *memória e imaginação* de Jesus, como força para prosseguir na caminhada, está relacionado com a espiritualidade. Perguntamos, então, na totalidade da vida cristã, definida em termos de "prosseguimento de Jesus com espírito", como entender a espiritualidade cristã?

---

[42] Idem, Deus. In: Floristán Samanes, C. & Tamayo-Acosta, J. J. (orgs.). *Dicionário de conceitos fundamentais do cristianismo*, p. 178; ———. El Espíritu, memoria e imaginación de Jesus en el mundo. "Supervivencia" y "civilización de la pobreza", *Sal Terrae*, 966, p. 189; ———. "Luz que penetra las almas" Espíritu de Dios y seguimiento *lúcido* de Jesús, *Sal Terrae*, n. 1.008, p.10.

[43] Cf. idem, Deus. In: Floristán Samanes, C. & Tamayo-Acosta, J. J. (orgs.). *Dicionário de conceitos fundamentais do cristianismo*, pp. 177-178.

[44] Jon Sobrino lembra o patriarca Inácio IV de Antioquia, que, em 1968, em Uppsala afirmou: "Sem o Espírito Santo, Deus está distante. Cristo permanece no passado, o Evangelho é uma letra morta, a Igreja é uma simples organização, a autoridade é tirania, a missão é propaganda, a liturgia é simples recordação, a vida cristã é uma moral de escravos. O Espírito, porém, é uma sinergia indissociável, o cosmo é liberado e geme fazendo nascer o Reino, o ser humano luta contra a carne, Cristo ressuscitado está aqui, o Evangelho é uma força vivificadora, a Igreja significa a comunhão trinitária, a autoridade é um Pentecostes, a liturgia é memorial e antecipação, a ação humana é divinizada". "Luz que penetra las almas" Espíritu de Dios y seguimiento *lúcido* de Jesús, *Sal Terrae*, n. 1.008, p. 11.

[45] Cf. idem, El Espíritu, memoria e imaginación de Jesús en el mundo. "Supervivencia" y "civilización de la pobreza", *Sal Terrae*, n. 966, p. 190; ———. *A fé em Jesus Cristo. Ensaio a partir das vítimas*, p. 483.

4. A espiritualidade do seguimento de Jesus

No prosseguimento de Jesus com espírito, a convergência entre Jesus e o Espírito constitui o fundamento para entender e situar corretamente a espiritualidade cristã.

Para Jon Sobrino, a espiritualidade cristã consiste em viver segundo o espírito de Jesus, isto é, viver o seguimento de Jesus com espírito.[46] Estamos, portanto, mais uma vez, diante de uma visão totalizante que pretende superar, de um lado, a simples justaposição entre seguimento e espiritualidade e, de outro, a tentação da dicotomia e da fragmentação da realidade.

Essa visão nos coloca diante de um imenso universo a ser explorado: a espiritualidade. Perguntamos, então: no prosseguimento de Jesus com espírito, como entender a espiritualidade e suas implicações para a existência cristã? Para responder a essa pergunta, desenvolveremos os seguintes tópicos: *pertinência e relevância da espiritualidade*; *espiritualidade: vida com espírito de Jesus*; *espiritualidade relacionada com a totalidade da realidade*.

Pertinência e relevância da espiritualidade

Ao analisar o tema da espiritualidade, a primeira questão a ser levantada diz respeito à importância e ao lugar que ela ocupa no contexto atual. Perguntamos, então: na reflexão cristológica de Jon Sobrino, qual a pertinência e a relevância da espiritualidade?

Nosso autor reconhece não apenas sua importância decisiva para a existência cristã, na tradição da Igreja, mas percebe que, atualmente, esse tema ocupa o centro dos interesses e das discussões.[47] Essa preocupação com a espiritualidade é motivada pela situação da crise atual, a qual interpela profundamente o ser humano acerca

---

[46] Cf. idem, Espiritualidad y seguimiento de Jesús. In: FLORISTÁN SAMANES, C. & TAMAYO-ACOSTA, J. J. (orgs.). *Mysterium Liberationis*. Conceptos fundamentales de la Teología de la Liberación, v. 2, p. 449.

[47] Cf. idem, *Espiritualidade da libertação*: estrutura e conteúdos, pp. 9-10; ———. Espiritualidad y seguimiento de Jesús. In: ELLACURÍA, I. & SOBRINO, J. (orgs.). *Mysterium Liberationis*. Conceptos fundamentales de la Teología de la Liberación, v. 2, pp. 449-450.

de sua identidade, de suas utopias, de seu modo de agir e de celebrar.[48] De um lado, a fragmentação da realidade exige que se descubra elementos com capacidade intrínseca de integrar os seus diversos aspectos; de outro, as profundas transformações históricas criam a necessidade de descobrir novos valores capazes de motivar e sustentar a luta pela justiça e pela fraternidade universal.[49]

Essa situação, conflitiva e contrastante, toca o cerne das relações dos seres humanos entre si e com Deus, despertando grande interesse pela espiritualidade, como um caminho na busca do tão sonhado equilíbrio humano, em um mundo esfacelado e violento.[50] Esse tema passa a ser relevante e pertinente no seio da *sociedade*, no âmbito da *Igreja* e na *reflexão teológica*.

No seio da sociedade, muitas vezes alheia às questões de fé e sem mesmo referir-se a ela, surge um clamor que interpela o ser humano, exigindo uma resposta consistente aos grandes problemas que afligem a humanidade.[51]

No âmbito da *Igreja*, é preciso ter presente que a fé deve ser contextualizada na realidade atual, que vive um momento de inusitado progresso, mas também de gritante injustiça. Diante dessa situação e da exigente e árdua tarefa de reconstruir a unidade perdida, não é suficiente apelar para a segurança doutrinal e para a imposição administrativo-hierárquica; é absolutamente necessário e urgente também um espírito que sintetize, de forma criativa, os diversos elementos que constituem a Igreja: transcendência e história, ministério hierárquico e povo de Deus, fé e compromisso.[52]

Na *teologia*, a fragmentação da realidade e as profundas transformações históricas desafiaram significativamente o pensar teológico, cujo enfoque doutrinal — explicativo e dedutivo — já não é adequado para responder aos questionamentos

---

[48] Cf. idem, Espiritualidad y seguimiento de Jesús. In: ELLACURÍA, I. & SOBRINO, J. (orgs.). *Mysterium Liberationis*. Conceptos fundamentales de la Teología de la Liberación, p. 449; ―――. *Espiritualidade da libertação*: estrutura e conteúdos, p. 59.

[49] Cf. idem, Espiritualidad y seguimiento de Jesús. In: ELLACURÍA, I. & SOBRINO, J. (orgs.). *Mysterium Liberationis*. Conceptos fundamentales de la Teología de la Liberación, v. 2, pp. 449-450.

[50] Cf. idem, *Espiritualidade da libertação*: estrutura e conteúdos, pp. 9-10.

[51] Cf. idem, ibidem, pp. 59-60.

[52] Jon Sobrino cita os teólogos: Leonardo Boff: "O que sustenta a prática e a teoria (teologia) libertadoras é uma experiência espiritual", BOFF, L. *Contemplativus in liberatione*, p. 64; Pablo Richard: "nossa teologia é fundamentalmente uma teologia espiritual", RICHARD, P. *Espiritualidad para tiempos de revolución*, p. 87. Idem, SOBRINO, J. *Espiritualidade da libertação*: estrutura e conteúdos, p. 87.

da atualidade, tornando-o irrelevante.⁵³ Houve um choque entre a verdade genérica que mantinha a identidade da fé e a verdade concreta baseada no pressuposto da contínua ação de Deus na história.⁵⁴

Essa visão, alicerçada na dicotomia entre espiritualidade e teologia, concebidas como dois universos distintos, exigiu uma reconsideração das relações entre ambas, as quais têm como ponto de partida uma nova compreensão do conceito de espiritualidade e de sua relação com a realidade, como veremos.

O grande interesse pela espiritualidade, hoje, coloca-nos diante de uma gama enorme de maneiras de concebê-la. Torna-se necessário, portanto, perguntar: para Jon Sobrino, o que é espiritualidade?

Espiritualidade: vida com espírito de Jesus

Para esclarecer o seu conceito de espiritualidade, Jon Sobrino, mais uma vez, percorre dois caminhos paralelos e complementares: a via da *negação* e a via da *afirmação*.

Pela *via da negação*, nosso autor constata que a espiritualidade *não é um substrato genérico das práticas espirituais*, vistas como mecanismos para a santidade, de modo que seja algo opcional e só necessária para progredir na perfeição;⁵⁵ *não é a maneira de colocar-nos em contato com o mundo espiritual*, como se isso fosse possível à margem da história real e concreta;⁵⁶ *não é uma realidade autônoma e isolada* que pode constituir-se em si mesma mediante determinados mecanismos, para depois ser aplicada a qualquer situação ou prática cristã.⁵⁷

Jon Sobrino afasta definitivamente todo o tipo de abstração e toda a forma de entender a espiritualidade como uma relação com um universo puramente espiritual, invisível e imaterial. Vida espiritual não consiste em relacionar-se com realida-

---

⁵³ Cf. idem, *Espiritualidade da libertação: estrutura e conteúdos*, p. 60.
⁵⁴ Cf. idem, ibidem, p. 61.
⁵⁵ Cf. idem, ibidem, p. 11.
⁵⁶ Cf. idem, Espiritualidad y seguimiento de Jesús. In: Ellacuría, I. & Sobrino, J. (orgs.). *Mysterium Liberationis. Conceptos fundamentales de la Teología de la Liberación*, v. 2, p. 452-453.
⁵⁷ Cf. idem, ibidem, p. 459; ———. *Espiritualidade da libertação: estrutura e conteúdos*, p. 10.

des imateriais, por meio de atividades imateriais. Deus mesmo se tornou presente na carne de Jesus e na matéria histórica de seus filhos privilegiados, os pobres.[58]

Pela *via da afirmação*, Jon Sobrino considera a espiritualidade segundo dois enfoques complementares: como *dimensão fundamental do ser humano* e como *modo de seguir Jesus*.

Como *dimensão fundamental do ser humano*, a espiritualidade é *o espírito da pessoa ou de um grupo, enquanto relacionado com a totalidade da realidade;*[59] é *o espírito com o qual enfrentamos a realidade histórica em que vivemos em toda a sua complexidade.*[60]

Mais do que espiritualidade de forma abstrata, Jon Sobrino prefere falar do espírito presente nos seres humanos. Nesse sentido, o ser humano tem uma "vida espiritual", isto é, tem a capacidade de confrontar-se com a realidade e de reagir diante dela com ultimidade. Essa dimensão fundamental-teologal é própria de todo o ser humano e, por conseguinte, a espiritualidade cristã não é algo sobreposto ao humano: "A espiritualidade é tão inerente ao ser humano quanto sua corporeidade, socialidade ou praxicidade".[61]

Como *modo de seguir Jesus*, a espiritualidade cristã é *vida com espírito* ou mais corretamente *vida com espírito de Jesus*.[62] A vida é a realidade mais abrangente da qual as práticas espirituais constituem expressão e para a qual são iluminação e motivação.[63] Ao substantivo vida, acrescenta-se o adjetivo espiritual e, conseqüentemente, sem vida histórica e real, não pode haver vida espiritual.[64]

Essencialmente, a espiritualidade cristã consiste em seguir Jesus com espírito, reproduzindo e atualizando sua vida histórica, com a opção pelos pobres. Essa opção diz respeito à totalidade do ser humano em seu confronto com a realidade.

---

[58] Cf. idem, ibidem, pp. 24 e 32-33.
[59] Cf. idem, ibidem, p. 23.
[60] Cf. idem, Espiritualidad y seguimiento de Jesús. In: ELLACURÍA, I. & SOBRINO, J. (orgs.). *Mysterium Liberationis. Conceptos fundamentales de la Teología de la Liberación*, v. 2, p. 453.
[61] Idem, *Espiritualidade da libertação: estrutura e conteúdos*, p. 39.
[62] Cf. idem, ibidem, p. 10.
[63] Cf. idem, ibidem, p. 11.
[64] Cf. idem, ibidem, pp. 24 e 32-33.

Significa, em relação ao *saber*: captar e compreender toda a realidade de Deus e dos seres humanos, segundo os pobres; em relação ao *esperar*: partilhar e levar esperança aos pobres; em relação ao *fazer*: destruir o anti-reino que produz vítimas e construir o Reino; em relação ao *celebrar*, alegrar-nos com a vida, a esperança, a criatividade e o amor aos pobres.[65]

A espiritualidade como vida segundo o espírito de Jesus é a dimensão pneumatológica do seguimento e, como tal, tem a função de atualizar Jesus na história, intrinsecamente unida com a dimensão cristológica, que consiste em refazer a estrutura fundamental da vida histórica de Jesus.[66] O específico do seguimento, que consiste na relação-comunicação profunda e íntima com Jesus, é a dimensão do *estar com Jesus* para aprender dele os segredos do Pai, junto com o *ser para Jesus*, isto é, ser enviado em missão por ele e em lugar dele.[67]

Essa visão da espiritualidade está alicerçada na *bipolaridade da existência cristã*, que reconhece nela a coexistência do elemento histórico: o Reino, a justiça, o conhecimento do ser humano e o serviço a ele; e do elemento transcendente: Deus, o conhecimento de Deus, a fé em Deus. A transcendência não é diretamente acessível, mas necessita de mediação histórica:[68]

> Não se pode confessar a Deus sem trabalhar pelo seu Reino; não se pode confessar a Cristo sem o seguimento histórico de Jesus. [...] Não pode haver vida "espiritual" sem "vida" real e histórica; não se pode viver "com espírito" sem que o espírito se faça "carne".[69]

O Espírito é doador de vida e envia a proclamar a boa-nova aos pobres, sustenta os profetas, fortalece os perseguidos. A vida histórica, encarnada e assumida de acordo com o projeto de Deus, na luta em favor dos pobres, perseverante na perseguição, já é vida espiritual.[70]

---

[65] Cf. idem, Espiritualidad y seguimiento de Jesús. In: *Mysterium Liberationis*. Conceptos fundamentales de la Teología de la Liberación, v. 2, p. 460.

[66] Cf. idem, ibidem, pp. 459-460.

[67] Cf. idem, Seguimento de Jesus. In: FLORISTÁN SAMANES, C. & TAMAYO-ACOSTA, J. J. (orgs.). *Dicionário de conceitos fundamentais do cristianismo*, p. 772; ———. *Espiritualidade da Libertação*: estrutura e conteúdos, pp. 53-56.

[68] Cf. idem, ibidem, p. 12.

[69] Idem, ibidem, p. 13.

[70] Cf. idem, ibidem, p. 13.

A espiritualidade unifica os diversos elementos da resposta do ser humano para que a realidade em crise se transforme em promessa. Assim, a espiritualidade é um princípio unificador da realidade.

Como princípio unificador, a espiritualidade está relacionada com a realidade. Diante da capacidade unificadora da espiritualidade, defrontamo-nos com uma outra questão: na visão de Jon Sobrino, qual a relação que se estabelece entre a espiritualidade do seguimento de Jesus e a realidade concreta?

Espiritualidade relacionada com a totalidade da realidade

A espiritualidade como princípio unificador da realidade coloca em evidência sua relacionalidade que não é parcial e aleatória nem se interliga somente a outras realidades espirituais, mas se refere à totalidade da realidade.[71]

Para Jon Sobrino, essa relacionalidade é uma intuição que está subjacente à prática da libertação. Leva a evitar os perigos do dualismo[72] e a superar a tentação espiritualista[73] de abandonar a realidade a si mesma com os conseqüentes resultados da evasão alienante da história e de um paralelismo sem convergência entre vida espiritual e ação histórica.[74]

Estabelecer uma correta relação do espírito do indivíduo com a realidade circundante é, na visão de Jon Sobrino, uma exigência fundamental, que se desdobra, simultaneamente, em três outras realidades significativas: em *pressuposto da espiritualidade*, em *fundamento da vida espiritual* e em *mediação da realidade*.

A correta relação com a totalidade da realidade é *pressuposto* necessário para toda a espiritualidade e supõe uma visão cristã da realidade, não apenas como negatividade, mas também como promessa;[75] é *fundamento* sobre o qual a espiritua-

---

[71] Cf. idem, ibidem, p. 24.

[72] Uma forma de dualismo é a doutrina que considera alma e corpo como dois princípios que levam cada um uma vida independente, ainda que estejam unidos e tenham destino comum. Outra forma de dualismo é a doutrina que mostra na história humana uma luta profunda e constante de duas forças principais: o bem e o mal. Sobre esse tema, ver, por exemplo, COMBLIN, J. *Antropologia cristã*, pp. 80-88.

[73] Cf. SOBRINO, J. *Espiritualidade da libertação*: estrutura e conteúdos, p. 13.

[74] Cf. idem, ibidem, p. 24.

[75] Cf. idem, ibidem, p. 32.

lidade deve ser alicerçada e permite ouvir Deus na história e nela expressar a resposta à sua palavra;[76] é *mediação da revelação e da comunicação com Deus e do modo de responder e de corresponder a essa revelação e comunicação.*[77]

A lealdade e fidelidade para com a realidade não constitui apenas pressuposto para uma experiência espiritual de Deus, mas sua matéria própria, fora e independentemente da qual não se capta a revelação, nem se responde a ela. Isto responde, positivamente, à tão reiterada estrutura histórica da revelação de Deus, bem em suas origens, no decurso da história, na encarnação do Filho e inclusive no final escatológico.[78]

Jon Sobrino define e ao mesmo tempo sintetiza a correta relação com a realidade circundante em quatro exigências mínimas que ele julga de capital importância no prosseguimento de Jesus com espírito: *lealdade, misericórdia, fidelidade e esperança.*

Com o objetivo de adentrar, mais profundamente, no coração dessas exigências, perguntamos: o que significa, para Jon Sobrino, respeitar a verdade da realidade, reagir com misericórdia, ser fiel à realidade e esperar contra toda a esperança? É o que tentaremos explicitar a seguir, nos seguintes tópicos: *a lealdade com o real; a reação misericordiosa diante da realidade; a fidelidade à realidade;* e *a promessa e a esperança de libertação.*

A lealdade com o real

Ao situar-se historicamente, a primeira e fundamental atitude de quem segue Jesus e vive de acordo com o seu espírito é captar e aceitar a verdade da realidade. Jon Sobrino denomina essa atitude com uma expressão original: *lealdade com o real.*[79]

---

[76] Cf. idem, ibidem, p. 33.
[77] Cf. idem, ibidem, p. 32.
[78] Idem, ibidem, p. 32.
[79] A expressão em espanhol, língua original do autor, é *honradez con lo real*. Em geral, a tradução usada é *lealdade com o real*. Cf. SOBRINO, J. Espiritualidad y seguimiento de Jesus. In: ELLACURÍA, I. & SOBRINO, J. (orgs.). *Mysterium Liberationis.* Conceptos fundamentales de la Teología de la Liberación, pp. 453-454; ———. *Espiritualidade da libertação:* estrutura e conteúdos, p. 24; ———. La honradez con lo real, *Sal Terrae,* n. 80, pp. 376-388; ———. El seguimiento de Jesús pobre y humilde. Cómo bajar de la cruz a los pueblos crucificados, *Revista Latinoamericana de teología,* n. 24, p. 308.

Em sua reflexão teológica, Jon Sobrino insiste no fato, para ele extremamente importante, de que o problema da verdade não se coloca apenas em relação à ignorância diante da realidade, isto é, como distância a ser percorrida do não-saber para chegar ao saber, mas diz respeito também à tendência de encobrir a verdade por meio da mentira.[80] Ele lembra a admoestação do apóstolo Paulo quando afirma categoricamente que Deus condena aquele que nega a verdade da realidade (cf. Rm 1,18).

Do ponto de vista noético, lealdade com o real é uma atitude ativa que implica um modo correto de conhecer a realidade, sem manipulá-la segundo os próprios interesses:

> No aspecto polêmico, é preciso superar a tentação de oprimir a verdade. Positivamente, é necessário ter os olhos limpos para ver a realidade, e o coração puro para ver a Deus, como afirmam as bem-aventuranças.[81]

Para Jon Sobrino, o oposto da lealdade com o real, a fundamental desonestidade em relação à realidade, não consiste num mero engano ou num erro noético acerca da verdade das coisas, mas na injustiça e na violação do próprio ser.

Essa atitude acarreta tríplice conseqüência: *priva as coisas do seu próprio significado*, de sua capacidade de ser sacramento da transcendência e de seu potencial capaz de desencadear história; *impossibilita o próprio sujeito de conhecer adequadamente a realidade*, por causa da dureza de seu coração; *nega a Deus na prática*, não o reconhecendo como fundamento do real e do próprio espírito do sujeito.[82]

Nessa perspectiva, um aspecto importante a ser analisado por quem assume o compromisso de seguir Jesus e de viver segundo o seu espírito é o modo de conceber histórica e teologicamente a criação. Jon Sobrino constata que em muitos lugares, sobretudo do Primeiro Mundo, *historicamente*, a verdade da criação é des-

---

[80] Em seus escritos, Jon Sobrino insiste nesta atitude, para ele fundamental, de lealdade com o real, que "não consiste simplesmente na dinâmica de passar da ignorância ao conhecimento, de constatar e manter a constância de como são as coisas, mas consiste, antes de tudo, num ato positivo, por parte do espírito, de chegar a conhecer a verdade das coisas contra a tendência inata de oprimi-las. Em outras palavras: o problema humano fundamental, quanto ao conhecimento, não é adequadamente descrito apenas como superação da ignorância, mas também como triunfo sobre a mentira". La honradez con lo real, *Sal Terrae*, n. 80, p. 376.

[81] Idem, Espiritualidad y seguimiento de Jesús. In: Ellacuría, I. & Sobrino, J. (orgs.). *Mysterium Liberationis*. Conceptos fundamentales de la Teología de la Liberación, v. 2, p. 454.

[82] Cf. idem, *Espiritualidade da libertação*: estrutura e conteúdos, p. 25.

crita em linguagem universal como *humanidade*, ou como *homem moderno*, concentrando nesses termos a totalidade das esperanças e dos problemas do mundo atual; *teologicamente*, analisa-se a criação como ação de Deus, como dado importante para a teologia e para a antropologia, como início do plano da salvação que irá se desenrolar na história até chegar à plenitude.

Sem dúvida, esse modo de compreender a criação simplesmente como *humanidade* ou como *homem moderno* escamoteia a verdade acerca da realidade atual, pois: *historicamente*, a maior parte da humanidade vive à margem do progresso científico e tecnológico, sem usufruir os bens da sociedade moderna; *teologicamente*, a vida de grande parte da humanidade está terrivelmente ameaçada, por falta das condições mínimas necessárias para se viver dignamente.[83]

A constatação mais triste é que grande parte da humanidade, hoje, está sujeita à pobreza, à violência institucionalizada que conduz à morte lenta ou violenta. A criação de Deus está ameaçada e viciada. Jon Sobrino afirma que, por causa dessa situação

> a proto-logia, e não somente a escato-logia, continua sendo problema fundamental. Além disso, como essa realidade não é simplesmente natural, mas histórica, por causa da ação de alguns homens contra os outros, a realidade é pecado, negação absoluta da vontade de Deus, gravíssimo e fundamental pecado.[84]

Reconhecer a verdade da criação é uma exigência do seguimento e um ato da inteligência convertida cujo conhecimento não é para o próprio proveito, mas está a serviço objetivo da realidade.

Para Jon Sobrino, no contato com a dura e cruel realidade, a atitude de respeito à verdade deve provocar, no coração de quem segue Jesus com espírito, uma atitude de misericórdia. Perguntamos, então: qual o significado e as implicações dessa reação misericordiosa diante da realidade?

---

[83] "A miséria marginaliza grandes grupos humanos em nossos povos. Essa miséria, como fato coletivo, se qualifica de injustiça que clama aos céus." *Conclusões de Medellín*, Justiça I. "Comprovamos, pois, como o mais devastador e humilhante flagelo a situação de pobreza desumana em que vivem milhões de latino-americanos e que se exprime, por exemplo, em mortalidade infantil, em falta de moradia adequada, em problemas de saúde, salários de fome, desemprego e subempregos, desnutrição, instabilidade no trabalho, migrações maciças, forçadas e sem proteção." *Puebla*, n. 29.

[84] SOBRINO, J. *Espiritualidade da libertação*: estrutura e conteúdos, pp. 25-26.

A reação misericordiosa diante da realidade

A lealdade com o real não abarca apenas um primeiro momento noético, implica também a ética do sujeito. Por conseguinte, ético-praxicamente, lealdade com o real significa responder às exigências da realidade. Quando não se aprisiona a verdade da realidade com a injustiça, surge das entranhas da mesma realidade um duplo gemido.

Sim incondicional à vida

Diante da criação ameaçada, o *sim* que a realidade exige é um *sim* à vida, um *sim* que resgata a vida do domínio da morte. A mesma realidade grita por aquilo que genericamente chamamos amor. A lealdade com o real exige uma primeira caracterização do amor como aquela práxis dirigida a dar vida à maioria — o que chamamos de justiça.

Não incondicional à morte

O *não* da realidade é a sua mesma negação, sua ausência, carência e aniquilação da vida. Em terminologia bíblica, é o pecado por antonomásia: o *não* fratricida de Caim, o *não* da opressão do Egito, o *não* dos que agem injustamente, denunciados pelos profetas.

Também neste aspecto, o cristão é chamado a prosseguir Jesus de Nazaré, cuja atitude foi de lealdade com a realidade de seu tempo, em que a criação do Pai estava viciada e a maioria de seus contemporâneos não era de homens viventes, glória do Deus vivo. E sua lealdade proporcionou lógica teológica a muitas de suas palavras e ações, freqüentemente pouco consideradas por serem aparentemente insuficientes para revelar algo de Jesus como Cristo.

Jesus sentiu compaixão das multidões e comoveu-se diante de suas necessidades reais. Exigiu que seus discípulos lhes dessem de comer, pediu o pão cotidiano, defendeu a quem por fome comia de um campo alheio, curou enfermos, fazendo pouco caso das prescrições que aparentemente apontavam para áreas mais elevadas da vida humana, como o culto religioso, embora, como sabemos, sua atividade salvadora não se restringisse a esse aspecto.

Jon Sobrino observa que, na perspectiva do seguimento de Jesus, Medellín,[85] Puebla,[86] a Teologia da Libertação e a prática da libertação partem do mesmo ato de lealdade com a realidade latino-americana. Ainda que a fundamentação teológica tenha se fixado mais no seguimento de Jesus, nas passagens de Mateus 25 e Lucas 4,18, ou no êxodo, no fundo, existe uma lógica mais profunda. A insistência em relação à atividade solidária com os pobres deste mundo provém da profunda honradez com a realidade latino-americana; esta última encontra profunda coincidência com as exigências de Jesus, e nele ambas as dimensões se iluminam mutuamente:

> Dito de forma positiva, a lealdade ético-práxica é a misericórdia diante da realidade. Misericórdia que não se reduz aqui ao aspecto emocional-afetivo (ainda que possa estar presente), mas significa reação diante do sofrimento alheio que foi interiorizado, que se identificou com a pessoa, para salvar. É a reação primeira e última, por meio da qual adquirem sentido as outras dimensões do ser humano e sem a qual nenhuma outra pode chegar a ser humana.[87]

O sofrimento alheio assumido como próprio e interiorizado gera a atitude de misericórdia.[88] Jesus faz milagres com poder, mas a razão pela qual exercita esse poder é a misericórdia. Ele pede que seus seguidores sejam misericordiosos como o Pai celeste é misericordioso (cf. Lc 6,36).

O bom samaritano é apresentado como exemplo de quem cumpre o maior de todos os mandamentos. Mas, na parábola (cf. Lc 10,29-37), o samaritano não age simplesmente para cumprir um mandamento, e sim movido pela misericórdia. O pai reconcilia consigo o filho pródigo (cf. Lc 14,11-32). No entanto, a razão pela qual sai todos os dias à sua procura e lhe dá um abraço de boas-vindas não é uma tática para que o filho devolva-lhe a honra que merece, e sim uma atitude gerada pela sua grande misericórdia.

---

[85] Cf. *Conclusões de Medellín*, pp. 143-150.

[86] Cf. *Puebla*, pp. nn. 3-71.

[87] SOBRINO, J. Espiritualidad y seguimiento de Jesús. In: ELLACURÍA, I. & SOBRINO, J. (orgs.). *Mysterium Liberationis. Conceptos fundamentales de la Teología de la Liberación*, v. 2, p. 454.

[88] Cf. idem, *O princípio misericórdia*, pp. 32-33; ————. Espiritualidad y seguimiento de Jesús. In: ELLACURÍA, I. & SOBRINO, J. (orgs.). *Mysterium Liberationis. Conceptos fundamentales de la Teología de la Liberación*, v. 2, p. 455.

A misericórdia é o modo concreto de responder diante da realidade e é também o modo último e decisivo, como mostra a parábola do juízo final. Todos, absolutamente todos, dependem do exercício da misericórdia. Dela depende a salvação transcendente, mas também o viver já agora, na história, como seres humanos salvos.

Indubitavelmente, de acordo com as necessidades dos que encontramos no caminho, essa misericórdia deve ser exercitada de diversas maneiras: ajuda ao necessitado, assistência, reconciliação. Diante do terrível fato de povos inteiros crucificados, a misericórdia deve assumir a forma de justiça estrutural, que é a misericórdia para com as maiorias.

A realidade, que geme e sofre as dores do parto, suspirando pela redenção (cf. Rm 8,22-23), é em si mesma a grande pergunta, a invocação e a exigência da misericórdia. Respondendo com entranhas de misericórdia, a exemplo de Jesus, o seguidor estabelece uma correta relação com a realidade, indispensável para discernir a vontade do Pai.[89]

A lealdade com o real e a reação de misericórdia diante da realidade são um compromisso incondicional que, portanto, não pode estar sujeito às circunstâncias de tempo e de lugar, mas exige fidelidade a toda prova. Perguntamos, então, o que significa para quem segue Jesus, ser fiel à realidade?

A fidelidade à realidade

Nos tortuosos caminhos do seguimento de Jesus com espírito, que exige constante busca da vontade do Pai, a lealdade com o real não pode ser exercida esporadicamente, mas deve ser uma atitude constante e transformar-se, ao longo da história, em fidelidade ao real.

A experiência histórica prova que manter-se fiel à verdade, agir com amor em todas as suas expressões, até mesmo de justiça, é trilhar um caminho estreito e pedregoso que leva à obscuridade, à rejeição e ao fracasso. Para gerar vida, nem sempre é suficiente desgastar a própria vida. Muitas vezes, é preciso perder a própria

---

[89] Cf. idem, Espiritualidad y seguimiento de Jesús. In: ELLACURÍA, I. & SOBRINO, J. (orgs.). *Mysterium Liberationis*. Conceptos fundamentales de la Teología de la Liberación, v. 2, p. 455.

vida.⁹⁰ Denunciar radicalmente o pecado significa carregar o próprio pecado com todas as suas conseqüências.

Nessa luta, aos ataques externos somam-se as dificuldades intrínsecas à própria condição do ser humano. São necessários, então, a fidelidade a toda prova acompanhada da obscuridade como a de Abraão e dos gemidos e súplicas como os do sumo sacerdote da Carta aos Hebreus.

A fidelidade ao real é a atitude básica do Servo de Javé. Analisando em conjunto os quatro cânticos do Servo de Javé (Is 42-55), percebe-se, num primeiro momento, um juízo sobre a realidade oprimida; a seguir, a resposta a essa realidade: implantar o direito e a justiça. O servo se mantém nessa atitude de honradez sem desviar deste caminho, mesmo diante da trágica negatividade. Age a partir de dentro da realidade, mantendo-se fiel.⁹¹

Jesus, o servo por excelência, dá exemplo de fidelidade ao real. Começou sua atividade pública com uma atitude positiva: "O Reino de Deus está próximo" (Mc 1,14) e se colocou inteiramente ao seu serviço. Mas logo sobrevém a trágica surpresa. A boa notícia anunciada aos pobres encontra resistência e oposição; deveria ser acolhida com entusiasmo e agradecimento, mas é julgada como má notícia pelos poderosos; a graça é interpretada como ameaça e como força destruidora.

Apesar dos ataques, primeiro dirigidos à sua causa, depois à sua pessoa, Jesus não desiste. A fidelidade de Jesus é apresentada de forma admirável na Carta aos Hebreus, que descreve a obediência de Jesus, seu veemente clamor e lágrimas, sua perseverança até o fim, apesar da obscuridade e das ameaças à sua pessoa. Por isso, Jesus é o homem fiel (cf. Hb 5,7-9).

Mesmo quando não era mais possível perceber a vinda do Reino e admitindo seu aparente fracasso, Jesus permanece fiel, continua encarnando-se na história que ele quer transformar, mas que se transformará em cruz para ele:

---

[90] "Quem quiser vir após mim, renuncie a si mesmo, tome a sua cruz de cada dia e siga-me. Pois aquele que quiser salvar a sua vida perdê-la-á, mas o que perder a sua vida por causa de mim, esse a salvará" (Lc 9,23-24).

[91] "Não existe aqui antropologia teológica positiva, mas somente negativa, porém eficaz: apesar de tudo, a única coisa que não se pode fazer é deixar de ser fiel à realidade." SOBRINO, J. Espiritualidade da libertação: estrutura e conteúdos, p. 28.

O silêncio da cruz é o silêncio de Deus e da história; mas Jesus se mantém fiel, pois seria desonestidade se forçasse uma palavra diferente; e, aceitando esse silêncio e arcando com ele, mantém-se em fidelidade para com o real.[92]

A prática da libertação exige essa fidelidade até o fim. Os mártires da América Latina dão prova dessa fidelidade. Trabalharam pela libertação, mesmo em meio às maiores dificuldades.

A fidelidade ao real exige que se mantenha a lealdade mesmo diante do que existe de negativo na história e quando aparentemente existe o não-saber que obscurece o saber e surge o poder da negatividade que questiona a esperança. É preciso, então, manter-se fiel à história e segui-la, tentando sempre transformá-la em algo positivo.

A lealdade com o real — a atitude de misericórdia diante da realidade e a fidelidade incondicional a ela — está fundamentada na promessa e gera a esperança da libertação. Perguntamos, então: no seguimento de Jesus com espírito, qual o significado da promessa e da esperança?

A promessa e a esperança de libertação

A história não é só negatividade. Existe uma corrente de esperança na história da humanidade que ninguém consegue silenciar. E da mesma realidade surge um clamor que não pode ser abafado. Em linguagem paulina, a criação inteira geme e sofre as dores de parto, clamando por libertação (cf. Rm 8,22).

A realidade, apesar de sua longa história de fracassos e miséria, busca sempre uma nova esperança de plenitude. Surge sempre um novo êxodo, uma nova volta do exílio, uma libertação do cativeiro, ainda que nunca seja, por sua vez, definitiva.

E essa esperança que brota da mesma realidade sempre encontra um porta-voz ao longo da história. Moisés apontou para a Terra Prometida; Isaías preanunciou um novo céu e uma nova terra; Jesus de Nazaré anunciou o Reino de Deus; Dom Oscar Romero proclamou a libertação. A continuidade na esperança faz parte da realidade e a ela também é preciso ser fiel, ainda que muitas outras experiências históricas aconselhem o ceticismo, o cinismo e a resignação.

---

[92] Idem, ibidem, p. 29.

A fidelidade ao real é, então, também esperança possibilitada pela mesma realidade. Mas uma esperança ativa, que se concretiza no amor eficaz e que ajuda a realidade a ser o que deseja. Amor e esperança são dois aspectos da mesma realidade. Ambos se alimentam mutuamente. A fidelidade ao real não é pois uma exigência arbitrariamente imposta, nem o cumprimento do mais excelso de todos os mandamentos. É a sintonia mais acabada com a realidade. O amor é a suprema tarefa que se justifica por si mesma. Esperança e amor são as formas de corresponder à realidade, de fazer justiça, de ser honrados e fiéis.[93]

A realidade é também boa notícia e não só exigência; está cheia de graça e de força positiva. Na realidade também existe bondade acumulada que nos move nessa direção:

> Como existe um pecado original e originante que se converte em dimensão estrutural da realidade, assim também existe uma graça original e originante que se converte em estrutura graciosa da realidade. E essa é a graça estrutural, mais original, por certo, segundo a lógica da fé cristã, do que o pecado original, ainda que os frutos do pecado apareçam quantitativamente maiores do que os frutos da graça.[94]

Aceitar essa graça que provém da realidade, deixar-se invadir por ela e apostar nela é obra do Espírito. É deixar-se levar por um futuro bom — a utopia — que nunca existiu nem existirá, mas que alimenta rumo ao futuro e dá forças para continuar buscando-o e construindo-o.

Em linguagem mais pessoal, deixar-se levar pela realidade significa deixar-se ajudar e levar pela "nuvem de testemunhas" (Hb 12,1) que geraram as melhores tradições humanas e cristãs, que nos convidam a prosseguir nelas e a edificar sobre elas.

A realidade, portanto, não só exige, mas também possibilita. E a esta estrutura graciosa de realidade é preciso responder com espírito de gratuidade e de agradecimento. E porque a realidade tem essa estrutura graciosa é que pode também ser celebrada.[95]

---

[93] Cf. idem, ibidem, pp. 29-31.

[94] Idem, Espiritualidad y seguimiento de Jesús. In: ELLACURÍA, I. & SOBRINO, J. (orgs.). *Mysterium Liberationis*: Conceptos fundamentales de la Teología de la Liberación, v. 2, p. 458.

[95] Cf. idem, Espiritualidad y seguimiento de Jesús. In: ELLACURÍA, I. & SOBRINO, J. (orgs.). *Mysterium Liberationis*. Conceptos fundamentales de la Teología de la Liberación, v. 2, p. 458.

Atualmente, como vimos, o tema da espiritualidade ocupa o centro das discussões e dos interesses e tornou-se relevante e pertinente no seio da sociedade, no âmbito da Igreja e, particularmente, na reflexão teológica. Por outro lado, a teologia também busca caminhos novos para expressar a realidade de Deus e levar a vivência da fé. Diante deste fato, perguntamos: na visão de Jon Sobrino, qual a relação que se estabelece entre teologia e espiritualidade?

5. A superação da dicotomia entre teologia e espiritualidade

Estabelecer uma correta relação entre teologia e espiritualidade é, para Jon Sobrino, uma questão relevante, porque toca o cerne mesmo do pensar teológico e da experiência cristã.

Como os teólogos europeus Urs von Balthasar,[96] Karl Rahner[97] e John Baptist Metz,[98] Jon Sobrino percebe a necessidade primordial de superar a dicotomia existente entre o esforço feito pelos teólogos no sentido de dar razões à própria fé e a experiência espiritual motivadora e animadora do compromisso cristão.

Buscar caminhos para essa superação é uma tarefa urgente, que exige não só o empenho dos teólogos, mas também a conversão da mente e do coração a um novo modo de fazer teologia e de conceber a experiência espiritual.

O teólogo salvadorenho propõe um caminho concreto para eliminar as fronteiras entre teologia e espiritualidade. Esse caminho concebe *a experiência espiritual como ato primeiro do pensar teológico;* e a *espiritualidade* como *dimensão essencial da teologia.*

---

[96] Cf. idem, Espiritualidad y seguimiento de Jesús. In: ELLACURÍA, I. & SOBRINO, J. (orgs.). *Mysterium Liberationis*. Conceptos fundamentales de la Teología de la Liberación, v. 2, pp. 458-459. Em seu artigo Teología y Espiritualidad, publicado em *Theologie und Spiritualität*, Gregorianum, n. 50, pp. 571-586, Urs von Balthasar faz a seguinte advertência: "Não cortemos as asas de uma geração que teve a sensibilidade de descobrir como insuportável a separação entre teologia e espiritualidade, entre contemplação e ação, entre Igreja e mundo".

[97] Karl Rahner também percebeu a necessidade de superar a dicotomia entre teologia e espiritualidade. Em seu artigo Significado actual de Santo Tomás de Aquino, publicado na obra *Teología y mundo contemporáneo*, p. 3, refere-se "àquela horrível divisão que se pode observar, na teologia posterior, entre teologia e vida espiritual".

[98] Em sua obra *Las órdenes religiosas*, John Baptist Metz, conhecido promotor da teologia política, refere-se à "mística e à política do seguimento".

A experiência espiritual: ato primeiro do pensar teológico

Na visão de Jon Sobrino, existe uma relação recíproca entre teologia e espiritualidade: a reflexão teológica esclarece e alimenta a vida espiritual; a experiência espiritual, por sua vez, sustenta e dá vigor à inteligência da fé.[99]

Para os teólogos da libertação, a Teologia é uma teologia espiritual.[100] Essa afirmação tem, na visão de Jon Sobrino, duas exigências fundamentais: uma *experiência espiritual* prévia à teologia, ou melhor: a experiência espiritual como ato primeiro e a teologia como ato segundo;[101] uma *teologia toda ela espiritual*, feita com espírito e que comunica espírito.

Para ser uma *teologia toda ela espiritual*, não basta propor uma experiência espiritual nem apenas tratar de temas convencionalmente espirituais. É imprescindível que o próprio trabalho teológico e seus conteúdos sejam elaborados com espírito adequado a esse trabalho. A função da teologia é esclarecer a verdade, para isso deve usar as mediações históricas, hermenêuticas, filosóficas, mas ela se torna verdadeiramente teologia espiritual quando na verdade ilumina e seus conteúdos não são só registrados no conhecimento de seus destinatários, mas também são integrados por eles em seu espírito.

Uma teologia toda ela espiritual proporciona ânimo para a vida cristã, unifica todas as suas dimensões e conteúdos, remetendo sempre à dimensão espiritual originante. Jon Sobrino atribui à teologia, toda ela espiritual, três adjetivos básicos: *teologal, popular* e *criatural*.

---

[99] Jon Sobrino faz esta afirmação ao comentar a obra do teólogo Gustavo Gutiérrez, *Beber no próprio poço*, que ele afirma ser um livro que trata teologicamente da espiritualidade. Sobrino concorda e cita o pensamento de Gutiérrez, que diz: "A firmeza e o alento de uma reflexão teológica estão precisamente na experiência espiritual que a respalda. [...] Uma reflexão que não ajude a viver segundo o Espírito não é teologia cristã. Realmente, toda a teologia autêntica é uma teologia espiritual. Isto não debilita seu caráter rigoroso e científico" (pp. 60s). "O falar de Deus (teologia) vem depois do silêncio da oração e do compromisso. [...] Para dizer a verdade, nossa metodologia é nossa espiritualidade" (pp. 203ss). Sobrino, J. *Espiritualidade da libertação*: estrutura e conteúdos, p. 87.

[100] Pablo Richard afirma: "Nossa teologia é uma teologia fundamentalmente espiritual". *Espiritualidad para tiempos de revolución*, p. 87. Leonardo Boff escreve: "o que sustenta a prática e a teoria (teologia) libertadoras é uma experiência espiritual". *Contemplativus in liberatione*, p. 64.

[101] Cf. SOBRINO, J. *Espiritualidade da libertação*: estrutura e conteúdos, p. 87.

Teologia teologal[102]

Falar de Deus é um aspecto importante da teologia, mas não é tudo. É preciso que ela deixe Deus falar e leve o ser humano a falar com Deus e, conseqüentemente, deve relacionar o homem com Deus.

Uma teologia teologal, por sua vez, deve ser *mistagógica*: introduzir a pessoa na realidade de Deus, mistério transcendente e não manipulável, e Pai bondoso e salvador. A doutrina sobre Deus deve ter duas faces: de um lado, respeitar o mistério de Deus e deixar Deus ser Deus; de outro, introduzir a pessoa no mistério de Deus, levando-a a fazer a experiência de Deus e dispondo-a à oração e à abertura à palavra divina.[103]

Além disso, deve desenvolver uma *teologia da história* que leve o ser humano a ver a história com base em Deus e ilumine o seu modo de agir, para que sua práxis não seja somente uma exigência ética, mas teológica.[104] *E ser trinitária*, apresentando a totalidade do mistério de Deus e as diversas formas de aproximação dele: na prática do seguimento, no caminhar segundo o espírito, no estar diante de Deus com esperança.[105]

Teologia popular

Trata-se não só de considerar a fé do povo, mas de transformá-la em uma das insubstituíveis fontes de conhecimento da teologia. Daqui nasce a importância dos testemunhos da fé, das Escrituras, da Tradição da Igreja, mas também do momento presente, enquanto remete à realidade de Deus.

A teologia popular está relacionada com o povo de Deus e, mais concretamente, com o povo pobre, destinatário privilegiado da revelação de Deus. E, à medida que se relaciona com o povo pobre, vai alcançando sua universalidade, por meio da parcialidade.[106]

---

[102] Jon Sobrino reconhece que a expressão *teologia teologal* pode soar estranha, mas, sobretudo na realidade atual, é importante esclarecer esta tautologia. Cf. *Espiritualidade da libertação: estrutura e conteúdos*, p. 89.
[103] Cf. idem, ibidem, p. 89.
[104] Cf. idem, ibidem, pp. 89-90.
[105] Cf. idem, ibidem, pp. 90-91.
[106] Cf. idem, ibidem, pp. 91-93.

Jon Sobrino afirma que o povo pobre, com seu sofrimento e luta pela vida, converteu-se numa carta de Deus dirigida aos homens, à Igreja e à teologia. Deixando-se contaminar pelo potencial evangelizador dos pobres,[107] a teologia tornar-se-á solidária e real.

Teologia criatural

Trata-se de uma teologia aberta para o ser humano, para o mundo e para seus problemas, disposta a dialogar com os não-crentes. À luz da encarnação de Cristo, deve ocupar-se do ser humano e dos seus reais problemas e esperanças.

Lealdade e fidelidade ao real são atitudes fundamentais para que uma teologia seja realmente criatural e, por conseguinte, espiritual, e proponha o caminho de Jesus como realização do ser humano.[108]

Partindo da afirmação de que a experiência espiritual é ato primeiro do pensar teológico, podemos afirmar que a espiritualidade foi integrada à teologia?

Espiritualidade: dimensão essencial da teologia

O caminho para a superação da dicotomia entre o pensar teológico e a espiritualidade passa pela integração da espiritualidade no universo do saber teológico, como uma de suas dimensões essenciais.

Para dar uma resposta adequada à questão da inoperância da teologia diante dos inúmeros desafios da realidade atual, não é suficiente reorganizar os conteúdos teológicos numa nova síntese orgânica. Uma teologia meramente doutrinal, explicativa e dedutiva tornou-se irrelevante diante da realidade hodierna. A verdade proclamada para manter a identidade da fé tornou-se genérica e abstrata, carecendo da solidez própria de uma teologia baseada no pressuposto da contínua ação de Deus na história.

É preciso empenhar-se profundamente numa dupla tarefa: *retomar conteúdos esquecidos e tratar daqueles que, por sua própria natureza, comunicam espírito.*

---

[107] Cf. *Puebla*, n. 1.147.
[108] Cf. SOBRINO, J. *Espiritualidade da libertação*: estrutura e conteúdos, pp. 93-96.

Como exemplo desses conteúdos, Jon Sobrino cita a descoberta da centralidade do Reino de Deus, como realidade objetiva, e a esperança utópica e a prática transformadora, como realidade subjetiva correspondente.[109]

A transformação fundamental não consiste em retomar determinados conteúdos — por exemplo, o Reino de Deus —, mas no espírito que anima e motiva o trabalho teológico: a esperança e a prática cristãs com espírito, que imprimem na teologia um caráter espiritual, eliminando a necessidade de confinar a espiritualidade a um tratado autônomo, e normalmente, considerado secundário:

> O problema hermenêutico não se reduz à compreensão do texto, mas é também um problema de espiritualidade: qual é o espírito que move a ler o texto, que possibilita interpretá-lo e que permite comunicar seu espírito para hoje.[110]

A Teologia da Libertação, que surgiu para ser uma resposta à realidade histórico-eclesial com seus clamores e esperanças, integrou, desde o início, a espiritualidade como uma dimensão essencial.[111] Na origem da Teologia da Libertação está presente o encontro com o Senhor nos pobres, a vivência da gratuidade e a certeza de que para a libertação não bastam as categorias puramente teóricas.[112] Sua proposta é ser uma síntese criativa do que significa ser humano e ser cristão no mundo de hoje, especificamente no mundo dos pobres.

Para Jon Sobrino, na Teologia da Libertação, a espiritualidade é uma dimensão tão primigênia quanto a libertação, e ambas estão intimamente relacionadas e se exigem mutuamente. Além disso, a espiritualidade na teologia é também integradora das outras dimensões: corporeidade, socialidade, "praxidade" e "utopicidade" do ser humano.[113]

---

[109] Cf. idem, ibidem, p. 61.

[110] Idem, Espiritualidad y seguimiento de Jesus. In: ELLACURÍA, I. & SOBRINO, J. (orgs.). *Mysterium Liberationis*. Conceptos fundamentales de la Teología de la Liberación, v. 2, p. 451.

[111] Cf. idem, *Espiritualidade da libertação*: estrutura e conteúdos, pp. 62-63.

[112] A este respeito, Jon Sobrino cita Gustavo Gutiérrez, que, em sua obra *Teologia da Libertação*, afirma: "É necessário uma atitude vital, global e sintética, que informe a totalidade e o pormenor da nossa vida: uma espiritualidade". Idem, ibidem, p. 62.

[113] Jon Sobrino afirma: "Além disso, cremos que a espiritualidade está sendo compreendida não só como uma dimensão da teologia, mas como dimensão integradora de toda ela. Uma vez redescobertas e assumidas pela TL as dimensões de corporeidade, socialidade, praxidade e utopicidade do homem, deseja-se integrar todas elas na espiritualidade". Idem, ibidem, pp. 63-64.

Superada a dicotomia entre teologia e espiritualidade por meio de dois caminhos complementares: o da experiência espiritual como ato primeiro do pensar teológico e o da integração da espiritualidade na teologia — ambos considerados um universo único que engloba o saber teológico e a vivência da fé —, perguntamos: quais as exigências e os frutos dessa espiritualidade? É o que veremos a seguir.

6. As exigências e os frutos da espiritualidade do seguimento de Jesus

A espiritualidade do seguimento de Jesus, princípio unificador da realidade, que nos leva a estabelecer uma correta relação com a realidade e constitui uma dimensão essencial da teologia, traz consigo algumas exigências que, por sua vez, geram frutos no espírito.

O teólogo Jon Sobrino cita quatro exigências fundamentais: encarnação parcial na história, missão libertadora em favor das vítimas, cruz e ressurreição. Essas quatro exigências fundamentais da espiritualidade coincidem com os quatro momentos da vida histórica de Jesus: encarnação parcial na história, missão libertadora em favor das vítimas, morte na cruz e ressurreição, momentos que o seguidor é chamado a reproduzir e a atualizar, como vimos no capítulo IV.

Tendo presente o que já escrevemos sobre essa tarefa vital do seguidor relacionada à vida histórica de Jesus, cabe, aqui, a pergunta: na visão de Jon Sobrino, quais os frutos que essas exigências geram na vida de quem segue Jesus com espírito?

Responderemos essa questão, analisando os seguintes aspectos: *a santidade da pobreza: a opção pelas vítimas deste mundo; a santidade do amor: a missão no espírito das bem-aventuranças; a santidade política: o martírio, expressão do amor maior; a santidade do gozo: viver à luz da ressurreição.*

A santidade da pobreza: a opção pelas vítimas deste mundo

Ao assumir a natureza humana, Jesus optou pela pobreza e simplicidade. Tornou-se pobre com os pobres e assumiu a causa do pobre. Para Jon Sobrino, a encarnação no mundo dos pobres, a exemplo de Jesus, é uma exigência fundamental para a vivência da espiritualidade e tem como fruto a *santidade da pobreza*.

A expressão *santidade da pobreza*, na visão do nosso Autor, está relacionada com a afirmação de Puebla[114] de que os pobres são *lugar de conversão*, porque questionam o nosso modo de ser e de viver, e *lugar de evangelização*, porque testemunham os valores evangélicos do amor, da alegria e da esperança. Por serem os preferidos de Deus, os pobres são *lugar da experiência espiritual*, eles nos levam ao encontro profundo com o Senhor.[115]

Para explicar sua afirmação de que a exigência da encarnação produz o fruto da *santidade da pobreza*, nosso Autor lembra a expressão do teólogo Gustavo Gutiérrez: *beber no próprio poço*.[116] Os pobres e o mundo da pobreza são como um grande poço de água, símbolo da existência humana, que os próprios pobres encheram com sua vida, seus sofrimentos, suas lágrimas, suas esperanças e sua doação. A pobreza se transforma em riqueza, em água viva para a humanidade, oferecida como graça, e exige uma opção fundamental pelas vítimas deste mundo.

A encarnação no mundo dos pobres implica a corajosa decisão de beber sempre desse poço e tem como fruto a *santidade da pobreza* que nos torna partícipes da realidade de Deus, mistério inefável, que se torna próximo, escondido e, ao mesmo tempo, presente nos pobres deste mundo.[117]

Fruto da encarnação no mundo dos pobres, a *santidade da pobreza*, a exemplo de Jesus, leva a assumir a causa das vítimas deste mundo e a entregar a vida em favor da justiça, expressão da *santidade do amor*.

A santidade do amor: a missão no espírito das bem-aventuranças

Realidade central da espiritualidade, a missão concretiza a entrega da própria vida para que todos tenham vida e a tenham em abundância. Em nosso continente, marcado pela injustiça e opressão, atualizar a missão de Jesus implica lutar para devolver a dignidade humana às vítimas da injustiça estrutural.[118]

---

[114] *Puebla*, n. 1.147.

[115] Cf. Sobrino, J. Espiritualidad y seguimiento de Jesús. In: Ellacuría, I. & Sobrino, J. (orgs.). *Mysterium Liberationis*. Conceptos fundamentales de la Teología de la Liberación, v. 2, p. 462.

[116] Cf. Gutiérrez, G. *Beber no próprio poço*. Jon Sobrino comenta esta importante obra de teologia espiritual em seu artigo Espiritualidade e teologia. In: Sobrino, J. *Espiritualidade da libertação*: estrutura e conteúdos, pp. 59-96.

[117] Cf. Sobrino, J. Espiritualidad y seguimiento de Jesús. In: Ellacuría, I. & Sobrino, J. (orgs.). *Mysterium Liberationis*. Conceptos fundamentales de la Teología de la Liberación, v. 2, p. 462.

[118] Cf. idem, *Jesus na América Latina*, pp. 235-236; ———. Espiritualidad y seguimiento de Jesus. In: Ellacuría, I. & Sobrino, J. (orgs.). *Mysterium Liberationis*. Conceptos fundamentales de la Teología de la Liberación, v. 2, pp. 463-464.

A entrega incondicional da própira vida no exercício da missão tem como fruto a *santidade do amor*. Para Jon Sobrino, a *santidade do amor* consiste em viver e exercer a missão que Jesus confiou aos seus seguidores no espírito das bem-aventuranças, a qual garante a eficácia das práticas de libertação. As bem-aventuranças são a síntese programática de quem não só está comprometido historicamente, mas age com espírito.[119]

Ser *limpos de coração* é estar abertos à verdade, seja ela qual for, evitando a dominação e a manipulação da realidade. Jon Sobrino chama essa atitude de castidade do conhecimento e da vontade, que não busca a si mesmo, nem impõe as próprias idéias.[120]

Ter um *coração misericordioso* é ser movido pela compaixão por causa do sofrimento dos pobres. Jon Sobrino insiste na importância da misericórdia. Para evitar o perigo de reduzi-la a mero sentimento,[121] criou a expressão "princípio misericórdia": uma reação diante do sofrimento alheio interiorizado, que deve transformar-se em princípio configurador do ser humano e de suas ações.[122]

Trabalhar pela paz significa lutar pelo fim dos conflitos e ser agente de reconciliação universal. Mas é também, a exemplo de Jesus, manter-se forte na perseguição e estar disposto a dar a vida como prova maior de fidelidade e de amor.[123]

Perdoar a quem nos ofende é um ato de amor e um modo de amar os inimigos.[124] Oferecer e aceitar o perdão liberta o ser humano para conhecer Deus, particularmente em sua dimensão essencial de gratuidade e de parcialidade.[125]

---

[119] Cf. idem, *Jesus na América Latina*, p. 236; ————. *Espiritualidade da libertação: estrutura e conteúdos*, p. 14.

[120] Cf. idem, ibidem, pp. 236-237; ————. *Espiritualidad y seguimiento de Jesús*. In: Ellacuría, I. & Sobrino, J. (orgs.). *Mysterium Liberationis. Conceptos fundamentales de la Teología de la Liberación*, v. 2, p. 465; ————. *Espiritualidade da libertação: estrutura e conteúdos*, pp. 14 e 49.

[121] Jon Sobrino esclarece: "Para evitar as limitações do conceito 'misericórdia' e os mal-entendidos a que se presta, não falamos simplesmente de 'misericórdia', mas de 'princípio misericórdia', do mesmo modo que Ernst Bloch não falava simplesmente de 'esperança', mas de 'princípio esperança'". *O princípio misericórdia*, p. 32.

[122] Cf. idem, ibidem, pp. 32-38; ————. *Espiritualidade da libertação: estrutura e conteúdos*, pp. 14 e 49.

[123] Cf. idem, *Jesus na América Latina*, p. 237; ————. *Espiritualidad y seguimiento de Jesús*. In: Ellacuría, I. & Sobrino, J. (orgs.). *Mysterium liberationis. Conceptos fundamentales de la Teología de la Liberación*, v. 2, p. 466; ————. *Espiritualidade da libertação: estrutura e conteúdos*, pp. 14 e 50.

[124] Cf. idem, *América Latina: lugar de pecado, lugar de perdão*, *Concilium*, n. 204, p. 46.

[125] Cf. idem, *O princípio misericórdia*, p. 147; ————. *Espiritualidade da libertação: estrutura e conteúdos*, pp. 14 e 50-51.

Pobres em espírito são os que crêem na força escondida na fraqueza e sabem esperar contra toda esperança. Por isso, entregam a vida para reconstituir o rosto de Cristo desfigurado em cada irmão e irmã que sofre na extrema pobreza de não ter o necessário para viver.[126]

A *santidade do amor* está também relacionada com a gratuidade. Na espiritualidade, a dimensão da gratuidade é essencial; Deus nos amou acima de tudo e nossa resposta é o amor pelos seres humanos, nossos irmãos. A experiência da gratuidade gera criatividade.[127]

A missão é, portanto, uma dimensão essencial da espiritualidade. Leva a concretizar o amor pelas vítimas deste mundo. A exemplo de Jesus, deve ser exercido no espírito das bem-aventuranças e potenciado pela gratuidade.

O exercício da missão em favor dos pobres gera perseguição e exige, por conseguinte, santidade vivida no seio dessa sociedade marcada por tantos conflitos: *santidade política*.

A santidade política: o martírio, expressão do amor maior

A encarnação no mundo dos pobres e a missão no espírito das bem-aventuranças potenciadas pela gratuidade requerem fidelidade até o fim. Essa fidelidade gera conflito, perseguição e martírio.

Deus não quer o sofrimento e a morte, mas a vida em plenitude para todos os seres humanos. A espiritualidade cristã não está centrada na cruz e no sofrimento, mas no amor fiel e conseqüente que entrega, livremente, a própria vida. É a espiritualidade do amor crucificado, porque a encarnação ocorre numa realidade permeada pelos contravalores do anti-reino, o qual mata os que anunciam o Reino.[128]

---

[126] Cf. idem, Espiritualidad y seguimiento de Jesús. In: ELLACURÍA, I. & SOBRINO, J. (orgs.). *Mysterium Liberationis*. Conceptos fundamentales de la Teología de la Liberación, v. 2, p. 466.

[127] Cf. idem, ibidem, pp. 466-467; ———. *Espiritualidade da libertação*: estrutura e conteúdos, p. 51.

[128] Cf. idem, Espiritualidad y seguimiento de Jesús. In: ELLACURÍA, I. & SOBRINO, J. (orgs.). *Mysterium Liberationis*. Conceptos fundamentales de la Teología de la Liberación, v. 2, p. 468.

Para Jon Sobrino, a expressão *santidade política* ultrapassa o horizonte da simples relação entre fé e política, entre cristianismo e política, e estabelece estreita comunhão entre santidade e política, alicerçada numa dupla justificativa: a necessidade da realização de valores especificamente cristãos para que haja vida cristã política; e o fato de a santidade possibilitar e garantir a eficácia histórica da política.[129]

Na visão do teólogo salvadorenho, o martírio é a expressão por excelência da *santidade política*: *santidade* porque o martírio é o mais notável exercício de fé, esperança e caridade, e expressa com clareza que a essência do cristianismo é o amor; *política* porque o martírio acontece em nome da sociedade, da cidade, da *pólis*. O Reino de Deus tem uma configuração histórica e social e os mediadores do anti-reino matam os que defendem o Reino e seu único mediador, Jesus.[130]

Ao considerar o martírio expressão do amor maior, Jon Sobrino situa-se na tradição da Igreja. De fato,

> a definição usual do martírio "é a aceitação livre e paciente da morte por causa da fé (incluindo seu ensinamento moral) em sua totalidade com relação a uma doutrina concreta (vista esta na totalidade da fé)".[131]

Dois elementos estão implícitos nesse modo de conceber o martírio: o *odium fidei* como causa e a morte como resposta não violenta do mártir. Entretanto, para considerar como martírio a morte de tantos seguidores de Jesus, hoje, na América Latina, é indispensável, na visão de Jon Sobrino, voltar a Jesus, "sacramento original do martírio",[132] e, com base nele, repensar essa realidade e historicizar alguns elementos importantes dessa definição.

- *A confissão de fé* inerente ao martírio deve ser entendida como *confissão da vida justa*. Trata-se de testemunhar com a vida a exigência de uma vida justa, como ensinamento moral fundamental relacionado ao Deus da vida.

---

[129] Cf. idem, *Espiritualidade da libertação*: estrutura e conteúdos, p. 98.

[130] Cf. idem, Espiritualidad y seguimiento de Jesús. In: ELLACURÍA, I. & SOBRINO, J. (orgs.). *Mysterium Liberationis*. Conceptos fundamentales de la Teología de la Liberación, v. 2, p. 469.

[131] Definição formulada por K. Rahner. Cf. SOBRINO, J. *Ressurreição da verdadeira Igreja*, p. 184, nota 13; ———. *Jesus, o Libertador*. I – A História de Jesus de Nazaré, p. 362.

[132] Jon Sobrino cita a expressão "Jesus Cristo, sacramento original do martírio", usada por L. Boff, no artigo Martírio: Tentativa de uma reflexão sistemática, *Concilium*, n. 183, p. 274; ———. *Jesus, o Libertador*. I – A História de Jesus de Nazaré, p. 384.

- *A paciência* na aceitação da morte não pode esquecer que a luta em favor da justiça gera objetivamente algum tipo de violência. Não é possível compreender o martírio hoje, a vida cristã, nem sequer a morte de Jesus sem esse elemento da violência, embora seja necessário determinar que tipo de violência é legítima.[133]
- *O amor*, elemento formal do martírio, passa a dirigir-se não mais exclusivamente a uma *pessoa* em particular, mas também a um *povo* em geral, e se concretiza na luta pela libertação integral desse povo.

Esta realidade martirial acontece atualmente na América Latina, sobretudo de duas formas distintas e complementares.

- *O martírio por amor ao povo*, que reproduz mais claramente o próprio martírio de Jesus. Muitos cristãos, líderes de comunidades, sacerdotes, religiosos e bispos que denunciaram o pecado do mundo lutaram pela promoção da justiça, entraram em conflito com os poderosos do mundo, fizeram-lhes violência em nome de Deus e por isso foram assassinados.[134]
- *O martírio do povo* é a outra forma de dar a vida. Essa forma apresenta algumas características próprias e recolhe outras do modelo anterior. É o caso da maioria oprimida que assume com espírito cristão sua situação de miséria e despojo. Sua privação e morte se convertem em amor ao próximo, no desejo eficaz de conseguir uma vida mais justa.[135]

Sem dúvida, podemos questionar se esse tipo de morte pode ou não ser chamado de martírio.[136] O fato é que esses dois modos complementares de dar a vida pelos outros são uma realidade na América Latina, semelhante à situação dos três primeiros séculos da história da Igreja.

A relação entre crer na vida e dar a vida pode ser aprofundada sob várias dimensões: *historicamente*, o testemunho martirial — dar a vida — é conseqüência do testemunho objetivo em favor da vida, que implica crer na vida, dom de Deus;

---

[133] Jon Sobrino afirma: "Seria irônico que por questões meramente terminológicas não se pudesse falar hoje de 'martírio' na América Latina quando tantos cristãos sofrem o mesmo destino de Jesus e ao menos muitos deles usam o mesmo tipo de violência que Jesus usou". *Ressurreição da verdadeira Igreja*, pp. 184-185.

[134] Cf. idem, ibidem, p. 185.

[135] Cf. idem, ibidem, p. 186.

[136] Cf. idem, ibidem, p. 187.

teologicamente, aparece melhor a relação entre o objeto da fé, Deus e o modo de aceder a ele, pois se chega à fé na vida, dando esta mesma vida pelos outros;[137] *salvificamente*, aparece a misteriosa relação entre dar a própria vida e que os homens tenham a vida em abundância (cf. Jo 10,10), acreditando no Senhor da vida.[138]

O martírio está a serviço da salvação histórica. Não é uma opção masoquista, como se no sofrimento em si mesmo houvesse algo de bom; nem puramente sacrificial, como se no acesso a Deus a realidade primeira e essencial fosse o sacrifício. Trata-se do testemunho do servo de Javé que busca diretamente a salvação histórica (cf. Is 42,4) e que por seu sofrimento justifica a muitos (cf. Is 53,11).[139]

A exemplo de Jesus, os mártires, embora conscientes das ameaças e perseguições, permaneceram fiéis até o fim. Puseram-se diante de Deus com gemidos e lágrimas, aprendendo na obediência. Como o sumo sacerdote da Carta aos Hebreus, foram misericordiosos com os pobres e fiéis a Deus. Desse modo, denunciaram o pecado do mundo e, como o servo de Javé, carregaram não os próprios pecados, mas também os de seus perseguidores e verdugos.

Introduzindo, assim, no conceito de martírio a afinidade com a morte de Jesus na cruz,[140] Jon Sobrino afirma:

> Mártir não é só nem principalmente o que morre *por* Cristo, mas o que morre *como* Jesus; mártir não é só nem principalmente quem morre *por causa* de Jesus, mas

---

[137] A esse respeito Jon Sobrino esclarece: "Historicamente, cremos que dessa forma se relacionam os dois aspectos da fé: *fides quae creditur* e *fides qua creditur*. O conteúdo da fé não é simplesmente Deus, nem o ato de fé está simplesmente na entrega do homem a Deus. Deus e entrega se concretizam e se esclarecem mutuamente desde dentro e não somente desde a formalidade dos conceitos, quando se trata de um Deus que quer a vida justa dos homens e quando se trata de uma entrega total para que exista a tal vida justa". Idem, ibidem, p. 189.

[138] Jon Sobrino observa: "Dizemos que essa relação é misteriosa porque *a priori* não se pode provar que do martírio surja a vida. A observação histórica é aqui ambígua. No entanto, dentro do mistério da fé, recupera-se a eficácia do martírio como algo salvífico, ou seja, não só como expressão de santidade objetiva, mas também como algo produtivo para a vida dos homens. Recupera-se o mistério do servo de Javé e da cruz". Idem, ibidem, pp. 189-190.

[139] A esse respeito Jon Sobrino gosta de lembrar Dom Romero, que, falando na Universidade de Lovaina, na Bélgica, no dia 2.2.1980, afirmou: "A verdadeira perseguição se dirigiu contra o povo pobre, que hoje é o corpo de Cristo na história. Eles são o povo crucificado, o povo perseguido como servo de Javé. Eles são os que completam em seu corpo o que falta à paixão de Cristo. E, por essa razão, quando a Igreja se organizou e unificou-se, acolhendo as esperanças e as angústias dos pobres, teve a mesma sorte que Jesus e os pobres". *Espiritualidade da libertação*: estrutura e conteúdos, p. 110; SOBRINO, J. et alii *Voz dos sem voz*, p. 268.

[140] Cf. idem, La teología y el "principio liberación", *Revista Latinoamericana de Teología*, n. 35, p. 137.

quem morre *pela causa* de Jesus. Martírio é, pois, não só morte por fidelidade a alguma exigência de Cristo — que hipoteticamente poderia inclusive ter sido arbitrária —, mas reprodução fiel da morte de Jesus. O essencial do martírio está na afinidade com a morte de Jesus.[141]

À luz da cruz de Jesus, o martírio é essencial para a identidade da fé cristã.[142] Na Teologia da Libertação, o martírio é uma realidade central, não substitutiva nem simplesmente justaposta, mas complementar à libertação.[143] Jon Sobrino estabelece uma relação intrínseca entre libertação e martírio. A libertação outorga relevância à fé e o martírio lhe dá credibilidade, recuperando e mantendo vivas duas realidades fundamentais do Novo Testamento: o Reino de Deus e a cruz de Jesus.[144]

Existe entre essas realidades uma reciprocidade: Reino de Deus e cruz iluminam a realidade da libertação e do martírio e a libertação e o martírio ajudam a redescobrir a centralidade do Reino de Deus e da cruz de Jesus.[145]

Libertação e martírio esclarecem o processo da vida de Jesus e sua missão. A libertação recupera o significado primigênio do nome de Cristo, o *messias*, o *ungido*, resposta às esperanças históricas populares, isto é, *libertador*.[146] O martírio resgata a cristologia do servo sofredor; libertação e martírio resgatam o sentido do Cristo como o *Senhor* exaltado.

Além disso, libertação e martírio levam à redescoberta de uma cristologia do *corpo de Cristo*, segundo a experiência e o discernimento. Nesse sentido, Jon Sobrino lembra a expressão de Ignacio Ellacuría "povos crucificados", atribuída às maiorias oprimidas, relacionando-as com o servo sofredor e o Cristo crucificado, e Dom Oscar Romero, que afirmou aos camponeses de Aquilares: "Vocês são o divino transpassado de que nos fala a primeira leitura".[147]

---

[141] Idem, *Jesus, o Libertador.* I – A História de Jesus de Nazaré, p. 385.

[142] Cf. idem, Los mártires y la teología de la liberación, *Sal Terrae*, n. 983, pp. 699-716.

[143] Cf. idem, De una teología solo de la liberación a una teología del martirio. In: COBLIN, J.; GONZÁLEZ FAUS, J. L; SOBRINO, J. (eds.). *Cambio social y pensamento cristiano en América Latina*, p. 103.

[144] Cf. idem, ibidem, p. 118.

[145] Cf. idem, ibidem, pp. 109-114.

[146] Cf. idem, ibidem, pp. 114-115.

[147] Cf. idem, ibidem, p. 116.

A espiritualidade martirial, expressão maior da santidade política, é o amor fiel e sem medida a este mundo de vítimas, a exemplo de Jesus, que aceitara livre e conscientemente o martírio e Deus o ressuscitou. Alicerçados na fé comprometida, devemos prosseguir o caminho de Jesus, vivendo como ressuscitados na história.

A santidade do gozo: viver à luz da ressurreição

O caminho do seguimento de Jesus com espírito — vivido na opção preferencial pelos pobres e vítimas deste mundo que gera a santidade da pobreza; na doação total por meio da missão que concretiza a santidade do amor; na fidelidade total que leva a enfrentar o conflito, a perseguição e o martírio, expressão maior da santidade política — nos coloca na perspectiva da ressurreição.

Para Jon Sobrino, viver como ressuscitados na história produz como fruto a *santidade do gozo*. Essa afirmação nos reporta, mais uma vez, à consciência tão clara na cristologia sobriniana, de que o ressuscitado é o crucificado. À ação dos homens de matar o justo e inocente, Deus responde devolvendo-lhe a vida em plenitude.[148]

Para a espiritualidade cristã, esta realidade da nossa fé nos leva a viver como ressuscitados na história, isto é, a viver o amor em plenitude, refazendo com espírito a estrutura fundamental da vida terrena de Jesus.[149]

A ressurreição como triunfo da vida sobre a morte consiste na esperança que não morre, fundada na convicção de que o amor vence a morte e a vítima triunfa sobre o verdugo; na liberdade contra a escravidão, de quem, a exemplo de Jesus, entrega a própria vida por amor; na satisfação que supera a tristeza, por ter encontrado a pérola preciosa.

A *santidade da satisfação* consiste, portanto, em viver à luz da ressurreição, sabendo agradecer e celebrar, sobretudo, quando aos pequenos é revelado o coração misericordioso de Deus Pai. Assim, a transcendência estará presente nas condições históricas da existência, desafiando nossa capacidade de reconhecer a presença do ressuscitado caminhando conosco.

---

[148] Cf. idem, Espiritualidad y seguimiento de Jesús. In: ELLACURÍA, I. & SOBRINO, J. (orgs.). *Mysterium Liberationis*. Conceptos fundamentales de la Teología de la Liberación, v. 2, p. 470.
[149] Cf. idem, ibidem, p. 470.

A espiritualidade do seguimento de Jesus com espírito, a qual tem como fruto a santidade nas suas várias expressões — pobreza e amor, política e satisfação —, deve ser vivida em meio às contradições históricas, na luta constante contra o anti-reino para construir o Reino.

Este contexto nem sempre favorável e o confronto constante com as forças do anti-reino exigem sensibilidade para perceber os caminhos de Deus. Precisamos, então, esclarecer duas questões inter-relacionadas. Primeira: quais são os sinais concretos que denunciam a vivência da fé autêntica em Jesus de Nazaré e o compromisso de seguimento? Segunda: no emaranhado da história, como perceber esses sinais e ter certeza de estar trilhando o caminho certo? É o que veremos a seguir.

7.0 seguimento de Jesus: lugar e critério de discernimento

A questão referente aos sinais concretos que testemunham o compromisso de seguimento e o modo como percebê-los nas vicissitudes da História toca o coração do ser cristão, que, por sua própria natureza, é chamado a reconhecer o Ressuscitado e a testemunhar ao mundo a sua presença.

O seguidor de Jesus deve ter olhos novos para ver a verdade de Deus[150] e o coração misericordioso para "descer da cruz os povos crucificados",[151] espelhando-se em Jesus, que buscou constantemente a vontade do Pai, por meio de uma atitude constante de discernimento.

Por conseguinte, responderemos às interrogações sobre os sinais concretos que testemunham o compromisso de seguimento e sobre o modo de reconhecê-los em dois momentos: primeiro, tentaremos identificar, na visão do nosso autor, *os sinais proféticos e utópicos do seguimento de Jesus com espírito*; segundo, abordaremos *o discernimento de Jesus como protótipo para os seus seguidores e os critérios de discernimento*.

---

[150] Cf. idem, *O princípio misericórdia*, pp. 22-25.
[151] Cf. idem, ibidem, pp. 25-28.

Os sinais proféticos e utópicos do seguimento de Jesus com espírito

Para responder à questão sobre os sinais concretos que revelam a vivência da fé autêntica em Jesus de Nazaré, é preciso ter presente que o seguimento de Jesus de Nazaré é o modo real e concreto de professar a fé no Filho de Deus, que "nos amou e se entregou por nós" (Gl 2,20).[152] Em que medida essa fé acontece é, em última instância, um dado não analisável, que foge ao domínio da razão humana e pertence ao insondável mistério da relação íntima do ser humano com Deus, seu criador.[153]

Entretanto, no emaranhado da história, onde o joio e o trigo crescem conjuntamente (cf. Mt 13,30), é possível observar alguns sinais concretos que revelam a vivência da fé autêntica em Jesus de Nazaré. Jon Sobrino elenca alguns desses sinais que, enquanto expressam a verdadeira fé em Jesus de Nazaré, também traçam o perfil do autêntico seguidor.

Apresentamos, a seguir, esses sinais que envolvem a totalidade da vida e as relações com a realidade.

- Quando, no caminho real do seguimento de Jesus, pessoas e comunidades anunciam, corajosamente, o Reino de Deus aos pobres,[154] denunciam os mecanismos que geram as mais diversas formas de escravidão e os ídolos de morte;[155] lutam para que todos, sobretudo a imensa maioria dos homens e mulheres crucificados, tenham o necessário para viver com a dignidade de filhos de Deus;[156] proclamam a verdade, denunciando o pecado e mantendo-se firme nos conflitos, na violência e nas perseguições;[157] agem com entranhas de misericórdia e com o coração limpo, sem aprisionar a verdade com a injustiça; fazem justiça, buscando a paz e, ao fazerem a paz, se baseiam

---

[152] Cf. idem, Seguimento de Jesus. In: Floristán Samanes, C. & Tamayo-Acosta, J. J. (orgs.). *Dicionário de conceitos fundamentais do cristianismo*, p. 773.
[153] Cf. idem, *Jesus na América Latina*, p.
[154] Cf. idem, *Espiritualidade da libertação*: estrutura e conteúdos, p. 159.
[155] Cf. idem, *Jesus, o Libertador*. I – A História de Jesus de Nazaré, pp. 266-284.
[156] Cf. idem, ibidem, pp. 366-390.
[157] Cf. idem, ibidem, pp. 288-300, pp. 309-310.

na justiça;[158] é porque crêem firmemente em Jesus, como o Filho de Deus e o enviado do Pai, o libertador de todas as formas de escravidão.[159]

- Quando ao surgirem os problemas últimos e cruciais da existência humana e da história, e as pessoas com gemidos e súplicas, como Jesus, invocam o nome de Deus, e oram diante desse Deus com expressões de júbilo, porque o Reino de Deus é revelado aos pobres, e com oração agônica diante do mistério da iniqüidade, é porque têm a certeza de que assim fez Jesus.[160]

- Quando, no árduo e difícil caminho do seguimento, as pessoas permanecem, silenciosa e eficazmente, com Deus na cruz de Jesus e nas inúmeras cruzes da história e, apesar de tudo isso, mantêm viva a esperança, é sinal de que vivem e professam a fé em Jesus de Nazaré.[161]

- Quando, no caminho da fé e do seguimento, as pessoas encontram mais alegria em dar do que em receber e entregam a própria vida até a morte para que outros tenham vida, é sinal evidente de que: vivem segundo o Espírito de Deus derramado em seus corações e respondem, no amor aos irmãos, ao Deus que nos amou primeiro; experimentam o dom de Deus e a Deus como dom maior, diante do qual a última e definitiva palavra, apesar dos horrores da história, é uma palavra de ação de graças.[162]

Para quem vive nessa dimensão, é fácil confessar a fé em palavras, por meio dos credos eucarísticos, das fórmulas da religiosidade popular, das reflexões das comunidades ou das afirmações da Igreja. E qualquer uma dessas formulações adquirirá sentido porque está fundamentada numa realidade anterior: no amor incondicional a Cristo Jesus e na entrega efetiva a ele na pessoa do irmão.[163]

Esses sinais concretos traçam o perfil de quem segue Jesus, e, ao mesmo tempo, dão a certeza de se estar trilhando o caminho certo. Entretanto, nem sempre

---

[158] Cf. idem, *O princípio misericórdia*, p. 27.
[159] Cf. idem, *Jesus na América Latina*, p. 85.
[160] Cf. idem, *Jesus, o Libertador. I – A História de Jesus de Nazaré*, pp. 202-238.
[161] Cf. idem, ibidem, pp. 320-337.
[162] Cf. idem, *Espiritualidade da libertação: estrutura e conteúdos*, pp. 116-122.
[163] Cf. idem, *Jesus na América Latina*, pp. 85-86.

é fácil identificar as autênticas expressões de fé. Daí a necessidade de recolocar a questão inicial: como reconhecer as verdadeiras expressões de fé e as autênticas manifestações da vontade de Deus?

O discernimento de Jesus como protótipo para os seus seguidores

Como para Jesus, autor e consumador da fé, o caminhar da humanidade ao último e definitivo encontro com Deus, quando "ele será tudo em todos" (1Cor 15,28), realiza-se em meio às vicissitudes da história, na luta contra as forças demolidoras do anti-reino; está sujeito à pecaminosidade humana e à nuvem do não-saber e do não-entender. Exige, por conseguinte, a exemplo de Jesus, constante busca da vontade do Pai, por meio do discernimento:[164]

> Se ser cristão é chegar a ser filhos no Filho, então o discernimento cristão deverá ter uma estrutura semelhante à de Jesus, o que só se consegue seguindo-o. A única coisa que é preciso esclarecer e não pressupor é em que consiste o discernimento de Jesus para que nosso seguimento possa ser, verdadeiramente, discernimento.[165]

Dessa forma, o seguimento, em sua dimensão totalizante, não é apenas princípio histórico de verificação da fé em Jesus,[166] mas lugar por excelência e critério indiscutível segundo o qual é possível discernir cristãmente. E o modo concreto como Jesus discerniu torna-se protótipo para os seus seguidores. Sendo assim, é inevitável a pergunta: como Jesus discernia a vontade do Pai? Responderemos a essa questão analisando três aspectos significativos: *o caminho de Jesus na busca da vontade do Pai; as características formais do discernimento de Jesus; os critérios de discernimento.*

---

[164] Jon Sobrino afirma: "Entendemos por discernimento cristão a busca concreta da vontade de Deus, não só para ser captada, mas para ser realizada. O discernimento, portanto, não o entendemos apenas como uma sucessão de pontos, mas como um processo no qual a vontade de Deus é realizada; implica também a vontade de Deus pensada". *Jesus na América Latina*, p. 195.

[165] Idem, ibidem, p. 194.

[166] Jon Sobrino esclarece: "Da primeira semelhança com o servo passa-se para a fé em Cristo na medida em que um povo crucificado concebe e vive sua condição, sua causa e seu destino como seguimento de Cristo. Esta é a forma práxica, mas real, de crer no Filho de Deus a partir da opressão. Em que medida se dá realmente essa fé é coisa em última instância não-analisável, pois pertence ao mistério do homem diante de Deus. Mas ao mencionar o seguimento estamos mencionando a estrutura fundamental do ato real de fé e um princípio histórico de verificação dessa fé". *Jesus na América Latina*, p. 235.

O caminho de Jesus na busca da vontade do Pai

A busca da vontade de Deus se realiza na tensão entre a história de Jesus e a história que o Espírito desencadeia. Por isso, é impossível oferecer receitas prontas para realizar um autêntico discernimento. O importante é analisar a estrutura do discernimento de Jesus que deve ser recriada ao longo da história segundo o Espírito de Jesus.[167]

Partindo da história real de Jesus, percebe-se que, num primeiro momento, discernir a vontade do Pai para ele, consistiu em esclarecer para si próprio quem era realmente Deus.[168] E neste processo, tanto a realidade de Deus como a exigência do discernimento foram se tornando transparentes. Analisando essa primeira relação de Jesus com Deus, que podemos chamar de primeiro discernimento, compreendemos a estrutura e os conteúdos de seus sucessivos discernimentos concretos:

> Jesus começa sua atividade com a consciência de um judeu que recolhe as melhores tradições sobre Deus provenientes da história de seu povo. Jesus parece sintetizar estas tradições naquela segundo a qual Deus é o Deus do Reino. E vai ser numa busca da vontade concreta de Deus sobre esse Reino que Deus vai aparecer em primeiro lugar como um *Deus sempre maior*.[169]

Ao anunciar o Reino de Deus e realizar os sinais de sua proximidade, Jesus experimenta uma realidade desafiadora: o que já era considerado vontade de Deus no Antigo Testamento, não é um dado absoluto nem definitivo. Nenhuma tradição de Deus e nenhuma das estruturas possíveis do Reino pode ser considerada última e definitiva, na qual já houve um caminho inequívoco para encontrar a vontade de Deus.

A tentação do deserto, a crise da Galiléia, a oração no Horto, a morte na cruz são experiências discernidoras da vontade de Deus. Jesus sente a necessidade de interrogar-se acerca da vontade de Deus e, indiretamente, acerca de sua própria pessoa.[170]

---

[167] Cf. idem, ibidem, p. 194.
[168] Cf. idem, *Jesus, o Libertador.* I – A História de Jesus de Nazaré, p. 221.
[169] Idem, *Jesus na América Latina*, p. 195.
[170] Cf. idem, ibidem, p. 195; ———. *Jesus, o Libertador.* I – A História de Jesus de Nazaré, p. 222.

A exigência primigênia de discernir é dada a Jesus paralelamente à descoberta do ser maior de Deus. À realidade objetiva de um Deus sempre maior corresponde sua atitude subjetiva de deixar Deus ser Deus. "Discernir" e "Deus maior" são, então, realidades correlativas que só em sua mútua interação se vão esclarecendo.[171]

Na abertura radical ao Deus maior, Jesus vai progressivamente descobrindo o lugar privilegiado para o discernimento: o amor incondicional ao ser humano. Nessa dinâmica, o Deus *maior* manifesta-se como o Deus *menor*,[172] pois, embora a vontade soberana do Pai admita em princípio todas as mediações naturais e históricas, o lugar por excelência para discernir se concretiza para Jesus no amor ao próximo.

À luz dessa perspectiva fundamentalmente teológica e não meramente ética é preciso ler as passagens clássicas nas quais Jesus expressa sua consciência: o sábado é para o homem, o mandamento de Jesus é o amor ao próximo, ninguém tem maior amor do que aquele que dá a vida pelo irmão.

Aceitar que o discernimento de Jesus é o protótipo da estrutura do discernimento de quem segue Jesus é uma formulação da ortodoxia cristológica que não pode ser ulteriormente analisada. É uma forma de afirmar a ultimidade de Jesus como o fiel por antonomásia, "o autor e realizador da fé" (Hb 12,2), em quem se revela o modo fundamental de corresponder ao Pai.

A estrutura do discernimento de Jesus é o que propriamente deve ser prosseguida, enquanto as soluções concretas não podem nem devem ser idênticas às de Jesus. Aprendemos de Jesus não tanto as respostas aos nossos discernimentos, mas fundamentalmente como devemos discernir. Colhemos essas lições não tanto pela análise da psicologia interna de Jesus no processo de discernimento, mas por suas opções e atitudes históricas.

Analisando a estrutura concreta de discernimento de Jesus, Jon Sobrino diz que podemos afirmar que ele vê a vontade do Pai situada entre um *sim* e um *não* incondicional.

Sim de Deus a um mundo que precisa ser reconciliado e, sobretudo, manter a utopia desse *sim* como tarefa jamais abandonável, ainda que a história com freqüen-

---

[171] Idem, *Jesus na América Latina*, p. 196.
[172] Cf. idem, *Jesus, o Libertador. I – A História de Jesus de Nazaré*, pp. 358-360.

cia a questione radicalmente. *Não* ao pecado contra o Reino de Deus; contra tudo o que desumaniza o homem, ameaça, impede ou anula a fraternidade humana expressa no Pai-nosso. Manter esse *não* ao longo da história, sem tentar calar nem mesmo suavizar essa voz:

> Não se trata, portanto, de purificar a *intenção* na linha do amor, nem de reconciliar o pecador em sua *interioridade*. Mesmo que isto também seja necessário, o discernimento de Jesus dirigia-se primeiramente no sentido de corresponder na objetividade da história ao sim e ao não de Deus sobre ela.[173]

Para discernir retamente, é preciso, por conseguinte, manter viva a consciência da realidade e a radical disponibilidade à práxis do amor e à superação do pecado objetivado na história. Essas exigências nos levam a perguntar pelas características formais do discernimento de Jesus.

As características formais do discernimento de Jesus

Do ponto de vista formal, o discernimento de Jesus, segundo Jon Sobrino, passa por um *processo histórico* e é *radical* e *disponível à verificação.*

- *Processo histórico*: a realidade de Deus não se apresenta a Jesus segundo a consideração de sua transcendência, mas por meio do processo de sua práxis do amor:

> Daí que sua vida passe não apenas por diversas etapas cronológicas, mas teológicas; e que se deva falar de uma "conversão" de Jesus, pois não absolutiza como eternamente válida aquela forma determinada de fazer o Reino e de corresponder ao Pai, tal como se lhe apresenta na primeira etapa de sua vida.[174]

À historicidade do discernimento de Jesus corresponde sua disponibilidade para o risco e para tomar decisões em meio à obscuridade, pois mais perigoso do que cair no erro, era interromper o próprio processo de discernimento.

---

[173] Idem, *Jesus na América Latina*, p. 199.
[174] Idem, ibidem, p. 201.

- *Radicalidade*: Jesus apresenta a vontade do Pai de forma radical, precisamente porque Deus é maior. Uma das expressões claras de radicalidade no discernimento é a forma alternativa e não a complementar usada por Jesus: não se pode servir a dois senhores; não se pode servir a Deus e à riqueza; não se pode lançar mão do arado e olhar para trás; não se pode ganhar a vida e conservá-la.

O discernimento não é exercício de boa vontade, mas exige uma vontade crítica que deseje realmente acertar e perceber os possíveis álibis, até mesmo sob a aparência de bem:

> Jesus discerne perante alternativas que lhe apresentam coisas supostamente neutras ou mesmo boas, como poderiam parecer o poder, a riqueza, a honra. A radicalidade do discernimento se mostra no desmascaramento dessas outras possíveis opções que se apresentam não como complementares, mas como atentatórias à verdadeira realidade de Deus.[175]

- *Disponibilidade à verificação*: é preciso passar de uma boa consciência tranqüila, antes de discernir, para uma boa consciência objetiva, depois de ter discernido. Na história de Jesus e nas suas afirmações sobre o autêntico discernimento encontramos alguns critérios de verificação. O discernimento deve levar: a uma verdadeira práxis do Reino, que se concretiza por meio do despojamento e não de simples declarações ortodoxas, práxis que leva os pobres e os oprimidos a entenderem o Reino de Deus; a ameaçar o poder do pecado e a forçá-lo a reagir em forma de rejeição e de perseguição; a configurar a pessoa que discerne segundo o espírito do sermão da montanha; a lutar pela instauração do Reino, passando da fé, da esperança e do amor genéricos a uma fé contra a incredulidade, a esperar contra toda esperança, a uma justiça contra a opressão.

Dessa forma, mediante a verificação objetiva chega-se à objetividade histórica, e o sujeito se prepara para sucessivos discernimentos. A espantosa lucidez de Jesus no último *faça-se a tua vontade* na oração no Horto foi preparada pelas verificações objetivas dos discernimentos anteriores.

---

[175] Idem, ibidem, p. 201.

Seguindo o caminho de Jesus na busca incessante da vontade do Pai, o seguidor é levado a perceber quem é o Deus maior, que o conduz, progressivamente, através do deserto, da crise, da agonia e da morte à plena sintonia com o seu projeto de vida e liberdade para todos.

A partir da história de Jesus de Nazaré e no caminho do seguimento realizado, o seguidor percebe não só a necessidade de buscar constantemente a vontade do Pai, em meio à conflitividade da história, mas encontra também os critérios para realizar um verdadeiro discernimento.

Os critérios de discernimento

A partir da realidade histórica de Jesus e na perspectiva do seguimento, identificamos, na cristologia de Jon Sobrino, quatro importantes critérios de discernimento.

A encarnação parcial na história. Para Jesus, encarnar-se significou escolher os pobres e oprimidos, como o lugar histórico capaz de introduzi-lo na totalidade de Deus. Desde o princípio, Jesus compreendeu sua missão como o anúncio do Reino de Deus aos pobres, foi solidário para com eles e declarou, na parábola do julgamento final, que o pobre é o lugar de onde se discerne a práxis do amor.[176] A encarnação se constitui, portanto, em primeiro e importante critério de discernimento.

A práxis eficaz do amor. Jesus não só anunciou a boa-nova, mas converteu-a em boa realidade, por meio dos milagres, das controvérsias e do perdão. Ele faz questão de nomear concretamente em que consiste o pecado e o amor, mostrando a necessidade de mediações concretas para que o amor seja historicamente eficaz e transformador.[177] A práxis eficaz do amor é, portanto, o segundo critério de discernimento.

A práxis do amor sociopolítico, isto é, do amor que se torna justiça. Jesus ensinou que o amor deve permear todas as relações humanas, de modo particular, as relações sociais. O Deus de Jesus é o Deus do Reino que faz justiça ao oprimido e quer vida em abundância para todos os seus filhos.[178] O amor, na sua dimensão de justiça, constitui o terceiro critério de discernimento.

---

[176] Cf. idem, ibidem, pp. 199-200.
[177] Cf. idem, ibidem, p. 200.
[178] Cf. idem, ibidem, p. 200.

A *disponibilidade a um amor conflitivo*, conseqüência de sua parcialidade e de sua eficácia política. A partir do momento em que o amor universal de Jesus passa pela parcialidade, ele se torna intrinsecamente conflitivo. Essa conflitividade se torna extrínseca, por meio das polêmicas, da rejeição, da perseguição e da morte, mostrando também a gratuidade do amor de Jesus, que não se opõe à eficácia.[179] A disponibilidade a um amor conflitivo é o quarto critério de discernimento.

Conclusão

A consciência de que o seguimento exige responsabilidade pessoal e contextualização na história e, portanto, só pode ser concretizado levando em conta dois fatores determinantes — a memória viva de Jesus de Nazaré e as situações históricas em que se vive — nos colocou diante do desafio fundamental de equacionar a relação entre cristologia e pneumatologia, entre Jesus-seguimento e espírito-espiritualidade.

Tentamos, neste capítulo, adentrar no universo dessas relações e de suas implicações para a existência cristã segundo a afirmação de Jon Sobrino de que a totalidade da vida cristã pode ser descrita como "posseguimento de Jesus com espírito". Esta abordagem nos levou a algumas conclusões que sintetizamos a seguir.

1. A convergência das relações existentes entre Jesus e o Espírito, entre cristologia e pneumatologia.

A cristologia de Jon Sobrino situa-se no horizonte da Teologia da Libertação, cujo círculo hermenêutico é trinitário e sua reflexão é elaborada segundo a perspectiva do seguimento de Jesus, o mediador absoluto do Reino.[180] Jesus está em constante relação com o Pai.[181] Nosso autor esclarece que, em sintonia com a Teologia da Libertação, sua cristologia pretende ser trinitária, não por apresentar especulação acerca da Trindade, mas porque seu agir teológico é um fato trinitário e a reflexão sobre Jesus só pode ser feita trinitariamente.[182]

---

[179] Cf. idem, ibidem, p. 200.
[180] Cf. idem, Cristología sistemática. Jesucristo, el mediador absoluto del reino de Dios. In: Ellacuría, I. & Sobrino, J. (orgs.). Mysterium Liberationis. Conceptos fundamentales de la Teología de la Liberación, v. 1, pp. 575-583.
[181] Cf. idem, *Jesus, o Libertador. I – A História de Jesus de Nazaré*, pp. 202-238.
[182] Cf. idem, *Cristologia a partir da América Latina*, pp. 20-21.

Conseqüentemente, se, de um lado, não é possível negar o caráter trinitário de sua cristologia, de outro, não encontramos, em suas obras mais significativas, uma abordagem explícita sobre a relação entre Jesus e o Espírito. Só recentemente, em dois artigos,[183] ele tratou desse tema, de forma direta, deixando claro que sua intenção não foi fazer uma abordagem sistemática ou exegética.[184]

Nosso autor exclui o procedimento que consiste simplesmente em justapor Jesus e o Espírito, Jesus-seguimento e Espírito-espiritualidade, como duas realidades paralelas e independentes em seu modo de proceder. Ele opta pela convergência dessas realidades: de um lado, a vida de Jesus, sua práxis, seu destino é o lugar da manifestação do Espírito; de outro, o Espírito é a *memória* que faz voltar sempre a Jesus de Nazaré e a *imaginação* que nos leva a perguntar, constantemente, o que diria e faria Jesus hoje.

Memória e *imaginação* são realidades fundamentais para a vida cristã, pois, nelas se julga o essencial da fé, que consiste em ser e viver, hoje, como Jesus, na fidelidade a Jesus e na abertura ao Espírito que nos leva a encarnar-nos na realidade em que vivemos e a responder de forma consciente e responsável aos seus apelos.

Essa posição supera dois perigos provenientes do cristocentrismo exagerado: primeiro, "empobrecer a Deus", reduzindo-o ao que dele transparece em Jesus; segundo, "fanatismo antropológico", que gera um seguimento fechado e intransigente. Além disso, resgata o Espírito de um lugar etéreo, atemporal e invisível, e remete-o para um lugar histórico: a vida de Jesus e o seu seguimento.

Não resta dúvida, portanto, que, neste aspecto, o grande mérito de Jon Sobrino está exatamente em estabelecer uma relação convergente entre Jesus e o Espírito, por meio da própria vida de Jesus e do Espírito como *memória* e *imaginação* de Jesus. Essa posição constitui o fundamento para estabelecer, na existência cristã, a relação entre seguimento de Jesus e espiritualidade.

---

[183] Esses dois artigos, como vimos, são: El Espíritu, memoria e imaginación de Jesús en el mundo. "Supervivencia" y "civilización de la pobreza", *Sal Terrae*, n. 966, pp. 181-195; "Luz que penetra las almas" Espíritu de Dios y seguimiento *lúcido* de Jesús, *Sal Terrae*, n. 1.008, pp. 3-15.

[184] Cf. idem, El Espíritu, memoria e imaginación de Jesús en el mundo. "Supervivencia" y "civilización de la pobreza", *Sal Terrae*, n. 966, p. 185, nota 3.

2. O seguimento de Jesus é, para nós, o lugar privilegiado da manifestação do Espírito.

A pergunta sobre o lugar da manifestação do Espírito, hoje, inquieta muitas pessoas. Jon Sobrino dá uma resposta concreta. A vida de Jesus foi toda ela perpassada pelo Espírito. Conseqüentemente, o seguimento, que consiste em ser e viver como Jesus, é, para nós, o lugar privilegiado da manifestação do Espírito.

A ação do Espírito não consiste em inventar a estrutura do seguimento. Esta é dada pela vida terrena de Jesus e consiste em quatro momentos fundamentais: encarnação parcial na história; missão libertadora em favor das vítimas e conflito com os opressores; perseguição e cruz; e ressurreição como plenificação da vida histórica. O Espírito faz perceber os apelos de Deus na história.

Jon Sobrino responde, de forma clara e convincente, a problemática atual da proliferação dos movimentos nos quais acontecem manifestações extraordinárias do Espírito, dando um critério de autenticidade: o seguimento de Jesus, que implica encarnação na realidade dos pobres, missão a serviço do Reino e luta contra o anti-reino, perseguição e cruz.

Na vida cristã, seguimento de Jesus e Espírito não são realidades que coexistem simplesmente, nem realidades que geram forças contrárias, mas cada uma corresponde a um âmbito distinto da realidade. O seguimento é a linha mestra traçada por Jesus e o Espírito é a força que nos capacita a caminhar real e atualizadamente por esse traçado, ao longo da história.

Em relação às funções do Espírito, Jon Sobrino destaca dois aspectos: o Espírito como luz para captar a verdade e como força para desmascarar a mentira que existe em todos os campos das relações sociais; dessa forma o seguimento se torna "lúcido".

No seguimento de Jesus, a totalidade da nossa fé é expressa com colorido próprio relacionado com as pessoas da Trindade às quais se dirige: Pai, Filho e Espírito Santo. Jesus é o enviado do Pai e o caminho que nos conduz a ele como a origem e a consumação da salvação. O Espírito é o dom vivificante do Pai, que se manifesta em Jesus, age em nós e nos leva ao Pai, tornando-nos filhos no Filho.

Sintetizando seu pensar, Jon Sobrino define a vida cristã como prosseguimento de Jesus com espírito. Ele próprio explica o significado dessa afirmação: *Seguimento* remete à estrutura fundamental da vida de Jesus que é preciso reproduzir.

Com espírito indica a força para caminhar". "*Pro* indica a atualização no presente e a abertura para o futuro.[185]

Nesse aspecto, Jon Sobrino dá uma contribuição qualificada. Reafirma a essência da identidade cristã que consiste em ser e viver como Jesus e, ao mesmo tempo, por meio do dom do Espírito, abre um horizonte de futuro, colocando o seguidor em contato com os sempre novos e surpreendentes desafios históricos.

3. A espiritualidade é uma dimensão fundamental do ser humano e um modo de seguir Jesus com espírito, reproduzindo e atualizando sua vida histórica, segundo a opção pelos pobres.

Dentre os modos de conceber a espiritualidade, Jon Sobrino rejeita todo o conceito restrito que leva a considerá-la substrato genérico das práticas de piedade, como modo de colocar-se em contato com o mundo espiritual, como realidade autônoma e isolada.

Ele define a espiritualidade como dimensão fundamental do ser humano, tão inerente a ele como a corporeidade, a sociabilidade e a praxidade; como modo de seguir Jesus com espírito, reproduzindo e atualizando sua vida histórica segundo a perspectiva do pobre.

Nesse modo de conceber a espiritualidade, Jon Sobrino leva em conta a bipolaridade da existência humana, na qual coexistem a história e a transcendência. Seu mérito consiste em afastar definitivamente todo tipo de abstração e toda forma de entender a espiritualidade como relação com um universo puramente espiritual, invisível e imaterial. Ele estabelece uma coincidência fundamental entre vida real e histórica e vida espiritual, afirmando categoricamente que não pode haver vida "espiritual" sem "vida" real e histórica.

Na afirmação de que a espiritualidade cristã consiste em seguir Jesus com espírito, Jon Sobrino concentra as duas dimensões do seguimento: cristológica, que consiste em refazer a estrutura fundamental da vida de Jesus, e pneumatológica, cuja função é atualizar Jesus na história.

---

[185] Idem, "Luz que penetra las almas" Espíritu de Dios y seguimiento *lúcido* de Jesús, *Sal Terrae*, n. 1.008, p. 9; ———, *A fé em Jesus Cristo*. Ensaio a partir das vítimas, pp. 482-483.

Além de conceber a espiritualidade como uma dimensão do ser humano, tão essencial quanto a corporeidade, a sociabilidade e a praxidade, e de afastar toda a tentação de abstração, outra novidade trazida por Jon Sobrino em relação à espiritualidade está em considerá-la parte integrante do seguimento de Jesus e princípio que unifica os diversos elementos da resposta humana para que a realidade em crise se transforme em promessa.

4. Como princípio unificador da realidade, a espiritualidade está relacionada com a totalidade da realidade.

Na visão de Jon Sobrino, não basta estabelecer um contato com a realidade circundante. É primordial que se estabeleça uma correta relação com a realidade que, por sua vez, se transforma também em pressuposto necessário para toda a espiritualidade, em fundamento sobre o qual a vida espiritual deve ser alicerçada, e em mediação da revelação e da comunicação com Deus.

Nesse aspecto, Jon Sobrino tem o mérito não só de insistir na importância da correta relação com a realidade, mas explicitar as exigências mínimas dessa relação em quatro atitudes fundamentais: respeito à verdade, misericórdia, fidelidade e esperança.

A lealdade com o real, do ponto de vista noético, implica um modo correto de conhecer a realidade, sem manipulá-la segundo os próprio interesses. Refere-se também à tendência de encobrir a verdade por meio da mentira. Jon Sobrino alerta para o fato de que manipular a realidade e encobrir a verdade é um dos males que corroem as relações sociais.

Nesse contexto, a atitude cristã deve ser a reação de misericórdia diante da realidade cruel de tantas vítimas. Jon Sobrino teme que o termo misericórdia seja entendido como mero sentimento de compaixão, alienado da práxis; como obra de misericórdia, sem a devida análise das causas do sofrimento, como alívio de necessidades individuais, sem a luta pela transformação das estruturas injustas. Para evitar esse perigo, criou a expressão "princípio misericórdia": re-ação diante do sofrimento alheio que se expressa num amor específico, que está na origem de um processo, permanece presente e ativo, dando-lhe uma direção e configurando os diversos elementos.

Além do mérito de ter criado a expressão "princípio misericórdia" — em analogia com Ernst Bloch, que criou o "princípio esperança" — e, paralelamente, de conceber a teologia como *intellectus misericordiae*, é surpreendente a sensibilidade de Jon Sobrino ao sofrimento das vítimas e sua insistência na necessidade da misericórdia num mundo que ignora e oculta esse sofrimento.[186]

A lealdade com o real e a reação de misericórdia, que exige fidelidade a toda prova, estão fundamentadas na promessa que gera a esperança de libertação. Apesar de todas as evidências da tragicidade da história, Jon Sobrino não se deixa contaminar pelo pessimismo, sua teologia está permeada de confiança em Deus. É uma reflexão teológica à luz da ressurreição e elaborada segundo a perspectiva do Ressuscitado, que é o crucificado.

5. A integração da espiritualidade no universo do saber teológico, como uma de suas dimensões essenciais.

Para Jon Sobrino, não existe dicotomia, mas recíproca relação entre saber teológico e espiritualidade: a reflexão teológica esclarece e alimenta a vida espiritual; a experiência espiritual, por sua vez, sustenta e dá vigor à inteligência da fé.

Não só! Com os expoentes da Teologia da Libertação, Jon Sobrino vai mais além, afirmando que a Teologia da Libertação é uma teologia espiritual que nasce de uma experiência espiritual, como ato primeiro, e a teologia é ato segundo; é uma teologia toda ela espiritual, isto é, elaborada com espírito adequado e com a função de esclarecer a verdade da fé e dar ânimo para a vida cristã.

Jon Sobrino afirma que, para a Teologia da Libertação, a espiritualidade é uma dimensão tão primigênia e necessária quanto a libertação, ambas estão intimamente relacionadas e se exigem reciprocamente.

Dessa forma, podemos afirmar que Jon Sobrino e os teólogos da libertação apontaram um caminho para a solução da problemática que envolve a relação entre teologia e espiritualidade, propondo a experiência espiritual como ato primeiro do pensar teológico e integrando a espiritualidade na teologia, como uma de suas dimensões essenciais.

---

[186] Cf. idem, *O princípio misericórdia*, p. 8.

6. Martírio: expressão por excelência da santidade política.

De forma original, Jon Sobrino afirma que a espiritualidade do seguimento de Jesus com espírito tem quatro exigências fundamentais, que coincidem com os quatro momentos da vida histórica de Jesus, que o seguidor é chamado a reproduzir e a atualizar: encarnação parcial na história, missão libertadora em favor das vítimas, cruz e ressurreição. Por sua vez, geram frutos no espírito.

Ao relacionar a vida histórica de Jesus com essas exigências, Jon Sobrino atribui à espiritualidade um fundamento cristológico. Não se trata de ser fiel a determinadas práticas de piedade, mas de tornar-nos filhos no Filho, mediante o seguimento com espírito. Esse processo nos leva a gerar fruto de santidade, nas mais variadas expressões: da pobreza, do amor, da política e do gozo.

Esses frutos são importantes: a *santidade da pobreza* leva a optar pelas vítimas deste mundo; a *santidade do amor* faz exercer a missão no espírito das bem-aventuranças, mas o martírio, expressão maior da *santidade política*, é o mais notável exercício de fé, esperança e caridade e a confirmação de que a essência do cristianismo é o amor. A certeza de que a última palavra sobre Jesus não foi a cruz e a morte, mas a ressurreição, leva a viver na perspectiva da ressurreição, que produz a *santidade do gozo*.

Jon Sobrino tem o mérito de ser o teólogo latino-americano que melhor aprofundou e atualizou o tema do martírio. Para ele, o martírio é uma realidade que tem um significado profundo para a teologia. Libertação e martírio são duas realidades fundamentais para a Teologia da Libertação que estão mutuamente relacionadas: a libertação outorga relevância à fé e o martírio lhe dá credibilidade.

7. O seguimento de Jesus é o lugar por excelência e o critério indiscutível de discernimento.

Chamado a reconhecer o ressuscitado e a testemunhar sua presença no mundo, o seguidor de Jesus está imerso nas vicissitudes da história, em luta contra as forças do anti-reino e sujeito à pecaminosidade humana. Essa situação exige, a exemplo de Jesus, constante busca da vontade do Pai, por meio do discernimento.

Jon Sobrino propõe o discernimento de Jesus como protótipo para os seus seguidores e o seguimento como lugar por excelência e critério indiscutível segundo o qual é possível discernir cristãmente. A estrutura do discernimento de Jesus, que se situa entre um *sim incondicional à vida* e um *não ao pecado e à morte*, deve ser constantemente recriada, enquanto as soluções concretas não podem ser idênticas às de Jesus.

O discernimento cristão, para Jon Sobrino, deve ter as características formais do discernimento de Jesus, isto é, passar por um processo histórico, ser radical e disponível à verificação. Esse discernimento tem quatro critérios fundamentais: a encarnação parcial na história, a práxis do amor eficaz, a práxis do amor sociopolítico e a disponibilidade a um amor conflitivo.

Ao apresentar o discernimento como uma atitude vital de Jesus e ao colocá-lo como protótipo do discernimento cristão, Jon Sobrino dá ao discernimento uma dimensão cristológica existencial, colocando-o no centro da existência cristã.

Desta forma, a partir da relação convergente entre Jesus e o Espírito, do seguimento como lugar da manifestação do Espírito, da espiritualidade do seguimento de Jesus e do discernimento cristão, é possível entender, com maior profundidade, a afirmação de Jon Sobrino de que a totalidade da vida cristã pode ser definida *como prosseguimento de Jesus com espírito*.

SIGNIFICADO, ABRANGÊNCIA E RELEVÂNCIA DO SEGUIMENTO DE JESUS NA CRISTOLOGIA DE JON SOBRINO, E A CONTRIBUIÇÃO DESSE AUTOR PARA O RESGATE DESSA CATEGORIA CRISTOLÓGICA

Significado, abrangência e relevância do seguimento de Jesus na cristologia de Jon Sobrino, e a contribuição desse autor para o resgate dessa categoria cristológica

Iniciamos este livro com o objetivo preciso e claro de descobrir *o significado, a abrangência e a relevância do seguimento de Jesus que atravessa a cristologia de Jon Sobrino* e de evidenciar *a contribuição específica que esse autor oferece para o resgate dessa categoria cristológica*.

No decorrer de nosso estudo, esta questão esteve sempre *presente*, como *movente propulsor* de nossa pesquisa, *como provocação desafiadora* de nossa intelecção e como *meta* objetivada, dando a ele *unidade, vitalidade e coesão*. Algumas vezes, tal presença foi *implícita*, como no caso dos dois primeiros capítulos, que têm como objetivo situar a posição do nosso autor diante do contexto bíblico e eclesial; outras vezes, *explícita*, como no caso dos três últimos capítulos, em que respondemos diretamente à questão levantada. Dessa forma, seguimos uma certa *processualidade*: partimos do horizonte bíblico, passamos pela tradição eclesial e, na continuidade da história, chegamos à produção teológica de Jon Sobrino.

Não tivemos a pretensão de esgotar um tema tão amplo e complexo na tradição bíblica e eclesial — o seguimento de Jesus —, e nem tentamos abordar em profundidade todos os aspectos de uma cristologia abrangente e extremamente rica como a de Jon Sobrino. Procuramos, ao longo desta obra, manter-nos fiéis à definição e delimitação inicial do tema. E na consciência dos limites desta nossa pesquisa, elencamos algumas conclusões que, longe de serem definitivas, apontam para a realidade dinâmica e aberta que caracteriza a reflexão cristológica de Jon Sobrino.

1. A continuidade da tradição eclesial do seguimento de Jesus no ambiente vital da Teologia da Libertação

Os conceitos de seguimento e de imitação atravessam a história do cristianismo como modos de expressar a realidade pluriforme da relação experiencial do cristão com Jesus Cristo. Ambos os conceitos constituem, por conseguinte, parte integrante do universo religioso dos que reconhecem Jesus como o Verbo encarnado, vindo ao mundo para realizar o projeto salvífico do Pai, na força do Espírito.

Entretanto, cada momento histórico, percebendo de modo singular os desafios da realidade e agindo sob a ação do Espírito de Jesus e do Pai, interpreta de forma diferente o chamado ao seguimento e o convite à imitação, e elabora de modo singular a própria resposta, privilegiando ora o conceito de seguimento ora o de imitação, ou mesmo criando outros conceitos.[1]

Nos primórdios do cristianismo, seguimento e imitação se entrelaçavam e ambos os termos expressavam a realidade pluriforme da fé em Jesus, da continuidade de sua prática e da certeza de sua presença viva e atuante. Durante as perseguições, o martírio era considerado a mais autêntica e perfeita expressão de seguimento e de imitação, a mais qualificada profissão de fé e a mais radical profecia evangélica numa sociedade idolátrica e corrupta. Os sofrimentos de Cristo e o seu martírio, presentes na consciência dos cristãos como modelo a ser imitado, davam força para suportar os sofrimentos.[2]

Os dois conceitos — seguimento e imitação — guardavam relativa distinção entre si e total referência à pessoa de Jesus. Imitar o exemplo do mártir Jesus era uma decorrência da fidelidade no seguimento radical a ponto de entregar a própria vida.

Cessadas as perseguições, surge a necessidade de buscar formas novas para expressar a radicalidade do seguimento de Jesus e da imitação de sua paixão e morte. Nasce a vida monástica, uma espécie de martírio incruento, fundamentada num apaixonado cristocentrismo. A maior preocupação do monacato é viver radicalmente a proposta de Jesus a exemplo dos apóstolos, que deixaram tudo para

---

[1] Cf. VIDAL, S. El seguimiento de Jesús en el Nuevo Testamento. Visión general. In: GARCÍA-LOMAS, J. M. & GARCÍA-MURGA, J. R. (eds.). *El seguimiento de Cristo*, pp. 26-31.
[2] Cf. ADNES, P. *Sequela e imitazione di Cristo nella Scrittura e nella Tradizione*, p. 142.

segui-lo. Os monges são um chamado permanente à condição escatológica do cristão, que deve viver consciente transitoriedade do mundo, sem estabelecer nele morada permanente.³

Na tradição cristã do seguimento e da imitação, santo Agostinho representa um marco importante e é considerado um dos "doutores da imitação". Em sua obra, *A virgindade consagrada*, faz uma pergunta que encerra uma afirmação: "O que é seguir, senão imitar?"⁴ Além de identificar os dois conceitos, ele subordina o seguimento à imitação: à medida que imitamos Jesus, também o seguimos.

A Idade Média, centralizando sua reflexão cristológica e sua vivência da fé em torno da humanidade de Cristo,⁵ fez emergir fortemente o ideal da imitação, deixando em segundo plano o do seguimento. Vários fatores contribuíram para que isso acontecesse. Entre eles, podemos citar: a reflexão dos teólogos sobre o conceito de imitação; a espiritualidade concebida como ascese e mística da imitação; a *devotio moderna*, particularmente a obra *Imitação de Cristo*; e o enfoque dado à moral como disciplina prático-pastoral.

Além disso, o conceito de imitação sofreu uma mudança significativa na sua inteligibilidade. Da imitação empírica e implícita de Jesus passou-se à imitação literal e explícita, segundo a qual cada momento da vida humana de Jesus contém um ensinamento a ser imitado. Por isso, passa a ser necessário meditar sobre cada fato, sobre as particularidades de cada fato a fim de descobrir seu significado, provocando, assim, a sensibilidade até a emoção para encorajar os fiéis a reproduzir seus ensinamentos.⁶

Nesse contexto, algumas vozes proféticas clamaram pelo resgate da categoria de seguimento. Entre elas, destacamos Francisco de Assis, Domingos de Gusmão e Inácio de Loyola. Reforçado pela teologia dos dois caminhos, o seguimento passou a ser considerado uma vocação especial na Igreja. Contra essa tendência reagiu a Reforma protestante, sobretudo: Martin Lutero, Sören Kierkegaard e Dietrich Bonhoeffer.

---

³ Cf. Codina, V. & Zevallos, N. *Vida religiosa*: história e teologia, pp. 115ss.
⁴ Agostinho, S. *A virgindade consagrada*, p. 52.
⁵ Cf. Barbaglio, G. & Dianich, S. (orgs.). *Nuevo diccionario de teología*, v. 1, p. 250.
⁶ Cf. Bardy, G. & Tricot A. (orgs.). *Enciclopedia cristologica*, p. 806.

A travessia de volta ao Jesus histórico, a qual polarizou a atenção dos teólogos, particularmente no final do século XIX e começo do século XX, constituiu o fato gerador do processo de resgate do conceito de seguimento.[7]

O teólogo *Jon Sobrino insere-se na continuidade da complexa e conturbada história do seguimento*, caracterizada por inúmeras situações paradoxais.[8] Essa continuidade ocorre no *ambiente vital da Teologia da Libertação*,[9] compreendida como teoria de uma práxis, *intellectus amoris*, isto é, inteligência do "amor histórico aos pobres deste mundo e do amor que nos torna afins à realidade de Deus",[10] o qual deve historicizar-se como *intellectus iustitiae*,[11] tendo como categoria político-teológica a libertação, que expressa o compromisso com o resgate da dignidade humana dos povos crucificados da América Latina.

Diante da inoperância das cristologias tradicionais, que não foram "capazes de enfrentar" a miséria e a opressão, nem de questionar o escândalo existente entre injustiça e fé cristã e o vazio deixado na vida dos cristãos, Jon Sobrino propõe a superação das imagens alienantes de Cristo[12] e a volta ao Jesus histórico; a descontinuidade entre a proposta de imitação literal, implícita e espiritual, e o resgate da densidade teológica do seguimento histórico de Jesus de Nazaré.

A exemplo das primeiras comunidades cristãs, a *preocupação que perpassa a cristologia de Jon Sobrino é conservar viva a memória de Jesus de Nazaré, sua ternura especial para com os pobres, e propor o prosseguimento de sua práxis de seguimento*.[13] Sabe-se que, nos momentos de crise, de relaxamento e de desorientação, os cristãos mais lúcidos sempre voltaram ao seguimento. Foi o que fizeram Francisco de Assis, Inácio de Loyola e Dietrich Bonhoeffer.[14] É o que estão fazendo, hoje, muitos teólogos

---

[7] Cf. Torres Queiruga, A. *Repensar a cristologia*, p. 278.

[8] Cf. Di Pinto, L. "Seguire Gesù" secondo i vangeli sinotticci. In: Associazione Biblica Italiana. *Fondamenti biblici della teologia morale*, pp. 189-190.

[9] Cf. Sobrino, J. Cristología sistemática. Jesucristo, el mediador absoluto del reino de Dios. In: Ellacuría, I. & Sobrino, J. (orgs.). *Mysterium Liberationis. Conceptos fundamentales de la Teología de la Liberación*, v. 1, p. 575.

[10] Idem, Teología en un mundo sufriente. La Teología de la Liberación como "intellectus amoris". *Revista Latinoamericana de Teología*, n. 15, p. 259.

[11] Cf. idem, ibidem, p. 259.

[12] Cf. idem, *Jesus, o Libertador. I – A História de Jesus de Nazaré*, pp. 31-33.

[13] Cf. idem, ibidem, p. 21.

[14] Cf. idem, Espiritualidad y seguimiento de Jesús. In: Ellacuría, I. & Sobrino, J. (orgs.). *Mysterium Liberationis. Conceptos fundamentales de la Teología de la Liberación*, v. 2, pp. 459-460.

da libertação,[15] particularmente Jon Sobrino. É ele quem tematiza, de forma muito especial, a categoria cristológica de seguimento, desenvolvendo o que ele próprio designa com o nome de "cristologia da libertação" ou cristologia latino-americana.[16]

2. A perspectiva das vítimas e o compromisso de descer da cruz os povos crucificados

A cristologia de Jon Sobrino é *elaborada segundo a perspectiva das vítimas deste mundo ou dos povos crucificados*,[17] expressões que são sinônimos da palavra pobre, mas que querem resgatar a dramaticidade atual do mundo da pobreza e a nossa responsabilidade histórica diante dela, e, ao mesmo tempo, chamar a atenção para a tentação do mundo moderno, e também da teologia, de encobrir e esquecer essa dura e cruel realidade.[18]

As vítimas deste mundo são o lugar de onde brotam a cristologia sobriniana e, ao mesmo tempo, seus destinatários privilegiados. São o *a partir de onde* e o *para onde* de sua cristologia. Conseqüentemente o "lugar" de sua teologia deixa de ser um *ubi* categorial, um lugar concreto geográfico-espacial — universidade, seminário, comunidade de base, cúria episcopal..., ainda que seja preciso estar presente nesses lugares —, e passa a ser um *quid*, uma realidade substancial que contamina, questiona e ilumina a reflexão cristológica sobriniana.[19]

A opção que Jon Sobrino faz pelas vítimas está fundamentada numa dupla exigência: a predileção de Deus para com os fracos e pequenos deste mundo;[20] e a

---

[15] Dentre esses teólogos, podemos lembrar: Leonardo Boff, que sintetiza numa frase magistral a relevância e a abrangência do seguimento, afirmando: "Seguir Jesus é pro-seguir sua obra, per-seguir sua causa e con-seguir sua plenitude". *Jesus Cristo libertador*, p. 35; Carlos Palacio, usando uma comparação muito bem escolhida, afirma: "A vida de Jesus é 'parábola', cuja única chave de interpretação é o seguimento". *Jesus Cristo: história e interpretação*; Álvaro Barreiro resume a vida cristã no seguimento: "Só se pode ser cristão no seguimento de Jesus, e não há seguimento de Jesus se não há participação, de uma ou de outra maneira, no processo de libertação dos pobres, o sinal mais característico da vinda do Reino proclamado por Jesus". Opção pelos pobres – A propósito de uma opção teológica, *Perspectiva teológica*, n. 38, p. 30.
[16] Cf. Sobrino, J. *Jesus na América Latina*, p. 19, nota 5.
[17] Cf. idem, *A fé em Jesus Cristo. Ensaio a partir das vítimas*, pp. 13-19.
[18] Cf. idem, El mal y la esperanza. Reflexión desde las víctimas, *Christus*, n. 694, p.13.
[19] Cf. idem, *Jesus, o Libertador. I – A História de Jesus de Nazaré*, p. 48.
[20] Cf. idem, *A fé em Jesus Cristo. Ensaio a partir das vítimas*, pp. 16-17.

situação de pobreza extrema em que vive grande parte dos seres humanos "encurvados sob o peso da vida: sobreviver é sua máxima dificuldade e a morte lenta é seu destino mais próximo".[21] A gravidade dessa situação constitui um sinal dos tempos que clama por justiça.[22]

A correlação entre Jesus e as vítimas estabelece um círculo hermenêutico: de um lado, as vítimas ajudam a entender os textos cristológicos e a conhecer melhor Jesus; de outro, Jesus ajuda a compreender melhor as vítimas e a defendê-las.[23] A partir desse círculo hermenêutico, Jon Sobrino introduz os pobres e as vítimas no âmbito da realidade teologal, e faz teologia em defesa das vítimas, uma teologia comprometida em descer da cruz os povos crucificados.[24]

Jesus e as vítimas deste mundo constituem o metaparadigma e o pressuposto fundamental da cristologia de Jon Sobrino.[25] Para ele, as vítimas deste mundo são uma realidade *mistagógica*, pois oferecem uma perspectiva para analisar, de forma global, os conteúdos teológicos, particularmente, *o mal* e *a esperança*.[26]

As vítimas expõem ao mundo a fratura sangrenta do *mal*, como realidade objetiva, cruel e inocultável, e desmascaram a vontade subjetiva de encobri-la. Nelas se concentram muitos males físicos, psíquicos, morais e sociais. Estas são o mal maior, o *mysterium iniquitatis*.[27] As vítimas recuperam a realidade central da ressurreição: Deus faz justiça devolvendo a vida a uma vítima inocente, Jesus, e, por ele, a *esperança* se transforma em esperança para as vítimas, uma esperança práxica que faz descer da cruz os povos crucificados.[28]

---

[21] Idem, ibidem, p. 13.

[22] Jon Sobrino cita Ignacio Ellacuría, que se perguntava pelos sinais dos tempos e respondia que esse sinal é sempre o povo crucificado, despojado de vida, ainda que variem as formas de sua crucificação. Idem, "Jesús y pobres": lo meta-paradigmático de las cristologías, *Misiones Extranjeras*, n. 161, p. 500.

[23] Cf. idem, *A fé em Jesus Cristo. Ensaio a partir das vítimas*, pp. 18-19.

[24] Cf. idem, ibidem, p. 20.

[25] Cf. idem, "Jesus y pobres": lo meta-paradigmático de las cristologías, *Misiones Extranjeras*, n. 161, pp. 499-511.

[26] Cf. idem, El mal y la esperanza. Reflexión desde las víctimas, *Christus*, n. 694, p. 12.

[27] Cf. idem, ibidem, p. 12.

[28] Cf. idem, *A fé em Jesus Cristo. Ensaio a partir das vítimas*, p. 26.

Relacionado a essa perspectiva "parcial, concreta e interessada"[29] da cristologia de Jon Sobrino, está o *princípio da parcialidade* que não se opõe à universalidade. O projeto salvífico universal de Deus e a universalidade da missão de Jesus têm uma realização histórica, concreta, situada e, portanto, parcial: a libertação dos pobres. Jesus acolhe os pequenos, os pobres, as prostitutas, come com os publicanos e pecadores, mas não exclui ninguém da participação do banquete do Reino de Deus.[30]

A contribuição e, simultaneamente, a originalidade de Jon Sobrino não estão apenas em situar-se na continuidade da mais autêntica tradição cristã da categoria cristológica de seguimento, mas em resgatá-la de uma perspectiva precisa, radical e profundamente evangélica: as vítimas deste mundo ou os povos crucificados, com o compromisso primordial de descê-los da cruz.

As vítimas deste mundo — que constituem a Igreja dos pobres, corpo de Cristo presente na história, lugar eclesial da cristologia,[31] dentro de uma realidade mais abrangente, o mundo dos pobres, lugar "social-teologal"[32] — são o ponto de partida real do teólogo ou o ponto de partida subjetivo que está em correlação com o ponto de partida metodológico.

3. A centralidade de Jesus de Nazaré e a historicidade do seu chamado ao seguimento

Enviado para anunciar aos pobres a boa-nova do Reino, Jesus de Nazaré é o ponto de partida metodológico e o princípio hermenêutico da cristologia de Jon Sobrino.[33] Essa opção metodológica é determinante e perpassa toda sua reflexão, abrindo perspectivas novas e proféticas.

Com admirável intuição pastoral, Sobrino percebe a pertinência e a relevância do Jesus histórico, não como resposta à problemática da *primeira ilustração*, pró-

---

[29] Cf. idem, ibidem, p. 15.

[30] Cf. idem, Teología en un mundo sufriente. La Teología de la Liberación como "intellectus amoris". *Revista latinoamericana de Teología*, n. 15, p. 253.

[31] Cf. idem, *Jesus, o Libertador.* I – A História de Jesus de Nazaré, pp. 52-53.

[32] Cf. idem, ibidem, pp. 54-61.

[33] Cf. idem, ibidem, p. 62.

pria da cristologia européia, que deseja libertar o indivíduo do mito e da autoridade, reencontrar o sentido da vida e provar a racionalidade da fé, tendo como centro o próprio indivíduo,[34] mas no contexto da *segunda ilustração*, própria da cristologia latino-americana, cujo objetivo é libertar a realidade da miséria e da injustiça, segundo a qual adquire sentido a libertação do indivíduo.[35]

O Jesus histórico não é objeto de investigação científica, mas memória viva e atuante de Jesus presente na comunidade dos crentes. Sua recuperação tem um duplo e preciso direcionamento: evitar que o acesso a Jesus seja ideologizado[36] e recriar a sua prática para prosseguir sua causa.[37]

Do ponto de vista formal, o significado atribuído por Jon Sobrino à história de Jesus de Nazaré não é o datável no tempo e o localizável no espaço, mas o que é transmitido como tarefa para ser vivida e com o compromisso de dar continuidade a essa transmissão. Na base dessa afirmação está a concepção dos evangelhos como relatos vividos e registrados com o objetivo de manter viva a fé em Jesus e transmitir, ao longo da história, uma realidade desencadeada por ele: sua prática, isto é, seu seguimento considerado antes de tudo como continuidade de sua prática.[38]

Assim, a continuidade entre o passado e o presente não se situa no horizonte comum da compreensão, mas no horizonte comum da prática, que não está a serviço do passado, mas da transformação da realidade no presente.[39]

Nesse sentido, o mais histórico do Jesus histórico é sua prática e o espírito com que ele a executou. "Prática com espírito", na expressão de Jon Sobrino,[40] é o elemento histórico com potencial mistagógico capaz de introduzir-nos na totalidade do mistério de Jesus e de organizar os diversos elementos dessa totalidade. É o caminho de acesso à pessoa de Jesus que possibilita adentrar na "historicidade de

---

[34] Cf. idem, *Jesus, o Libertador*. I – A História de Jesus de Nazaré, pp. 78-82.
[35] Cf. idem, ibidem, pp. 82-90.
[36] Cf. idem, ibidem, p. 82.
[37] Cf. idem, *Jesus na América Latina*, p. 103.
[38] "O histórico do Jesus histórico é então para nós, em primeiro lugar, um convite (e uma exigência) a prosseguir em sua prática; na linguagem do próprio Jesus, o seu seguimento para a missão". Idem, ibidem, p. 103.
[39] Cf. idem, *Jesus, o Libertador*. I – A História de Jesus de Nazaré, p. 83.
[40] Cf. idem, ibidem, p. 83.

sua subjetividade",[41] compreender sua pregação e seu destino de cruz;[42] é o lugar do salto da fé no Cristo total.[43]

Jon Sobrino tem o mérito não apenas de ter percebido, como outros teólogos,[44] que delinear o rosto histórico de Jesus de Nazaré e certificar-se da veracidade de suas palavras e da pretensão messiânica de seus gestos abre a possibilidade de refazer e atualizar, na história, sua vida, missão e destino, mas também de ter concretizado, de modo singular, essa percepção em sua reflexão cristológica, articulando teoria e práxis, história e transcendência.

Para ele, recuperar o Jesus histórico não significa apenas ter notícias acerca de sua vida, missão e destino, mas reproduzir a sua vida, nas mais variadas circunstâncias históricas. E o seguimento é a forma mais radical para recuperar o concreto de Jesus e fazer dele a "origem e o fundamento da vida cristã".[45] Estabelece-se, dessa forma, uma circularidade dialética: o Jesus histórico é critério de seguimento[46] e o seguimento é o modo de recuperar o Jesus histórico.[47]

Tal circularidade nos faz perceber uma categoria importante na estrutura do pensamento teológico de Jon Sobrino: a história. Ela garante a processualidade da revelação e da encarnação de Deus, em profunda coerência com o princípio da unidade histórica. Não existem duas histórias separadas. A história da salvação e a história do mundo têm sua unidade estruturada na "história de Deus". Não há distinção entre os níveis temporal e espiritual, sagrado e profano, eclesial e político, mas existe uma unidade estabelecida por meio das sementes do humano e do Reino de

---

[41] Cf. idem, *Jesus na América Latina*, pp. 105-106.

[42] Cf. idem, *Jesus, o Libertador. I – A História de Jesus de Nazaré*, pp. 86-88.

[43] Cf. idem, ibidem, pp. 88-89.

[44] Leonardo Boff, em seu livro Jesus Cristo libertador, adota a ótica do Jesus histórico, tanto na estrutura de sua obra como nos conteúdos que oferece. Ignacio Ellacuría foi quem colocou com mais clareza e radicalidade o problema do Jesus histórico. Sua intenção é mostrar "o que existe de salvação na raiz histórica da salvação". A essa preocupação eminentemente teológica e pastoral acrescenta uma problemática estritamente cristológica: "As limitações das diferentes cristologias do Novo Testamento devem ser superadas numa cristologia ulterior que as assuma e as reelabore, historicamente, numa nova leitura historicamente situada". Idem, *Jesus Cristo, o Libertador. I – A História de Jesus de Nazaré*, p. 71.

[45] Cf. idem, Seguimento de Jesus. In: Floristán Samanes, C. & Tamayo-Acosta, J. J. (orgs.). *Dicionário de conceitos fundamentais do cristianismo*, p. 771.

[46] Cf. idem, ibidem, p. 771.

[47] Cf. idem, Jesús de Nazaret. In: Floristán Samanes, C. & Tamayo-Acosta, J. J. (orgs.). *Conceptos fundamentales de pastoral*, p. 483.

Deus que existem em cada um deles. A história da salvação se concretiza num processo de reciprocidade dialética em dois pólos: a história do mundo determina de múltiplas formas a história da salvação; por sua vez, a história da salvação determina de múltiplas formas a história do mundo.

O princípio da unidade da história encontra na categoria Reino de Deus uma formulação concreta: Reino é *história* e de Deus é *transcendência*.[48] Existe uma reciprocidade entre essas duas dimensões baseada no fato de que, para Jesus, Deus não é um *Deus-em-si*, mas o *Deus-de-um-povo*, cuja relação com a história é essencial. A compreensão do que é Reino depende, em última instância, do que é Deus e a compreensão de Deus depende do que é Reino. E o Reino de Deus se torna visível na práxis do seguimento, a qual passa necessariamente pelo referencial do Reino que lhe confere os conteúdos centrais e as motivações mais significativas.[49]

Para Jon Sobrino, no acontecer da história, Deus se revela, em Jesus de Nazaré, que, ao iniciar sua vida pública, chama diferentes pessoas para segui-lo; esse dado fundamental é reconhecido unanimemente pelos exegetas e pelos teólogos como fato histórico, documentado nos evangelhos.[50]

A resposta do seguimento se concretiza na história, lugar por excelência do seguimento. Por isso, podemos afirmar que, na concepção de Jon Sobrino, a história da salvação é uma história de seguimento. Javé chamou Abraão para segui-lo rumo a um país distante e desconhecido (cf. Gn 12,1), escolheu Israel para ser o seu povo (cf. Nm 23,9) e seguir os seus caminhos (cf. Dt 13,5). João Batista, o precursor, começou sua pregação, exortando o povo a preparar os caminhos do Senhor (cf. Lc 3,4). O Antigo Testamento constitui, desta forma, a pré-história do seguimento. Jesus situa-se na continuidade dessa história e inaugura sua vida pública, chamando para segui-lo (cf. Mc 1,16-20; Mt 4,18-22; Lc 5,1-11).[51]

---

[48] Cf. idem, *Jesus, o Libertador. I – A História de Jesus de Nazaré*, pp. 107-108.

[49] Cf. idem, Cristología sistemática. Jesucristo, el mediador absoluto del Reino de Dios. In: ELLACURÍA, I. & SOBRINO, J. (orgs.). *Mysterium Liberationis*. Conceptos fundamentales da la Teología de la Liberación, v. 1, p. 585.

[50] Cf. idem, Seguimento de Jesus. In: FLORISTÁN SAMANES, C. & TAMAYO-ACOSTA, J. J. (orgs.). *Dicionário de conceitos fundamentais do cristianismo*, p. 772.

[51] Cf. idem, *Cristologia a partir da América Latina*, p. 91.

4. A volta à fonte inspiradora e normativa do seguimento e sua dimensão salvífica

Na elaboração de sua cristologia, Jon Sobrino volta à fonte inspiradora e normativa do resgate e da atualização do seguimento de Jesus em todos os tempos e lugares: o processo, laborioso e complexo, por meio do qual as primeiras comunidades cristãs se apropriaram do conteúdo perene do seguimento de Jesus, transmitido até nós pelo testemunho vivo dos primeiros apóstolos e evangelistas e documentado nos evangelhos.[52] É dessa raiz bíblica que brota a novidade, a vitalidade e a fecundidade de sua cristologia. Nos evangelhos sinóticos ele capta a densidade e a abrangência do seguimento exigido pela pessoa de Jesus como luz perene que ilumina os seguidores de todos os tempos e lugares.

Para Jon Sobrino, o Jesus que prega o Reino de Deus[53] e vive em profunda intimidade com o Pai[54] é também o Jesus que chama ao seu seguimento.[55] Embora situando-se no contexto cultural de seu tempo, Jesus inaugura um modo novo de chamar.[56] Na base de todas as tentativas de compreensão, de vivência e de atualização do seguimento está a consciência do mistério inefável da pessoa de Jesus, o Deus feito homem, por meio do qual Deus entra na vida da pessoa. A absoluta novidade da proposta de Jesus está ligada à sua pessoa e à função salvífica do seguimento.

Jon Sobrino resgata a dimensão salvífica do seguimento, afirmando que esse modo de chamar não tem paralelo e só é comparável com o chamado do mesmo Deus. O seguidor de Jesus vê-se confrontado desde o princípio com o absoluto de Deus.[57] As palavras de Jesus chamando para segui-lo, de um lado, e a fé em sua pessoa, de outro, são os elementos que estabelecem a unidade e a continuidade entre o seguimento histórico de Jesus e o seguimento como expressão de vida cristã.

---

[52] Cf. DI PINTO, L. "Seguire Gesù" secondo i vangeli sinottici. In: ASSOCIAZIONE BIBLICA ITALIANA. *Fondamenti biblici della teologia morale*, p. 238.

[53] Cf. SOBRINO, J. *Jesus, o Libertador.* I – A História de Jesus de Nazaré, p. 106.

[54] Cf. idem, ibidem, p. 202.

[55] Cf. idem, Seguimento de Jesus. In: FLORISTÁN SAMANES, C. & TAMAYO-ACOSTA, J. J. (orgs.). *Dicionário de conceitos fundamentais do cristianismo*, p. 772.

[56] Cf. idem, *Cristologia a partir da América Latina*, p. 91.

[57] Cf. idem, Seguimento de Jesus. In: FLORISTÁN SAMANES, C. & TAMAYO-ACOSTA, J. J. (orgs.). *Dicionário de conceitos fundamentais do cristianismo*, p. 772.

O convite *segue-me* é o ato por meio do qual Jesus coloca radicalmente em questão o ser humano e o abre ao dom da salvação. O chamado ao seguimento por Jesus é uma proposta nova que exige uma resposta radical, que se concretiza na exigência da entrega incondicional e na obediência absoluta: "E imediatamente, deixando as redes, eles o seguiam" (Mc 1,18). "Ele levantou-se e o seguiu" (Mc 2,14). Essa exigência inicial deve articular-se historicamente em uma série de renúncias radicais a tudo o que possa impedir o seguimento de Jesus e a total disponibilidade a serviço do Reino.[58]

O seguimento de Jesus tem uma especificidade própria e inconfundível que se expressa em dois aspectos: primeiro, na relação-comunicação pessoal com Jesus, profunda e transformadora, que leva os seguidores a reproduzir a estrutura fundamental de sua vida terrena: encarnação parcial na história, missão libertadora, cruz e ressurreição;[59] segundo, na finalidade do chamado: o seguidor deve assemelhar-se a Jesus de Nazaré, reproduzindo sua vida histórica, exercendo a missão como ele exerceu, assumindo sua causa e dispondo-se a ser enviado em missão por Jesus e em lugar dele.

Existe, portanto, uma profunda e íntima relação entre chamado e envio, entre assemelhar-se a Jesus e ser enviado em missão. Por ser Deus quem chama por meio de Jesus, o chamado se justifica por si mesmo. Já o seguimento não se justifica por si mesmo, e sim no fato de orientar-se ao anúncio da boa-nova, isto é, para a evangelização.[60]

Jon Sobrino percebe que a noção de seguimento está intimamente relacionada com o desenvolvimento da fé de Jesus, e descreve duas etapas na historicidade das exigências do seguimento: *a concepção messiânica* e *a concepção cristológica*.

A concepção messiânica do seguimento vai do início da vida pública de Jesus, até sua crise na Galiléia. O apelo ao seguimento se reduz a algumas pessoas. Jesus chama e exige o seguimento na base do entusiasmo, provocado pela grandeza da causa que ele defende. As exigências do seguimento são deduzíveis da concepção de Reino de Deus presente na tradição do Antigo Testamento.

---

[58] Cf. idem, ibidem, p. 772.
[59] Cf. idem, *A fé em Jesus Cristo. Ensaio a partir das vítimas*, p. 488.
[60] Cf. idem, *Espiritualidade da libertação: estrutura e conteúdos*, p. 159.

Os discípulos são enviados a realizar importantes tarefas: *pregar o reino e exigir a conversão* (cf. Mc 6,12); *exorcizar e curar os enfermos* (cf. Mc 6,13); *dominar os espíritos imundos* (cf. Mc 6,7).[61]

A *concepção cristológica* do seguimento vai do período da crise de Jesus na Galiléia até sua morte na cruz. Paralelamente ao autoconhecimento de Jesus, ocorre um deslocamento na perspectiva do seguimento. Não é mais o seguimento de um messias em sua função messiânica, mas da pessoa de Jesus naquilo que ele possui de mais concreto e escandaloso: "Quem quiser vir após mim, tome a sua cruz e me siga" (Mc 8,34). As exigências de seguimento situam-se no contexto da preocupação de Jesus e do seu destino. Exigem uma fé que não é só confiança em Deus, mas também aceitação escandalosa de Jesus. O seu convite não se limita mais aos discípulos, mas dirige-se a todos indistintamente. É um estilo de vida que atinge todas as atividades e atitudes da pessoa, segundo o qual adquirem sentido todas as outras realidades humanas.[62]

Nesse sentido, junto com a preocupação de voltar à fonte inspiradora e normativa do seguimento, Jon Sobrino reconhece também a necessidade de atualizá-lo constantemente a fim de que responda sempre aos desafios da realidade.

5. O seguimento de Jesus é a melhor forma de explicitar a identidade cristã

No duplo e constante movimento de volta à raiz bíblica e de atualização, Jon Sobrino atribui ao seguimento uma gama, ampla e rica, de significados. Entre eles, um merece particular atenção pela riqueza de conteúdos que concentra em si: o seguimento como forma privilegiada de explicitar a identidade cristã.[63]

Comparada pelo próprio Jon Sobrino a uma parábola acerca de Jesus, sua cristologia exige do leitor uma tomada de decisão e uma resposta existencial.[64] E por meio dessa resposta, teórica e histórica, vai sendo construída a identidade cristã.

---

[61] Cf. idem, *Cristologia a partir da América Latina*, p. 136.

[62] Cf. idem, ibidem, p. 137.

[63] Cf. idem, Identidade cristã. In: FLORISTÁN SAMANES, C. & TAMAYO-ACOSTA, J. J. (orgs.). *Dicionário de conceitos fundamentais do cristianismo*, p. 343.

[64] Cf. idem, *A fé em Jesus Cristo. Ensaio a partir das vítimas*, pp. 488-489.

Ele estabelece, assim, uma relação entre seguimento e identidade. Para entender essa relação é preciso ter presente que a cristologia de Jon Sobrino se desenvolve em torno de dois eixos fundamentais: a *história de Jesus* e a *história da fé em Jesus*.

A *história de Jesus* em sua totalidade é apresentada por meio de uma leitura histórico-teológica de sua vida em relação a três realidades centrais: o serviço ao Reino de Deus, a relação com Deus; Pai; e a morte na cruz, evidenciando a dimensão libertadora da pessoa e da missão, com o objetivo de dar relevância e primazia à sua vida terrena e animar os fiéis a "ter os olhos fixos em Jesus, autor e consumador da fé" (Hb 12,1).[65]

A *história da fé em Jesus* é apresentada por meio de três realidades básicas: a ressurreição de Jesus, analisada na perspectiva das vítimas, com a correlativa revelação de Deus como o Deus das vítimas e da possibilidade de viver como ressuscitados nas contingências históricas; os *títulos cristológicos*, considerados sob a perspectiva da lógica de Deus, manifestada em Jesus; e as *fórmulas conciliares*, analisadas na sua dimensão formal que apresenta a totalidade da realidade.[66]

Para adentrar no verdadeiro sentido da história de Jesus, Jon Sobrino reafirma a necessidade não só de um caminho teórico que mostre quem é Jesus, mas também de um caminho práxico, isto é, o caminho de seguimento de Jesus. Dessa forma, o Jesus apresentado por Jon Sobrino está em constante e íntima relação com o seu seguidor. Descobrindo quem é Jesus de Nazaré, vamos também gradualmente descobrindo quem somos nós, seus seguidores. Por conseguinte, subjacente a toda a cristologia de Jon Sobrino está o problema da identidade cristã.

Longe de ser estática e atemporal, a identidade cristã é uma realidade dinâmica e contextualizada. Por sua estrutura intrínseca e por sua relação com a realidade, exige que seja constantemente repensada, buscando sempre novas e criativas mediações.

Para Jon Sobrino, a identidade cristã definida segundo o caminho cristológico, adquire uma dupla dimensão: *histórica*, tornando-se visível na pessoa de Jesus, com sua encarnação; de *fé*, pois em Jesus se revelou a plenitude do ser humano.

---

[65] Cf. idem, *Jesus, o Libertador.* I – A História de Jesus de Nazaré, p. 19.
[66] Cf. idem, *A fé em Jesus Cristo. Ensaio a partir das vítimas*, pp. 11-12.

A afirmação de que a identidade cristã consiste no seguimento de Jesus é a confissão cristológica de que em Cristo apareceu o verdadeiro ser humano.[67]

Realizar a identidade cristã segundo o seguimento de Jesus significa viver em constante tensão entre *reproduzir* e *atualizar* o seguimento. O seguidor deve reproduzir a estrutura fundamental da vida de Jesus e, ao mesmo tempo, historicizá-la de acordo com as exigências do contexto em que vive. Ser cristão supõe a encarnação, no tempo e no espaço, do modo de ser e de viver de Jesus. Da mesma forma que Jesus é a melhor salvaguarda do Cristo, também o seguimento é a melhor salvaguarda da identidade cristã. E a identidade cristã tem duas dimensões significativas que Jon Sobrino expressa com dois verbos: *recordar* e *caminhar*.[68]

Recordar que Deus se manifestou em Jesus Cristo. Essa lembrança perene em sintonia com o mistério eterno de Deus nos leva a outra realidade que não pode ser esquecida: o Reino de Deus e sua relação central com os pobres.[69]

Caminhar, pois o Deus de Jesus Cristo é um Deus a caminho. A fé cristã nesse Deus a caminho é um caminhar na história respondendo e correspondendo a esse Deus. Jon Sobrino relaciona esse caminhar com o labor teológico: a fé é caminhar, realizando a práxis de descer da cruz as vítimas, e a teologia é *intellectus amoris*; a fé é caminhar com esperança na justiça de Deus e a teologia é *intellectus spei*; a fé é caminhar continuamente e a teologia é *intellectus gratiae*.[70]

Por sua vez, o seguimento não é uma realidade fragmentada ou ascética, nem a repetição estática das atitudes, práticas e virtudes de Jesus; é "sinônimo de totalidade da vida cristã".[71] Não consiste em imitar Jesus, nem mesmo em reproduzir alguns traços históricos de sua vida, "é refazer processualmente a estrutura fundamental de sua vida, nas mais variadas circunstâncias".[72] Não é uma exigência ética

---

[67] Cf. idem, Identidade cristã. In: Floristán Samanes, C. & Tamayo-Acosta, J. J. (orgs.). *Dicionário de conceitos fundamentais do cristianismo*, p. 343.

[68] Cf. idem, *A fé em Jesus Cristo. Ensaio a partir das vítimas*, p. 488.

[69] Cf. idem, ibidem, pp. 489-495.

[70] Cf. idem, ibidem, pp. 498-499.

[71] Idem, *Espiritualidade da libertação: estrutura e conteúdos*, p. 67.

[72] Cf. idem, *Cristologia a partir da América Latina*, p. 151; ———. Seguimento de Jesus. In: Floristán Samanes, C. & Tamayo-Acosta, J. J. (orgs.). *Dicionário de conceitos fundamentais do cristianismo*, p. 773; ———. *A fé em Jesus Cristo. Ensaio a partir das vítimas*, p. 488.

que implica o cumprimento formal de leis e a observância de normas, "é um espírito e como tal cada pessoa o realiza de modo único e irrepetível, de acordo com os dons pessoais e o próprio estado de vida".[73] É "expressão absoluta da existência cristã," pois não há outro modo mais concreto de expressar a totalidade da fé em Jesus;[74] é "forma práxica de aceitar a transcendência de Cristo", o Filho de Deus;[75] é um modo de ser conforme à imagem do Filho (cf. Rm 8,29), tendo os olhos fixos em Jesus, autor e consumador da fé (cf. Hb 12,1).[76]

Ao definir a identidade cristã segundo o seguimento de Jesus, entendido como uma realidade dinâmica e encarnada no contexto histórico, Jon Sobrino contribui, de forma expressiva, para subtraí-la da abstração e da alienação, e reforça seu caráter cristocêntrico e, conseqüentemente, seu compromisso com o prosseguimento da prática de Jesus, mediante a construção do Reino anunciado por ele e a luta para destruir as forças do anti-reino.

6. Viver como ressuscitado nas condições históricas

Para Jon Sobrino, o seguimento como forma de explicitar a identidade cristã implica reproduzir a estrutura histórica da vida terrena de Jesus: encarnação parcial na história; missão libertadora em favor das vítimas; escândalo da cruz; e vida em plenitude.

Esses quatro momentos não são estanques, mas estão entrelaçados de forma vital e dinâmica, constituindo os elementos do processo de construção da identidade cristã. Como para os primeiros cristãos, é a ressurreição de Jesus, o quarto elemento, que configura a vida do seguidor. E Jon Sobrino insiste na necessidade de viver o seguimento de Jesus, como ressuscitados, nas condições históricas.[77]

---

[73] Idem, *Jesus na América Latina*, p. 227; ———. Seguimento de Jesus. In: *Dicionário de conceitos fundamentais do cristianismo*, p. 774.

[74] Cf. idem, ibidem, p. 771.

[75] Cf. idem, *Jesus na América Latina*, p. 51.

[76] Cf. idem, Jesús de Nazaret. In: FLORISTÁN SAMANES, C. & TAMAYO-ACOSTA, J. J. (orgs.). *Conceptos fundamentales de pastoral*, pp. 480-481; ———. Seguimento de Jesus. In: FLORISTÁN SAMANES, C. & TAMAYO-ACOSTA, J. J. (orgs.). *Dicionário de conceitos fundamentais do cristianismo*, p. 771; ———. *Jesus na América Latina*, p. 225.

[77] Cf. idem, *A fé em Jesus Cristo. Ensaio a partir das vítimas*, p. 25.

A ressurreição deve iluminar e configurar a encarnação parcial na história que, a exemplo de Jesus, implica uma opção, livre e consciente, pelo mundo dos pobres, como modo específico de ser, lugar determinado para exercer a missão, realidade particular que, por sua natureza, humaniza e leva a viver a exigência fundamental da solidariedade.[78]

Por ser livre, consciente e parcial, a encarnação tem duas características significativas: *excludente*, porque exclui a riqueza, colocando a alternativa de não poder servir a dois senhores; *conflitiva*, porque pobreza e riqueza não podem existir justapostas e pacificamente.[79]

A ressurreição deve modelar a missão, que, a exemplo de Jesus, expressa o amor incondicional e a doação total da vida em favor das vítimas, dando continuidade à sua prática, entendida como conjunto de atividades exercidas para tornar presente o Reino,[80] e à sua práxis profética de denúncia e combate do anti-reino.[81]

Expressão máxima de amor e de fidelidade a Deus e aos seres humanos, a cruz é prova de total confiança e abandono ao Deus solidário com a cruz do povo crucificado, que reproduz os traços de Jesus crucificado.[82] Mas a cruz não é o momento final do seguimento, porque Deus ressuscitou Jesus dentre os mortos. Por conseguinte, o "Ressuscitado se pode fazer vitoriosamente presente no seguimento do Crucificado".[83] Tal presença estabelece uma relação entre seguimento e escatologia. Esta acontece por meio da manifestação de dois elementos essenciais: a *plenitude escatológica*, em meio às limitações da história, que se torna presente por meio da esperança, da liberdade e do gozo; a *vitória* contra a escravidão da história.[84]

---

[78] Cf. idem, Identidade cristã. In: *Dicionário de conceitos fundamentais do cristianismo*, p. 345.

[79] Cf. Idem, Seguimento de Jesus. In: FLORISTÁN SAMANES, C. & TAMAYO-ACOSTA, J. J. (orgs.). *Dicionário de conceitos fundamentais do cristismo*, p. 773.

[80] Cf. idem, *Jesus, o Libertador*. I – A História de Jesus de Nazaré, pp. 105-159.

[81] Cf. idem, ibidem, pp. 239-266.

[82] Cf. idem, ibidem, pp. 289-390.

[83] Idem, *A fé em Jesus Cristo*. Ensaio a partir das vítimas, p. 26.

[84] Cf. idem, ibidem, pp. 25-28.

Para Jon Sobrino, o seguimento, vivido analogamente na atualidade, é a condição necessária para uma experiência análoga à das aparições;[85] é expressão primigênia de que Jesus de Nazaré crucificado e ressuscitado "faz diferença".[86]

Ao propor a ressurreição como realidade configuradora da encarnação parcial na história, da missão em favor das vítimas e da cruz, Jon Sobrino rompe a simetria entre sofrimento e tristeza, e prova que é possível viver a utopia da libertação, na esperança, na liberdade e no deleite, em meio às vicissitudes da história.

7.0 caráter epistemológico e a função globalizadora e hierarquizadora do seguimento

A abrangência e a relevância do seguimento na cristologia de Jon Sobrino ocorrem, particularmente, de duas maneiras: no seu caráter *epistemológico*, e na sua função *globalizadora e hierarquizadora* dos diversos elementos.

No que diz respeito ao caráter *epistemológico*, Jon Sobrino afirma ser o seguimento o lugar primigênio de toda a epistemologia teológico-cristã[87] e, por isso, também o lugar para compreender a escatologia;[88] o caminho definitivo que dá sentido aos demais e leva a estabelecer uma adequada relação com Cristo e a conhecê-lo por afinidade e conaturalidade.[89] Para ele, "só a partir do seguimento, operar-se-á a convicção de que nele está a identidade cristã".[90] Estabelece, assim, entre seguimento e identidade cristã uma relação epistemológica fundamental. O processo de seguimento é o lugar por excelência para, simultaneamente, conhecer Jesus e construir a identidade cristã. A realização do seguimento permite, na visão sobriniana, participar do mistério de Cristo e de sua revelação histórica por *afinidade e conaturalidade*.[91]

---

[85] Cf. idem, ibidem, pp. 102-103.
[86] Cf. idem, ibidem, p. 170.
[87] Cf. idem, *Ressurreição da verdadeira Igreja*, p. 47; ———. La fe en el Dios crucificado. Reflexiones desde El Salvador, Revista Latinoamericana de Teología, n. 31, p. 65.
[88] Cf. idem, *Jesus na América Latina*, pp. 140-141.
[89] Cf. idem, Jesús de Nazaret. In: Floristán Samanes, C. & Tamayo-Acosta, J. J. (orgs.). *Conceptos fundamentales de pastoral*, pp. 509-510.
[90] Idem, Identidade cristã. In: Floristán Samanes, C. & Tamayo-Acosta, J. J. (orgs.). *Dicionário de conceitos fundamentais do cristianismo*, p. 343.
[91] Cf. idem, Jesús de Nazaret. In: Floristán Samanes, C. & Tamayo-Acosta, J. J. (orgs.). *Conceptos fundamentales de pastoral*, p. 509.

O motivo dessa escolha é claro: fora do seguimento não se tem suficiente afinidade com o objeto da fé; com a afinidade do seguimento adquire sentido proclamar Jesus como o Cristo, como a revelação do verdadeiramente divino e humano.[92]

Para adentrar no mistério de sua divindade, o método do seguimento supõe um caminho cronológico em que o ponto de partida real é o Jesus histórico. Ele é, objetivamente, a melhor *mistagogia* para o Cristo da fé, e a afinidade que se obtém na prática do seguimento é, subjetivamente, a melhor *mistagogia* para aceder a Jesus e, assim, ao Cristo.[93]

O seguimento como lugar privilegiado para conhecer Jesus tem como cenário mais amplo a Teologia da Libertação, em que a função do conhecimento não consiste, em última análise, em explicar e dar sentido a uma realidade existente ou à fé ameaçada pela situação, mas em transformar uma realidade para que tenha significado e desta forma recupere, a seu modo, o sentido da fé.[94]

O conhecimento teológico tem um caráter práxico e ético, e pretende enfrentar a realidade de maneira objetiva e menos ideologizada possível, analisá-la, por meio da mediação das ciências sociais, libertá-la da miséria.[95]

A partir dessa visão, a *ortopráxis* torna-se uma exigência da *ortodoxia*. Trata-se de pensar segundo uma práxis influenciada pela situação de miséria e comprometida com a sua transformação. Jon Sobrino resgata o sentido original do método como caminho real da fé, fazendo uma passagem da ortodoxia abstrata para a concreta. Esta última não se realiza pela mediação das idéias, mas pela práxis. Não é pensar, mas percorrer o caminho de Jesus, sem excluir os métodos, as análises e as hermenêuticas. E o método é compreendido como conteúdo.[96]

Para Jon Sobrino, o conhecimento teológico assim concebido exige uma ruptura epistemológica que acontece por meio de cinco pontos fundamentais: o caráter dialético do conhecimento, a dor como movente do conhecimento, a teodicéia e a

---

[92] Cf. idem, *Jesus na América Latina*, p. 34.
[93] Cf. idem, *Jesus, o Libertador. I – A História de Jesus de Nazaré*, p. 90.
[94] Cf. idem, *Ressurreição da verdadeira Igreja*, p. 25.
[95] Cf. idem, ibidem, pp. 25-27.
[96] Cf. idem, *Ressurreição da verdadeira Igreja*, pp. 32-33.

antropodicéia, a morte de Deus e a morte dos oprimidos, e a aporia fundamental do conhecimento.[97]

Além do caráter epistemológico, na visão de Jon Sobrino, a abrangência e a relevância do seguimento se manifestam na sua *função globalizadora* e *hierarquizadora* de vários elementos. Ele explicita alguns desses elementos.

Em relação à *pluralidade teológica*, o seguimento é princípio organizativo das diversas teologias: teologia da criação, da cruz e da ressurreição. A partir dele é possível perceber sua diversidade, sua hierarquização e sua complementaridade.[98]

Em relação à *vida cristã*, o seguimento é o princípio estruturante e hierarquizador da vida cristã, segundo o qual se pode e se deve organizar as várias dimensões da vida cristã, como a pertença à Igreja, a ortodoxia e a liturgia;[99] é o princípio de unificação entre a dimensão transcendente e a dimensão histórica.[100]

Em relação à *Igreja*, o seguimento é princípio de "desmundanização" e de "desalienação" da Igreja, de sua adequada encarnação e missão, de sua identidade e relevância históricas.[101]

Desta forma, Jon Sobrino recupera não só o potencial mistagógico do seguimento, mas também sua capacidade intrínseca de unificar e hierarquizar os valores humano-cristãos.

8. No seguimento, Jesus nos introduz na realidade trinitária

Na sua abrangência e relevância, o seguimento é, na cristologia de Jon Sobrino, "lugar autêntico da contemplação do mistério de Deus em sua realidade trinitária";[102] "chave para viver a totalidade da vida cristã", porque leva a ser como Jesus, diante do Pai e para os irmãos, na força do seu Espírito.[103]

---

[97] Cf. idem, ibidem, pp. 37-43.
[98] Cf. idem, La teología de la cruz en el Sínodo, *Sal Terrae*, n. 4, p. 265.
[99] Cf. idem, Seguimento de Jesus. In: FLORISTÁN SAMANES, C. & TAMAYO-ACOSTA, J. J. (orgs.). *Dicionário de conceitos fundamentais do cristianismo*, p. 773.
[100] Cf. idem, ibidem, p. 774.
[101] Cf. idem, ibidem, pp. 771-772.
[102] Idem, *El Cristo de los Ejercicios de san Ignacio*, p. 32.
[103] Cf. idem, Seguimento de Jesus. In: FLORISTÁN SAMANES, C. & TAMAYO-ACOSTA, J. J. (orgs.). *Dicionário de conceitos fundamentais do cristianismo*, p. 774.

Significado, abrangência e relevância do seguimento de Jesus na cristologia de Jon Sobrino, e a contribuição desse autor para o resgate dessa categoria cristológica

Como realidade viva que se constrói na dinâmica do seguimento, o fazer cristológico de Jon Sobrino acontece dentro da realidade trinitária. O Pai é o princípio e o horizonte último da realidade; o Filho é a exemplaridade divina de como corresponder ao Pai; a vida no Espírito de Jesus é o ser cristão que nos torna filhos no Filho.[104]

Jon Sobrino apresenta o caminho histórico de Jesus por meio de sua dupla relacionalidade: com o Reino de Deus e com o Deus do Reino. Na sua consciência de ser filho, esta relacionalidade se traduz em filiação e tem como pressuposto fundamental uma experiência íntima e pessoal com Deus. Jesus buscou incessantemente Deus, abriu-se a ele, dialogou com ele, descansou nele, deixando-o ser Deus. Sua visão de Deus reúne elementos provenientes das tradições profética, apocalíptica, sapiencial e existencial, herdadas de Israel.[105]

Mas, acima de tudo, Jon Sobrino apresenta Jesus como o revelador da transcendência de Deus. Inacessível e inatingível, Deus é captado essencialmente como graça; atua por graça e como graça. Dessa forma, a transcendência de Deus não se reduz à infinita distância entre Deus e a criatura, entre o poder de Deus e a fragilidade humana. Jesus capta essa distância e essa diferença, mas afirma que a transcendência de Deus se torna presente precisamente quebrando esta noção de transcendência. O infinitamente distante se torna próximo. O poder transcendente não consiste em realizar o que está além da capacidade natural do homem e sem contar com ele, mas em realizar o impossível de uma maneira nova e inesperada, como graça que renova o ser humano.[106]

Em Deus, que Jesus chama de Abba, ó Pai — expressão que manifesta sua relação íntima e sua confiança amorosa —, o Nazareno concentra a origem absoluta de todas as coisas, que garante o sentido da história. Para Jesus, Deus é uma realidade sumamente dialética: absolutamente íntimo e próximo, e absolutamente outro e distante. Essa convicção transparece de modo particular, em sua oração filial: expressão da alteridade e da proximidade de Deus.[107] Jesus confia plenamente em

---

[104] Cf. idem, *Cristologia a partir da América Latina*, pp. 20-22.
[105] Cf. idem, *Jesus, o Libertador. I – A História de Jesus de Nazaré*, p. 202.
[106] Cf. idem, ibidem, p. 205.
[107] Cf. idem, ibidem, pp. 208-210.

Deus Pai, que é sumamente bom para com ele e para com todos os seres humanos. Essa bondade se expressa em forma de especial ternura para com os pobres e os indefesos.[108]

Na relação de Jesus com o Espírito, Jon Sobrino exclui o modo de proceder que consiste simplesmente em justapor o Espírito a Jesus, a pneumatologia à cristologia, e opta pela convergência dessas realidades. Resgata assim o Espírito de um lugar etéreo, atemporal e invisível, e remete-o para um lugar histórico: a vida de Jesus e o seu seguimento.[109]

A relação entre Jesus e o Espírito tem dois aspectos complementares: *Jesus, possuído pelo Espírito*; e o *Espírito como memória e imaginação de Jesus*.

Jesus, possuído pelo Espírito: A vida de Jesus é o lugar por excelência da manifestação do Espírito. Baseado nos evangelhos sinóticos, Jon Sobrino resume a relação entre Jesus e o Espírito em três pontos: o Espírito envia Jesus, configurando-o íntima e pessoalmente segundo seu próprio ser; esta forma tem como objetivo a realização da missão de Jesus, é uma força para proclamar a boa-nova aos cativos, dar vista aos cegos e libertar os oprimidos (cf. Lc 4,16-19); o Espírito é força, energia, vigor, "uma força saiu dele" (cf. Mc 5,30; Lc 8,46).[110]

A vida e a práxis de Jesus nas quais se manifesta o Espírito são realidades históricas e não deixam lugar ao intimismo e ao esoterismo. Jesus está e fala no Espírito, e expressa-se com ele em sua vida de forma concreta. O Espírito se manifesta na vida de Jesus como: novidade e futuro, liberdade e discernimento, oração e gratuidade. Nas situações de opressão, de conflito e de martírio, características da América Latina, o Espírito se manifesta particularmente como vida, verdade, amor e misericórdia.[111]

Ao considerar a vida de Jesus como lugar da manifestação do Espírito, Jon Sobrino acena para a superação de dois perigos provenientes do cristocentrismo

---

[108] Cf. idem, ibidem, pp. 211-212.

[109] Cf. idem, "Luz que penetra las almas" Espíritu de Dios y seguimiento lúcido de Jesús, *Sal Terrae*, n. 1.008, p. 3.

[110] Cf. idem, ibidem, p. 3; ———. El Espíritu, memoria e imaginación de Jesús en el mundo. "Supervivencia" y "civilización de la pobreza", *Sal Terrae*, n. 966, p. 186.

[111] Cf. idem, "Luz que penetra las almas" Espíritu de Dios y seguimiento lúcido de Jesús, *Sal Terrae*, n. 1.008, pp. 6-7.

exagerado: "empobrecimento de Deus", reduzindo-o ao que dele transparece em Jesus; "fanatismo antropológico", excessiva valorização da vida humana de Jesus.[112]

Espírito como memória e imaginação de Jesus: o Espírito é a memória que nos faz voltar sempre de novo a Jesus de Nazaré e propiciar vida para os pobres e, ao mesmo tempo, nos introduz na verdade plena e nos capacita a fazer coisas maiores do que ele. O Espírito é imaginação de Jesus que nos leva a perguntar constantemente: hoje, o que diria e faria Jesus de Nazaré? Certamente, anunciaria o Reino de Deus aos pobres e se colocaria a serviço deles, denunciaria o anti-reino e por isso entraria em conflito com os poderosos.[113] *Memória e imaginação* são realidades fundamentais para a vida cristã. Nelas se julga, existencialmente, o essencial da fé cristã, o qual consiste em ser e viver, hoje, como Jesus.

9. Vida cristã: prosseguimento de Jesus com espírito

Para Jon Sobrino, o seguimento tem duas dimensões fundamentais intrinsecamente relacionadas entre si: a dimensão cristológica — concretização de Jesus como *norma normans*[114] — e a pneumatológica — o Espírito que atualiza Jesus na história.[115] E o lugar primário da manifestação do Espírito é o prosseguimento de Jesus, que engloba outras realidades, tais como: a oração, a liturgia e a contemplação da natureza.[116] Seguimento de Jesus e Espírito não são realidades que coexistem simplesmente de forma justaposta, mas cada uma corresponde a um âmbito preciso da realidade.

Para explicar esses âmbitos distintos da realidade, Jon Sobrino recorre a uma linguagem metafórica. Para ele, o seguimento é a linha mestra traçada por Jesus para caminhar e o espírito é a força que nos capacita a caminhar real e atualizadamente por esse traçado, ao longo da história.

---

[112] Cf. idem, El Espíritu, memoria e imaginación de Jesús en el mundo. "Supervivencia" y "civilización de la pobreza", *Sal Terrae*, n. 966, p. 131.

[113] Cf. idem, ibidem, pp. 181-182.

[114] Cf. Idem, ibidem, p. 185; Idem, Espiritualidad y seguimiento de Jesús. In: *Mysterium Liberationis*. Conceptos fundamentales de la teología de la liberación, v. 2, p. 459.

[115] Cf. idem, Dios. In: FLORISTÁN SAMANES, C. & TAMAYO-ACOSTA, J. J. (orgs.). *Conceptos fundamentales de pastoral*, p. 255.

[116] Cf. idem, "Luz que penetra las almas" Espíritu de Dios y seguimiento *lúcido* de Jesús, *Sal Terrae*, n. 1.008, p. 8.

Ele conclui definindo a totalidade da vida cristã como: "*pro-seguimento de Jesus com espírito. Pro* indica a atualização no presente e a abertura para a novidade do futuro; *seguimento* remete à estrutura fundamental da vida de Jesus que é preciso reproduzir; com *espírito* indica a força para caminhar".[117]

Jon Sobrino estabelece, assim, uma relação profunda e intrínseca entre seguimento e espiritualidade. Ele define a espiritualidade sob dois enfoques complementares: como *dimensão fundamental* do ser humano, é o espírito da pessoa ou de um grupo, enquanto relacionado com a totalidade da realidade;[118] é o espírito com que enfrentamos a realidade histórica na qual vivemos em toda a sua complexidade;[119] como *modo de seguir Jesus*, é vida com espírito de Jesus. A vida é a realidade mais abrangente da qual as práticas constituem expressão e para a qual são iluminação e motivação. Ao substantivo vida, acrescenta-se o adjetivo espiritual e, conseqüentemente, sem vida real e histórica, não pode haver vida espiritual.[120]

Espiritualidade como vida segundo o espírito é a dimensão pneumatológica do seguimento, que tem como função atualizar Jesus na história, intrinsecamente unida com a dimensão cristológica, que consiste em refazer a estrutura fundamental da vida histórica de Jesus. Em relação ao seguimento é a relação-comunhão profunda e íntima com Jesus, é a dimensão do estar com Jesus para aprender dele os segredos do Pai, junto com o ser para Jesus, isto é, ser enviado em missão por Jesus e em lugar dele.[121]

Para Jon Sobrino, a espiritualidade é princípio unificador da realidade, e ele define e ao mesmo tempo sintetiza a correta relação com essa realidade mediante quatro exigências mínimas: *lealdade, misericórdia, fidelidade* e *esperança*.[122]

A espiritualidade do seguimento de Jesus traz consigo algumas exigências fundamentais que coincidem com os principais momentos da vida histórica de Jesus

---

[117] Cf. idem, ibidem, p. 9.
[118] Cf. idem, *Espiritualidade da libertação*: estrutura e conteúdos, pp. 24 e 32-33.
[119] Cf. idem, Espiritualidad y seguimiento de Jesús. In: FLORISTÁN SAMANES, C. & TAMAYO-ACOSTA, J. J. (orgs.). *Mysterium Liberationis*. Conceptos fundamentales de la Teología de la Liberación, v. 2, p. 453.
[120] Cf. idem, *Espiritualidade da libertação*: estrutura e conteúdos, p. 11.
[121] Cf. idem, ibidem, pp. 53-56.
[122] Cf. idem, Espiritualidad y seguimiento de Jesús. In: ELLACURÍA, I. & SOBRINO, J. (orgs.) *Mysterium Liberationis*. Conceptos fundamentales de la Teología de la Liberación, v. 2, pp. 453-457.

e que devem gerar frutos no Espírito. A encarnação parcial na história gera como fruto a santidade da pobreza, que consiste na opção pelas vítimas.[123] A missão libertadora em favor das vítimas gera a santidade do amor, que consiste em viver e exercer a missão que Jesus confiou aos seus seguidores no espírito das bem-aventuranças. A santidade do amor garante também a eficácia das práticas de libertação. As bem-aventuranças são a síntese programática de quem não só está comprometido historicamente, mas age com espírito.[124] A disposição de enfrentar a morte pela causa do Reino gera a santidade política, cuja expressão por excelência é o martírio.[125] Viver à luz da ressurreição de Jesus gera a santidade do gozo, que consiste em viver como ressuscitados, sabendo agradecer e celebrar, sobretudo quando aos pequenos é revelado o coração do Pai.[126]

O seguimento como "caminho definitivo e que dá sentido aos demais"[127] se realiza em meio às vicissitudes da história, na luta contra as forças demolidoras do anti-reino; está sujeito à pecaminosidade humana e à nuvem do não-saber e do não-entender. Exige, a exemplo de Jesus, constante busca da vontade de Deus, por meio do discernimento. O modo concreto como Jesus discerniu torna-se protótipo para os seus seguidores.[128]

10. Contribuições específicas do resgate e da atualização do seguimento para a cristologia

Ao resgatar a densidade teológica do seguimento de Jesus, Jon Sobrino traz relevantes contribuições para o cenário da reflexão cristológica. Dentre elas, elencamos, apenas, as que julgamos mais significativas e relacionadas com a perspectiva da nossa pesquisa.

---

[123] Cf. idem, ibidem, pp. 461-462.
[124] Cf. idem, ibidem, pp. 462-467.
[125] Cf. idem, ibidem, pp. 467-470.
[126] Cf. idem, ibidem, pp. 470-471.
[127] Idem, Seguimento de Jesus. In: FLORISTÁN SAMANES, C. & TAMAYO-ACOSTA, J. J. (orgs.). *Dicionário de conceitos fundamentais do cristianismo*, p. 774.
[128] Cf. idem, *Jesus na América Latina*, pp. 193-204.

A importância da categoria da história

A cristologia de Jon Sobrino, caracterizada como reflexão sobre Jesus no dinamismo da relação vital e concreta que chamamos seguimento, é uma cristologia *histórica*: parte de uma história (a de Jesus) que, por sua vez, tem sua pré-história (o judaísmo); essa história com sua pré-história se reflete na história dos seus seguidores e possui a virtualidade de suscitar história no contato com os cristãos de cada época.

Desse modo, Jon Sobrino contribui para resgatar o sentido da história na cristologia, que se torna real na vida de cada teólogo-seguidor e na trajetória de cada ser humano concreto que segue o Mestre e reflete sobre ele. O seguidor é uma testemunha, alguém que reproduz, historicamente, a vida de Jesus e, por sua vez, ilumina a *fides quae*, o objeto da fé. Por outro lado, a formulação dogmática da pessoa de Jesus não pode prescindir, de algum modo, da *fides qua*, do seguimento realizado. Somente no seguimento de Jesus, de fato, fazemo-nos afins à realidade de Jesus, e a partir dessa afinidade realizada se torna possível o conhecimento interno de Cristo.

O caráter soteriológico da cristologia

No seguimento, como princípio epistemológico, o conhecimento cristológico ocorre juntamente com a experiência libertadora, humanizadora e salvadora que a relação vital com Jesus provoca no seguidor. Essa experiência salvadora, normalmente, é apresentada no Novo Testamento como uma mudança radical que gera nova identidade. A salvação não é conseqüência do conhecimento de Jesus como o Cristo, mas conhecimento e salvação brotam de uma mesma vivência do seguimento.

Esse caráter soteriológico transparece em toda a cristologia de Jon Sobrino: Jesus é o enviado do Pai que veio para realizar o seu projeto de salvação universal, entendido como projeto de libertação integral. Jesus chama para participar de sua vida, missão e destino. Por ser o próprio Deus quem chama, por meio de Jesus, tal apelo é salvífico, e na resposta do seguimento vai, processualmente, acontecendo a salvação.

A relacionalidade do conhecimento cristológico

No seguimento, como princípio epistemológico, o conhecimento da verdade sobre a pessoa de Jesus Cristo é o resultado de um processo relacional e dinâmico em que o seguidor vai, progressivamente, se confrontando com a pessoa de Jesus. Nesse confronto, toma consciência da identidade de Jesus, Filho de Deus, e vai descobrindo sua própria identidade de seguidor.

Nesse sentido, Jon Sobrino compara sua cristologia a uma parábola acerca de Jesus, a qual exige do seu leitor uma tomada de decisão e uma resposta existencial. E por meio dessa resposta, teórica e histórica, vai sendo construída a identidade cristã.

A categoria cristológica do seguimento introduz na estrutura da identidade cristã uma força dinamizadora capaz de subtraí-la de toda rigidez e estagnação. A identidade cristã é alimentada e vivificada constantemente pela força da palavra de Jesus que chama: "Vem e segue-me" (cf. Mt 4,18-22) e envia em missão: "Ide por todo o mundo e pregai o evangelho a toda a criatura" (Mt 28,19). Ser cristão é entrar no movimento da vida de Jesus que arma sua tenda entre os pobres e excluídos deste mundo, anunciando-lhes a boa-nova do Reino, que passa pela cruz, mas não termina nela, e sim na ressurreição.

O testemunho martirial

Seguir o caminho do mártir Jesus é estar disposto a enfrentar a realidade da cruz e do sofrimento, não como fim de uma trajetória, mas como passagem para a vida plena. Mártir, então, é quem segue Jesus, vive dedicado à causa de Jesus e morre pelas mesmas razões de Jesus.

Na experiência da Igreja na América Latina, como na Igreja primitiva, o derramamento de sangue é a mais eloqüente proclamação da fidelidade a Jesus Cristo. O martírio constitui o coroamento da teologização dos povos crucificados. A causa do martírio não é o *odium fidei*, pois os que matam são também cristãos, mas o *odium justitiae*, no qual, na visão do nosso autor, está implícito o *odium fidei*.

Para Jon Sobrino, os mártires são fonte de conhecimento teológico, são "a presença de Cristo crucificado na história", porque não só remetem aos conteúdos teológicos, mas os tornam presentes. São histórica e existencialmente o melhor caminho mistagógico para a cristologia.

Jon Sobrino se refere ao testemunho de tantos mártires que entregaram sua vida pela causa de Cristo, particularmente Dom Oscar Romero. Em sua vida dedicada aos pobres e em sua morte encontramos a atualização da vida e morte de Jesus. Partindo desse pressuposto, pode-se esperar que gere também algum tipo de ressurreição. "Se me matam, ressuscitarei na vida do meu povo", dizia ele profeticamente.

Cristologia eclesial

Na cristologia de Jon Sobrino, o seguimento não é fruto individual do teólogo-seguidor. Ele se situa num contexto mais amplo da Igreja dos pobres, corpo de Cristo crucificado presente na história e no mundo dos pobres. O próprio seguimento do teólogo está mediado pelo seguimento e pelo testemunho daqueles que o precederam na fé e tornaram possível seu encontro pessoal com Jesus.

Por conseguinte, uma cristologia segundo a perspectiva do seguimento só pode ser uma cristologia que lança raízes profundas na realidade eclesial e agrega sua parcela de contribuição para que ela seja, sempre mais, Igreja dos pobres.

Cristologia situada no Reino da vida em constante confronto com o reino da morte

Na cristologia de Jon Sobrino estão em constante confronto dois reinos que refletem dois modos de pensar: o *reino do sistema*, que gera contradições e *morte*; o *Reino do imprevisível de Deus*, que não consegue resolver as tensões e contradições existentes, mas se esforça para levar uma palavra de *vida* no cotidiano do ser humano, nas suas quedas e conquistas incompletas, preocupado em compreender a história na sua provisoriedade. Esses dois reinos vivem em contínua tensão.

Ao Reino da vida pertence a cristologia do seguimento proposta por Jon Sobrino. Os teólogos-seguidores desse reino são peregrinos, muitas vezes incompreendidos, que reconhecem o primado da história, e nela as intervenções de Deus, e o acolhem no seu dinamismo provocatório e incapturável.

Cristologia dialogante e aberta ao futuro

A reflexão cristológica de Jon Sobrino, elaborada segundo a perspectiva do seguimento, está potencialmente aberta ao diálogo: com a realidade do mundo ao qual pertence e com outros contextos, com as diferentes ciências, com outras cristologias, particularmente com as cristologias européias, com os documentos do magistério, embora nem sempre esse diálogo chegue a ser concretizado.

Para Jon Sobrino, a condição que possibilita o diálogo inter-religioso é, sem dúvida, situar-nos no horizonte da universalidade. Segundo a lógica *quantitativa*, o mais universal é o que melhor expressa e comunica a boa notícia aos pobres, pois essa é a realidade maior do nosso mundo; segundo a lógica *qualitativa*, o mais universal é o que traz resposta mais adequada a essa realidade de pobreza. Nesse sentido, Jesus de Nazaré e sua relação com os pobres, como a realidade maior, é o que há de mais universal, por meio do qual se torna possível estabelecer o diálogo inter-religioso.[129]

Uma cristologia segundo a perspectiva do seguimento, como a de Jon Sobrino, nunca poderá ser considerada como realidade acabada, pois, ao chegar à Páscoa com Jesus, recebe novo envio para retornar à Galiléia e recomeçar o caminho (cf. Mc 16,7). Será sempre uma cristologia aberta à imprevisível novidade da história, que requer tomada de posição diante da vida; uma cristologia que vai amadurecendo e exige, simultaneamente, seriedade e honestidade, na análise intelectual, compromisso e responsabilidade, na ação pastoral e na defesa da vida onde ela estiver ameaçada; uma cristologia que, na superação das ambigüidades históricas, vai nos transformando até chegarmos a ser "conformes à imagem de seu Filho" (Rm 8,29), na Páscoa eterna e definitiva.

---

[129] Idem, "Jesús y pobres": lo meta-paradigmático de las cristologías, *Misiones Extranjeras*, n. 161, p. 503.

BIBLIOGRAFIA

1. Escritos originais de Jon Sobrino em ordem cronológica de publicação

Livros e monografias

Sobre la sacramentalidad en la teología de Karl Rahner, Frankfurt, 1970. Monografia de conclusão de curso. Datiloscrito inédito.

Significado de la cruz y resurrección de Jesus en las cristologías sistemáticas de W. Pannenberg y J. Moltmann, Frankfurt a. M. 1975. Tese elaborada para obtenção do título de Doutor em Teologia pela Theologisch-Philosophische Hoschschule Sankt Georgen de Frankfurt a. M. Datiloscrito inédito.

Cristología desde América Latina. (Esbozo a partir del seguimiento del Jesús histórico). San Salvador, UCA (Universidad Centroamericana), 1976. 348 p.

Cristología desde América Latina. (Esbozo a partir del seguimiento del Jesús histórico). 2. ed. corregida y aumentada. México, CRT (Centro de Reflexión Teológica), 1977. 330 p. (Col. Teología Latinoamericana, 1.)

La oración de Jesús y del cristiano. México, CRT, 1977. 95 p. (Col. Aportes.)

El celibato cristiano en el Tercer Mundo. Bogotá, CLAR (Conferencia Latinoamericana de los Religiosos), 1977. 100 p. (Col. Perspectiva, 5.)

La oración de Jesús y del cristiano. Bogotá, Paulinas, 1979. 96 p.

Oscar Romero, mártir de la liberación. Madrid, PPC, 1980. 48 p.

Resurrección de la verdadera Iglesia. Los pobres, lugar teológico de la eclesiología. Santander, Sal Terrae, 1981. 349 p. (Col. Presencia Teológica, 8.)

Oscar Romero. Profeta y mártir de la liberación. Lima, CEP (Centro de Estudios y Publicaciones), 1981. 48 p.

Monseñor Romero, verdadero profeta. Manágua, Centro Ecuménico Antonio Valdiviese, 1981. 50 p. (Col. Dios habla en Centroamérica, 1.)

Sacramentos. Reflexões de Jon Sobrino. São Leopoldo (Brasil), Centro de Estudos Bíblicos, s.d. (Manuscrito para uso interno.)

Jesús en América Latina. Su significado para la fe y la cristología. San Salvador, UCA, 1982. 192 p. (Col. Teología Latinoamericana, serie Teología Sistemática, I.)

Liberación con espíritu. Apuntes para una nueva espiritualidad. Santander, Sal Terrae, 1985. 224 p. (Col. Presencia Teológica, 23.)

Religiones orientales y liberación. Barcelona, Cristianismo y Justicia, 1988. 24 p. (Col. Cristianismo y Justicia, 25.)

Monseñor Oscar A. Romero. Un obispo con su pueblo. Santander, Sal Terrae, 1990. 85 p. (Col. Servidores y Testigos, 46.)

Compañeros de Jesús. El asesinato-martirio de los jesuitas salvadoreños. Santander, Sal Terrae, 1990. p. 48. (Cuadernos "Aquí y ahora", 4.)

El Cristo de los Ejercicios de san Ignacio. Santander, Sal Terrae, 1990. 48 p. (Cuadernos "Aquí y ahora", 9.)

Jesucristo liberador. Lectura histórico-teológica de Jesús de Nazaret. Madrid/San Salvador, Trotta/UCA, 1991. 455 p. (Col. Teología Latinoamericana, 17.)

El principio-misericordia. Bajar de la cruz a los pueblos crucificados. Santander, Sal Terrae, 1992. 272 p. (Col. "Presencia Teológica", 67.)

La fe en Jesucristo. Ensayo desde las víctimas. Madrid, Trotta, 1999. 508 p. (Col. Estructuras y Procesos.)

Escritos inseridos em outras publicações

El conocimiento teológico en la teología europea y latinoamericana. In: Dussel, E. et alii. *Liberación y cautiverio*. Debates en torno al método de la teología en América Latina. México, CRT, 1975. pp. 177-207.

Significado teológico de la persecución a la Iglesia. A propósito de la arquidiocese del San Salvador. In: Romero, O. et alii. *Persecución a la Iglesia en El Salvador*. San Salvador, Publicaciones del Secretariado Social Interdiocesano, 1977. pp. 39-75. (Col. Iglesia y los Derechos Humanos.)

Resurrección de una Iglesia popular. In: Soto, F. (org.). *Cruz y resurrección*. Presencia y anuncio de una Iglesia nueva. México, CRT, 1978. pp. 83-159. (Col. Teología Latinoamericana, 7.)

Jesús y el Reino de Dios. Significado y objetivos últimos de su vida y misión. In: Romero, O. et alii. *Iglesia de los pobres y organizaciones populares*. San Salvador, UCA, 1979. pp. 87-103.

Presupuestos teológicos de la Carta Pastoral. In: Romero, O. et alii. *Iglesia de los pobres y organizaciones populares*. San Salvador, UCA, 1979. pp. 125-145.

Puebla: serena afirmación de Medellín. In: Sobrino, J. et alii. *Cristología*. Bogotá, CLAR, 1979. (Col. Iglesia Nueva.)

La oración de Jesús y la del cristiano. In: Sobrino, J. et alii. *Oración cristiana y liberación*. Bilbao, Mensajero, 1980. pp. 53-125.

Espiritualidad de Jesús y de la liberación. In: Centro de Estudios y Publicaciones. *Espiritualidad de la liberación*. Lima, CEP, 1980. pp. 53-70.

La Iglesia y los movimientos populares en El Salvador. In: Centro de Estudios y Publicaciones. *El Salvador, un pueblo perseguido. Testimonios de cristianos*. Lima, CEP, 1980. pp. 221-230.

Monseñor Romero, mártir de la liberación. Análisis teológica de su figura y su obra. In: Sobrino, J. et alii. *La voz de los sin voz*. San Salvador, UCA, 1980. pp. 35-66.

La aparición del Dios de la vida en Jesús de Nazaret. In: Richard P. et alii. *La lucha de los dioses. Los ídolos de la opresión y la búsqueda del Dios Liberador*. San José de Costa Rica, DEI (Departamento Ecumenico de Investigaciones), 1980. pp. 70-121.

Dios y los procesos revolucionarios. In: Equipe do Dei. *Apuntes para una teología nicaraguense*. San José de Costa Rica, DEI, 1981. pp. 105-129.

Reflexiones sobre el documento de cristología de Puebla. In: Equipo Seladoc. *Panorama de la teología latinoamericana*. Salamanca, Sígueme, 1981. pp. 159-173.

El testimonio de la Iglesia en América Latina. In: Torres, S. (ed.). *Teología de la liberación y comunidades cristianas de base*. Salamanca, Sígueme, 1982. pp. 185-216.

La experiencia de Dios en la Iglesia de los pobres. In: Equipe do Dei. *Espiritualidad y liberación en América Latina*. San José de Costa Rica, DEI, 1982. pp. 133-152.

Dios. In: Floristán Samanes, C. & Tamayo-Acosta, J. J. (orgs.). *Conceptos fundamentales de pastoral*. Madrid, Cristiandad, 1983. pp. 248-264.

Jesús de Nazaret. In: Floristán Samanes, C. & Tamayo-Acosta, J. J. (orgs.). *Conceptos fundamentales de pastoral*. Madrid, Cristiandad, 1983. pp. 480-513.

Seguimiento. In: Floristán, C. & Tamayo, J. J. (orgs.). *Conceptos fundamentales de pastoral*. Madrid, Cristiandad, 1983. pp. 939-942.

Vida religiosa. In: Floristán Samanes, C. & Tamayo-Acosta, J. J. (orgs.). *Conceptos fundamentales de pastoral*. Madrid, Cristiandad, 1983. pp. 1.034-1.044.

La muerte de Jesús y la liberación en la historia. In: Equipe Seladoc. *Panorama de la teología latinoamericana VI. Cristología en América Latina*. Salamanca, Sígueme, 1984. pp. 43-88.

La teología em América Latina (Introducción). In: Lauret, B. & Réfoulé, F. *Iniciación en la práctica de la teología*. Madrid, Cristiandad, 1984. v. 1, pp. 366-393.

El Vaticano II y la Iglesia en América Latina. In: FLORISTÁN, C. & TAMAYO, J. J. *El Vaticano II, veinte años después*. Madrid, Cristiandad, 1985. pp. 105-134.

Prólogo. In: JAEN, N. *Hacia una espiritualidad de la liberación*. San Salvador, UCA, 1988. pp. 11-15.

Inspiración cristiana de la universidad. In: SOBRINO, J. et alii. *Universidad y sociedad*. Bilbao, Mensajero, 1988. pp. 311-330.

Inspiración cristiana de la universidad. In: SOBRINO, J. et alii. *Anunciar el evangelio en la universidad*. Lima, Miec-Jeci, 1988. pp. 10-20.

Jon Sobrino (entrevista com Elsa Tamez). In: ROSADO NUÑEZ, M. J. et alii. *Las mujeres toman la palabra*. San José de Costa Rica, Departamento Ecuménico de Investigaciones (DEI), 1989.

Jesús, teología y buena notícia. In: *Teología y liberación. Escritura y espiritualidad. Ensayos en torno a la obra de Gustavo Gutiérrez*. Lima, Instituto Bartolomeo de Las Casas/Centro de Estudios y Publicaciones, 1990. pp. 23-47.

Vaticano II, Eclesiología latinoamericana de la liberación. In: CODINA, V. *Para comprender la eclesiología desde América Latina*. Estella (Navarra), Verbo Divino, 1990. pp. 164-210.

Centralidad del Reino de Dios en la Teología de la Liberación. In: ELLACURÍA, I. & SOBRINO, J. (orgs.). *Mysterium Liberationis. Conceptos fundamentales de la Teología de la Liberación*. Madrid, Trotta, 1991. v. I, pp. 467-510.

Cristología sistemática. Jesucristo, el mediador absoluto del Reino de Dios. In: ELLACURÍA, I. & SOBRINO, J. (orgs.). *Mysterium Liberationis. Conceptos fundamentales de la Teología de la Liberación*. Madrid, Trotta, 1991. v. I, pp. 575-599.

Comunión, conflicto y solidariedad eclesial. In: ELLACURÍA, I. & SOBRINO, J. (orgs.). *Mysterium Liberationis. Conceptos fundamentales de la Teología de la Liberación*. Madrid, Trotta, 1991. v. II, pp. 217-243.

Espiritualidad y seguimiento de Jesús. In: ELLACURÍA, I. & SOBRINO, J. (orgs.). *Mysterium Liberationis. Conceptos fundamentales de la Teología de la Liberación*. Madrid, Trotta, 1991. v. II, pp. 449-477.

Conllevaos mutuamente. Análisis teológica de la solidariedad cristiana. In: PICO, J. H. & SOBRINO, J. *Solidarios por el Reino. Los cristianos ante Centroamérica*. San Salvador, Centro de Reflexión Teológica, 1992. pp. 62-102.

De una Teología solo de la Liberación a una Teología del Martirio. In: COMBLIN, J.; GONZÁLEZ FAUS, J. I.; SOBRINO, J. (eds.). *Cambio social y pensamiento cristiano en América Latina*. Madrid, Trotta, 1993. pp. 101-121.

Vida en medio de la muerte en El Salvador. In: VIGIL, M. L. & SOBRINO, J. *La matanza de los pobres*. Espanha, HOAC, 1993.

Opción por los pobres y seguimiento de Jesús. In: Vigil, J. M. (coord.). *Qué es optar por los pobres?* Bogotá, Paulinas, 1994. pp. 27-39.

Monseñor Romero y la fe de Ignacio Ellacuría. In: Sobrino, J. & Alvarado, R. (eds.). *Ignacio Ellacuría, "aquella libertad esclarecida".* Santander, Sal Terrae, 1999. pp. 11-23.

Teología desde la realidad. In: Susin, L. C. (org.). *O mar se abriu. Trinta anos de teologia na América Latina.* São Paulo, Loyola, 2000. pp. 153-170.

Artigos publicados em revista

Teilhard de Chardin en sus Cartas. *Estudios Centroamericanos*, San Salvador, n. 208, pp. 223-228, septiembre 1965.

Fenomenología de la esperanza en Gabriel Marcel I. *Estudios Centroamericanos*, San Salvador, n. 209, pp. 257-261, octubre 1965.

Fenomenología de la esperanza en Gabriel Marcel II. *Estudios Centroamericanos*, San Salvador, n. 210, pp. 283-289, noviembre 1965.

El sentido de morir en Cristo. *Estudios Centroamericanos*, San Salvador, n. 218, pp. 178-186, agosto 1966.

Reflexiones sobre nuestra cultura científica. *Estudios Centroamericanos*, San Salvador, n. 222, pp. 305-313, diciembre 1966.

Crisis en la Iglesia? *Estudios Centroamericanos*, San Salvador, n. 231, pp. 647-656, octubre 1967.

Es Dios un problema en tu vida? I. *Estudios Centroamericanos*, San Salvador, n. 232, pp. 690-700, noviembre 1967.

Es Dios un problema en tu vida? II. *Estudios Centroamericanos*, San Salvador, n. 233, pp. 727-731, diciembre 1967.

Diálogo con el marxismo. *Estudios Centroamericanos*, San Salvador, n. 234, pp. 18-24, enero-febrero 1968.

El catecismo holandés. *Estudios Centroamericanos*, San Salvador, n. 237, pp. 107-113, mayo 1968.

Caracteres generales del pensamiento de Karl Rahner. *Estudios Centroamericanos*, n. 262, pp. 346-361, julio 1970.

Sobre la discusión moderna acerca de la presencia real y la transubstanciación. *Eclesiástica Xaveriana*, n. 20, pp. 3-87, 1970.

Mito, antropología e historia en el pensamiento bíblico. *Estudios Centroamericanos*, San Salvador, nn. 305-306, pp. 171-188, marzo-abril 1974.

El Jesús histórico, crisis y desafío para la fe. *Estudios Centroamericanos*, San Salvador, n. 318, pp. 201-224, abril 1975.

El Cristo de los ejercicios. *Christus*, México, n. 476, pp. 44-54, julio 1975.

El conocimiento teológico en la teología europea y latinoamericana. *Estudios Centroamericanos*, San Salvador, nn. 322-323, pp. 427-434, agosto-septiembre 1975.

Tesis sobre una cristología histórica. *Estudios Centroamericanos*, San Salvador, nn. 322-323, pp. 457-482, agosto-septiembre 1975.

La muerte de Jesús y la liberación en la historia. *Estudios Centroamericanos*, San Salvador, nn. 322-323, pp. 483-512, agosto-septiembre 1975.

Crisis de la moral. A propósito de la declaración de ciertas cuestiones de ética sexual. *Estudios Centroamericanos*, San Salvador, nn. 327-328, pp. 53-68, enero-febrero 1976.

La fe de Jesús. Relevancia para la cristología y el seguimiento. *Christus*, México, n. 484, pp. 15-40, marzo 1976.

La conflictividad dentro de la Iglesia. *Christus*, México, n. 493, pp. 19-29, diciembre 1976.

Crisis en la moral. A propósito de la declaración de ciertas cuestiones de ética sexual. *Christus*, México, n. 496, pp. 45-54, marzo 1977.

La oración de Jesús y la del cristiano. *Christus*, México, n. 500, pp. 25-48, julio 1977.

Iglesia y evangelización en el Tercer Mundo. *Búsqueda*, San Salvador, n. 10, pp. 7-31, septiembre 1977.

La unidad y el conflicto dentro de la Iglesia. *Estudios Centroamericanos*, San Salvador, nn. 348-349, pp. 787-804, octubre-noviembre 1977.

Evangelización e Iglesia en América Latina. *Estudios Centroamericanos*, nn. 348-349, pp. 723-748, octubre-noviembre 1977.

Presente y futuro de la vida religiosa. *Diakonía*, Manágua, n. 4, pp. 2-30, diciembre 1977.

Una visión latinoamericana del ecumenismo. *Estudios Centroamericanos*, San Salvador, n. 749, pp. 830-831, diciembre 1977.

La conflictividad dentro de la Iglesia. *Selecciones de Teología*, Madrid, n. 65, pp. 45-53, enero-marzo 1978.

Evangelización e Iglesia en América Latina. *Christus*, México, n. 507, pp. 25-37, febrero 1978.

Jesús y el reino de Dios. Significado y objetivos últimos de su vida y su misión. *Sal Terrae*, Barcelona, n. 66, pp. 345-364, mayo 1978.

La oración del cristiano. *Diakonía*, Manágua, n. 8, pp. 46-64, mayo 1978.

La vida religiosa a partir de la Congregación general XXXII de la Compañía de Jesús. *Diakonía*, n. 5, pp. 49-70, mayo 1978.

Presente y futuro de la vida religiosa. *Selecciones de Teología*, Madrid, n. 67, pp. 243-256, julio-septiembre 1978.

Qué es evangelizar? *Diakonía*, Manágua, n. 6, pp. 54-69, agosto 1978.

Jesús, el "disponible". *CIS (Centrum Ignatianum Spiritualitatis)*, Roma, n. 28, pp. 37-44, 1978.

Juan Pablo I, transición hacia un nuevo Papa. *Estudios Centroamericanos*, San Salvador, n. 360, pp. 729-731, septiembre 1978.

La fe y la esperanza de la Iglesia de los pobres. *Diakonía*, Manágua, n. 7, pp. 40-59, octubre 1978.

El seguimiento de Jesús como discernimiento cristiano. *Concilium*, Madrid, n. 139, pp. 17-27, noviembre 1978.

Sobre el documento de trabajo para Puebla. *Estudios Centroamericanos*, San Salvador, nn. 361-362, pp. 903-918, noviembre-diciembre 1978.

Sobre el documento de trabajo para Puebla. *Christus*, México, n. 518, pp. 42-53, enero 1979.

Puebla, serena afirmación de Medellín. *Sal Terrae*, Barcelona, n. 67, pp. 191-204, marzo 1979.

Los documentos de Puebla: serena afirmación de Medellín. *Estudios Centroamericanos*, San Salvador, n. 365, pp. 125-138, marzo 1979.

Puebla: serena afirmación de Medellín. *Christus*, México, nn. 520-521, pp. 45-55, marzo-abril 1979.

Puebla: serena afirmación de Medellín. *Diakonía*, Manágua, n. 9, pp. 27-56, abril 1979.

La cristología de Puebla. *Diakonía*, Manágua, n. 9, pp. 75-82, abril 1979.

Los 75 años de Karl Rahner. Balance de su obra teológica. *Estudios Centroamericanos*, San Salvador, n. 367, pp. 353-355, mayo 1979.

La situación de la Iglesia católica en El Salvador y su influjo social. *Estudios Centroamericanos*, San Salvador, nn. 369-370, pp. 601-614, julio-agosto 1979. (Con el pseudónimo: Ivan D. Paredes.)

La oración del cristiano. *Selecciones de Teología*, Madrid, n. 71, pp. 193-205, julio-septiembre 1979.

La promoción de la justicia como exigencia esencial del mensage evangélico. *Estudios Centroamericanos*, San Salvador, n. 371, pp. 779-792, septiembre 1979.

Misión de la Iglesia en medio de la crisis del país. Carta pastoral de Monseñor Romero. *Estudios Centroamericanos*, San Salvador, n. 371, pp. 801-806, septiembre 1979.

El seguimiento de Jesus como discernimiento. *Diakonía*, Manágua, n. 11, pp. 16-28, octubre 1979.

La Iglesia en el actual proceso del país. *Estudios Centroamericanos*, San Salvador, nn. 372-373, pp. 905-922, octubre-noviembre 1979.

Compromiso cristiano para una Nicaragua Nueva. *Estudios Centroamericanos*, San Salvador, n. 374, pp. 1.069-1.074, diciembre 1979.

Relación de Jesús con los pobres y desclasados. *Concilium*, Madrid, n. 150, pp. 18-27, diciembre 1979.

La promoción de la justicia como exigencia esencial del mensage evangélico. *Diakonía*, Manágua, n. 12, pp. 32-53, diciembre 1979.

Espiritualidad de Jesús y de la liberación. *Christus*, México, nn. 529-530, pp. 59-63, diciembre 1979-enero 1980.

Experiencia de Dios en la Iglesia de los pobres. *Cristianismo y sociedad*, Buenos Aires, n. 63, pp. 87-101, enero-julio 1980.

Monseñor Romero: mártir de la liberación. *Estudios Centroamericanos*, San Salvador, nn. 377-378, pp. 253-276, marzo-abril 1980.

Una carta pastoral revolucionaria. *Diakonía*, Manágua, n. 13, pp. 349, abril 1980.

La promoción de la justicia como exigencia esencial del mensage evangélico. *Estudios Eclesiásticos*, Madrid, n. 55, pp. 211-238, abril-junio 1980.

Sacramentos. *Christus*, México, n. 534, pp. 59-61, mayo 1980.

El testimonio de la Iglesia en América Latina (entre la vida y la muerte). *Estudios Centroamericanos*, San Salvador, n. 379, pp. 427-444, mayo 1980.

El testimonio de la Iglesia en América Latina. *Diakonía*, Manágua, n.14, pp. 2-33, julio 1980.

Monseñor Romero: mártir de la liberación. *Christus*, México, nn. 536-537, pp. 68-82, julio-agosto 1980.

Monseñor Romero: profeta de El Salvador. *Estudios Centroamericanos*, San Salvador, nn. 384-385, pp. 1.001-1.036, octubre-noviembre 1980.

Jesús y el Reino de Dios. Significado y objetivos últimos de vida y misión. *Christus*, n. 540, pp. 17-25, noviembre 1980.

Los ejercicios en América Latina. *Diakonía*, Manágua, n. 16, pp. 17-22, diciembre 1980.

El martirio de las religiosas norteamericanas Maura, Ita, Doroty y Jean. *Diakonía*, Manágua, n. 16, pp. 2-6, diciembre 1980.

El martirio de las religiosas norteamericanas Maura, Ita, Doroty y Jean. *Estudios Centroamericanos*, San Salvador, nn. 387-388, pp. 51-53, enero-febrero 1981.

Monseñor Romero y la Iglesia salvadoreña un año después. *Estudios Centroamericanos*, San Salvador, n. 389, pp. 127-150, marzo 1981.

La vida espiritual en las comunidades religiosas. *Diakonía*, Manágua, n. 17, pp. 9-22, abril 1981.

Dios y los procesos revolucionarios. *Diakonía*, Manágua, n. 17, pp. 39-57, abril 1981.

La Iglesia ante la crisis política actual. Recordando a Monseñor Romero. *Estudios Centroamericanos*, San Salvador. n. 390, pp. 349-366, abril-mayo 1981.

Bibliografia sobre Monseñor Romero a un año de su martirio. *Estudios Centroamericanos*, San Salvador, n. 389, pp. 198-201, mayo 1981.

Martirio: el nuevo nombre del seguimiento. *Sal Terrae*, Barcelona, n. 69, pp. 465-473, junio 1981. (Entrevista a Jon Sobrino.)

El significado histórico del celibato en América Latina. *Christus*, México, n. 546, pp. 34-42, junio 1981.

Persecución a la Iglesia en Centroamérica. *Estudios Centroamericanos*, San Salvador, n. 393, pp. 645-664, julio 1981.

El resucitado es el crucificado. Lectura de la resurrección de Jesús desde los crucificados del mundo. *Sal Terrae*, Barcelona, n. 70, pp. 181-194, marzo 1982.

La fe en el hijo de Dios desde un pueblo crucificado. *Concilium*, Madrid, n. 173, pp. 35-43, marzo 1982.

Conllevaos mutuamente (análisis teológica de la solidariedad cristiana). *Estudios Centroamericanos*, San Salvador, n. 401, pp. 157-178, marzo 1982.

El resucitado es el crucificado. Lectura de la resurrección de Jesús desde los crucificados del mundo. *Diakonía*, Manágua, n. 21, pp. 25-40, abril 1982.

Diez años de CEBEMO: cristianos y desarrollo. *Estudios Centroamericanos*, San Salvador, n. 402, pp. 279-284, abril 1982.

La promoción de la justicia como exigencia esencial del mensage evangélico. *Selecciones de Teología*, Madrid, n. 82, pp. 83-90, abril-junio 1982.

Evolución de la Iglesia salvadoreña (24 de marzo de 1980 al 28 de marzo 1982). *Estudios Centroamericanos*, San Salvador, nn. 403-404, mayo-junio 1982. (Con el pseudónimo: Iván D. Paredes.)

Dios y los procesos revolucionarios. *Christus*, México, n. 556, pp. 15-27, junio 1982.

El mayor servicio: carisma de la compañia de Jesús. *Diakonía*, Manágua, n. 22, pp. 5-41, julio 1982.

La esperanza de los pobres en América Latina. *Misión Abierta*, Madrid, nn. 4-5, pp. 592-607, noviembre 1982.

La Iglesia de El Salvador. Interpelación y buena noticia. *Estudios Centroamericanos*, San Salvador, n. 411, pp. 27-36, enero 1983.

Evangelización y seguimiento. La importancia de 'seguir' a Jesus para 'proseguir' su causa. *Sal Terrae*, Barcelona, n. 71, pp. 243-253, febrero 1983.

La esperanza de los pobres en América Latina. *Diakonía*, Manágua, n. 25, pp. 3-23, marzo 1983.

Monseñor Romero: un hombre de este mundo y un hombre de Dios. *Estudios Centroamericanos*, San Salvador, nn. 413-414, pp. 289-296, marzo-abril 1983.

Significado histórico del celibato en América Latina. *Selecciones de Teología*, Madrid, n. 86, pp. 127-136, abril 1983.

La Iglesia ante la política de Estados Unidos para El Salvador. *Estudios Centroamericanos*, nn. 415-416, pp. 507-516, mayo-junio 1983.

El significado actual del reino de Dios anunciado por Jesús. *Iglesia Viva*, Madrid, nn. 105-106, pp. 361-377, mayo-agosto 1983.

Significación actual del Reino de Dios anunciado por Jesús. *Diakonía*, Manágua, n. 26, pp. 94-110, junio 1983.

El carácter sacerdotal de la compañia de Jesús. Trabajo mimeografado, San Salvador, 40 p, julio 1983.

Espiritualidad de la persecución y del martirio. *Diakonía*, Manágua, n. 27, pp. 171-187, septiembre 1983.

El conflicto en la Iglesia. *Diakonía*, Manágua, n. 27, pp. 218-229, septiembre 1983.

El Salvador: la Iglesia Católica ante la política de los Estados Unidos. *Christus*, México, n. 569, pp. 26-31, octubre 1983.

El conflicto en la Iglesia. *Christus*, México, n. 570, pp. 21-25, noviembre 1983.

Perfil de una santidad política. *Concilium*, Madrid, n. 183, pp. 99-108, 1983.

Evangelización y seguimiento. *Diakonía*, Manágua, n. 28, pp. 243-253, diciembre 1983.

Hacia una determinación de la realidad sacerdotal. El servicio al acercamiento salvífico de Dios y los hombres. *Revista Latinoamericana de Teología*, San Salvador, n. 1, pp. 47-81, enero 1984.

Espiritualidad y liberación. *Sal Terrae*, Barcelona, n. 72, pp. 139-162, febrero 1984.

Qué Cristo se descubre en América Latina: hacia uma nueva espiritualidad. *Diakonía*, Manágua, n. 29, pp. 47-63, marzo 1984.

La Iglesia ante las elecciones. *Estudios Centroamericanos*, San Salvador, nn. 426-427, pp. 288-298, abril-mayo 1984.

La Iglesia de El Salvador. Interpretación y buena noticia. *Selecciones de Teología*, Madrid, n. 90, pp. 93-101, abril-junio 1984.

Espiritualidad y teología. A propósito del libro de Gustavo Gutiérrez "Beber en su propio pozo". *Revista Latinoamericana de Teología*, San Salvador, n. 2, pp. 195-224, mayo-agosto 1984.

Reacciones de los teólogos latinoamericanos a propósito de la "Instrucción". *Revista Latinoamericana de Teología*, San Salvador, n. 2, pp. 240-247, mayo-agosto 1984.

Espiritualidad y liberación. *Diakonía*, Manágua, n. 30, pp. 133-157, junio 1984.

La opción por la vida, desafio a la Iglesia de El Salvador. *Estudios Centroamericanos*, San Salvador, nn. 429-430, pp. 533-548, julio-agosto 1984.

Teología y espiritualidad. *Estudios Centroamericanos*, San Salvador, nn. 429-430, pp. 561-563, julio-agosto 1984.

Conllevaos mutuamente (análisis teológica de la solidaridad cristiana). *Selecciones de Teología*, Madrid, n. 91, pp. 170-185, julio-septiembre 1984.

La opción por la vida, desafío a la Iglesia de El Salvador. *Diakonía*, Manágua, n. 31, pp. 249-273, septiembre 1984.

El Vaticano y la Teología de la Liberación. *Estudios Centroamericanos*, San Salvador, n. 431, pp. 690-697, septiembre 1984.

Karl Rahner y la Teología de la Liberación. *Estudios Centroamericanos*, San Salvador, n. 431, pp. 698-701, septiembre 1984.

Teología de la Liberación y teología europea progresista. *Misión Abierta*, Madrid, n. 77, pp. 11-26, septiembre 1984.

Lo divino de luchar por los derechos humanos. *Sal Terrae*, Barcelona, n. 72, pp. 683-697, octubre 1984.

Espiritualidad y liberación. *Selecciones de Teología*, Madrid, n. 92, pp. 295-306, octubre-diciembre 1984.

Karl Rahner y la Teología de la Liberación. *Diakonía*, Manágua, n. 32, pp. 317-323, diciembre 1984.

Rueda de prensa sobre 'con quién camina y dónde brota' la Teología de la Liberación. *Misión Abierta*, Madrid, n. 1, pp. 109-123, febrero 1985.

Discurso con motivo del doctorado *honoris causa* por la universidad de Lovaina. *Sal Terrae*, Barcelona, n. 73, pp. 161-168, febrero 1985.

Una buena notícia de Dios a los pobres. *Sal Terrae*, Barcelona, n. 73, pp. 161-168, febrero 1985.

El significado de Monseñor Romero para la teología. *Estudios Centroamericanos*, San Salvador, n. 437, pp. 155-166, marzo 1985.

Lo divino de luchar por los derechos humanos. *Diakonía*, Manágua, n. 33, pp. 38-51, marzo 1985.

La Iglesia de los pobres, concreción latinoamericana del Vaticano II. *Revista Latinoamericana de Teología*, San Salvador, n. 5, pp. 115-146, mayo-agosto 1985.

Qué es evangelizar? *Misión Abierta*, Madrid, n. 3, pp. 33-43, junio 1985.

Lo fundamental de la Teología de la Liberación. *Proyección*, Granada, n. 138, pp. 171-180, julio-septiembre 1985.

La 'autoridad doctrinal' del pueblo de Dios en América Latina. *Concilium*, Madrid, n. 200, pp. 60-68, 1985.

Dios de vida, urgencia de solidaridad. *Diakonía*, Manágua, n. 36, pp. 314-327, septiembre 1985.

Dios de vida, urgencia de solidaridad. *Misión Abierta*, Madrid, nn. 5-6, pp. 134-149, octubre-noviembre 1985.

El Vaticano II desde América Latina. *Vida Nueva*, Madrid, n. 1.501, pp. 23-30, noviembre 1985.

El Vaticano II desde América Latina. *Diakonía*, Manágua, n. 36, pp. 314-327, diciembre 1985.

El sínodo de Roma. Su significado para América Latina. *Estudios Centroamericanos*, San Salvador, n. 446, pp. 929-937, diciembre 1985.

La Iglesia y la solución del conflicto salvadoreño. *Estudios Centroamericanos*, San Salvador, nn. 447-448, enero-febrero 1986.

Mediación ante el pueblo crucificado. *Sal Terrae*, Barcelona, n. 74, pp. 93-104, febrero 1986.

Reflexiones sobre el significado del ateísmo y la idolatría para la teología. *Revista Latinoamericana de Teología*, San Salvador, n. 7, pp. 45-77, enero-abril 1986.

La 'teología de la cruz' en el Sínodo. *Sal Terrae*, Barcelona, n. 74, pp. 257-272, abril 1986.

Reconocimiento y desconocimiento de la teología de la liberación. *Vida Nueva*, Madrid, n. 1.525, pp. 225-227, abril 1986.

Instrucción sobre libertad cristiana y libertación. *Estudios Centroamericanos*, San Salvador, n. 450, pp. 335-341, abril 1986.

El Vaticano II visto desde América Latina. *Selecciones de Teología*, Madrid, n. 98, pp. 140-144, abril-junio 1986.

Persecución a la Iglesia en El Salvador. *Estudios Centroamericanos*, nn. 451-452, pp. 464-466, mayo-junio 1986.

Reconocimiento y desconocimiento de la Teología de la Liberación. *Diakonía*, Manágua, n. 38, pp. 190-194, junio 1986.

Lo divino de luchar por los derechos humanos. *Selecciones de Teología*, n. 99, pp. 163-168, julio-septiembre 1986.

América Latina, lugar de pecado, lugar de perdón. *Concilium*, Internacional, n. 204, pp. 46-58, 1986.

La centralidad del 'Reino de Dios' en la Teología de la Liberación. *Revista Latinoamericana de Teología*, San Salvador, n. 9, pp. 247-279, septiembre-diciembre 1986.

Teología de la Liberación y teología europea progresista. *Selecciones de Teología*, Madrid, n. 100, pp. 45-53, octubre-diciembre 1986.

La 'autoridad doctrinal' del pueblo de Dios en América Latina. *Diakonía*, Manágua, n. 40, pp. 335-344, diciembre 1986.

Hacia una determinación de la realidade sacerdotal. *Selecciones de Teología*, Madrid, n. 101, pp. 35-50, enero-marzo 1987.

Vivir en tiempo de guerra. *Sal Terrae*, Barcelona, n. 75, pp. 157-163, febrero 1987.

Santuario y la solidariedad con los pueblos crucificados. *Diakonía*, Manágua, n. 41, pp. 74-84, marzo 1987.

La "teología de la cruz" en el sínodo. *Diakonía*, Manágua, n. 41, pp. 3-20, marzo 1987.

Jubileo: interpretación y buena notícia. *Diakonía*, Manágua, n. 41, pp. 85-99, marzo 1987.

El futuro de la Iglesia y de la fe en Centroamérica. *Sal Terrae*, Barcelona, n. 79, pp. 485-494, junio 1987.

El futuro de la Iglesia y de la fe en Centroamérica. *Diakonía*, Manágua, n. 42, pp. 107-132, junio 1987.

El conflicto en la Iglesia. *Christus*, México, nn. 607-608, pp. 31-36, agosto-septiembre 1987.

Continua el martirologio latinoamericano. *Diakonía*, Manágua, n. 43, pp. 307-319, septiembre 1987.

Inspiración cristiana de la universidad. *Estudios Centroamericanos*, San Salvador, n. 468, pp. 695-705, octubre 1987.

Liberación del pecado. *Sal Terrae*, Barcelona, n. 76, pp. 15-28, enero 1988.

La injusta y violenta pobreza en América Latina. *Concilium*, Internacional, n. 215, pp. 60-68, 1988.

Pecado personal, perdón y liberación. *Revista Latinoamericana de Teología*, San Salvador, n. 13, pp. 13-31, enero-abril 1988.

Octavo aniversario del martirio de Monseñor Romero. *Estudios Centroamericanos*, San Salvador, nn. 473-474, pp. 236-239, marzo-abril 1988.

La identidad cristiana. *Diakonía*, Manágua, n. 46, pp. 95-127, junio 1988.

Teología en un mundo sufriente. La Teología de la Liberación como "intellectus amoris". *Revista Latinoamericana de Teología*, San Salvador, n. 15, pp. 243-266, septiembre-diciembre 1988.

Jesús como buena noticia. Repercusiones para un talante evangélico. *Sal Terrae*, Barcelona, n. 76, pp. 715-726, octubre 1988.

Liberación, misericordia y justicia. *Páginas*, Lima, n. 93, pp. 55-60, octubre 1988.

60 años de Gustavo Gutiérrez. Universidad de la Teología de la Liberación. *Christus*, México, n. 620, pp. 13-15, noviembre 1988.

Mi recuerdo de Monseñor Romero. *Revista Latinoamericana de Teología*, San Salvador, n. 16, pp. 3-44, enero-abril 1989.

Los 'signos de los tiempos' en la Teología de la Liberación. *Estudios Eclesiásticos*, Madrid, nn. 248-249, pp. 249-269, enero-junio 1989.

Meditación ante el pueblo crucificado. *Diakonía*, Manágua, n. 49, pp. 3-16, marzo 1989.

Liberación, misericordia, justicia. Homilía en honor de Gustavo Gutiérrez. *Diakonía*, Manágua, n. 49, pp. 75-82, marzo 1989.

Cómo hacer teología? La teología como "intellectus amoris". *Sal Terrae*, Barcelona, n. 77, pp. 397-417, mayo 1989.

Mi recuerdo de Monseñor Romero. *Diakonía*, Manágua, n. 50, pp. 121-182, junio 1989.

Compañeros de Jesús. El asesinato-martirio de los jesuitas salvadoreños. *Revista Latinoamericana de Teología*, San Salvador, n. 18, pp. 255-304, septiembre-diciembre 1989.

Compañeros de Jesús. El asesinato-martirio de los jesuitas salvadoreños. *Estudios Centroamericanos*, San Salvador, nn. 493-494, pp. 1.041-1.074, noviembre-diciembre 1989.

Justicia para las víctimas de este mundo. Una vivencia desde El Salvador. *Diakonía*, Manágua, n. 52, pp. 355-384, diciembre 1989.

Monseñor Romero: diez años de tradición. *Revista Latinoamericana de Teología*, n. 19, pp. 17-39, enero-abril 1990.

Compañeros de Jesús: el asesinato-martirio de los jesuitas salvadoreños. *Diakonía*, Manágua, n. 53, pp. 3-66, marzo 1990.

La comunión eclesial alrededor del pueblo crucificado. *Revista Latinoamericana de Teología*, San Salvador, n. 20, pp. 137-162, mayo-agosto 1990.

Lo divino de luchar por los derechos humanos. *Diakonía*, Manágua, n. 55, pp. 57-74, septiembre 1990.

Iglesias ricas y pobres y principio misericordia. *Revista Latinoamericana de Teología*, San Salvador, n. 21, pp. 307-324, septiembre-diciembre 1990.

La Iglesia samaritana y el principio-misericordia. *Sal Terrae*, Barcelona, n. 927, pp. 665-678, octubre 1990.

Los pueblos crucificados, actual siervo sufriente de Yahvé. *Concilium*, Madrid, n. 232, pp. 497-508, noviembre 1990.

El Vaticano II visto desde América Latina. *Christus*, México, nn. 640-641, pp. 39-44, noviembre-diciembre 1990.

La herencia de los mártires de El Salvador. *Sal Terrae*, Barcelona, n. 929, pp. 867-880, diciembre 1990.

Seguimiento de Jesús, pobre y humilde. *Revista Latinoamericana de Teología*, San Salvador, n. 24, pp. 299-314, septiembre-diciembre 1991.

Descubrirnos como hermanos: la necesaria solidariedad. *Sal Terrae*, Barcelona, n. 79, pp. 641-656, septiembre 1991.

Los pueblos crucificados, actual siervo sufriente de Yahvé. *Páginas*, Lima, n. 109, pp. 73-83, 1991.

Quinto centenario: pecado estructural e gracia estructural. *Revista Latinoamericana de Teología*, San Salvador, n. 25, pp. 43-57, enero-abril 1992.

Aniquilación del otro. Memoria de las víctimas. Reflexión profético-utópica. *Concilium*, Madrid, n. 240, pp. 223-232, abril 1992.

La honradez con lo real. *Sal Terrae*, Barcelona, n. 80, pp. 375-388, mayo 1992.

Reflexiones sobre la decisión de Leonardo Boff. *Estudios Centroamericanos*, San Salvador, nn. 525-526, pp. 657-662, julio-agosto 1992.

Los vientos que soplaron en Santo Domingo y la evangelización de la cultura. *Revista Latinoamericana de Teología*, San Salvador, n. 27, pp. 275-292, septiembre-diciembre 1992.

Reflexiones sobre la decisión de Leonardo Boff. *Sal Terrae*, Santander, n. 950, pp. 749-757, octubre 1992.

De una teología sólo de la liberación a una teología del martirio. *Revista Latinoamericana de Teología*, San Salvador, n. 28, pp. 27-48, enero-abril 1993.

Misereor super turbas. *Christus*, México, n. 662, pp. 36-38, febrero 1993.

"Lo fundamental de la teología de la liberación todavía no se ha asimilado". (Entrevista a Rafael Díaz-Salazar.) *Noticias Obreras*, n. 1.093, pp. 35-39, abril 1993.

Mesias y mesianismos. Reflexiones desde El Salvador. *Concilium*, Madrid, n. 245, pp. 133-144, abril 1993.

La misericordia, principio-configurador de lo cristiano y lo humano. *Diakonía*, Manágua, nº 65, pp. 25-34, abril 1993.

Apuntes para una espiritualidad en tiempos de violencia. Reflexiones desde la experiencia salvadoreña. *Revista Latinoamericana de Teología*, San Salvador, n. 29, pp. 189-208, mayo-agosto 1993.

Crisis de apostolado y pastoral en la Iglesia: reflexiones sobre la decisión de Leonardo Boff. *Diakonía*, Manágua, n. 66, pp. 87-93, junio 1993.

Es Jesús una buena noticia? *Revista Latinoamericana de Teología*, San Salvador, n. 30, pp. 293-304, septiembre-diciembre 1993.

La Teología de la Liberación combate, antes que nada, la violencia institucionalizada, la pobreza que mata a millones. *Proceso*, México, n. 900, p. 36, enero 1994.

La fe en el Dios crucificado. Reflexiones desde El Salvador. *Revista Latinoamericana de Teología*, San Salvador, n. 31, pp. 49-75, enero-abril 1994.

La violencia que combate la teología de la liberación. *Christus*, México, n. 34, marzo 1994.

El Espíritu, memoria e imaginación de Jesús en el mundo. "Supervivencia" y "civilización de la pobreza". *Sal Terrae*, Santander, n. 966, pp. 181-196, marzo 1994.

Cómo predicar la cruz en medio de los crucificados. *Noticias Obreras*, n. 213, pp. 37-41, abril 1994.

Ignacio Ellacuría, el hombre y el cristiano. Bajar de la cruz al pueblo crucificado (I). *Revista Latinoamericana de Teología*, San Salvador, n. 32, pp. 131-161, mayo-agosto 1994.

Es Jesús buena noticia. *Christus*, México, n. 34, junio 1994.

Mesías e Mesianismos: reflexiones desde El Salvador. *Diakonía*, Manágua, n. 70, pp. 25-33, junio 1994.

Ignacio Ellacuría, el hombre y el cristiano. "Bajar de la cruz al pueblo crucificado" (II). *Revista Latinoamericana de Teología*, San Salvador, n. 33, pp. 215-244, septiembre-diciembre 1994.

La pascua de Jesús y la revelación de Dios desde la perspectiva de las víctimas. *Revista Latinoamericana de Teología*, San Salvador, n. 34, pp. 79-91, enero-abril 1995.

La pascua de Jesús y la revelación de Dios desde la perspectiva de las víctimas. *Sal Terrae*, Santander, n. 977, pp. 205-219, marzo 1995.

La teología y el "principio liberación". *Revista Latinoamericana de Teología*, San Salvador, n. 35, pp. 115-140, mayo-agosto 1995.

Los mártires y la teología de la liberación. *Sal Terrae*, Santander, n. 983, pp. 699-715, octubre 1995.

Ateísmo e idolatría en la teología de Juan Luis Segundo, sj. *Revista Latinoamericana de Teología*, San Salvador, n. 37, pp. 3-10, enero-abril 1996.

El mal y la esperanza. Reflexión desde las víctimas. *Christus*, México, n. 694, pp. 12-20, mayo-junio 1996.

Reflexiones sobre la evangelización en la actualidad. *Revista Latinoamericana de Teología*, San Salvador, n. 39, pp. 281-305, septiembre-diciembre 1996.

Tres ámbitos de lo real, tres interpelaciones a la Iglesia. *Sal Terrae*, Santander, n. 999, pp. 243-254, marzo 1997.

"Jesús y pobres": lo meta-paradigmático de las cristologías. *Misiones extranjeras*, Madrid, n. 161, pp. 499-511, septiembre-octubre 1997.

"Luz que penetra las almas": Espíritu de Dios y seguimiento lúcido de Jesús. *Sal Terrae*, Santander, n. 1.008, pp. 3-15, enero 1998.

Reflexiones sobre el proceso de canonización de Monseñor Romero. *Revista Latinoamericana de Teología*, San Salvador, n. 43, pp. 3-15, enero-abril 1998.

Los derechos humanos y los pueblos oprimidos. Reflexiones histórico-teológicas. *Revista Latinoamericana de Teología*, San Salvador, n. 43, pp. 79-102, enero-abril 1998.

El processo de canonización de Monseñor Romero. *UCA*, San Salvador, n. 593, marzo 1998.

Los mártires jesuánicos en el tercer mundo. *Revista Latinoamericana de Teología*, San Salvador, n. 48, pp. 237-255, septiembre-diciembre 1999.

Los mártires latinoamericanos. Interpelación y gracia para la Iglesia. *Revista Latinoamericana de Teología*, San Salvador, n. 48, pp. 307-330, septiembre-diciembre 1999.

Los "mártires jesuánicos" y el "pueblo crucificado". *Páginas*, Lima, n. 161, pp. 45-51, febrero 2000.

Monseñor Romero: exigencia, juicio y buena noticia. En el XX aniversario de su martirio. *UCA*, San Salvador, marzo 2000.

2. ESCRITOS DE JON SOBRINO TRADUZIDOS EM PORTUGUÊS EM ORDEM CRONOLÓGICA DE PUBLICAÇÃO

Livros

A oração de Jesus e do cristão. Trad. Maria Joana de Brito. São Paulo, Loyola, 1981. 72 p.

Ressurreição da verdadeira Igreja: os pobres, lugar teológico da eclesiologia. Trad. Luiz João Gaio. São Paulo, Loyola, 1982. 336 p.

Cristologia a partir da América Latina: esboço a partir do seguimento do Jesus histórico. Trad. Orlando Bernardi. Petrópolis, Vozes, 1983. 431 p.

Jesus na América Latina: seu significado para a fé e a cristologia. Trad. Luiz João Gaio. São Paulo/Petrópolis, Loyola/Vozes, 1985. 240 p.

Oscar Romero. Profeta e mártir da libertação. Trad. José A. Ceschin. São Paulo, Loyola, 1988. 125 p.

Os seis jesuítas mártires de El Salvador. Depoimento de Jon Sobrino. Trad. vários. São Paulo, Loyola, 1990. 92 p.

Espiritualidade da libertação: estrutura e conteúdos. Trad. Attílio Cancian. São Paulo, Loyola, 1992. 214 p.

O princípio misericórdia: descer da cruz os povos crucificados. Trad. Jaime A. Clasen. Petrópolis, Vozes, 1994. 270 p.

Jesus, o Libertador. I – A História de Jesus de Nazaré. Petrópolis, Vozes, 1994. 392 p.

A fé em Jesus Cristo. Ensaio a partir das vítimas. Petrópolis, Vozes, 2000. 512 p.

Escritos inseridos em outras publicações

O aparecimento do Deus da vida em Jesus de Nazaré. In: Richard, P. et alii. *A luta dos deuses. Os ídolos da opressão e a busca do Deus libertador.* Trad. Álvaro Cunha. São Paulo, Paulinas, 1982. pp. 93-142. (Col. Libertação e Teologia, 9.)

Uma visão teológica de Oscar Romero. In: Sobrino, J. et alii. *A voz dos sem voz. A palavra profética de D. Oscar Romero.* Trad. I. F. L. Ferreira. São Paulo, Paulinas, 1987. pp. 35-78. (Col. Tempo de Libertação.)

Seguimento de Cristo e espiritualidade. In: Beozzo, J. O. (org.). *Vida, clamor e esperança. Reflexão para os 500 anos de evangelização a partir da América Latina.* Trad. Bletrina Corte. São Paulo, Loyola, 1992. pp. 153-164.

Opção pelos pobres e seguimento de Jesus. In: Vigil, J. M. (org.). *Opção pelos pobres hoje.* Trad. Marli Berg. São Paulo, Paulinas, 1992. pp. 37-54.

"Suportem-se mutuamente". Análise teológica da solidariedade cristã. In: Pico, J. H. & Sobrino, J. *Solidários pelo Reino. Os cristãos diante da América Central.* Trad. Luiz João Gaio. São Paulo, Loyola, 1992. pp. 63-102.

Vaticano II, Eclesiologia latino-americana da libertação. In: Codina, V. (org.). *Para compreender a eclesiologia a partir da América Latina.* Trad. Célia Maria L. C. Genovez. São Paulo, Paulinas, 1993. pp. 164-210.

Jon Sobrino (entrevista com Elsa Tamez). In: Rosado Nuñez, M. J. et alii. *As mulheres tomam a palavra.* Trad. Maria Stela Gonçalves e Adail U. Sobral. São Paulo, Loyola, 1995. pp. 55-72.

Ateísmo e idolatria. In: Soares A. M. L. (org.). *Juan Luis Segundo. Uma teologia com sabor de vida.* Trad. Afonso M. L. Soares. São Paulo, Paulinas, 1997. pp. 67-76.

"O ressuscitado é o crucificado". In: Ameríndia (org.). *Globalizar a esperança.* Trad. Maria Luísa Garcia Prada. São Paulo, Paulinas, 1998. pp. 63-78.

Deus. In: Floristán Samanes, C. & Tamayo-Acosta, J. J. (orgs.). *Dicionário de conceitos fundamentais do cristianismo.* Trad. Isabel Fontes Leal Ferreira e Ivone de Jesus Barreto. São Paulo, Paulus, 1999. pp. 173-182.

Identidade cristã. In: Floristán Samanes, C. & Tamayo-Acosta, J. J. (orgs.). *Dicionário de conceitos fundamentais do cristianismo.* Trad. Isabel Fontes Leal Ferreira e Ivone de Jesus Barreto. São Paulo, Paulus, 1999. pp. 342-354.

Opção pelos pobres. In: FLORISTÁN SAMANES, C. & TAMAYO-ACOSTA, J. J. (orgs.). *Dicionário de conceitos fundamentais do cristianismo.* Trad. Isabel Fontes Leal Ferreira e Ivone de Jesus Barreto. São Paulo, Paulus, 1999. pp. 528-540.

Seguimento de Jesus. In: FLORISTÁN SAMANES, C. & TAMAYO-ACOSTA, J. J. (orgs.). *Dicionário de conceitos fundamentais do cristianismo.* Trad. Isabel Fontes Leal Ferreira e Ivone de Jesus Barreto. São Paulo, Paulus, 1999. pp. 771-775.

Vida Religiosa. In: FLORISTÁN SAMANES, C. & TAMAYO-ACOSTA, J. J. (orgs.). *Dicionário de conceitos fundamentais do cristianismo.* Trad. Isabel Fontes Leal Ferreira e Ivone de Jesus Barreto. São Paulo, Paulus, 1999. pp. 881-887.

As dívidas da Igreja para com os pobres. In: ARNS, P. E. et alii. *O Grande Jubileu do ano 2000.* Trad. Euclides Martins Balancin. São Paulo, Paulinas, 2000. pp. 104-109.

Artigos publicados em revistas

O seguimento de Jesus como discernimento cristão. Trad. Edgar Orth. *Concilium*, Petrópolis, n. 139, pp. 17-27, 1978/9.

Relação de Jesus com os pobres e marginalizados. Trad. Lúcia Mathilde Endlich Orth. *Concilium*, Petrópolis, n. 150, pp. 18-27, 1979/10.

A fé de um povo oprimido no Filho de Deus. Trad. Lúcia Mathilde Endlich Orth. *Concilium*, Petrópolis, n. 173, pp. 35-43, 1982/3.

Perfil de uma santidade política. Trad. Ephraim F. Alves. *Concilium*, Petrópolis, n. 183/3, pp. 25-33, 1983/3.

América Latina, lugar de pecado e de perdão. Trad. Augusto Angelo Zanata. *Concilium*, Petrópolis, n. 204, pp. 46-58, 1986/2.

A injusta e violenta pobreza na América Latina. Trad. Lúcia Mathilde Endlich Orth. *Concilium*, Petrópolis, n. 215, pp. 60-65, 1988/1.

Como fazer teologia. Proposta metodológica a partir da realidade salvadorenha e latino-americana. Trad. Geraldo Luís De Mori. *Perspectiva Teológica*, Belo Horizonte, n. 55, pp. 285-303, set./dez. 1989.

Os povos crucificados, atual servo sofredor de Javé. Trad. Lúcia Mathilde Endlich Orth. *Concilium*, Petrópolis, n. 232, pp. 117-127, 1990/2.

Aniquilação do outro. Memória das vítimas. Reflexão profético-utópica. Trad. Lúcia Mathilde Endlich Orth. *Concilium*, Petrópolis, n. 240, pp. 13-21, 1992/6.

Messias e Messianismos. Reflexões a partir de El Salvador. Trad. Lúcia Mathilde Endlich Orth. *Concilium*, Petrópolis, n. 245, pp. 133-144, 1993/1.

Que Cristo se descobre na América Latina: Nova espiritualidade. *Grande Sinal*, Petrópolis, Ano XLVII, pp. 624-640, 1993/5.

A violência da injustiça. Trad. Lúcia Mathilde Endlich Orth. *Concilium*, Petrópolis, n. 272, pp. 65-74, 1997/4.

Editorial (em parceria com Virgil Elizondo). Trad. Lúcia Mathilde Endlich Orth. *Concilium*, Petrópolis, n. 283, pp. 149-161, 1999/5.

Um Jubileu total "Dar esperança aos pobres e deles recebê-la". Trad. Lúcia Mathilde Endlich Orth. *Concilium*, Petrópolis, n. 283, pp. 149-161, 1999/5.

3. Escritos sobre a obra de Jon Sobrino

Dissertações e teses

Albuquerque, Francisco Chagas. *Pressupostos, metodologia e relevância da cristologia de Jon Sobrino*. Belo Horizonte, Centro de Estudos Superiores da Companhia de Jesus, 1996. 167 p. Dissertação de mestrado em Teologia Sistemática: Dogmática.

Álvarez Gómez, José Ignacio. *El reino de Dios según algunos teólogos del siglo XX*: I. Ellacuría, J. Sobrino, E. Schillebeeckx, M. Bordoni. Roma, PUG, 2000. Dissertatio ad doctoratum in Facultate Theologiae Pontificiae Universitatis Gregorianae. (Particularmente pp. 77-152.)

Barbosa, Francisco de Barros. *A cristologia de serviço e seguimento no debate eclesial e teológico latino-americano (1955-1996)*. Roma, PUG, 1998. Dissertatio ad doctoratum in Facultate Theologiae Pontificiae Universitatis Gregorianae. (Particularmente pp. 378-472.)

Cajiao Pabón, Silvio. *Jesucristo y el reino de Dios*. Roma, PUG, 1985. Dissertatio ad doctoratum in Facultate Theologiae Pontificiae Universitatis Gregorianae. (Particularmente o Capítulo I: El problema cristologico en America Latina.)

Costodoat Carrasco, Jorge. *El Dios de la vida*. El "discurso sobre Dios" en América Latina. Investigación sobre obras principales de Gustavo Gutiérrez, Rolando (sic!) Muñhoz, Jon Sobrino y Juan Luiz Segundo. Roma, PUG, 1993. Dissertatio ad doctoratum in Facultate Theologiae Pontificiae Universitatis Gregorianae. (Particularmente pp. 178-238.)

Hammes, Érico João. *"Filii in Filio"*. A divindade de Jesus como evangelho da filiação no seguimento. Um estudo em J. Sobrino. Roma, PUG, 1995. Dissertatio ad Doctoratum in Facultate Theologiae Pontificiae Universitatis Gregorianae.

Lopes Gonçalves, Paulo Sérgio. *Liberationis Mysterium*. O Projeto sistemático da teologia da libertação. Um estudo teológico na perspectiva da *regula fidei*. Roma, Pontificia Università Gregoriana, 1997. (Particularmente pp. 146-216.)

Luppi, Gilmar. *A morte de Cristo, os mártires e os pobres na América Latina na teologia de Jon Sobrino*. Porto Alegre, Pontifícia Universidade Católica do Rio Grande do Sul, 1994. 149 p. Dissertação de mestrado em Teologia.

Marques Do Vale, Antônio. *Ressurreição, conflito e insurreição em Jon Sobrino*. São Paulo, Pontifícia Faculdade de Teologia Nossa Senhora da Assunção, 1995. 352 p. Dissertação de doutorado em Teologia Sistemática.

Oliveira, Anísio Carlos de. *Sentido e dimensão do ser Igreja a partir dos pobres em Jon Sobrino*. Belo Horizonte, Centro de Estudos Superiores da Companhia de Jesus, 1990. 113 p.

Santos Monteiro, Francisco. *La cristología contemporánea en contexto de pobreza y marginación*. Roma, PUG, 1999. Dissertatio ad Doctoratum in Facultate Theologiae Pontificiae Universitatis Gregorianae.

Scopinho Desan, Sávio Carlos. *Em busca da Identidade perdida*. Igreja e "laicato adulto"; A "Teologia do Laicato" nas Conferências Gerais do Episcopado e no debate teológico da América Latina. São Paulo, s.n., 1999. (Especialmente pp. 231-248.)

Tavares, Sinivaldo S. *Il mistero della Croce nei teologi della liberazione latino-americani*. Roma, Pontificium Athenaeum Antonianum, 1999. 334 p.

Vedoato, Giovanni M. *Cristologia da libertação*: ensaio sistemático da cristologia de Jon Sobrino (1975/95). 1999.

Estudos

Alfarro, J. Análisis del Libro "Jesús en América Latina" de Jon Sobrino (San Salvador, 1982). *Estudios Eclesiásticos*, Madrid, n. 229, pp. 237-254, abril-junio 1984.

Bittencourt, E. "Jesus, o Libertador (I)". *Pergunte e responderemos*, n. 385, pp. 252-265, junho 1994.

Cajiao, S. La cristología en América Latina. *Theologica Xaveriana*, n. 81, pp. 363-404, octubre-diciembre 1986.

Cnbb. *Comunicado Mensal*, n. 461, p. 797, 1992.

Cormenzana, V. J. *Todavía la salvación cristiana?* Los diseños soterológicos de cuatro cristologías actuales: "Jesús, el Cristo", "El Dios crucificado", "Cristología desde América Latina" y "La Humanidad Nueva". Vitoria, Hset, 1986. 2 v.

Garet, J. Sobrino: Understanding a liberated faith. In: ———. *Questions of truth and method*. Cambridge, Polity Press, 1995. pp. 85-112.

González, C. I. *Ele é a nossa salvação*. Cristologia e soterologia. São Paulo, Loyola, 1992. pp. 474-489.

GUERRERO, J. A. Jesucristo, salvador y libertador (la cristología de Jon Sobrino). *Naturaleza y Gracia*, Salamanca, n. 34, pp. 27-96, enero-abril 1987.

HAIGHT, R. *Jesus, simbol of God.* Mary Knoll (N.Y), Orbis Books, 1999.

IAMMARRONE, G. La cristologia contemporanea nell'America Latina, in particolare quella della teologia della liberazione. In: IAMMARRONE, G. (org.). *La cristologia contemporanea.* Padova, Messaggero di S. Antonio, 1992. pp. 271-317.

MARTORELL, J. Jon Sobrino: un proyecto de cristología. *Teología Espiritual*, XXX, pp. 261-283, 1986.

PALACIO, C. O "Jesus histórico" e a Cristologia sistemática. Novos pontos de partida para uma Cristologia ortodoxa (sobre a Cristologia de Jon Sobrino e sua tradução brasileira). *Perspectiva Teológica*, Belo Horizonte, n. 16, pp. 353-370, set./dez. 1984.

_____ Uma cristologia suspeita? (Alguns pressupostos para um debate teológico). *Perspectiva Teológica*, Belo Horizonte, n. 25, pp. 181-196, maio/ago. 1993.

PARRA, A. Un "Jesús histórico" para una "liberación". *Theologica Xaveriana*, Bogotá, n. 4, pp. 433-451, 1976.

RODRÍGUES, S. *Pasado y Futuro de la Teología de la Liberación.* De Medellín a Santo Domingo. Estella (Navarra), Verbo Divino, 1994.

TAMAYO-ACOSTA, J. J. & SOBRINO, J. Dios de Vida versus ídolos de muerte. In: _____. *Para comprender la Teología de la Liberación.* Navarra, Verbo Divino, 1991. pp. 276-282.

TORRES, S. P. El concepto de Historia en Jon Sobrino. *Inter Cambio*, Tübingen, nn. 91/92, pp. 90-105, 1991/1992.

ZEA, V. Cristología trinitaria desde América Latina. *Theologica Xaveriana*, Bogotá, n. 26, pp. 413-432, 1976.

_____. Cristología y soterología en la Teología Latinoamericana. *Theologica Xaveriana*, Bogotá, n. 54, pp. 17-49, 1980.

Recensões

GONZÁLEZ FAUS, J. I. Las víctimas como lugar teológico (recención). *Revista Latinoamericana de Teología*, San Salvador, n. 46, pp. 89-104, enero-abril 1999. (Publicada também em *Actualidad bibliográfica de filosofía y teología*, Barcelona, n. 71, pp. 13-23.)

MARTÍNEZ FRESNEDA, F. Jesucristo liberador (recención). *Carthaginensia*, Mucia, nn. 15-16, p. 423, enero-dicembre 1993.

NAVARRO, G. M. A. Jon Sobrino. Jesucristo Liberador. Lectura histórico-teológica de Jesús de Nazaret. *Estudios Eclesiásticos*, Madrid, n. 67, pp. 232-234, enero-marzo 1992.

SCHWAGER, R. Jon Sobrino. Jesucristo Liberador. Lectura histórico-teológica de Jesús de Nazaret. *Actualidad bibliográfica de filosofía y teología*, n. 28, pp. 188-191, 1991.

SIVATTE, R. Jesucristo liberador. Leitura histórico-teológica de Jesús de Nazaret. *Revista Latinoamericana de Teología*, San Salvador, n. 25, pp. 123-124, enero-abril 1992.

4. ESCRITOS ESPECÍFICOS SOBRE O SEGUIMENTO E A IMITAÇÃO

Obras

ADNES, P. *Sequela e imitazione di Cristo nella Scrittura e nella Tradizione*. Roma, Pontificia Università Gregoriana, 1993.

ALBREECHT, B. & BALTHASAR, H. U. von. *Seguir Jesús en medio de este mundo*. Bilbao, Desclé, 1980.

BIANCHI, E. *Seguir a Jesús, el Señor*: radicalismo cristiano. Madrid, Narcea S.A., 1982.

BOFF, L. El seguimiento de Cristo. In: ———. *Jesucristo y la liberacion del hombr*. Madrid, Cristiandad, 1981. pp. 537-565.

BONHOEFFER, D. *O discipulado*. São Leopoldo, Sinodal, 1989.

BOUWAN, G. *L'imitazione di Cristo nella Bibbia*. Alba, Paoline, 1967.

BRAVO GALLARDO, C. *Jesús, hombre en conflito*. Santander, Sal Terrae, 1986.

CASTILLO, J. M. *El seguimiento de Jesús*. Salamanca, Sígueme, 1989.

CODINA, V. *Seguir Jesus hoje*: da modernidade à solidariedade. São Paulo, Paulus, 1993.

CRESPO, L. F. *Revisão de vida e seguimento de Jesus*. Petrópolis, Vozes, 1992.

DUPONT, Y. et alii. *Seguire Gesù povero*. Qiqajon, Comunità di Bose, 1984.

EDWARDS, A. *El seguimiento de Jesús en América Latina*. Lima, CEP, 1987.

ESTRADA, J. A. *El proyecto de Jesús*. Salamanca, Sígueme, 1985.

FERNÁNDEZ, B. *El Cristo del seguimiento*. Madrid, Publicaciones Claretianas, 1995.

_____. *Seguir a Jesús, el Cristo*. Madrid, Publicaciones Claretianas, 1998.

FLICK, M. La croce e il discepolo. In: FLICK, M. & ALSZEHY, Z. *Il mistero della croce. Saggio di teologia sistematica*. Brescia, Queriniana, 1990. pp. 357-390.

FONTANALS, M. M. *La imitación de Jesucristo a la luz de la teología de San Pablo*. Barcelona, Casals, 1965.

FUSCO, V. *Povertá e seqüela*. Brescia, Paideia, 1991.

GALABERT, M. *Jesús, el que abre camino*. Seguimiento y testimonio. Madrid, P.S., 1986.

GALILEA, S. *Seguir a Cristo*. São Paulo, Paulinas, 1984.

García-Lomas, J. M. & García-Murga, J. R. (eds.). *El seguimiento de Cristo.* Madrid, Universidad Pontificia Comillas, 1997.

Hengel, M. *Seguimiento y carisma*: La radicalidad de la llamada de Jesús. Santander, Sal Terrae, 1981.

Knock, O. *Uno il vostro maestro*: discepoli e seguaci nel NT. Roma, Cittá Nuova, 1968.

Lari, O. *Il discepolo del Signore.* Roma, Apostolato della preghiera, 1990.

Lois, J. *Qué significa ser cristiano como seguidor de Jesús.* Madrid, Fundación Santa Marta, 1984. ———. *Para una espiritualidad de seguimiento.* Sal Terrae, nº 74, 1986. pp. 43-54.

López, J. F. *Pobres sacramentos?!* Os sacramentos no dinamismo do seguimento de Jesus presente no pobre. São Paulo, Paulinas, 1995.

Lozano, J. M. *La sequela di Cristo.* Teologia storico-sistematica della vita religiosa. Milano, Ancora, 1981.

Martini, C. M. *Sequela Christi.* Milano, Comunitá Vita Cristiana, 1990.

Mateos, J. *Los "doce" y outros seguidores de Jesús en el evangelio de Marcos.* Madrid, Cristiandad, 1982.

Matura, T. *Seguir a Jesús.* De los consejos de perfección al radicalismo evangélico. Santander, Sal Terrae, 1984.

Mazzeo, M. *La sequela di Cristo nel libro dell'Apocalisse.* Milano, Paoline, 1997.

Metz, J. B. *Las órdenes religiosas.* Su misión en un futuro próximo como testimonio vivo del seguimiento de Cristo. Barcelona, Herder, 1988.

Moreno, J. R. M. *El discípulo de Jesús.* Madrid, Escuela Bíblica, 1971.

Muchery, G. *Le Strade per seguire Cristo.* Milano, Paoline, 1991.

Schelkle, K. H. *Discepoli e apostolato.* Roma, Paoline, 1966.

Scherer, O. P. *"Justo sofredor"*: uma interpretação do caminho de Jesus e do discipulado. São Paulo, Loyola, 1995.

Schnackenburg, R. *L'existenza cristiana secondo il Nuovo Testamento.* Roma, Paoline, 1971.

Schulz, A. *Discípulos do Senhor.* São Paulo, Paulus, 1969.

Schwager, R. *Fede e sequela.* Bologna, EDB, 1978.

Secondin, B. *Seguimiento y profecia.* Herencia y porvenir de la vida consagrada. Madrid, Paulinas, 1983.

Segovia, F. F. *Discipleship in the New Testament.* Philadelphia, Fortress Press, 1985.

Sicari, A. *Llamados por su nombre.* La vocación en la Escritura. Madrid, Paulinas, 1981.

Taliercio, G. *La sequela di Cristo nel Vangelo di Luca.* Milano, Opera Reggalitá, 1993.

TEPEDINO, A. M. *As discípulas de Jesus*. Petrópolis, Vozes, 1990.

TILLARD, J. M. R. *Carisma e sequela*. Bologna, Dehoniane, 1978.

VELASQUE, P. *Ética para nossos dias*. Origem e evolução do pensamento de Dietrich Bonhoeffer. São Bernardo do Campo, Editeo, 1977.

VOILLAUME, R. *A la suite de Jesus*. Paris, Cerf, 1965.

WILKINS, M. J. *The concept of disciple in Mattew's gospel*. As reflected in the use of the term mathetés. Leiden, New York, 1988.

Dicionários e enciclopédias

AUSEJO, R. P. S. Imitación. In: *Diccionario de la Biblia*. Barcelona, Herder, 1963. pp. 893-895.

BAUDER, W. Seguimiento. In: COENEN, L.; BEYREUTHER, E.; BIETENHARD, H. (orgs.). *Diccionario teológico del Nuevo Testamento*. Salamanca, Sígueme, 1984. v. 4, pp. 172-186.

BLANCO, S. Seguimento. Fundamentação bíblica In: RODRÍGUEZ, A. & CANALS CASAS, J. (orgs.). *Dicionário teológico da vida consagrada*. São Paulo, Paulus, 1994. pp. 1.010-1.015.

BLANK, J. Seguimento. In: EICHER, P. (org.). *Dicionário de conceitos fundamentais de teologia*. São Paulo, Paulus, 1993. pp. 819-822.

CIARDI, F. S. In: BORRIELLO, L. et alii. *Dizionario di mistica*. Vaticano, Editrice Vaticana, 1998. pp. 1.132-1.134.

COTHENET, E. et alii. Imitation du Christ. In: *Dictionnaire de spiritualité, ascétique et mystique*. Paris, Beauchesne, 1971. v. VII/2, pp. 1.536-1.601.

ESTRADA, J. A. Imitação de Jesus Cristo. In: RODRÍGUEZ, A. & CANALS CASAS, J. (orgs.). *Dicionário teológico da vida consagrada*. São Paulo, Paulus, 1994. pp. 548-557.

FERNÁNDEZ, B. Seguimento. Reflexão teológica In: RODRÍGUEZ, A. & CANALS CASAS, J. (orgs.). *Dicionário teológico da vida consagrada*. São Paulo, Paulus, 1994. pp. 1.015-1.026.

GOFFI, T. Seguimento/Imitação. In: CAMPAGNONI, F.; PIANA, G.; PRIVITERA, S. (orgs.). *Dicionário de teologia moral*. São Paulo, Paulus, 1997. pp. 1.136-1.145.

HELFMEYER, H. Detrás de, después de. In: BOTTERWECK, G. & RINGGREN, H. (orgs.). *Diccionario teológico del Antiguo Testamento*. Madrid, Cristiandad, 1973.

HEUSCHEN, Y. Imitar (e seguir). In: DEN BORN, A. van (org.). *Dicionário enciclopédico da Bíblia*. Petrópolis, Vozes, 1971. pp. 718-720.

HÖRMANN, K. Imitación de Cristo. In:. *Diccionario de moral cristiana*. Barcelona, Herder, 1985. pp. 586-590.

KITTEL, G. A. In:————. (org.). *Grande lessico del Nuovo Testamento*. Brescia, Paideia, 1971. v. 1, pp. 211-215.

LEONARDI, G. Apostolo/Discepolo. In: ROSSANO, P.; RAVASSI, G.; GIRLANDA, A. *Nuovo dizionario di teologia bíblica*. Milano, Paoline, 1988. pp. 106-124.

LEÓN-DUFOUR, X. Seguir. In: ————. et alii. *Vocabulário de teologia bíblica*. Petrópolis, Vozes, 1972. pp. 955-957.

MICHAELIS, W. Mieomai. In: KITTEL, G. (org.). *Grande lessico del Nuovo Testamento*. Brescia, Paideia, 1971. v. 7, pp. 253-298.

MICHAELIS, W. Miméomai-mimetês. In: KITTEL, G. (org.). *Grande lessico del Nuovo Testamento*. Brescia, Paideia, 1971. v. 7, pp. 661-668.

MONGILLO, D. Seguimento. In: FIORES, S. & GOFFFI, T. (orgs.). *Dicionário de espiritualidade*. São Paulo, Paulus, 1989. pp. 1.041-1.048.

NAVA, D. F. A. Imitación-seguimiento. In: ROSSI, L. & VALSECHI, A. (orgs.). *Diccionario enciclopédico de teología moral*. Madrid, Paulinas, 1980. pp. 495-499.

PIVA, P. Imitazione/Sequela. In: ROSSI, L. & VALSECHI, A. (orgs.). *Dizionario enciclopedico di teologia morale*. Roma, Paoline, 1973. pp. 429-435.

PROIETTI, B. et alii. Sequela Christi e imitazione. In: PELLICCIA, G. & ROCCA, G. (orgs.). *Dizionario degli istituti di perfezione*. Roma, Paoline, 1988. v. 8, pp. 1.288-1.314.

RENGSTORF, K. H. Manthano-Mathetés. In: *Lessico del Nuovo Testamento*. Brescia, Paideia, 1971. v.7. pp. 1053-1237.

SCHULZ, A. & AUER, A. Seguimento/Imitação de Cristo. In: FRIES, H. (org.). *Dicionário de teologia*. São Paulo, Loyola, 1987. v. 5, pp. 193-204.

TURBESSI, G. Imitación (y Seguimiento) de Cristo. In: ANCILLI, E. (org.). *Diccionario de espiritualidad*. Barcelona, Herder, 1987. Tomo II, pp. 295-298.

Artigos

ADINOLF, M. Le discepole di Gesù. *Bibbia e Oriente*, n. 16, pp. 9-31, 1974.

AERTS, T. Suivre Jésus d'un theme biblique dans les évangiles synoptiques. *Ephemerides Theologicae Lovaniensis*, n. 42, pp. 476-512, 1966.

ANCILLI, E. La sequela Christi. *Presenza pastorale*, n. 49, pp. 41-49, 1966.

ARENILLAS, P. El discípulo amado, modelo perfecto del discípulo de Jesús según el IV evangelio. *Ciencia Tomista*, Salamanca, n. 83, pp. 3-68, enero-diciembre 1962.

BALTHASAR, H. U. von. Seguimiento y ministerio. In: ————. Madrid, Los Livros del Monograma, 1964. pp. 97-174.

————. Il vangelo come norma e critica di ogni spiritualità nella Chiesa. *Concilium*, n. 4, pp. 67-87, 1965. (Especialmente pp. 78-80.)

BIFFI, I. Aspetti dell'imitazione di Cristo nella letteratura monastica del secolo XII. *Scuola Cattolica*, n. 96, pp. 451-495, novembre-dicembre 1968.

BORIELLO, L. La sequela e l'imitazione di Cristo nella vita spirituale. *Asprenas*, n. 25, pp. 137-154, 1978.

BRUNELLI, D. Ele se fez caminho e espelho. O seguimento de Jesus em Clara de Assis. *Atualidade Teológica*, n. 2, jan./jun. 1998.

CALIMAN, C. O seguimento de Cristo hoje na América Latina. *Convergência*, n. 125, pp. 394-404, set. 1979.

CASTILLO, A. Confesar a Cristo el Señor y seguir a Jesús. *Christus*, México, n. 481, pp. 19-31, 1975.

COUILLEAU, G. La sequela di Cristo II: Il monachesimo primitivo. *Claretianum*, Roma, n. 26, pp. 57-69, 1986.

DE GUIBERT, J. Perfection et imitation de Dieu, du Christ. *Leçons de Théologie spirituelle* (Revue d'Ascetique et Mystique et apostolat de la Priére), Toulouse, pp. 188-198, 1955.

DELHAYE, P. L'imitation de Dieu dans la morale patristique. *Studia Montis Regii*, n. 6, pp. 33-56, 1963.

DI PINTO, L. Seguire Gesù secondo i vangeli sinottici. ASSOCIAZIONE BIBLICA ITALIANA. *Fondamenti biblici della teologia morale*. Paideia, Brescia, 1973. pp. 187-251.

DONALDSON, J. Called to follow. A twolfold experience of discipleship in Marc. *Biblical Theology Bulletin*, n. 5, pp. 67-77, 1975.

ESTRADA, B. Il binomio Kalein-akolouthein nei vangeli sinottici. *Divus Thomas*, Piacenza, n. 91, pp. 72-91, 1988.

FERNÁNDEZ, B. El seguimiento de Cristo entre historicidad y universalidad. *La ciudad de Dios*, Salamanca, n. 3, pp. 639-657, septiembre-diciembre 1999.

FERNÁNDEZ, J. L. Universalidad del llamamiento y radicalidad del seguimiento. In: INSTITUTO SUPERIOR DE PASTORAL. *Quién decís que soy yo?* Navarra, Verbo Divino, 2000.

GARCÍA, J. Vuelta a Jesus! Reflexiones para una espiritualidad del seguimiento. *Sal Terrae*, n. 69, pp. 751-765, noviembre 1980.

GELABERT, M. Encontrar la vida en el seguimiento de Cristo. *Teología Espiritual*, Valencia, n. 110, pp. 173-205, mayo-agosto 1993.

————. El dogma como seguimiento. Reflexiones en torno a una polémica de Kierkegaard con Lutero. *Escritos del Vedat*, n. 11, pp. 219-238, 1981.

————. Seguimiento de Cristo y vida religiosa. *Teología Espiritual*, Valencia, n. 85, pp. 259-274, enero-abril 1985.

GNILKA, J. Discipulado, seguimento, estilo de vida. In: ————. *Jesus de Nazaré*: mensagem e história. Petrópolis, Vozes, 2000. pp. 155-180.

González Silva, S. El seguimiento de Cristo en los logia akolouthein. *Claretianum*, n. 14, pp. 115-162, 1974.

Griffiths Gwyn, J. The disciple's cross. *New Testament Studies*, n.16, pp. 358-364, 1960.

Halkennhäuser, J. Qué significa el "seguimiento de Cristo" en el contexto de la vida religiosa actual? *Diálogo Ecuménico*, Salamanca, n. 54, pp. 383-392, 1980.

Häring, B. Morale de l'imitation. In: ———. *Le sacré et le bien*. Paris: Fleurus, 1963. pp. 246-263.

Hausherr, I. L'imitation de Jesús-Christ dans la spiritualité bizantine. *Etudes de Spiritualités Orientales* (Orientalia Christiana Analecta, 183), pp. 217-245.

Kierkegaard, S. Esercizio del cristianesimo. In: Fabro, C. (org.). *Opere*. Firenze, Sansoni, 1972. pp. 693-823.

Kling, A. Sequela di Cristo: un concetto di teologia morale? In: Demmer, K. & Schüller, B. (orgs.). *Fede cristiana e agire morale*. Assis, Cittadella, 1980. pp. 86-108 (O artigo é um resumo, muito sintético, de sua tese não publicada: *A Sequela Christi ut thema theologiae moralis contemporaneae*. Roma, PUG, 1980.)

Koch, R. L'imitation de Dieu dans la morale de l'A.T. *Studia Moralia*, n. 2, pp. 73-88, 1964.

Laurance, J. The eucharist as the imitation of Christ. *Theological Studies*, n. 47, pp. 286-296, 1986.

Linard De Guertechin, H. Suivre Jésus est-ce l'imiter? Approche psychologique de l'identification au Christ. *Reveu Theologique de Louvain*, n. 15, pp. 5-27, 1984.

Madera Vargas, I. El seguimiento de Jesús. Práctica y risco en un continente oprimido. *Lumen*, n. 2, pp. 97-124, marzo-abril 1984.

Marchesi, G. Il discepolato di Gesù: vocazione, sequela e missione. *La Civiltà Cattolica*, n. 14, pp. 131-144, 1992/3.

Mariscal, I. Seguimiento radical de Jesús. Como queremos realizarlo hoy las religiosas. *Revista de Teología Pastoral*, Sal Terrae, pp. 414-425, junio 1980.

Martin, R. Salvation and discipleship in Luke's Gospel. *Interpretation*, n. 30, pp. 366-380, 1976.

Meltz, M. Jesus as model for ministry. *Spirituality Today*, n. 30, pp. 292-303, 1978.

Moioli, G. Sequela e contemporaneità del cristiano. Illustrazioni della storia della spiritualità. *Communio*, n. 2, pp. 507-515, 1973/9.

Moreno, R. El discípulo de Jesucristo, según el evangelio de S. Juan. *Estudios Bíblicos*, n. 30, pp. 269-311, 1971.

Munro, W. Women disciples in Mark? *The Catholical Biblical Quaterly*, n. 44, pp. 225-241, 1982.

Neglia, A. Sequela di Cristo e laicità. Note di spiritualità. *Presenza del Carmelo*, n. 42, pp. 5-15, 1987.

PELLAND, G. Pour servir au dossier 'Imitatio'. Deux formules des rites d'ordination. *Science et Esprit*, n. 29, pp. 77-99, 1977.

PENCO, G. L'imitazione di Cristo nell'agiografia monastica. In: ———. *Medioevo monastico*. Roma, Pontificio Ateneo Anselmiano, 1988. pp. 171-191.

PERRONE, L. La sequela di Cristo I: Il Nuovo Testamento e le prime comunità cristiane. *Claretianum*, Roma, n. 26, pp. 49-56, 1986.

PLETSCH, Z. M. Vida religiosa consagrada: seguimento de Jesus I. *Grande Sinal*, Petrópolis, pp. 306-318, maio/jun. 1996/3.

POSADA, I. C. & PÉREZ J. G. El seguimiento de Jesús: contenido y exigencias. *Theologica Xaveriana*, Bogotá, n. 4, pp. 323-341, 1977.

RAHNER, K. Discorso di Ignazio di Loyola ad un gesuita moderno. In: ———. *Scienza e fede cristiana* (Nuovi Saggi IX). Roma, Paoline, 1984. pp. 541-550.

———. Sequela del crocefisso. In: ———. *Dio e Rivelazione* (Nuovi Saggi VII). Roma, Paoline, 1981. pp. 231-250.

———. Sull'imitazione di Cristo. In: ———. *Elevazione sugli Esercizi di S. Ignazio*. Roma, Paoline, 1967. pp. 175-192.

RAMOS-LISSON, D. El seguimiento de Cristo (en los orígenes de la espiritualidad de los primeros cristianos). *Teología Espiritual*, n. 88, pp. 3-27, enero-abril 1986.

RÉFOULÉ, F. Gesù come riferimento dell'agire dei cristiani. *Rivista di Teologia Morale*, n. 37, pp. 41-76, gennaio-marzo 1978.

ROCHA, M. O seguimento de Jesus. *Revista Eclesiástica Brasileira*, Petrópolis, n. 165, pp. 12-28, mar. 1982.

RODRIGUES LARA, R. Imitar y seguir: evocación evangélica de los ejercicios de San Ignacio. In: VARGAS-MACHUCA, A. & RUIZ, G. (eds.). *Palabra y Vida*. Homenaje a José Alonso Díaz en su 70 cumpleaños. Madrid, Universidad Pontificia Comillas de Madrid (UPCM), 1984. pp. 301-309.

ROLLIN, B. Laissant leur barque et leur pére ils le suivirent (Mt 4,22). *Nouvelle Revue Théologique*, n. 106, pp. 76-95, 1984.

RUSSO, R. L'imitazione di Cristo, servo di Dio, ideale dell'uomo. In: MARCHESELLI-CASALE, C. (org.). *Parola e spirito*. Studio in onore a Settimo Cipriano. Brescia, Paideia, 1982. v. 2, pp. 1.247-1.278.

SACCHI, A. Se vuoi essere perfetto (Mt 19,21): perfezione e vita cristiana. *Rivista Biblica Italiana*, n.17, pp. 313-325, 1969.

SANCHIS, A. Seguir a Jesùs en un mundo individualista e insolidario. *Teología Espiritual*, Valencia, n. 100, pp. 115-132, enero-abril 1990.

Schelkle, K. H. O seguimento de Jesus. In: ———. *Teologia do Novo Testamento.* São Paulo, Loyola, 1978. pp. 42-43.

Schilson, A. La sequela di Cristo, centro dell'esistenza cristiana. La definizione dell'uomo secondo Romano Guardini. *Communio,* Milano, n. 32, novembre-dicembre 1993.

Schneide, G. "Seguire Gesù" oggi. In: ———. *Questioni neotestamentarie.* Brescia, Paideia, 1975. pp. 119-132.

Schürmann, H. Le groupe des disciples de Jésus. *Christus,* n. 50, pp. 184-209, 1966.

Schwager, R. Imiter et suivre. *Christus,* n. 34, pp. 5-8, 1987.

———. Imitar e seguir. *Selecciones de Teología,* n. 107, pp. 173-178, 1988.

Seguimi! (Parola, spirito e vita. Quaderni di lettura bíblica), n. 2, luglio-dicembre 1980. (Todo este número.)

Sheridan, M. Disciples and discipleship in Mt and Lk. *Biblical Theology Bulletin,* n. 3, pp. 235-255, 1973.

Stanley, D. M. Become imitators of me: the pauline conception of apostolic tradition. *Bíblica,* n. 40, pp. 859-877, 1959.

Stock, K. Vangelo e discepolato in Marco. *Rassegna di Teologia,* Roma, n. 19, pp. 1-7, gennaio-febbraio 1978.

Thysman, R. L'ethique de l'imitation du Christ dans le Nouveau Testament: situation, notations et variations du thème. *Ephemerides Theologicae Lovaniensis,* n. 42, pp. 138-175, 1966.

Tinsley, E. J. Some principles for recostructing a doctrine of the imitation of Christ. *Scottish Journal of Theology,* n. 25, pp. 45-57, 1972.

Tosatto, G. La sequela di Gesù nel racconto lucano della passione. In: Facoltà teologica interregionale di Torino (org.). *Chiesa per il mondo 1. Saggi storico-biblici.* Torino, Dehoniane, 1974. pp. 73-96.

Tuñi, J. O. Qué significa seguir a Jesús hoy. *Razón y Fe,* n. 212, pp. 25-39, julio-diciembre 1985.

Turbessi, G. Il significato neotestamentario della "sequela" di Cristo. In: Favale, A. (org.). *Per una presenza viva dei religiosi nella Chiesa.* Torino, Elle Di Ci, 1970. pp. 220-225.

———. Significato della "imitazione" di Cristo nella teologia paolina. In: Favale, A. (org.). *Per una presenza viva dei religiosi nella Chiesa.* Torino, Elle Di Ci, 1970. pp. 225-227.

———. Sequela ed imitazione di Cristo. In: Ancilli, E. (org.). *Gesù Cristo, mistero e presenza.* Roma, Pontificio Istituto de Spiritualitá del Teresianum, 1971. pp. 304-348.

———. Il significato neotestamentario di "sequela" e di "imitazione" di Cristo. *Benedectina,* n. 19, pp. 163-225, 1972.

VALSECCHI, A. Gesù Cristo nostra legge. *Scuola Cattolica*, Milano, n. 88, pp. 92-110 (período patrístico) e pp. 161-175 (período medieval), 1960.

VICENT, J. Discipleship and synoptic studies. *Theologische Zeitschrift*, n. 16, pp. 456-469, 1960.

VIDAL, M. Seguimiento de Cristo y evangelización. Variación sobre un tema de moral neotestamentaria (Mt 10,34-39). *Salmanticensis*, n. 18, pp. 289-312, 1971.

VIGIL, J. M. Seguir a Jesus sob o império neoliberal na América Latina. *Revista Eclesiástica Brasileira*, Petrópolis, n. 227, pp. 537-556, set. 1997.

WALDENFELS, H. El seguimiento de Cristo. In: ―――. *Teología fundamental contextual*. Salamanca, Sígueme, 1994. pp. 367-374.

5. ESCRITOS COMPLEMENTARES

Obras bíblicas

AGUIRE, R.; GARCIA LÓPEZ, F. Jesús y la multitud a la luz de los sinópticos. In: ―――. *Escritos de Biblia y Orientei*. Salamanca, Universidad Pontificia, 1981.

AMSLER, S. et alii. *Os profetas e os livros proféticos*. São Paulo, Paulus, 1992.

ASURMENDI, J. *O profetismo das origens à época moderna*. São Paulo, Paulus, 1988.

AUNEAU, J. et alii. *Evangelhos sinóticos e Atos dos Apóstolos*. São Paulo, Paulus, 1986.

BALANCIN, E. M. *O evangelho de Marcos*. São Paulo, Paulus, 1991.

BATTAGLIA, O.; URICCHIO, F.; LANCELLOTTI, A. *Comentário ao evangelho de São Marcos*. Petrópolis, Vozes, 1978.

BECK, T. *Una comunità legge il vangelo di Marco*. Bologna, Dehoniane, 1978.

BONORA, A. (org.). *La spiritualità dell'Antico Testamento*. Bologna, Dehoniane, 1987.

BOVER, J. M. *Teología de San Pablo*. Madrid, Editorial Católico, 1946.

BRAVO GALLARDO, G. C. *Jesus, homem em conflito*. São Paulo, Paulinas, 1997.

BROWN, R. E. *Giovanni I e II*. Assis, Cittadella, 1979.

―――. *Evangelho de João e epístolas*. São Paulo, Paulus, 1975.

CARREZ, M. et alii. *As cartas de Paulo, Tiago, Pedro e Judas*. São Paulo, Paulus, 1987.

CHARPENTIER, E. (org.). *Leitura do evangelho segundo Mateus*. São Paulo, Paulus, 1982.

CHARPENTIER, E. (org.). *Uma leitura dos Atos dos Apóstolos*. São Paulo, Paulus, 1983.

CHARPENTIER, E. (org.). *As raízes da sabedoria*. São Paulo, Paulus, 1983.

CLEMENTS, R. E. (org.). *O mundo do antigo Israel*. São Paulo, Paulus, 1995.

COMBLIN, J. *Paulo, apóstolo de Jesus Cristo*. Petrópolis, Vozes, 1993.

Conzelmann, H. *El centro del tiempo. La teología de Lucas.* Madrid, Fax, 1974.
Corsini, E. *O Apocalipse de São João.* São Paulo, Paulus, 1984.
Cothenet, E. et alii. *Os escritos de São João e a epístola aos hebreus.* São Paulo, Paulus, 1988.
Cothenet, E. *São Paulo e o seu tempo.* São Paulo, Paulus, 1985.
Danieli, G. *Mateus.* São Paulo, Paulus, 1983.
Delorme, J. *Leitura do evangelho segundo Marcos.* São Paulo, Paulus, 1982.
Dodd, C. *O fundador do cristianismo.* São Paulo, Paulus, 1976.
————. *A mensagem de São Paulo para o homem de hoje.* São Paulo, Paulus, 1984.
Fabris, R. *Atos dos Apóstolos.* São Paulo, Paulus, 1984.
Fitzmyer, J. A. *El evangelio según Lucas.* Madrid, Cristiandad, 1986. 2 v.
————. *Linhas fundamentais da teologia paulina.* São Paulo, Paulus, 1970.
Fohrer, G. *Estruturas teológicas fundamentais do Antigo Testamento.* São Paulo, Paulus, 1982.
————. *História da religião de Israel.* São Paulo, Paulus, 1993.
George, A. *Leitura do evangelho segundo Lucas.* São Paulo, Paulus, 1982.
Gilbert, M. & Aletti, J. N. *A sabedoria e Jesus Cristo.* São Paulo, Paulus, 1985.
Gorgulho, G. S. & Anderson, A. F. *A justiça dos pobres.* São Paulo, Paulus, 1992.
Gourgues, M. *Atos 13-28. O evangelho anunciado aos pagãos.* São Paulo, Paulus, 1994.
Guillet, J. *Jesus Cristo no evangelho de João.* São Paulo, Paulus, 1985.
Jaubert, A. *Leitura do evangelho segundo João.* São Paulo, Paulus, 1982.
Jeremias, J. *A mensagem central do Novo Testamento.* São Paulo, Paulus, 1977.
————. *As parábolas de Jesus.* São Paulo, Paulus, 1976.
————. *Teologia do Novo Testamento.* São Paulo, Paulus, 1977.
Kasemann, E. *Perspectivas paulinas.* São Paulo, Paulus, 1980.
Konings, J. *Marcos.* São Paulo, Loyola, 1994.
Kuss, O. *San Pablo. La aportación del apóstol a la teología de la Iglesia primitiva.* Barcelona, Herder, 1975.
L'Eplattenier, C. *Leitura do evangelho de Lucas.* São Paulo, Paulus, 1993.
La Calle, F. *A teologia de Marcos.* São Paulo, Paulus, 1984.
————. *A teologia do quarto evangelho.* São Paulo, Paulus, 1978.
La Potterie, I. *Studi di cristologia giovannea.* Genova, Marietti, 1986.
Lancellotti, A. *Comentário ao evangelho de São Mateus.* Petrópolis, Vozes, 1980.
————. *Comentário ao evangelho de São Lucas.* Petrópolis, Vozes, 1979.

MAGGIONI, B. *Il racconto di Marco.* Roma, Rocca, 1974.
MARTINI, C. M. *Itinerário espiritual dos Doze.* São Paulo, Loyola, 1994.
———. *Il vangelo secondo Giovanni.* Roma, Borla, 1980.
MATEOS, J. *Los "doce" y otros seguidores de Jesús en el evangelio de Marcos.* Madrid, Cristiandad, 1982.
MATEOS, J. & BARRETO, J. *Vocabulário teológico do evangelho de São João.* São Paulo, Paulus, 1989.
MATEOS, J. & CAMACHO, F. *O evangelho de Mateus.* São Paulo, Paulus, 1993.
MAZZAROLLO, I. *Lucas.* São Paulo, Loyola, 1994.
MESTERS, C. *Deus, onde estás?* Belo Horizonte, Vega, 1972.
———. *Paulo apóstolo.* São Paulo, Paulus, 1996.
MOLLAT, D. *L'Apocalisse.* Una lettura per oggi. Roma, Borla, 1985.
MOLTMANN, Y. *O caminho de Jesus Cristo.* Cristologia em dimensões messiânicas. Petrópolis, Vozes, 1993.
MONLOUBOU, L. *Os profetas do Antigo Testamento.* São Paulo, Paulinas, 1986.
MYERS, C. *O evangelho de Marcos.* São Paulo, Paulus, 1992.
NICCACI, A. & BATTAGLIA, O. *Comentário ao evangelho de São João.* Petrópolis, Vozes, 1981.
PALLARES, C. J. *Um pobre chamado Jesus.* Releitura do evangelho de Marcos. São Paulo, Paulus, 1988.
PANIMOLLE, S. A. *L'evangelista Giovanni.* Roma, Borla, 1985.
———. *Il dono della legge e la grazia della verità.* Roma, AVE, 1973.
———. *Lettura pastorale del vangelo di Giovanni.* Bologna, Dehoniane, 1980. 2 v.
PATTE, D. *Paulo, sua fé e a força do evangelho.* São Paulo, Paulus, 1987.
PIKAZA, J. *A teologia de Mateus.* São Paulo, Paulus, 1984.
———. *A teologia de Lucas.* São Paulo, Paulus, 1978.
PRAT, F. *La teología de San Pablo.* México, Jus, 1997.
SANDERS, E. P. *Paulo, a lei e o povo judeu.* São Paulo, Paulus, 1990.
SAOT, Y. *Atos dos Apóstolos.* São Paulo, Paulus, 1991.
SCHNACKENBURG, R. *El evangelio según San Juan.* Barcelona, Herder, 1980.
SCHÖKEL, A. & SICRE, J. L. *Profetas.* São Paulo, Paulus, 1988/1991. 2 v.
SICRE, J. L. *A justiça social nos profetas.* São Paulo, Paulus, 1990.
SILVA, A. J. et alii. *Ele caminha à vossa frente.* Petrópolis, Vozes, 1989. (Col. Estudos Bíblicos, 22.)

STORNIOLO, I. *Como ler o evangelho de Mateus*. São Paulo, Paulus, 1990.

─────. *Como ler o evangelho de Lucas*. São Paulo, Paulus, 1992.

─────. *Como ler os Atos dos Apóstolos*. São Paulo, Paulus, 1993.

STUHLMUELLER, C. *Evangelho de Lucas*. São Paulo, Paulus, 1975.

VOLKMANN, M. *Jesus e o Templo*. Uma leitura sociológica de Marcos 11,15-19. São Lepoldo/ São Paulo, Sinodal/Paulus, 1992.

WESTERMANN, C. *Teologia do Antigo Testamento*. São Paulo, Paulus, 1987.

WILSON, R. *Profecia e sociedade no Antigo Israel*. São Paulo, Paulus, 1993.

ZEVINI, J. *Evangelho segundo João*. São Paulo, Salesiana, 1984.

ZUMSTEIN, J. *Mateus, o teólogo*. São Paulo, Paulus, 1990.

Documentos eclesiais

CONCÍLIO VATICANO II. *Lumen gentium*. Constituição Dogmática do Concílio Ecumênico Vaticano II sobre a Igreja. São Paulo, Paulinas, 1978.

CONCÍLIO VATICANO II. *Gaudium et spes*. Constituição Pastoral do Concílio Ecumênico Vaticano II sobre a Igreja e o mundo de hoje. São Paulo, Paulinas, 1978.

Conclusões da Conferência de Puebla, Evangelização no presente e no futuro da América Latina, III Conferência Geral do Episcopado Latino-Americano. São Paulo, Paulinas, 1979.

Conclusões de Medellín, II Conferência Geral do Episcopado Latino-Americano. São Paulo, Paulinas, 1979.

CONGREGAÇÃO PARA A DOUTRINA DA FÉ. *Instrução sobre alguns aspectos da Teologia da Libertação*. São Paulo, Paulinas, 1984.

PAULO VI. *Evangelii nuntiandi*. Exortação apostólica sobre a evangelização no mundo contemporâneo. São Paulo, Paulinas, 1989.

Santo Domingo, Nova evangelização, promoção humana, cultural, cristã. Conclusões da IV Conferência do Episcopado Latino-Americano. São Paulo, Paulinas, 1992.

Escritos vários

AGOSTINHO, S. *A virgindade consagrada*. São Paulo, Paulus, 1990.

ALEGRE, X. et alii. *Universalidad de Cristo*. Universalidad del pobre. Santander, Sal Terrae, 1995.

ALEMANY, J. J. *Realidad y fe cristiana*. Una aproximación desde la teología de D. Bonhoeffer. Santiago, Universidad Católica de Chile, 1979.

ALTANER, B. & STUIBER, A. *Patrologia*. São Paulo, Paulus, 1972.
ALTMANN, W. *Lutero e libertação*. São Leopoldo, Sinodal, 1994.
ALTMANN, W. et alii. *Reflexões em torno de Lutero*. São Leopoldo, Sinodal, 1981.
ÁLVAREZ GÓMEZ, J. *Historia de la vida religiosa*. Madrid, Publicaciones Claretianas, 1987.
―――. *La vida religiosa ante los retos de la historia*. Madrid, Publicaciones Claretianas, 1979.
AMATO, A. *Gesù il Signore*. Bologna, Dehoniane, 1988.
ANCILLI, E. (org.). *Gesù Cristo*: mistero e presenza. Roma, Teresianum, 1971.
―――. (org.). *Le grandi scuole della spiritualità cristiana*. Roma, Edizioni OCD, 1984.
ANGELINI, G. & VALSECCHI, A. *Disegno storico della teologia morale*. Bologna, Dehoniane, 1972.
ARDUINI, J. *Horizonte de esperança*. São Paulo, Paulus, 1986.
AZZI, R. Do bom Jesus sofredor ao Cristo libertador. Um aspecto da evolução da teologia e da espiritualidade católica no Brasil. *Perspectiva Teológica*, Belo Horizonte, n. 45, pp. 215-233, mai./ago. 1986.
BALTHASAR, H. U. von. *Ensayos teológicos*. I Verbum Caro; II Sponsa Verbi. Madrid, Cristianidad, 1964.
BANGERT, W. V. *História da Companhia de Jesus*. São Paulo, Loyola, 1990.
BARDY, G. & TRICOT, A. (orgs.). *Enciclopedia cristologica*. Alba, Paoline, 1960.
BARREIRO, A. Opção pelos pobres: A propósito de uma opção teológica. *Perspectiva Teológica*, Belo Horizonte, n. 38. pp. 9-30, jan./abr. 1984.
BARROS SOUZA, M. *Na estrada do evangelho*. Petrópolis, Vozes, 1993.
BERNADOT, P. *São Domingos e sua ordem*. Porto, Cruzada da Boa Imprensa, 1940.
BIHLMEYER, K. & TÜCHLE, H. *História da Igreja*. São Paulo, Paulus, 1964. 3 v.
BINGEMER, M. C. *Em tudo amar e servir*: mística trinitária e práxis cristã em Santo Inácio de Loyola. São Paulo, Loyola, 1990.
BLASUCCI, A.; CALATI, B.; GRÉGOIRE, R. *La spiritualità del medievo*. Roma, Borla, 1985. v. 4.
BOEHNER, P. & GILSON, E. *História da filosofia cristã*. Petrópolis, Vozes, 1995.
BOFF, C. *Teologia do político e suas mediações*. Petrópolis, Vozes, 1978.
―――. *Teoria do método teológico*. Petrópolis, Vozes, 1999.
BOFF, L. Contemplativus in liberatione: Da espiritualidade da libertação à prática da libertação. *Revista Eclesiástica Brasileira*, n. 156, pp. 571-580, 1979.
―――. *O evangelho do Cristo cósmico*. Petrópolis, Vozes, 1971.
―――. *Igreja, carisma e poder*. Petrópolis, Vozes, 1980.
―――. *Jesus Cristo libertador*. Petrópolis, Vozes, 1979.

———. *A oração de São Francisco*: uma mensagem de paz para o mundo atual. Petrópolis, Vozes, 1999.

———. *São Francisco de Assis*: ternura e vigor. Petrópolis, Vozes, 1981.

———. *Vida segundo o espírito*. Petrópolis, Vozes, 1982.

BORRIELLO, L.; DALLA CROCE, G.; SECONDIN, B. *La spiritualità cristiana nell'eta contemporânea*. Roma, Borla, 1985. v. 6.

BRAUN, B. *Santo Inácio de Loyola*. Petrópolis, Vozes, 1956.

CALATI, B. *Sapienza monastica*. Roma, Studia Anselmiana, 1994.

CAMPOS, A. C. *Tomismo no Brasil*. São Paulo, Paulus, 1998.

CASALDÁLIGA, P. & VIGIL, J. M. *Espiritualidade da libertação*. Petrópolis, Vozes, 1993.

CAYRÉ, F. *Patrologia e storia della teologia*. Roma, Desclée, 1936.

CELANO, T. *Vida de São Francisco de Assis*. Petrópolis, Vozes, 1975.

CHENU, M. D. *Santo Tomás de Aquino e a teologia*. Rio de Janeiro, Agir, 1967.

CHESTOV, L. *Kierkegaard y la filosofia existencial*. Buenos Aires, Editorial Sudamericana, 1947.

CIARDI, F. *Los fundadores, hombres del espíritu*. Para una teología del carisma del fundador. Madrid, Paulinas, 1982.

CICCARELLI, M. M. *I misteri di Cristo nella spiritualità francescana*. Benevento, Grafica Scotti, 1962.

CINTRA, R. (coord.). *Credo para amanhã*. Petrópolis, Vozes, 1972.

CIOLA, N. *Introdução à cristologia*. São Paulo, Loyola, 1992.

CODINA, V. *Ser cristão na América Latina*. São Paulo, Loyola, 1988.

CODINA, V. & ZEVALLOS, N. *Vida religiosa*: história e teologia. Petrópolis, Vozes, 1990.

COMBLIN, J. *Antropologia cristã*. Petrópolis, Vozes, 1995.

———. *O clamor dos oprimidos, o clamor de Jesus*. Petrópolis, Vozes, 1984.

———. *Cristãos rumo ao século XXI*: nova caminhada de libertação. São Paulo, Paulus, 1996.

———. *Jesus de Nazaré*. Meditação sobre a vida e a ação humana de Jesus. Petrópolis, Vozes, 1971.

COMBLIN, J.; GONZÁLEZ FAUS, J.; SOBRINO, J. (eds.). *Cambio social y pensamiento cristiano en América Latina*. Madrid, Trotta, 1993.

CRISTIANI, M. *Breve história das heresias*. São Paulo, Flamboyant, 1962.

DA CAMPAGNOLA, S. *Fonti francescane*. Padova, Messaggero, 1983.

DANIÉLOU, J. & VORGRIMLER, H. *Sentire ecclesiam*. Roma, Paoline, 1964.

DELEANI, S. *Christum sequi*. Étude d'un thème dans l'oeuvre de saint Cyprien. Paris, Études augustiniennes, 1979.

DELUMEAU, J. *Storia vissuta del popolo cristiano.* Torino, SEI, 1985.

DEZZA, P. *Filosofia:* síntese tomista. Porto, Figueirinhas, 1965.

DUMAS, A.; BOSC, J.; CARREZ, J. B. M. *Novas fronteiras da teologia.* São Paulo, Duas Cidades, 1969.

DUPUIS, J. *Rumo a uma teologia do pluralismo religioso.* São Paulo, Paulinas, 1999.

ECHEGARAY, H. *A prática de Jesus.* Petrópolis, Vozes, 1982.

ELLACURÍA, I. *Conversión de la Iglesia al reino de Dios.* Santander, Sal Terrae, 1984.

EQUIPE DE TEÓLOGOS DA CLAR. *Fidelidade e conflitos na vida religiosa.* São Paulo, Loyola, 1985.

———. (org.). *Teologia aberta ao futuro.* São Paulo, Loyola, 1997.

FABRI DOS ANJOS, M. (org.). *Teologia e novos paradigmas.* São Paulo, Loyola, 1996.

FABRIS, R. *Jesus de Nazaré.* História e interpretação. São Paulo, Loyola, 1988.

FEINER, J. & LOEHRER, M. *Compêndio de dogmática histórico-salvífica.* Mysterium Salutis III/3, O evento Cristo. Petrópolis, Vozes, 1974.

FERRARO, B. *Cristologia em tempos de ídolos e sacrifícios.* São Paulo, Paulus, 1993.

———. *A significação política e teológica da morte de Jesus.* Petrópolis, Vozes, 1977.

FIGUEIREDO, F. A. *Curso de teologia patrística.* Petrópolis, Vozes, 1983/1990. 3 v.

FITZER, G. *O que Lutero realmente disse.* Rio de Janeiro, Civilização Brasileira, 1971.

FOLCH GOMES, C. *Antologia dos santos padres.* São Paulo, Paulus, 1973.

FORTE, B. *Jesus de Nazaré.* História de Deus, Deus da História. São Paulo, Paulus, 1985.

FRANGIOTTI, R. *História da teologia.* Período medieval. São Paulo, Paulus, 1992.

———. *História da teologia.* Período patrístico. São Paulo, Paulus, 1992.

GALLAS, A. *Ánthropos téleios.* L'itinerario di Bonhoeffer nel conflito tra cristianesimo e modernità. Brescia, Queriniana, 1995.

GARCÍA RUBIO, A. *Teologia da Libertação.* São Paulo, Loyola, 1977.

GARCÍA VILLOSLADA, R. *Santo Inácio de Loyola.* São Paulo, Loyola, 1999.

GELABERT, M. & MILAGROS, J. M. *Santo Domingos de Guzmán visto por sus contemporáneos.* Madrid, BAC, 1947.

GELABERT, M. & MILAGRO, J. M. *Santo Domingo de Guzmán visto por sus contemporáneos.* Madrid, Biblioteca de Autores Cristianos, 1966.

GÉNICOT, L. *La spiritualità medievale.* Catania, Paoline, 1958.

GIBELLINI, R. *A teologia do século XX.* São Paulo, Loyola, 1998.

GILES, T. R. *História do existencialismo no Brasil.* São Paulo, EPU, 1975.

GILLON, L. B. *Cristo e la teologia morale.* Vicenza, Romane Mame, 1961.

GISPERT-SAUCH, A. (org.). *Sinais de vida e fidelidade*. Testemunhos da Igreja na América Latina (1978-1982). São Paulo, Paulinas, 1986.

GNILKA, J. *Jesus de Nazaré*: mensagem e história. Petrópolis, Vozes, 2000.

GOFFI, T. & PIANA, G. (orgs.). *Vita nuova in Cristo*. Brescia, Queriniana, 1983.

GOFFI, T. & PIANA, G. *Vita nuova in Cristo*. Morale fondamentale e generale. Brescia, Queriniana, 1983.

GOFFI, T. & SECONDIN, B. (orgs.). *Problemas e perspectivas de espiritualidade*. São Paulo, Loyola, 1992.

GONZÁLEZ FAUS, J. I. *Acesso a Jesus*. São Paulo, Loyola, 1981.

―――――. *La humanidad nueva*. Ensayo de cristología. Santander, Sal Terrae, 1984.

GONZÁLEZ FAUS, J. I. et alii. *La justicia que brota de la fé*. Santander, Sal Terrae, 1983.

GRABMANN, M. *Historia de la teología católica*. Madrid, Espasa-Calpe, 1946.

GREINER, A. *Martin Lutero*: um apaixonado pela verdade. São Leopoldo, Sinodal, 1998.

GRISAR, H. *Lutero*: la sua vita e le sue opere. Torino, Internazionale, 1946.

GROS, A. *Eu sou o caminho*. São Paulo, Paulus, 1960.

GROSSI, V.; BORRIELLO, J.; SECONDIN, B. *La spiritualitá cristiana nell'etá contemporânea*. Roma, Borla, 1988.

GUTIÉRREZ, G. *Beber no próprio poço*. Petrópolis, Vozes, 1987.

―――――. *O Deus da vida*. São Paulo, Loyola, 1990.

―――――. *Falar de Deus a partir do sofrimento do inocente*. Petrópolis, Vozes, 1987.

―――――. *A força histórica dos pobres*. Petrópolis, Vozes, 1984.

―――――. *Teologia da libertação*. Petrópolis, Vozes, 1983.

HAMMAN, A. *Os padres da Igreja*. São Paulo, Paulus, 1980.

―――――. *Santo Agostinho e seu tempo*. São Paulo, Paulus, 1989.

HÄRING, B. *A Lei de Cristo*. São Paulo, Herder, 1960. 4 v.

HILGERT, P. R. *Jesus histórico*. Ponto de partida da cristologia latino-americana. Petrópolis, Vozes, 1987.

IDIGORAS, J. I. T. *Inácio de Loyola*: sozinho e a pé. São Paulo, Loyola, 1991.

ISERLOH, E. & MEYER, H. *Lutero e luteranismo hoje*. Petrópolis, Vozes, 1969.

JOERGENSEN, J. *São Francisco de Assis*. Petrópolis, Vozes, 1982.

JOLIVET, R. *As doutrinas existencialistas*. Porto, Tavares Martins, 1957.

JOSAPHAT, C. *Tomás de Aquino e a nova era do espírito*. São Paulo, Loyola, 1998.

KASPER, W. *Jesús, el Cristo*. Salamanca, Sígueme, 1976.
KEMPIS, T. *Imitação de Cristo*. São Paulo, Paulinas, 1979.
KNOWLES, D. & OBOLENSKY, D. E. *Nova história da Igreja*. Petrópolis, Vozes, 1973-1976. 5 v.
KOSER, C. *Pensamentos franciscanos*. Petrópolis, Vozes, 1998.
LAFONT, G. *História teológica da Igreja católica*: itinerário e formas de teologia. São Paulo, Paulinas, 2000.
LEINHARD, M. *Martin Lutero*: tempo, vida e mensagem. São Leopoldo, Sinodal, 1997.
LEOWENICH, L. *A teologia da cruz de Lutero*. São Leopoldo, Sinodal, 1988.
LESBAUPIN, I. *A bem-aventurança da perseguição*. A vida dos cristãos no império romano. Petrópolis, Vozes, 1975.
———. *Pastoral numa sociedade de conflitos*. Petrópolis/Rio, Vozes/CRB, 1982.
LIBANIO, J. B. *Teologia da libertação*. São Paulo, Loyola, 1987.
———. & ANTONIAZZI, A. *20 anos de teologia na América Latina e no Brasil*. Petrópolis, Vozes, 1993.
———. & MURAD, A. *Introdução à teologia*. Perfil, enfoques, tarefas. São Paulo, Loyola, 1996.
LIEBEART, J. *Os padres da Igreja (séculos I - IV)*. São Paulo, Loyola, 2000.
LIMA VAZ, C. H. *Filosofia e cultura*: escritos de filosofia. São Paulo, Loyola, 1997.
LIMA, A. A. *O existencialismo*. Rio de Janeiro, Agir, 1956.
———. *O existencialismo e outros mitos do nosso tempo*. Rio de Janeiro, Agir, 1956.
LOEWE, W. P. *Introdução à cristologia*. São Paulo, Paulus, 2000.
LONGCHAMP, A. *Vida de Inácio de Loyola*. São Paulo, Loyola, 1990.
LORTZ, J. *Storia della Chiesa nello sviluppo delle sue idee*. Alba, Paoline, 1967.
LOYOLA, I. *Exercícios espirituais*. São Paulo, Loyola, 2000.
LUTERO, M. *Catecismo maior*. São Leopoldo, Sinodal, 1998.
———. *Catecismo menor*. São Leopoldo, Sinodal, 1994.
———. *Obras selecionadas*. São Leopoldo, Sinodal, 1994. 7 v.
MARGERIE, B. *Cristo para o mundo*. São Paulo, Herder, 1972.
MAROTO, D. P. *Historia de la espiritualidad cristiana*. Madrid, Editorial de Espiritualidad, 1990.
MARTINA, G. *História da Igreja de Lutero a nossos dias*. São Paulo, Loyola, 1995. 4 v.
MARTÍNEZ DÍEZ, F. *Domingos de Gusmão*: o evangelho vivo. Uberaba, Vitória, 1993.
MATTIUSSI, G. *Le XXIV tesi della filosofia di Santo Tommaso*. Roma, Gregoriana, 1925.

MEIER, J. P. *Um judeu marginal*: repensando o Jesus histórico. Rio de Janeiro, Imago, 1993-1998. 4 v.

MIRANDA, J. P. *O ser e o messias*. São Paulo, Paulus, 1982.

MOLTMANN, J. *El Dios crucificado*. Salamanca, Sígueme, 1977.

MORIN, G. *O ideal monástico e a vida cristã dos primeiros séculos*. Rio de Janeiro, Lumen Christi, 1951.

MOSER, A. & LEERS, B. *Teologia moral*: impasses e alternativas. Petrópolis, Vozes, 1988.

MURPHY, L. *Estudio sobre historia de la moral*. Madrid, Perpetuo Socorro, 1969.

NEUFELD, K. H. (org.). *Problemas e perspectivas de teologia dogmática*. São Paulo, Loyola, 1993.

PALACIO, C. *Jesus Cristo*. História e interpretação. São Paulo, Loyola, 1986.

RAHNER, H. *Curso fundamental da fé*. São Paulo, Paulus, 1989.

―――――. *Inácio de Loyola*: homem da Igreja. Porto, Tavares Martins, 1956.

RAHNER, K. *Líneas fundamentales de una cristología sistemática*. Madrid, Taurus, 1970.

RATZINGER, J. *Dios como problema*. Madrid, Taurus, 1973.

RAVIER, A. *Espiritualidad para tiempos de revolución*. San José de Costa Rica, Departamento Ecuménico de Investigaciones, 1980.

―――――. *Inácio de Loyola funda a Companhia de Jesus*. São Paulo, Loyola, 1982.

RICHARD, P. *A Igreja latino-americana entre o temor e a esperança*. São Paulo, Paulinas, 1982.

RICHTER, F. *Martin Lutero e Ignacio de Loyola*. Madrid, Fax, 1956.

ROMERO, O. *O profeta dos oprimidos da América Latina*: diário de Dom Oscar Romero. São Paulo, Paulinas, 1997.

ROVIGHI, S. V. *História da filosofia contemporânea*. São Paulo, Loyola, 1999.

RUIZ, D. B. *Actas de los mártires*. Madrid, La Editorial Católica, 1951.

SÁ, C. *Retrato de Francisco de Assis*. Petrópolis, Vozes, 1980.

SALOMÃO, C. G. *As regras "para o sentir verdadeiro que na Igreja militante devemos ter" nos exercícios espirituais de Santo Inácio*. Belo Horizonte, Centro de Estudos Superiores da Companhia de Jesus, 1995. Dissertação de mestrado.

SCHILSON, A. & KASPER, W. *Cristologia*: abordagens contemporâneas. São Paulo, Loyola, 1990.

SCHÜRMANN, H. *Cómo entendío y vivío Jesús su muerte?* Salamanca, Sígueme, 1982.

SECONDIN, B. *Alla luce del suo volto*. Bologna, EDB, 1989.

SECONDIN, B. & GOFFI, T. (orgs.). *Curso de espiritualidade*. São Paulo, Paulinas, 1993.

SEGUNDO, J. L. *O homem de hoje diante de Jesus de Nazaré*. São Paulo, Paulinas, 1985. 3 v.

Sertillanges, A. D. *As grandes teses da filosofia tomista*. Braga, Cruz, 1951.

Silveira, I. & Reis, O. (orgs.). *São Francisco de Assis*: escritos e biografias. Petrópolis, Vozes, 2000.

Spiazzi, R. (org.). *Somma del cristianesimo*. Roma, Paoline, 1958.

Tamayo-Acosta, J. *Para compreender la teología de la liberación*. Navarra, Verbo Divino, 1991.

Thils, G. *Cristianismo sem religião*. Petrópolis, Vozes, 1969.

Tillard, J. M. R. *Diante de Deus e para os homens*. São Paulo, Loyola, 1975.

Tillich, P. *História do pensamento cristão*. São Paulo, Aste, 2000.

Tillmann, F. *Luz e vida*. Petrópolis, Vozes, 1936.

Torrel, J. P. *Iniciação a Santo Tomás de Aquino*: sua pessoa e obra. São Paulo, Loyola, 1999.

Torres Queiruga, A. *Repensar a cristologia*. São Paulo, Paulinas, 1999.

Tüchle, G. & Bouman, C. A. *Nova história da Igreja*. Petrópolis, Vozes, 1971. 4 v.

Valenin, F. & Breton, M. *Enciclopedia cristologica*. Roma, Paoline, 1960.

Van Acker, L. *O tomismo e o pensamento contemporâneo*. São Paulo, Convívio, 1983.

Vargas-Machuca, A. *Teología y mundo contemporáneo*. Madrid, Cristiandad, 1975.

Velasques, P. *Uma ética para nossos dias*. São Bernardo do Campo, EDITEO, 1977.

Vilanova, E. *Historia de la teología cristiana*. Barcelona, Herder, 1987. v. 1.

VV.AA. *Dossier-Bonhoeffer*. Brescia, Queriniana, 1971.

VV.AA. *Novas fronteiras da teologia*. São Paulo, Duas Cidades, 1969.

VV.AA. *Padres apostólicos*. São Paulo, Paulus, 1995.

VV.AA. *Reflexões em torno de Lutero*. São Leopoldo, Sinodal, 1984. 3 v.

Wojtyla, K. *Max Scheler e a ética cristã*. Curitiba, Universidade Champagnat, 1993.

Zuurmond, R. *Procurais o Jesus histórico?* São Paulo, Loyola, 1998.

Dicionários e enciclopédias

Ancilli, E. (org.). *Dizionario enciclopedico di spiritualità*. Roma, Studium, 1990. 3 v.

Barbaglio, G. & Dianich, S. (orgs.). *Nuevo diccionario de teología*. Madrid, Cristiandad, 1982.

Beinert, W. *Lessico di teologia sistemática*. Brescia, Queriniana, 1990.

Campagnoni, F.; Piana, G.; Privitera, S. (orgs.). *Dicionário de teologia moral*. São Paulo, Paulus, 1997.

Caroli, E. *Dicionário franciscano*. Petrópolis, Vozes, 1993.

EICHER, P. (org.). *Dicionário de conceitos fundamentais da teologia*. São Paulo, Paulus, 1993.

ELLACURÍA, I. & SOBRINO, J. (orgs.). *Mysterium liberationis*. Conceptos fundamentales de la teología de la liberación. Madrid, Trotta, 1990. 2 v.

FIORES, S. & GOFFI, T. (orgs.). *Dicionário de espiritualidade*. São Paulo, Paulus, 1989.

FLORISTÁN SAMANES, C. & TAMAYO-ACOSTA, J. J. (orgs.). *Dicionário de conceitos fundamentais do cristianismo*. São Paulo, Paulus, 1999.

MACKENZIE, J. L. *Dicionário bíblico*. São Paulo, Paulus, 1983.

PELLICCIA, G. & ROCCA, G. (orgs.). *Dizionario degli istituti di perfezione*. Roma, Paoline, 1988. 9 v.

PIKAZA, X. & SILANES, N. (orgs.). *Dicionário teológico O Deus cristão*. São Paulo, Paulus, 1999.

RODRÍGUEZ, A. & CANALS CASAS, J. (orgs.). *Dicionário teológico da vida consagrada*. São Paulo, Paulus, 1994.

ROSSI, L. & VALSECCHI, A. *Dizionario enciclopedico di teologia morale*. Roma, Paoline, 1981.

SCHULTZ, H. J. *Dizionario del pensiero protestante*. Roma/Brescia, Herder/Morcelliana, 1970.

VICENT, A. *Dicionário bíblico*. São Paulo, Paulinas, 1969.

CD-ROM

CD-ROM *Thomae Aquinatis*. Opera omnia cum hypertextibus. Roma, Cael, 1997.

LATOURELLE, R. & FISICHELLA, R. *Dicionário de teologia fundamental*. Petrópolis, Vozes, 1994.

ÍNDICE

APRESENTAÇÃO 11

INTRODUÇÃO 17
   1. O insondável mistério de Deus e o compromisso de descer da cruz os povos crucificados 21
   2. Os limites do horizonte 27
   3. A novidade e a contribuição 28
   4. O caminho metodológico 29
   5. A construção do edifício 30

CAPÍTULO I – HORIZONTE BÍBLICO DE COMPREENSÃO DO SEGUIMENTO DE JESUS 33
   1. O seguimento na tradição rabínica e a novidade trazida por Jesus 37
      Relação mestre-discípulo no sistema rabínico 38
      O novo modo de chamar para seguir inaugurado por Jesus 42
   2. O seguimento do Mestre Jesus de Nazaré 46
      Significado do termo seguimento 46
      O seguimento pré-pascal 48
      O seguimento pós-pascal 50
   3. O seguimento nos escritos do Novo Testamento 51
      Marcos: experimentar quem é Jesus 52
         Caminho e seguimento 53
         Jesus é aquele que chama 54
      Mateus: percorrer o caminho da justiça 57
         A história de Jesus e do seu surgimento 58
         Caminho de esperança 60
         Seguir o mestre da justiça 61

Lucas: o caminho da salvação 64
   O evangelho do caminho 65
   Caminho da salvação 67
   Seguidores do caminho 68
João: a força do testemunho 70
   O fundamento do seguimento 70
   Testemunhar a fé 72
   Seguir o Cordeiro 74
4. O apóstolo Paulo: estar com Cristo 76
   O termo imitação 77
   Configuração a Cristo 78
   Imitadores de Cristo 80
5. O exemplo de Cristo e o convite a seguir seus passos 82
   Os passos de Cristo 82
   Síntese entre seguir e imitar 84
6. A relação entre seguimento e imitação 85
   Quatro posições distintas 85
   Duas categorias diferentes de pensamento 87

Conclusão 89

CAPÍTULO II – A TRADIÇÃO ECLESIAL DA CATEGORIA CRISTOLÓGICA DO SEGUIMENTO DE JESUS 95

1. A fonte inspiradora e normativa do seguimento e sua relação com a imitação ... 99
2. O caráter testemunhal e cristocêntrico do seguimento a exemplo dos apóstolos ... 102
   O martírio como expressão máxima de seguimento e imitação 103
      Inácio da Antioquia: a imitação da paixão do Senhor 105
      Cipriano: Jesus, o guia do nosso caminho 107
      O cristocentrismo do testemunho martirial 108
   A vida monástica: nova forma de viver o seguimento e a imitação 109
      A concepção martirial da vida monástica 110
      Seguir Jesus e imitar os apóstolos 112
      O caminho da vida consiste em seguir os passos de Jesus 113
3. O distanciamento das origens e a identificação dos conceitos de seguimento e imitação 115
   A dificuldade de intelecção dos conceitos 116
   Seguir é imitar 117

4. Os fatores que projetaram luzes sobre o conceito de imitação deixaram na sombra o conceito de seguimento 119
   A centralidade e a relevância da humanidade de Jesus 119
   Santo Tomás: a teologia da imitação de Cristo 122
      Imitar e participar 123
      Agir imitando Cristo 124
   Espiritualidade: a ascese e a mística da imitação 126
      O caminho ascético e místico da imitação 126
      As Escolas de Espiritualidade 127
   A *devotio moderna* 129
      O livro *Imitação de Cristo* 131
      Ambigüidade e ambivalência de significados 133
   A moral como disciplina prático-pastoral 133
5. A evolução do conceito de imitação 135
   Conformidade a Cristo: imitação empírica e implícita 136
   Jesus, modelo exterior: imitação literal e explícita 136
   Jesus, princípio interior: imitação espiritual 137
6. A contestação profética como forma de resgate da radicalidade do seguimento ... 138
   Francisco de Assis: a profecia do testemunho 139
      Cristologia do seguimento 139
      Seguimento como experiência do absoluto 141
      Despojamento e pobreza 142
   Domingos de Gusmão: o poder da palavra 143
      Renovar a vida e a missão dos apóstolos 144
      Escola da caridade 145
   Inácio de Loyola: a mística do serviço 146
      O peregrino que faz a experiência de Deus Trindade 146
      Seguir e imitar Cristo pobre e humilde e sentir na Igreja 148
      Exercícios Espirituais: seguir e imitar 150
7. A vida religiosa: um caminho especial para seguir e imitar Jesus 152
   Seguir e imitar: uma vocação especial 153
   Os dois caminhos de vida 154
8. A reforma protestante: tentativa de recuperar o sentido original do seguimento ... 155
   Martin Lutero: obedecer à Palavra 156
      Deus escondido e Deus revelado 157
      A perspectiva soteriológica da cristologia e o seguimento 159
   Sören Kierkegaard: Cristo, modelo por excelência 161
   Dietrich Bonhoeffer: fé e seguimento 162

A centralidade e a mediação de Cristo 163
O itinerário do discipulado 167
9. A volta ao Jesus histórico e o resgate da categoria de seguimento 169
O movimento de volta ao Jesus histórico 170
O primeiro encontro entre fé cristã e modernidade 171
O Jesus da história e o Cristo da fé 174
A relevância teológica da história de Jesus 175
O resgate da categoria do seguimento 177
10. A categoria cristológica de seguimento na Teologia da Libertação 180
A origem da cristologia da libertação 181
A proposta de Jon Sobrino 182

Conclusão 184

CAPÍTULO III – CRISTOLOGIA NA PERSPECTIVA DO SEGUIMENTO DE JESUS 189
1. Pressupostos metodológicos da cristologia sobriniana 192
A perspectiva das vítimas deste mundo 193
Igreja dos pobres: lugar eclesial 196
Mundo dos pobres: lugar "social-teologal" 197
Jesus de Nazaré, sacramento histórico do Cristo 198
Dois universos distintos 199
Razões que nortearam a escolha do Jesus histórico como ponto
de partida 203
2. A prática de Jesus: história desencadeada para ser prosseguida 206
Globalidade histórica de Jesus de Nazaré 207
Princípio hierarquizador dos elementos históricos 208
Caminho de acesso à pessoa de Jesus 210
Lugar do salto da fé no Cristo total 211
3. A relação de Jesus de Nazaré com o Reino de Deus 212
Jesus, mediador absoluto e definitivo do Reino de Deus 213
A relação de ultimidade de Jesus com o Reino 214
A dialética da descontinuidade e da continuidade históricas 216
Caminhos para a intelecção da realidade do Reino de Deus 217
Continuidade histórica e ruptura na intelecção da realidade do Reino
de Deus 217
Relação entre a boa notícia do Reino e os seus destinatários 222
Palavras e atos de Jesus a serviço do Reino 224

4. A relação de Jesus com Deus Pai 227
    Caminhar com o Deus-mistério e praticar o Deus-do-Reino 228
        As diversas concepções de Deus 228
        A transcendência de Deus 230
    A dialética entre intimidade e alteridade 233
        A oração filial: expressão da alteridade e da proximidade de Deus 233
        A bondade de Deus: força geradora da liberdade 239
        Jesus, homem disponível diante de Deus 242
        A confiança e a obediência: a dupla vertente da incondicional fé de Jesus
        em Deus Pai 243
5. Jesus chama para o seu seguimento 245
    A novidade e a radicalidade da proposta de Jesus 246
        A pessoa de Jesus e a função salvífica do seguimento 247
        A entrega incondicional e a obediência absoluta 248
    O específico do seguimento de Jesus de Nazaré 249
        Relação-comunicação pessoal com Jesus 250
        Finalidade do chamado de Jesus 250
    A historicidade das exigências do seguimento 252
        Concepção messiânica do seguimento 252
        Concepção cristológica do seguimento 253
    O processo de universalização da proposta de Jesus 255

Conclusão 256

CAPÍTULO IV – SEGUIMENTO DE JESUS: FORMA PRIVILEGIADA DE EXPLICITAR A IDENTIDADE CRISTÃ 265
1. A perspectiva cristológica da identidade cristã 268
2. O seguimento como processo epistemológico na construção da identidade cristã ... 274
    O caráter práxico e ético do conhecimento teológico 277
    A relação entre ortodoxia e ortopráxis 279
    A ruptura epistemológica no conhecimento teológico 281
    O seguimento como caminho para conhecer Jesus 287
    A necessidade de refazer o caminho das afirmações dogmáticas 288
3. Importância da realidade do seguimento como expressão da identidade cristã .. 291
    A densidade e a força cristológicas do seguimento 291
    A multiplicidade de formas para expressar a totalidade do seguimento 293

4. A estrutura fundamental do seguimento de Jesus como forma de explicitar a identidade cristã 297
   A encarnação parcial de Jesus na história 298
      Opção consciente e livre 299
      Opção parcial 302
      Excludente e conflitiva 304
   A missão libertadora em favor das vítimas 305
      A prática 305
      A práxis profética 306
   O escândalo da cruz 313
      As causas históricas da morte de Jesus: por que mataram Jesus? 315
      A cruz no mistério de Deus: por que Jesus morreu? 317
      A cruz como mediação de salvação: para que Jesus morreu? 320
      A cruz: expressão máxima do amor e da fidelidade de Deus 323
      A relação entre Deus e o sofrimento 325
      A cruz dos povos crucificados 328
   O viver como ressuscitados nas contingências da história 330
      A relação entre cruz e ressurreição 331
      A compreensão do evento central da fé cristã: a ressurreição de Jesus 333
      O princípio hermenêutico específico: a esperança das vítimas 336
      A ressurreição: modo de ser e de viver o seguimento do crucificado 343

   Conclusão 345

CAPÍTULO V – VIDA CRISTÃ: PROSSEGUIMENTO DE JESUS COM ESPÍRITO 353
   1. A relação entre Jesus e o Espírito 356
      Jesus de Nazaré: possuído pelo Espírito 357
      O Espírito de Deus: memória e imaginação de Jesus 360
   2. O prosseguimento de Jesus: lugar da manifestação do Espírito 361
   3. O ato de fé em Deus Trindade 364
   4. A espiritualidade do seguimento de Jesus 366
      Pertinência e relevância da espiritualidade 366
      Espiritualidade: vida com espírito de Jesus 368
      Espiritualidade relacionada com a totalidade da realidade 371
         A lealdade com o real 372
         A reação misericordiosa diante da realidade 375

A fidelidade à realidade 377
A promessa e a esperança de libertação 379
5. A superação da dicotomia entre teologia e espiritualidade 381
A experiência espiritual: ato primeiro do pensar teológico 382
Espiritualidade: dimensão essencial da teologia 384
6. As exigências e os frutos da espiritualidade do seguimento de Jesus 386
A santidade da pobreza: a opção pelas vítimas deste mundo 386
A santidade do amor: a missão no espírito das bem-aventuranças 387
A santidade política: o martírio, expressão do amor maior 389
A santidade do gozo: viver à luz da ressurreição 394
7. O seguimento de Jesus: lugar e critério de discernimento 395
Os sinais proféticos e utópicos do seguimento de Jesus com espírito 396
O discernimento de Jesus como protótipo para os seus seguidores 398
O caminho de Jesus na busca da vontade do Pai 399
As características formais do discernimento de Jesus 401
Os critérios de discernimento 403

Conclusão 404

SIGNIFICADO, ABRANGÊNCIA E RELEVÂNCIA DO SEGUIMENTO DE JESUS NA CRISTOLOGIA DE JON SOBRINO, E A CONTRIBUIÇÃO DESSE AUTOR PARA O RESGATE DESSA CATEGORIA CRISTOLÓGICA 413

1. A continuidade da tradição eclesial do seguimento de Jesus no ambiente vital da Teologia da Libertação 416
2. A perspectiva das vítimas e o compromisso de descer da cruz os povos crucificados 419
3. A centralidade de Jesus de Nazaré e a historicidade do seu chamado ao seguimento 421
4. A volta à fonte inspiradora e normativa do seguimento e sua dimensão salvífica 425
5. O seguimento de Jesus é a melhor forma de explicitar a identidade cristã 427
6. Viver como ressuscitado nas condições históricas 430
7. O caráter epistemológico e a função globalizadora e hierarquizadora do seguimento 432
8. No seguimento, Jesus nos introduz na realidade trinitária 434
9. Vida cristã: prosseguimento de Jesus com espírito 437
10. Contribuições específicas do resgate e da atualização do seguimento para a cristologia 439

BIBLIOGRAFIA 445
  1. Escritos originais de Jon Sobrino em ordem cronológica de publicação 445
    Livros e monografias 445
    Escritos inseridos em outras publicações 446
    Artigos publicados em revista 449
  2. Escritos de Jon Sobrino traduzidos em português em ordem cronológica
  de publicação 461
    Livros 461
    Escritos inseridos em outras publicações 462
    Artigos publicados em revistas 463
  3. Escritos sobre a obra de Jon Sobrino 464
    Dissertações e teses 464
    Estudos 465
    Recensões 466
  4. Escritos específicos sobre o seguimento e a imitação 467
    Obras 467
    Dicionários e enciclopédias 469
    Artigos 470
  5. Escritos complementares 475
    Obras bíblicas 475
    Documentos eclesiais 478
    Escritos vários 478
    Dicionários e enciclopédias 485
    CD-ROM 486

Impresso na gráfica da
Pia Sociedade Filhas de São Paulo
Via Raposo Tavares, km 19,145
05577-300 - São Paulo, SP - Brasil - 2007